Ansprüche des Versicherungsnehmers aus positiver Vertragsverletzung

Europäische Hochschulschriften
Publications Universitaires Européennes
European University Studies

Reihe II
Rechtswissenschaft

Série II Series II
Droit
Law

Bd./Vol. 3584

PETER LANG
Frankfurt am Main · Berlin · Bern · Bruxelles · New York · Oxford · Wien

Thomas Fausten

Ansprüche des Versicherungsnehmers aus positiver Vertragsverletzung

PETER LANG
Europäischer Verlag der Wissenschaften

Bibliografische Information Der Deutschen Bibliothek
Die Deutsche Bibliothek verzeichnet diese Publikation in der Deutschen Nationalbibliografie; detaillierte bibliografische Daten sind im Internet über <http://dnb.ddb.de> abrufbar.

Zugl.: Bielefeld, Univ., Diss., 2002

D 361
ISSN 0531-7312
ISBN 3-631-50567-1

www.peterlang.de

Vorwort

Die vorliegende Untersuchung hat im Wintersemester 2001/2002 der Fakultät für Rechtswissenschaft der Universität Bielefeld als Dissertation vorgelegen. Zahlreiche sich aus der Versicherungspraxis und der einschlägigen Rechtsprechung ergebende Fragen in Zusammenhang mit dem Rechtsinstitut der positiven Vertragsverletzung gaben den Anstoß zu dieser Arbeit. Diese beschäftigt sich indes nicht nur mit Problemen versicherungsrechtlicher Art, sondern stellt an vielen Stellen die Bezüge des Versicherungsrechts zum allgemeinen Zivilrecht heraus. Es werden zahlreiche neue Interpretationen entwickelt, insbesondere hinsichtlich der Kommunikationspflichten des Versicherers.

Das Manuskript ist auf dem Stand Juli 2001. In Hinblick auf die zwischenzeitlich erfolgte Schuldrechtsreform ist anzumerken, dass die Ersetzung des Instituts der positiven Vertragsverletzung durch § 280 Abs. 1 und § 241 Abs. 2 BGB an den Problemen der Arbeit im Wesentlichen nichts geändert hat.

Herzlich bedanken möchte ich mich bei meinem verehrten akademischen Lehrer, Herrn Prof. Dr. *Thomas Pfeiffer*, für seine verständnisvolle Betreuung und Förderung. Herrn Prof. Dr. *Christian Rolfs* danke ich für seine Tätigkeit als Zweitberichterstatter.

Köln, im Oktober 2002 *Thomas Fausten*

Inhaltsübersicht

Inhaltsverzeichnis

Tabellenverzeichnis
(Anhang)

Abkürzungsverzeichnis

a. A.	anderer Ansicht
a. a. O.	am angegebenen Ort
a. F.	alte Fassung
a. M.	anderer Meinung/am Main
Abs.	Absatz
AcP	Archiv für die civilistische Praxis
ADS	Allgemeine Deutsche Seeversicherungsbedingungen (ADS/Edition)
AERB	Allgemeine Bedingungen für die Versicherung gegen Schäden durch Einbruchdiebstahl und Raub (AERB/Edition)
AFB	Allgemeine Bedingungen für die Feuerversicherung (AFB/Edition)
AG	Aktiengesellschaft, Amtsgericht
AGBG	Gesetz zur Regelung des Rechts der Allgemeinen Geschäftsbedingungen (AGB-Gesetz)
AHB	Allgemeine Versicherungsbedingungen für die Haftpflichtversicherung, VerBAV 1986, 216 geändert durch VerBAV 1989, 301 und 1992, 60.
AKB	Allgemeine Bedingungen für die Kraftverkehrsversicherung (AKB/Edition)
Anh.	Anhang
Anm.	Anmerkung
Art.	Artikel
AUB 61	Allgemeine Unfallversicherung-Bedingungen (AUB 61)
AUB 88	Allgemeine Unfallversicherungs-Bedingungen (AUB 88)
Aufl.	Auflage
AVB	Allgemeine Versicherungsbedingungen
AVBR	Allgemeine Bedingungen für die Versicherung von Reisegepäck (AVBR/Edition)
AWB	Allgemeine Bedingungen für die Leitungswasserversicherung (AWB/Edition)
Az	Aktenzeichen
Bad.-Würt.	Baden-Württemberg

BAV	Bundesaufsichtsamt für das Versicherungs- (bis 1973: und Bauspar-) wesen
Bay	Bayerische/-es/-er
BayObLG	Bayerisches Oberstes Landesgericht
BB	Der Betriebs-Berater
Bd.	Band
BDSG	Gesetz zum Schutz vor Missbrauch personenbezogener Daten bei der Datenverarbeitung, Bundesdatenschutzgesetz
Bearb.	Bearbeiter
Begr.	Begründer
Beschl.	Beschluss
BGB	Bürgerliches Gesetzbuch
BGB-EK	Entwurf der Kommission zur Überarbeitung des Schuldrechts von 1992
BGBl.	Bundesgesetzblatt
BGH	Bundesgerichtshof
BGHZ	Entscheidungssammlung des Bundesgerichtshofes in Zivilsachen
BRD	Bundesrepublik Deutschland
BR-Drucks.	Drucksache des Bundesrates
BU	Betriebs-Unterbrechung
BT-Drucks.	Drucksache des Bundestages
bzw.	beziehungsweise
c. i. c.	culpa in contrahendo
ca.	circa
DB	Der Betrieb
Diss.	Dissertation
DVS	Deutscher Versicherungs-Schutzverband e. V.
E	Entwurf
ED	Einbruch-Diebstahl
Ed./ed.	Edition / Editor / edited
EG	Europäische Gemeinschaften
EGVVG	Einführungsgesetz zu dem Gesetz über den Versicherungsvertrag
Einf.	Einführung
EU	Europäische Union
EuZW	Europäische Zeitschrift für Wirtschaftsrecht
EWiR	Entscheidungen zum Wirtschaftsrecht
f., ff.	folgende
FAZ	Frankfurter Allgemeine Zeitung

FBUB	Allgemeine Feuer-Betriebsunterbrechungs-Versicherungsbedingungen
Fn.	Fußnote
FS	Festschrift
GB BAV	Geschäftsbericht des BAV
GE AVB	Geschäftsplanmäßige Erklärungen für die AVB
gem.	gemäß
Ges.	Gesellschafter
GG	Grundgesetz
ggf.	gegebenenfalls
GmbH	Gesellschaft mit beschränkter Haftung
GmbHG	Gesetz betreffend die Gesellschaften mit beschränkter Haftung
GmbHR	GmbH Rundschau
GoA	Geschäftsführung ohne Auftrag
GS	Großer Senat
GWB	Gesetz gegen Wettbewerbsbeschränkungen (Kartellgesetz)
HB	Handelsblatt
HdV	Handwörterbuch der Versicherung
Hess.	Hessisches
HGB	Handelsgesetzbuch
Hrsg./hrsg.	Herausgeber/herausgegeben von
HUK	Haftpflicht-Unfall-Kraftfahrt
HUK-Verband	Verband der Haftpflichtversicherer, Unfallversicherer, Autoversicherer und Rechtsschutzversicherer e. V.
i. d. R.	in der Regel
int.	international
i. S. d.	im Sinne des/der
IPRax	Praxis des Internationalen Privat- und Verfahrensrechts
i. V. m.	in Verbindung mit
JR PrV	Juristische Rundschau für die Privatversicherung (bis 1943)
Jura	Juristische Ausbildung
JURIS	Juristisches Informationssystem
JuS	Juristische Schulung
JW	Juristische Wochenschrift
JZ	Juristenzeitung
k. A.	keine Angabe
KG	Kammergericht/Kommanditgesellschaft
KGaA	Kommanditgesellschaft auf Aktien
KH	Kraftfahrt-Haftpflicht

KO	Konkursordnung
Komm.	Kommentar
LG	Landgericht
LM	Nachschlagewerk des Bundesgerichtshofes in Zivilsachen, hrsg. von *Lindenmeier*, *Möhring* u. a.
M	Mark
MBKK	Allgemeine Versicherungsbedingungen für die Krankheitskosten- und Krankenhaustagegeldversicherung
MBKT	Allgemeine Versicherungsbedingungen für die Krankentagegeldversicherung
MDR	Monatszeitschrift für Deutsches Recht
m. w. N.	mit weiteren Nachweisen
Mill./Mio.	Millionen
Mrd.	Milliarde/n
Nieders.	Niedersachsen
NJW	Neue Juristische Wochenschrift
NJW-RR	NJW-Rechtsprechungs-Report Zivilrecht
NZV	Neue Zeitschrift für Verkehrsrecht
o. g.	oben genannte (s, r)
OHG	Offene Handelsgesellschaft
OLG	Oberlandesgericht
OR	Obligationenrecht der Schweiz
o. V.	ohne Angaben zum Verfasser
PHi	Produkthaftpflicht international
Pr. ALR	Allg. Preussisches Landrecht von 1794
Produkthaftpflicht-Modell	Besondere Bedingungen für die Produkthaftpflichtversicherung von Industrie- und Handelsbetrieben, VerBAV 1987, 3
ProdHaftG	Produkthaftungsgesetz
pVV	positive Vertragsverletzung
RabelsZ	Rabels Zeitschrift für ausländisches und internationales Privatrecht
Rep.	Report
Rev.	Review
RG	Reichsgericht
RGBl.	Reichsgesetzblatt
RGZ	Entscheidungssammlung des Reichsgerichts in Zivilsachen
Rheinl.-Pf.	Rheinland-Pfalz
RIW	Recht der Internationalen Wirtschaft
RM	Reichsmark
Rn.	Randnummer

Rspr.	Rechtsprechung
RuS	Recht und Schaden
RVO	Reichsversicherungsordnung
s.	siehe
S.	Seite
Saarbr.	Saarbrücken
Schd-Praxis	SchadenPraxis
Schleswig	Schleswig-Holsteinisches
sec.	section (§)
SJZ	Schweizerische Juristen-Zeitung
sog.	so genannt
St. Rspr.	Ständige Rechtsprechung
StGB	Strafgesetzbuch
Supp.	Supplement
SVZ	Schweizerische Versicherungs-Zeitschrift
SZ	Süddeutsche Zeitung
u.	unten
U. S. C.	United States Code
u. U.	unter Umständen
Umwelthaftpflicht-Modell	Besondere Bedingungen und Risikobeschreibungen für die Versicherung der Haftpflicht wegen Schäden durch Umwelteinwirkung, VerBAV 1993, 30 f. und VP 1993, 24 f.
UmweltHG	Umwelthaftungsgesetz
Urt.	Urteil
US	United States
USA	United States of America/Vereinigte Staaten von Amerika
v.	vom, veröffentlicht
v./vs.	versus
VA	Veröffentlichungen des Reichsaufsichtsamtes für Privatversicherung
VAG	Gesetz über die Beaufsichtigung der privaten Versicherungsunternehmen und Bausparkassen
VdS	Verband der Schadenversicherer e. V.
VerAfP	(= VA)
VerBAV	Veröffentlichungen des Bundesaufsichtsamtes für das Versicherungs- und Bausparwesen (seit 1952); davor: Veröffentlichungen des Reichsaufsichtsamtes für Privatversicherung bzw. dessen Zonenamtes (1947-1952)
Vers.	Versicherer/Versicherung
VersAgent	Versicherungsagent

Vers.fall	Versicherungsfall
VersNehmer	Versicherungsnehmer
VersR	Versicherungsrecht
VersVertrag	Versicherungsvertrag
VersWissStud	Versicherungswissenschaftliche Studien
VGB	Allgemeine Bedingungen für die Neuwertversicherung von Wohngebäuden gegen Feuer-, Leitungswasser- und Sturmschäden
VGH	Verwaltungsgerichtshof
vgl.	vergleiche
VHB	Allgemeine Hausratversicherungsbedingungen (VHB/Edition)
VO	Verordnung
Vol.	Volume
Vorbem.	Vorbemerkungen
VP	Die Versicherungs-Praxis
VVG	Versicherungsvertragsgesetz
VW	Versicherungswirtschaft
WHG	Gesetz zur Ordnung des Wasserhaushalts, Wasserhaushaltsgesetz
WiB	Wirtschaftliche Beratung
z. B.	zum Beispiel
z. T.	zum Teil
ZfS	Zeitschrift für Schadensrecht
ZfV	Zeitschrift für Versicherungswesen
ZHR	Zeitschrift für das gesamte Handelsrecht und Wirtschaftsrecht
ZIP	Zeitschrift für Wirtschaftsrecht und Insolvenzpraxis
zit.	zitiert
ZPO	Zivilprozessordnung
ZVersWiss	Zeitschrift für die gesamte Versicherungswissenschaft
ZVglRWiss	Zeitschrift für Vergleichende Rechtswissenschaft
Zweibr.	Zweibrücken
ZZP	Zeitschrift für Zivilprozess

Teil I. Einführung

1. Die gesetzliche Ausgangslage

Der Versicherungsvertrag dient dem Risikotransfer zwischen zwei Parteien[1]. Dem Versicherungsnehmer und Risikoinhaber steht auf der anderen Seite der Versicherer als Risikoträger gegenüber. Dieser übernimmt gegen Zahlung eines Beitrages - auch Prämie genannt - eine Verpflichtung für den Fall, dass sich auf Seiten des Versicherungsnehmers eine versicherte Gefahr verwirklicht bzw. ein versicherter Umstand eintritt.

Rechtsgrundlagen des Versicherungsvertrages sind das VVG, VAG, BGB, HGB sowie die Allgemeinen und Besonderen Versicherungsbedingungen[2]. Das Versicherungsvertragsgesetz (VVG) ist lex specialis zu den bürgerlich-rechtlichen und handelsrechtlichen Vorschriften und enthält die wesentlichen Regelungen zum Privatversicherungsrecht. In Anlehnung an die Einteilung in § 1 Abs. 1 VVG lassen sich verschiedene Typen von Versicherungsverträgen klassifizieren, je nachdem, welcher Art der Risikotransfer sein soll. Hierbei stehen zwei Haupttypen[3] im Vordergrund. Dies sind die Schadenversicherung und die Summenversicherung. Bei der Schadenversicherung schließen Versicherer und Versicherungsnehmer einen Vertrag dahingehend, dass der Versicherer dem Versicherungsnehmer bei Eintritt eines im Versicherungsvertrag näher bezeichneten Ereignisses einen hierdurch entstandenen Schaden ersetzt. Dieser kann sich als Sachschaden darstellen, wie etwa das beschädigte Gebäude im Fall der Feuerversicherung, als Haftpflichtschaden, aber auch als reiner Vermögensschaden. Die bei der Schadenversicherung vom Versicherer auszukehrende Entschädigungsleistung ist doppelt begrenzt. Zum einen durch die vereinbarte Versicherungssumme, zum anderen durch die Höhe des Schadens. Demgegenüber stellt die

---

1 Vgl. zu den theoretischen Grundlagen des Versicherungsgedankens und dessen marktwirtschaftlichen Ausprägungen insb. *Dreher*, Die Versicherung als Rechtsprodukt, und *Schwintowski*, Der private Versicherungsvertrag zwischen Recht und Markt. Übersichtliche Darstellungen zur Funktion der Versicherung finden sich bei *Bruck-Möller*, VVG Bd. I, § 1 Anm. 2 ff., und *Prölss* in Prölss/Martin, VVG, § 1 Rdn. 3 ff.

2 Auf nähere Einzelheiten wird unter II. 2. 2. und II. 2. 3. eingegangen.

3 Mit dieser Klassifizierung z. B. *Bruck-Möller*, VVG Bd. I, § 1 Anm. 23; *Prölss* in Prölss/Martin, VVG, § 1 Rdn. 27 f.; *Römer* in Römer/Langheid, VVG, § 1 Rdn. 4.

Summenversicherung im Falle des Eintritts eines bei Vertragsschluss definierten Ereignisses (z. B. Unfall, Erreichen einer Altersgrenze, Tod) einen fest vereinbarten Geldbetrag zur Verfügung.

Die Bestimmungen des VVG sagen über Leistungsstörungen bei Versicherungsverträgen nur wenig. Einschlägige Normen regeln zumeist die Leistungsfreiheit des Versicherers bei definierten Fehlverhaltensweisen des Versicherungsnehmers[4], die man im weiteren Sinne wohl auch als Leistungsstörungen auffassen kann. Störungen des Vertragsverhältnisses durch den Versicherer werden hingegen so gut wie nicht behandelt, so dass hierfür auf die allgemeinen Rechtsinstitute zurückgegriffen werden muss. Dies lässt das folgend näher beschriebene Problemfeld als lohnenswertes Untersuchungsobjekt erscheinen.

2. Das Problemfeld

Nach Eintritt eines definierten Ereignisses, dem Versicherungsfall, erwartet der Versicherungsnehmer die Erfüllung der vom Versicherer im Versicherungsvertrag übernommenen Verpflichtungen. Dies geschieht in den meisten Fällen durch Zahlung eines Geldbetrages. Bekommt der Versicherungsnehmer den von ihm geltend gemachten Schaden ersetzt (Schadenversicherung) oder erhält er im Fall der Summenversicherung den zugesagten Betrag, erfüllt sich der Versicherungskontrakt. Die Risikoübernahme wandelt sich in eine konkrete Leistung. Dies sollte der Regelfall sein.

Leider nehmen nicht alle Versicherungsverhältnisse diesen positiven Verlauf. In nicht wenigen Fällen verweigern oder verzögern Versicherer die Abwicklung eines Schadens oder verhalten sich dem Versicherungsnehmer gegenüber als allgemein wenig kooperativ. Dies zeigt recht deutlich die amtliche Statistik des Bundesaufsichtsamtes für das Versicherungswesen (BAV)[5]. Für das Jahr 1999 werden insgesamt rd. 24.000 Beschwerden, Petitionen und Anfragen von Versicherungsnehmern ausgewiesen[6]. Die Beschwerden gliedern sich in vier Beschwerdegründe: Vertragsanbahnung und -abschluss, Vertragsverlauf, Schadenbearbeitung und Vertragsbeendigung. Beschwerden im Rahmen von Vertragsan-

---

4 So z. B. bei Obliegenheitsverletzungen (§ 6 VVG), Gefahrerhöhungen (§ 25 Abs. 1 VVG) oder schuldhafter Herbeiführung des Versicherungsfalles (§ 61 VVG).

5 Das Bundesaufsichtsamt für das Versicherungswesen (BAV) ist oberste Aufsichtsbehörde des Bundes über die in der Bundesrepublik tätigen Versicherer. Zur amtlichen Beschwerdestatistik des BAV (Geschäftsbericht 1999) siehe im Anhang Tab. I, S. 313 f.

6 Vgl. den Geschäftsbericht des Bundesaufsichtamtes für das Versicherungswesen 1999, Teil A, Ziff. 5, S. 23 ff.

bahnung und Vertragsabschluss lassen sich zumeist auf Fehlverhaltensweisen des Versicherers zurückführen, die sich als culpa in contrahendo darstellen. Zu dieser Thematik hat bereits *Schlossareck*[7] eine umfangreiche Abhandlung vorgelegt. Die übrigen genannten Beschwerdegründe fallen hingegen sämtlich in die Zeit nach Vertragschluss und sind somit prädestiniert, unter dem Gesichtspunkt der positiven Vertragsverletzung untersucht zu werden. Im Berichtsjahr 1999 listet die amtliche Statistik 19.021 unter die Rubrik positive Vertragsverletzung zu subsumierende Beschwerden auf[8]. Wenn man bedenkt, dass nicht alle Fälle von positiven Vertragsverletzungen seitens Versicherern durch die Versicherungsnehmer an das BAV gemeldet werden, liegt der Schluss nahe, dass die Dunkelziffer beachtlich sein muss. Darüber hinaus muss bedacht werden, dass viele Fälle positiver Vertragsverletzungen ohne Meldung an das Aufsichtsamt außerprozessual beigelegt oder aber auf dem ordentlichen Rechtsweg ausgetragen werden. Über die Anzahl der auf dem ordentlichen Rechtsweg ausgetragenen Streitigkeiten mag die im Anhang befindliche Urteilsübersicht[9] einen gewissen Aufschluss geben. Diesbezüglich ist anzumerken, dass die Übersicht nur veröffentlichte Urteile enthält. Die absolute Zahl von Prozessen dürfte wesentlich größer sein.

Die Zahlen veranlassen dazu, das Verhalten der Versicherer, die darauf gerichtete Judikatur und das einschlägige Schrifttum genauer zu betrachten. Eine solche Untersuchung liegt bisher nicht vor; sie erscheint nicht zuletzt unter dem Aspekt des Verbraucherschutzes angezeigt.

Ziel dieser Untersuchung ist es, ein möglichst umfassendes Bild der Haftungssituation des Versicherers während der Dauer des Versicherungsvertrages und bei der Schadenabwicklung zu vermitteln. Hierzu gehört auch die Aufdeckung von Lücken im System des Versicherungsvertragsgesetzes. Im Sinne einer Optimierung der Interessen der Versicherungsnehmer werden entsprechende Lösungsvorschläge erarbeitet.

---

7 *Schlossareck*, Ansprüche des Versicherungsnehmers aus culpa in contrahendo, Diss., 1995.

8 Vgl. Geschäftsbericht BAV (a. a. O., Fn. 6), S. 25. Von den genannten Beschwerden erwiesen sich als begründet bzw. fanden sonstwie Abhilfe 30,1 % in der Kategorie Vertragsverlauf, 23,8 % bei der Schadenbearbeitung und 42,1 % in der Kategorie Vertragsbeendigung. Im Gesamtergebnis bedeutet dies, dass jede dritte auf positive Vertragsverletzung des Versicherers gegründete Beschwerde erfolgreich war.

9 Vgl. Anhang, Tab. II, S. 317 ff.

3. Gang der Untersuchung

In Abschnitt II[10] werden zunächst die Grundsätze und historischen Bezüge der Haftung aus positiver Vertragsverletzung erläutert und reflektiert. Letzteres sollte sich in Hinblick auf die Bestrebungen zu einer Reform des Schuldrechts als nicht uninteressant erweisen.

Daran anschließend erfolgt ein Aufriss zum Anwendungsbereich des Rechtsinstituts der positiven Vertragsverletzung im Versicherungsvertragsrecht. Sodann werden in einer umfassenden Darstellung die möglichen Formen von positiven Vertragsverletzungen durch den Versicherer aufgezeigt, zumeist unter Heranziehung von Beispielsfällen aus der Praxis.

Abschnitt III[11] enthält eine Schlussbetrachtung und Thesen zur Gesamtroblematik.

Im Anhang[12] befindet sich neben der Beschwerdestatistik des BAV aus dem Jahr 2000 (für das Berichtsjahr 1999) eine Übersicht über rd. 180 einschlägige Entscheidungen.

---

10 Sogleich S. 27 ff.

11 S. 303 ff.

12 S. 311 ff.

Teil II. Die Haftung des Versicherers aus positiver Vertragsverletzung

1. Das Rechtsinstitut der positiven Vertragsverletzung

1.1. Ursprung und dogmatische Zuordnung

Das heute als Teil des Gewohnheitsrechts anerkannte[1] Rechtsinstitut der positiven Vertragsverletzung[2] war bei der Schaffung des BGB unbekannt. Als Formen der Leistungsstörung unterschied man im allgemeinen Teil des Schuldrechts lediglich Verzug und Unmöglichkeit. Eine übergeordnete Regelung für Fälle der Schlechtleistung fehlt hingegen[3]; dies hat sich bis heute nicht geändert. Die Normen für Fälle der Schlechterfüllung beschränken sich auf einige wenige Spezialvorschriften im Kauf-, Miet- und Werkvertragsrecht[4] als Elemente des besonderen Schuldrechts.

Verzug definiert sich als vorübergehende Nichtleistung des Schuldners nach Eintritt der Fälligkeit[5]. Unmöglichkeit beschreibt recht prägnant das Nichtleistenkönnen des Gläubigers bzw. des Schuldners. Bei einer eng am Wortlaut angelehnten Auslegung der Begriffe Verzug und Unmöglichkeit sind somit die Fälle nicht erfasst, in denen zwar eine Leistung erfolgt, diese aber nicht ordnungsge-

---

1 Vgl. etwa *Larenz*, Lehrbuch des Schuldrechts, Bd. I, Allg. Teil, § 24 I a; Staudinger-*Löwisch*, Vorbem. zu §§ 275 ff. Rdn. 22; Palandt-*Heinrichs*, § 276 Rdn. 105; siehe hierzu auch die Ausführungen unter II. 1. 5. 1.

2 Da sich der Anwendungsbereich der positiven Vertragsverletzung nicht nur auf Vertragsverhältnisse, sondern auch auf gesetzliche Schuldverhältnisse erstreckt und ferner eine Verletzung nicht nur durch positives Tun, sondern ebenso durch Unterlassung herbeigeführt werden kann, ist die für das Rechtsinstitut gewählte Bezeichnung allerdings ungenau. In Zustimmung zu *Heinrichs* (in: Palandt § 276 Rdn. 104) kann aber gesagt werden, dass sich der Begriff der „positiven Vertragsverletzung" - insbesondere in der Judikatur - so sehr eingebürgert hat, dass daran festgehalten werden sollte. In der vorliegenden Untersuchung wird daher durchgängig diese Bezeichnung verwandt.

3 Eine solche war zwar zur Platzierung im allgemeinen Teil des Schuldrechts anfänglich vorgesehen, wurde jedoch nachträglich wieder gestrichen; vgl. mit Hinweis hierauf *Emmerich*, Leistungsstörungen, § 20 I, S. 223; näher hierzu sogleich unter II. 1. 3. 1.

4 Dies sind namentlich die §§ 459, 537, 633; mit Einfügung des Reisevertragsrechts am 4.5.1979 (BGBl. I S. 509) nunmehr auch §§ 651 c ff. BGB.

5 Vgl. insoweit den Wortlaut der Vorschrift des § 284 BGB.

mäß - mithin schlecht - bewirkt wird. Gleiches gilt für Konstellationen, in denen der Gläubiger über die Schlechterfüllung hinaus einen zusätzlichen Schaden erleidet. Als instruktives Beispiel hierzu mag ein vom Reichsgericht[6] entschiedener Fall dienen, in dem ein Pferdebesitzer von einem Händler Futter bezog, das mit giftigen Rizinussamenkörnern versetzt war. Hierauf verendeten die Pferde. Für den so entstandenen Schaden verlangte der Besitzer Ersatz. Da es sich bei dem Geschäft um einen Gattungskauf handelte, halfen die in § 480 Abs. 1 BGB genannten Möglichkeiten (Wandelung, Minderung, Lieferung mangelfreier Ware) zur Realisierung eines Schadensersatzanspruches jedoch nicht weiter[7].

Das genannte Beispiel reflektiert eine juristische Standardsituation, sodass sich die Frage aufdrängen muss, ob die Gesetzesverfasser des BGB die Möglichkeit der Schlechterfüllung übersehen hatten. Bevor hierauf sogleich näher eingegangen wird, erscheinen zuvor noch einige grundlegende Anmerkungen zum besseren Verständnis der historischen Ausgangslage angebracht. So war im ersten Entwurf zum BGB in Anlehnung an die überwiegende Lehre in der späten Pandektistik eine allgemeine culpa-Haftung vorgesehen[8]. Ausfluss dieser Bestrebung war § 224 Abs. 1 S. 2 des ersten Entwurfes zum BGB[9]. Dieser kann als Vorläufer des heutigen § 276 Abs. 1 S. 1 BGB angesehen werden, wonach der Schuldner Vorsatz und Fahrlässigkeit zu vertreten hat. Anders als der heutige § 276 BGB sollte jedoch E I § 224 Abs. 1 S. 2 BGB eine unmittelbare Anspruchsnorm darstellen[10]. Hingegen wurde der ursprüngliche E I § 224 später durch Eingriffe der Redaktionskommission in den heutigen § 276 BGB abgeändert, sodass sich aufgrund der neuen Stellung der Norm, verbunden mit einigen anderen Eingriffen[11], die Frage auftat, ob das Gesetz an der allgemeinen culpa-Haftung festhalten woll-

---

6 RGZ 66, 289, 291 (Urt. v. 9.7.1907).

7 Das RG leitete die Schadensersatzforderung sodann unmittelbar aus § 276 BGB ab.

8 Vgl. hierzu ausführlich *Harting*, Die positiven Vertragsverletzungen in der neueren deutschen Privatrechtsgeschichte, S. 95 ff.

9 Zum Wortlaut der Vorschrift siehe II. 1. 3. 1.

10 Für diese Interpretation sprechen gewichtige Argumente; siehe sogleich unter II. 1. 3. 1. und II. 1. 4.

11 Hervorzuheben ist hier insbesondere die Abänderung des E I § 224 Abs. 1 S. 2 von „Er (der Schuldner; Anm. des Verf.) haftet ...“ zu „Der Schuldner hat ... zu vertreten“ in § 276 Abs. 1 S. 1 BGB.

te[12]. Von einigen gewichtigen Stimmen in der Literatur wird diese Frage auch heute noch eindeutig positiv beantwortet[13].

Ungeachtet der Vertreter, die zu einer weiten Interpretation des § 276 im Sinne einer culpa-Haftung neigen, kam es nach Inkrafttreten des BGB bis in die heutige Zeit im Rahmen der praktischen Anwendung des Gesetzes jedoch zu einer Verengung des Unmöglichkeitsbegriffes bei gleichzeitiger restriktiver Interpretation des § 276 BGB[14], der zunehmend als Definitions- und nicht als Anspruchsnorm gesehen wurde. Dieses Verständnis - welches auch die aktuell herrschende Meinung darstellt[15] - musste zur logischen Konsequenz haben, dass Fälle der Schlechtleistung im allgemeinen Schuldrecht weder der Unmöglichkeit noch § 276 BGB zugeordnet werden konnten[16]. Auf die so entstehende Lücke des Gesetzes hat erstmals *Staub* im Jahr 1902 hingewiesen[17].

1.2. Die Untersuchungen und Thesen von Staub

In seinen grundlegenden Betrachtungen geht *Staub* von der Verzugsvorschrift des § 286 BGB aus und stellt fest, dass hiermit für die Fälle eine Regelung getroffen wurde, in denen jemand eine Leistung nicht bewirkt, die er zu bewirken verpflichtet ist. Hieraus ableitend kritisiert er, dass das BGB eine ähnliche Vorschrift nicht für Fälle enthalte, in denen - umgekehrt - jemand etwas tut, was er

---

12 Bejahend z. B. *Krückmann*, AcP 101 (1907), 190 ff.; ders., Iherings Jahrbücher 59 (1911), 233 (352 ff.). Für eine entsprechende Interpretation des Gesetzes in Anlehnung an § 276 BGB in ständiger Rechtsprechung auch das RG; vgl. hierzu II. 1. 3. 2. 1.

13 So z. B. *U. Huber* in: Festschr. für v. Caemmerer, S. 837 (840 ff.); *Picker*, AcP 183 (1983), 369 (452, 457 ff.) und insb. auch *Emmerich*, Leistungsstörungen, S. 9 u. 225, sowie ders., in: Münchener Kommentar, Vor § 275 Rdn. 222 ff.

14 Vgl. so in der Darstellung *Emmerich*, Leistungsstörungen, S. 9; *Picker*, AcP 183 (1983), 369, 458.

15 Vgl. *Larenz*, Schuldrecht, I. Bd., Allg. Teil, § 24 I, S. 334; Palandt-*Heinrichs*, § 276 Rdn. 105; *Schlechtriem*, VersR 1973, 581; Soergel-*Wolf*, § 276 Rdn. 4; Staudinger-*Löwisch*, Vorbem. zu §§ 275 ff. Rdn. 22; BGHZ 11, 84.

16 Heftige Kritik hieran insb. bei *Emmerich*, Leistungsstörungen, S. 225 f.

17 *Staub*, „Über die positiven Vertragsverletzungen und ihre Rechtsfolgen“ (September 1902) in: Guttentagsche Festgabe für den 26. Deutschen Juristentag; ders., „Die positiven Vertragsverletzungen“, Berlin 1904; Nachdruck beider Abhandlungen in: *Rudolf von Ihering*, Culpa in contrahendo, Bad Homburg/Berlin 1969. Hervorzuheben ist im zuletzt genannten Werk das Nachwort von *Eike Schmidt* (S. 131 ff.), welches einen kursorischen Überblick über die dogmatische Entwicklung gibt und neuere Tendenzen zum Gesamtkomplex positive Vertragsverletzung und culpa in contrahendo aufzeigt.

unterlassen sollte, oder eine Leistung, die er zu bewirken hat, zwar bewirkt, aber fehlerhaft[18]. *Staub* stellt somit das persönliche (positive) Tun in Relation zu einer - nach seiner Ansicht gesetzlich nicht geregelten - Verpflichtung zur Unterlassung der Verletzung einer Verbindlichkeit bzw. der fehlerhaften Bewirkung einer Leistung[19].

Als Folge eines solchen pflichtverletzenden Tuns bzw. einer Unterlassung leitet *Staub* ab, dass „in allen diesen Fällen der pflichtverletzende Teil die Verpflichtung hat, dem anderen Teil denjenigen Schaden zu ersetzen, der ihm durch die Pflichtverletzung erwachsen ist". An diese Feststellung schließt *Staub* die Kernfrage seiner Untersuchung an, wie sich ein solcher Rechtssatz begründen lässt[20].

Auf der Suche nach einer dogmatischen Begründung kritisiert er zunächst die u. a. auch vom Reichsgericht vertretene Ansicht, dass sich das vermeintliche Problem bereits über § 276 BGB lösen lasse, wonach der Verpflichtete Vorsatz und Fahrlässigkeit zu vertreten habe, was bedeute, dass derjenige, der seine Verpflichtung vorsätzlich oder fahrlässig verletze, dem anderen hierfür Schadensersatz zu leisten verpflichtet ist[21].

Staub verwirft hingegen diese Argumentation und beruft sich für die Notwendigkeit seiner Lehre der positiven Vertragsverletzung auf eine „naheliegende und zwingende Analogie des § 286 BGB"[22]. Danach bestehe zunächst ein Rechtsgrundsatz, wonach derjenige, der eine Verbindlichkeit durch eine Handlung schuldhaft verletze, dem anderen Teil den hierdurch entstehenden Schaden zu ersetzen habe[23]. Darüber hinaus erkennt er unter Berufung auf § 326 BGB in ebenso analoger Anwendung[24] dem Gläubiger - neben Schadensersatz im Einzelfall -

18 *Staub*, Über die positiven Vertragsverletzungen und ihre Rechtsfolgen (a. a. O., Fn. 17), S. 5. Hinweis des Verf.: Die in der vorliegenden Abhandlung vorgenommenen Seitenzitierungen erfolgen nach den der Originalausgaben von *Staub* (1902/1904), die auch im Nachdruck bei *Ihering* (a. a. O., Fn. 17) angegeben sind.

19 *Staub*, Über die positiven Vertragsverletzungen und ihre Rechtsfolgen (a. a. O., Fn. 17), S. 5.

20 *Staub*, Über die positiven Vertragsverletzungen und ihre Rechtsfolgen (a. a. O., Fn. 17), S. 6.

21 So die ständige Rechtsprechung des RG; siehe hierzu ausführlich unter II. 1. 3. 2. 1.

22 *Staub*, Über die positiven Vertragsverletzungen und ihre Rechtsfolgen (a. a. O., Fn. 17), S. 15.

23 *Staub*, Über die positiven Vertragsverletzungen und ihre Rechtsfolgen (a. a. O., Fn. 17), S. 15.

24 *Staub*, Über die positiven Vertragsverletzungen und ihre Rechtsfolgen (a. a. O., Fn. 17), S. 18 ff. (23).

auch die weitergehenden Rechte auf Rücktritt vom Vertrag oder Schadensersatz wegen Nichterfüllung des ganzen Vertrages zu[25].

1.3. Reflexion und Kritik der Staub'schen Lehre in Literatur und Rechtsprechung

1.3.1. Literatur

Die Feststellung von *Staub*, dass eine allgemeine, bei schuldhafter Verletzung von Vertragspflichten greifende Rechtsfolgebestimmung mit direkten Worten im BGB überhaupt nicht ausgesprochen ist[26], war prädestiniert, auf heftige Kritik zu stoßen. Dies insbesondere unter Berücksichtigung der Tatsache, dass das BGB zum Zeitpunkt der Veröffentlichung der Abhandlung von *Staub* im September 1902 gerade erst 21 Monate praktischer Anwendung aufweisen konnte. Zwar spricht *Staub* nicht von einer Lücke im Gesetz[27], jedoch macht er hinreichend deutlich, dass das Vermissen eines solchen allgemeinen Rechtsgrundsatzes in den Bestimmungen des Gesetzbuches „allerdings misslich" sei[28]. Wie bereits zuvor erwähnt, eröffnet sich so die Frage, ob in den Gesetzgebungsarbeiten und den Anfängen des BGB tatsächlich die von *Staub* genannten Rechtsfälle vernachlässigt oder übersehen wurden. Da zu dieser Thematik bereits zahlreiche Abhandlungen erschienen sind[29], soll hier eine lediglich kursorische Darstellung der ver-

---

25 Dies betrifft insbesondere die Fälle von Sukzessivlieferungsverträgen. Die differenzierende Betrachtung zu den Rechtsfolgen bei positiven Vertragsverletzungen, die grundlegend bereits in der Abhandlung *Staubs* „Über die positiven Vertragsverletzungen und ihre Rechtsfolgen" (dort S. 22) zum Ausdruck kommt, hebt *Staub* in der nachfolgenden Betrachtung „Die positiven Vertragsverletzungen" (dort S. 51 f.) nochmals hervor, indem er das dreifache Wahlrecht des Gläubigers - ähnlich der Regelungen beim Verzug - auf (1) Schadensersatz im Einzelfall, (2) Rücktritt vom Vertrag und (3) Schadensersatz wegen Nichterfüllung des gesamten Vertrages plastisch herausstellt.

26 *Staub*, Über die positiven Vertragsverletzungen und ihre Rechtsfolgen (a. a. O., Fn. 17), S. 6 (unten).

27 Vgl. mit dem Zitat einer „riesigen Lücke" aber *Emmerich*, Leistungsstörungen, S. 225, und *Stoll*, AcP 136, 257, 281; von einer solchen hat *Staub* hingegen in seinen beiden Hauptabhandlungen zur positiven Vertragsverletzung (siehe Fn. 17) nicht gesprochen.

28 *Staub*, Über die positiven Vertragsverletzungen und ihre Rechtsfolgen (a. a. O., Fn. 17), S. 7.

29 Zum Schrifttum in Anschluss an *Staub*, Die positiven Vertragsverletzungen und ihre Rechtsfolgen (a. a. O., Fn. 17) vgl. die Übersichten bei *Emmerich*, Leistungsstörungen, S. 220, und Staudinger-*Löwisch*, Vorb. zu §§ 275-283 Rdn. 20 ff.; hervor-

tretenen Meinungen erfolgen. Die zentrale Frage führt zurück auf die Entstehung und das Verständnis der Vorschrift des E I § 224 Abs. 1 BGB. Diese lautet:

„Der Schuldner ist verpflichtet, die nach dem Schuldverhältnis ihm obliegende Leistung vollständig zu bewirken. Er haftet nicht bloß wegen vorsätzlicher, sondern auch wegen fahrlässiger Nichterfüllung seiner Verbindlichkeit."

Systematisch war die Vorschrift dem zweiten Titel des BGB mit der Überschrift „Inhalt der Schuldverhältnisse" zugeordnet und bildete hier die Eingangsnorm unter dem ersten Abschnitt „Verpflichtung zur Leistung"[30]. In den Motiven zum E I BGB wird im Rahmen des § 224 E I ausgeführt, dass die Verpflichtung des Schuldners zur Bewirkung der ihm obliegenden Leistung zwar an sich selbstverständlich sein sollte, man hingegen einen ausdrücklichen Hinweis hierauf als nicht unnötig erachte[31]. Hervorgehoben wird, dass die Verpflichtung ihrem ganzen Umfange nach, insbesondere auch in Ansehung aller Nebenpunkte, zu erfüllen sei[32]. Im Übrigen betonte man ausdrücklich, dass die Vorschrift die Haftung des Schuldners für jede Fahrlässsigkeit begründe[33]. Die Vorschrift des E I § 224 BGB gestaltete sich somit nach den Erwägungsgründen der Verfasser in der Tat als Anspruchsnorm. Jedenfalls soweit man aus dem Verb „begründen" ableiten möchte, dass dies eine Rechtsfolgeanordnung zum Ausdruck bringen soll. Soweit die Nebenpunkte der Verpflichtung erwähnt werden, wird im Entwurf jedoch eine Definition unterlassen, was unter dem Begriff „Nebenpunkte" zu verstehen sein soll. Es liegt hingegen gedanklich nicht allzu fern, dass hiermit eben solche Pflichten gemeint sein könnten, die zwar nicht ausdrücklich Vertragsinhalt, aber dennoch dem Vertrag implizit sind, wie z. B. die Verpflichtung, den Gläubiger

---

zuheben sind insbesondere die Abhandlungen von *Harting*, Die positiven Vertragsverletzungen in der neueren deutschen Privatrechtsgeschichte, 1967; *Himmelschein*, Erfüllungszwang und Lehre von den positiven Vertragsverletzungen, AcP 135 (1932), S. 255 ff.; *Kotulla*, Die historischen Voraussetzungen für die Entstehung des Rechtsinstituts der „positiven Forderungsverletzung" im 19. Jahrhundert, SavZRG (Germ. Abt.) 108 (1991), S. 358 ff.; *Stoll*, Abschied von der Lehre von der positiven Vertragsverletzung, AcP 136 (1932), S. 257 ff; *Westhelle*, Nichterfüllung und positive Vertragsverletzung (1978), und *Picker*, Positive Forderungsverletzung, AcP 183 (1983), S. 369 ff.

30 Von der Systematik entspricht § 224 E I BGB damit der Zuordnung der heutigen §§ 241, 242 und 276 BGB als Teilvorschriften des ersten Titels (Verpflichtung zur Leistung) zum ersten Abschnitt (Inhalt der Schuldverhältnisse) des zweiten Buches des BGB i. d. F. vom 18. August 1896, RGBl. S. 195.

31 Vgl. Motive, Bd. II, S. 26.

32 Vgl. Motive, Bd. II, S. 26.

33 Vgl. Motive, Bd. II, S. 27. In Zusammenhang mit Ausführungen zur Beschränkung der Haftung z. B. bei Schenkung und Leihe wird ausgeführt: „Im übrigen ist (§ 224 Abs. 1) überall die Haftung des Schuldners für jede Fahrlässigkeit begründet".

nicht an anderen Rechtsgütern zu schädigen[34]. Unter Zugrundelegung dieses Verständnisses hätte *Staub* wahrscheinlich keinen Ansatz zur Kritik gefunden[35]. Allerdings, wie man an der Formulierung des heutigen Gesetzeswortlautes unschwer erkennt, kam es zu einer Aufspaltung des § 224 E I BGB[36] in die §§ 242 und 276 BGB. § 242 BGB spricht hingegen nicht mehr von einer „vollständigen Bewirkung einer Leistung", sondern lediglich von einer „Bewirkung, wie Treu und Glauben mit Rücksicht auf die Verkehrssitte es erfordern". § 276 Abs. 1 BGB definiert in S. 2 den Fahrlässigkeitsbegriff und ordnet in S. 1 an, dass der Schuldner Vorsatz und Fahrlässigkeit „zu vertreten" habe.

Fraglich ist somit, ob nun tatsächlich eine Lücke im Gesetz für solche Fälle festzustellen ist, in denen der Schuldner etwas tut, was er unterlassen soll oder eine Leistung, die er zu bewirken hat, schlecht erfüllt[37]. Bevor auf die Argumentation der Hauptkritiker[38] *Staubs* näher eingegangen wird, sei im Ergebnis so viel vorweggenommen: Unabhängig davon, aus welcher Rechtsnorm des heutigen BGB man eine Haftung für diese Fälle herauslesen möchte, explizit ist diese nirgends erwähnt.

1.3.1.1. Historische Literaturstimmen

Bereits vor der Veröffentlichung der Abhandlung von *Staub* versuchte *Crome* das Bestehen eines allgemeinen Schadensersatzgrundsatzes aus § 276 BGB herzuleiten, indem er vorbrachte: „Der Inhalt der Verpflichtung beschränkt sich meist darauf, dass ein gewisses Maß von Sorgfalt auf die Erfüllung verwendet werde. Ihre Außerachtlassung (Vorsatz, Fahrlässigkeit) macht also schadensersatzpflichtig"[39]. Eine nähere Begründung für diese Deduktion lässt *Crome* hingegen vermissen. In Zustimmung zu *Staub* muss *Crome* daher entgegengehalten werden,

---

34 Im Sinne dieser Interpretation wohl *Himmelschein*, AcP 135, 255, 290 (oben) und *Westhelle*, Nichterfüllung und positive Vertragsverletzung, S. 19.

35 Siehe hierzu auch *Emmerich*, Leistungsstörungen, S. 7, mit der Feststellung, dass jedenfalls der erste Entwurf (E I) zum BGB keine Lücke hinsichtlich der heute unter dem Institut der positiven Vertragsverletzungen zusammengefassten Fälle enthalten hat.

36 Zur Kritik an den heute nur noch schwer zu erklärenden Eingriffen der Redaktionskommission in den Entwurf E I und den damit hervorgerufenen Unklarheiten im Rahmen der Lehre von Unmöglichkeit und Unvermögen vgl. *Emmerich*, Leistungsstörungen, S. 8, 224 f., jeweils m. w. N.

37 In der Formulierung so die Eingangsfeststellung von *Staub*, Über die positiven Vertragsverletzungen und ihre Rechtsfolgen (a. a. O., Fn. 17), S. 5.

38 Als solche sind hervorzuheben *Himmelschein* und *Stoll*.

39 So *Crome*, System des Bürgerlichen Rechts, Bd. II, S. 65; im Ergebnis § 276 BGB ebenso als Rechtsfolgeanordnung ansehend später *Stoll*, AcP 136, 257, 280.

dass so noch nicht bewiesen ist, dass § 276 eine selbstständige Haftungs- und Rechtsfolgeanordnung darstellt[40]. Sollte § 276 BGB tatsächlich so zu verstehen sein, würde dies in der Tat z. B. § 286 BGB überflüssig erscheinen lassen[41]. Als Rechtsfolgeanordnung bei Erfüllung der Voraussetzungen des Verzuges nach §§ 284, 285 BGB könnte direkt § 276 BGB herangezogen werden; der gesonderte Hinweis in § 286 BGB, dass der Schuldner dem Gläubiger den Verzugsschaden zu ersetzen habe, erschiene als Pleonasmus. Für *Cromes* Ansicht spricht indessen, dass diese vom Reichsgericht in ständiger Rechtsprechung[42] vertreten wurde. So z. B. auch in dem bereits eingangs erwähnten Pferdefutterfall[43].

Goldmann und *Lilienthal*[44] verfolgen einen anderen Ansatz als *Staub* und versuchen, die Begründung einer allgemeinen Schadensersatzverpflichtung aus den positiven Bestimmungen des BGB abzuleiten, namentlich der Vorschrift des § 280 Abs. 1 BGB über die Haftung bei zu vertretender Unmöglichkeit[45]. In ihrer Darstellung des BGB argumentieren sie, dass sich die in der genannten Vorschrift beschriebene Unmöglichkeit der Leistung auf jeden Bestandteil der Verbindlichkeit des Schuldners beziehen könne. Dies seien Gegenstand, Zeit und Ort der Leistung. Werde eine Handlung nicht so vorgenommen, wie sie geschuldet ist, sei die Leistung insoweit unmöglich[46]. Stelle z. B. ein Gesellschafter eine falsche Bilanz auf, sei damit die Aufstellung einer richtigen Bilanz unmöglich; dies zumindest für den Zeitpunkt, für den sie hätte aufgestellt werden sollen (zeitweise Unmöglichkeit). Dieses Beispiel nimmt wiederum *Staub* zum Anlass seiner Kritik an der gedanklichen Konstruktion: Das Vorlegen einer fahrlässigerweise unrichtig erstellten Stichtagsbilanz führe nicht zur Unmöglichkeit der Vorlage einer richtigen Bilanz, denn diese könne durchaus auch nachträglich noch vollkommen korrekt aufgestellt werden[47]. Hierbei moniert *Staub* vor allem die Rechtskonstruktion der zeitweisen Unmöglichkeit, die nach *Goldmann/Lilienthal* immer dann vorliegen soll, wenn eine Leistungserfüllung zu der Zeit, zu der sie erfolgen

---

40 *Staub*, Über die positiven Vertragsverletzungen und ihre Rechtsfolgen (a. a. O., Fn. 17), S. 7.

41 In der Argumentation so *Staub*, Über die positiven Vertragsverletzungen und ihre Rechtsfolgen (a. a. O., Fn. 17), S. 8.

42 So z. B. in RGZ 52, 18 (19); 53, 200 (201 f.); 62, 119 (120); 106, 22 (25 f.).

43 RGZ 66, 289, 291.

44 *Goldmann/Lilienthal*, Das Bürgerliche Gesetzbuch - systematisch dargestellt, 2. Aufl., Bd. I.

45 *Goldmann/Lilienthal* (a. a. O., Fn. 44), S. 333.

46 Nach *Goldmann/Lilienthal* (a. a. O., Fn. 44), S. 333 involviert jede schuldhafte Nichterfüllung der Schuldnerpflicht eine zu vertretende Unmöglichkeit und folglich eine Verpflichtung zum Schadensersatz.

47 *Staub*, Über die positiven Vertragsverletzungen und ihre Rechtsfolgen (a. a. O., Fn. 17), S. 11.

soll, nicht erfolgt[48]. Der Kritik *Staubs* ist in diesem Punkt sicherlich beizupflichten, denn wäre diese Konstruktion der zeitweisen Unmöglichkeit korrekt, bräuchte es in der Tat das Rechtsinstitut des Verzuges nicht mehr; denn jeder Verzug beinhaltet danach eine zeitweise Unmöglichkeit. So bezeichnet er auch abschließend den Versuch von *Goldmann* und *Lilienthal* als missglückt, die Verpflichtung zum Schadensersatz bei Vertragsverletzungen aus den ausdrücklichen Bestimmungen des Gesetzes herzuleiten[49].

Die erste Woge der Kritik ebbte zu Ende des Jahrzehnts des Erscheinens der Abhandlungen von *Staub* ab. Danach ist in der Literatur über rund zwei Dekaden ein gewisser Ruhezustand zu verzeichnen. Im Jahr 1932, mithin exakt dreißig Jahre nach der Veröffentlichung von *Staub* sollte die Kritik dafür umso heftiger wieder aufleben. Der Angriff erfolgte gleich von zwei Seiten: Anfang 1932 erschien die Abhandlung von *Himmelschein*[50] „Erfüllungszwang und Lehre von der positiven Vertragsverletzung"; diese wurde im Dezember 1932 gefolgt von der Abhandlung *Stolls* mit dem aussagekräftigen Titel „Abschied von der Lehre von der positiven Vertragsverletzung"[51].

Himmelscheins Vortrag gründet im Wesentlichen auf der Entstehungsgeschichte des § 276 BGB und einem weiten Verständnis des Unmöglichkeitsbegriffes; eine Gesetzeslücke im Hinblick auf Fälle der positiven Vertragsverletzung sieht er nicht[52]. Den Leistungsbegriff möchte *Himmelschein* als individualisiert und - im Gegensatz zu *Staub* - nicht gegenständlich verstanden wissen[53]. Diese Interpretation läuft auf den bereits von *Mommsen* geprägten Begriff der Teilunmöglichkeit hinaus[54]. Unter Berücksichtigung der Entstehungsgeschichte des § 276 Abs. 1 S. 1 BGB gelangt *Himmelschein* zu der Überzeugung, dass § 276 Abs. 1 BGB ein „normaler Rechtssatz mit Tatbestand und Rechtsfolge" sei[55]. Tatbestand sei § 276 Abs. 1 S. 2 als eine mögliche Form der „Definition der zivilrechtlichen Schuld"; Rechtsfolge sei die in § 276 Abs. 1 S. 1 enthaltene Wendung „hat ... zu", die als Befehl zur Sanktionierung eines vorsätzlichen oder fahrlässigen Verhaltens des Schuldners verstanden wird[56]. Dennoch weist *Himmel-*

---

48 *Goldmann/Lilienthal* (a. a. O., Fn. 44), S. 333.

49 *Staub*, Über die positiven Vertragsverletzungen und ihre Rechtsfolgen (a. a. O., Fn. 17), S. 12.

50 *Himmelschein*, AcP 135, 255 ff.

51 *Stoll*, AcP 136, 257 ff.

52 *Himmelschein*, AcP 135, 255, 271 ff.

53 *Himmelschein*, AcP 135, 255, 282; kritisch hierzu *Stoll*, AcP 136, 257, 273.

54 *Mommsen* (Beitr. zum Obligationenrecht), Die Unmöglichkeit der Leistung in ihrem Einfluss auf obligatorische Verträge, S. 8 f., 153 ff.; ders., Die Lehre von der Mora, S. 13 ff., 178 ff.

55 *Himmelschein*, AcP 135, 270 f.; zustimmend *Stoll*, AcP 136, 257, 280.

56 *Himmelschein*, AcP 135, 271.

schein darauf hin, dass „Vertreten-müssen" oder „Haften" nicht automatisch „Schadensersatz leisten" bedeutet[57]. Er möchte hier nach Arten der Haftung[58] differenzieren, für die das Wort „vertreten" lediglich ein Oberbegriff sei. Wegen der Art des Haftungsausgleichs bei § 276 Abs. 1 BGB verweist er sodann auf § 280 bzw. § 325 BGB[59]. Danach könne der Gläubiger, *soweit* die Leistung unmöglich ist, Schadensersatz begehren. Demzufolge sei eine Ersatzleistung grundsätzlich subsidiär zu einer noch möglichen Naturalleistung[60]. Die Vorschriften der §§ 276, 280 BGB sieht er in einem Gegenseitigkeitsverhältnis mit dem Zweck, dass auf der einen Seite der Gläubiger vollständig befriedigt wird (§ 276 BGB) und auf der anderen Seite die Priorität der Natural- bzw. Primärleistung vor der Ersatzleistung (§ 280 BGB) Beachtung findet[61]. Im Ergebnis löst damit auch *Himmelschein* Fälle der positiven Vetragsverletzung nicht allein über § 276 BGB[62], den er schlussendlich als Blankettnorm[63] verstanden wissen will, und der so nur mit anderen Normen (z. B. §§ 280, 286 BGB) bestimmte Rechtsfolgen auszulösen vermag, sondern über den von ihm nicht gegenständlich aufgefassten Unmöglichkeitsbegriff[64].

Während *Himmelscheins* Kritik an der *Staub'schen* Lehre noch als moderat formuliert bezeichnet werden kann, kann dies über die im Dezember 1932 erschienene Abhandlung von *Stoll*[65] nicht statuiert werden. Bereits in seiner Einleitung sagt *Stoll* nach einem - immerhin - die Verdienste von *Staub* würdigenden vorausgehenden Satz, dass die Lehre von der positiven Vertragsverletzung historisch betrachtet kein Ruhmesblatt der deutschen Rechtswissenschaft sei, und es an der Zeit wäre, endgültig Abschied von ihr zu nehmen[66]. Dennoch gesteht er zu, dass die von *Staub* vorgetragenen Fälle in der gemeinrechtlichen Literatur wie in den Gesetzgebungsarbeiten vernachlässigt worden seien[67]. Zunächst schließt sich *Stoll* der insoweit als überzeugend gewerteten Grundfeststellung *Himmelscheins* an, dass § 276 BGB zwar eine Rechtsfolge anordne (der Schuld-

57 *Himmelschein*, AcP 135, 272; hierin unterscheidet sich die Ansicht *Himmelscheins* deutlich von der *Cromes* (a. a. O., Fn. 39, S. 64 f.), der in § 276 eine Rechtsfolge- und Haftungsanordnung zum Schadensersatz erkennt.
58 *Himmelschein*, AcP 135, 255, 271.
59 *Himmelschein*, AcP 135, 255, 273.
60 *Himmelschein*, AcP 135, 255, 273.
61 *Himmelschein*, AcP 135, 255, 273.
62 Vgl. hierzu auch *Westhelle*, Nichterfüllung und positive Vertragsverletzung, S. 18.
63 *Himmelschein*, AcP 135, 255, 273.
64 Mit deutlicher Kritik an dieser Auffassung *Stoll*, AcP 136, 257, 280
65 *Stoll*, Abschied von der Lehre von der positiven Vertragsverletzung, AcP, 136, 257 ff.
66 *Stoll*, AcP 136, 257, 260.
67 *Stoll*, Acp, 136, 257, 269, 278 f.

ner haftet), allerdings nicht gleichzeitig die Verpflichtung zum Schadensersatz als Folge dieser Haftung ausspreche[68]. Zur Präzisierung: § 276 enthalte einen Haftungsgrund (an sit actio), gebe aber die Haftungsform (quae sit actio) nicht an[69]. Während *Himmelschein* jedoch für Fälle der positiven Vertragsverletzung eine Lücke im Gesetz entschieden bestreitet[70], konstatiert *Stoll*, dass zwar Unmöglichkeit und Verzug geregelt seien, aber dennoch „große Gruppen von Ereignissen, die sich der Erbringung der Leistung entgegenstellen", überhaupt außer Acht gelassen wurden[71]. Allerdings betrachtet *Stoll* die so festgestellte Lücke im Gesetz als nicht so gravierend, denn schließlich enthalte das BGB den allgemeinen Grundsatz, dass jede vorsätzliche oder fahrlässige Verletzung einer Verbindlichkeit zum Ersatz des daraus entstehenden Schadens verpflichte[72]. Dieses Grundprinzip ergibt sich nach *Stoll* zum einen unmittelbar aus § 276 BGB, zum anderen solle es sich aus den Wertungen herleiten, die den einzelnen gesetzlichen Vorschriften zugrunde liegen[73]. Aufbauend auf der Feststellung einer - wenn auch nicht schwerwiegenden - Gesetzeslücke und der Erkenntnis der Notwendigkeit der Schliessung derselben entwickelt Stoll unter Kritik an der von *Staub* gewählten Bezeichnung „positive Vertragsverletzung"[74] im weiteren ein eigenes System der „Forderungsverletzungen"[75]. Gleichzeitig bezeichnet er es als syste-

---

68 *Stoll*, AcP, 136, 257, 280: „ ... die Ausführungen von *Himmelschein* ... beweisen überzeugend, dass § 276 eine Rechtsfolge anordnet: der Schuldner haftet. Allerdings unmittelbar ist in § 276 die Verpflichtung zum Schadensersatz als Folge dieser Haftung nicht ausgesprochen, wenn auch der Schluss auf den Ersatzanspruch in Ermangelung sonstiger spezieller Normen sehr leicht ist."

69 *Stoll*, AcP 136, 257, 281.

70 Vgl. so im Ergebnis *Himmelschein*, AcP 135, 255, 308: „Die Mängel des Gesetzes bestehen nicht in seiner Lückenhaftigkeit, sondern in der Dunkelheit seiner Bestimmungen."

71 *Stoll*, AcP 136, 257, 281.

72 *Stoll*, AcP 136, 257, 281.

73 *Stoll*, AcP 136, 257, 282; insoweit konform gehend mit *Staub*, Die positiven Vertragsverletzungen (a. a. O., Fn. 17), S. 6.

74 *Stoll*, AcP 136, 257, 314 f.

75 Das von *Stoll* begründete System der Lehre von den Forderungsverletzungen stellt im Wesentlichen auf die Interessen der Obligationspartner ab. Unter dem Interessenbegriff der Obligation differenziert *Stoll* (direkte) Leistungsinteressen und (sonstige) Schutzinteressen. Unter Leistungsinteressen werden Interessenvereitelung und Interessensbeeinträchtigung subsumiert. Die Verletzung von Schutzinteressen beinhalten nach *Stoll* die Tatbestände der Zuwiderhandlung gegen Unterlassungspflichten, die mangelhafte oder Schlechterfüllung, die Gefährdung des Vertragszwecks, die mangelhafte Einzelleistung bei Sukzessivlieferungsverträgen sowie schlussendlich die Erfüllungsverweigerung. Vgl. hierzu *Stoll*, AcP 136, 257, 287 ff.

matisch verfehlt, dass die sog. positiven Vertragsverletzungen als dritte Gruppe der Leistungsstörungen neben Unmöglichkeit und Verzug gestellt werden[76].

Kritisch betrachtet unterscheidet sich die Lehre *Stolls* nur wenig von der *Staubs*. Beide sehen unter der Prämisse eines dem Gesetz innewohnenden Grundsatzes, wonach Rechtsfolge der schuldhaften Verletzung einer bestehenden Verbindlichkeit die Verpflichtung zum Schadensersatz ist[77], dass nicht alle Fälle der Leistungsstörung gesetzlich positiv geregelt sind[78], und kommen so zur Feststellung des Bestehens einer Lücke[79] im Gesetz. Diese Lücke wird mit den jeweils eigenen Rechtsfiguren[80], die beide eng an die Kategorien des Schuldrechts (Unmöglichkeit, Verzug) angelehnt sind, zu schließen versucht. Identisch sind auch das Verständnis von *Staub* und *Stoll* zum gegenständlichen Unmöglichkeitsbegriff[81]. Unterschiedlich allerdings die Interpretation von § 276 BGB als Definition

---

76 *Stoll*, AcP 136, 257, 314.

77 Vgl. die Formulierung von *Staub*: „ ... daß ein Rechtsgrundsatz besteht, wonach derjenige, der eine Verbindlichkeit durch eine positive Handlung schuldhaft verletzt, dem anderen Teil den hierdurch entstehenden Schaden zu ersetzen hat" (*Staub*, a. a. O., Fn. 17, S. 6) und die Formulierung von Stoll: „ ... das grundlegende Werturteil des Gesetzes: jede schuldhafte Forderungsverletzung verpflichtet zum Schadensersatz, steht außer Zweifel ..." (*Stoll*, AcP 136, 257, 281).

78 Vgl. *Staub*, Über die positiven Vertragsverletzungen und ihre Rechtsfolgen (a. a. O., Fn. 17), S. 5 f. mit seiner Frage nach den gesetzlichen Bestimmungen für die von ihm genannten Beispiele und *Stoll*, AcP 136, 257, 282 mit seinen Feststellungen „ ... insoweit (Bezug nehmend auf die Lücke im Gesetz [Anm. des Verf.]) ist in der Tat unser Gesetz ergänzungsbedürftig" und „Die von *Staub* vorgetragenen Fälle sind sowohl in der gemeinrechtlichen Literatur wie in den Gesetzgebungsarbeiten und dem an sie anschließenden Schrifttum vernachlässigt worden" (*Stoll*, a. a. O., S. 269).

79 *Staub*, Über die positiven Vertragsverletzungen und ihre Rechtsfolgen (a. a. O., Fn. 17), S. 7: „Denn es ist allerdings mißlich, einen allgemeinen Rechtsgrundsatz von so eminenter praktischer Tragweite in den Bestimmungen des Gesetzes zu vermissen"; ähnlich auch hier wiederum *Stoll*, AcP 136, 257, 281, der zwar nicht von einer Lücke im Gesetz sprechen möchte, hingegen hervorhebt, dass der Mangel des Gesetzes darin bestehe, dass es bestimmte Fälle in ihrer Eigenart und allgemeinen Bedeutung nicht erkannte und sich über die verschiedenen Erscheinungsformen der Vertragsverletzungen nicht genügend klar geworden sei.

80 *Staubs* „Positive Vertragsverletzungen" versus *Stolls* „Lehre von den Forderungsverletzungen".

81 Vgl. *Staub*, Über die positiven Vertragsverletzungen und ihre Rechtsfolgen (a. a. O., Fn. 17), S. 10, wonach Unmöglichkeit das „Unterbleiben der geschuldeten positiven Leistung" ist; ähnlich *Stoll*, AcP 136, 257, 280: „Die Unmöglichkeitsvorschriften sind nicht auf jeden Fall der Nichterfüllung gemünzt, sondern betreffen nur die gegenständliche Unmöglichkeit."

der zivilrechtlichen Schuld (*Staub*[82]) und das Verständnis der Norm als Rechtsfolgeanordnung (*Stoll*[83]). Unbenommen ist *Stoll* zuzugestehen, dass er die für die Problematik in Frage kommenden Fallkonstellationen in geradezu vorbildlicher Weise kategorisiert. Die Unterlassung einer Systematik[84] kann *Staub* zwar zum Vorwurf gemacht werden, schmälert aber seinen Verdienst nur wenig.

1.3.1.2. Aktuelle Meinungen und Tendenzen

In neuerer Zeit ist zur Problematik der Lehre der positiven Vertragsverletzung u. a. eine umfangreiche Abhandlung von *Westhelle*[85] erschienen, die jedoch zur Thematik nichts wesentlich Neues beigetragen hat. Die Untersuchung widmet sich im Kern der Frage, ob sich nicht doch aus dem Gesetz heraus viele Typen der positiven Vertragsverletzung einer zufrieden stellenden Lösung zuführen lassen[86]. Ausgehend von der geschichtlichen Entwicklung des § 224 E I BGB bestätigt *Westhelle* die Untersuchungen *Himmelscheins* und dessen Verständnis von § 276 BGB als Blankettnorm bzw. Haftungsanordnung[87]. Auf dieser Erkenntnis aufbauend erfolgt die Erörterung der Frage, ob so allen von § 276 erfassten Fällen über die Vorschriften von Unmöglichkeit und Verzug eine konkrete Rechtsfolge zugewiesen werden kann. Diese Frage wird unter Anwendung eines im Ergebnis weiten Unmöglichkeitsbegriffes[88] schließlich bejaht mit Ausnahme der Fälle, in denen ein Begleitschaden geltend gemacht wird[89]. Ausschließlich für diese Kategorie seien, so *Westhelle*, Unmöglichkeit und Verzug unbrauchbar, so

---

82 *Staub*, Über die positiven Vertragsverletzungen und ihre Rechtsfolgen (a. a. O., Fn. 17), S. 7 sowie ders., Die positiven Vertragsverletzungen (a. a. O., Fn. 17), S. 31.

83 Vgl. *Stoll*, AcP 136, 257, 280 f.

84 Eine übersichtliche Zusammenstellung der Grundfälle *Staubs* findet sich später u. a. bei *Westhelle*, Nichterfüllung und positive Vertragsverletzung, S. 11; Kritik an der mangelhaften Systematik *Staubs* übt bereits *Stoll*, AcP 136, 257, 286.

85 *Westhelle*, Nichterfüllung und positive Vertragsverletzung, Diss., 1977.

86 *Westhelle*, S. 10.

87 *Westhelle*, S. 29: „Die Entstehungsgeschichte des § 276 Abs. 1 S. 1 bestätigt somit in allen Punkten die Auslegung *Himmelscheins* als „Blankettnorm" oder - anders ausgedrückt - als *allgemeine Haftungsanordnung* für schuldhafte Nichterfüllung, die die Anordnung der konkreten Rechtsfolgen anderen spezielleren Vorschriften überlässt."

88 *Westhelle*, S. 46 ff., setzt Unmöglichkeit und Verzug in Abhängigkeit vom Begriff der „Leistung", wobei die Definition des Leistungsbegriffes notwendig der Frage nach Unmöglichkeit oder Verzug vorgelagert sein müsse. In Anlehnung an *Himmelschein* versteht auch *Westhelle* unter Leistung schließlich nicht nur die gegenständliche Erbringung derselben, sondern alle damit zusammenhängenden Komponenten wie Ort, Zeit und letztlich den Leistungserfolg (S. 62).

89 Im Ergebnis so *Westhelle*, S. 93.

dass auf das Rechtsinstitut der positiven Vertragsverletzung zurückgegriffen werden müsse[90]. Resümierend stellt *Westhelle* im Gesamtergebnis keinen Unterschied zwischen seinen Lösungen und den Lösungen, die nach der *Staub'schen* Rechtfigur vorgenommen werden fest, so dass „es jedem unbenommen sei, die Lösung eines Streitfalles auf dem einen oder anderen Wege herzuleiten“[91].

Als aktuelle Tendenz darf im Zusammenhang mit dem Rechtsinstitut der positiven Vertragsverletzung ein Hinweis auf die inzwischen recht weit fortgeschrittenen Arbeiten zur Reform des Schuldrechts nicht fehlen. Die mit der Überarbeitung befasste Kommission hat hierzu insbesondere eine Neuordnung des allgemeinen Leistungsstörungsrechts vorgeschlagen, dessen grundlegende Konturen sich nicht unerheblich vom jetzigen Rechtszustand unterscheiden[92]. Allerdings ist kein grundlegender Systemwandel beabsichtigt. Ziel ist es, eine vereinfachte Anwendung des Gesetzes dadurch zu erreichen, dass die Voraussetzungen und die Rechtsfolgen der Leistungsstörungsansprüche vereinheitlicht werden. So soll künftig - wobei eine Umsetzung der Kommissionsentwürfe recht wahrscheinlich ist - unter Beibehaltung des Tatbestandes des Verzuges und des § 276 BGB die Unmöglichkeit als zentrale Figur des Leistungsstörungsrechts abgelöst werden. Gleichzeitig ist beabsichtigt, u. a. die Institute der positiven Vertragsverletzung und der culpa in contrahendo in den Normkomplex einzubeziehen. Die Erreichung dieses Zieles soll im Wesentlichen durch die Schaffung eines übergreifenden Leistungsstörungstatbestandes - § 280 BGB-KE - bewirkt werden[93]. Die

---

90 *Westhelle*, S. 118, unter Kritik an *Herholz*, AcP 130, 257 ff. und *Canaris*, Die Vertrauenshaftung im deutschen Privatrecht, deren Lehren zwar zu befriedigenden Ergebnissen führten, aber systematisch nicht überzeugend seien.

91 *Westhelle*, S. 106.

92 Der auf den Vorarbeiten der Schuldrechtskommission beruhende Diskussionsentwurf eines Schuldrechtsmodernisierungsgesetzes des Bundesministeriums der Justiz mit Stand 4.8.2000 ist bisher nicht veröffentlicht, kann aber über das Internet unter www.bmj.bund.de/ggv/eschurmo.pdf abgerufen werden. Die sich auf das allg. Leistungsstörungsrecht beziehenden Vorschriften sind abgedruckt in ZIP 2000, 2179.

93 Vgl. das Informationspapier des Bundesministeriums der Justiz zum Entwurf eines Schuldrechtsmodernisierungsgesetzes, S. 14 ff., und den Diskussionsentwurf zum Gesetz, S. 16 ff. Siehe hierzu jüngst etwa *Schmidt-Räntsch*, ZIP 2000, 1639, 1641. Zu den Auswirkungen des Schuldrechtsmodernisierungsgesetzes auf das Haftungsinstitut der positiven Vertragsverletzung instruktiv *Wertheimer/Eschbach*, JuS 1997, 605, 609 f. Auch wenn der Gesetzentwurf „keinen grundlegenden Systemwandel“ (vgl. so das Informationspapier zum Entwurf, S. 7) beabsichtigt, greift dieser erheblich in das hergebrachte Leistungsstörungsrecht ein. Dies führt naturgemäß zu einem nicht ungeteilten Echo; aus der umfangreichen Literatur siehe nur *Brüggemeier/Reich*, BB 2001, 213; *Dauner-Lieb*, JZ 2001, 8; *Ernst*, ZRP 2001, 1; *Ernst/Gsell*, ZIP 2000, 1410; *Honsell*, JZ 2001, 18; *Huber*, ZIP 2000, 2273; *Krebs*, DB 2000, Beilage 14; *Maier-Reimer*, AnwBl 2001, 25; *Wetzel*, ZRP 2001, 117.

Entwurfsvorschrift besagt, dass, soweit ein Schuldner eine Pflicht aus dem Schuldverhältnis verletzt und dies zu vertreten hat, der Gläubiger deswegen Schadensersatz verlangen kann. Die derzeit unter die Figur der positiven Vertragsverletzung zu subsumierenden Konstellationen würden also zukünftig von der genannten neuen Norm mit der Überschrift „Schadensersatz bei Pflichtverletzung" erfasst. Dennoch würde das nur eine begriffliche Verabschiedung der Lehre der positiven Vertragsverletzung nach sich ziehen[94]. Dogmatisch bedeutete dies die Anerkennung der Notwendigkeit der Figur und - was schwerer wiegt - es avanciert der Wesensgehalt der Lehre von der positiven Vertragsverletzung zum Kernstück des allgemeinen Leistungsstörungsrechts. Aus dieser Erkenntnis folgt für die vorliegende Untersuchung Entscheidendes: Die Ergebnisse werden - auch bei geänderter Nomenklatur - weiterhin Geltung beanspruchen.

In der bisherigen Betrachtung erfolgte eine Darstellung der wichtigsten Literaturstimmen zur Rechtsfigur der positiven Vertragsverletzung[95]. Teilweise wurden dabei bereits kritische Kommentierungen des Verfassers angemerkt. Darauf aufbauend wird sogleich unter II. 1. 4. eine eigene Rechtsmeinung zum Spannungsfeld zwischen § 276 BGB und dem Rechtsinstitut der positiven Vertragsverletzung entwickelt. Zur Vervollständigung des Gesamtbildes bedarf es jedoch zuvor eines Blickes auf die einschlägige höchstrichterliche Rechtsprechung.

1.3.2. Rechtsprechung

1.3.2.1. Reichsgericht

Wie bereits kurz erwähnt, löste das Reichsgericht Fälle der von *Staub* beschriebenen positiven Vertragsverletzungen über die Anwendung des § 276[96]. Dies trifft auch auf die Zeit nach Veröffentlichung der Abhandlung von *Staub* im September 1902 zu. So äußerte sich das RG in einer Entscheidung vom Dezember 1902[97] dahingehend, dass zwar ein allgemeiner Rechtsgrundsatz des Inhaltes, dass durch schuldhafte Verletzung einer bestehenden Verbindlichkeit die Verpflichtung zum Schadensersatz begründet werde, im Bürgerlichen Gesetzbuch

---

94 So auch *Wertheimer/Eschbach*, JuS 1997, 609.

95 Auf die Darstellung weiterer Rechtsansichten, die im Wesentlichen nur modifizierte Denkansätze aufweisen, wird bewusst verzichtet. Zu nennen sind in diesem Zusammenhang etwa *Krückmann*, Positive Vertragsverletzungen; AcP 101 (1907), 190 ff.; *Schöller*, Die Folgen schuldhafter Nichterfüllung, in: *Gruchot*, Bd. 46, S. 20 ff., sowie *Zitelmann*, in: Festgabe für *Paul Krüger*, Nichterfüllung und Schlechterfüllung (1911), S. 265 ff.

96 Vgl. RGZ 52, 18; 53, 200; 62, 119; 66, 289; 99, 96; 106, 22.

97 RGZ 53, 200, 202 (Urt. v. 19.12.1902).

nicht aufgestellt ist, sich derselbe aber aus § 276 ergebe. Ausdrücklich wird betont, dass unter Vertreten von Vorsatz und Fahrlässigkeit i. S. d. § 276 BGB die *Haftung* desjenigen verstanden werden müsse, welcher vorsätzlich oder fahrlässig seine Pflichten verletzt habe. Diese Ausführungen des Gerichtes schließen inhaltlich an die eingangs zitierte Entscheidung des gleichen Senats des Reichsgerichts vom 13. Juni 1902[98] an. Aus heutiger Sicht kann mangels Auseinandersetzung in der Urteilsbegründung der Entscheidung vom 19. Dezember 1902 nicht gesagt werden, ob das RG die Publikation von *Staub* schlichtweg übersehen hatte, oder aber für nicht erörterungswürdig hielt. Für die letztgenannte Interpretation würde sprechen, dass das Reichsgericht die Rechtsfigur von *Staub* erst später[99] und auch dann nur sehr zögerlich[100] der Erwähnung wert befunden hat. Insofern ist Staub mit seiner bereits 1904 geäußerten Feststellung widerlegt, dass sich

---

98 RGZ 52, 18, 19; bereits hier urteilte das RG, dass bei einem Vertragsverhältnis neben der Wandelung ein Schadensersatzanspruch bestehen und geltend gemacht werden kann, wenn die eine Vertragspartei schuldhafterweise ihre Vertragspflicht verletzt hat und hierdurch bei der anderen Partei ein Schaden verursacht wird, der in der Wirkung der Wandelung „nicht seine Deckung" findet. Weite führt das RG aus: „Es folgt dieses aus § 276 BGB ... Wollte man diesen Schluss nicht zulassen, so würde der einen allgemeinen Grundsatz aussprechende § 276 erheblich an Bedeutung verlieren, was nicht als von dem Gesetze gewollt angenommen werden kann."

99 Eine Auseinandersetzung mit der Rechtsfigur von *Staub* erfolgte erstmalig in RGZ 54, 98 (Urt. v. 6.3.1903); in der Urteilsbegründung wird konzediert, dass es - neben Verzug und Unmöglichkeit - eine „dritte Art" des schuldhaften Verhaltens bei gegenseitigen Verträgen geben kann. Dieses Urteil bleibt aber eine Ausnahme, denn danach ergeht unter deutlicher Fokussierung auf § 276 BGB erst wieder in RGZ 106, 22, 25 (Urt. v. 29.11.1922) ein Hinweis auf *Staub* und seine Abhandlung über die positiven Vertragsverletzungen. Unter Bezugnahme auf *Krückmann*, AcP 101, 190, *Dernburg*, DJZ 1903, 2, *Düringer/Hachenburg*, HGB Bd. 2, S. 265, und *Weyl*, System der Verschuldensbegriffe, § 71 I 2 sieht das RG hingegen auch in der zuletzt genannten Entscheidung keine Veranlassung, von der hergebrachten Ansicht (der Heranziehung des § 276 BGB, Anm. d. Verf.) abzuweichen; siehe hierzu auch *Picker*, AcP 183, 369, 458.

100 Neben der die *Staub'sche* Rechtsfigur behandelnden Entscheidung RGZ 54, 98 (Urt. v. 6.3.1903) wird die Entscheidung RGZ 62, 119 (Urt. v. 1.12.1905) inhaltlich voll auf § 276 BGB gestützt; gleiches gilt für RGZ 66, 289 (Urt. v. 9.07.1907), RGZ 97, 116 (Urt. v. 6.11.1919) und RGZ 99, 96 (Urt. v. 6.5.1920). Auch in den Urteilen RGZ 106, 22 (v. 29.11.1922) und RGZ 108, 221 (v. 21.09.1923) wird unter Ablehnung der Lehre von *Staub* auf § 276 BGB zurückgegriffen. Schließlich wird in RGZ 148, 148 (Urt. v. 18.6.1935) im Rahmen der Erörterung des § 282 BGB ein Fall der „positiven Vertragsverletzung" angenommen (allerdings ohne jeglichen Hinweis auf *Staub*, Anm. des Verf.); gleichso stellt RGZ 161, 330 (Urt. v. 5.10.1939) eine „positive Vertragsverletzung" fest, jedoch unter Zitierung der Entscheidung RGZ 53, 200, und somit auch ohne direkten Bezug auf die *Staub'sche* Rechtsfigur.

das Reichsgericht auf den Boden seiner Ausführungen gestellt habe[101]. Dies war sicherlich zu diesem Zeitpunkt nicht der Fall[102]. Erst der Bundesgerichtshof hat die Rechtsprechung des Reichsgerichts, welches - wie aufgezeigt - die Haftung des Schuldners grundsätzlich auf § 276 BGB stützte, aufgegeben[103]. Immerhin muss *Staub* aber zugute gehalten werden, dass er einen terminologischen Einfluss auf die Praxis[104] dahingehend bewirkt hat, als dass das RG zunehmend Pflichtverstöße des Schuldners, die sich weder unter Verzug noch unter die Unmöglichkeitsvorschriften subsumieren ließen, als „positive Vertragsverletzungen"[105] bezeichnete. Dies freilich ohne jemals die Rechtsfigur von *Staub* anzuerkennen oder sich näher mit den Einzelheiten derselben zu beschäftigen.

1.3.2.2. BGH

In seiner Grundsatzentscheidung BGHZ 11, 80[106] führt der Bundesgerichtshof aus, dass unter dem rechtlichen Gesichtspunkt der positiven Vertragsverletzung alle schuldhaften Forderungsverletzungen zu prüfen sind, die weder eine Unmög-

---

101 Vgl. so aber *Staub*, Die positiven Vertragsverletzungen und ihre Rechtsfolgen (a. a. O., Fn. 17), S. 30.

102 Siehe hierzu auch *Picker*, AcP 183 369, 458.

103 Hierzu sogleich unter II. 1. 3. 2. 2.

104 Vgl. so *Himmelschein*, AcP 135, 255, 267.

105 Vgl. mit dieser Formulierung erstmals RGZ 54, 98, 99 (1903); danach erscheint der Begriff „positive Vertragsverletzung" erst wieder in RGZ 106, 22, 25 (1922) und sodann in RGZ 148, 148, 150 (1935) und RGZ 161, 330, 337 (1939).

106 Dem Urteil BGHZ 11, 80 (Urt. v. 13.11.1953) = NJW 1954, 229 lag folgender Sachverhalt aus dem Seehandel zu Grunde: Zwischen den Parteien bestand ein Chartervertrag über ein der Klägerin gehörendes Frachtschiff. Dieses sollte nach Überfahrt in New York Ware aufnehmen und meldete nach seiner planmäßigen Ankunft dort Ladebereitschaft gegenüber einer durch die Klägerin als Belader des Schiffes benannten Firma. Diese teilte jedoch mit, dass sie mit der Beladung des Schiffes nichts zu tun habe. Die Beklagte hatte - wie sich später herausstellte - überhaupt keinen Belader. Noch am selben Tag teilte die Klägerin der Beklagten mit, dass sie sich von den Verpflichtungen aus dem Chartervertrag befreit betrachte, falls die Beladung des Schiffes nicht spätestens am Folgetag bis 12 Uhr beginne oder - alternativ - die Beklagte eine Bankgarantie zur Durchführung des Chartervertrages stelle. Nachdem die Beklagte jedoch weder Ladung andiente, noch die als Sicherheit geforderte Garantieerklärung vorlegte (die Beklagte stellte lediglich die Möglichkeit einer Beladung in New Orleans in Aussicht), teilte die Klägerin mit, dass sie den Chartervertrag infolge schuldhaften Verhaltens der Beklagten als nicht erfüllt ansehe und sich Schadensersatzansprüche vorbehalte. Als solchen forderte die Klägerin im Einzelnen Ersatz der Kosten für die vergebliche Beorderung des Schiffes nach New York. Die Beklagte brachte lediglich vor, die Klägerin habe sich nicht an § 577 HGB (Liefersäumnis des Drittabladers) gehalten.

lichkeit der Leistung noch Verzug zur Folge haben. Allerdings stützt der BGH die Begründung dieser Schlussfolgerung unmittelbar auf den „in Rechtslehre und Rechtsprechung allgemein anerkannten Rechtssatz“, dass jede schuldhafte Leistungsstörung, die durch eine Verletzung der - im weitesten Sinne aufzufassenden - Vertragspflichten den Vertragsgegner schädigt, eine Verpflichtung zum Schadensersatz begründe[107]. Zunächst führt der BGH diesen Rechtssatz auf die rechtsähnliche - mithin analoge - Anwendung der Bestimmungen über die Folgen der verschuldeten Unmöglichkeit und des Verzuges zurück[108]. Schließlich findet er einen Rechtsgrund hierfür auch in § 242 BGB; dies zumindest insoweit, als die Verletzungshandlung einen über das Erfüllungsinteresse hinausgehenden Schaden verursacht[109]. Den Grund für die Abweichung von der Rechtsprechung des Reichsgerichts, welches für die diskutierten Fallkonstellationen stets § 276 BGB bemühte[110], erkennt der Bundesgerichtshof in einer geänderten Auffassung zum Verständnis der genannten Norm. Nach richtiger Auffassung handele es sich bei § 276 BGB um eine Vorschrift, die einen Haftungsmaßstab enthält, hingegen keine Rechtsfolge ausspreche[111]. Unzweifelhaft befriedigt diese Begründung mangels Auseinandersetzung mit der Gesamtproblematik und den rechtshistorischen Bezügen nicht. Ungeachtet dessen entwickelte sich die Ansicht zur ständigen Rechtsprechung des BGH.[112]

So kann in Zustimmung zu *Schmidt*[113] festgestellt werden, dass die Judikatur sowohl des Reichsgerichts wie auch die des BGH zur dogmatischen Erfassung und Verfeinerung des Rechtsinstituts der positiven Vertragsverletzung nur wenig beigetragen hat.

---

107 BGH (a. a. O., Fn. 106), S. 83 unter Hinweis auf RGZ 106, 22 (26).

108 Die Vorschiften der §§ 280, 286, 325 und 326 BGB werden in der Entscheidung ausdrücklich benannt, vgl. BGH (a. a. O., Fn. 106), S. 83.

109 BGH (a. a. O., Fn. 106), S. 84.

110 Vgl. hierzu die Ausführungen in II. 1. 3. 2. 1.

111 BGH (a. a. O., Fn. 106), S. 83. Die Begründung, dass für Fälle der schuldhaften Verletzung von Vertragspflichten bei „richtiger Auffassung“ des § 276 BGB eben nicht diese Vorschrift, sondern § 242 BGB herangezogen werden müsse, kann als äußerst knapp bezeichnet werden. Ohne nähere Auseinandersetzung mit der Entstehungsgeschichte des BGB wird festgestellt, dass § 276 keine Rechtsfolge ausspreche, sondern „nur einen Haftungsmaßstab“ enthalte; dies springt kurz.

112 Siehe nur BGH, BB 1957, 839; BGH, MDR 1967, 660; BGH, VersR 1972, 953; BGH, JR 1977, 239; BGH, VersR 1989, 45; BGH, NJW 1989, 2118; BGH, VersR 1990, 1016.

113 *Eike Schmidt*, Nachwort zu *Rudolf von Ihering*, Culpa in contrahendo, S. 142.

1.4. Eigene Interpretation

Wie zuvor dargetan, greifen die Kritiker *Staubs* primär auf die analoge Anwendung von Vorschriften des allgemeinen Teils des Schuldrechts zurück, um eine allgemeine Verschuldenshaftung zu begründen. Letztlich tut das ja auch *Staub*, nur eben, dass er zusätzlich zu den Analogien nicht nur eine neue Terminologie schafft, sondern damit - über Unmöglichkeit und Verzug hinaus - eine dritte Form der Leistungsstörung begründet: die der positiven Vertragsverletzung. Das Ganze kleidet *Staub* in eine anschauliche dogmatische Formel[114] und stellt darüber hinaus die in der Praxis am häufigsten vorkommenden Fallkonstellationen heraus. Diese „Erfindung“[115] wird ihm von seinen Kritikern wahrscheinlich übel genommen, vielleicht nicht zuletzt auch deshalb, weil sich später die Rechtsprechung[116] und gewichtige Stimmen in der Literatur[117] seiner Lehre mehr oder weniger angeschlossen haben.

Folgend wird eine eigene Darstellung zur Notwendigkeit der Rechtsfigur der positiven Vertragsverletzung entwickelt. Allerdings geschieht dies in der gebotenen Kürze, um andere Schwerpunkte der vorliegenden Arbeit nicht zu vernachlässigen und die Gewichtung der Problemkreise einzuhalten.

Jeder gedankliche Ansatz einer Interpretation muss als Ausgangspunkt an den Kategorien und Wertungen des geltenden Rechts orientiert sein. Danach enthält das BGB in dem den Inhalt von Schuldverhältnissen regelnden ersten Abschnitt des „Rechts der Schuldverhältnisse“ die Bestimmungen über die Verpflichtung zur Leistung. Die wichtigsten Einzelbestimmungen hierzu sind die Definition des Leistungsbegriffes, Art und Umfang des Schadensersatzes, Haftung für Verschulden sowie als Leistungsstörungsformen die Beschreibungen zu Unmöglichkeit und Verzug des Schuldners[118]. Ehe man aber zu einer Interpretation dessen kommen kann, was im oben genannten Sinne eine Leistungsstörung ist, muss zunächst herausgefiltert werden, was das Gesetz unter Unmöglichkeit und Verzug

---

114 Vgl. so *Picker*, AcP 183, 369, 453.

115 Mit dieser Bezeichnung *Picker*, AcP 183, 369, 453, in Bezug auf *Iherings* Rechtsfigur der culpa in contrahendo.

116 Siehe zuvor II. 1. 3. 2. 2.

117 Z. B. Erman-*Battes* § 276 Rdn. 78; *Larenz*, Schuldrecht Bd.I § 24 I a; *Medicus*, BGB, § 14 IV Rdn. 306; Palandt-*Heinrichs*, § 276 Rdn. 105; *Schlechtriem*, VersR 1973, 581; Soergel-*Wolf*, Vor § 275 Rdn. 32 ff.; Staudinger-*Löwisch*, Vorbem. zu §§ 275 ff. Rdn. 20.

118 §§ 242, 249, 276, 275, 280, 284 BGB. Ausdrücklich fehlt im allgemeinen Schuldrecht hingegen eine Regelung der Schlechterfüllung, die lediglich bei speziellen Schuldverhältnissen, namentlich bei Kauf-, Miet-, Werk- und Reisevertrag (§§ 459, 537, 633 und 651 c ff. BGB) vorgesehen ist.

verstanden wissen will[119], wobei im Rahmen der Untersuchung der Verzug eine untergeordnete Rolle spielt, da dieser ja nur die Verzögerung der Leistung zum Inhalt hat[120]. Maßgeblich ist somit, was der Gesetzgeber unter der Unmöglichkeit der Leistung verstanden wissen will. Umfasst diese Form der Leistungsstörung auch Fälle der Schlechtleistung, wären damit zunächst alle Fälle erfasst, in denen sich eine schlechte Leistung auf die Erbringung der Hauptleistung auswirkt, ohne gleichzeitig andere Rechtsgüter des Gläubigers zu beeinträchtigen. Dann allerdings bräuchte es des Rechtsinstituts der positiven Vertragsverletzung in der Tat nicht, mit Ausnahme vielleicht der Begleitschadenfälle[121].

Erste und zentrale Frage ist somit die nach dem Unmöglichkeitsbegriff. Was wird von der Unmöglichkeit erfasst? Dieser gedankliche Ansatz wird auch von *Goldmann* und *Lilienthal*[122] sowie *Himmelschein*[123] verfolgt. Es verbietet sich m. E., bei der Interpretation des § 276 BGB zu beginnen, da dieser ja keine Kategorie der Leistungsstörung darstellt, von der es nach dem Wortlaut des Gesetzes nur zwei Formen (Unmöglichkeit und Verzug) gibt. Denn käme man bei der Untersuchung von § 276 BGB zu der Feststellung, dass dieser eine generelle Anordnung zur Schadensersatzpflicht für Formen der Leistungsstörung ist, die - aus welchen Gründen auch immer - im Gesetz nicht explizit genannt sind, muss doch zumindest klar sein, welche Arten der Leistungsstörung unter die jeweils speziellen gesetzlichen Regelungen[124] fallen. Alles andere könnte zu Wertungswidersprüchen führen.

1.4.1. Gedanken zum Begriff der Unmöglichkeit

Die Unmöglichkeit ist zunächst in § 275 und sodann - in Ergänzung hierzu - in § 280 Abs. 1 BGB sowie für gegenseitige Verträge in §§ 323, 325 definiert als Zustand, in dem eine Leistung aufgrund eines Umstandes unmöglich wird. Bei verständiger Betrachtung kann hieraus geschlossen werden, dass die beiden Begriffe Unmöglichkeit und Leistung in einem Abhängigkeitsverhältnis zueinander stehen müssen[125]. Eine präzise Definition, was unter Leistung verstanden werden

119 Ohne nähere Definition und Beschreibung des Grundlagenbegriffes können hieraus keine Ableitungen bzw. Folgerungen hergeleitet werden.

120 *Himmelschein*, AcP 135, 255, 298, interpretierte in Anlehnung an die Motive (Mot. II, 50 f. = *Mugdan*, II, 28) den Verzug sogar soweit, dass dieser einen Fall der teilweisen Unmöglichkeit darstellt; mit Kritik an dieser Auffassung insb. *Stoll*, AcP 136, 257, 267 f.

121 Vgl. *Westhelle*, Nichterfüllung und positive Vertragsverletzung, S. 93, 106 f.

122 *Goldmann/Lilienthal*, Das Bürgerliche Gesetzbuch, Bd. 1, 2. Aufl., S. 333 f.

123 *Himmelschein*, AcP 135, 255, 282.

124 Mithin Unmöglichkeit und Verzug.

125 Vgl. so auch *Himmelschein*, AcP 135, 255, 282.

soll, gibt das Gesetz leider nicht. Die Vorschrift des § 242 BGB, wonach die Leistung nach Treu und Glauben zu bewirken ist, erscheint wenig hilfreich.

Bereits vor den Erörterungen zum BGB wurde der Leistungs- und Unmöglichkeitsbegriff heftig und in sehr breiter Form diskutiert. Zu nennen ist hier insbesondere *Mommsen*[126], der als Erster versuchte, unter Heranziehung der historischen Quellen eine Abgrenzung und Begriffsbestimmung zu entwickeln, die er im Weiteren sehr detailliert ausformte. So differenziert er bereits objektive und subjektive, dauernde und zeitweilige sowie völlige und teilweise Unmöglichkeit[127]. Ausdrücklich stellt er fest, dass sich die Nichterfüllung der Leistung auf die Obligation im ganzen Umfang oder nur auf einen Teil derselben oder auf gewisse Modalitäten der Leistung beziehen könne[128]. Als vollständige Leistung wollte er die exakte Erfüllung der Schuldnerpflicht ansehen, die er in Haupt- und Nebenpflichten in gegenständlicher, örtlicher und zeitlicher Beziehung sieht[129]. Im Rahmen des allgemeinen Schuldrechts erörtert er hingegen nicht ausdrücklich Fälle der Schlechtleistung[130]. Dies ist auch bei anderen Autoren der Pandektistik

---

126 *Mommsen*, Beiträge zum Obligationenrecht (3 Abteilungen): 1) Die Unmöglichkeit der Leistung (1853); 2) Zur Lehre vom Interesse (1855); 3) Die Lehre von der Mora nebst Beiträgen zur Lehre von der Culpa (1855).

127 *Mommsen*, Die Unmöglichkeit der Leistung, S. 5 ff.

128 Vgl. *Mommsen*, Die Unmöglichkeit der Leistung, S. 153. Unter dem Begriff Modalitäten der Leistung unterscheidet *Mommsen* aber nur die „Unmöglichkeit in Beziehung auf die bedungene Qualität einer zu leistenden Sache“ (a. a. O., S. 153, 193 ff.) und die sich auf die „Zeit der Leistung“ beziehende Unmöglichkeit (a. a. O., S. 212 ff.). Die Einengung des von *Mommsen* verwandten Begriffes „Modalitäten“ auf die Sachqualität und Leistungszeit lassen hingegen gerade nicht darauf schließen, dass mit Modalitäten jedwede Form der Schlechtleistung gemeint gewesen sein soll; vgl. mit dieser Kritik ebenso *Stoll*, AcP 136, 257, 270. Auch *Goldmann/Lilienthal*, Das Bürgerliche Gesetzbuch, Bd. I, S. 333, verstehen unter den „Modalitäten“ der Leistung den Gegenstand, Ort und die Zeit; Fälle der Schlechterfüllung finden hingegen keine Erwähnung.

129 *Mommsen*, Zur Lehre vom Interesse, S. 9, spricht hingegen nicht von „Nebenleistungen“ im heutigen Sinnverständnis, sondern lediglich von „Nebenbestimmungen über Ort und Zeit“ der Hauptleistung; vgl. auch *Harting*, Die positiven Vertragsverletzungen in der neueren deutschen Privatrechtsgeschichte, S. 117, 124.

130 Den Tatbestand der „ungenügenden Erfüllung“ erwähnt *Mommsen* lediglich bei den speziellen Schuldverhältnissen wie z. B. dem Auftrag, wo er „wegen Nichterfüllung oder wegen ungenügender Erfüllung“ Ansprüche auf das vertragliche Interesse zugesteht (*Mommsen*, Zur Lehre vom Interesse, S. 80); unter Berücksichtigung des herangezogenen Beispiels könnte die von *Mommsen* so bezeichnete „ungenügende Erfüllung“ in der Tat im Sinne von Schlechterfüllung interpretiert werden.

zu beobachten[131]. *Mommsen* ist jedoch entgegenzuhalten, dass er trotz seiner vielen Erklärungsversuche zur Unmöglichkeit letztlich keine verwendbare Definition präsentiert, die Aufschluss darüber gibt, welche Fallgruppen nach seinem Verständnis unter den Begriff fallen sollen[132].

Ungeachtet dessen fand die Lehre von *Mommsen* u. a. über *Windscheid*, der an der Erstellung des BGB beteiligt war, Eingang in das dortige Verständnis von der Unmöglichkeit[133]. So verwundert es nicht, wenn in den Motiven zu lesen ist, dass sich die teilweise Unmöglichkeit auf Quantität wie Qualität der Leistung beziehen könne[134]. Dennoch erhellt dies nicht, ob nun hiervon auch Fälle der Schlechterfüllung mit umfasst sein sollen. Es wäre allerdings unzulässig, im Sinne der Vertreter des nicht gegenständlichen Unmöglichkeitsbegriffes etwas in das Gesetz hineinzuinterpretieren, was dessen Verfasser mangels Erwähnung dort offensichtlich nicht sahen oder sehen wollten. In jedem Fall erscheint die Gleichsetzung der in den Motiven zu § 240 E I BGB ausdrücklich genannten qualitativen teilweisen Unmöglichkeit[135] mit dem Begriff der Schlechterfüllung als unzulässige Ableitung[136].

Neben der Nichterwähnung der Fälle der Schlechtleistung spricht m. E. auch die Textierung der §§ 280, 325 für einen eher gegenständlichen Unmöglichkeitsbegriff. Wie eingangs erwähnt, muss das Abhängigkeitsverhältnis der Begriffe Leistung, Nichterfüllung und Unmöglichkeit gesehen werden. Die vorgenannten Normen sprechen von einem Schadensersatz wegen Nichterfüllung. Die Nichterfüllung muss hingegen das Gegenteil der geschuldeten Leistung darstellen; hierfür spricht der Wortlaut der §§ 280 Abs. 2 S. 1 u. 325 Abs. 1 S. 2, die ausdrücklich von Teilen einer (noch möglichen) Leistung sprechen[137]. Anders ausgedrückt: Die Nichterfüllung ist das Ausbleiben der gegenständlichen Leistung[138]. Wenn aber der Unmöglichkeitsbegriff des BGB ein gegenständlicher ist, muss eine Lücke im allgemeinen Teil des Gesetzes für Fälle der Schlechtleistung ange-

---

131 Instruktiv zur historischen Entwicklung des Leistungsbegriffes in der Pandektenwissenschaft des 19. Jahrhunderts unter besonderer Berücksichtigung der Problematik der positiven Vertragsverletzung *Harting* (a. a. O., Fn. 129), S. 95 ff.

132 Vgl. mit dieser Kritik u. a. auch *Harting* (a. a. O., Fn. 129), S. 126, 132.

133 Das Verständnis von *Windscheid* zur Unmöglichkeit ist stark geprägt von dem *Mommsens*; siehe die Kommentierungen bei *Windscheid*, Pandektenrecht (1875), §§ 264, 315. Windscheid war sodann Mitglied der 1874 gewählten Kommission zur Ausarbeitung eines Gesetzentwurfes zum Bürgerlichen Recht.

134 Vgl. Motive II, S. 49 bzw. *Mugdan*, Bd. II, S. 27.

135 Motive, Bd. II, S. 49 f.

136 So aber z. B. *Emmerich*, Leistungsstörungen, § 2 Ziff. 7, S. 25.

137 Siehe auch die Formulierung in § 280 Abs. 1 S. 1: „soweit".

138 Im Sinne dieser Interpretation wohl auch *Eike Schmidt* in *Rudolf von Ihering*, Culpa in contrahendo, S. 141 f.

nommen werden, sollte nicht § 276 oder eine andere Norm eine allgemeine Verschuldens- bzw. Rechtsfolgeanordnung enthalten. Dies kann als Zwischenergebnis festgehalten werden.

1.4.2. Die Bedeutung der Norm des § 276 Abs. 1 BGB

Anknüpfungspunkt für die Beantwortung der Frage, ob § 276 Abs. 1 BGB als allgemeine Rechtsfolgeanordnung - oder genauer - als Anspruchsgrundlage[139] für schuldhaftes Verhalten herangezogen werden kann, muss auch hier die Historie der Norm sein. Dabei bedarf der Beachtung, dass es nicht allein um die Interpretation eines Begriffes geht, sondern um die rechtssystematische Entscheidung, ob eine bestimmte Norm einen Anspruch vermittelt oder nicht.

Es wurde bereits einleitend zu diesem Kapitel[140] ausgeführt, dass bei der Kodifizierung des BGB beabsichtigt war, an den Anfang der für alle Schuldverhältnisse geltenden allgemeinen Bestimmungen eine Norm zu setzen, die den Schuldner verpflichtete, die ihm nach dem Schuldverhältnis obliegende Leistung vollständig ihrem ganzen Umfang nach, insbesondere auch in Ansehung aller Nebenpunkte, zu bewirken[141]. Unter Betonung, dass es nicht möglich sei, Umfang und Inhalt einer Schuldnerverbindlichkeit nach allen Richtungen und Nebenpunkten genau zu beschreiben[142], bestimmte so die angedachte Vorschrift des § 224 Abs. 1 E I die Verpflichtung des Schuldners zur vollständigen Bewirkung der ihm nach dem Schuldverhältnis obliegenden Leistung[143]. Diese allgemeine Verpflichtung wurde dahingehend ergänzt, dass der Schuldner „nicht nur wegen

139 Die § 276 Abs. 1 S. 1 BGB für die Lösung von Fällen positiver Vertragsverletzung heranziehenden Vertreter sprechen zumeist nicht ausdrücklich von der genannten Vorschrift als Anspruchsnorm, dennoch ist ihr Verständnis dahingehend ausgerichtet: *Himmelschein* (AcP 135, 255, 271) schreibt von einem „Rechtssatz normaler Struktur", in dem an einen Tatbestand „eine Rechtsfolge geknüpft wird"; auch *Stoll* (AcP 136, 257) geht davon aus, dass § 276 Abs. 1 S. 1 einen Haftungsgrund enthalte (a. a. O., S. 282) und eine Rechtsfolge anordnet (a. a. O., S. 280 u. 282 f.); *Westhelle*, Nichterfüllung und positive Vertragsverletzung, S. 28, erkennt eine „allgemeine Haftungsanordnung, ... die die Anordnung der konkreten Rechtsfolgen anderen spezielleren Vorschriften überlässt". Unabhängig von der gewählten Bezeichnung wird somit stets von § 276 Abs. 1 S. 1 als originärer Anspruchsgrundlage ausgegangen. Zur Kritik hieran siehe u. a. Palandt-*Heinrichs* § 276 Rdn. 2.

140 Siehe zuvor II. 1. 3. 1.

141 Vgl. Motive, Bd. II, S. 26.

142 Motive, Bd. II, S. 26. In Bezug auf die Schwierigkeit, sämtliche Positionen der Schuldnerverbindlichkeit gesetzlich zu umschreiben, konstatiert *Himmelschein* (AcP 135, 255, 308) schließlich: „Die Mängel des Gesetzes ... bestehen in der Dunkelheit seiner Bestimmungen."

143 Zum vollständigen Wortlaut der Vorschrift des § 224 E I BGB siehe unter II. 1. 3. 1.

vorsätzlicher, sondern auch wegen fahrlässiger Nichterfüllung seiner Verbindlichkeit" hafte. Die Motive erläutern zu § 224 Abs. 1: „Im übrigen ist ... die Haftung des Schuldners für jede Fahrlässigkeit begründet"[144]. Interpretiert man dies, so bliebe wahrscheinlich in der Tat nur die Schlussfolgerung, dass § 224 Abs. 1 E I BGB eine Haftung des Schuldners sowohl für Vorsatz und Fahrlässigkeit originär begründen wollte.

Indes musste durch die Aufspaltung der Norm in die heutigen §§ 242 und 276 Abs. 1 BGB[145] der in E I § 224 Abs. 1 zum Ausdruck kommende wechselseitige Bezug von der Verpflichtung des Schuldners zur Bewirkung der Leistung und der im Folgesatz ausgesprochenen Haftung verloren gehen. Darüber hinaus wurde der Wortlaut des möglicherweise in seiner originären Fassung durchaus als Haftungsanordnung in Frage kommenden E I § 224 Abs. 1 Satz 2 (Er haftet ...) in die in § 276 Abs. 1 S. 1 niedergelegte Fassung (... hat ... zu vertreten) abgeändert[146]. Hierbei erwies sich die letztgenannte Änderung im Gesamtkontext des BGB als zwingend notwendig, da in zahlreichen Normen ein Vertretenmüssen zur Voraussetzung einer dort näher bestimmten Rechtsfolge erklärt wird. So ordnet z. B. § 280 Abs. 1 eine Ersatzpflicht bei Unmöglichkeit nur an, soweit der Schuldner den Umstand zu verteten hat. Gleichwohl erfolgt weder hier noch in systemgleichen Vorschriften ein Hinweis darauf, was unter „Vertretenmüssen" verstanden werden soll. Eine Definition der Haftungsvoraussetzungen im allgemeinen Teil des Gesetzes war daher unumgänglich. Diese Funktion erfüllt unzweifelhaft und exklusiv § 276 Abs. 1 S. 1 u. 2 BGB[147]. Dies bringen auch die Protokolle zum Ausdruck, die expressis verbis von einer „Definition der Fahrlässigkeit" sprechen[148]. Eine möglicherweise bestehende Haftungskomponente des ursprünglichen E I § 224 Abs. 1 S. 2 dürfte damit eindeutig verloren gegangen sein.

---

144 Motive, Bd. II, S. 27; siehe dann später aber die Protokolle Bd. I, S. 303, die u. a. von der Aufnahme der Definition der Fahrlässigkeit an dieser Stelle (§ 224 Abs. 1 E I BGB, Anm. d. Verf.) sprechen, folgend einem von der II. Kommission früher gefassten Beschluss (vgl. Prot. Bd. I, S. 376).

145 Vgl. die diesbezüglichen Änderungen des E I § 224 Abs. 1 BGB durch die Redaktionskommission.

146 In den Beratungen, vgl. Prot. Bd. I, S. 303, wurde der Satz 2 des Abs. 1 von § 224 E I zwar ausdrücklich gebilligt, allerdings wurde es der Prüfung durch die Redaktionskommission anheimgestellt, „ob sich nicht durch eine andere Fassung verdeutlichen lasse, dass die Frage, unter welchen Voraussetzungen als feststehend gelte, dass die Verbindlichkeit nicht erfüllt werde, und der Schadensersatz wegen Nichterfüllung gefordert werden könne, nicht hier, sondern erst in den §§ 237 ff. (heute §§ 275, 279 ff. BGB) zur Entscheidung gelange". Zu einer Verdeutlichung der Haftungssituation durch den Wortlaut des § 276 Abs. 1 BGB ist es jedoch wohl evident nicht gekommen.

147 Instruktiv hierzu Palandt-*Heinrichs*, § 276 Rdn. 1 f.

148 Prot. Bd. I, S. 303; siehe auch *Mugdan*, Bd. II, S. 522.

Auch die Positionierung des § 276 BGB zwischen den §§ 275, 280 macht es schwer, die Norm als systematisch dem Unmöglichkeitsrecht vorgeschaltete allgemeine Anspruchsnorm auffassen zu wollen. Sie steht nicht mehr - wie E I § 224 - am Beginn des Abschnitts >Inhalt der Schuldverhältnisse<, sondern inmitten der Umöglichkeitsregeln. Wegen dieser Einbettung ergäben sich unzweifelhaft auch Schwierigkeiten bei der Bestimmung des Verhältnisses von § 276 zu den übrigen Normen der Leistungsstörung des allgemeinen Teils des bürgerlichen Rechts.

Die überwiegenden Fakten sprechen somit für die zu einem zweiten Zwischenergebnis führende Erkenntnis, dass in § 276 Abs. 1 BGB eine Rechtsfolgeanordnung für Fälle der Schlechtleistung wohl nicht gesehen werden kann.

1.4.3. § 242 BGB als Generalklausel ohne Rechtsfolgeanordnung

§ 242 BGB ist Ergebnis der Entwurfsvorschrift des E I § 224 Abs. 1 S. 1. Die dort vorgesehene Verpflichtung zur vollständigen Bewirkung der Leistung wurde hingegen als überflüssig betrachtet und durch die heutige Formulierung zur Bewirkung der Leistung nach Treu und Glauben unter Berücksichtigung der Verkehrssitte ersetzt[149]. So stellt § 242 prima vista eine Grundsatznorm bzw. Generalklausel dar. Unter Außerachtlassung des später konkretisierten Verständnisses der Vorschrift[150] konnte sie für *Staub* als Lösung von Fällen der Schlechtleistung außerhalb von Unmöglichkeit und Verzug jedoch nur schwerlich in Frage kommen. In seiner Grundüberlegung suchte dieser nach einer übergeordneten, positiven Regelung, dass die Rechtsfolge der schuldhaften Verletzung einer bestehenden Verbindlichkeit in der Verpflichtung zum Schadensersatz besteht. Gefordert war so ein nach der klassischen Methodik geformter Rechtssatz mit deskriptivem Tatbestandsmerkmalen und angeordneter Rechtsfolge[151]. Alleine wegen dieses fehlenden Rechtsfolgeelementes musste § 242 als Lösung für die von *Staub* beschriebenen Fälle „positiver Vertragsverletzungen" ausfallen[152].

So kann sicherlich als weiteres Zwischenergebnis festgehalten werden, dass § 242 als selbstständige Anspruchsgrundlage für Fälle der Schlechterfüllung nicht in Frage kam. Dies hat sich im Prinzip auch im heutigen Rechtsverständnis

---

149 Vgl. Prot. Bd. I, S. 303, mit für die Änderung nachvollziehbarer Begründung.

150 Zur Rechtsentwicklung des § 242, insbesondere zu dessen Konkretisierung durch Herausbildung von Funktionskreisen (Ergänzungs-, Schranken- und Korrekturfunktion) siehe im Überblick Palandt-*Heinrichs*, § 242, Rdn. 2, 13 f.

151 Vgl. etwa die Bestimmung des Art. 97 Abs. 1 OR oder §§ 277, 285 Pr. ALR; siehe diesbezüglich auch die Anm. bei *Harting*, Die positiven Vertragsverletzungen in der neueren deutschen Privatrechtsgeschichte, S. 81 f.

152 Siehe *Staub*, Die positiven Vertragsverletzungen (a. a. O., Fn. 17), S. 6 f.

nicht geändert, wonach die Bestimmung zwar als Grundlage für Ansprüche und Begründung von Pflichten herangezogen werden kann, aber insoweit und dennoch keine autonome, selbstständige Anspruchsnorm darstellt[153].

Damit aber steht im Endergebnis fest: Es existiert eine Lücke im Gesetz, welches im allgemeinen Teil des Schuldrechts Fälle der Schlechtleistung schlichtweg ungeregelt lässt. So ist *Staub* mit seiner Meinung bestätigt.

1.4.4. Resümee

Die Verfasser des BGB haben die Fälle der Schlechtleistung nicht übersehen, dies bestätigt ein Blick in den besonderen Teil des Schuldrechts[154]. Es ist daher anzunehmen, dass bekannt war, dass auch bei anderen als den dort genannten Vertragstypen eine suboptimale Leistungserbringung möglich sein kann. Dennoch erfolgte im allgemeinen Teil des Gesetzes keine entsprechend klare und übergeordnete Regelung. Da bei dieser allerdings misslichen Unterlassung keine Absicht unterstellt werden kann, lässt sich die - historisch nie exakt belegbare - Schlussfolgerung ziehen, dass man diese Regelung schlichtweg übersehen hat.

Mag man also in der Fassung des § 224 Abs. 1 des ersten Entwurfes zum BGB noch eine Haftungs- und Rechtsfolgeanordnung sehen - was nach der hier vertretenen Meinung ausdrücklich zulässig wäre - so kann dies vom heutigen § 276 Abs. 1 BGB aus den dargelegten Gründen nicht angenommen werden. Dieser stellt keine Anspruchsgrundlage für Fälle der Schlechtleistung dar. § 242 BGB als positivistische Grundformel für die Leistungserbringung nach Treu und Glauben muss in Ermangelung einer deskriptiven Tatbestands- und Sanktionskomponente als Anspruchs- und Rechtsfolgenorm ebenso ausfallen. Einer Ausfüllung dieser Gesetzeslücke durch das von *Staub* begründete Rechtsinstitut der positiven Vertragsverletzung ist somit schlussendlich nichts entgegenzusetzen.

Unabhängig von den dargestellten dogmatischen Kontroversen über die Begründung der Haftung für Schlechtleistung und deren Verankerung im geltenden Recht darf abschließend zu diesem Kapitel hervorgehoben werden, dass uneingeschränkte Einigkeit darüber besteht, dass dem Gesetz der allgemeine Grundsatz immanent ist, wonach jede schuldhafte Nichterfüllung einer Vertragspflicht zum Schadensersatz verpflichtet[155]. Art und Umfang desselben orientieren sich ebenso

---

153 Dies entspricht der ständigen Rechtsprechung und h. M.; vgl. grundlegend hierzu BGHZ 88, 351; 95, 399 sowie statt aller Palandt-*Heinrichs*, § 242 Rdn. 14.

154 Siehe §§ 459, 537, 633, 651 c ff. BGB.

155 Dies ist unumstrittene Rechtsmeinung, vgl. so etwa die Begründungen zu RGZ 53, 200, 202; RGZ 106, 22 und BGHZ 11, 80, 83. Vgl. ferner aus der älteren Literatur *Himmelschein*, AcP 135, 255, 269 ff.; ders. AcP 158, 282 ff., 288 ff ; *Staub*, Über die positiven Vertragsverletzungen, S. 6; *Stoll*, AcP 136, 257, 281, und *Zitelmann*,

unstreitig an den nach wie vor zentralen Figuren des Leistungsstörungsrechts, der Unmöglichkeit und dem Verzug[156]. So verwundert es nicht, dass sich trotz unterschiedlichster Lösungsansätze die Ergebnisse der Rechtsanwendung bei Fällen der Schlechtleistung gleichen[157].

1.5. Das Rechtsinstitut der positiven Vertragsverletzung als Bestandteil des heutigen Rechts

1.5.1. Überblick

Die Grundsätze über die Haftung aus positiver Vertragsverletzung gelten heute als fester Bestandteil des deutschen Rechts; sie sind gewohnheitsrechtlich in Schrifttum[158] und Judikatur[159] anerkannt. Der Anwendungsbereich des Rechtsinstitutes weist naturgemäß eine große Bandbreite auf[160]. Dieser Umstand hat die positive Vertragsverletzung zwischenzeitlich zur wichtigsten Erscheinungsform der Leistungsstörung werden lassen[161] - unter weitgehender Verdrängung der Figur der Unmöglichkeit[162].

---

in: Festgabe für Krüger, 1911, S. 269, sowie aus neuerer Zeit namentlich *Emmerich*, Leistungsstörungen, § 20 III, S. 224 f.; *Honsell*, JR 1976, 365 f.; *Larenz*, Schuldrecht, § 24 I, S. 338 und *Picker*, AcP 183, 369, 457.

156 *Emmerich*, Leistungsstörungen, § 22 I, S. 251; ders., in: Münchener Kommentar, Vor § 275 Rdn. 307 ff.; *Larenz*, Schuldrecht I § 24 I, S. 338; *Westhelle*, Nichterfüllung und positive Vertragsverletzung, S. 108.

157 Im Ergebnis so auch *Westhelle*, Nichterfüllung und positive Vertragsverletzung, S. 106.

158 Vgl. *Larenz*, Schuldrecht I, § 24 I; Palandt-*Heinrichs*, § 276 Rdn. 105; Soergel-*Wiedemann*, Vorbem. § 275 Rdn. 205; Staudinger-*Löwisch*, Vorbem. § 275 Rdn. 21; dagegen eher kritisch *Emmerich*, Leistungsstörungen, § 20 I, S. 220 f.; Ermann-*Battes*, § 276 Rdn. 85 und *Picker*, AcP 183, 369, 459.

159 Siehe z. B. BGHZ 11, 80; 47, 312; 49, 59; 65, 374; 77, 217, 580; 86, 260; 87, 92; 101, 339; 107, 336; 132, 175; BGH, NJW 1962, 1197; 1967, 1805; 1968, 491; 1976, 517; 1977, 580.

160 Hierzu sogleich unter II. 1. 5. 2. und, unter versicherungsrechtlichen Aspekten, II. 2. 4. 2.

161 Die positive Vertragsverletzung beschreibt Palandt-*Heinrichs*, Vorbem. § 275 Rdn. 4, als „praktisch wichtigsten Fall der Leistungsstörung“; trotz Ablehnung der Rechtsfigur konzediert dies auch *Emmerich*, Leistungsstörungen, § 20 I, S. 223.

162 Selbst *Emmerich*, Leistungsstörungen, § 20 I, S. 223, sieht die Unmöglichkeit gegenüber der positiven Forderungsverletzung „immer mehr zu einem fast bedeutungslosen Grenzfall“ herabsinken.

1.5.2. Fallgruppen

Bereits in der Entwicklung seiner Lehre berücksichtigte *Staub* Fälle, in denen die Hauptleistung schlecht oder mangelhaft erbracht wird, und Fälle, in denen der Schuldner gegen sonstige Pflichten verstößt[163]. Hingegen vernachlässigte er es, die dargestellten Lebenssachverhalte näher zu systematisieren[164]. Dieser Aufgabe nahm sich später *Himmelschein* an[165]. Dessen Ansatz verfeinerte *Stoll*, indem er deutlich zwischen den auf Verwirklichung des Leistungsinteresses gerichteten Erfüllungspflichten und der Verletzung von Schutzinteressen unterschied und hierzu jeweilige Unterkategorien bildete[166]. Ungeachtet weiterer Systematisierungsansätze[167] ist hingegen allen diesen gemeinsam, dass zwischen der Kompensation des Gewinninteresses in Fällen der Schlechterfüllung und der Restitution des Gläubigers bei Verletzung seiner sonstigen Interessen unterschieden wird[168]. Diese Differenzierung ist auch in der Rechtsprechung des Reichsgerichts festzustellen[169] und wird gleichso vom BGH praktiziert[170]. Auch in der heutigen Literatur tritt dieser Ansatz hervor; so unterscheiden sich die Darstellungen zur Kasuistik der positiven Vertragsverletzungen nur im unbedeutenden Detail; hier zumeist

---

163 Als Standardfall der Schlechtleistung nennt *Staub*, Über die positiven Vertragsverletzungen und ihre Rechtsfolgen (a. a. O., Fn. 17), S. 16, die Lieferung minderwertiger Ware. Hiervon differenziert er den Fall, in dem nicht eine positive Verpflichtung verletzt wird, sondern einer Unterlassungspflicht zuwidergehandelt wird; so z. B., wenn trotz eines Lieferungsverbotes Ware ins Ausland verbracht wird (a. a. O., S. 19).

164 Siehe die wenig homogene Aufzählung von Beispielen bei *Staub*, Über die positiven Vertragsverletzungen und ihre Rechtsfolgen, S. 5 f., 18, 19 u. 20. Eine grobe Systematisierung der von *Staub* verwandten Fälle wird aber bereits von *Kipp*, DJZ 1903, 253 ff. und *Model*, Die positiven Vertragsverletzungen, S. 2 ff., vorgenommen.

165 *Himmelschein*, AcP 135, 255, 323 ff. unterschied zunächst Zuwiderhandlungen gegen Unterlassungspflichten und die Nichterfüllung von Nebenleistungspflichten.

166 Vgl. so *Stoll*, AcP 136, 257, 285, der aber im übrigen ja den Ansichten von *Staub* energisch entgegentrat; siehe zuvor II. 1. 3. 1. 1.

167 Zu nennen ist hier insb. *Köpcke*, Typen der positiven Vertragsverletzung, S. 130, der sich zwar auch an der Differenzierung zwischen leistungsbezogenen und sonstigen Schuldpflichten orientiert, aber schließlich zwischen „Erbringung einer fehlerhaften, auf ein Tun gerichteten Haupt-, Neben- oder Treuleistung" und einem schuldhaften „Zuwiderhandeln gegen eine Verhaltenspflicht" unterscheidet.

168 Vgl. auch *Eike Schmidt* in: *Ihering*, Culpa in contrahendo (Nachwort), S. 141 ff.

169 Z. B. RGZ 52, 18, 19; RGZ 66, 289 (Schadensersatz neben der Wandelung bzw. Minderung).

170 Siehe etwa BGHZ 36, 326 (Maklervertrag), und BGHZ 16, 11 (Wettbewerbsverbot).

in der Systematik der Fälle der Verletzung von Nebenpflichten[171]. So ergibt sich folgendes Bild:

1.5.2.1. Schlechterfüllung und Schlechtleistung

Hier sind zunächst Verträge mit gesetzlichen Gewährleistungsvorschriften von Verträgen ohne gesetzliche Gewährleistungsvorschriften zu unterscheiden. Es wurde bereits an verschiedener Stelle darauf hingewiesen, dass das Gesetz bei vielen gesetzlich geregelten Vertragsformen, insbesondere dem Kauf-, Werk- und Mietvertragsrecht, für Fälle der Schlechtleistung abschließende Regelungen enthält[172]. In den Anwendungsbereich der positiven Vertragsverletzung gelangt man dort nur bei Fallkonstellationen, in denen sich das Gewährleistungsrecht als lückenhaft erweist. Hauptfall sind die im Kauf- und Werkvertragsrecht regelmäßig vorkommenden Mangelfolgeschäden, also Schäden, die dem Käufer an Rechtsgütern außerhalb der Kaufsache bzw. dem hergestellten Werk entstehen[173]. In der weiteren Betrachtung spielen diese Fälle hingegen keine Rolle, so dass auf die Probleme der Abgrenzug zwischen Mangel- und Mangelfolgeschaden hier nicht näher eingegangen werden soll.

Bei Verträgen ohne gesetzliche Gewährleistungsvorschriften richten sich die Rechtsfolgen einer vom Schuldner zu vertretenden Schlechtleistung ausschließlich[174] nach den Grundsätzen über die Haftung aus positiver Vertragsverletzung,

---

171 Vgl. etwa die Darstellungen zur positiven Vertragsverletzung bei *Emmerich*, Leistungsstörungen, § 21 I-V, *Larenz*, Schuldrecht I, § 24 I; Münchnener Kommentar-*Emmerich*, Vor § 275 Rdn. 218 ff.; Palandt-*Heinrichs*, § 276 Rdn. 104 ff.; Soergel-*Wiedemann*, Vor § 275 Rdn. 357 u. 464 ff.; Staudinger-*Löwisch*, Vorbem. zu §§ 275 ff. Rdn. 33.

172 Dies sind bei den genannten Vertragstypen die §§ 459, 633 und 537 ff. BGB.

173 Zentrales Problem ist die Einordnung eines Schadens unter die genannten Kategorien. So regeln im Kaufrecht die §§ 459 ff. abschließend die Rechte des Käufers wegen unmittelbarer Mängel an der gelieferten Sache (Mangelschaden); darüber hinaus gehende Schäden an anderen Sachen oder Rechtsgütern können nur unter den engen Voraussetzungen der §§ 463, 480 Abs. 2 (Eigenschaftszusicherung, arglistiges Verschweigen eines Fehlers) oder aber über das Institut der positiven Vertragsverletzung geltend gemacht werden. Kommt Letzteres zur Anwendung, ist der Käufer gegenüber der gesetzlichen Regelung insoweit privilegiert, als dass er Schäden bereits bei leichtem Verschulden des Verkäufers ersetzt verlangen kann; im Werkvertragsrecht gilt Ähnliches; siehe zu diesem Problemkreis insb. *Emmerich*, Leistungsstörungen, § 21 I, S. 228 ff.; *Medicus*, Bürgerliches Recht, §§ 14 IV, 15 VII; Palandt-*Heinrichs*, § 276 Rdn. 110, § 463 Rdn. 15; Vorbem. § 633 Rdn. 23 f., jeweils m. w. N. zur umfangreichen Rechtsprechung.

174 So BGH, NJW 1983, 1188, unter Hinweis auf Palandt-*Heinrichs*, 41. Aufl. (1982), § 276 Anm. 7 b) aa) (entspricht 60. Aufl., Rdn. 109), und Jauernig-*Vollkommer*

die hier größte praktische Bedeutung erlangt. Als Beispiele für diesen Bereich seien etwa die Geschäftsbesorgungsverträge des Rechtsanwalts, Steuerberaters oder Maklers genannt. Die in Frage kommenden Verstöße sind vielschichtig und können sich sowohl auf vertragliche Hauptpflichten[175] wie auch auf die folgend näher beschriebenen Nebenpflichten erstrecken. Es bleibt der späteren Untersuchung vorbehalten, ob und inwieweit sich die mangelhafte Leistungserbringung des Versicherers in diese Kategorie einordnen lässt.

1.5.2.2. Verletzung von Nebenpflichten

Neben den Fällen der Schlechtleistung bildet die Verletzung von Nebenpflichten die zweite und umfangreichste Hauptgruppe im Anwendungsbereich der positiven Vertragsverletzung[176]. Dies überrascht wenig, da hier ein Rückgriff auf Unmöglichkeit und Verzug regelmäßig nicht in Frage kommen wird. Gesetzliche Regelungen von Nebenpflichten - einschließlich Sanktionsanordnung - lassen sich nur selten finden[177]. So hat die Rechtsprechung in Ableitung aus § 242 BGB zahlreiche u. a. vom jeweiligen Vertragsinhalt und dessen Zweck abhängige Nebenpflichten entwickelt[178]. Darüber hinaus kommen natürlich vertraglich geregelte Nebenpflichten in Betracht[179]. Unter Berücksichtigung der Vielfalt der in Frage kommenden Konstellationen sei folgend nur ein kurzer Aufriss über die am häufigsten zu beobachtenden Nebenpflichtverletzungen gegeben.

(1979), § 276 Anm. V 2 a) aa); ebenso Soergel-*Wiedemann*, Vor § 275 Rdn. 409 f. Die Aussage kann natürlich nur für vertragliche Ansprüche Geltung beanspruchen, unbenommen bleiben weitergehende Ansprüche aus Delikt.

175 Im Sinne einer mangelhaften Erfüllung derselben.

176 *Emmerich*, Leistungsstörungen, § 21 III, S. 243 ff., ders., in: Münchner Kommentar, Vor § 275 Rdn. 282; Palandt-*Heinrichs*, § 276 Rdn. 113.

177 Ein instruktives Beispiel hierfür ist die Pflicht des Arbeitgebers zu Schutzmaßnahmen in § 618 Abs. 1 u. 3 BGB; Nebenpflichten ohne gleichzeitige bzw. gesonderte Sanktionsanordnung regeln etwa die §§ 368, 402, 444 und 666 BGB.

178 Rechtsprechung und Literatur differenzieren im Wesentlichen zwischen leistungsbezogenen Nebenpflichten (Nebenleistungspflichten) und sonstigen bzw. allgemeinen Nebenpflichten; vgl. so jeweils m. w. N. zur Rspr. Münchener Kommentar-*Emmerich*, § 275 Rdn. 282; Palandt-*Heinrichs*, § 276 Rdn. 112 f.; Soergel-*Wiedemann*, Vor § 275 Rdn. 464 ff. Die Unterscheidung richtet sich danach, ob die Verletzungshandlung gegen eine Pflicht zur Unterstützung oder Förderung der Leistung verstößt oder ganz allgemeiner Natur ist. Über die Anwendbarkeit der Regeln der positiven Vertragsverletzung besteht in beiden Fällen kein Zweifel (so ausdrücklich Münchener Kommentar-*Emmerich*, Vor § 275 Rdn. 282).

179 Eine vertragliche Regelung bietet - dies sollte stets bedacht werden - unzweifelhaft den Vorteil der erleichterten Einklagbarkeit und Beweisführung.

a) Verletzung der Leistungstreuepflichten

Unter Leistungstreuepflichten werden die gegenseitigen Nebenverpflichtungen der Vertragsparteien in Hinblick auf die Erfüllung des eigentlichen Vertragszwecks verstanden[180]. Die Pflichten richten sich nach den - soweit festgelegt - ausdrücklichen vertraglichen Regelungen[181] sowie der jedem Vertrag aus § 242 BGB impliziten Verpflichtung, den Vertragszweck nicht zu beeinträchtigen oder zu gefährden[182]. Dieser Kategorie sind insbesondere Fälle der ernsthaften und endgültigen Erfüllungsverweigerung[183], die grundlose Beanstandung der Leistung des Schuldners[184], die unberechtigte Kündigung[185] oder der Wettbewerbsverstoß[186] zuzuordnen.

---

180 Siehe z. B. *Emmerich*, Leistungsstörungen § 21 II, S. 240 ff.; Palandt-*Heinrichs*, § 242 Rdn. 27 ff.

181 Auf die Vorteile der vertraglichen Regelung von Nebenpflichten wurde bereits in Fn. 179 hingewiesen.

182 So z. B. BGHZ 93, 39; BGH, NJW 1978, 260; 1983, 998.

183 Vgl. aus der neueren Rspr. z. B. BGHZ 49, 56, 59; 65, 372, 374. Auffällig ist, dass die Rechtsprechung Fälle der Erfüllungsverweigerung vor und nach Eintritt der Fälligkeit nicht selten gleichbehandelt; siehe grundlegend RGZ 52, 150, 152. Bei kritischer Beleuchtung der Erfüllungsverweigerung sollte hier jedoch strenger differenziert werden. In Übereinstimmung mit der Literatur wären danach Fälle der Erfüllungsverweigerung *nach* Fälligkeit eher über die Regelung des Verzuges gem. § 326 BGB zu lösen (vgl. so etwa *Emmerich*, Leistungsstörungen, § 21 II, S. 241 f.; *Larenz*, Schuldrecht I § 24 I, S. 336, Fn. 8; *Medicus*, Bürgerliches Recht, Rdn. 308; Palandt-*Heinrichs*, § 326 Rdn. 20; Staudinger-*Otto*, § 326 Rdn. 136; *Westhelle*, Nichterfüllung und positive Vertragsverletzung, S. 65 ff.; so anfangs auch das RG in RGZ 7, 44 [allerdings bzgl. Art. 355, 356 HGB]). *Vor* Fälligkeit der Leistung kann hingegen ein Verzug begriffslogischerweise nicht eintreten, so dass konsequenterweise von einem gesetzlich nicht geregelten Sonderfall mit der Folge der Anwendung der Regeln der positiven Vertragsverletzung ausgegangen werden kann (so z. B. *Larenz*, a. a. O.; Palandt-*Heinrichs*, a. a. O.; BGH, NJW 1986, 843; weiter differenzierend *Emmerich*, a. a. O., S. 242). Im Ergebnis verdeutlichen die unterschiedlichen Ansätze hingegen wiederum die Parallelität der Lösungen nach den traditionellen Regeln des Verzuges und denen der positiven Vertragsverletzung. Zur unberechtigten Versagung der Versicherungsleistung siehe II. 3. 2. 2. 2.

184 RG, JW 1927, 1632, 1633; RGZ 171, 297, 301.

185 BGHZ 89, 296, 301; BGH, NJW 1988, 1269; zur unberechtigten Kündigung von Versicherungsverträgen durch den Versicherer später unter II. 3. 2. 1. 3. b).

186 BGHZ 130, 288 = NJW 1995, 2788; BGH, MDR 1991, 953; LG Düsseldorf, CR 1988, 473.

b) Verletzung von Schutzpflichten

Während die Leistungstreuepflichten auf den Vertragsgegenstand ausgerichtet sind, beziehen sich Schutzpflichten auf ausserhalb des primären Leistungsinteresses liegende Rechtsgüter der Parteien. Bei der Abwicklung eines Schuldverhältnisses haben sich diese so zu verhalten, dass außerhalb des eigentlichen Schuldverhältnisses liegende sonstige Rechtsgüter der jeweils anderen Partei (das Integritätsinteresse) nicht geschädigt werden. Bereits das RG formulierte „ohne weiteres eine vertragliche Verpflichtung", nach der aus den Grundsätzen von Treu und Glauben der Vertragschließende den Interessen des anderen Rechung zu tragen habe und bei der Abwicklung des Geschäftes sein Verhalten so einzurichten habe, „dass eine Benachteiligung des anderen tunlichst vermieden wird"[187]. Es gilt der Grundsatz, dass jede Vertragspartei „die gebotene Sorgfalt für die Gesundheit und das Eigentum des anderen Teils zu beobachten hat"[188].

Schutzpflichten werden im Schrifttum allerdings nicht ausschießlich unter das Rechtsinstitut der positiven Vertragsverletzung eingereiht[189]. So lässt sich die Konstruktion eines eigenen Schutzverhältnisses bereits auf *Stoll* zurückverfolgen, der hierauf sein individuelles System von Forderungsverletzungen aufbaute[190]. *Canaris* entwickelte daraus, orientiert an den Problemen des Schutzes der kontrahierenden Partei bei nichtigen Verträgen, ein selbständiges, alle Schutzpflichten vereinendes und aus § 242 BGB hergeleitetes gesetzliches Schuldverhältnis[191]. Unter diesem „Institut der Schutzpflichtverletzungen" sollen die culpa in contrahendo, Verträge mit Schutzwirkung für Dritte und ein Teil der Fälle der positiven Vertragsverletzung zusammengefasst werden[192]. Aus dem Vermischen von vertraglichen und gesetzlichen Ansprüchen, verbunden mit dem Nichterfassen einiger Typen der positiven Vertragsverletzung[193], ergeben sich hingegen un-

---

187 RGZ 73, 347, 352.

188 RGZ 78, 240, 241; die Entscheidung stützt sich hingegen nicht auf positive Vertragsverletzung sondern culpa in contrahendo.

189 Instruktiv hierzu Münchener Kommentar-*Kramer*, Einl. Bd. 2, Rdn. 72 ff., und *Picker*, AcP 183 (1983) 369, 410 ff.

190 *Stoll*, AcP 136, 257, 288 ff., 298 ff.

191 *Canaris*, Ansprüche wegen „positiver Vertragsverletzung" und „Schutzwirkung für Dritte" bei nichtigen Verträgen, JZ 1965, 475 ff.; dieses gesetzliche Schuldverhältnis beginnt nach *Canaris* mit der Aufnahme des geschäftlichen Kontaktes und verdichtet sich in mehreren Stufen bis in das Erfüllungsstadium (a. a. O., S. 479); siehe auch *Canaris*, in: Festschrift für Larenz, S. 84 ff.

192 *Canaris*, JZ 1965, 475, 482.

193 Ausgenommen bleiben z. B. Fälle der Schlechterfüllung oder Zerstörung der Vertrauensgrundlage, die weiterhin nach den Regeln über die positive Vertragsverletzung abgehandelt werden sollen; vgl. *Canaris*, JZ 1965, 475, 479.

zweifelhaft Abgrenzungsschwierigkeiten[194]. Das in der Intention zwischen Delikts- und Vertragshaftung angeordnete Institut[195] konnte sich so nicht durchsetzen und findet auch in der Literatur nur beschränkt Unterstützung[196].

Im Rahmen der Erörterung von Schutzpflichten sollte auch die Lehre von der Vertrauenshaftung[197] nicht unerwähnt bleiben. Dies insbesondere, da sich diese als eigenständige Doktrin im Versicherungsrecht verankert hat[198]. Im Unterschied zu den vertragsorientierten Instituten culpa in contrahendo und positive Vertragsverletzung stützt sich die Haftung dort jedoch auf eine gesetzlich angenommene Schutzpflicht im Rahmen sozialen bzw. rechtlichen Kontaktes im weitesten Sinne. Das Verständnis der Vertrauenshaftung ist allerdings wenig homogen[199]. So ergeben sich nicht nur zahlreiche Übergänge und Überschneidungen zu den

---

194 Mit diesbezüglicher Kritik insb. *Giesen*, NJW 1969, 583; Palandt-*Heinrichs*, § 276 Rdn. 106. Der gedanklich von nichtigen Verträgen herrührenden Lehre vom gesetzlichen Schutzverhältnis ist insbesondere entgegenzuhalten, dass nicht einsichtig ist, warum die hieraus abgeleiteten Folgerungen auch auf voll wirksame Verträge Anwendung finden sollen. Solange eine - wenn auch gestörte - vertragliche Basis vorhanden ist, dürften die im allgemeinen Schuldrecht zur Verfügung stehenden Instrumente ausreichen, um einen ausreichenden Schutz des Vertragspartners sicherzustellen; eines vom Vertrag losgelösten gesetzlichen Schutzverhältnisses bedarf es dann sicherlich nicht.

195 So *Canaris* in: Festschrift für Larenz, S. 84 ff.

196 Zustimmend etwa *Emmerich*, Leistungsstörungen § 21 III, S. 244 f.; *Frost*, „Vorvertragliche" und „vertragliche Schutzpflichten", S. 219 ff.; *Jakobs*, Unmöglichkeit und Nichterfüllung, S. 38 f.; *Thiele*, JZ 1967, 649 ff.; ablehnend hingegen Palandt-*Heinrichs*, § 276 Rdn. 105, und Staudinger-*Löwisch*, Vorbem. zu §§ 275 ff. Rdn. 26.

197 Im Überblick hierzu Münchener Kommentar-*Kramer*, Einl. Bd. 2, Rdn. 82 ff.; instruktiv auch *Hohloch*, NJW 1979, 2369 ff., und *Picker*, AcP 183 (1983) 369, 418 ff.; mit Kritik an der Lehre von der Vertrauenshaftung insb. *Picker*, a. a. O., S. 419; ders., JZ 1987, 1041, 1046 sowie *Medicus*, Probleme um das Schuldverhältnis, S. 21.

198 Vgl. im Gesamtzusammenhang *Hohloch*, NJW 1979, 2369, 2370; ders., VersR 1980, 107 ff.; weitere Nachw. insb. bei *Kollhosser* in Prölss/Martin, VVG, § 43 Rdn. 29 ff. sowie *Langheid* in Römer/Langheid, VVG, § 43 Rdn. 18 ff. Im Sondergebiet des Versicherungsrechts werden über die Vertrauenshaftung nicht nur der Ersatz des negativen Interesses zugebilligt, sondern darüber hinaus auch Erfüllungsansprüche (Nachweise zur umfangreichen Rspr. finden sich etwa bei *Kollhosser* und *Langheid*; jeweils a. a. O.). Letztere Eigentümlichkeit kann sicherlich als Existenzgrundlage für das Institut der Vertrauenshaftung im Versicherungsrecht angesehen werden, denn dem Gläubiger ist gerade dort in spezifischen Rechtssituationen nur mit Erfüllungsansprüchen gedient. Weitere Ausführungen zur versicherungsrechtlichen Vertrauenshaftung siehe S. 79.

199 *Hohloch*, NJW 1979, 2369, 2370, spricht zutreffend von einer „schillernden Vieldeutigkeit", die auch durch die Rechtsprechung nicht eben verringert wurde.

hergebrachten Instituten, sondern insbesondere auch unterschiedliche Meinungen hinsichtlich der Tatbestandsvoraussetzungen[200] und den Ausformungen der Haftung[201]. Primärer Anwendungsbereich der Vertrauenshaftung sind Fälle, in denen es um die Haftung von am Vertrag nicht unmittelbar beteiligter Personen geht[202]; hier müssen die Grundsätze der positiven Vertragsverletzung per definitionem versagen[203].

Zurückkommend auf die Schutzpflichten und deren Zuordnung unter die Regeln der positiven Vertragsverletzung kann zusammenfassend gesagt werden, dass hiermit dem Vertragspartner neben den häufig nur schwer durchsetzbaren deliktischen Ansprüchen (man beachte nur § 831 BGB) parallel vertragliche bzw. vertragsimmanente Ansprüche an die Hand gegeben werden, die seine Rechtsposition wesentlich stärken. Die sich aus den allgemeinen Grundsätzen konkretisierenden speziellen Schutzpflichten sind vielschichtig angelegt, so dass von einer weiteren Darstellung oder Untergliederung an dieser Stelle abgesehen wird[204].

---

200 So ist z. B. strittig, ob - zumindest für einzelne Fallgruppen - die Haftung verschuldensabhängig sein soll oder auf dieses sowohl dem Vertrags- wie auch dem Deliktsrecht innewohnende Prinzip zugunsten einer verschuldensunabhängigen Haftung verzichtet werden kann. Für eine verschuldensfreie Haftung bei beispielsweise Erklärungstatbeständen spricht sich unter Hinweis auf die ohne Verschulden greifenden gesetzlichen Erklärungshaftungstatbestände der §§ 122 u. 179 BGB aus *Kramer*, in: Münchener Kommentar, Einl. Bd. 2, Rdn. 82; ähnlich *Larenz*, in: Festschrift f. Ballerstedt, 1975, S. 415 ff.; für ein Festhalten am Verschuldensprinzip etwa *Hohloch*, NJW 1979, 2369, 2374; ders., VersR 1980, 107, 117 und *Hans Stoll*, Festschr. f. v. Caemmerer, S. 448 f.

201 Bezüglich der Rechtsfolgeseite beschränken sich die Ansprüche in der Regel auf den Ersatz des Vertrauensschadens, also des negativen Interesses; in Ausnahmefällen wird aber auch das Erfüllungsinteresse zugebilligt; vgl. so *Canaris*, Die Vertrauenshaftung im deutschen Privatrecht, S. 274; *Hohloch*, NJW 1979, 2369, 2374, und *Hans Stoll* in: Festschr. f. v. Caemmerer, S. 757.

202 So etwa bei unrichtigen Auskünften, bei denen es an einer echten vertraglichen Beziehung zwischen Auftraggeber und Auftragnehmer fehlt; vgl. dazu BGH, NJW 1953, 60; BGH, WM 1965, 287; 1974, 685; BGH, VersR 1971, 271, und BGH, BB 1976, 855. Ausführlich zum Problemkreis *Musielak*, Haftung für Rat, Auskunft und Gutachten, S. 18 ff; *v. Hoyningen-Huene*, NJW 1975, 963 ff.; *Nißl*, Die Haftung für Vermögensschäden Dritter, Diss., 1971.

203 Vgl. so deutlich der Hinweis in BGH, NJW 1978, 1374, 1375.

204 Die Kasuistik zu dieser Kategorie der positiven Vertragsverletzung ist sehr umfangreich; als Schutzpflichtverletzung wird insb. die Verletzung von Verkehrssicherungspflichten angesehen (je nach Sachverhalt kommt alternativ die Haftung aus culpa in contrahendo in Betracht), weiter auch z. B. die Verletzung von Eigentum des Bestellers bei der Durchführung von Werkverträgen (BGH, VersR 1976, 166), die Unterlassung der Vornahme des nach den Umständen erforderlichen Versicherungsschutzes (BGH, VersR 1964, 239; BGH, NJW 1972, 1363; 1986, 1099; OLG

c) Verletzung vertraglicher Mitwirkungspflichten

Zu dieser Kategorie zählen insbesondere Fälle, in denen dem Schuldner ohne Mitwirkung des Gläubigers eine vollständige Leistungserbringung nicht möglich ist. Als praktisches Beispiel sei genannt der Lieferant einer auf die Bedürfnisse des Bestellers zugeschnittenen EDV-Anlage, die jedoch noch mit Daten des Käufers geladen werden muss, die dieser nicht liefert[205] oder die Nichteinholung einer erforderlichen Ausfuhrgenehmigung gegenüber dem Spediteur[206]. Wie später noch zu sehen sein wird, spielt diese Gruppe der Nebenpflichtverletzungen im Rahmen der Abwicklung von Versicherungsverhältnissen eine nicht unbedeutende Rolle.

d) Verletzung vertraglicher Beratungs-, Aufklärungs- und Auskunftspflichten

Unter diese wichtige Gruppe der vertraglichen Nebenpflichten fällt die Obligation, die andere Vertragspartei unaufgefordert über entscheidungserhebliche Umstände zu informieren; namentlich sind dies Anzeige-, Beratungs-, Hinweis- und Offenbarungspflichten. Eine solche Verpflichtung ergibt sich aber nach der Rechtsprechung sowohl des Reichsgerichts wie auch des BGH nicht schlechthin, sondern nur dann, wenn der andere „nach den im Verkehr herrschenden Anschauungen redlicherweise Aufklärung erwarten darf"[207]. Lediglich der Vollständigkeit halber sei herausgestellt, dass eine diesbezügliche Pflichtverletzung vor Abschluss des Vertrages nach den Grundsätzen der culpa in contrahendo zu behandeln ist; nach Vertragschluss ergeben sich die gleichen Rechte selbstredend aus dem vorliegend behandelten Institut der positiven Vertragsverletzung. Diese Nebenpflicht ist insbesondere bei Versicherungsverhältnissen von besonderem Interesse, da sich das Produkt Versicherung in seinem gesamten Leistungsspektrum als besonders erklärungsbedürftig erweist[208].

Sämtliche nicht in die vorgenannten speziellen Kategorien einzuordnenden Verletzungen von Nebenpflichten fallen als sonstige Pflichtverletzungen unter die Allgemeindefinition der Nebenpflichtverletzung, ohne dass sich an den abzuleitenden Rechtsfolgen etwas ändern würde.

Frankfurt, NJW-RR 1986, 107) oder der Verstoß gegen Geheimhaltungspflichten (BGHZ 27, 246 [Bankvertrag]).

205 BGH, DB 1988, 2249; BGH, NJW 1996, 1745.

206 OLG München, BB 1954, 547.

207 RGZ 62, 150; 111, 234; BGH, NJW 70, 655; BGH, WM 1975, 157; 1977, 394; 1981, 689.

208 Vgl. im Einzelnen dazu unter II. 3. 2. 1. 1.

1.5.3. Rechtsfolgen der positiven Vertragsverletzung

Die positive Vertragsverletzung dient im Wesentlichen dem Integritätsschutz des Vertragspartners und ist in der Systematik der Anspruchsgrundlagen als Sekundäranspruch einzuordnen. Das bedeutet in erster Linie, dass der Gläubiger weiterhin die Erfüllung des Vertrages verlangen kann[209]. Als Sanktion kommt insbesondere ein Schadensersatzanspruch in Betracht[210]. Schließlich wird dem Geschädigten ein Wahlrecht dahingehend konzediert, die noch ausstehende Erfüllung abzulehnen und insoweit Schadensersatz wegen Nichterfüllung zu verlangen oder vom Vertrag zurückzutreten[211].

Diese trichotome Grundstruktur der Rechtsfolgen bei positiven Vertragsverletzungen ist identisch mit der Struktur der Rechtsfolgen der zentralen Leistungsstörungsformen des allgemeinen Schuldrechts[212]. Dies überrascht wenig, da das Institut der positiven Vertragsverletzung ja an Unmöglichkeit und Verzug anknüpft und diese um die dort nicht inkludierten Sachverhalte ergänzt. Die analoge Heranziehung der §§ 280, 286, 325, 326 BGB zur Lösung der Problematik entspricht dabei durchaus den Anforderungen, die später das BVerfG[213] zur Ausfüllung von Regelungslücken im Gesetz aufstellte. Dies ist eine möglichst enge Anlehnung an das geltende Recht.

Neben den genannten Rechtsfolgen kommen in gesondert gelagerten Fällen weitergehende Rechte in Betracht. So z. B. das Recht auf fristlose Kündigung aus wichtigem Grund[214] oder ein solches auf Unterlassung drohender (weiterer) Ver-

---

209 Dies ist ungeteilte Rechtsmeinung; vgl. statt aller Palandt-*Heinrichs*, § 276 Rdn. 123; ferner etwa *Larenz*, Schuldrecht I, § 24 I, S. 339; *Medicus*, Bürgerliches Recht, § 14 IV 2., S. 175 und BGHZ 11, 80 = NJW 1954, 229.

210 Dieser erstreckt sich auf alle unmittelbaren und mittelbaren Nachteile des schädigenden Verhaltens; Folgeschäden werden allerdings nur dann als ersatzpflichtig anerkannt, wenn sie innerhalb des Schutzzwecks der verletzten Pflicht fallen; BGH, NJW 1989, 1125; BGH, WM 1990, 808.

211 Bereits *Staub* billigte in der Grundlegung zum Rechtsinstitut der positiven Vertragsverletzung dem Gläubiger ein dreifaches Wahlrecht zu: Einzelschadensersatz, Rücktritt vom Vertrag oder Schadensersatz wegen Nichterfüllung bei gleichzeitigem Rücktritt vom Vertrag (von *Staub* als Totalschadensersatz bezeichnet); vgl. *Staub*, Über die positiven Vertragsverletzungen und ihre Rechtsfolgen (a. a. O., Fn. 17), S. 18, 23 ff., sowie ders. später in: Die positiven Vertragsverletzungen (a. a. O., Fn. 17), S. 51 f.

212 Diesbezüglich instruktiv beispielsweise RGZ 54, 98, 100 oder BGHZ 11, 80 = NJW 1954, 229.

213 BVerfGE 37, 81

214 BGH, NJW 1969, 37, 1981, 1264; 1986, 125; 1990, 2549.

tragsverletzungen bei Dauerschuldverhältnissen und Sukzessivlieferungsverträgen[215].

2. Das Rechtsinstitut der positiven Vertragsverletzung im Anwendungsbereich des Versicherungsrechts

2.1. Allgemeines

Nachdem die bisherigen Betrachtungen dazu dienten, das Rechtsinstitut der positiven Vertragsverletzung generell, gleichzeitig aber auch kritisch darzustellen, wenden sich die folgenden Teile der Arbeit vollumfänglich dem Hauptgebiet der Untersuchung zu, den positiven Vertragsverletzungen im Bereich des Privatversicherungsrechts[216]. Hierbei erfolgt eine Beschränkung auf Fälle positiver Vertragsverletzungen durch den Versicherer[217].

Zunächst werden die einzelnen Rechtsgrundlagen des Versicherungsvertrages dargestellt[218]. Daran anschließend wird der Frage nachgegangen, wie sich der Vertrag in die Kategorien des Schuldrechts einreihen lässt. In diesem Zusam-

---

215 BGH, NJW 1995, 1284 = WM 1995, 792. Zu weiteren Rechtsfolgen positiver Vertragsverletzungen siehe etwa Palandt-*Heinrichs*, § 276 Rdn. 123 ff., und Soergel-*Wiedemann*, Vor § 275 Rdn. 491 ff.

216 Die vorliegende Abhandlung beschränkt sich auf die dem Privatrecht unterliegende Individualversicherung in Abgrenzung zur Sozialversicherung, die den Vorschriften des öffentlichen Rechts unterliegt; zur Abgrenzung der Versicherungszweige ausführlich *Bruck-Möller*, VVG Bd. I, Einl. Anm. 2, sowie § 1 Anm. 13.

217 Diese Eingrenzung erscheint aus folgenden Erwägungen angebracht: Zum einen dient sie der Konzentration der Untersuchung auf die Interessen des Versicherungsnehmers in Hinblick auf den Verbraucherschutz. Zum anderen sind die Pflichten des Versicherungsnehmers umfassend in den gesetzlichen Bestimmungen, hier insbesondere dem VVG (man denke nur an die in § 6 VVG normierten Obliegenheiten), geregelt. Für Ansprüche des Versicherers gegenüber dem Versicherungsnehmer aus positiver Vertragsverletzung verbleibt daher nur wenig Raum. Zu nennen sind in diesem Zusammenhang aber insb. Schadensersatzansprüche des Versicherers bei betrügerischem Verhalten; vgl. etwa OLG Hamburg, VersR 1988, 482 = NJW-RR 1988, 1436; OLG Oldenburg, VersR 1992, 1151.

218 Als Rechtsgrundlagen des Individualversicherungsvertrages sind im Überblick zu nennen VVG, VAG, BGB und HGB mit Nebengesetzen. Daran schließen sich an die gesetzlich nicht normierten Allgemeinen Versicherungsbedingungen (AVB) mit den diesen ergänzenden Besonderen Bedingungen. Im Weiteren sind beachtlich der Geschäftsplan des Versicherers sowie öffentlich-rechtliche Vorschriften, Letztere insbesondere im Rahmen der Pflichtversicherung; siehe hierzu auch *Bruck-Möller*, VVG Bd. I, Einl. Anm. 3-39, und *Prölls* in Prölss/Martin, VVG, Vorbem. I, Rdn. 1 ff.

menhang wird ebenso die generelle Anwendbarkeit des Rechtsinstituts der positiven Vertragsverletzung für das Privatversicherungsrecht überprüft. Schließlich erfolgt eine Betrachtung zum Leistungsbegriff im Versicherungsrecht. Dies sollte sich deswegen als wichtig erweisen, da der Frage nach einer möglichen Verletzung einer Leistungsverpflichtung die Überlegung vorangestellt werden muss, welcher Art die Verpflichtung sein soll. Einem weiteren Abschnitt bleiben die möglichen Konstellationen positiver Vertragsverletzungen des Versicherungsverhältnisses vorbehalten.

2.2. Gesetzliche Regelungen zum Versicherungsvertrag

Gesetzliche Grundlagen für den Privat- oder Individualversicherungsvertrag sind das VVG, VAG, BGB und HGB. Während VAG und BGB einige Vorschriften enthalten, die unmittelbar auf das Versicherungsverhältnis ausgerichtet sind[219], hat das HGB für den Inhalt von Versicherungsverträgen nur wenig praktische Bedeutung[220].

2.2.1. VVG

Wichtigstes Gesetz im Rahmen der Untersuchung ist - neben dem BGB - unzweifelhaft das VVG, welches die wesentlichen Normen über das Verhältnis zwischen Versicherer und Versicherungsnehmer enthält; es geht als Spezialgesetz den allgemeinen Rechtsvorschriften vor und ergänzt diese[221]. Die Notwendigkeit einer Regelung dieser Materie wurde bereits früh erkannt (vgl. Art. 75 EGBGB[222]), jedoch erschien das Versicherungsrecht damals als noch nicht kodifikationsfähig, so dass das VVG schließlich erst im Jahr 1908 in Kraft trat[223]. Das Gesetz gliedert sich in einen allgemeinen Teil, der für sämtliche Versicherungszweige gilt, und daran anschließend gesonderte Abschnitte für die Schadenversicherung (mit

219 So z. B. § 330 BGB (Auslegungsregel bei Lebensversicherungs- oder Leibrentenvertrag); § 1045 BGB (Versicherungspflicht des Nießbrauchers); § 1127 BGB (Erstreckung der Hypothek auf die Forderung gegen den Versicherer) oder §§ 77 ff. VAG (Sicherung des Deckungsstocks zu Gunsten der Versicherungsnehmer).

220 Dies gilt mit Ausnahme zahlreicher Vorschriften über die Seeversicherung (§§ 778 HGB); näher sogleich unter II. 2. 2. 3.

221 *Bruck-Möller*, VVG Bd. I, Einl. Anm. 10 u. 40; zur ergänzenden Geltung der Vorschriften des BGB für das VVG siehe auch die Motive zum VVG, S. 65.

222 Zum Wortlaut von Art. 75 EGBGB siehe Fn. 260; vgl. auch *Mugdan*, Materialien zum BGB, Bd. I, S. 179 f.

223 *Bruck-Möller*, VVG Bd. I, Einl. Anm. 4; zur Geschichte der Kodifikation des Versicherungsrechts ausführlich *Dreher*, Die Versicherung als Rechtsprodukt, S. 26 ff.

Regelungen zu einzelnen Versicherungszweigen[224]) sowie die Lebens-, Kranken- und Unfallversicherung.

Das Gesetz ist auf einen Ausgleich der gegenseitigen Interessen[225] ausgerichtet und setzt inhaltlich die Verwendung von Allgemeinen Versicherungsbedingungen (AVB) voraus[226]. Die Verwendung allgemeiner Versicherungsbedingungen[227] ist hingegen durch die Regelungen des VVG beschränkt. So enthält das Gesetz zwingende, halbzwingende oder abdingbare Vorschriften[228]. Ein Verstoß gegen zwingende Vorschriften macht entweder nur die zuwiderlaufende Vertragsbestimmung ungültig, was der Regelfall ist, oder wirkt auf den ganzen Vertrag. Halbzwingende Vorschriften können nicht zum Nachteil des Versicherungsnehmers oder geschützter Dritter (z. B. zu Lasten des Erwerbers der versicherten Sache [§§ 69 ff. VVG] oder dem Hypothekengläubiger [§§ 100 ff. VVG]) abgeändert werden. Alle sonstigen Normen des VVG sind - vorbehaltlich entgegenstehender weiterer gesetzlicher Bestimmungen[229] - abdingbar. Wichtig in diesem Zusammenhang ist die Feststellung, dass für den Versicherungsvertrag als schuldrechtlicher Vertrag[230] der Grundsatz der Vertragsfreiheit gilt[231]. Das VVG gilt daher nur insoweit, als dass der Individualversicherungsvertrag keine

---

224 *Bruck-Möller*, VVG Bd. I, § 1 Anm. 32 unterscheidet zwischen den - gesetzlich vorgezeichneten - V e r s i c h e r u n g s z w e i g e n (so z. B. die Feuerversicherung) und diesen zuzuordnenden Untergruppen, den V e r s i c h e r u n g s a r t e n (dies wären für die Feuerversicherung die Arten Immobiliar- und Mobiliarfeuerversicherung); andere Autoren folgen dieser Einteilung oder sprechen ganz allg. von Versicherungszweigen (so z. B. *Dreher*, Die Versicherung als Rechtsprodukt, S. 29; *Prölss* in Prölss/Martin, VVG, Vorbem. I Rdn. 6). Das VAG verwendet daneben den Begriff der Versicherungssparte (z. B. in §§ 5 Abs. 3 Nr. 2; 6 Abs. 2; 13 Abs. 2). Die Nuancen in der Nomenklatur haben auf die Beurteilung von Sachfragen jedoch keine Auswirkung.

225 Vgl. die Motive zum VVG, S. 63, in denen die Notwendigkeit einer gesetzlichen Regelung des Versicherungsvertrages u. a. mit einer „angemessenen Ausgleichung zwischen den Interessen der Versicherer und der Versicherungsnehmer" begründet wird.

226 Das VVG war insoweit bewusst als lex imperfecta geplant; vgl. Motive zum VVG, S. 63; ferner *Prölss* in Prölss/Martin, VVG, Vorbem. I Rdn. 16; *Kühnholz*, Versicherungsrecht, S. 5.

227 Ausführlich hierzu sogleich unter II. 2. 3. 1.

228 Vgl. hierzu die Übersichten in *Bruck-Möller*, VVG Bd. I, Einl. Anm. 45 ff., und *Prölss* in Prölss/Martin, VVG, Vorbem. I, Rdn. 3 ff., jeweils mit Nachweisen zu den entsprechenden gesetzlichen Bestimmungen sowie zu Literatur und Rechtsprechung.

229 Beachtlich sind hier insb. die Vorschriften des AGBG.

230 Eingehend dazu sogleich unter II. 2. 4. 1.

231 *Bruck*, Privatversicherungsrecht, § 3, S. 20; *Bruck-Möller*, VVG Bd. I, Einl. Anm. 40.

oder eine unzulässigerweise vom Gesetz abweichende Regelung vorsieht. Unmaßgeblich ist dabei, ob der Vertrag auf das VVG verweist oder nicht[232].

Neben den vom VVG normierten Einschränkungen der Vertragsfreiheit enthält das Gesetz insbesondere auf die Vertragsparteien wirkende und von diesen zu beachtende Verpflichtungen. So ist der Versicherer etwa verpflichtet, dem Versicherungsnehmer eine Urkunde über den Versicherungsvertrag auszuhändigen (§ 3 Abs. 1 VVG). Der Versicherungsnehmer ist u. a. verpflichtet, dem Versicherer bei Schließung des Vertrages alle bekannten Umstände des zu versichernden Risikos anzuzeigen (§ 16 Abs. 1 VVG); ferner hat er zahlreiche Nebenpflichten zu erfüllen[233].

Darüber hinaus gibt das Gesetz Definitionen zu allgemeinen Begriffen (z. B. der Überversicherung, § 51 VVG) oder über den Umfang der Haftung in einzelnen Versicherungszweigen (§§ 82, 108, 116, 129, 149 VVG) bzw. das generelle Verständnis derselben (so z. B. §§ 159 ff., 179 ff. VVG betr. der gesetzlichen Intentionen zu Lebens- und Unfallversicherung). Auf eine allgemeine Definition des Begriffes der Versicherung wurde hingegen bewusst verzichtet[234]; das VVG beschränkt sich einleitend lediglich auf die Beschreibung des Wesensinhalts des Versicherungsvertrages[235].

In Hinblick auf den Gegenstand der Untersuchung kann hier festgestellt werden, dass das VVG auf den ersten Blick keine Vorschriften zur Schlechterfüllung des Versicherungsvertrages durch den Versicherer enthält. Es ist daher anzunehmen, dass hierfür im Weiteren die Vorschriften der positiven Vertragsverletzung heranzuziehen sind. Dies bedarf hingegen im Einzelfall der späteren Verifizierung.

2.2.2. VAG

Das VAG als Hauptquelle des Versicherungsaufsichtsrechts lässt sich über seinen Vorläufer, das Gesetz über die privaten Versicherungsunternehmungen[236], in das Jahr 1901 zurückverfolgen. Die dem öffentlichen Recht zuzurechnende materiel-

---

232 *Bruck-Möller*, VVG Bd. I, Einl. Anm. 40.

233 Zu den einzelnen Verpflichtungen von Versicherer und Versicherungsnehmer nach den Bestimmungen des VVG ausführlich *Prölss* in Prölss/Martin, VVG, § 1 Rdn. 20 ff. und 29 ff.

234 Motive zum VVG, S. 69 f.

235 Zum Begriff der Versicherung vgl. u. a. *Wälder*, Wesen der Versicherung, S. 22 ff.; *Dreher*, Die Versicherung als Rechtsprodukt, S. 31 ff., und *Bruck-Möller*, VVG Bd. I, § 1 Anm. 2. Eine übersichtliche und noch immer aktuelle Darstellung zur reichhaltigen Diskussion des Begriffes der Versicherung findet sich bei *Möller*, ZVersWiss 1962, 268.

236 Gesetz vom 12.5.1901, RGBl. S. 139.

le Staatsaufsicht über den Betrieb von Versicherungsgesellschaften wurde somit zeitlich bereits vor Inkrafttreten des VVG eingeführt. Grund für die Maßnahme waren u. a. die Ausnutzung von den Versicherer begünstigenden Allgemeinen Versicherungsbedingungen und die Solvabilitätskontrolle der Unternehmen[237]. Zur Verbesserung der Position des Versicherungsnehmers erklärte das VAG die Versicherungsbedingungen als zum Bestandteil des Geschäftsplans der Unternehmen gehörig[238]. Diese waren so nach altem Recht genehmigungsbedürftig. Nach neuem Recht ist dies nicht mehr der Fall; die Genehmigungsbedürftigkeit wurde im Zuge der durch die europäische Integration geprägten Deregulierung des Versicherungsmarktes fallen gelassen[239]. Dennoch enthält das Gesetz auch in der aktuellen Form u. a. mit der Regelung des § 10 a VAG wesentliche und auf den Individualvertrag wirkende verbraucherschützende Elemente[240]. Nur eine mittelbare Ausstrahlung auf den Individualvertrag entfaltet das dem Versicherungsnehmer über § 81 VAG zustehende Beschwerdeverfahren. Dennoch darf dieses als Mittel zur Beseitigung von Missständen nicht unterbewertet werden, wie die hohe Zahl der Eingaben bzw. der abgeholfenen Beschwerden unter Beweis stellt[241]. Für die weitere Untersuchung ist das VAG hingegen von untergeordneter Bedeutung; die Betrachtungen sollen sich daher auf das Gesagte beschränken.

---

237 Vgl. hierzu ausführlich *Ehrenberg*, Versicherungsrecht, § 18, S. 151; *Bruck*, Privatversicherungsrecht, S. 18 f. sowie Prölss-*Schmidt*, VAG, Vorbem. Rdn. 1 f. Zur verbraucherpolitischen Konzeption des VAG in seiner heutigen Form instruktiv Prölss-*Schmidt*, (a. a. O.) Rdn. 123 ff., mit ausführlichen Nachweisen zur Literatur.

238 Vgl. § 5 Abs. 3 Nr. 2 VAG a. F.; siehe auch Prölss-*Schmidt*, VAG (9. Aufl.), § 5 Rdn. 5 u. § 10 Rdn. 1 ff.

239 Die Genehmigungspflichtigkeit von Allg. Versicherungsbedingungen ist seit dem 1.7.1994 entfallen; vgl. hierzu die Richtlinien 73/239/EWG und 88/357/EWG (Dritte Richtlinie Schadenversicherung) v. 18.6.1992 ABlEG L 228 S. 1 sowie Drittes Durchführungsgesetz/EWG zum VAG v. 21.6.1994, BGBl. I 1630; vgl. zum Ganzen auch *Prölss* in Prölss/Martin, VVG, Vorbem. I Rdn. 18, und *Baumann*, Versicherungsrecht nach der Deregulierung, VersR 1996, 1 ff.

240 Danach haben die Versicherungsunternehmen zu gewährleisten, dass dem Versicherungsnehmer bestimmte Verbraucherinformationen mit für das Versicherungsverhältnis maßgeblichen Tatsachen und Rechten zur Verfügung gestellt werden; die Einzelheiten richten sich nach der Anlage Teil D zum VAG. Zum Verbraucherschutzgedanken und dem Aufsichtsinstrumentarium im VAG vgl. auch Prölss-*Schmidt*, VAG, Vorbem. Rdn. 123 ff.

241 Siehe bereits Teil I., S. 24 f., sowie im Anhang Tab. I; zu Einzelheiten des Beschwerdeverfahrens vgl. Prölls-*Kollhosser*, VAG § 81 Rdn. 56 ff.

2.2.3. *BGB / HGB*

Wie bereits einleitend zu diesem Kapitel kurz angerissen, sind im BGB nur wenige direkt auf das Versicherungsverhältnis wirkende Vorschriften enthalten. Im Einzelnen sind dies die für beide Parteien verbindlichen Auslegungsregeln bei Lebensversicherungsverträgen (§§ 330 ff. BGB), die Verpflichtung des Nießbrauchers, für den notwendigen Versicherungsschutz zu sorgen, sofern die Versicherung der Sache einer „ordnungsmäßigen Wirtschaft" - mithin der Verkehrssitte - entspricht (§§ 1045, 1046 BGB) und die Bestimmungen der §§ 1127-1130 BGB betreffend der Erstreckung der Hypothek auf die Forderung gegen den Versicherer.

Erweist sich so die Bedeutung des BGB hinsichtlich spezieller Vorschriften zum Privatversicherungsrecht auf den ersten Blick als gering, muss bedacht werden, dass die Normen des BGB ergänzend zu denen des Versicherungsvertragsrechts heranzuziehen sind, soweit das VVG keine Sonderregelung trifft[242]. Damit sind insbesondere die Vorschriften des ersten Buches sowie die des allgemeinen Teils des zweiten Buches über das Recht der Schuldverhältnisse anwendbar[243].

Dem Handelsgesetzbuch kommt im Privatversicherungsrecht eine Bedeutung nur insoweit zu, als es in §§ 778 ff. HGB exklusiv die Versicherung gegen die Gefahren der Seeschifffahrt regelt[244] und in § 363 Abs. 2 die Transportversicherung kurz erwähnt. Die genannten Vorschriften spielen für die vorliegende Untersuchung hingegen keine Rolle.

2.3. *Sonstige Regelungen zum Versicherungsvertrag*

2.3.1. *Allgemeine Versicherungsbedingungen*

Allgemeine Versicherungsbedingungen (AVB) regeln ergänzend zu den gesetzlichen Bestimmungen des VVG das Rechtsverhältnis zwischen Versicherer und Versicherungsnehmer. Sie lassen sich klassifizieren als Bestimmungen, die einer

---

242 Vgl. Motive zum VVG, S. 65: „Die Bestimmungen des Entwurfs über den Versicherungsvertrag finden ihre Ergänzung in den Vorschriften des Bürgerlichen Gesetzbuchs und ... den des Handelsgesetzbuchs"; siehe auch *Bruck*, Privatversicherungsrecht, S. 17 f.; *Prölls* in Prölss/Martin, VVG, Vorbem. I Rdn. 9; *Bruck-Möller*, VVG Bd. I, Einl. Anm. 10; *Dreher*, Die Versicherung als Rechtsprodukt, S. 1.

243 Dies kommt in Vorschriften wie § 5 Abs. 4 VVG (Anfechtung wegen Irrtums) oder § 22 (arglistige Täuschung über Gefahrumstände) deutlich zum Ausdruck.

244 Gem. § 186 VVG sind die Vorschriften des VVG auf die Seeversicherung (sowie auch auf die Rückversicherung) nicht anwendbar.

Vielzahl von Versicherungsverträgen ohne Rücksicht auf individuelle Verschiedenheiten der einzelnen Risiken zugrunde gelegt werden[245]. Hierbei ist unmaßgeblich, ob die AVB als besondere Bedingungen, Risikobeschreibungen o. ä. bezeichnet werden. AVB tragen damit alle Züge von Allgemeinen Geschäftsbedingungen[246]. Sie sind, wie *Prölss* treffend charakterisiert, die AGB der Versicherer[247]. Da das VVG zur Produktion des individuellen Versicherungsvertrages die Verwendung von AVB voraussetzt, ist deren Inhalt entsprechend breit gefächert. So enthalten diese neben den regelmäßig zu beobachtenden mehr oder minder wortgleichen Wiederholungen von gesetzlichen Bestimmungen ergänzende Klauseln, die sich insbesondere auf Haupt- und Nebenleistungspflichten der Parteien aus dem Vertrag beziehen. Dass hierbei die dem Versicherungsnehmer obliegenden Pflichten[248] bzw. die diesen treffenden Sanktionen[249] überwiegen, überrascht wenig. Schließlich sind die Versicherer nicht nur Verwender, sondern zugleich

---

245 Vgl. *Prölss* in Prölss/Martin, VVG, Vorbem. I Rdn. 13 unter Hinweis auf BGH, VersR 1975, 845; OLG Hamburg, VersR 1964, 814. Bereits das RG sprach bzgl. Versicherungsbedingungen von „typischen Vertragsbestimmungen“, siehe RGZ 135, 136, 137; 144, 301, 304.

246 Die Anwendbarkeit des AGBG auf Allg. Versicherungsbedingungen ist unstrittig; vgl. *Prölss* in Prölss/Martin, VVG, Vorbem. I Rdn. 17, sowie *Römer* in Römer/Langheid, VVG, Vor § 1 Rdn. 2. Zur Inhaltskontrolle von AVB ist bisher eine sehr umfangreiche Literatur erschienen; siehe hierzu etwa den Überblick bei *Prölss* (a. a. O.), Rdn. 45. Hervorzuheben sind die Abhandlungen von *Flick*, Schranken der Inhaltskontrolle Allgemeiner Versicherungsbedingungen und *van de Loo*, Angemessenheitskontrolle Allgemeiner Versicherungsbedingungen nach dem AGB-Gesetz. Nicht minder groß ist die Zahl der einschlägigen Judikatur; vgl. die Übersichten bei Palandt-*Heinrichs*, § 3 AGBG Rdn. 9; *Prölss*, (a. a. O.) Rdn. 37 ff. und 45 ff. sowie *Ulmer/Brandner/Hensen*, AGBG, § 3 Rdn. 44 und § 9 Rdn. 38 ff. u. 101 ff. Eine übersichtliche Zusammenstellung einschlägiger Urteile findet sich auch - kritisch angemerkt - bei *Römer* in: Festschrift für Lorenz, S. 451 ff.

247 *Prölss* in Prölss/Martin, VVG, Vorbem. I Rdn. 13.

248 So z. B. die Verpflichtung des Versicherungsnehmers in der Diebstahl- und Raubversicherung, im Schadenfall der Polizei unverzüglich ein Verzeichnis der abhanden gekommenen Sachen einzureichen (§ 13 Ziff. 1 lit. b AERB 87/94) oder dessen Verpflichtung in der Reisegepäckversicherung, eine Bescheinigung der Polizei vorzulegen, bei der der Schaden angezeigt wurde (§ 10 Ziff. 3 AVBR 92). Die Praxis zeigt, dass diese Pflichten häufig übersehen werden. Übersichten zu den häufigsten dem Versicherungsnehmer per Vertrag auferlegten Pflichten findet sich bei *Prölss* in Prölls/Martin, VVG, § 6 Rdn. 22 ff., und *Römer* in Römer/Langheid, VVG, § 6 Rdn. 8 ff.

249 Da die Pflichten zumeist als vertragliche Obliegenheiten i. S. v. § 6 VVG ausgestaltet sind, tritt in der Regel Leistungsfreiheit des Versicherers ein, sofern die Pflichtverletzung als verschuldet anzusehen ist. Mit übersichtlichen Darstellungen zu dem für das Versicherungsrecht eigentümlichen Institut der Obliegenheiten insb. *Römer* in Römer/Langheid, VVG, § 6 Rdn. 1 ff., und *Schirmer*, RuS 1990, 217.

Urheber[250] der Bedingungswerke. Sanktionen bei wie auch immer gearteten Pflichtverletzungen des Versicherers sehen die Allgemeinen Versicherungsbedingungen so regelmäßig wie verständlicherweise nicht vor.

2.3.2. Die geschäftsplanmäßige Erklärung

Als sonstige Rechtsgrundlage des Versicherungsvertrages ist abschließend die geschäftsplanmäßige Erklärung zu erwähnen. Sie ist eine Besonderheit des Versicherungsaufsichtsrechts. Hierunter sind formelle Erklärungen der Versicherer gegenüber dem BAV als Aufsichtsbehörde zu verstehen, die sich auf Verwendung, Auslegung und Interpretation von Versicherungsbedingungen und mögliche Sachverhalte aus der täglichen Praxis beziehen[251]. Erklärungsinhalt ist zumeist die Verpflichtung zu einem bestimmten zukünftigen Verhalten gegenüber Versicherungsnehmern oder versicherten Personen. In welchen Fällen solche Erklärungen dem Versicherungsnehmer unmittelbare Rechte - mithin einen durchsetzbaren zivilrechtlichen Anspruch - gewähren, ist umstritten[252]. Nach dem

---

250 Der Ausdruck ist hier untechnisch und nicht im Sinne des UrhG zu verstehen; zum Themenkreis Urheberrechtsschutz und Allgemeine Versicherungsbedingungen weiterführend *Brieger-Lutter*, ZfV 1992, 604 ff.

251 Als Beispiel sei genannt die geschäftsplanmäßige Erklärung anlässlich der Einführung der VHB 74 [in Weiterentwicklung des vorhergehenden Bedingungswerks VHB 66] (VerBAV 1974, 115, 166). Diese lautet - auszugsweise - unter Ziff. 2: „Den Bestand an (auf den Bedingungen der VHB 66 basierenden; Anm. des Verf.) Hausratversicherungen werden wir bei sich bietender Gelegenheit ... umstellen. Dabei werden wir in Rundschreiben und Gesprächen nicht nur die Vorteile der neuen Bedingungen hervorheben". Eine Übersicht von Standardfassungen geschäftsplanmässiger Erklärungen zu verschiedenen Versicherungszweigen finden sich bei Prölss-*Schmidt*, VAG (9. Aufl.), § 5 Rdn. 26 ff. und - speziell ausgerichtet auf die Haftpflichtversicherung - *Späte*, AHB, Anh. III Ziff. 1 und 2.

252 Grundsätzlich ist die geschäftsplanmäßige Erklärung nur der Aufsichtsbehörde gegenüber bindend und hat keinen Einfluss auf die zivilrechtliche Beziehung; vgl. *Bruck-Möller*, VVG Bd. I, Einl. Anm. 29 (unter lit. ee); ferner etwa OLG Hamburg, VersR 1988, 620; OLG Düsseldorf, VersR 1968, 243. Soweit sie sich zu einem Verhalten gegenüber dem Versicherungsnehmer verpflichtet, begründet diese daher nach allerdings strittiger Auffassung nicht generell einen Vertrag zugunsten Dritter i. S. v. § 328 BGB. Gegen die Annahme eines Vertrages zugunsten Dritter *Bruck-Möller*, (a. a. O.); Prölls-*Schmidt*, VAG (9. Aufl.), § 5 Rdn. 23; *Späte*, AHB, Vorbem. Rdn. 83; *Cuntze*, Die Geschäftsplanmässige Erklärung, S. 200; *Arnold*, VerBAV 1956, 215, sowie OLG Düsseldorf, VersR 1968, 243. A. M. - soweit ersichtlich - nur *Lorenz-Liburnau*, VersRdsch. 1952, 34. Eine Ausnahme wird allerdings dann gemacht, wenn die Erklärung durch Verweisung in den Allg. Versicherungsbedingungen, Veröffentlichung der Aufsichtsbehörde oder in anderer Weise (z. B. Mitteilung an den Versicherungsnehmer) Vertragsinhalt geworden ist. In diesen Fäl-

Wegfall der Genehmigungspflicht für Allgemeine Versicherungsbedingungen im Jahr 1994[253] ist jedoch *Römer* dahingehend zuzustimmen, dass geschäftsplanmäßige Erklärungen nur noch wenig Bedeutung haben[254]; diese wird sich im Laufe der Zeit weiter reduzieren. Auf eine nähere Erörterung wird daher hier bewusst verzichtet. Es sei aber angemerkt - dies werden die weiteren Ergebnisse der Untersuchung zeigen - dass sich die Verpflichtungserklärungen der Versicherer in der Praxis oft als wertlos herausstellen. Dies schlichtweg aus dem Grunde, da man sich hieran nicht hält[255].

2.4. Die typologische Einordnung des Versicherungsvertrages, seine Stellung im Schuldrechtssystem und die Anwendbarkeit des Rechtsinstitutes der positiven Vertragsverletzung

Vor Erörterung der sich aus dem Versicherungsvertrag für den Versicherer ergebenden Leistungsverpflichtungen soll noch etwas näher auf den Typus des Versicherungsvertrages[256] und dessen heutige Stellung im Schuldrechtssystem eingegangen werden. Schließlich dient dieser Teil der Betrachtung der Beantwortung der Frage, inwieweit das Rechtsinstitut der positiven Vertragsverletzung heran-

---

len wird die Vorschrift des § 328 Abs. 2 BGB dann analog herangezogen; vgl. Prölss-*Schmidt*, (a. a. O.); *Späte*, (a. a. O.); *Prölss* in Prölss/Martin, VVG, Vorbem. I Rdn. 120; BGH, VersR 1988, 1062, 1065; OLG Oldenburg, NJW 1974, 2133.

253 Siehe zuvor Fn. 239.

254 *Römer* in Römer/Langheid, VVG, Vor § 1 Rdn. 4; in diesem Sinne auch *Prölss* in Prölss/Martin, VVG, Vorbem. I Rdn. 112 u. 119. Von Relevanz sind geschäftsplanmäßige Erklärungen nur noch für Versicherungsverträge, die vor Inkrafttreten des 3. DurchfG/EWG zum VAG (BGBl. I S. 1630) am 29.7.1994 geschlossen worden sind; vgl. auch VerBAV 1994, 356.

255 So hatte sich z. B. in dem dem Urteil OLG Hamburg, VersR 1988, 620, zu Grunde liegenden Sachverhalt der Versicherer per geschäftsplanmäßiger Erklärung verpflichtet, bestehende Verträge auf ein neu eingeführtes Bedingungswerk umzustellen. Allerdings setzte man diese Verpflichtung nur ungenügend in die Praxis um; viele Versicherungsnehmer erfuhren von der Möglichkeit der Umstellung nichts. Ausführlich zu diesem Problemkreis unter II. 3. 2. 1. 1. c) cc). Bei Verhaltensweisen, die in Widerspruch zu geschäftsplanmäßigen Erklärungen stehen, ist insbesondere die für den Versicherungsnehmer objektiv bestehende Schwierigkeit zu bedenken, dass er von der Erklärung ja keine Kenntnis hat. Damit wird er sich ohne rechtskundigen Rat im Regelfall hierauf auch nicht berufen können.

256 Zur Vertragstypisierung vgl. insb. *Ehrenberg*, Versicherungsrecht, S. 71 ff.; *Bruck*, Privatversicherungsrecht, S. 58 ff.; *Bruck-Möller*, VVG Bd. I, § 1 Anm. 35 ff.; *Eichler*, Versicherungsrecht, S. 17 ff.; *Prölss* in Prölss/Martin, VVG, § 1 Rdn. 17 ff., und *Dreher*, Die Versicherung als Rechtsprodukt, S. 66 ff.

gezogen werden kann, um mögliche Regelungslücken in der Materie des Versicherungsrechts auszufüllen.

2.4.1. Der Versicherungsvertrag als Vertragstypus

In der Historie kurz zurückblickend erfolgten erste ausführliche landesrechtliche Regelungen zum Versicherungsvertrag bereits zu Ende des 18. Jahrhunderts[257]. So u. a. im Preußischen Allgemeinen Landrecht. Mit exakten Definitionen zu Wesen und wirtschaftlichem Zweck wurde der Versicherungsvertrag dort als eigenständiger Vertragstypus behandelt[258]. Zur Rechtsvereinheitlichung war später eine Gesamtkodifikation des Versicherungsrechts als Ergänzung zu dem sich damals in Überarbeitung befindlichen HGB beabsichtigt[259]. Hierzu kam es jedoch wegen zeitlicher Schwierigkeiten nicht, so dass zunächst ein Vorbehalt für die landesgesetzlichen Bestimmungen über das Versicherungsrecht in Art. 75 EGBGB aufgenommen wurde[260].

Hinsichtlich der Beratungen zu dem dann erst 1908 in Kraft getretenen VVG ist bedeutsam, dass dessen Bestimmungen intentional die Regelungen des bürgerlichen Rechts vervollständigen sollten[261]. Über die Einordnung des Versicherungsvertrages in das Schuldrechtssystem besteht so grundsätzliche Einigkeit[262]. Ein ausdrücklicher gesetzlicher Hinweis auf das Verhältnis des VVG zum BGB

---

257 Eingehende Darstellungen zur historischen Entwicklung finden sich bei *Dreher*, Die Versicherung als Rechtsprodukt, S. 27 ff. u. 64 ff.; *Bruck*, Privatversicherungsrecht, S. 8 ff. u. 13 ff.; *Ehrenberg*, Versicherungsrecht, S. 25 ff., und *Bruck-Möller*, VVG Bd. I, Einl. Anm. 4.

258 Siehe z. B. §§ 1288, 1934 Pr. ALR; zu diesen in Hinblick auf das Versicherungsrecht bereits sehr weit differenzierenden Bestimmungen ausführlich *Bruck*, Privatversicherungsrecht, S. 8 f.

259 Vgl. *Mugdan*, Materialien zum BGB, Bd. I, S. 18; *Goldschmidt*, ZHR, Bd. 20, S. 141, 152, 166; siehe auch *Dreher*, Die Versicherung als Rechtsprodukt, S. 27.

260 Die Vorschrift des Art. 75 EGBGB lautete: „Unberührt bleiben die landesgesetzlichen Vorschriften, welche dem Versicherungsrecht angehören, soweit nicht in dem Bürgerlichen Gesetzbuche besondere Bestimmungen getroffen sind“; vgl. hierzu auch *Mugdan*, Materialien zum BGB, Bd. I, S. 179 f.

261 Motive zum VVG, S. 59. In der Begründung zum Gesetzesentwurf wird ausgeführt, dass dieser „zugleich die einheitliche Regelung des deutschen bürgerlichen Rechtes“ vervollständigen soll; siehe hierzu auch *Dreher*, Die Versicherung als Rechtsprodukt, S. 28, unter Hinweis auf *Duvinage*, Die Vorgeschichte und die Entstehung des Gesetzes über den Versicherungsvertrag, S. 45 ff.

262 *Bruck*, Privatversicherungsrecht, S. 17 f.; *Bruck-Möller*, VVG Bd. I, Einl. Anm. 10; *Dreher*, Die Versicherung als Rechtsprodukt, S. 64 ff.; *Eichler*, Versicherungsrecht, S. 19; *Kühnholz*, Versicherungsrecht, S. 3; *Prölss* in Prölss/Martin, VVG, Vorbem. I Rdn. 9; *Silberschmidt*, ZGesVersWiss, 1917, 292.

fehlt hingegen[263], man erachtete ihn offensichtlich als unnötig[264]. Das Versicherungsrecht ist daher kein eigenständiges, in sich abgeschlossenes Rechtsgebiet, sondern unbestreitbar Teil des Privatrechts[265]. Es baut auf dieses im wesentlichen kodifizierende BGB auf und konzentriert sich auf abändernde[266] oder zusätzliche Regeln, die auf die besonderen Interessen der Beteiligten ausgerichtet sind.

Der Versicherungsvertrag bildet nach der heute herrschenden Meinung eine selbstständige Art des gegenseitigen Vertrages[267] und steht als Vertragstypus *sui generis* neben den Schuldverträgen des BGB und des HGB[268]. Nach der gesetzlichen Definition in § 1 Abs. 1 u. 2 VVG schuldet der Versicherer gegen Zahlung einer Prämie die Übernahme eines definierten Risikos sowie die Bewirkung einer Geld- oder sonstigen Leistung für den Fall, dass sich das Risiko verwirklicht. Auf die Frage, ob über diese im Gesetz ausdrücklich genannten Leistungspflichten hinaus dem Versicherer weitere Pflichten obliegen, wird noch näher einzugehen sein[269].

Im Zusammenhang mit der Einordnung des Versicherungsvertrages in das System des Schuldrechts werden auch andere Ansätze vertreten. So wurde in der Vergangenheit die Frage ausgiebig erörtert, ob der Versicherungsvertrag ein solcher aleatorischer Natur ist[270]. Diese Meinung übersieht hingegen, dass bei den aleatorischen Verträgen wie Spiel oder Wette die Ungewissheit als gewollt vorausgesetzt wird und die Ausnutzung des Zufalls als Vehikel zur wirtschaftlichen Besserstellung einer Partei dienen soll[271]. Der Versicherungsvertrag zielt hinge-

263 Vgl. so aber z. B. im Handelsrecht die Bestimmung des Art. 2 Abs. 1 EGHGB: „In Handelssachen kommen die Vorschriften des Bürgerlichen Gesetzbuches nur insoweit zur Anwendung, als nicht im Handelsgesetzbuch ... ein anderes bestimmt ist."

264 So *Dreher*, Die Versicherung als Rechtsprodukt, S. 66.

265 Vgl. *Prölss* in Prölss/Martin, VVG, § 1 Rdn. 17; *Bruck*, Privatversicherungsrecht, S. 18; BGH 4, 208, 212; *Schimikowski*, Versicherungsvertragsrecht, Rdn. 1.

266 Zu den das BGB abändernden Regelungen vgl. die Übersicht bei *Prölss* in Prölss/Martin, VVG, Vorbem. I Rdn. 9.

267 So die h. M. und st. Rspr.; vgl. statt aller *Bruck-Möller*, VVG Bd. I, § 1 Anm. 43, sowie *Prölss* in Prölss/Martin, VVG, § 1 Rdn. 17 u. 30, jeweils m. w. N.

268 Vgl. in diesem Sinne *Dreher*, Die Versicherung als Rechtsprodukt, S. 70 f.; *Eichler*, Versicherungsrecht, S. 23; OLG Hamburg, JZ 1990, 442, 444.

269 Zum Leistungsbegriff im Versicherungsrecht siehe sogleich unter II. 2. 5.

270 Zur Historie der rechtstheoretischen Erfassung des Versicherungsverhältnisses vgl. mit umfassenden Nachweisen aus dem zeitgenössischen Schrifttum *Bruck*, Privatversicherungsrecht, S. 59 ff., sowie *Ebel*, Glücksvertrag und Versicherung, ZVersWiss 1962, 53. So wurde z. B. noch bei Windscheid-*Kipp*, Lehrbuch des Pandektenrechts, 9. Aufl. 1906, 2. Bd., §§ 322 u. 419 ff., der Versicherungsvertrag zu den erlaubten Glücksverträgen gerechnet, da wenigstens einer der Partner ein „berechtigtes Lebensinteresse" verfolge.

271 *Dreher*, Die Versicherung als Rechtsprodukt, S. 73.

gen darauf ab, die Folgen eines nicht herausgeforderten Zufalls durch einen Vertrag zu bewältigen, aus dem der Versicherte gerade keinen Vorteil ziehen soll[272]. Damit ist dieser eindeutig kein Vertrag aleatorischen Inhalts.

Teilweise wird der Versicherungsvertrag in der Literatur unter den Typus der Geschäftsbesorgung eingeordnet[273]; die Rechtsprechung steht einer entsprechenden Kategorisierung bisher eher ablehnend gegenüber[274]. So will *Eichler* als einer der Hauptverfechter dieses Ansatzes die Geschäftsbesorgung des Versicherers darin erkennen, dass dieser durch Vertrag die sonst vom Versicherungsnehmer auszuübende Gefahrtragung und Vorsorge übernimmt. Zur Wahrnehmung dessen wird mit dem Versicherungsbetrieb eine selbstständige Tätigkeit wirt-

---

272 Nach Eintritt des Versicherungsfalles erlangt der Versicherte mit der Versicherungsleistung keinen Vorteil, sondern nur einen Ausgleich gegenüber einem hervorgetretenen oder angenommenen Bedarf; vgl. so bereits *Bruck*, Privatversicherungsrecht, S. 59. Den aleatorischen Charakter des Versicherungsvertrages ebenso ablehnend *von Gierke*, Grundzüge des deutschen Privatrechts, S. 528; ders., Deutsches Privatrecht, 3. Bd., S. 795; im Ergebnis so wohl auch *Eichler*, Versicherungsrecht, S. 19 f. Siehe hierzu auch die Bestimmungen der §§ 51, 55, 67, 97 VVG.

273 So insb. *Eichler*, Versicherungsrecht, S. 23 ff.; ders. unter der Überschrift „Versicherung als Geschäftsbesorgung" bereits in: Festschrift für Nipperdey, Bd. I, 1965, S. 237; *H. D. Meyer*, VersWissStud. Bd. 4, 1996, S. 218 ff.; ähnlich *Schünemann*, JZ 1995, 430, 432, der den Versicherungsvertrag als „Geschäftsbesorgungsvertrag i. S. v. § 675 BGB mit dienstvertraglichem Kern" betrachtet. *Schwintowski*, JZ 1996, 702, 703, lehnt das Verständnis des Versicherungsvertrages als reinen Geschäftsbesorgungsvertrag ab, schließt aber nicht aus, dass auf der Marketingebene neben dem Versicherungsvertrag ein Geschäftsbesorgungsvertrag geschlossen wird. Eine Geschäftsbesorgung prinzipiell ablehend z. B. *Dreher*, Die Versicherung als Rechtsprodukt, S. 75; *Prölls* in Prölss/Martin, VVG, § 1 Rdn. 23, und zuletzt *Pataki*, Der Geschäftsbesorgungsgedanke im Versicherungsvertragsrecht, S. 213, 219.

274 Bei der Erörterung der Gewinnbeteiligung in der Lebensversicherung lässt der BGH offen, ob das Versicherungsverhältnis einer Geschäftsbesorgung „zumindest ähnlich ist"; vgl. BGHZ 87, 346 ff. Kritisch auch OLG Hamburg, JZ 1990, 442, 444, welches den Versicherungsvertrag als „Vertrag eigener Art" auffasst, mag dieser auch „Elemente der entgeltlichen Geschäftsbesorgung" aufweisen. Eher in Richtung Geschäftsbesorgung tendierend OLG Nürnberg, VuR 1991, 274, welches jedenfalls in der Unfallversicherung mit Prämienrückgewähr (technische Kombination aus Unfall- und Lebensversicherung; Anm. d. Verf.) hinsichtlich der Risikoprämie eine Treuhandabrede konstruiert. Der Treuhandvertrag wird - da entgeltlich abgeschlossen - als „Geschäftsbesorgungsvertrag im Sinne des § 675 BGB" aufgefasst (OLG Nürnberg, a. a. O., S. 281). Die Prämie ist hingegen nur Teil des Gesamtvertragsverhältnisses. Dies berechtigt zu dem Hinweis, dass die diesbezügliche Annahme eines Geschäftsbesorgungsvertrages nicht zwingend auf den Versicherungsvertrag als ganzes ausstrahlen muss; vgl. hierzu auch *Pataki*, Der Geschäftsbesorgungsgedanke im Versicherungsvertragsrecht, S. 107 ff. (dort insb. Fn. 364).

schaftlicher Art entfaltet[275]. Da diese im Wesentlichen fremdnütziger Natur ist, sieht *Eichler* alle Merkmale einer Geschäftsbesorgung erfüllt[276]. Nicht ganz konsequent möchte er dennoch den Versicherungsvertrag nicht als Form des Geschäftsbesorgungsvertrages erklären, sondern lediglich dessen „Eigenart der Geschäftsbesorgung ... charakterisieren". Schließlich sieht er den Versicherungsvertrag als neben den Einzelvertragstypen des BGB stehend[277]. In diesem Zusammenhang soll der Vollständigkeit halber auch der im Schrifttum diskutierte Dienstleistungscharakter des Versicherungsvertrages nicht unerwähnt bleiben[278]. Die diesbezüglichen Überlegungen dienen hingegen den Vertretern der Geschäftsbesorgungstheorie zumeist nur als Ergänzung der Argumentation. Von einer näheren Erörterung wird daher abgesehen.

So lässt sich resümieren, dass die Einordnung des Versicherungsverhältnisses als Geschäftsbesorgungsvertrag weitgehend abgelehnt wird. Unter Ausserachtlassung eines eventuell parallel zum Versicherungsvertrag bestehenden zusätzlichen Vertragsverhältnisses[279] ist dieser Auffassung für die meisten Versicherungs-

---

275 *Eichler*, Versicherungsrecht, S. 24 f.

276 *Eichler*, Versicherungsrecht, S. 24, unter Hinweis auf *Larenz*, Lehrbuch des Schuldrechts, 2. Bd., 10. Aufl. 1972, S. 255. Ablehnend hierzu mit eingehender Begründung *Dreher*, Die Versicherung als Rechtsprodukt, S. 74 f.; *Prölls* in Prölss/Martin, VVG, § 1 Rdn. 23, und *Pataki*, Der Geschäftsbesorgungsgedanke im Versicherungsvertragsrecht, S. 98.

277 *Eichler*, Versicherungsrecht, S. 26; in der 1. Aufl. (1965) bezeichnete *Eichler* die Risikoübernahme des Versicherers in diesem Zusammenhang ausdrücklich noch als „Geschäftsbesorgung sui generis", vgl. dort S. 22.

278 So z.B. auch *Eichler*, Versicherungsrecht, 1. Aufl. (1965), S. 22, der Konsequenzen für die Einordnung des Versicherungsvertrages in die Systematik des allgemeinen Schuldrechts erst dann sieht, „wenn anerkannt wird, dass der Versicherungsvertrag ein auf Geschäftsbesorgung gerichteter Dienstleistungsvertrag ist wie der allgemeine Bankvertrag (§ 675 BGB)". Ähnlich ders. in: Festgabe für H. Möller, S. 177, 192 (dort Fn. 72), wo *Eichler* den Versicherungsvertrag „zu den Dienstleistungsverträgen im weiteren Sinne des Wortes" rechnet. Vgl. ferner etwa *Dreher*, Die Versicherung als Rechtsprodukt, S. 75, mit dem Hinweis, „dass die Produktion von Versicherung einen gewissen Dienstleistungscharakter aufweist", oder *Schünemann*, JZ 1995, 430, 432, der den Versicherungsvertrag prinzipiell als Geschäftsbesorgungsvertrag „mit dienstvertraglichem Kern" auffasst.

279 Ein solches ist in Erwägung zu ziehen, wenn beispielsweise der Versicherungsnehmer den Versicherer ausdrücklich um eine Beratung bittet. Hier könnte ein gesonderter Beratungsvertrag angenommen werden; so z. B. *Römer*, VersR 1998, 1313, 1315, unter Hinweis auf BGHZ 100, 117 (Anlageberatung durch Bank; vgl. diesbezüglich auch BGH, NJW 1983, 1730). Ähnlich verhält es sich, wenn in der Sachversicherung die an sich dem Versicherungsnehmer obliegende Schadenbehebung aufgrund besonderer Vereinbarung durch den Versicherer übernommen wird; vgl. dazu OLG Karlsruhe, RuS 1995, 426.

zweige sicherlich beizutreten. Dies gilt insbesondere für die Sach- bzw. Schadenversicherung, in der dem Versicherer in der Tat lediglich eine monetäre Ausgleichsfunktion zukommt; vgl. § 49 VVG. In der Lebensversicherung liegt der Gedanke eines Geschäftsbesorgungsverhältnisses wegen der besonderen Pflichtenstruktur des Vertrages hingegen nicht so fern[280]. Zumindest aber bei der Haftpflichtversicherung drängt sich - soweit der Versicherer regulierend tätig wird - die Annahme einer auf Geschäftsbesorgung gerichteten Dienstleistung auf[281].

Zusammenfassend lässt sich zur Vertragstypisierung feststellen, dass der Versicherungsvertrag ein solcher gegenseitiger Art i. S. d. §§ 320 ff. BGB ist, bei dem sich als Hauptleistungen[282] die Gefahrtragung des Versicherers (einschließ-

---

280 Siehe hierzu die bereits in Fn. 274 angeführte Entscheidung OLG Nürnberg, VuR 1991, 274, 278; ferner etwa *H. D. Meyer*, ZRP 1990, 424 ff.; *Schwintowski*, JZ 1996, 702, 705 ff. oder auch *Schünemann*, JZ 1995, 430, 432 f. Die Gesamtproblematik wird übersichtlich bei Karten/Werber/Winter (Hrsg.), Lebensversicherung und Geschäftsbesorgung (1998), mit Beiträgen von *Winter, Werber, Schünemann, Karten, Michaels, Kaulbach, Hesberg* und *Pataki*, dargestellt. Das genannte Werk, welches einem Kolloquium in memoriam *Karl Sieg* entspringt, verdeutlicht die Komplexität des Themas; vgl. so auch *Werber*, (a. a. O.) S. 22. Es wird daher in der hier vorliegenden Arbeit davon abgesehen, die vorgebrachten Ansichten zu kommentieren oder durch eine eigene zu ergänzen. Dies würde sicherlich den Rahmen sprengen und zu Lasten anderer Schwerpunkte gehen. Dennoch ist die Beantwortung der Frage, ob nun die Lebensversicherung in ihren diversen Formen eine Geschäftsbesorgung darstellt, von hoher Brisanz. Wäre die Antwort positiv, würde dies den Versicherer dazu verpflichten, sein Verhalten auf die Interessen des Versicherungsnehmers zu fokussieren (Optimierungspflicht). Hieraus ergäbe sich dann u. a. wohl ein Verbot des Ausgleichs von Verwaltungskosten und Abschlussprovisionen mit Überschusskomponenten aus Prämienerträgen (sog. Querverrechnung) sowie ein solches der übermäßigen Rückstellung von Sicherheitsmargen. Daneben könnte hinsichtlich der Verwaltung des Anlagevermögens, welches aus einem Teil der erbrachten Beiträge (sog. Sparanteil) gebildet wird, ein Investmentvertrag (Wahrnehmung fremder Vermögensinteressen) angenommen werden, verbunden mit allen hieraus resultierenden Folgen. Siehe im Einzelnen hierzu insb. *Schünemann*, JZ 1995, 430, 432, sowie ders. in: Lebensversicherung und Geschäftsbesorgung, (a. a. O.) S. 26 ff., jeweils mit umfangreichen Nachweisen zur Literatur. All dies würde den Versicherungsnehmer wirtschaftlich wesentlich besser stellen, als dies heute der Fall ist. Die Diskussion ist daher nicht nur rechtsdogmatischer Natur, sondern von erheblicher rechts- und wirtschaftspolitischer Bedeutung; vgl. so auch *Werber*, (a. a. O.) S. 19 f.

281 Entgegen dem Wortlaut der Vorschrift des § 149 VVG, die - ähnlich § 1 Abs. 1 VVG - den Versicherer zu einem Leistungsersatz verpflichtet, darf der Versicherungsnehmer die Regulierung eines Haftpflichtschadens oder seine Rechtsverteidigung grundsätzlich nicht selbst übernehmen. Diese Aufgaben nimmt der Versicherer wahr, handelnd im Namen des Versicherungsnehmers. Bei näherer Betrachtung könnte in dieser Tätigkeit eine Dienstleistung bzw. Geschäftsbesorgung gesehen werden. Eine Erörterung dieser spezifischen Problematik erfolgt unter II. 4. 4. 2.

282 Zum Leistungsbegriff im Versicherungsrecht näher sogleich unter II. 2. 5.

lich des aufschiebend bedingten Leistungsversprechens) und die Prämienzahlungspflicht des Versicherungsnehmers gegenüberstehen[283]. Da das Versicherungsverhältnis einige Besonderheiten aufweist, was nicht letztlich durch die Regelung der Materie in einem eigenen Normkomplex zum Ausdruck kommt, erscheint es gerechtfertigt, den Versicherungsvertrag als selbstständigen Typus im System der Schuldverträge aufzufassen[284].

Aus dieser Einordnung resultiert unter ergänzender Heranziehung der Motive zum VVG für den Versicherungsvertrag ohne weiteres die Anwendbarkeit der Vorschriften des BGB[285]. Dies zumindest insoweit, wie das VVG als lex specialis keine besonderen Bestimmungen vorsieht[286]. Damit sollten ergänzend auch die Grundsätze der positiven Vertragsverletzung zur Anwendung kommen. Diese Folgerung bedarf hingegen der Verifizierung.

2.4.2. Anwendbarkeit der Regeln der positiven Vertragsverletzung

Das VVG sieht spezielle Regelungen bei Vertragsverletzungen lediglich im Verhältnis von Versicherungsnehmer zum Versicherer vor. So verdrängen die Vorschriften der Obliegenheitsverletzung (§ 6 VVG), der Anzeigepflichtverletzung (§§ 16 Abs. 2 u. 17 VVG) oder der Gefahrerhöhung (§ 23, 24 VVG) die Anwendbarkeit der Regeln der positiven Vertragsverletzung[287]. Der in den §§ 38, 39

283 So die h. M.; vgl. *Bruck*, Privatversicherunngsrecht, S. 61; *Bruck-Möller*, VVG Bd. I, § 1 Anm. 36 ff.; *Dreher*, Die Versicherung als Rechtsprodukt, S. 84 ff.; *Ehrenberg*, Versicherungsrecht, S. 71 f.; *Eichler*, Versicherungsrecht, S. 33 f.; *Grieshaber*, Das Synallagma des Versicherungsvertrages, S. 90 ff.; *Prölss* in Prölss/Martin, VVG § 1 Rdnrn. 17, 30.

284 *Dreher*, Die Versicherung als Rechtsprodukt, S. 73 ff., lehnt die Einordnung des Versicherungsvertrages in andere Vertragsgruppen des Schuldrechts ab; im Ergebnis so wohl bereits *Bruck*, Privatversicherungsrecht, S. 58 ff., der die Einkleidung des Versicherungsvertrages in den „Mantel eines anderen Rechtsgeschäfts" zurückweist. Gleichso möchte *Ehrenberg*, Versicherungsrecht, S. 71, den Versicherungsvertrag „nicht unter eine andere Vertragskategorie rubrizieren". Zum Verständnis des Versicherungsvertrages als solcher „eigener Art" auch OLG Hamburg, JZ 1990, 442, 444.

285 Vgl. so auch *Bruck*, Privatversicherungsrecht, S. 18; *Bruck-Möller*, VVG Bd. I, Einl. Anm. 10; *Prölss* in Prölss/Martin, VVG, Vorbem. I Rdn. 9.

286 Dies ist ungeteilte Rechtsmeinung, welche sich insbesondere auf die Anwendbarkeit der gesamten Vorschriften über das Recht der Schuldverhältnisse (§§ 241 ff. BGB) erstreckt, vgl. z. B. *Bruck*, Privatversicherungsrecht, S. 17 f.; *Bruck-Möller*, VVG Bd. I, Einl. Anm. 10; *Eichler*, Versicherungsrecht, S. 19; *Prölss* in Prölss/Martin, VVG, Vorbem. I Rdn. 9.

287 Weiter kommen als Verpflichtungen für den Versicherungsnehmer in Betracht insb. die Schadenanzeigepflicht (§ 33 Abs. 1 VVG), die Auskunftspflicht (§ 34 Abs. 1 VVG) sowie die Schadenabwendungs- und Minderungspflicht (§ 62 Abs. 1 VVG), wobei letztere gleichzeitig auch eine Obliegenheit darstellt.

VVG normierte Prämienzahlungsverzug des Versicherungsnehmers ersetzt § 326 BGB. Die genannten Bestimmungen gelten allesamt zugunsten des Versicherers, Normstörer ist der Versicherungsnehmer.

Hingegen enthält das VVG keine Regelungen für den Fall der Schlechtleistung des Versicherers[288], so z. B. bei schuldhaft unberechtigter Verweigerung des Versicherungsschutzes[289] oder allgemein zögerlicher Bearbeitung von Versicherungsfällen[290]. Dies überrascht aus rechtshistorischer Sicht insbesondere aus zwei Überlegungen. Zum einen war es das erklärte Ziel der Gesetzesväter des Versicherungsrechts in den Ausformungen des VAG und VVG, den Verbraucherschutz voranzutreiben[291]. Zum anderen trat das VVG ja erst im Jahr 1908 in Kraft. Bei den Beratungen des Gesetzes können also die bereits 1902 gemachten Ausführungen von *Staub* zur Problematik der positiven Vertragsverletzungen als bekannt vorausgesetzt werden. Offensichtlich wurden diese hingegen nicht verarbeitet. Ob dies geschah, weil man das BGB mit den hierzu entwickelten Instituten der positiven Vertragsverletzung und culpa in contrahendo per se für anwendbar hielt[292] oder den mit der Gesetzesmaterie des VVG erzielten Verbraucherschutz als ausreichend erachtete, lässt sich im Nachhinein nicht mehr feststellen.

---

288 Als Ausnahme hiervon könnte man § 11 VVG ansehen, wonach der Versicherer, sofern seine Erhebungen zur Feststellung des Schadens bis zum Ablauf eines Monats seit der Anzeige des Versicherungsfalles noch nicht abgeschlossen sind, zur Zahlung einer Abschlagssumme bzw. von Zinsen verpflichtet ist; allerdings erweist sich diese Vorschrift bei näherem Hinsehen als reine Verzugsvorschrift. Gleiches gilt für § 150 Abs. 2 S. 2 VVG, der von einer „vom Versicherer veranlassten Verzögerung der Befriedigung des Dritten" spricht.

289 Siehe etwa den Fall BGH, VersR 1972, 970.

290 OLG Düsseldorf, VersR 1954, 587.

291 Die Motive zum Entwurf des VAG heben die staatliche Fürsorgepflicht im Hinblick auf eine „gedeihliche und solide Entwicklung des Versicherungswesens" hervor und begründen die Notwendigkeit der Versicherungsaufsicht damit, dass „auf diesem Gebiete ... selbst der sorgsame und verständige Bürger ohne Hülfe von anderer Seite zu eigener zuverlässiger Beurtheilung der Anstalten ... regelmäßig nicht im Stande ist"; vgl. Motive zum VAG, S. 24. An der Richtigkeit dieser Aussage hat sich bis heute nichts geändert. Gleichso enthält das VVG wesentliche Elemente des Verbraucherschutzes; man denke nur an die Bestimmungen im Versicherungsvertrag, die nicht zum Nachteil des Versicherungsnehmers abgeändert werden dürfen (§§ 5 Abs. 4; 6 Abs. 4; 8 Abs. 1; 11 Abs. 4; 64 Abs. 1 S. 1 i.V. m. Abs. 3; 81 Abs. 3; 87 S. 2; 89 Abs. 1; 184 Abs. 1 S. 1 i.V.m. Abs. 3 VVG) oder die 1994 in Kraft getretene Vorschrift des § 5 a VVG. Zur Historie insoweit ausführlich *Bruck*, Privatversicherungsrecht, S. 16 f.

292 Dies ist hingegen unwahrscheinlich, da man in der Zeit der Entwicklung des VVG das Rechtsinstitut der positiven Vertragsverletzung sicherlich nicht als in Ergänzung zum BGB heranzuziehendes Gewohnheitsrecht betrachten konnte. Die Anerkennung

In Bezug auf die positive Vertragsverletzung erscheint es hingegen zulässig, die im Rahmen der Rechtsfigur erarbeiteten Lösungen auf das Privatversicherungsverhältnis übertragen zu können. Dies aus dem Grunde, da es sich bei dem Versicherungsvertrag - wie dargelegt - um einen solchen gegenseitiger Art handelt, auf den die Vorschriften des BGB ergänzend heranzuziehen sind. Damit sollten auch die zum bürgerlichrechtlichen Schuldrecht entwickelten weiteren Rechtsfiguren, wie hier die der positiven Vertragsverletzung, grundsätzlich Geltung beanspruchen dürfen.

In der einschlägigen Literatur wird das Thema zunächst nicht, dann nur sehr zögerlich erörtert. Schließlich erfolgt ohne größere Problematisierung eine eindeutige Positionierung pro positiver Vertragsverletzung, was darauf schließen lässt, dass heute ein diesbezüglicher genereller Konsens besteht[293]. Das RG stellte relativ spät fest - zeitlich parallel mit der vermehrten Akzeptanz des Rechtsinstitutes für das BGB, dass der Rechtsgedanke der positiven Vertragsverletzung auch auf den Versicherungsvertrag anzuwenden ist[294]. Der in RG, JW 1937, 218

---

der Rechtsfigur vollzog sich - wie aufgezeigt - erst sehr viel später; vgl. zuvor II.1.3.2.

293 So erwähnt *Bruck*, Privatversicherungsrecht, S. 456 f., als Ausgleich möglicher Verletzungen von Leistungsverpflichtungen des Versicherers lediglich den Anspruch des Versicherungsnehmers aus §§ 94 Abs. 1, 124 VVG (Verzinsung der Entschädigung) bzw. auf Abschlagszahlung (§ 11 Abs. 2 VVG). Diese Ansprüche resultieren nach dem Gesetzeswortlaut hingegen aus Verzug und können so dem Institut der positiven Vertragsverletzung nicht zugerechnet werden. Auch bei *Manes*, Versicherungslexikon, und *Eichler*, Versicherungsrecht, wird die positive Vertragsverletzung nicht diskutiert. In *Bruck-Möller*, VVG Bd. I, werden mögliche Ansprüche des Versicherungsnehmers aus positiver Vertragsverletzung nur rudimentär gestreift; Ansprüche des Versicherungsnehmers aus Culpa in contrahendo werden hingegen umfangreich abgehandelt (siehe dort u. a. § 1 Anm. 90 u. 122 [unter Hinweis auf *Jaax*, Culpa in contrahendo im Versicherungsrecht]). Mit Hinweis auf positive Vertragsverletzungen des Versicherers aber *Haymann*, Leistung und Gegenleistung im Versicherungsvertrag (1933), S. 68 f., unter Bezugnahme auf KG, JRPrV 1928, 276. Bei *Bruck-Möller-Sieg*, VVG Bd. II, lässt sich dann eine generelle Akzeptanz der Rechtsfigur feststellen; Hinweise auf positive Vertragsverletzungen des Versicherers finden sich so in § 49 Anm. 18 und § 66 Anm. 24. Eindeutige Stellungnahmen in Hinblick auf die Anwendbarkeit der positiven Vertragsverletzung auf das VVG findet sich in der neueren Literatur insbesondere in den einschlägigen Kommentaren, vgl. *Prölss/Martin*, VVG, § 8 Rdn. 26, § 43 Rdn. 36 ff., § 20 Rdn. 10; *Römer/Langheid*, VVG, § 3 Rdn. 8, § 12 Rdn. 4, § 43 Rdn. 21, § 50 Rdn. 6, § 62 Rdn. 10 und *Späte*, AHB, Vorbem. Rdn. 98 u. 106. Siehe jüngst auch *Schimikowski*, Versicherungsvertragsrecht, Rdn. 14 u. 135.

294 RG, JW 1937, 218 formuliert, es bestehe kein Grund, „die Anwendbarkeit des Rechtsgedankens der positiven Vertragsverletzung auf das Recht der privaten Versicherung auszuschließen". Zuvor zog bereits das KG die positive Vertragsverletzung

behandelte Sachverhalt betrifft zwar einen Anspruch des Versicherers gegenüber dem Versicherungsnehmer. Dies sollte aber nicht weiter problematisch sein, da es zunächst um die generelle Frage der Anwendbarkeit des Rechtsinstituts der positiven Vertragsverletzung auf den Versicherungsvertrag geht, so dass die Anwendbarkeit der Rechtsfigur bilateral in jede Richtung gegeben ist. Diese Ansicht wird auch vom BGH und den Instanzgerichten nicht in Zweifel gezogen[295].

Im Zwischenergebnis kann so festgestellt werden, dass heute die Anwendbarkeit des Rechtsinstituts der positiven Vertragsverletzung auf das Versicherungsvertragsrecht von Lehre und Rechtsprechung uneingeschränkt anerkannt wird. Dieses Resultat wird durch die weitere Untersuchung bestätigt.

Nach Einordnung des Versicherungsvertrages in das Schuldrechtssystem und Feststellung der Anwendbarkeit der Regeln der positiven Vertragsverletzung soll vor Erörterung spezifischer Sachverhalte noch eine genauere Betrachtung des Inhalts der Leistungsplichten des Versicherers erfolgen. Diese wurden in der bisherigen Darstellung zu wenig berücksichtigt, sind hingegen von hoher Relevanz, da das Verletzungselement der positiven Vertragsverletzung ja stets auf die Leistungsverpflichtung abstellt. Folgend wird daher - beschränkt auf die Pflichten des Versicherers - der Leistungsbegriff im Versicherungsrecht näher umrissen.

2.5. Der Leistungsbegriff im Versicherungsrecht und die Pflichten des Versicherers

Ziel der Untersuchung ist, die Pflichtverletzungen des Versicherers bei der Abwicklung des Versicherungsverhältnisses herauszuarbeiten. In erster Linie ist hierbei an den Leistungs- bzw. Schadenfall zu denken; es kommen aber auch andere Pflichtverletzungen in Betracht[296]. Möglicherweise ist jedoch nicht jede Verhaltensweise des Versicherers, die sich aus Sicht des Versicherungsnehmers als negativ oder benachteiligend darstellen mag, automatisch eine Pflichtverletzung. Es erscheint daher notwendig, die sich aus der Beziehung ergebenden Leistungspflichten inhaltlich noch genauer zu erfassen. Ausgangspunkt der Überlegungen müssen hierbei die gesetzlichen Regelungen des VVG sein.

Nach dem Wortlaut der einleitenden Bestimmung des § 1 Abs. 1 VVG hat der Versicherer bei der Schadenversicherung die Verpflichtung, dem Versicherungs-

---

in einem Fall heran, in dem der Versicherer trotz abgeschlossenem Vertrag erklärte, die Gefahrtragung nicht übernehmen zu wollen; vgl. KG, JR 1928, 276.

295 Vgl. nur BGH, VersR 1957, 442; 1972, 970; 1973, 176; OLG Düsseldorf, VersR 1954, 587; OLG Celle, VersR 1992, 283.

296 Zu denken ist insbesondere an Pflichtverletzungen während der Laufzeit und nach Beendigung des Versicherungsverhältnisses.

nehmer nach Eintritt des Versicherungsfalles den dadurch verursachten Schaden nach Maßgabe der Bestimmungen des Versicherungsvertrages zu ersetzen. Bei der Summenversicherung (insb. der Lebens- und Unfallversicherung) ist der vereinbarte Betrag an Kapital oder Rente zu zahlen bzw. die sonst vereinbarte Leistung zu bewirken. Für die Haftpflichtversicherung gilt nach dem Wortlaut des § 149 VVG ähnliches; auch hier ist der Versicherer verpflichtet, dem Versicherungsnehmer die Leistung zu ersetzen, die dieser auf Grund seiner Verantwortlichkeit an einen Dritten zu erbringen hat[297].

Fasst man dies zusammen, laufen die Verpflichtungen aus dem Versicherungsvertrag auf ein *Ersetzen*, *Zahlen* oder *Bewirken* heraus. Die genannten Substantiva sind allesamt Umschreibungen einer positiven Handlungsverpflichtung, die eindeutig auf die Erfüllung der durch die Allgemeinen Versicherungsbedingungen näher bestimmten vertraglichen Leistung ausgerichtet ist. Unter Zugrundelegung eines klassischen Normaufbaus handelt es sich somit um Hauptleistungsverpflichtungen. Trotz dieser auf den ersten Blick relativ eindeutigen Aussage des Gesetzgebers zum Leistungsbegriff im Versicherungsvertragsrecht haben sich hierzu sehr unterschiedliche Theorien[298] herausgebildet. Hervorzuheben sind insbesondere die auf konträrem Verständnis von Wesen und Inhalt der Versicherung beruhende Geldleistungs- und die Gefahrtragungstheorie.

2.5.1. Die Gefahrtragungstheorie

Diese Ansicht stellt im Wesentlichen auf das Leistungs*verhalten* des Versicherers ab. Danach wird die Leistung bereits vor Eintritt des Versicherungsfalles mit der Gefahrtragung und der Organisation der Gefahrengemeinschaft erbracht. Vertreter dieser Theorie sind u. a. so gewichtige Stimmen wie *Bruck* und im Anschluss an diesen *Möller*[299]. Ansatzpunkt der Überlegungen ist das Verständnis des Wesens der Versicherung. Dieses wird dahingehend interpretiert, dass die Versicherung einen durch den späteren Versicherungsfall hervorgerufenen Bedarf[300]

297 Auf die Besonderheiten bei der Abwicklung von Haftpflichtschäden wurde bereits hingewiesen; ausführlich hierzu unter II. 4.

298 Zusammenfassende Darstellungen der verschiedenen Theorien zur Leistungverpflichtung des Versicherers finden sich u. a. bei *Prölss* in Prölss/Martin, VVG, § 1 Rdn. 21 ff., sowie *Dreher*, Die Versicherung als Rechtsprodukt, S. 85 ff.

299 *Bruck*, Privatversicherungsrecht, S. 51, 61, 364 ff.; *Bruck-Möller*, VVG Bd. I, § 1 Anm. 40 ff.; *Möller*, Versicherungsvertragsrecht, S. 18; als weitere Vertreter sind insbesondere zu nennen: *Werber/Winter*, Grundzüge des Versicherungsvertragsrechts, S. 24 ff.; *Büchner*, ZVersWiss. 1965, 435 f., und *Grieshaber*, Das Synallagma des Versicherungsvertrages, S. 16, 89 ff.

300 Vgl. so *Bruck*, Privatversicherungsrecht, S. 365: „ Die Gefahrtragung des Versicherers bedeutet ..., dass er die sich aus einer bestimmten Gefahrslage ergebende Mög-

deckt. Der Leistungserfolg sei somit nicht erst die Leistung nach dem Versicherungsfall, sondern bereits die Gefahrtragung seitens des Versicherers, die dem Versicherungsnehmer eine „wirtschaftlich bewertbare Anwartschaft“ vermittle[301]. Der Eintritt des Versicherungsfalles wird lediglich als die Verwirklichung des Anwartschaftsrechts verstanden[302].

Die Gefahrtragungstheorie kann hingegen nicht überzeugen[303]. Bei genauer Betrachtung treten in dieser zwei Elemente hervor. Dies ist zum einen die Gefahrtragung selbst, dann im Weiteren aber die Konkretisierung der Gefahrtragung im Versicherungsfall, die mit einer Vermögenszuwendung verbunden ist[304]. Diese Konkretisierung wird unter engem Verständnis des Synallagmas als einheitlich mit der Gefahrtragung angesehen. Leistungsverhalten und Leistungserfolg werden so nicht getrennt, sondern über die Schaffung eines Anwartschaftrechts, welches durch Eintritt der Bedingung unmittelbar zum Vollrecht erstarkt, künstlich miteinander verbunden[305]. Dies widerspricht hingegen den Kategorien des Schuldrechts, welches zwischen Leistungshandlung und Leistungserfolg deutlich unterscheidet. Für die Frage der Erfüllung ist dort aber stets nur der Leistungserfolg maßgebend[306]. Die Unterschiedlichkeit von Leistungshandlung und Leistungserfolg lassen sich hingegen nicht durch eine spezifisch definierte „Gefahrtragungsleistung“[307] ausräumen. Evident stellt das VVG in Hinblick auf die dem Versicherungsnehmer zustehenden Leistungen auf den Leistungserfolg ab; vgl. insoweit insbesondere die §§ 1 Abs. 1 und 49 VVG.

---

lichkeit der Entstehung eines Bedarfs übernimmt“; in diesem Sinne auch *Bruck-Möller*, VVG Bd. I, § 1 Anm. 42.

301 *Bruck-Möller*, VVG Bd. I, § 1 Anm. 42. Gegen die Anwartschaftskonstruktion zu Recht *Dreher*, Die Versicherung als Rechtsprodukt, S. 87 ff.

302 *Bruck-Möller*, VVG Bd. I § 1, Anm. 42.

303 Ablehnend auch etwa *Prölss* in Prölss/Martin, VVG, § 1 Rdn. 22 und - mit eingehender Kritik - *Dreher*, Die Versicherung als Rechtsprodukt, S. 89 f.; ebenso z. B. OLG Karlsruhe, VersR 1988, 129; LG Münster, VersR 1958, 241 und LG Hamburg, VersR 1988, 460.

304 *Bruck-Möller*, VVG Bd. I, § 1 Anm. 42, spricht insoweit von einer „Gefahrtragungsleistung“.

305 Siehe *Bruck-Möller*, VVG Bd. I, § 1 Anm. 42.

306 Siehe etwa § 362 Abs. 1 BGB, wonach das Schuldverhältnis erst erlischt, wenn die geschuldete Leistung an den Gläubiger bewirkt wird. Man beachte in diesem Zusammenhang, dass auch in § 1 Abs. 1 S. 2 VVG u. a. von einem Bewirken der Leistung gesprochen wird.

307 So *Bruck-Möller*, VVG Bd. I, § 1 Anm. 42; dagegen *Prölss* in Prölss/Martin, VVG, § 1 Rdn. 22 u. a. mit der - zutreffenden - Begründung, dass Vorbereitungshandlungen wie die so von *Prölss* verstandene Gefahrtragung nicht mit der Erfüllung gleichgesetzt werden können.

Ungeachtet dieser und weiterer Einwendungen schließt sich die Rechtsprechung teilweise der Gefahrtragungstheorie an[308]. Dies geschieht beispielsweise bei Sachverhalten, in denen es nicht um eine Leistungserbringung i. S. v. § 1 Abs. 1 VVG geht, sondern um Fragen wie etwa den Beginn oder die Dauer der Gefahrtragung[309]. Auch bei der Beurteilung, ob eine bestimmte Geschäftstätigkeit die Betreibung eines Versicherungsgeschäftes darstellt, wird bevorzugt die Gefahrtragungstheorie herangezogen[310]. Sofern es um Fragen des Wesens der Versicherung, mithin den ökonomischen Aspekt bzw. das wirtschaftlich-interne Funktionselement geht, bietet die Gefahrtragungstheorie allerdings unbestreitbare Vorteile[311].

2.5.2. Die Geldleistungstheorie

Demgegenüber sehen die Vertreter der Geldleistungstheorie[312] die vom Versicherer nach Eintritt des Versicherungsfalles geschuldete Leistung als eigentliche aus dem Versicherungsvertrag zu erbringende Hauptleistungsverpflichtung an. Für diese Theorie sprechen - wie bereits angedeutet - nicht wenige Normen des VVG[313]. Ausdrücklich ordnet § 1 Abs. 1 S. 1 VVG für die Schadenversicherung den Ersatz des Vermögensschadens durch den Versicherer an; ähnlich bestimmt § 1 Abs. 1 S. 2 VVG für die Arten der Personenversicherung eine Zahlungsverpflichtung bzw. die Bewirkung einer sonstigen vereinbarten Leistung. Die Recht-

---

308 So z. B. OLG Celle, VersR 1985, 1057 u. 1986, 1099; LG Waldshut-Tiengen, VersR 1985, 937; AG München, VersR 1992, 1117; siehe ferner die bei *Bruck-Möller*, VVG Bd. I, § 1 Anm. 44 angeführten Entscheidungen älteren Datums.

309 OLG Celle, VersR 1985, 1057; OLG Hamm, VersR 1993, 1514.

310 Siehe z. B. OLG Stuttgart, VA 1931, S. 267 (269), Nr. 2327; BVerwG, VersR 1956, 362; OVG Münster, VersR 1962, 653, 654; BVerwG, VerBAV 1980, 252, 253; 1987, 241, 245. Die genannten Entscheidungen sprechen zwar von Risikoübernahmen, fassen diese aber als „selbständigen Obligationsinhalt des Vertrages“ auf (so ausdr. BVerwG VerBAV 1980, 253), was wiederum nur als eine andere Beschreibung der Gefahrtragung aufgefasst werden kann.

311 Vgl. so auch *Dreher*, Die Versicherung als Rechtsprodukt, S. 92, unter Hinweis auf u. a. *Farny*, Produktions- und Kostentheorie der Versicherung, S. 8.

312 Zu deren Hauptvertretern zählen *Ehrenberg*, Versicherungsrecht, S. 56; *Haymann*, Leistung und Gegenleistung im Versicherungsvertrag, S. 30, 103; *Kisch*, Handbuch des Privatversicherungsrechts, 2. Bd., S. 88; *Prölss* in Prölss/Martin, VVG, § 1 Rdn. 21; wohl auch *Dreher*, Die Versicherung als Rechtsprodukt, S. 85; differenzierend *Lobscheid*, Gefahrtragung als Versicherungsleistung, NJW 1964, 1254.

313 In diesem Sinne auch *Dreher*, Die Versicherung als Rechtsprodukt, S. 85.

sprechung schließt sich überwiegend der Geldleistungstheorie an[314]. So führt z. B. das LG Münster aus, dass in der Schadenversicherung die Gefahrtragung nicht die primäre Leistung des Versicherers sein könne, sondern hierfür nur die Erstattung des entstandenen Vermögensschadens in Frage komme[315]. Gleichso argumentiert das OLG Karlsruhe[316] im Fall der Rückabwicklung eines Versicherungsverhältnisses. Auch hier wird in der abstrakten Gefahrtragung des Versicherers noch keine Leistungserbringung, sondern lediglich eine vorbereitende Tätigkeit des Versicherers gesehen.

Von den Kritikern[317] wird den Vertretern der Geldleistungstheorie u. a. entgegengehalten, dass die nach Eintritt des Versicherungsfalles zu zahlende Entschädigungssumme nicht die eigentliche Gegenleistung aus dem Vertrag sein könne, da die Erbringung dieser Gegenleistung in all den Fällen wegfallen müsste, in denen es bis zum Ablauf des vereinbarten Versicherungszeitraumes nicht zu einem Schaden kommt. Könne die Gegenleistung mangels Bedingungseintritts objektiv nicht bewirkt werden, hätte der Versicherungsnehmer einen Anspruch auf Rückgewähr der Prämien, da diese dann sine causa erbracht worden seien[318]. Bei dieser Betrachtungsweise entspräche die Anzahl der (cum causa) gezahlten Prämien der Anzahl der Leistungsfälle. Da die Prämie regelmäßig niedriger ist als der Wert der versicherten Sache bzw. die Versicherungsleistung, müsste Versicherung - so verstanden - ein automatisch defizitäres Geschäft sein. Dieses Verständnis würde das Wesen der Versicherung konterkarrieren. Die Argumentation springt kurz und übersieht im Grundsatz die Spezialität des Versicherungsrechts gegenüber dem BGB. Die uneingeschränkte Anwendung der Regeln des Bereicherungsrechts in diesem Kontext erscheint sachfremd[319].

2.5.3. Andere Meinungen

Neben der bereits zuvor im Rahmen der Vertragstypisierung erörterten Geschäftsbesorgungstheorie[320] soll zum Verständnis des Leistungsbegriffes im Ver-

---

314 Z. B. OLG Hamm, JR 1940, 166; LG Münster, VersR 1958, 241; OLG Karlsruhe, VersR 1988, 128; LG Hamburg, VersR 1988, 460; unklar insoweit BVerwG, VersR 1987, 297, 299.

315 LG Münster, VersR 1958, 241.

316 OLG Karlsruhe, VersR 1988, 128, 129.

317 Siehe die zuvor in Fn. 299 genannten Autoren.

318 Vgl. so insbesondere *Bruck*, Privatversicherungsrecht, S. 366; ferner etwa *Gottschalk*, JR 1931, 218; mit weiteren Nachweisen zur Literatur *Haymann*, Leistung und Gegenleistung im Versicherungsvertrag, S. 12 (dort Fn. 2).

319 In diesem Sinne wohl auch *Prölss* in Prölss/Martin, VVG, § 1 Rdn. 22, und *Dreher*, Die Versicherung als Rechtsprodukt, S. 85 ff.

320 Siehe zuvor II. 2. 4. 1; auf die dortigen Ausführungen wird verwiesen.

sicherungsrecht der Vollständigkeit halber die von *Schmidt-Rimpler* entwickelte Vermögensgestaltungstheorie Erwähnung finden[321]. Aus der Überlegung heraus, dass zur Erklärung z. B. der Lebensversicherung weder die Gefahrtragungs- (bzw. die von ihm als solche synonym bezeichnete Bedarfstheorie) noch die Geldleistungstheorie passen wollen, benennt *Schmidt-Rimpler* als Ausgangspunkt für Wesen und Inhalt der Versicherung von ihm so bezeichnete individuelle „Vermögensgestaltungsziele". Als einzelne Ziele versteht er hierbei die Erhaltung der Vermögensobjekte, den Schutz des Vermögens gegen Belastung mit ungewollten Schulden, die unbeeinträchtigte Erwerbssicherung, die Vermögensansammlung bzw. -mehrung sowie die Rentenversicherungsvorsorge[322]. Gleichzeitig mit der Verfolgung dieser Ziele müsse dem Einzelnen jedoch bewusst sein, dass die Zielerreichung aufgrund des Eintritts ungewisser Ereignisse möglicherweise nicht erfolgen kann[323]. Im Ergebnis sieht *Schmidt-Rimpler* den Sinn der Versicherung darin, „dass der Versicherer durch seine Leistung die Erreichung dieser Ziele vermögensmäßig sichert, selbst wenn sie infolge eines die Gestaltung durchkreuzenden ungewissen Ereignisses in jener Weise nicht erreicht werden können"[324].

Bei kritischer Betrachtung ist auch diese Theorie stark auf das Risiko und eine durch den Versicherer im Falle eines ungewissen Ereignisses zu erbringende Leistung ausgerichtet und so nicht weit von der Geldleistungstheorie entfernt[325]. Die neue Begriffsbildung trägt dagegen wenig zur Steigerung der Transparenz und der Erklärung des Synallagmas (scil.: Gefahrtragung gegen Prämie) bei; im Ergebnis unterscheider sich der Ansatz *Schmidt-Rimplers* kaum von dem Verständnis der Versicherung in § 1 Abs. 1 VVG. So wurde die Theorie in der Literatur überwiegend kritisiert[326] und fand nur wenige Anhänger[327]. In der heutigen Lehre und Praxis spielt sie keine Rolle mehr.

---

321 *Schmidt-Rimpler* in: Festschrift für Heymann, S. 1211 ff.; ders., Versicherungswirtschaft und Versicherungsrecht, S. 67 ff.; ders., Zum Begriff der Versicherung, VersR 1963, 493.

322 *Schmidt-Rimpler*, VersR 1963, 493, 494 ff.

323 *Schmidt-Rimpler*, VersR 1993, 493, 496.

324 *Schmidt-Rimpler*, VersR 1963, 493.

325 Im Sinne dieser Interpretation auch *Dreher*, Die Versicherung als Rechtsprodukt, S. 92.

326 So insb. von *J. v. Gierke*, Versicherungsrecht, Bd. I, S. 76 f., 91; *Winter*, Konkrete und abstrakte Bedarfsdeckung, S. 89 und *Richter*, Schicksal der Haftpflichtversicherung, S. 87 ff.

327 Als solche sind zu nennen *Ziegler*, Untersuchungen, S. 110 ff.; *Deutsch*, Versicherungsvertragsrecht, Rdn. 12 f.; eingeschränkt *Dreher*, Die Versicherung als Rechtsprodukt, S. 40 ff.

2.5.4. Eigene Interpretation

Das Gesetz spricht eher für die Geldleistungstheorie[328]. Hierfür indiziell ist nicht nur die Formulierung des § 1 Abs. 1 VVG. Auch an anderen Stellen des Gesetzes wird unter dem Begriff „Leistung" stets die tatsächliche Leistung des Versicherers an den Versicherungsnehmer verstanden. So bestimmt § 11 Abs. 1 VVG, dass Geldleistungen des Versicherers mit Beendigung der zur Feststellung des Versicherungsfalles nötigen Erhebungen fällig sind; § 49 VVG spricht pauschal von der Verpflichtung des Versicherers, den Ersatz des Schadens in Geld zu leisten. Zumindest diese Bestimmungen zielen bei der Umschreibung der Leistungspflicht des Versicherers so stets auf die Erfüllung der Hauptleistung aus dem Versicherungsvertrag in Form der Befriedigung der Ansprüche des Versicherungsnehmers ab.

Gleiches lässt sich über die Allgemeinen Versicherungsbedingungen sagen: Auch hier ist, soweit ersichtlich, mit dem Begriff Leistung stets die materielle Leistung an den Versicherungsnehmer gemeint. Eigentliche Leistung des Versicherers im Sinne des VVG ist somit nur die tatsächliche Leistungsbewirkung an den Versicherungsnehmer anlässlich des Eintritts des versicherten Ereignisses. Es erscheint daher der Schluss zulässig, dass der Gesetzgeber von einem gegenständlichen Leistungsverständnis ausging[329]. Unter den Leistungsbegriff des VVG fällt somit ausdrücklich nicht schon allein die Gefahrtragung des Versicherers, die dem Versicherungsvertrag als solchem implizit ist[330].

Ein genauer Blick in die Bestimmungen des VVG macht hingegen deutlich, dass auch die abstrakte Gefahrtragung des Versicherers als Leistung, zumindest aber als Leistungsbestandteil im untechnischen Sinne, aufgefasst wird. Wird z. B. der Versicherer wegen Obliegenheitsverletzungen des Versicherungsnehmers von der Verpflichtung zur Leistung frei (§ 6 Abs. 1 S. 1 VVG) oder wird das Versi-

---

328 *Dreher*, Die Versicherung als Rechtsprodukt, S. 85; *Prölss* in Prölss/Martin, VVG, § 1 Rdn. 21; so ausdrücklich OLG Karlsruhe, VersR 1988, 128, 129 oder auch BVerwG, VersR 1987, 287, 299: „Der ... begründete Anspruch des Versicherungsnehmers richtet sich - positiv - auf die Erbringung der versprochenen Leistung."

329 Diese Schlussfolgerung wird durch die Motive zum VVG (S. 70) gestützt. In Zusammenhang mit der Begründung für den Verzicht auf eine Definition des Begriffes der Versicherung wird dort ausgeführt, dass sich das Gesetzeswerk darauf beschränke, „in dem einleitenden § 1 die *hauptsächlichen* (kursive Hervorhebung durch den Verf.) Verpflichtungen hervorzuheben, die aus dem Versicherungsvertrage für die beiden Parteien ... erwachsen".

330 Ähnlich *Dreher*, Die Versicherung als Rechtsprodukt, S. 91, und *Prölss* in Prölss/Martin, VVG, § 1 Rdn. 22, die die Gefahrtragung lediglich als „Vorbereitungshandlung" auffassen.

cherungsverhältnis durch Kündigung oder Rücktritt[331] aufgehoben, so verbleibt dem Versicherer der Anspruch auf die Prämie bis zum Ende der Versicherungsperiode; dies normiert ausdrücklich § 40 Abs. 1 VVG. In diesem Fall erhält der Versicherer also in der Tat einen Geldbetrag für seine Gefahrtragung, ohne dass sich eine Verpflichtung zur Leistung aus dem Versicherungsvertrag ergeben könnte[332]. In den Kategorien des BGB beleuchtet überrascht dieses Ergebnis hingegen wenig. Betrachtet man z. B. die Verpflichtungen bzw. Obliegenheiten des Versicherungsnehmers als eine nicht oder nicht ordnungsgemäß erbrachte Gegenleistung für die Gefahrtragung (der Versicherungsnehmer ist aus diesem Blickwinkel Schuldner)[333], erhielte der Gläubiger - also der Versicherer - aus § 325 BGB einen Anspruch auf Schadensersatz, wobei er das positive Interesse, mithin die volle Prämie, verlangen könnte[334]. Neben § 40 Abs. 1 enthält das VVG weitere Einzelbestimmungen, die dem Versicherer einen Prämienanspruch zuweisen, obwohl eine mögliche Verpflichtung zur Erbringung von Versicherungsleistungen nachträglich wegfällt oder objektiv unmöglich wird, so etwa wegen Nichtigkeit des Vertrages (§ 59 Abs. 3 VVG) oder Wegfall des versicherten Interesses (§ 68 Abs. 4 VVG)[335]. Es erscheint daher zulässig, die Gefahrtragung zwar nicht als Primärleistung, dennoch aber als Leistungsbestandteil ansehen zu können[336].

Im Ergebnis lassen sich aus dem VVG sowohl die Gefahrtragungs- wie auch die Geldleistungstheorie begründen. Bei näherer Betrachtung sind die beiden

---

331 Etwa wegen Gefahrerhöhung nach Vertragsabschluss (§§ 23 ff. VVG) oder bei Verletzung vorvertraglicher Anzeigepflichten (§§ 16 ff. VVG).

332 Ausführlich zu den mit dem sog. Grundsatz der Unteilbarkeit der Prämie zusammenhängenden Problemen *Prölss* in Prölss/Martin, VVG § 40 Rdn. 1 ff. m. w. N. zu Literatur und Rechsprechung.

333 Das Beispiel ist im übertragenen Sinne zu verstehen, da Verpflichtungen bzw. Obliegenheiten im Versicherungsrecht keine erzwingbare Verbindlichkeit (Leistung) darstellen; für den Berechtigten (also den Versicherer) resultiert aus ihnen somit auch kein Leistungs- oder Erfüllungsanspruch. Die Befolgung der Obliegenheiten ist lediglich ein Gebot für den damit Belasteten (den Versicherungsnehmer), dem bei Verletzung i. d. R. ein Rechtsverlust, zumindest aber rechtliche Nachteile drohen; vgl. hierzu im allgemeinen Palandt-*Heinrichs*, Einl. v § 241 Rdn. 16, sowie spezifisch in Bezug auf das VVG etwa *Römer* in Römer/Langheid, VVG, § 6 Rdn. 2.

334 Es sei nochmals darauf hingewiesen, dass die Vorschrift des § 325 BGB hier nur zum Vergleich der Sanktionen bei Vertragsverletzungen im weiteren Sinne herangezogen wurde; rechtstechnisch ist die Norm im genannten Fall alleine schon wegen der Subsidiarität des VVG zum BGB nicht anwendbar.

335 Des weiteren kommen in Betracht §§ 2 Abs. 2 S. 2; 60 Abs. 3 S. 1; 70 Abs. 3; 96 Abs. 3 S. 1; 113 S. 2 und 158 Abs. 3 S. 1 VVG.

336 AG München, VersR 1992, 1117, betrachtet insoweit durchaus folgerichtig die Gefahrtragung als „vermögenswerte Leistung"; so zuvor bereits OLG Stuttgart, VA 1931, S. 267, Nr. 2327; anders OLG Karlsruhe, VersR 1988, 128, 129.

Theorien auch nicht weit voneinander entfernt[337]. Die Geldleistungstheoretiker stellen die Gefahrtragung des Versicherers vor Eintritt des Versicherungsfalles nicht in Zweifel[338]. Auf der anderen Seite kommen auch die Gefahrtragungstheoretiker nicht ohne eine im Versicherungsfall tasächlich zu bewirkende Leistung aus[339]. Beide Theorien enthalten daher jeweils Elemente der anderen. Dies bestätigt auch die natürliche Verkehrsanschauung. Die Erfüllung eines aufschiebend bedingten Versprechens einer Leistung aus einem Versicherungsvertrag ist ohne gleichzeitige vorangegangene Gefahrtragung nicht vorstellbar.

So lassen sich Wesen und Inhalt des Versicherungsvertrages nur dann vollständig erklären, wenn man dessen ökonomische und juristische Konturen[340] übereinanderlegt und zu einem Gesamtbild zusammenfügt. Die Gesamtdarstellung enthält zwangsläufig die beiden Elemente Gefahrtragung und Leistung[341]. Beide Komponenten stehen in einem gegenseitigen Abhängigkeitsverhältnis. Für den Versicherungsnehmer wird die abstrakte Gefahrtragung bzw. das Produkt Versicherung jedoch erst mit einer konkreten Leistungsbewirkung greifbar. Schlussendlich ist daher der Geldleistungstheorie der Vorzug zu geben.

2.6. Nebenleistungspflichten des Versicherers

Indes konzentrieren sich die dargestellten Theorien auf die Hauptleistungselemente des Versicherers aus dem Vertrag. Zur Erklärung von sonstigen Leistungsverpflichtungen bzw. Nebenleistungsverpflichtungen sind sie wenig hilfreich.

---

337 In diesem Sinne wohl auch *Lobscheid*, Gefahrtragung als Versicherungleistung, NJW 1964, 1254, 256.

338 So beschreibt z. B. *Prölss* in Prölss/Martin, VVG, § 1 Rdn. 22, die Gefahrtragung des Versicherers als „Haftungszustand", der aus dem bedingten Leistungsversprechen folgt; auch *Dreher*, Die Versicherung als Rechtsprodukt, S. 89, und zuvor *Kisch*, Handbuch des Privatversicherungsrechts, 2. Bd., S. 89, gehen von einem „Haftungzustand" aus; *Eichler*, Versicherungsrecht, S. 32, sieht die Gefahrtragung als Ausdrucksform der Risikoübertragung, die wiederum ein wirtschaftliches Phänomen darstelle und einen „Zustand der rechtlichen Gebundenheit" darstelle.

339 Siehe z. B. *Bruck-Möller* mit der Argumentation der Anwartschaft, die sich verwirkliche, indem bei Eintritt des Versicherungsfalles die „Gefahrtragungsleistung" aus einem latenten Stadium in ein akutes Stadium übertrete (*Bruck-Möller*, VVG Bd. I, § 1 Anm. 42 und § 3 Anm. 39 [Ziff. 1, Einleitungssatz]).

340 Die unterschiedlichen Ansätze der einzenen Wissenschaftsgebiete zur Definition des Begriffes der Versicherung betonen *Schmidt-Rimpler*, VersR 1963, 493, und *Eichler*, Versicherungswissenschaft als einheitliche Wissenschaft, Verswiss. Arch. 1957, 219.

341 In diesem Sinne wohl auch *Lobscheid*, Gefahrtragung als Versicherungsleistung, NJW 1254, 1258.

2.6.1. Die Dualität des Leistungsbegriffs im BGB

Das BGB geht von einem dualen Leistungsverständnis aus. So stellen sich zum einen die Hauptleistungspflichten dar, die auf die gegenständlich zu verstehende Bewirkung der vertraglich geschuldeten Leistung ausgerichtet sind. Diese werden zum anderen ergänzt durch die Nebenleistungspflichten, unterteilt in leistungsbezogene und sonstige Nebenpflichten[342]. Es wurde bereits eingangs festgestellt, dass die Nebenpflichten nur selten im Gesetz selbst Erwähnung finden. Dieses duale Leistungsverständnis lässt sich auch auf das Versicherungsrecht übertragen bzw. ist dort zu beobachten.

2.6.2. Dualität des Leistungsbegriffes im Versicherungsrecht

Ein Blick in die Bestimmungen des VVG bringt zunächst hervor, dass der Terminus „Leistung" häufig gebraucht wird und - soweit ersichtlich - stets in Anknüpfung an die Bewirkung der Versicherungsleistung aus dem Vertrag[343]. Das VVG enthält aber auch weitere, mit dem Versicherungsvertrag in Zusammenhang stehende Leistungsverpflichtungen für den Versicherer. Diese sind zwar nicht ausdrücklich als Nebenleistungsverpflichtungen gekennzeichnet, können aber als solche aufgefasst werden[344]. Hierzu gehören z. B. die Ausstellung und Aushändigung eines Versicherungsscheins (§ 3 Abs. 1, 2 VVG), die Erteilung von Abschriften über vom Versicherungsnehmer mit Bezug auf den Vertrag abgegebene Erklärungen (§ 3 Abs. 3 S. 1 VVG) oder die Benachrichtigungspflicht des Versicherers bei Zahlung an den Dritten in der Haftpflichtversicherung (§ 156 Abs. 2 VVG). Auch im VAG lassen sich entsprechende Nebenverpflichtungen finden, so z. B. der dem Versicherten auf Verlangen zur Verfügung zu stellende Rechnungsabschluss bzw. Jahresbericht[345]. Schließlich können sich Nebenverpflichtungen aus den Versicherungsbedingungen bzw. Leistungsbeschreibungen erge-

---

342 Vgl. zuvor II. 1. 5. 2. 2.

343 So spricht das VVG von „Leistung" oder „zu leisten" haben (z. B. in §§ 1 Abs. 1 S. 2; 4 Abs. 2 S. 1; § 35 a Abs. 1), von „Geldleistungen" (§ 11 Abs. 1), „von der Verpflichtung zur Leistung frei" zu sein (z. B. §§ 2 Abs. 2 S. 2; 6 Abs. 1 S. 1; 25 Abs. 1; 28 Abs. 1; 61; 125 S. 1), davon, dass „in Geld zu leisten" ist (§ 49) oder auch von einer „Verpflichtung zur Leistung" (siehe z. B. § 21).

344 Vgl. so bereits *Bruck*, Privatversicherungsrecht, S. 364 ff.; ebenso *Bruck-Möller*, VVG Bd. I, § 3 Anm. 39; *Dreher*, Die Versicherung als Rechtsprodukt, S. 257 f.; Nebenpflichten erwähnen auch *Kisch*, Grundsätzliches zum Begriff des Versicherungsfalles, ZfW 1935, 83, und *Lobscheid*, Gefahrtragung als Versicherungsleistung, NJW 1964, 1254, 1255.

345 Vgl. § 55 Abs. 3 VAG.

ben[346]. Das Privatversicherungsrecht geht so evident auch von einem dualen Leistungsverständnis aus.

Allerdings können weder die gesetzlich benannten noch die vertraglich vereinbarten Nebenleistungsverpflichtungen sämtliche denkbaren Obligationen des Versicherers gegenüber dem Versicherungsnehmer erfassen. Zahlreiche Verpflichtungen bei der Abwicklung des Versicherungsverhältnisses ergeben sich erst aus den Besonderheiten des versicherten Risikos oder des Vertragsverhältnisses an sich. Wie zu den Vorschriften des BGB, hat auch im Individualversicherungsrecht die Judikatur wesentlich zu der Entwicklung von Nebenpflichten beigetragen. Dies kommt in der weiteren Untersuchung deutlich zum Ausdruck. Bei der Begründung von Verpflichtungen erfolgt - was wenig überrascht - überwiegend ein Rückgriff auf die Generalklausel des § 242 BGB.

Damit sollen die grundsätzlichen Betrachtungen zu den sich aus dem Versicherungsvertrag herleitenden Nebenpflichten zunächst ihr Bewenden haben. Bevor im nächsten Kapitel detailliert auf die Pflichten des Versicherers gegenüber dem Versicherungsnehmer nach Vertragsschluss eingegangen wird, aus Gründen der Übersichtlichkeit folgend ein kurzer Rückblick auf die wichtigsten bisher zusammengetragenen Ergebnisse.

2.7. Zusammenfassung der bisherigen Ergebnisse

Zunächst konnte in einem Aufriss der geschichtlichen Entwicklung des BGB dargestellt werden, dass der Unmöglichkeitsbegriff in den §§ 275, 280 und 323 ff. BGB nur die gegenständliche Unmöglichkeit beschreibt, nicht hingegen Fälle der Schlechtleistung umfasst. Daneben wurde aufgezeigt, dass § 276 BGB Haftungsvoraussetzungen im Sinne einer Definition festlegt, jedoch keine selbstständige Anspruchsgrundlage darstellt. Vom Wortlaut des ursprünglichen § 224 Abs. 1 E I BGB könnte das Verständnis einer Anspruchsnorm zwar durchaus noch abgeleitet werden; hingegen ist dieser Ansicht in Hinblick auf die spätere Aufspaltung der Entwurfsnorm in die §§ 242 und 276 BGB, verbunden mit Änderungen in der Textierung, der Boden entzogen. Als Folge des so hier vertretenen gegenständlichen Unmöglichkeitsbegriffes und dem Ausscheiden des § 276 BGB als Anspruchsnorm resultiert, dass das BGB im Allgemeinen Teil des Schuldrechts nicht über eine die Fälle der Schlechtleistung regelnde Norm verfügt. Ungeachtet dessen fand die mangelhafte Leistungsbewirkung des Schuldners im besonderen Schuldrecht durchaus Berücksichtigung, so etwa in den §§ 459, 537 und 633

346 Soweit diese dort geregelt sind, verschaffen sie gleichzeitig und vorteilhafterweise eine klagbare Rechtsposition.

BGB. Damit ist *Staub* in seiner Kritik bestätigt, dass eine Lücke im Gesetz existiert. Die Schließung dieser Lücke wurde durch das von diesem geprägte Institut der positiven Vertragsverletzung bewirkt. Die Lösung der unter die Rechtsfigur zu subsumierenden Fälle erfolgt in rechtsähnlicher Anwendung der Bestimmungen über die Folgen der verschuldeten Unmöglichkeit und des Verzuges, somit in enger Anlehnung an das geltende Recht.

Der Versicherungsvertrag ist ein gegenseitiger Vertrag i. S. d. §§ 320 ff. BGB und stellt im System des Schuldrechts einen Vertragstypus eigener Art dar. Ergänzend zu den Regeln des VVG gelten für das Privatversicherungsverhältnis die Vorschriften des BGB. Als Hauptleistungbestandteile des Versicherungsvertrages konnten auf Seiten des Versicherers die Gefahrtragung und - für den Fall der Risikoverwirklichung - die Leistungserbringung herausgearbeitet werden. Die Gefahrtragung ist hingegen abstrakt; sie materialisiert sich nur bei Eintritt der aufschiebenden Bedingung des Vertrages, dem Versicherungsfall. Primäres Leistungsziel und somit Hauptleistungsverpflichtung ist in Ableitung aus § 1 Abs. 1 VVG die Leistungserbringung des Versicherers an den Versicherungsnehmer. Deren Einzelheiten richten sich nach den gesetzlichen Vorschriften und den diese ergänzenden Bestimmungen des individuellen Vertrages.

Dem Leistungsbegriff sowohl im BGB wie auch im VVG kann ein dualistisches Verständnis dahingehend zugrunde gelegt werden, dass dieser Haupt- und Nebenleistungsverpflichtungen enthält. Nebenpflichten sind auch im VVG nur sehr vereinzelt niedergelegt und ergeben sich im Wesentlichen in Rechtsfortbildung aus der ergänzenden Heranziehung der Vorschriften des Bürgerlichen Rechts, hier insbesondere der Norm des § 242 BGB.

Das VVG zieht als Möglichkeit der Leistungsstörung nur den Fall des Verzuges in Betracht. Die zweite gesetzliche Form der Leistungsstörung, die Unmöglichkeit, ist dem Gesetz fremd. Regeln bezüglich einer möglichen Schlechtleistung des Versicherers sieht das VVG nicht vor; diese wurden bei den Entwürfen des Gesetzes offensichtlich nicht bedacht. Es bleibt nur der Rückgriff auf das BGB. Da dieses im Allgemeinen Teil des Schuldrechts den Tatbestand der Schlechterfüllung gleichso nicht regelt, bedarf es der ergänzenden Heranziehung des Instituts der positiven Vertragsverletzung. Dessen Grundsätze sind auf das Privatversicherungsrecht uneingeschränkt übertragbar; sie kommen insbesondere in dem weiten Feld der Verletzung von Nebenpflichten zur Anwendung. Insgesamt bietet das VVG damit einen hinreichend großen Untersuchungsraum für Fragen in Zusammenhang mit möglichen positiven Vertragsverletzungen durch den Versicherer.

3. Fallgruppen von positiven Vertragsverletzungen des Versicherers

Der bisherige Teil der Arbeit widmete sich der Darstellung des Rechtsinstituts der positiven Vertragsverletzung im allgemeinen und dessen Ausstrahlungen auf das Privatversicherungsrecht sowie der Einordnung des Versicherungsvertrages in die Systematik des Schuldrechts.

Der folgende Teil der Untersuchung konzentriert sich zunächst auf die Erarbeitung einer Systematik in Bezug auf den dem Versicherer gegenüber dem Versicherungsnehmer obliegenden Gesamtpflichtenkatalog[347] und sodann auf die detaillierte Darstellung der sich hieraus ergebenden möglichen Konstellationen in Hinblick auf positive Vertragsverletzungen. Die jeweils dazu angeführten Beispiele werden - soweit möglich - durch praktische Fälle aus der Judikatur unterlegt, die ihrerseits einer kritischen Betrachtung unterzogen wird.

Die in Zusammenhang mit der Vertragsanbahnung bzw. dem Vertragsabschluss in Frage kommenden Pflichtverletzungen des Versicherers bleiben in Eingrenzung des Untersuchungsgegenstandes außer Betracht, da dort im Wesentlichen die Rechtsfigur der culpa in contrahendo zum Tragen kommt[348]. Teilweise wird in der Darstellung jedoch auch auf diese Rechtsfigur zurückgegriffen, was zulässig erscheinen dürfte, da sich die Voraussetzungen und die rechtlichen Folgen der culpa in contrahendo im Grunde nicht von denen der positiven Vertragsverletzung unterscheiden[349].

3.1. Systematisierung

Eine Systematisierung der Pflichten des Versicherers ergibt folgendes Bild. Zunächst ist zwischen *Haupt-* und *Nebenleistungspflichten* zu differenzieren. Die eigentliche Hauptleistungsverpflichtung aus dem Versicherungsvertrag ist dabei die Bewirkung des Leistungsversprechens[350], regelmäßig also die Zahlung einer

---

347 Gemeint sind Haupt- und Nebenleistungspflichten aus dem Versicherungsvertrag.

348 Diese Thematik wird u. a. behandelt von *Jaax*, Culpa in contrahendo im Versicherungsrecht, Diss., 1935; *Köbler*, Culpa in contrahendo im Privatversicherungsrecht, VersR 1969, 773; *Kühnholz*, Versicherungsrecht, S. 142 ff.; *Sieg*, Die Haftung des Versicherers aus culpa in contrahendo, BB 1987, 352.; hervorzuheben ist insb. die Abhandlung von *Schlossareck*, Ansprüche des Versicherungsnehmers aus culpa in contrahendo, Diss., 1995.

349 So auch *Römer*, VersR 1998, 1313, 1316.

350 *Prölss* in Prölss/Martin, VVG, § 1 Rdn. 21 f.; *Dreher*, Die Versicherung als Rechtsprodukt, S. 85 ff.; *Kisch*, ZfV 1935, 83, und zuvor bereits *Ehrenberg*, Versicherungsrecht, S. 420.

Geldsumme an den Versicherungsnehmer oder die Erbringung einer sonstigen Leistung[351].

In der weiteren Systematik lassen sich die dem Versicherer obliegenden *Nebenleistungspflichten* in solche *vertragsbezogener Art* und solche *leistungs- bzw. schadenbezogener Art* einteilen. Die vertragsbezogenen Nebenpflichten lassen sich wiederum aufteilen in solche, die zur *Vertragsanbahnung* bzw. dem *Vertragsabschluss*[352] gehören und solche, die dem *Vertragsverlauf* und der *Vertragsbeendigung* zuzurechnen sind[353]. Bei leistungs- oder schadenbezogenen Nebenpflichten ist zu differenzieren zwischen solchen im Rahmen von *Schadenermittlung und -feststellung* und solchen bei der *abschließenden Leistungsbewirkung*.

Entsprechend der vorgenommenen Einteilung ergeben sich für die weitere Untersuchung drei Hauptgruppen. Dies sind Vertragsverletzungen des Versicherers 1) im Bereich Vertrag hinsichtlich Vertragsverlauf und -beendigung, 2) bei den Ermittlungen bzw. Feststellungen zum Versicherungsfall und 3) in Zusammenhang mit der abschließenden Leistungsbewirkung. Vertragsverletzungen schadenbezogener Art im Bereich der Haftpflichtversicherung bleiben bei den Erörterungen zunächst außer Betracht; sie werden wegen ihrer Besonderheiten separat in Kapitel II. 4. abgehandelt.

3.1.1. Vertragsverletzungen hinsichtlich Vertragsverlauf und Vertragsbeendigung

Unter dieser Rubrik werden die Pflichten einer detaillierten Untersuchung unterzogen, die dem Versicherer nach Vertragsschluss dem Versicherungsnehmer gegenüber obliegen. In Frage kommen vor allem Beratungs-, Auskunfts-, Aufklärungs-, Belehrungs- und Informationspflichten. Daneben sind Fürsorge- und Rechenschaftspflichten während der Vertragslaufzeit sowie gewisse nachvertragliche Pflichten[354] zu beachten.

---

351 Als sonstige Leistungen kommen in Frage z. B. die Gewährung von Rechtsschutz in der Haftpflichtversicherung oder die Sachleistung in Form der Fahrzeugrückholung bei der Verkehrs-Service-Versicherung.

352 Es wurde bereits einleitend zu diesem Kapitel darauf hingewiesen, dass diese nicht Gegenstand der Untersuchung sind.

353 Vgl. zu dieser Einteilung auch die im Anhang, Tab. I (S. 313 f.), befindliche Beschwerdestatistik des BAV.

354 Zu den Nebenpflichten des Versicherers im allgemeinen siehe auch *Prölss* in Prölss/Martin, VVG Vorbem. II Rdn. 9 ff.; *Dreher*, Die Versicherung als Rechtsprodukt, S. 258 f., sowie *Bruck*, Privatversicherungsrecht, S. 364 f.

Für den Versicherungsnehmer ist die ordnungsgemäße Wahrnehmung dieser Verpflichtungen durch den Versicherer von essenzieller Bedeutung, insbesondere in Hinblick auf eine bedarfsgerechte Absicherung seiner Interessen und Schutzbedürfnisse. Insoweit ließe sich sicherlich überlegen, dem Versicherungsvertrag geschäftsbesorgungsrechtliche Elemente zuzumessen[355]. *Schwintowski* sieht z. B. für Fälle der Beratung des Versicherungsnehmers durch den Versicherer ein Handeln für fremde Interessen und somit eine Geschäftsbesorgung i. S. v. § 675 BGB[356]. Hieraus leitet er in Heranziehung der Rechtsprechung des BGH zur Anlageberatung der Banken[357] eine Verpflichtung zu „anleger- und objektgerechter Beratung" auch im Versicherungsbereich ab. Daraus ergäbe sich im Einzelnen die Pflicht zu umfassender, wahrheitsgemäßer, sorgfältiger, verständlicher und vollständiger Information über alle Tatsachen, die für die jeweilige Entscheidung des Kunden Bedeutung haben oder haben könnten und die Pflicht zu deren fachkundiger Bewertung und Beurteilung, wenn der Kunde selbst keine ausreichenden wirtschaftlichen Kenntnisse oder keinen genügenden Überblick über die wirtschaftlichen Zusammenhänge hat[358]. Ein Blick auf die ausgewertete Rechtsprechung macht hingegen deutlich, dass die vom BGH für Banken im Rahmen der Anlageberatung aufgestellten Pflichten bisher nicht auf das Privatversicherungsrecht übertragen wurden[359]. Dies zeigen z. B. die häufig vorkommenden Fälle der Unterversicherung, für die in der Regel der Versicherungsnehmer verantwortlich gemacht wird, recht deutlich. Ob hier und in anderen Fällen eine Verkürzung des Verbraucherschutzes vorliegt, bleibt der späteren Untersuchung vorbehalten.

---

355 Vgl. hierzu die Ausführungen unter II. 2. 4. 1 sowie speziell *Schwintowski*, Die Rechtsnatur des Versicherungsvertrages, JZ 1996, 702, 705.

356 *Schwintowski*, Die Rechtsnatur des Versicherungsvertrages, JZ 1996, 702, 705 unter Hinweis auf OLG Koblenz, BB 1989, 2001; gegen diese Ansicht u. a. *Prölss* in Prölss/Martin, VVG, § 1 Rdn. 23 (unten).

357 Grundlegend BGHZ 123, 126 = WM 1993, 1455 = VersR 1993, 1236 (sog. „Bond-Urteil").

358 *Schwintowski*, Die Rechtsnatur des Versicherungsvertrages, JZ 1996, 702, 705.

359 Siehe hierzu auch *Kieninger*, AcP 199 (1999), 190, 236. Näher wird auf Beratungs- und Aufklärungspflichten der Kreditinstitute und mögliche Folgerungen hieraus für das Versicherungsrecht unter II. 3. 2. 1. 2. f. cc) und II. 3. 2. 1. 2. g) eingegangen.

3.1.2. Positive Vertragsverletzungen im Bereich Leistung bzw. Schaden

3.1.2.1. Differenzierung zwischen Schadenermittlungsprozess und abschließender Regulierung

Leistungsbezogene Pflichtverletzungen von Versicherern werden aufsichtsrechtlich nicht weiter differenziert, Verstöße fallen dort allesamt unter die Kategorie der Schadenbearbeitung[360]. Dies erscheint indes zu pauschal. Der abschließenden Leistungsbewirkung als finaler Akt des aufschiebend bedingten Leistungsversprechens gehen regelmäßig umfangreiche Tätigkeiten des Versicherers zur Ermittlung und Feststellung des Versicherungsfalles voraus. Die möglichen in Frage kommenden Pflichtverletzungen sind diesbezüglich jedoch durchaus unterschiedlich, so dass sich eine Unterscheidung zwar nicht aufdrängt, aber aus Gründen der Übersichtlichkeit anbietet.

a) Positive Vertragsverletzungen bei den Ermittlungen und Feststellungen zum Versicherungsfall

Zunächst spricht § 11 Abs. 1 VVG von „nötigen Erhebungen" des Versicherers zur Feststellung des Versicherungsfalles und des Umfangs der Leistungverpflichtung. Die Vorschrift behandelt hingegen weniger Fragen in diesem Zusammenhang, sondern definiert für den Geltungsbereich des VVG die Fälligkeit[361]. Die Fälligkeit der Leistung hat wiederum Auswirkungen auf den Verzug des Versicherers, der sich nach den allgemeinen Vorschriften des BGB beurteilt[362]. Eine Definition dessen, was unter dem Begriff der „nötigen Erhebungen" verstanden werden soll und in welchem zeitlichen Rahmen diese abzuwickeln sind, enthält die Bestimmung nicht. Nach der Judikatur gehören hierzu jedoch insbesondere die Aufnahme des Schadens sowie die Beschaffung und Prüfung von geeigneten Unterlagen und Dokumenten, einschließlich der Einsichtnahme in behördliche

---

360 Vgl. die Beschwerdestatistik des BAV, Anhang, Tab. I, S. 313 f.

361 Da § 11 Abs. 1 VVG hingegen nur „Geldleistungen" benennt, erstreckt sich die Vorschrift etwa nicht auf die Rechtsschutz-Funktion der Haftpflichtversicherung, in der besondere Fälligkeitsregeln zur Anwendung kommen.

362 Die notwendige Differenzierung zwischen Fälligkeit der Leistung und Eintritt des Verzuges wird häufig übersehen. Der Versicherer befindet sich nicht bereits mit Eintritt der Fälligkeit der (Geld-) Leistung in Verzug. Hierzu müssen zusätzlich die allgemeinen Verzugsvoraussetzungen gegeben sein, insbesondere also ein Verschulden, vgl. § 285 BGB. Instruktiv dazu *Römer* in Römer/Langheid, VVG, § 11 Rdn. 4. Diese Lage wird durch das jüngst in Kraft getretene Gesetz zur Beschleunigung fälliger Zahlungen (ZahlBeschlG, BGBl. I S. 330) im Kern nicht modifiziert; siehe dazu Fn. 837.

Akten[363]. Über das Zeitelement ist damit aber immer noch keine Aussage getroffen. Da sich dieses nach dem individuellen Fall richtet und nicht exakt festlegbar ist, behilft sich die Rechtsprechung mit einer Fiktion. Diese besagt, dass (etwa bei unnötiger Hinauszögerung der Ermittlungen) die Fälligkeit in dem Zeitpunkt eintritt, in dem sie bei ordnungsgemäßer Bearbeitung eingetreten wäre[364].

§ 11 VVG modifiziert damit den Eintritt der Fälligkeit der Versicherungsleistung in zweifacher Hinsicht. Zunächst ersetzt er die Vorschrift des § 271 BGB. Die Fälligkeit der Leistung tritt nicht automatisch mit dem Eintritt der aufschiebenden Bedingung ein, sondern wird auf einen späteren Zeitpunkt, die Beendigung der Erhebungen zum Versicherungsfall, verschoben. Gleichzeitig wird - in Rechtsfortbildung - die Fälligkeit der Leistung vorverlegt, sollten die Erhebungen in der Schadensache mangelhaft betrieben werden[365]. Letztere Eigenheit, die Vorverlegung der Fälligkeit bei nicht ordnungsgemäßer Bearbeitung der Schaden- bzw. Leistungssache, muss zwangsläufig zu einer Einschränkung der Anwendbarkeit der Regeln der positiven Vertragsverletzung zugunsten des Rechtsinstituts des Verzuges führen. Auf Einzelheiten dieser Gestaltung wird später zurückzukommen sein[366]. Es sei aber bereits an dieser Stelle der Hinweis angebracht, dass bei allen Handlungen des Versicherers im Ermittlungs- und Prüfungsstadium die Professionalität der Vorgehensweise sowie das Zeitelement eine bedeutsame Rolle spielen. Letztlich daran entscheidet sich, ob das abstrakte Produkt Versicherungsschutz für den Versicherungsnehmer eine befriedigende und bedarfsgerechte Lösung (Leistung) hervorbringt oder nicht.

b) Positive Vertragsverletzungen in Zusammenhang mit der abschließenden Leistungsbewirkung

Während sich die Schadenermittlung oft als Aufgabe dartut, in die neben den am Versicherungsvertrag Beteiligten noch mehrere andere Parteien eingebunden sind (z. B. Sachverständige, Mediziner, Polizei, Staatsanwaltschaft), spielt sich die abschließende Regulierung als Rechtshandlung zumeist nur zwischen Versicherer und Versicherungsnehmer ab. In diesem Sachzusammenhang werden Fälle zu un-

---

363 Siehe BGH, VersR 1974, 639; OLG Bremen, VersR 1965, 653; OLG Hamburg, VersR 1967, 392; OLG Hamm, VersR 1977, 954; OLG Köln, ZfS 1983, 56; OLG Karlsruhe, RuS 1993, 443.

364 Vgl. so etwa OLG München, VersR 1965, 173; OLG Hamburg, VersR 1982, 543; OLG Köln, VersR 1983, 922; OLG Saarbrücken, VersR 1996, 1494; zustimmend *Römer* in Römer/Langheid, VVG, § 11 Rdn. 11; *Prölss* in Prölss/Martin, VVG, § 11 Rdn. 6.

365 Man beachte in diesem Zusammenhang die Vorschrift des § 162 BGB.

366 Siehe unter II. 3. 2. 2. 1.

tersuchen sein, in denen es zu einem Vergleich kommt oder eine Abfindungserklärung verlangt wird.

3.2. Einzelbetrachtung der drei Hauptgruppen

3.2.1. Vertragsverletzungen bei Vertragsverlauf und -beendigung

Wie einleitend ausgeführt, sind hierunter die Fälle von positiven Vertragsverletzungen zu subsumieren, die dem Versicherer während der Laufzeit des mit dem Versicherungsnehmer geschlossenen Vertrages unterlaufen. Die Fülle der bearbeiteten Judikatur spricht dafür, vor Eingehen auf einzelne Fälle eine weitere Systematisierung vorzunehmen. Dies erleichtert nicht nur den Überblick, sondern dient auch der Verdeutlichung der dem Versicherer im Einzelfall obliegenden Pflichten. Die folgend behandelten Neben- oder Nebenleistungspflichten werden für den Vertragsbereich daher unterteilt in die Kategorien *Kommunikation* und *Administration.*

Unter der Kategorie Kommunikation lassen sich Beratungs-, Auskunfts-, Aufklärungs-, Belehrungs- und Informationspflichten gegenüber dem Versicherungsnehmer zusammenfassen. Grund für die Benennung dieser Kategorie ist die Tatsache, dass in allen genannten Punkten eine Kommunikation zwischen Versicherer und Versicherungsnehmer stattfindet oder jedenfalls stattfinden sollte. Diese Kommunikation kann mündlich oder schriftlich, direkt oder indirekt erfolgen.

Der Kategorie Administration sind Pflichtverletzungen zuzuordnen, die sich im Verwaltungs- und Entscheidungsprozess des Versicherers intern abspielen. Zu nennen sind hier insbesondere Fälle der Untätigkeit und Fehlentscheidungen, so z. B. ein grundloser Rücktritt vom Versicherungsvertrag. Zwischen beiden Kategorien sind auch Mischformen möglich, so dass eine klare Trennung nicht immer durchgesetzt werden kann, was jedoch inhaltlich von keiner Bedeutung ist.

3.2.1.1. Beratungs-, Auskunfts-, Aufklärungs-, Belehrungs- und Informationspflichten

Die Reihenfolge der Begriffe Beratung, Auskunft, Aufklärung sowie Belehrung und Information wurde absichtlich gewählt, da bei näherem Hinsehen ein Stufenverhältnis erkennbar wird, was unter Umständen Einfluss auf die Qualität bzw. Anforderung an die Verpflichtung haben könnte. In der versicherungsrechtlichen Literatur wie auch in der diesbezüglichen Judikatur werden die Begriffe uneinheitlich verwendet[367]. Eine wie hier im Folgenden vorgenommene Differenzierung ist nur selten zu beobachten[368]; teilweise wird deren Vornahme kategorisch abgelehnt[369]. Begründet wird Letzteres mit dem angeblich wenig an Erkenntnis bringenden Ergebnis[370]. Dies ist hingegen nicht einsichtig. Zwar bleibt unbenommen, dass zwischen Kommunikationsarten wie z. B. Information und Auskunft im Einzelfall gleitende Übergänge zu beobachten sein werden. Ja, diese sind unvermeidbar. Dennoch sollte dieser Nachteil nicht davon abhalten, typologische Gruppenbildungen vorzunehmen. Dies erleichtert in der Praxis nicht nur das Zuordnen und Auffinden von Lebenssachverhalten, sondern dient im Wesentlichen dazu, eventuelle Abweichungen in der Behandlung der einzelnen Gruppen durch die Judikatur herauszufiltern und schlussendlich verwertbare Anforderungskriterien zu entwickeln. Somit sind zwar dem Erfolg der hier vorgenommenen Typisierung Grenzen gesetzt, indes sollte dies nicht von der Vornahme der Handlung abhalten. Am Schluss dieses Kapitels wird dann zu klären sein, ob es trotz der Differenzierungen gerechtfertigt erscheint, die genannten Pflichten unter einem einheitlichen und übergreifenden Tatbestand der Kommunikationspflichten zusammenzufassen.

Im Rangverhältnis erscheinen von primärer Wichtigkeit *Beratungs-*, *Auskunfts-* und *Aufklärungspflichten* sowie dann die *Belehrungspflichten*. Den Begriffen Beratung, Auskunft und Aufklärung wird hier folgend ein synonymes Verständnis zu Grunde gelegt[371]. Diese liegen zunächst vor, wenn der Versiche-

---

367 Vgl. mit diesem Hinweis bereits *Römer*, Informationspflichten der Versicherer und ihrer Vermittler, VersR 1998, 1313, 1314, sowie ders. in: Informationspflichten der Versicherer; ferner *Kieninger*, Informations-, Aufklärungs- und Beratungspflichten beim Abschluss von Versicherungsverträgen, AcP 199 (1999), 190, 193, und dies. in VersR 1998, 5, 10. Siehe auch *Reich*, Schuldrechtliche Informationspflichten gegenüber Endverbrauchern, NJW 1978, 513.

368 Im Ansatz so aber wohl *Römer*, VersR 1998, 1313, 1314, der eine Typisierung immerhin für „begrenzt möglich“ erachtet; vgl. auch ders. in: Die Informationspflichten der Versicherer, S. 7 f. Mit einer Differenzierung der Begriffe „Information“ und „Aufklärung/Beratung“ siehe auch z. B. Art. 4 des Entwurfs zu § 48 a Abs. 1 S. 1 u. 3 VVG n. F. der Gesetzesinitiative der Bundesländer, BR-Drucks. 517/97 vom 9.7.1997 [Verbraucherschutz im Finanzdienstleistungsbereich].

369 So z. B. von *Kieninger*, Informations-, Aufklärungs- und Beratungspflichten beim Abschluss von Versicherungsverträgen, AcP 199 (1999), 190, 193.

370 *Kieninger*, AcP 199 (1999), 190, 193 unter Hinweis auf *Breidenbach*, Die Voraussetzungen von Informationspflichten beim Vertragsschluss, dort Fn. 8.

371 Duden, Wörterbuch der deutschen Sprache, beschreibt das Begriffspaar *Beratung/beraten* mit „Erteilung eines Rates“ oder „jemandem einen Rat geben bzw. beratend zur Seite stehen“, aber auch mit „Auskunft“ (a. a. O., Bd. 2, S. 532). Unter *Auskunft* wird eine „auf eine Frage hin gegebene aufklärende Mitteilung über etwas“ verstanden (a. a. O., Bd. 1, S. 393). *Aufklärung* wird u. a. mit „Darlegung ... über

rungsnehmer bei dem Versicherer bzw. dem Agenten um eine konkrete Beratung, Auskunft oder Aufklärung nachfragt[372]. Ferner ist von einer Beratung unzweifelhaft dann auszugehen, wenn dem Versicherungsnehmer gegenüber von sich aus (unaufgefordert) Erklärungen zum Vertrag, so z. B. über die Reichweite von Ausschlussklauseln, abgegeben werden. Darauf, ob sich entsprechende Verpflichtungen auch konkludent ergeben können, etwa wenn bei dem Versicherungsnehmer Fehlvorstellungen erkennbar sind (hier könnte dann spezifisch eine Aufklärungspflicht angenommen werden), wird sogleich zurückzukommen sein. Ebenso wird später die bereits erwähnte Frage der abschließenden Erörterung bedürfen, ob neben dem Versicherungsvertrag ein gesondert bestehender, selbstständiger Beratungsvertrag zum Entstehen gelangt[373]. Zunächst aber kann festgestellt werden, dass Beratung, Auskunft und Aufklärung *konkret-individuelle*, verbindliche Empfehlungen darstellen, nach der sich der Rezipient richten sollte, will er keine Nachteile erleiden.

Eine *Belehrungspflicht*[374] ergibt sich für den Versicherer auch ohne konkretes Nachfragen oder evidente Fehlvorstellungen des Versicherungsnehmers. Sie ist

---

bisher unbekannte Zusammenhänge" bzw. der Beseitigung von ungenügender Kenntnis erklärt (a. a. O., Bd. 1, S. 332). *Creifelds*, Rechtswörterbuch, verweist unter dem Stichwort *Beratung* auf die Termini „Raterteilung", „Auskunft" und „Aufklärungspflicht" (a. a. O., S. 166). Unter Raterteilung finden sich sodann die Begriffe „Rat", „Empfehlung" und „Auskunft" (a. a. O., S. 937). Die *Aufklärung* wird unter dem Begriff „Aufklärungspflicht" erörtert, worunter aus Fürsorgepflichten abgeleitete Hinweispflichten verstanden werden, die sich nach dem jeweiligen Rechtsverhältnis und der Lage des Einzelfalles richten (a. a. O., S. 90). Damit rückt die Aufklärung als Rechtsbegriff bereits sehr in die Nähe einer selbstständig auslösbaren Verpflichtung. Abgesehen von der letztgenannten Eigenheit ist hingegen erkennbar, dass sich die Grenzen der Begriffe Beratung, Auskunft und Aufklärung verwischen. Deren Gemeinsamkeit besteht jedoch unzweifelhaft darin, dass bei dem Empfänger der Beratung, Auskunft oder Aufklärung ein Defizit an Kenntnissen besteht. Es erscheint daher zulässig, hier ein synonymes Verständnis zu Grunde legen zu können. Von einem synonymen Begriffsverständnis zumindest bei Beratung und Auskunft geht auch Palandt-*Sprau*, § 675 Rdn. 27 ff. aus.

372 Ähnlich *Römer*, Informationspflichten der Versicherer, S. 30.

373 Siehe hierzu u. a. *Schwintowski*, JZ 1996, 702, 703, und *Römer*, Die Informationspflichten der Versicherer, S. 16 f.; Letzterer möchte zumindest bei bestimmten Versicherungssparten neben dem Versicherungsvertrag einen selbstständigen Beratungsvertrag in Betracht ziehen.

374 Unter *Belehrung/belehren* wird nach Duden (a. a. O., Fn. 371), Bd. 2, S. 522, ein „unterweisen", „lehren", „aufklären" und das Abbringen von einer „irrigen Ansicht" verstanden. *Creifelds* ordnet dem Oberbegriff der Belehrung z. B. die Rechtsmittelbzw. Rechtsbehelfsbelehrung zu und verweist im weiteren auf das Zeugnisverweigerungsrecht (a. a. O., Fn. 371, S. 958). Im juristischen Verständnis haben Belehrungen stets einen formellen Charakter; vgl. etwa die Vorschriften der §§ 35 a StPO,

zum einen gegeben, wenn der schriftliche oder mündliche Kontakt zum Versicherungsnehmer eine Belehrung über die Folgen eines bestimmten Verhaltens notwendig erscheinen lässt. Zum anderen sieht das VVG selbst an verschiedenen Stellen Belehrungspflichten vor. So sind im Privatversicherungsrecht außergesetzliche[375] und gesetzlich durch das VVG angeordnete Belehrungspflichten[376] zu unterscheiden. Anders als die zuvor beschriebene Kommunikationsgruppe ist die Belehrung jedoch zumeist abstrakt-generell ausgestaltet. Darüber hinaus haben Belehrungen einen förmlich-verbindlichen, warnenden Charakter. Die Folgen der Nichtbeachtung einer Belehrung sind zumeist signifikante Rechtsnachteile. Auf Einzelheiten der versicherungsspezifischen Belehrungspflichten und deren Besonderheiten, nicht nur in Hinblick auf das Rechtsinstitut der positiven Vertragsverletzung, wird später noch genauer[377] einzugehen sein.

Informationspflichten stehen im Rangverhältnis der Kategorie Kommunikation schließlich an zweiter Stelle. Zu verstehen sind hierunter Informationen allgemeiner oder besonderer Art, die dem Versicherungsnehmer ohne gesonderte Nachfrage oder Aufforderung zur Verfügung gestellt werden oder gestellt werden sollten[378]. Im Unterschied zu Beratung/Auskunft/Aufklärung und Belehrung ist die Information weniger verbindlich; sie lässt dem Empfänger einen weiteren Spielraum in Bezug auf deren Verwertung. Im Gegensatz zu der regelmäßig individuell-konkret vorgenommenen Beratung, Auskunft oder Aufklärung ist die Information *abstrakt-generell* ausgebildet. Sie bietet mehr eine Entscheidungs-

---

9 Abs. 5 ArbGG, 117 Abs. 2 Nr. 6 VwGO, 105 Abs. 2 Nr. 6 FGO. Der Begriff der Belehrung weist eine relative Identität mit dem der Aufklärung auf. Von dieser unterscheidet er sich aber dadurch, dass der Aufklärung das formelle Element fehlt.

375 Zu gesetzlichen und außergesetzlichen (generellen) Belehrungspflichten des Versicherers eingehend *Messerschmidt*, Hinweis- und Belehrungspflichten des Versicherers, S. 7 ff. und 92 ff.; siehe hierzu auch *Prölss* in Prölss/Martin, VVG, Vorbem II Rdn. 10. Den außergesetzlichen Belehrungspflichten (diese werden auch als übergesetzliche Belehrungspflichten bezeichnet) sind solche zuzuordnen, die von der Rechtsprechung in Bezug auf das VVG entwickelt wurden, so z. B. die Belehrung des Versicherungsnehmers über die Folgen einer vorsätzlichen oder grob fahrlässig falschen Auskunft gegenüber dem Versicherer im Schadenfall.

376 Z. B. § 39 Abs. 1 S. 2 VVG (Belehrungspflicht über die Rechtsfolgen bei nicht rechtzeitiger Zahlung einer Folgeprämie).

377 Siehe unter II. 3. 2. 1. 1. b).

378 Duden (a. a. O., Fn. 371), Bd. 5, S. 1935, versteht unter Information die „Unterrichtung über eine bestimmte Sache" bzw. die „in Kenntnis setzende ... detaillierte Mitteilung über etwas". *Creifelds* listet den Begriff Information nicht, sondern führt anstatt dessen das Informationsrecht an, welches wiederum auf den Terminus der Auskunftspflicht verweist (a. a. O., Fn. 371, S. 608 u. 104). *Römer*, Informationspflichten der Versicherer, S. 7, begreift die „bloße Information" als „Mitteilung über Tatsachen" und ordnet diese in der Priorität hinter der Beratung ein.

grundlage[379] denn eine problemspezifisch-individuell ausgerichtete Verhaltensempfehlung. Für den Empfänger erscheinen Informationen so von weniger essenzieller Bedeutung zu sein. In der vorgenommenen Abstufung der Wichtigkeit wird ihnen daher zunächst auch nur ein sekundärer Rang zugebilligt. Ob diese Ansicht aufrechterhalten werden kann, soll von der weiteren Untersuchung abhängig gemacht werden.

Entsprechend der vorgenommenen Unterteilung werden folgend die einzelnen Kommunikationsverpflichtungen des Versicherers in ihren praktischen Ausformungen untersucht.

a) Beratungs-, Auskunfts- und Aufklärungspflichten des Versicherers

Nach ständiger Rechtsprechung obliegt dem Versicherer oder dessen Agenten gegenüber dem Versicherungsnehmer bezüglich des zu versichernden Risikos grundsätzlich keine Beratungspflicht[380]. Sehr prägnant kommt dies in einer Entscheidung des OLG Köln aus dem Jahr 1995 zum Ausdruck[381]. Danach ist es „Sache des Versicherungsnehmers selbst, sich um den von ihm benötigten Versicherungsschutz in eigener Verantwortung zu kümmern. Zu diesem Zweck kann er sich z. B. anhand von Werbebroschüren oder einschlägigen Versicherungsbedingungen, die er sich bei Versicherungsunternehmen oder deren Agenten beschaf-

---

379 So auch Prölss-*Schmidt*, VAG, in Interpretation des § 10 a VAG (a. a. O., Rdn. 5). Mit identischem Verständnis zu der genannten Norm das BAV in VerBAV 1995, 283 („Grundsätze des BAV zur Anwendung des § 10 a VAG [Verbraucherinformation]; dort Ziff. 3): „Die Information soll es dem an einem Vertragsschluss Interessierten ermöglichen, seine Entscheidung zu treffen".

380 In diesem Sinne z. B. BGH, VersR 1956, 789, 791; VersR 1963, 768, 769; VersR 1981, 621, 623; OLG Hamm, RuS 1986, 247; RuS 1993, 108, 109; RuS 1995, 389, 390; OLG Köln, VersR 1990, 1381, 1382; VersR 1995, 267; VersR 1996, 1265 = RuS 1996, 219; RuS 1997, 30, 31 = VersR 1997, 1530, 1531; OLG Düsseldorf, VersR 1992, 948, 949; VersR 1998, 845, 846; OLG Koblenz, RuS 1997, 93, 94; OLG München, VersR 1986, 284, 285. Siehe hierzu allg. auch *Kollhosser* in Prölss/Martin, VVG § 43 Rdn. 33 ff., sowie ebenda *Prölss*, Vorbem. II Rdn. 11 ff.; *Langheid* in Römer/Langheid, VVG § 43 Rdn. 19 ff.; ferner *Kieninger*, Informations-, Aufklärungs- und Beratungspflichten, VersR 1998, 5, 8, und *Römer*, Informationspflichten der Versicherer, S. 22. Die dargestellte Auffassung zu Beratungspflichten bei Versicherungsverträgen entspricht dem im sonstigen Privatrecht geltenden Grundsatz, dass keine allgemeine Verpflichtung existiert, den anderen Vertragsteil umfassend auf alle mit einem Vertragschluss möglicherweise verbundene tatsächlichen und rechtlichen Risiken aufmerksam zu machen; vgl. z. B. BGH, NJW 1983, 2493, 2494, sowie *Reich*, Schuldrechtliche Informationspflichten, NJW 1978, 513, und *Messerschmidt*, Hinweis- und Belehrungspflichten, S. 167.

381 OLG Köln, VersR 1996, 1265.

fen kann, über einzelne Versicherungsarten unterrichten ... Eine spontane Aufklärungs- und Beratungspflicht[382] besteht ... grundsätzlich nicht, insbesondere braucht ... nicht auf alle Einzelheiten des Deckungsumfangs oder auf alle Ausschlussbestimmungen von sich aus aufmerksam" gemacht zu werden[383].

Von diesem Grundsatz abweichend sollen sich Beratungs- bzw. Aufklärungspflichten aber etwa dann ergeben, wenn der Versicherungsnehmer konkrete Fragen stellt[384] oder Wünsche nach Absicherung eines bestimmten Risikos äußert[385]; wenn evident ist, dass der Versicherungsnehmer falsche Vorstellungen über den Versicherungsschutz hat[386]; wenn diesem die Beantwortung schwieriger Fragen aufgegeben wird[387] oder wenn sich ein typisches Deckungsschutzbedürfnis ergibt[388]. Auf die genannten Ausnahmetatbestände und weitere Konstellationen wird folgend näher eingegangen. Zur Annahme einer Beratungs-, Auskunfts- oder Aufklärungspflicht erscheint jedenfalls prima vista stets ein konkret pflichtauslösendes Element notwendig zu sein[389].

Kann bei unterbliebener oder mangelhafter Beratung ein Verschulden des Verpflichteten festgestellt werden, erschließen sich dem Versicherungsnehmer

---

382 Man beachte, dass die Begriffe Beratung und Aufklärung als solche mit identischem Bedeutungsinhalt verstanden werden. Eine Gleichstellung der genannten Substantiva ist auch z. B. in den Urteilen LG Köln, RuS 1993, 229; OLG Hamm, VersR 1996, 93,94; RuS 1995, 389, 390; OLG Koblenz, RuS 1997, 93, 94, und OLG Saarbrücken, RuS 1997, 208, 211 zu beobachten. In anderen Entscheidungen wird alternativ zum Begriff „Aufklärungspflichten" der Terminus „Hinweispflichten" benutzt; so etwa in BGH, VersR 1981, 621, 623; 1988, 472, 473; 1989, 472, 473 = RuS 1989, 58, 59; AG Mannheim, VersR 1985, 985; OLG Oldenburg, VersR 1993, 1226, 1227 und OLG Celle, VersR 1995, 333.

383 OLG Köln, VersR 1996, 1265; siehe hierzu auch *Kieninger*, AcP 199 (1999), 190, 195, und *Römer*, Informationspflichten der Versicherer, S. 22.

384 Vgl. *Römer*, Informationspflichten der Versicherer, S. 30.

385 So z. B., wenn der Versicherungsnehmer ausdrücklich darauf hinweist, umfassenden Versicherungsschutz erhalten zu wollen; vgl. hierzu u. a. OLG Köln, RuS 1986, 273 (Rohrreinigungsservice) u. dass., VersR 1993, 1385 (Öltank).

386 Vgl. etwa BGH, VersR 1951, 166 u. VersR 1963, 786 = NJW 1963, 1978 (Europaklausel-Fall); siehe auch *Kollhosser* in Prölss/Martin, VVG, § 43 Rdn. 33, sowie *Römer*, Informationspflichten der Versicherer, S. 31.

387 Siehe hierzu instruktiv BGH, VersR 1989, 472 = RuS 1989, 58 (Gebäudeversicherungswert).

388 Vgl. *Prölss* in Prölss/Martin, VVG, Vorbem. II Rdn. 11; *Römer*, Informationspflichten der Versicherer, S. 27; BGH, VersR 1975, 77 (Gerüstverleih bei Ausübung des Dachdeckergewerbes).

389 So treffend *Messerschmidt*, Hinweis und Belehrungspflichten, S. 167; ähnlich *Römer*, Informationspflichten der Versicherer, der von einem erkennbaren Anlass zur Kenntnisverschaffung spricht (a. a. O., S. 22); sowie ders. auch in VersR 1998, 1313, 1318.

mangels spezialgesetzlicher Normen im Versicherungsvertragsrecht zur Realisierung eines Schadensersatzanspruches die bürgerlich-rechtlichen Institute der positiven Vertragsverletzung bzw. der culpa in contrahendo[390]. Darüber hinaus kann er sich im Einzelfall auf die versicherungsrechtliche Vertrauenshaftung berufen, auf die aber hier bewusst nicht näher eingegangen wird[391].

---

390 Zu den Rechtsfolgen bei Verletzung von Beratungs- und ähnlichen Pflichten durch den Versicherer siehe *Prölss* in Prölss/Martin, VVG Vorbem. II Rdn. 10 f.; ferner etwa *Römer*, Informationspflichten der Versicherer, S. 17, sowie *Kieninger*, AcP 199 (1999), 190, 194. Zur Haftung bei Verletzung von Beratungs- und Auskunftspflichten im Bürgerlichen Recht allg. Palandt-*Sprau*, § 675 Rdn. 27 ff.

391 Die eigenständige Rechtsfigur der versicherungsrechtlichen Vertrauens- bzw. Erfüllungshaftung bezieht sich auf Konstellationen, in denen ein Agent im Sinne des § 43 VVG Erklärungen über den Umfang des Versicherungsvertrages abgibt, die sich als unrichtig erweisen, so dass der vom Kunden intendierte Versicherungsschutz verfehlt wird. Insbesondere werden so Fälle der Falschberatung und der fehlerhaften Aufklärung erfasst. Eine Erfüllungshaftung kann sich auch bei bereits bestehenden Versicherungsverträgen ergeben. Die Eigentümlichkeit des Rechtsinstitutes liegt darin begründet, dass zu einer Auslösung der Haftung auf Seiten des Agenten kein Verschulden notwendig ist. Gleichzeitig darf aber auch nicht ein erhebliches eigenes Verschulden des Versicherungsnehmers zu der Situation geführt haben (BGHZ 40, 22; 2, 87; RGZ 86, 132). Wird ein solches nachgewiesen, verliert der Versicherungsnehmer seinen Anspruch (Alles-oder-Nichts-Prinzip). Kritisch betrachtet muten bereits diese tatbestandlichen Voraussetzungen recht eigentümlich an. Im Ergebnis führt die Erfüllungshaftung zu einem originären vertraglichen Anspruch dahingehend, dass der Versicherungsvertrag so wie intendiert als zustandegekommen gilt (BGH, VersR 1972, 530, 532; 1983, 121, 122). Die gleichen Ergebnisse lassen sich jedoch im Wege der Schadensersatzhaftung über die zivilrechtlichen Institute der culpa in contrahendo und der positiven Vertragsverletzung, jeweils i. V. m. § 278 BGB, erzielen. Dies zeigt recht deutlich etwa der „Europaklausel-Fall", BGH, VersR 1989, 948. Dort wurde dem in seiner vertraglichen Erwartung enttäuschten Versicherungsnehmer ein Anspruch auf Deckung - und mitin ein vertraglicher Leistungsanspruch - aus positiver Vertragsverletzung zugebilligt. Mehr noch, in der Entscheidung werden die Erfüllungshaftung und die Haftung aus positiver Vertragsverletzung als nebeneinander anwendbar herausgestellt (so bereits in Bezug auf culpa in contrahendo BGH, VersR 1963, 768). Damit aber muss die Existenzberechtigung der Erfüllungshaftung selbst in Frage gestellt werden. Zwar wird die Figur in der Rechtspraxis noch herangezogen (siehe aus neuerer Zeit etwa OLG Düsseldorf, VersR 1998,224, ablehnend dagegen jüngst OLG Hamm, NJW-RR 2001, 239), indes sollte die korrekte Anwendung der hergebrachten zivilrechtlichen Instrumentarien (scil. pVV und c. i. c.) vollauf genügen, um sachgerechte Lösungen zu erzielen. Eine Existenzberechtigung für die versicherungsrechtliche Vertrauenshaftung dürfte damit entfallen. Sehr ausführlich mit der Thematik befasst sich *Hohloch*, VersR 1980, 107 ff., der die „dogmatische Schlüssigkeit" der Figur bezweifelt (a. a. O., S. 109). Kritisch *ferner* Römer, der sich jüngst klar gegen die Vertrauenshaftung ausgesprochen hat (*Römer*, Informationspflichten der Versicherer, S. 18, sowie ders. in VersR 1998, 1313, 1315). Auch *Kollhosser* in Prölss/Martin, VVG § 43 Rdn. 29,

Die häufigsten Fälle von positiven Vertragsverletzungen im Bereich Beratung/Auskunft/Aufklärung beziehen sich auf den Deckungsumfang des Vertrages und die Unterversicherung des Risikos. Es erscheint daher lohnenswert, diese Fallkonstellationen einer jeweiligen Einzelbetrachtung zu unterziehen. Dies dient letztlich auch der Verifizierung und ggf. Erweiterung der oben grob vorgenommenen Einteilung der Kasuistik. Im Anschluss daran wird zu erörtern sein, ob das Nichtanbieten von Bedingungsverbesserungen anlässlich von Verhandlungen mit dem Versicherer ebenso der Verletzung von Beratungspflichten zugeordnet werden kann.

aa) Positive Vertragsverletzungen in Hinblick auf den Deckungsumfang des Versicherungsvertrages

Unter dem Deckungsumfang wird die sachliche Begrenzung des Versicherungsschutzes verstanden. Im Gegensatz zu der später behandelten Unterversicherung, bei der allein der monetäre Aspekt eine Rolle spielt, geht es beim Deckungsumfang nicht primär darum, in welcher Höhe der Versicherer leistungspflichtig ist, sondern um die Tatsache, ob er überhaupt aus dem Vertrag verpflichtet ist. Es handelt sich bei diesem Themenkreis somit um nach dem Bedingungswortlaut (den AVB) zu beurteilende, materielle Sachfragen. Hierbei erweisen sich Ausschlussbestimmungen und Risikobegrenzungen naturgemäß als besonders kritisch.

In der Historie zurückblickend stellte der BGH bereits in einem Urteil aus dem Jahr 1956 fest, dass der Versicherer grundsätzlich nicht verpflichtet ist, den Versicherungsnehmer von sich aus - also spontan - auf einzelne, den Deckungsumfang begrenzende Ausschlussbestimmungen aufmerksam zu machen[392]. Über

---

sowie ders. jüngst in RuS 2001, 89, sieht völlig zu Recht keinen Grund für eine versicherungsrechtliche Sonderrechtsentwicklung.

392 BGH, VersR 1956, 789 = NJW 1957, 140 (Kiesgrubenfall). Der Rechtsstreit gründete auf § 4 Ziff. I 5 AHB, wonach u. a. Erdrutschungen vom Versicherungsschutz ausgenommen sind. Der Kläger war Betreiber einer Kiesgrube, in der es aufgrund unvorschriftsmäßigem Abbau zu einem Abrutschen von Sand- und Geröllmassen kam, die den LKW eines Fuhrunternehmers beschädigten. Der Versicherer berief sich auf die erwähnte Ausschlussklausel. Der Versicherungsnehmer argumentierte, dass er unter Erdrutschungen nur solche verstehe, die auf höherer Gewalt, also auf einem Naturereignis beruhen, nicht aber auf Fahrlässigkeit in Zusammenhang mit einem bewusst vorgenommenen Erdabbau. Gerade für letzteres Risiko habe er sich versichern wollen. Der BGH führte hierzu aus, dass der Kläger aus den ihm ausgehändigten Versicherungsbedingungen ohne weiteres hätte ersehen können, dass die fraglichen Schäden ausgeschlossen sind. Es habe in seiner Disposition gestanden, dieses Risiko im Wege einer Sondervereinbarung gegen Zahlung eines Prämienzu-

Inhalt und Umfang des versicherten Risikos müsse sich dieser durch Einsichtnahme in die Versicherungsbedingungen selbst informieren. Sofern dann noch Zweifel bestehen, habe er bei dem Versicherer oder dessen Agenten nachzufragen. Nach diesem Judikat sind Versicherer somit nicht verpflichtet, den Vertragspartner über den Deckungsumfang, hier insbesondere die Risikoausschlüsse, zu beraten bzw. aufzuklären[393].

Diese Regel schränkte der BGH in Fortsetzung einer Entscheidung des RG[394] sodann allerdings für Fälle ein, in denen der Versicherer oder dessen Agent erkennt oder erkennen musste, dass sich der Versicherungsnehmer über den Umfang der Versicherung irrige Vorstellungen macht[395]. Gleiches gilt, wenn mit der nahe liegenden Möglichkeit eines derartigen Irrtums gerechnet werden muss[396].

---

schlages mitzuversichern. Dieses Urteil ist zwar in sich logisch, weicht hingegen im Ergebnis deutlich von einer früheren Entscheidung des RG (RG, JW 19, 381; vgl. nachstehend Fn. 394) ab.

393 Vgl. so auch *Prölss* in Prölss/Martin, VVG, Vorbem. II Rdn. 11 m. w. N. zur diesbezüglichen Rechtsprechung.

394 RG, JW 19, 381: Im Fall hatte der Kläger in seiner Eigenschaft als Fuhrwerksbetreiber eine Haftpflichtversicherung abgeschlossen. Unter anderem wurden die Transporte auch mit einer dem Versicherungsnehmer gehörenden Feldbahn durchgeführt, was dem Versicherungsagenten bei Abschluss des Versicherungsvertrages bekannt war. Dennoch erfolgte keine Erwähnung des Gleisbetriebes im Antrag. Nach einem Personenunfall mit der Feldbahn wurde der Versicherungsschutz unter Berufung auf die Betriebsbeschreibung versagt. Das RG stellte dagegen fest, dass sich der Versicherungsnehmer „für seinen ganzen Betrieb" haftpflichtversichern wollte. Da dies dem Agenten bekannt gewesen sei, hätte er darauf hinwirken müssen, den Gleisbetrieb gesondert zu erwähnen, alternativ hätte er eine entsprechende Belehrung aussprechen müssen. Diese Unterlassungen rechnete das RG dem beklagten Versicherer zu, so dass sich das Versicherungsverhältnis so gestalte, „wie der Kläger versichert sein wollte".

395 BGHZ 2, 87 = VersR 1951, 166 = NJW 1951, 855. Der dem Urteil zu Grunde liegende Sachverhalt handelt von der notwendigen Aufklärung in Zusammenhang mit dem zeitlichen und materiellen Geltungsbereich eines bestehenden Feuerversicherungsvertrages. Der Versicherungsnehmer ging davon aus, dass der Versicherungsschutz aus einem bereits bestehenden Vertrag trotz Betriebsverlegung ohne Unterbrechung fortbestehen würde. Mit dieser Annahme, die seitens des Versicherungsagenten bestätigt wurde, befand er sich im Irrtum. Hierzu wird vom BGH ausgeführt, dass der Versicherungsnehmer der Auskunft des Agenten insbesondere deswegen vertrauen durfte, „weil dessen Aufgabe gerade darin besteht, dem Versicherungsnehmer ... die erforderliche Belehrung und Aufklärung über den Inhalt und die Bedeutung der Versicherungsbedingungen ... zu gewähren". Man beachte in diesem Zusammenhang die synonyme Verwendung der Begriffe Auskunft, Aufklärung und Belehrung.

396 So z. B. BGH, VersR 1963, 768, 769 = NJW 1964, 244, 245 (1. Europaklausel-Fall).

In diesem Zusammenhang bedürfen die vom BGH entschiedenen Fälle zur sog. „Europaklausel" in der Kraftfahrt-Versicherung der Erwähnung. Nach § 2 Nr. 1 AKB[397] bestand Versicherungsschutz nur für Europa, nicht dagegen für den asiatischen Teil der Türkei. Es kam regelmäßig vor, dass in Deutschland ansässige Versicherungsnehmer türkischer Staatsangehörigkeit entweder mit Beantragung des Versicherungsschutzes oder nach Abschluss des Versicherungsvertrages[398] die Ausstellung der „Grünen Karte"[399] begehrten, um nach Eintritt eines Schadens im asiatischen oder zypriotischen Teil der Türkei feststellen zu müssen, dass Versicherungsschutz nach den Bedingungen dort nicht besteht[400]. Im ersten Europaklausel-Fall[401] stellte der BGH unter Hinweis auf BGH, VersR 56, 789[402] nochmals deutlich heraus, dass eine generelle Aufklärungspflicht gegenüber dem Versicherungsnehmer nicht bestehe. Hiervon sei aber dann eine Ausnahme zu machen, wenn erkannt wird oder erkannt werden musste, „dass sich der Versicherungsnehmer über den Umfang der Versicherung irrige Vorstellungen macht"[403]. Im konkreten Fall wurde dem Versicherungsnehmer jedoch ein immerhin hälftiges Mitverschulden angerechnet, da er im Sinne des oben Gesagten von sich aus

397 § 2 Nr. 1 AKB (alt) lautet: „Geltungsbereich: Die Versicherung gilt für Europa, soweit keine Erweiterung des Geltungsbereiches vereinbart ist."; vgl. auch *Knappmann* in Prölss/Martin, VVG, 25. Aufl., S. 1404 f.

398 Anspruchsgrundlage ist dann unzweifelhaft das Institut der positiven Vertragsverletzung; lesenswert hierzu etwa BGH, VersR 1989, 948. Die Entscheidung macht deutlich, dass bei den Instanzgerichten oft nicht hinreichend genug zwischen Ansprüchen aus positiver Vertragsverletzung und solchen aus culpa in contrahendo unterschieden wird.

399 Zum sog. Grüne-Karte-System vgl. allg. *Knappmann* in Prölss/Martin, VVG, 25. Aufl., Vorbem. § 3 PflVersG Anm. 2. A. Auf der Karte war i. d. R. das Kürzel „TR" für Türkei durchgestrichen, so dass Versicherungsschutz zumindest im asiatischen Teil der Türkei nicht bestand. Nur, wenn diese Streichung nicht vorgenommen war, bestand Versicherungsschutz für den europäischen *und* den asiatischen Teil des Landes.

400 BGH, VersR 1963, 768; BGH, VersR 1989, 948 (im Fall bezog sich der Versicherungsschutz gemäß der „Grünen Karte" zwar auch auf den asiatischen Teil der Türkei [Kürzel „TR"], der Unfall ereignete sich jedoch in Nord-Zypern; die Republik Nord-Zypern zählt jedoch nicht zum Staatsgebiet der Türkei); vgl. ferner etwa LG Freiburg, DAR 1987, 227; OLG Karlsruhe, VersR 1988, 486; OLG Frankfurt, VersR 1987, 579, und OLG Stuttgart, Schd-Prax. 1993, 188.

401 Siehe zuvor Fn. 396.

402 Siehe oben Fn. 392 (Kiesgrubenfall).

403 BGH, VersR 1963, 768, 769. In der Entscheidung wird durchgängig von einer Aufklärungsverpflichtung gesprochen; der BGH misst so offensichtlich dem Begriff „Aufklärung" den hierzu in Fn. 371 beschriebenen Bedeutungsinhalt bei, nämlich die Darlegung über bisher unbekannte Zusammenhänge bzw. die Beseitigung von ungenügender Kenntnis oder Unklarheit.

hätte „die Frage klären müssen, ob er auf der ganzen Fahrstrecke gegen Schäden versichert sei“[404].

Eine spezielle Aufklärungsverpflichtung sah der BGH auch in einer Folgeentscheidung aus dem Jahr 1975[405] als gegeben an. Ähnlich dem bereits erwähnten Fall RG, JW 19, 381, ging es auch dort um die Frage des umfassten Risikobereiches. Streitig war der Deckungsumfang der Betriebshaftpflichtversicherung eines Dachdeckerbetriebes, der gelegentlich Gerüste an Dritte vermietete. Diese Vermietereigenschaft war im Antrag des Versicherungsnehmers unstrittig nicht als eigenständiges versichertes Risiko ausgewiesen. Deckungsschutz wurde entsprechend versagt. Dem entgegnete der BGH, dass es im Dachdeckergewerbe üblich sei, Gerüste an Dritte zu vermieten; dies sei eine der „typischen Berufsgepflogenheiten“. Der Versicherungsnehmer hätte daher aufgeklärt werden müssen, „wie weit der Versicherungsschutz aus der Betriebshaftpflichtversicherung reicht und dass er zweckmäßig eine Erweiterung der Versicherung“ auf das Vermietungsrisiko hätte beantragen müssen[406]. Die Frage eines eventuellen Mitverschuldens des Versicherungsnehmers wurde nicht erörtert. In dieser Entscheidung ist deutlich eine Erweiterung des Verbraucherschutzgedankens zu erkennen, da offensichtlich auch ohne Erkennbarkeit eines Irrtums des Versicherungsnehmers über den Umfang der Deckung eine entsprechende Aufklärungs- bzw. Beratungspflicht angenommen wurde. *Prölss* bezeichnet diese Variante der Pflichtverletzung trefflich als „Verfehlung des für eine Gruppe von Versicherungsnehmern typischen Deckungsschutzbedürfnisses“[407]. Diese im Vergleich zu den Anfängen[408] versicherungsnehmerorientierte Rechtsprechung wird vom BGH und den Instanzgerichten im Wesentlichen fortgeführt. Ohne auf die Einzelheiten der jeweiligen Entscheidungen näher einzugehen, seien hier im Weiteren folgende Beispiele angeführt:

- BGH, 5.2.1981, VersR 1981, 621

Der Betreiber einer Anlage für Kunststoffbeschichtungen hatte für seine in West-Berlin gelegene Produktionsstätte im Sommer 1973 eine Feuer-Sammelversicherung für zunächst ein Jahr - mit automatischer Verlängerung - abgeschlossen. Die Prämie hierfür betrug rd. DM 75.000. Indes war wegen der damaligen politischen Lage ungewiss, ob die für den vollen Betrieb versicherte Anlage die Produktion jemals aufnehmen würde. Die Schwierigkeit resultierte daraus, dass der Betrieb auf die (genehmigungspflichtige) Benutzung der Spree

---

404 BGH, VersR 1963, 768, 770.

405 BGH, VersR 1975, 77 (Dachdeckerfall).

406 BGH, VersR 1975, 77, 78.

407 *Prölss* in Prölss/Martin ,VVG, Vorbem. II Rdn. 11.

408 Siehe den zuvor angeführten Kiesgrubenfall (Fn. 392).

angewiesen war, die an der Betriebsstätte in ihrer ganzen Breite zu Ost-Berlin gehörte. Im Frühjahr 1974 konnte die Produktion immer noch nicht aufgenommen werden, so dass der Versicherungsnehmer gem. § 41 a VVG die Herabsetzung der Prämie für den stillstehenden Betrieb beantragte. Der Versicherer bot darauf einen Rabatt von 25 % auf die Jahresprämie an. Der Versicherungsnehmer ging auf dieses - ihm offensichtlich unzureichend erscheinende - Angebot nicht ein. Trotzdem erhielt er einen Nachtrag zum Versicherungsschein, der die genannte Rabattierung auswies. Im Frühjahr 1975 schloss der Versicherungsnehmer bei einer anderen Gesellschaft einen Feuerversicherungsvertrag für eine Jahresprämie von nur DM 5.560 ab. Die Folgeprämie des das Risiko zuerst eindeckenden Versicherers wurde nicht bezahlt, worauf die vermeintliche Geldschuld im Wege der Klage geltend gemacht wurde. Der Versicherungsnehmer verlangte darauf im Wege der Widerklage die Rückzahlung eines Teils seiner geleisteten Prämien mit der Begründung, dass er bei ordnungs- und sachgemäßer Beratung bereits im Frühjahr 1974 darauf hätte aufmerksam gemacht werden müssen, dass lediglich das Lagerrisiko zu versichern gewesen sei und es einer vollumfänglichen Feuerversicherung „für einen laufenden Betrieb" nicht bedurft hätte; daher sei auch der später angebotene Prämienrabatt von 25 % unzureichend gewesen. Der BGH urteilte zu Gunsten des Versicherungsnehmers. Der Versicherer habe bereits bei den Verhandlungen im Frühjahr 1974 nicht damit rechnen können, dass der Betrieb der Anlage alsbald aufgenommen werde; im Gegenteil sei positiv bekannt gewesen, dass zweifelhaft war, ob jemals eine Inbetriebnahme stattfinden könne. Bei dieser Sachlage sei es eine Verletzung der Treuepflicht aus einem bereits bestehenden Versicherungsverhältnis und somit eine positive Vertragsverletzung[409], wenn der Versicherer eine Aufklärung unterlässt, die auf die Möglichkeit weiterer Prämieneinsparungen (die Prämiendifferenz zu dem später abgeschlossenen Vertrag betrug immerhin rd. DM 70.000 p. a.; Anm. des Verf.) hinweist. Der Versicherungsnehmer sei daher so zu stellen, wie er bei gehöriger Erfüllung der Aufklärungspflicht stehen würde. Die Frage eines eventuellen Mitverschuldens wurde nicht erörtert.

- OLG Köln, 12.6.1986, RuS 1986, 273

Das Gericht entschied im Fall des Betreibers eines Rohrreinigungsunternehmens, dass der Versicherungsnehmer dahingehend hätte beraten werden müssen, dass der Risikoausschluss „Abwässer" in den AHB abbedungen werden kann. Der Unternehmer hatte dargetan, dass er eine „bestmögliche Absicherung" wollte. Da der Tätigkeit ein zwangsläufiger Umgang mit Abwässern zu Grunde liege, sei es „um so weniger verständlich ... , dass das Risiko der Abwässerschäden

---

409 BGH, VersR 1981, 621, 623.

ausgespart blieb ... “, so das OLG Köln. Ein Mitverschulden des Versicherungsnehmers wurde ausdrücklich abgelehnt.

- BGH, 4.7.1989, VersR 1989, 948

In diesem bereits kurz erwähnten[410], die Europaklausel betreffenden Fall wurde entschieden, dass dem bei einem Verkehrsunfall geschädigten Dritten auch dann ein Direktanspruch nach § 3 Nr. 1 PflVG gegen den Haftpflichtversicherer des Schädigers zusteht, wenn zwischen Letzterem und seinem Versicherer keine Vereinbarung über Versicherungsschutz für den Unfallort (hier: Nord-Zypern) getroffen wurde und dies auf eine fehlerhafte oder pflichtwidrig unterlassene Aufklärung durch den Versicherers zurückzuführen ist. Die Haftung des Versicherers wurde sowohl aus gewohnheitsrechtlicher Vertrauenshaftung wie auch aus positiver Vertragsverletzung abgeleitet. Der Mitverschuldensgedanke wurde im Urteil zwar angesprochen, aber wegen Rückverweisung seitens des BGH nicht näher erörtert[411].

- OLG Köln, 17.9.1992, VersR 1993, 304

Ein Beratungsverschulden bei Vertragsschluss wurde vom OLG Köln im Fall des Bestehens einer möglichen Deckungslücke zwischen Betriebs- und Kfz-Haftpflichtversicherung angenommen. Konkret ging es um den Einschluss eines Rasenmähertraktors in die Betriebshaftpflichtversicherung eines Pensionsbetriebes. Der Versicherer berief sich wegen des Gerätes auf eine in den AVB analog Ziff. IV BBR formulierte Ausschlussbestimmung. Nicht versichert ist danach die Haftpflicht wegen Schäden, die aus dem Gebrauch eines Kraftfahrzeuges resultierten (sog. Benzinklausel)[412]. Der Traktor war als Fahrzeug i. S. d. vorgenannten Klausel anzusehen. Ein auf culpa in contrahendo gestützter Anspruch wurde dennoch zuerkannt, da der Versicherungsnehmer hätte erwarten können, dass „keine ihm nicht aufgezeigten Lücken zwischen Kfz-Haftpflichtversicherung und der ihm als umfassend angebotenen Privat- und Betriebshaftpflichtversicherung bestehen“. Nach diesem Urteil ist der Versicherer somit verpflichtet, einen durchschnittlichen Versicherungsnehmer auf für diesen nicht ohne weiteres erkennbare Deckungslücken eines Versicherungsvertrages aufmerksam zu machen[413].

---

410 Siehe Fn. 400.

411 BGH, VersR 1989, 948, 950.

412 Ausführlich hierzu *Späte*, AHB, C IV Rdn. 1 ff., 24 ff.

413 Ähnlich BGH, VersR 1986, 537, 538 (zur Verwendung eines mit Elektromotor versehenen, handgesteuerten Transportgerätes, welches im Lager- und Transportgewerbe verwendet wird [sog. Ameise]). Im Fall hatte der BGH das beschriebene Gerät zwar als Kraftfahrzeug eingeordnet, jedoch die Anwendbarkeit der Ausschlussklau-

- OLG Köln, 14.1.1993, VersR 1993, 1385

Der Versicherungsnehmer begehrte eine umfassende Absicherung sämtlicher bestehender Risiken in Zusammenhang mit dem Besitz eines von ihm erworbenen Gebäudes. Hierzu wurde das Objekt in Augenschein genommen. Bei bereits bestehender Privathaftpflichtversicherung nach den Bedingungswerken AHB/BBR ohne weitere Sondervereinbarungen machte der Agent den Versicherungsnehmer jedoch nicht auf den hierdurch bedingten fehlenden Versicherungsschutz für das Anlagenrisiko eines in der Garage des Anwesens befindlichen Öltanks aufmerksam. Nachdem dieser barst und Drittschaden verursachte, sprach das erkennende Gericht Schadensersatzansprüche wegen positiver Vertragsverletzung zu, da der Agent entgegen dem erkennbaren Wunsch des Versicherungsnehmers, umfassend gesichert zu werden, diesen nicht auf die Möglichkeit der Einbeziehung des Anlagenrisikos in die Haftpflichtversicherung aufmerksam machte. Der Agent müsse dem Versicherungsnehmer tariflich vorgesehene Erweiterungen des Versicherungsschutzes empfehlen, wenn ein Bedürfnis hierfür erkennbar sei. Ein etwaiges Mitverschulden des Versicherungsnehmers wurde ausdrücklich abgelehnt.

- OLG Karlsruhe, 5.11.1992, VersR 1994, 1169

Strenger noch im Haftungsmaßstab das OLG Karlsruhe, welches eine Haftung des Versicherers nach den Grundsätzen der culpa in contrahendo in einem Fall annahm, in dem der Versicherungsvertrag ein bestimmtes Risiko - das Vandalismusrisiko - nicht umfasste. Da dem Versicherer bekannt gewesen sei, dass es sich bei dem zu versichernden Objekt um ein zwar eingerichtetes, aber z. Zt. nicht betriebenes Hotel handelte, sei er nach den gesamten Umständen verpflichtet gewesen, auf das damit verbundene erhöhte Risiko hinzuweisen. Danach besteht eine Hinweispflicht des Versicherers also nicht nur bei Ausschlussbestimmungen und Deckungslücken, sondern auch bei sich aufdrängenden und nicht ohne weiteres versicherbaren Gefahren wie hier dem Vandalismus.

- OLG Hamm, 14.7.1993, VersR 1994, 718

Im Rahmen einer bestehenden Feuerversicherung wurde bei bevorstehender oder bereits erfolgter Betriebsverlegung des Versicherungsnehmers ohne weiteres von einer Aufklärungsverpflichtung des Versicherers in Hinblick auf das damit verbundene automatische Erlöschen des Versicherungsschutzes gem.

---

sel für Kraftfahrzeuge in der Betriebshaftpflichtversicherung im Interesse eines lückenlosen Versicherungsschutzes dahingehend eingeschränkt, dass die Verwendung einer „Ameise“ in einem Lagerraum jedenfalls nicht mit der gebotenen Klarheit vom Versicherungsschutz ausgeschlossen war. Vgl. hierzu auch BGH, VersR 1956, 283; 1977, 468; 1984, 854.

§ 4 Nr. 1 AFB[414] ausgegangen. Dies gilt zumindest dann, wenn der Versicherer von dem Ortswechsel Kenntnis hatte. Der unterbliebene Hinweis begründet danach eine Schadensersatzverpflichtung aus positiver Vertragsverletzung[415].

Hingegen wurde eine Verletzung von Beratungs- bzw. Aufklärungspflichten beispielsweise in folgenden Fällen verneint:

- BGH, 19.11.1956, VersR 1956, 789
Der Fall des Betreibers einer Kiesgrube, der bei Abschluss einer Betriebshaftpflichtversicherung nicht hinsichtlich der Ausschlussbestimmung über Erdrutschungen (§ 4 Ziff. I Nr. 5 AHB) aufgeklärt wurde, wurde bereits angesprochen[416]. Die Entscheidung muss jedoch wegen ihrer deutlichen Abweichung von der späteren höchstrichterlichen Rechtsprechung als Ausnahme angesehen werden.

- OLG München, 30.11.1984, VersR 1986, 284
Eine Verpflichtung, den Besitzer eines Citroen 2CV bei Abschluss einer Reisegepäckversicherung darauf hinzuweisen, dass das Fahrzeug wegen seines flexiblen Rolldaches keinen „fest umschlossenen Innenraum“ i. S. v. § 5 Nr. 1 a AVBR besitzt, wurde abgelehnt. Versicherungsschutz gegen Diebstahl aus unbeaufsichtigt abgestellten Kfz besteht nach dieser Klausel nur, soweit sich das Gepäck in einem fest umschlossenen und durch Verschluss gesicherten Innen- oder Kofferraum befindet. Als Begründung gab das OLG an, dass der Versicherer nicht ohne weiteres gehalten sei, den Versicherungsnehmer ausführlich über den Deckungsumfang zu unterrichten.

- OLG Karlsruhe, 30.4.1986, VersR 1986, 1180
Hiernach muss ein Kfz-Haftpflichtversicherer einen Landwirt nicht über ein Leistungsverweigerungsrecht aufklären, welches besteht, sollte das Fahrzeug zu einem anderen als dem im Versicherungsantrag angegebenen Zweck benutzt werden. Im Fall wurde der als landwirtschaftliche Zugmaschine versicherte Traktor zu Fasnachtsumzügen eingesetzt.

---

414 Danach sind bewegliche Sachen nur in den Räumen versichert, die in der Versicherungsurkunde bezeichnet sind. Werden sie nicht nur vorübergehend hieraus entfernt, erlischt der Versicherungsvertrag.

415 Mit ähnlichem Sachverhalt BGH, VersR 1987, 147; für die Einbruchdiebstahlversicherung gilt das Gesagte analog; siehe BGH, VersR 1981, 469, sowie OLG Hamm, RuS 1999, 75; zum wesentlichen Inhalt der vorgenannten Entscheidungen siehe Anhang II.

416 Vgl. oben Fn. 392.

- OLG Hamm, 21.3.1986, VersR 1988, 51

Bei Abschluss eines neuen Lebensversicherungsvertrages im Zusammenhang mit der Kündigung eines bestehenden Lebensversicherungsvertrages besteht keine Verpflichtung des Versicherungsagenten, den Versicherungsnehmer auf die Ausschlussbestimmung des § 8 ALB (Einschränkung des Versicherungsschutzes bei Selbsttötung der versicherten Person vor Ablauf von drei Jahren nach Abschluss des Vertrages[417]) hinzuweisen, es sei denn, dass der Versicherungsnehmer erkennbar suizidgefährdet ist. Im Fall begann die Frist - unzweifelhaft zum Nachteil des Versicherungsnehmers - erneut zu laufen.

- OLG Düsseldorf, 14.1.1992, VersR 1992, 948

Eine positive Vertragsverletzung wegen Beratungsverschulden bei der Neugestaltung einer Restschuldversicherung wurde abgelehnt. Der Versicherungsvertrag enthielt u. a. die Bestimmung, dass sich der Versicherungsschutz nicht auf Krankheiten erstreckt, die der Versicherungsnehmer in den letzten 12 Monaten vor Beginn des Versicherungsschutzes bereits hatte, wenn der Versicherungsfall innerhalb der nächsten 24 Monate seit Beginn des Versicherungsschutzes eintritt und in ursächlichem Zusammenhang mit dieser Gesundheitsstörung steht. Der Versicherungsnehmer litt zum Zeitpunkt der Verhandlungen über die Umwandlung des Vertrages an einer ihm bekannten HIV-Infektion. Das OLG erkannte weder eine Unwirksamkeit der Klausel nach den §§ 3 oder 9 AGBG, noch sah es eine Verletzung der „Schutz- oder Aufklärungspflicht", da grundsätzlich der Versicherungsnehmer nicht ungefragt über den genauen Umfang des Versicherungsschutzes aufgeklärt werden müsse. Gründe dafür, dass der Versicherungsnehmer bei der Vertragsänderung erkennbar unrichtige Vorstellungen gehabt haben könnte, waren objektiv nicht vorhanden.

(1) Zwischenergebnis

Auf die Anführung weiterer Beispiele wird an dieser Stelle bewusst verzichtet. Diesbezüglich sei auf die im Anhang befindliche Entscheidungsübersicht verwiesen. Aus der Judikatur lässt sich zu Beratungs-, Auskunfts- und Aufklärungspflichten des Versicherers in Bezug auf den *Deckungsumfang* von Versicherungsverträgen damit folgendes Zwischenergebnis ableiten:

---

417 Die Klausel des § 8 ALB 86 lautet auszugsweise: (1) Bei Selbsttötung vor Ablauf von drei Jahren seit Zahlung des Einlösungsbetrages ... besteht Versicherungsschutz nur dann, wenn uns nachgewiesen wird, dass die Tat in einem die freie Willensbestimmung ausschließenden Zustand krankhafter Störung der Geistestätigkeit begangen worden ist. ... (2) Bei Selbsttötung nach Ablauf der Dreijahresfrist bleiben wir zur Leistung verpflichtet.

Zunächst bestätigt sich die Aussage, dass das Verhältnis zwischen Versicherer und Versicherungsnehmer von dem Grundsatz beherrscht wird, dass sich Letzterer generell selbst über den Deckungsumfang des Vertrages zu vergewissern hat. Ausnahmen hiervon bedürfen stets eines konkret pflichtauslösenden Elements. So obliegen dem Versicherer bzw. dessen Vertreter Beratungs- und Aufklärungspflichten hinsichtlich des Deckungsumfangs des Versicherungsvertrages[418] nur dann, wenn

- der Versicherungsnehmer den Wunsch nach Beratung deutlich zum Ausdruck bringt.
- der Versicherungsnehmer kundtut, gegen alle mit einem bestimmten Risiko verbundenen Gefahren versichert werden zu wollen (Frage nach umfassender Absicherung).
- aufgrund des Sachvortrages des Versicherungsnehmers redlicherweise eine Beratung oder Aufklärung angebracht ist.
- erkannt wird, dass sich der Versicherungsnehmer über einen wesentlichen Punkt des Deckungsumfangs unrichtige Vorstellungen macht.
- es nahe liegt, dass sich der Versicherungsnehmer über eine bestimmte Ausschlussklausel, die für seine Gruppe maßgeblich ist, nicht im Klaren ist.
- bei Gewerbebetrieben, Kaufleuten, Freiberuflern und sonstigen Gruppen die Absicherung eines bestimmten, spezifischen Risikos imperativ ist.

Eine autonome, spontane Beratungs- und Aufklärungpflicht des Versicherers besteht so definitiv nicht. Während etwa der Makler seinen Kunden umfassend zu beraten hat und eine bestmögliche Risikoabsicherung sicherstellen muss (best advice)[419], ist der Versicherer bzw. dessen Vertreter hierzu nicht verpflichtet. Diese Feststellung erscheint befremdlich in Hinblick auf den Verbraucherschutz. Dies gilt umso mehr, als selbst die Rechtsprechung anerkennt, dass im Versicherungswesen ein besonderer Anlass zur Aufklärung besteht, „weil der Versicherer in der Regel dem Versicherungsnehmer geschäftlich, insbesondere auch in der Kenntnis des Versicherungsrechts, überlegen ist und daher auf dessen Belange immer dort soweit wie möglich Rücksicht nehmen muss, wo der Versicherungsnehmer Gefahr läuft, wegen seiner mangelnden Vertrautheit mit den Besonder-

418 Siehe hierzu auch die Zusammenstellung bei *Prölss* in Prölss/Martin, VVG, Vorbem. II Rdn. 11 f.; ähnlich *Römer*, Informationspflichten der Versicherer und ihrer Vermittler, VersR 1998, 1313, 1318 ff.; ders., Informationspflichten der Versicherer, S. 27 ff., und *Kieninger*, AcP 199 (1999), 190, 197 ff.

419 Ausführlich hierzu *Matusche*, Pflichten und Haftung des Versicherungsmaklers, S. 66 ff.; *Werber*, VersR 1992, 917, 920; *Benkel/Reusch*, VersR 1992, 1302, 1312, sowie etwa BGH, VersR 1985, 930, und OLG Frankfurt, VersR 1995, 93.

heiten des Versicherungswesens den - mitunter für ihn lebenswichtigen - Versicherungsschutz einzubüßen oder sonstige schwere Nachteile zu erleiden"[420]. Leider wird dieser sicherlich Unterstützung verdienende Satz sowohl in der Versicherungspraxis wie auch in der einschlägigen Judikatur noch zu wenig umgesetzt.

Zwar ist seit der Einfügung der Vorschrift des § 10 a in das VAG im Juli 1994 der Versicherer gegenüber natürlichen Personen verpflichtet, diesen vor Abschluss und während der Laufzeit des Vertrages Informationen über die für das Versicherungsverhältnis maßgeblichen Tatsachen und Rechte zur Verfügung zu stellen. Die mitzuteilenden Informationen beschränken sich im Wesentlichen aber auf die Versicherungsbedingungen, auf Laufzeit und Prämie des Vertrages sowie auf die Belehrung über Widerrufs- oder Rücktrittsrechte[421]. Sie enthalten so mehr oder weniger Selbstverständliches[422] und bedeuten für den Versicherungsnehmer eine nur geringfügige Besserstellung im Vergleich zu der Zeit vor Einführung des § 10 a VAG. Insbesondere lässt sich aus der Norm keine Verpflichtung zu einer individuell-konkreten Beratung bzw. Aufklärung in Hinblick auf den Deckungsumfang des Versicherungsvertrages ableiten[423]. Auf § 10 a VAG wird bei der Erörterung der Informationspflichten noch zurückzukommen sein[424].

In Zustimmung zu *Kieninger* kann so gesagt werden, dass die derzeitige Gesetzeslage den Versicherer bzw. dessen Vertreter nicht gerade dazu motiviert, den Versicherungsnehmer in jedem Fall individuell mit dem Ziel eines bedarfsgerechten Versicherungsschutzes zu beraten[425]. Trotz der in der Rechtsprechung erkennbaren Tendenz, pro Versicherungsnehmer zu entscheiden, sollte hingegen ein effektiver Verbraucherschutz nicht erst auf der Prozessebene greifen, sondern bereits vorher, nämlich sowohl bei Vertragsschluß, wie auch bei der anschließenden Betreuung des Versicherungsnehmers über die vereinbarte Laufzeit des Ver-

---

420 Mit u. a. dieser Argumentation BGH, VersR 1981, 621, 623 (vgl. oben II. 3. 2. 1. 1. a) aa) [Berliner Kunststoffbeschichtungsfabrik]). Eine ähnliche Formulierung findet sich bereits in BGH, VersR 1967, 593, 594 = NJW 1967, 1756, 1758; dieses Urteil befasst sich jedoch inhaltlich nicht mit Beratungspflichten, sondern umreißt die Belehrungspflichten gegenüber dem Versicherungsnehmer im Falle von Falschangaben bei der Schadenermittlung, die zu einem Verlust des Versicherungsschutzes führen können.

421 Zu den Mindestanforderungen der in § 10 a VAG normierten Informationspflichten siehe Anlage D zum VAG (Verbraucherinformation); Abdruck der Anlage D u. a. bei Prölss-*Schmidt*, VAG, § 10 a Rdn. 13 ff.

422 So bereits *Kieninger*, VersR 1998, 5, 6 sowie dies. in AcP 199 (1999), 190, 212.

423 Vgl. mit dieser Kritik auch *Kieninger*, VersR 1999, 5, 7 sowie AcP 199 (1999) 190, 217.

424 Siehe II. 3. 2. 1. 1. c) aa).

425 *Kieninger*, VersR 1999, 5, 9.

sicherungsvertrages. Ein Vorstoß der Gesetzgebung mit dem Ziel der diesbezüglichen Ausweitung der Beratungs-, Aufklärungs- und Betreuungspflichten des Versicherers wäre sicherlich begrüßenswert[426]. Hierauf wird am Ende dieses Kapitels nochmals zurückzukommen sein.

Zunächst erscheint es angebracht, auf zwei Details noch etwas näher einzugehen. Dies ist zum einen die Frage, ob bestimmte persönliche Eigenschaften des Versicherungsnehmers Einfluss auf den Beratungs- bzw. Aufklärungsumfang haben sollten, und zum anderen die Frage, ob dem Versicherungsnehmer bei unterbliebener oder mangelhafter Pflichtwahrnehmung des Versicherers ein Mitverschulden angerechnet werden kann.

(2) Besondere persönliche Eigenschaften des Versicherungsnehmers

Bei der Erörterung von Beratungs- und Aufklärungspflichten zum Deckungsumfang eines Versicherungsvertrages hebt die Rechtsprechung offensichtlich nur wenig auf persönliche Eigenschaften des Versicherungsnehmers ab. So wird im Einzelfall zwar die Eigenschaft des der deutschen Sprache nur eingeschränkt mächtigen Ausländers als wesentlich betrachtet[427]. Nicht hingegen wird dahingehend unterschieden, ob es sich bei dem Versicherungsnehmer um eine Privatperson, einen Kaufmann i. S. v. § 1 Abs. 1 bzw. §§ 2, 5 HGB oder eine sonstige Person (z. B. Freiberufler) handelt. Sofern eine Beratungspflicht angenommen wird, wird allen Gruppen ein identischer Beratungsumfang zugebilligt[428]. Dies ist

---

426 Ein solcher war in der Vergangenheit allerdings noch nicht zu verzeichnen. So verfolgt der Gesetzesentwurf der Länder Niedersachsen und Saarland mit dem Vorschlag der Einfügung eines § 48 a VVG (BR-Drucks. 517/97 v. 9.7.1997) zwar, dass der Kunde (also der Versicherungsnehmer; Anm. d. Verf.) „mit der erforderlichen Sachkenntnis, Sorgfalt und Gewissenhaftigkeit aufzuklären und zu beraten ist“ (so die Formulierung zu § 48 a Abs. 1 Ziff. 3 VVG neu [Entwurf]), allerdings soll sich diese Pflicht nur ergeben, wenn sie „vertraglich besteht“ (dies sollte wohl selbstverständlich sein; Anm. d. Verf.) oder „nach den Umständen des Einzelfalls erkennbar notwendig ist“. Der Gesetzesentwurf wiederholt so nur die bereits bestehende Gesetzeslage in der Interpretation der höchstrichterlichen Rechtsprechung und muss insoweit als redundant bezeichnet werden. Darüber hinaus sollen die genannten Verpflichtungen nur den Versicherungsvermittler treffen, nicht hingegen den Versicherer. Siehe hierzu auch später unter II. 3. 2. 1. 2. h).

427 LG Freiburg, VersR 1987, 897 = DAR 1987, 227; anders OLG Köln, VersR 1990, 1381.

428 Siehe hierzu etwa RG 19, 381 (Fuhrunternehmung); BGH, VersR 1951, 166 (Fabrikant); BGH, VersR 1975, 77 (Dachdeckerbetrieb); BGH, VersR 1981, 621 (Spanplattenfabrikant); BGH, VersR 1981, 470 (Briefmarken- und Münzkaufmann); OLG München, VersR 1986, 284 (Privater Kfz-Halter); BGH, VersR 1986, 537 (Montageunternehmen); OLG Köln, RuS 1986, 273 (Rohrreinigungsunternehmen); BGH,

im Ergebnis positiv, steht allerdings nicht im Einklang mit anderen, noch zu diskutierenden Entscheidungen zum Problemfeld der Unterversicherung, in denen etwa die Eigenschaft des Versicherungsnehmers als Kaufmann auf Seiten des Versicherers regelmäßig zu verminderten Beratungspflichten führt[429].

(3) Mitverschulden

Die Frage, ob dem Versicherungsnehmer bei unterbliebener oder fehlerhafter Beratung bzw. Aufklärung zum Deckungsumfang ein Mitverschulden zuzurechnen ist, kann als noch nicht abschließend geklärt beantwortet werden. Die Judikatur ist diesbezüglich nicht homogen. So wird teilweise ein Mitverschulden des Versicherungsnehmers angenommen[430], teilweise wird dies abgelehnt[431]. Nicht selten wird die Frage offen gelassen[432] oder nicht erörtert[433]. Die Mehrheit der Entscheidungen spricht sich damit gegen eine Anwendung des § 254 BGB aus bzw. diskutiert diese Frage nicht.

Die Urteile, die sich für die Anrechnung eines Mitverschuldens aussprechen, sehen dieses im Einzelnen darin begründet, dass sich der Versicherungsnehmer die Versicherungsbedingungen nicht hat aushändigen lassen[434], diese nicht oder nicht sorgfältig gelesen oder eingesehen hat[435] bzw. nicht von sich aus offene Fragen des Versicherungsschutzes durch Nachfragen geklärt hat[436].

Diese Argumentation ist hingegen nicht ganz einsichtig. Denn entweder besteht bei den oben im Zwischenergebnis genannten Tatbeständen eine Beratungs-

---

VersR 1987, 147 (Bekleidungsfabrikant); OLG Köln, VersR 1993, 304 (Pensionsbetreiber); OLG Köln, VersR 1993, 1385 (Privater Hausbesitzer); OLG Karlsruhe, VersR 1994, 1169 (Hotelier); OLG Hamm, VersR 1999, 75 (Sportwaren-Einzelhändler).

429 Siehe sogleich unter II. 3. 2. 1. 1. a) bb).

430 BGH, VersR 1963, 768 (hälftiges Mitverschulden); OLG Hamm, VersR 1984, 853 (ein Drittel Mitverschulden); OLG Köln, VersR 1991, 1279 (hälftiges Mitverschulden); OLG Karlsruhe, SchdPrax 1993, 187 (hälftiges Mitverschulden); OLG Hamm, VersR 1994, 718 (25 % Mitverschulden); OLG Hamm, RuS 1999, 75 (25 % Mitverschulden); OLG Hamm, NJW-RR 2001, 239 (1/3 Mitverschulden).

431 OLG Köln, VersR 1986, 273; OLG Karlsruhe, VersR 1988, 486; OLG Köln, RuS 1992, 138 u. VersR 1993, 1385.

432 So in BGH, VersR 1981, 469, und VersR 1989, 948.

433 RG, JW 1919, 381; BGH, VersR 1975, 77; BGH, VersR 1981, 621; AG Mannheim, VersR 1985, 985; BGH, VersR 1987, 147; OLG Köln, VersR 1993, 304; OLG Karlsruhe, VersR 1994, 1169; LG Saarbrücken, VersR 1995, 1179.

434 Siehe z. B. BGH, VersR 1963, 768, 770; dieser Fall dürfte aufgrund der neu eingeführten Vorschrift des § 10 a VAG in der Praxis jedoch nicht mehr vorkommen.

435 OLG Köln, VersR 1991, 1279, 1280; OLG Hamm, VersR 1994, 718, 719.

436 BGH, VersR 1963, 768, 770; OLG Hamm, VersR 1984, 853.

oder Aufklärungspflicht, oder sie besteht nicht. Wie bereits *Prölss* zutreffend bemerkt, kann es nicht angehen, dass man ein die Beratungs- oder Aufklärungspflicht begründendes Informationsbedürfnis des Versicherungsnehmers bejaht, gleichzeitig diesem jedoch anlastet, sich selbst nicht genug informiert zu haben[437]. Wenn eine Beratungs- und Aufklärungspflicht angenommen wird, muss sich diese Verpflichtung als eine unbedingte und einseitige mit dem Ziel der umfassenden, interessengerechten Risikoabsicherung darstellen. In deren Zusammenhang sollte sich die Diskussion eines Mitverschuldens eo ipso als unzulässig erweisen.

bb) Positive Vertragsverletzungen in Hinblick auf das Risiko der Unterversicherung

Nach den soeben erörterten Verletzungen von Beratungs- und Aufklärungspflichten hinsichtlich des Deckungsumfangs von Versicherungsverträgen, bei der es um eine materiell ausreichende Risikoabsicherung ging, behandeln die Fälle der Unterversicherung die Problematik einer finanziell nicht ausreichenden Risikovorsorge. Diese Kategorie berührt somit nicht die Frage, ob eine Haftung des Versicherers gegeben ist, sondern nur, in welchem Umfang der Versicherer zum Ersatz eines Schadens verpflichtet ist.

Die Unterversicherung ist gesetzlich in § 56 VVG geregelt, der in die Vorschriften der §§ 49 ff. VVG über die gesamte Schadenversicherung eingebettet ist. So kann sich eine Unterversicherung nur bei der Versicherung von Sachen bzw. Interessen ergeben, nicht hingegen bei der Haftpflichtversicherung[438]. Sie tritt dann ein, wenn die mit dem Versicherungsnehmer vereinbarte Versicherungssumme, die das Haftungslimit des Versicherers darstellt (§ 50 VVG), niedriger ist als der gemeine Wert der versicherten Sache (Versicherungswert, § 52 VVG). Ist dies der Fall, haftet der Versicherer für den Schaden nur im Verhältnis der Versicherungssumme zum Versicherungswert. Die Unterversicherung kon-

---

437 Vgl. so *Prölss* in Prölss/Martin, VVG, Vorbem. II Rdn. 15. A. A. *Römer*, Informationspflichten der Versicherer, S. 39, der die Aufklärungsverpflichtung des Versicherers und die zu erwartende Sorgfalt des Versicherungsnehmers bei der Wahrnehmung eigener Interessen als „nebeneinander auf dasselbe Ziel gerichtet" ansieht. Insofern trage auch jede Partei bei der Verfehlung des Zieles zum Schaden bei, was die Anrechnung eines Mitverschuldens des Versicherungsnehmers rechtfertige.

438 Vgl. so ausdrücklich die Motive zum VVG, S. 203; ebenso OLG Stettin, VA 1927, Nr. 1556 und RG 110, 256, 260.

kretisiert sich für den Versicherungsnehmer erst im Schadenfall[439], indem er nur einen Bruchteil seines Schadens ersetzt bekommt[440].

Neben der hier im weiteren diskutierten unbeabsichtigten Unterversicherung schließt die gesetzliche Regelung eine vom Versicherungsnehmer absichtlich herbeigeführte Unterversicherung von Sachwerten grundsätzlich nicht aus[441]. Diese Variante der Selbstversicherung ist häufig in der Seeversicherung[442] sowie der Sachversicherung in angelsächsischen Ländern zu beobachten; in Deutschland ist sie - zumindest im Privatversicherungsbereich - ungebräuchlich. Ziel der intentional herbeigeführten Unterversicherung ist die Reduzierung der Prämie durch Übernahme eines Teils der Risikos durch den Versicherungsnehmer. Im Übrigen unterscheiden sich die Rechtsfolgen bei dieser Form der Unterversicherung nicht von denen der unbeabsichtigten Unterversicherung. Da der Versicherungsnehmer sich der Unterdeckung jedoch bewusst ist, sei diese Variante nur der Vollständigkeit halber erwähnt. Folgend werden ausschließlich Fragen in Zusammenhang mit der vom Versicherungsnehmer nicht beabsichtigten Unterversicherung behandelt.

Problematisch ist hierbei, wie weit die Beratungs- und Aufklärungspflichten des Versicherers zur Vermeidung einer Unterversicherung gehen[443]. Analog den Aussagen zum Deckungsumfang des Versicherungsvertrages gilt nach Rechtsprechung und Literatur auch in Fällen der Unterversicherung, dass grundsätzlich der

---

439 Zu diesem Zeitpunkt ist es aber für die Einleitung von Gegenmaßnahmen (Anpassung bzw. Erhöhung der Versicherungssumme) zu spät. *Bruck*, Privatversicherungsrecht, S. 523, spricht daher auch von einer „latenten" Unterversicherung.

440 Die Ersatzleistung des Versicherers mindert sich nach der Formel: (Versicherungssumme x Schaden) : Versicherungswert = Entschädigung. Beispiel: Vereinbart ist für ein Gebäude eine Versicherungssumme von DM 500.000; der objektive Gebäudewert beträgt jedoch DM 800.000. Durch Brand ensteht ein Schaden von DM 250.000. Dann gilt: (500.000 x 250.000) : 800.000 = 156.250 Entschädigungsleistung. Hätte der Brand das Gebäude total vernichtet, betrüge der Entschädigungsanspruch nicht DM 500.000 (was der Versicherungssumme entspräche), sondern lediglich DM 312.500.

441 Vgl. hierzu *Bruck*, Privatversicherungsrecht, S. 524 f.; *Kollhosser* in Prölss/Martin, VVG, § 56 Rdn. 7, sowie *Römer* in Römer/Langheid, VVG, § 50 Rdn. 5 unter Hinweis auf OLG Hamm, VersR 1992, 49 = RuS 1991, 312.

442 Siehe z. B. § 8 Allg. Deutsche Seeversicherungs-Bedingungen (ADS).

443 Auch *Kollhosser* in Prölss/Martin, VVG, § 56 Rdn. 8, spricht in diesem Zusammenhang von „Beratungs- und Aufklärungspflichten" des Versicherers; ähnlich *Römer* in Römer/Langheid, VVG, § 50 Rdn. 5 f., der zunächst den allg. Begriff der „Beratungspflicht" verwendet, im weiteren dann aber auch „Hinweis- und Beratungspflichten" annimmt. Die Judikatur verwendet diesbezüglich die Begriffe Beratung/Aufklärung/Hinweis synonym; siehe etwa BGH, VersR 1989, 472; OLG Hamm, RuS 1995, 389 und OLG Koblenz, RuS 1997, 93.

Versicherungsnehmer selbst für die Feststellung und Festlegung der Versicherungssumme verantwortlich ist[444]. Diese Ansicht lässt sich u. a. mit dem - durchaus nachvollziehbaren - Argument stützen, dass regelmäßig der Versicherungsnehmer persönlich den Wert der zu versichernden Sache am besten einschätzen können wird[445]. Unbeschadet einer möglichen Hauptleistungsverpflichtung[446] wird eine aus § 242 BGB abgeleitete Nebenpflicht zu Beratung und Aufklärung nach der Judikatur dann angenommen, wenn die Ermittlung des Versicherungswertes aus rechtlichen oder tatsächlichen Gründen schwierig ist, so dass sie von einem versicherungsunkundigen Laien nicht selbstständig durchgeführt werden kann. Instruktiv beschreibt der BGH in einem Urteil aus dem Jahr 1988[447], welches sich mit der Bestimmung des „Versicherungswerts 1914“ in der Gebäudeversicherung[448] befasst, die Voraussetzungen für die Annahme einer Beratungs- und Aufklärungspflicht:

„Verwendet aber ein Versicherer Versicherungsbedingungen, nach denen die Bestimmung des richtigen Versicherungswertes, ohne dass dies offen zu Tage läge, so

---

444 Ständige Rechtsprechung; vgl. etwa OLG Köln, VersR 1979, 513; RuS 1989, 124; RuS 1995, 267; VersR 1996, 613 und 1997, 1530; OLG Hamm, RuS 1995, 389; VersR 1996, 93; OLG Koblenz, RuS 1997, 93. Auch in der Literatur wird diese Ansicht von gewichtigen Stimmen vertreten; siehe z. B. *Kollhosser* in Prölss/Martin, VVG, § 56 Rdn. 7, oder *Römer* in Römer/Langheid, VVG, § 50 Rdn. 5.

445 So argumentiert etwa OLG Köln, RuS 1995, 267: „Der Versicherungsnehmer kennt in der Regel das Versicherungsobjekt besser als der Versicherer, so daß es angemessen erscheint, ihm allein die Verantwortung dafür zu überlassen, dass der richtige Wert des zu versichernden Objekts zugrundegelegt wird und dass so Versicherungsschutz in ausreichender Höhe gewährleistet ist.“; mit ähnlicher Begründung *Kollhosser* in Prölss/Martin, VVG, § 56 Rdn. 7, und *Römer* in Römer/Langheid, VVG, § 50 Rdn. 5.

446 Eine solche wäre dann in Erwägung zu ziehen, wenn der Versicherungsnehmer ausdrücklich um eine entsprechende Beratung nachfragt.

447 BGH, Urteil v. 7.12.1988, VersR 1989, 472 = NJW-RR 1989, 410 = RuS 1989, 58.

448 Im Fall waren die SGIN 73 (Sonderbedingungen für die Gleitende Neuwertversicherung von Wohn-, Geschäfts- und landwirtschaftlichen Gebäuden) vereinbart. Nach deren § 1 soll die als Versicherungssumme des Vertrages vom Versicherungsnehmer zu bestimmende „Versicherungssumme 1914“ in Preisen des Jahres 1914 dem Neubauwert des zu versichernden Gebäudes entsprechen. Für die Festlegung der Versicherungssumme ist so stets eine Rückrechnung vom aktuellen Gebäudewert zu dessen fiktivem Wert 1914 notwendig. Hintergrund dieser auf den ersten Blick - nicht nur sprachlich - befremdlich wirkenden Bestimmung ist eine Vermeidung der im Falle von Inflation ansonsten automatisch eintretenden Unterversicherung. So bezweckt die Klausel, dass der reale Wert des Versicherungsschutzes durch Inflation oder nachträgliche überinflationäre Baupreissteigerungen nicht ausgehöhlt wird; vgl. hierzu instruktiv *Dietz*, Wohngebäudeversicherung, § 13 Rdn. 5, sowie *Kollhosser* in Prölss/Martin, VVG, S. 1106 ff.

schwierig ist, dass sie selbst ein Fachmann nur mit Mühe treffen kann, überlässt er aber diese Bestimmung des Versicherungswerts dem Versicherungsnehmer, so ergeben sich daraus gesteigerte Hinweis- und Beratungspflichten des Versichers ..." [449].

Diesen Pflichten *muss* der Versicherer gem. BGH dahingehend nachkommen, dass er in geeigneter Form sowohl auf die Schwierigkeiten der richtigen Festsetzung des Versicherungswertes wie auch auf die Gefahren einer falschen Festsetzung aufmerksam macht[450]. Die Verpflichtung gilt so audrücklich nicht nur dann, wenn z. B. der Versicherer bzw. dessen Agent erkennt, dass sich der Versicherungsnehmer in einem Irrtum befindet[451]. Im Ergebnis läuft dies bei schwierig zu beurteilenden Bewertungsfragen auf die Bejahung einer autonomen (spontanen) Beratungspflicht des Versicherers hinaus[452]. Obwohl das Urteil in einem Rechtsstreit erging, der auf der Festlegung des Gebäudewertes nach der „Versicherungssumme 1914" basierte, dürfte es zulässig sein, von einer Ausstrahlungswirkung der Entscheidung auch auf andere Versicherungszweige auszugehen, in denen eine Unterversicherung durch Fehlbestimmung des richtigen Versicherungswerts möglich erscheint[453]. So geht das OLG Hamm folgerichtig auch bei Hausratversicherungen wegen der dort bestehenden besonderen Schwierigkeiten der Bestimmung der richtigen Versicherungssumme von einer grundsätzlichen Beratungspflicht aus[454]. Darüber hinaus wird bei für den versicherungsrechtlichen Laien schwer zu durchschauenden Rechtslagen, bei denen eine Unterversicherung zu besorgen ist, eine Beratungspflicht angenommen[455].

---

449 BGH, VersR 1989, 472, 473.

450 BGH, VersR 1989, 472, 473; gleichso z. B. OLG Celle, VersR 1995, 333.

451 BGH, VersR 1989, 472, 473 (li. Sp.).

452 Der BGH spricht in dem Urteil v. 7.12.1988 (VersR 1989, 472) zwar nicht ausdrücklich von einer „spontanen" Verpflichtung, allerdings ist die Urteilsbegründung dahingehend auszulegen; vgl. in diesem Sinne auch den Hinweis der Schriftleitung zu der genannten Entscheidung in RuS 1989 S. 59 u. 126; ebenso *Armbrüster*, Zur Verantwortung für die Festlegung des bedarfsgerechten Versicherungswertes in der Gebäudeversicherung, VersR 1997, 931, 936; *Kieninger*, Informations-, Aufklärungs- und Beratungspflichten beim Abschluss von Versicherungsverträgen, VersR 1998, 5, 9; ferner etwa OLG Köln, RuS 1995, 267, 268. In der Begründung falsch daher OLG Köln, RuS 1989, 125.

453 Siehe auch den Hinweis in RuS 1989, 59.

454 OLG Hamm, RuS 1995, 389. Der in der Entscheidung zum Ausdruck kommende Grundsatz zur Beratungspflicht über das Risiko der Unterversicherung in der Hausratversicherung wird von *Römer* in Römer/Langheid, VVG, § 50 Rdn. 6, jedoch als zu weitgehend abgelehnt; zustimmend hingegen *Kollhosser* in Prölss/Martin, VVG, § 56 Rd. 9.

455 OLG Köln, VersR 1994, 342.

(1) Zwischenergebnis

Zusammenfassend nimmt die Rechtsprechung Beratungs- und Aufklärungspflichten des Versicherers zur Vermeidung einer *Unterversicherung* dann an, wenn

- der Versicherungsnehmer um Beratung bittet.[456]
- sich der Versicherungswert nach den Versicherungsbedingungen nur schwer ermitteln lässt.
- eine für den versicherungsrechtlichen Laien nur schwer durchschaubare Rechtslage vorliegt.

Damit kann festgestellt werden, dass auch im Problemkreis der Unterversicherung für den Versicherer generell keine autonomen bzw. spontanen Beratungs- und Aufklärungspflichten gegeben sind. Diese Aussage gilt sowohl für den Vertragsschluss wie auch für die Laufzeit des Versicherungsvertrages[457]. Ausnahmen hiervon beschränken sich auf die zuvor dargestellten Konstellationen.

(2) Besondere persönliche Eigenschaften des Versicherungsnehmers

Bei der Beurteilung, ob die Bewertung und Feststellung des korrekten Versicherungswertes im Sinne der höchstrichterlichen Rechtsprechung „schwierig" ist, wird als besonderes persönliches Merkmal des Versicherungsnehmers häufig dessen Kaufmannseigenschaft bzw. ein Handeln in der beruflichen Sphäre herangezogen[458]. Eine Auswertung der Judikatur macht deutlich, dass an Kaufleute offensichtlich höhere Anforderungen bezüglich der selbstständigen Berechnung des Versicherungswertes gestellt werden; auf Seiten des Versicherers bewirkt dies analog eine Verminderung der Beratungspflichten im Einzelfall[459]. Grundsätzli-

---

456 Siehe hierzu auch OLG Köln, VersR 1979, 513, 514.

457 So ausdrücklich LG Düsseldorf, RuS 1993, 311. Anders wäre die Sachlage z. B. dann, wenn der Versicherungsnehmer während der Laufzeit des Vertrages aus Anlass eines Schadenereignisses um eine Überprüfung der Versicherungssumme bittet; vgl. LG Köln, ZfS 1993, 170 = RuS 1993, 229.

458 OLG Hamm, VersR 1984, 880 (Kaufmann); OLG Hamm, VersR 1989, 93 (Fabrikant); OLG Köln, RuS 1997, 30 (Vermieter gewerblicher Immobilien); OLG Koblenz, RuS 1997, 93 (Handwerksmeister); OLG Düsseldorf, VersR 1998, 845 (Marketingdirektor).

459 So geht das OLG Hamm, VersR 1984, 880, davon aus, dass ein Kaufmann für die Wertermittlung von Betriebseinrichtung und Warenvorräten die „notwendige Fachkunde" haben müsse. Ähnlich dasselbe Gericht in VersR 1996, 93; dort wurde bei einem Fabrikanten bezüglich der Festlegung des Wertes von Material und Vorräten für eine Feuer-/Feuer-Betriebsunterbrechungsversicherung von einem „fachkundi-

che Zustimmung zu dieser Praxis äußert *Engler*[460], der die Intensität der Beratung zur Vermeidung einer Unterversicherung nicht allein an der Schwierigkeit der Materie messen, sondern hier auch auf die Person des Versicherungsnehmers und dessen Sachkenntnis abstellen möchte. In seiner Begründung weist *Engler* unter Anführung von § 24 AGBG (a. F.) und § 8 AbzG (letztgenannte Norm ist in § 1 Abs. 1 VerbrKrG aufgegangen) darauf hin, dass im kaufmännischen Verkehr generell an Schutzvorschriften niedrigere Maßstäbe angelegt werden als im übrigen Rechtsverkehr. Dem kann im Grunde nicht widersprochen werden[461]. M. E. sind jedoch zwei Einschränkungen zu machen:

Die Kaufmannseigenschaft muss zumindest im Privatbereich des Versicherungsnehmers enden. Dies stellt auch nach der Änderung des AGB-Gesetzes § 24 S. 1 AGBG i. V. m. § 14 Abs. 1 BGB deutlich heraus[462]. Dessen Heranziehung als Hilfsargument sollte in dem hier behandelten Zusammenhang durchaus zulässig erscheinen. Danach gilt die Beschränkung des persönlichen Anwendungsbereichs des AGBG nur insoweit, als ein Unternehmer ein Rechtsgeschäft in Ausübung seiner gewerblichen oder selbstständigen beruflichen Tätigkeit abschließt. Ist das Geschäft des Kaufmanns bzw. Unternehmers rein privater Natur, gilt das AGB-Gesetz indessen uneingeschränkt[463]. Entsprechend dürfte es also nicht sein, dass an einen privaten Versicherungsnehmer höhere Anforderungen bei der Beurteilung seines persönlichen Versicherungsbedarfs gestellt werden, nur weil dieser in seiner beruflichen Sphäre als Unternehmer i. S. v. § 14 Abs. 1 BGB einzuordnen ist. Bedenklich erscheint daher das Urteil des OLG Düsseldorf vom 17.12.1996[464]. Im Fall wurde aus dem beruflichen Status des Versicherungsneh-

---

gen" Versicherungsnehmer ausgegangen. Die Kaufmannseigenschaft n i c h t negativ dem Versicherungsnehmer anrechnend hingegen OLG Koblenz, RuS 1997, 93.

460 *Engler*, VersR 1993, 1226 f., in Anm. zu OLG Oldenburg, Urteil v. 19.8.1992, VersR, ebenda.

461 Siehe u. a. *Horn* in Wolf/Horn/Lindacher, AGB-Gesetz, § 24 Rdn. 4 ff.; *Brandner* in Ulmer/Brandner/Hensen, AGB-Gesetz, § 24 Rdn. 14 ff.

462 Durch Gesetz vom 27.6.2000, BGBl I S. 897, wurde der Begriff des Unternehmers in § 14 Abs. 1 BGB festgeschrieben und § 24 AGBG inhaltlich entsprechend angepasst. Die Neufassung der letztgenannten Norm soll hingegen keine sachlich-materielle Änderung derselben bewirken; vgl. hierzu im einzelnen etwa Palandt-*Heinrichs*, § 24 AGBG, Rdn. 1.

463 Siehe zur Differenzierung von privatem und geschäftlichem Bereich auch *Horn* (a. a. O., Fn. 461), § 24 Rdn. 7; *Brandner* (a. a. O., Fn. 467), § 24 Rdn. 13 u. 15, und *F. Graf von Westphalen*, Vertragsrecht und AGB-Klauselwerke, § 24 Rdz. 9.

464 OLG Düsseldorf, VersR 1998, 845: Eine positive Vertragsverletzung anlässlich der Anhebung der Versicherungssumme einer Hausratversicherung, bei der nicht auf die Risiken einer eigenen Wertermittlung hingewiesen wurde, sah das Gericht nicht als gegeben an. Begründet wurde dies u. a. damit, dass von dem beruflich als „Marketingmanager" tätigen Versicherungsnehmer „einiges an geistigen und geschäftlichen

mers geschlossen, dass dieser auch in Belangen des privaten Versicherungsbedarfs entsprechend bewandert sein müsse. Diese Ableitung ist jedoch wenig haltbar. Die meisten Berufe weisen keinerlei Affinität zur Versicherungsbranche auf. Daneben stellt die Absicherung des privaten Lebensbereiches durchaus andere Anforderungen als die des betrieblichen Risikos. Beide Materien sind nicht miteinander verknüpft, wie die Vielfalt der Bedingungswerke und Klauseln deutlich belegen.

Daneben ist zu bedenken, dass ein Unternehmer in Ausübung einer nicht versicherungsspezifischen Tätigkeit zwar gelegentlich mit Versicherungsfragen konfrontiert sein wird. Dennoch kann grundsätzlich wohl nicht nicht davon ausgegangen werden, dass dieser deswegen speziell auf dem Gebiet des Versicherungsrechts über gesteigerte Erfahrungen verfügt. In Literatur und Rechtsprechung ist für den Anwendungsbereich des AGB-Gesetzes unbestritten, dass auch Kaufleute und Gewerbetreibende eine Schutzbedürftigkeit z. B. wegen wirtschaftlicher Unerfahrenheit in Anspruch nehmen können[465]. Nicht zuletzt findet dieser Gedanke im Gesetz darin seinen Ausdruck, dass das Prinzip der AGB-Inhaltskontrolle nach § 9 sowie die §§ 3 und 5 AGBG im Rahmen des kaufmännischen Verkehrs durchaus Geltung beanspruchen[466]. Eine persönliche Schutzbedürftigkeit lässt sich wegen mangelnder Differenzierungsmöglichkeiten spezifischer Gruppen freilich nur schwer definieren[467]. So erscheint es zur Vermeidung von Unterversicherungstatbeständen im unternehmerischen Bereich angezeigt, bei dem Beratungsbedürfnis des Versicherungsnehmers auf dessen individuelles Schutzbedürfnis, die Komplexität der Vertragsbestimmungen sowie das Maß an versicherungsspezifischer Geschäftserfahrung abzustellen[468]. Die Anwendung dieser Kriterien dürfte in der absolut überwiegenden Zahl der Fälle sicherlich nicht zu einer Privilegierung des Versicherers hinsichtlich seiner Beratungspflichten führen[469].

Fähigkeiten" hätte erwartet werden dürfen. Verbraucherfreundlicher urteilte das bereits zitierte OLG Hamm (siehe oben Fn. 454), welches gerade bei der genannten Sparte von einer „grundsätzlichen Beratungspflicht" über die Möglichkeiten der Vermeidung einer Unterversicherung spricht.

465 So bereits BGHZ 51, 55, 60 (Kleingewerbetreibender/Gastwirt); siehe auch *Lindacher* bzw. *Horn* (a. a. O., Fn. 461), § 3 Rdn. 85 bzw. § 24 Rdn. 5.

466 Vgl. auch *Brandner* (a. a. O., Fn. 461), § 24 Rdn. 2.

467 Ebenso *Horn* (a. a. O., Fn. 461), § 24 Rdn. 4.

468 So *Brandner* (a. a. O., Fn. 461), § 24 Rdn. 7, in Hinblick auf die persönliche Schutzbedürftigkeit von Kaufleuten; die Argumentation sollte sich auf den hier diskutierten Tatbestand übertragen lassen.

469 In diesem Sinne positiv zu bewerten das Urteil des OLG Celle, VersR 1952, 401, welches auch den Vollkaufmann der Kategorie des „versicherungrechtlichen Laien" zuordnet.

(3) Mitverschulden

Soweit auf besondere persönliche Eigenschaften des Versicherungsnehmers abgestellt wird, sind diese stets mit der Frage eines eventuellen Mitverschuldens verknüpft. Unzweifelhaft kann ein Mitverschulden aber auch ohne das Vorliegen besonderer persönlicher Eigenschaften gegeben sein, so etwa bei Privatpersonen. Ein Mitverschulden des Versicherungsnehmers an einer von diesem nicht beabsichtigt eingetretenen Unterversicherung wurde von der Rechtsprechung z. B. bei einem Kaufmann angenommen, der für die Berechnung von Wertansätzen der versicherten Positionen (Betriebseinrichtung und Vorräte) seines Gewerbebetriebes - nach Ansicht des Gerichts - die notwendige Fachkunde hätte haben müssen. Das OLG Hamm[470] sah im genannten Fall ein überwiegendes Verschulden des Versicherungsnehmers als gegeben an und lehnte eine Haftung des Versicherers (aus culpa in contrahendo) für den Teil der Unterversicherung gänzlich ab. Bei Vorliegen einer für den „versicherungsrechtlichen Laien nur sehr schwer zu durchschauenden Rechtslage" ging das OLG Köln von einem Mitverschuldensgrad des als Gastwirt tätigen Versicherungsnehmers von immerhin 1/3 aus[471]. Ein Schadensersatzansprüche ausschließendes überwiegendes Verschulden des Versicherungsnehmers sah das OLG Hamm bei einem Maschinenbauunternehmer. Dieser sei, so das Gericht, zu einer sachgerechten Festlegung des im Fall strittigen Werts von Arbeitsmaterialien und Vorräten eher in der Lage als der Versicherer[472]. Im Fall der Unterversicherung des Hausrats einer privaten Versicherungsnehmerin (Zahnärztin) fixierte wiederum das OLG Hamm einen Mitverschuldengrad von einem Drittel[473]. Höher, nämlich mit 50 %, bewertete das OLG Köln[474] das Mitverschulden anlässlich einer Unterversicherung des Feuerrisikos für ein Wohn-, Geschäfts- und Betriebsgebäude. Zwar sah man die Versicherungsnehmerin als offensichtlich in versicherungstechnischen Fragen „nicht bewandert" an, beurteilte sie gleichzeitig jedoch als „in geschäftlichen Dingen nicht unerfahren". Die Begründung des OLG Köln ist insoweit interessant, als sie - sehr trefflich - konzediert, dass auch ein geschäftlich verständiger Mensch sich nicht unbedingt in Detailfragen des Versicherungsrechts auskennen muss[475]. In-

---

470 OLG Hamm, VersR 1984, 880.

471 OLG Köln, VersR 1994, 342.

472 OLG Hamm, VersR 1996, 93. Der Versicherungsnehmer bekam nur 2/3 des Schadens ersetzt.

473 OLG Hamm, RuS 1995, 389.

474 OLG Köln, VersR 1997, 1530 = RuS 1997, 30.

475 Wörtlich führt das OLG Köln (a. a. O., Fn. 474) aus: „Ein in versicherungstechnischen Fragen nicht bewanderter Versicherungsnehmer, der sich mit den Grundbegriffen der Versicherungsform, des Versicherungswertes und der Versicherungssum-

sofern ist nicht nur die Höhe des angenommenen Mitverschuldensgrades, sondern dessen Tatsache an sich überraschend.

Nur in wenigen Fällen haben Gerichte ein Mitverschulden des Versicherungsnehmers an einer unbeabsichtigten Unterversicherung verneint. So z. B. bei einem privaten Versicherungsnehmer unter der Voraussetzung, dass er dem Versicherer alle eigenen Erkenntnisse über den Wert des Gebäudes zutreffend mitteilt[476]. Ohne weitere Bedingung lehnte das OLG Köln in einem vergleichbar gelagerten Fall ein Mitverschulden ab[477]. Als Ausnahme muss ein Urteil des OLG Koblenz[478] aus dem Jahr 1996 angesehen werden, welches bei einem Kaufmann eine Mitschuld für die Unterversicherung seines Geschäftsbetriebes als nicht gegeben erachtete. Korrekt weist das OLG in seiner Begründung darauf hin, dass § 254 BGB nur angewandt werden könne, wenn der Versicherungsnehmer den für die Versicherungssumme maßgeblichen Neuwert der Sache gekannt oder von diesem fahrlässig nicht gewusst habe. Entsprechend verweigerte es dem Versicherer die Berufung auf die Unterversicherung.

Die ausgewertete Judikatur zeigt recht deutlich, dass in Fällen nicht intendierter Unterversicherung eine Tendenz besteht, dem Versicherungsnehmer ein Mitverschulden hieran anzulasten. Diese Tendenz verdichtet sich zur Regelanwendung, wenn der Versicherungsschutz der Absicherung von Risiken im kaufmännischen, gewerblichen oder beruflichen Bereich dient.

(4) Imparitäten im Vergleich von Unter- und Überversicherung

Im Rahmen der Erörterung der Unterversicherung erscheinen abschließend noch einige generelle Anmerkungen zur Behandlung dieser Thematik durch das VVG angebracht. Ein Vergleich der Gesetzeslage bzw. der Rechtsfolgen bei Unter- und Überversicherung verdeutlicht einmal mehr, dass der Versicherer stets im Vorteil ist.

Bei der Überversicherung hat der Versicherungsnehmer über § 51 Abs. 1 VVG lediglich die Möglichkeit, eine Anpassung der Versicherungssumme unter

---

me nicht auskennt, ist insoweit darauf angewiesen, ... in diesen ... besonders bedeutsamen Grundfragen nicht im Unklaren gelassen zu werden“. Die Begründung erinnert an die Entscheidung BGH, VersR 1981, 621 (Berliner Kunststoffbeschichtungsfabrik); zum Sachverhalt vgl. oben S. 107. Erwähnenswert ist, dass in diesem, den Deckungsumfang bzw. die Prämienhöhe betreffenden Fall die Frage des Mitverschuldens des Versicherungsnehmers, der Unternehmer war, nicht erörtert wurde.

476 OLG Celle, VersR 1995, 333.

477 LG Köln, ZfS 1993, 170 = RuS 1993, 229.

478 OLG Koblenz, RuS 1997, 93; der Versicherungsnehmer betrieb ein Lebensmittelgeschäft und einen Gasthof. Dessen ungeachtet wurde er von dem erkennenden Gericht als „versicherungsrechtlicher Laie“ eingestuft.

verhältnismäßiger Minderung der Prämie zu verlangen, sofern die ursprünglich vereinbarte Versicherungssumme den tatsächlichen Wert des versicherten Interesses (z. B. den realen Sachwert) wesentlich übersteigt. Damit der Versicherungsnehmer diese gesetzlich vorgesehene Vergünstigung bekommt, sind jedoch zwei Schritte notwendig. Zum einen die Feststellung einer erheblichen Wertdifferenz[479], zum anderen ein entsprechendes Herantreten an den Versicherer. Zwar wird im gewerblichen und industriellen Bereich häufig mit Stichtagsmeldungen, jährlichen Wertverzeichnissen und ähnlichen Instrumenten gearbeitet, um Fälle der Überversicherung zu vermeiden, allerdings verschließt sich dieser Automatismus dem privaten Versicherungsnehmer. Dass Versicherer nicht gerne bereit sind, eine Prämie auf Verlangen und darüber hinaus adäquat zu reduzieren, zeigt der bereits zuvor beschriebene, dem Urteil des BGH vom 5.2.1981 zu Grunde liegende Fall recht deutlich[480].

Die für den Versicherer günstigen Folgen der Unterversicherung ergeben sich hingegen automatisch und ohne jegliches Zutun. Da mit Ausnahme der wenigen Fälle, bei denen dem Versicherer eine Beratungspflicht zukommt, der Versicherungsnehmer selbst für die Festlegung des Versicherungswertes und der Versicherungssumme zuständig ist, wird der Versicherer auch hier durch das Gesetz nicht dazu angehalten, den Versicherungsnehmer entsprechend individuell und risikobezogen zu beraten. Ja, eine Beratung wäre sogar hinderlich[481], da dann das Risiko der Fehlberechnung des wahren Versicherungswertes stets den Versicherer treffen würde, so dass er seine Schadenbelastung im Einzelfall nicht mehr über die Anwendung des § 51 Abs. 1 VVG reduzieren könnte.

Zum Interessenausgleich könnte daher daran gedacht werden, bei einer im Schadenfall festgestellten und nachweislich nicht beabsichtigten Unterversicherung die volle Ersatzleistung unter gleichzeitiger Nachzahlung der Prämiendifferenz anzuordnen. Dieses Procedere würde den Versicherer auch von vornherein dazu animieren, verstärkte Bemühungen bei der Ermittlung der korrekten Versicherungssumme zu entwickeln.

479 Nach dem Schrifttum ist eine Wertdifferenz als erheblich anzusehen, wenn die Ermäßigung der Prämie „spürbar" ist (so *Kollhosser* in Prölss/Martin, VVG, § 51 Rdn. 2) bzw. „ins Gewicht fällt" (so *Römer* in Römer/Langheid, VVG, § 51 Rdn. 2). *Hofmann*, Privatversicherungsrecht, § 15 Rdn. 5, verwendet als Anhaltspunkt eine Abweichung von 10 %.

480 BGH, VersR 1981, 621; siehe oben S. 107.

481 Wenn der Versicherer unabhängig vom Bestehen einer Beratungspflicht berät, schuldet er in jedem Fall eine sorgfältige Beratung; vgl. *Kollhosser* in Prölss/Martin, VVG, § 56 Rdn. 9 (lit. e).

cc) *Nichtanbieten von Bedingungsverbesserungen bei Verhandlungen mit dem Versicherungsnehmer*

Nach der Darstellung möglicher positiver Forderungsverletzungen betreffend Deckungsumfang und Unterversicherung soll folgend die Frage erörtert werden, ob das Nichtanbieten von Bedingungsverbesserungen durch den Versicherer ebenso eine Verletzung von Beratungspflichten darstellt[482]. Die Problematik resultiert aus der Tatsache, dass Bedingungsverbesserungen - also durch Änderungen der Allgemeinen Versicherungsbedingungen bewirkte Besserstellungen des Versicherungsnehmers - generell nicht für bereits bestehende Verträge (sog. Bestandspolicen) gelten. Zwar betreffen Bedingungsverbesserungen im Grunde auch den bereits oben behandelten Deckungsumfang eines Vertrages, jedoch ist wegen der Komplexität der Materie eine gesonderte Darstellung angebracht.

Es sind zwei Grundkonstellationen strikt voneinander zu unterscheiden. Dies ist zum einen der Fall des Nichtanbietens von Bedingungsverbesserungen bei Verhandlungen des Versicherers mit dem Versicherungsnehmer anlässlich einer Vertragsverlängerung oder -änderung und zum anderen der Fall des Nichtanbietens von Bedingungsverbesserungen, ohne dass es zu solchen Verhandlungen gekommen ist. Während sich bei der ersten Alternative eine Verpflichtung aus dem Führen von Verhandlungen - also einem konkreten Anlass - ableiten könnte, müsste die Verpflichtung bei der zweiten Alternative autonom dem Versicherungsverhältnis entspringen. Diese Differenzierung mag zunächst befremdlich erscheinen, da beide Sachverhalte unzweifelhaft einen vertragsrechtlichen Hintergrund aufweisen. Eine getrennte Betrachtung ist hingegen indiziert, denn die genannten Konstellationen werden von der Rechtsprechung offensichtlich unterschiedlich behandelt[483]. Im Weiteren wird so die eingangs vorgenommene Unterscheidung zwischen Beratung und Informationserteilung durch den Versicherer konsequent fortgeführt. Zunächst also zur Frage, inwieweit dem Versicherer anlässlich von Verhandlungen mit dem Versicherungsnehmer eine Beratungspflicht obliegt, diesen auf für ihn mögliche positive Änderungen des Versicherungsschutzes hinzuweisen.

---

482 Siehe hierzu auch *Klimke*, Die Hinweispflicht des Versicherers bei Einführung neuer AVB, NVersZ 1999, 449 ff.

483 Vgl. nur BGH, VersR 1982, 37 (Verhandlungen des Versicherers mit dem Versicherungsnehmer über die Vertragsfortführung), und LG Saarbrücken, VersR 1989, 245 (keine Verhandlungen zwischen den Parteien). Auch *Martin*, Sachversicherungsrecht, K I Rdn. 10 f., unterscheidet die aufgezeigten Sachverhaltsalternativen. Auf das Nichtanbieten von Bedingungsverbesserungen, ohne dass es zu Verhandlungen mit dem Versicherer gekommen wäre, wird unter II. 3. 2. 1. 1. c) cc) (Informationspflichten des Versicherers) ausführlich eingegangen.

Der BGH[484] entschied im Grundsatz hierzu einen Fall aus dem Bereich der Maschinen-Betriebsunterbrechungsversicherung, auf den die spätere Judikatur[485] aufbaut. Der Sachverhalt gestaltete sich wie folgt: Die Klägerin war Kraftwerksbetreiberin und unterhielt seit 1962 u. a. eine 150 MW-Turbine, für die bei einem Versichererkonsortium eine Maschinen-Betriebsunterbrechungsversicherung auf Grundlage der MBUB 1959[486] bestand. Im Juni 1971 wurden anlässlich einer Revision der Turbine größere Schäden festgestellt, die sachverständigerseits unstreitig auf ein im Januar 1969 erfolgtes Eindringen von Hydrauliköl in Teile der Turbine zurückgeführt wurden. Aufgrund dieser - zunächst nicht erkennbaren - Schäden konnte die Turbine von Juni 1971 bis Juni 1973 teilweise überhaupt nicht, teilweise nur gedrosselt betrieben werden. Der zwischen den Parteien bestehende Versicherungsvertrag stammte aus dem Jahr 1964 und enthielt die Klausel (§ 3 Abs. 3 MBUB 1959):

„Der Versicher haftet unter Zugrundelegung der Jahressummen für den Unterbrechungsschaden, der innerhalb der vereinbarten Zeit seit Eintritt des Sachschadens entsteht (Haftzeit)."

Als Haftzeit, also den Zeitraum, für den im Falle des Ausfalls der Turbine Leistungen zur Verfügung gestellt werden sollten, wurden neun Monate festgelegt. Die Klägerin machte entsprechende Leistungen aus dem Versicherungsvertrag ab Juni 1971 geltend. Diese wurden mit der Begründung zurückgewiesen, dass die Haftzeit mit dem Eintritt des Sachschadens - im Fall also im Januar 1969 - beginne, dies unabhängig von einer Kenntnis oder Erkennbarkeit des Schadens für die Versicherungsnehmerin. Die Haftzeit sei so bereits vor der eigentlichen Betriebsunterbrechung verstrichen. Die Versicherungsnehmerin berief sich hingegen darauf, dass sie in Verhandlungen über eine Änderung und Verlängerung des Vertrages im Dezember 1969 nicht darüber aufgeklärt wurde, dass bereits im Jahr 1966, mithin rund zwei Jahre nach Abschluss des originären Vertrages, eine neue und vom BAV genehmigte Ergänzungsklausel zu § 3 MBUB 1959 erschienen war. Diese bestimmte:

---

484 BGH v. 23.9.1983, BGHZ 81, 345 = VersR 1982, 37 = NJW 1982, 926.

485 Vgl. AG Frankfurt, RuS 1985, 225; OLG Hamburg, VersR 1988, 620; OLG Saarbrücken, VersR 1989, 245; LG Darmstadt, RuS 1990, 299; LG Bad Kreuznach, ZfS 1991, 207; OLG Saarbrücken, VersR 1993, 1386; OLG Hamm, VersR 1994, 37; OLG Düsseldorf, RuS 1997, 523; OLG Bamberg, VersR 1998, 833; OLG Hamm, NVersZ 2000, 349 = VersR 2000, 1231. Die genannten Fälle sind jedoch - mit Ausnahme von OLG Hamm, NVersZ 2000, 349 = VersR 2000, 1231 - allesamt solche, in denen es *nicht* zu Verhandlungen mit dem Versicherer bzw. dessen Agenten gekommen ist.

486 Zum Bedingungswerk der MBUB 1959 siehe VerBAV 59, 165 ff.

„Kann der Zeitpunkt, in dem der Sachschaden eingetreten ist, nicht festgestellt werden, so beginnt die Haftzeit mit der Entdeckung des Sachschadens, spätestens jedoch mit der Unterbrechung des Betriebs."

Mangels entsprechender Beratung und Einschluss in den Vertrag wurde die Klausel hingegen nicht Vertragsgegenstand. Hierzu führte der BGH aus, dass der Versicherer aus dem Gesichtspunkt der positiven Vertragsverletzung verpflichtet sei, die Versicherungsnehmerin so zu stellen, als sei die Ergänzungsklausel anlässlich der Verhandlungen der Parteien über die Fortführung des Versicherungsverhältnisses Ende 1969 Vertragsinhalt geworden. Nach § 242 BGB hätte darauf hingewirkt werden müssen, dass „die Neufassung des § 3 MBUB künftig dem Vertrag in gleicher Weise wie bei einem neu abzuschließenden Vertrag zugrunde gelegt" werde[487]. Weiter begründet der BGH seine Entscheidung damit, dass die Versicherer die ergänzende Klausel kannten und diese nach den Erläuterungen[488] dazu dienen sollte, Schwierigkeiten bei der Abwicklung von Schäden zu vermeiden, in denen (wie im Fall; Anm. d. Verf.) der Eintritt des Sachschadens zunächst unentdeckt geblieben war. So folgerte der BGH schließlich: „Die Neufassung diente der genaueren Bestimmung des Haftzeitraums und damit den begründeten Interessen der Versicherungsnehmerin, ohne dass damit eine Erhöhung des Risikos der Versicherer herbeigeführt werden sollte"[489]. In der Tat ist der fraglichen Klausel lediglich eine definitorische Bedeutung i. S. v. § 157 BGB zuzumessen. Sie konkretisiert eine Formulierung und stellt somit keine unbedingte Erhöhung des Risikos des Versicherers dar. Dies jedenfalls nicht bei neu mit dieser Klausel abgeschlossenen Verträgen. Hingegen erhöhte aus Sicht der Versicherer die Klausel in der Auslegung des BGH ex post doch das Risiko des konkreten Vertrages, denn nach deren Interpretation hätte man den Schaden ja nicht als entschädigungspflichtig anerkannt.

Leider lässt das Urteil eine Frage unbeantwortet. Aus dem zuvor zitierten Halbsatz „ ... ohne dass damit eine Erhöhung des Risikos des Versicherers herbeigeführt werden sollte"[490] könnte man ableiten, dass eine Beratungsverpflichtung nur dann gegeben ist, wenn sich durch die geänderten Bedingungen das Ri-

---

487 BGH, VersR 1982, 37, 38.

488 So niedergelegt in der Präambel der Bekanntmachung der Klausel in VerBAV 66, 250.

489 BGH, Vers 1982, 37, 38; dieser Satz wird sich für die späteren Betrachtungen als von eminenter Wichtigkeit erweisen.

490 Der amtl. Leitsatz zum Urteil formuliert wie folgt: „Zur Frage, ob der Versicherer verpflichtet ist, bei Verhandlungen über eine Vertragsverlängerung darauf hinzuwirken, dass die Neufassung einer Bestimmung der AVB, die - ohne Erhöhung des Risikos - den Interessen der Versicherungsnehmerin dient, künftig dem Vertrag zugrunde gelegt wird"; vgl. BGHZ 81, 345.

siko des Versicherers nicht erhöht[491]. Diese Ableitung wäre zwar eher sachfremd, denn mit jeder Bedingungsverbesserung für den Versicherungsnehmer muss zwangsläufig auch eine Erhöhung des Risikos des Versicheres verbunden sein, ist aber nicht auszuschließen. So folgert denn aus dem zuvor zitierten Nebensatz des BGH die Überzahl der Gerichte, dass eine Aufklärungspflicht des Versicherers hinsichtlich für den Versicherungsnehmer günstigerer Versicherungsbedingungen bei Vertragsumgestaltungen aus dem Gesichtpunkt von Treu und Glauben nur dann bestehe, wenn diese neuen, günstigeren Bedingungen „keine Erhöhung des Risikos des Versicherers bewirken"[492]. Diese Entscheidungen betreffen zwar mit Ausnahme von OLG Hamm, NVersZ 2000, 349, allesamt Fälle, in denen es *nicht* zu Verhandlungen mit dem Versicherungsnehmer gekommen ist, sie werden daher später noch gesondert diskutiert, zeigen aber augenfällig, dass der zitierte Nebensatz des BGH in seinem Urteil vom 23.9.1981 der Interpretation offen steht.

Die Schlussfolgerung, dass eine Hinweispflicht lediglich dann besteht, wenn damit keine Erhöhung des Risikos für den Versicherer verbunden ist, geht jedoch m. E. aus dem bereits zuvor angerissenen Gedanken in die falsche Richtung. Es ist nicht einzusehen, warum einen Versicherer nur dann eine Beratungspflicht treffen soll, wenn sich Verbesserungen in den Allgemeinen Versicherungsbedingungen ohne gleichzeitig damit verbundene Risiko- und/oder Prämienerhöhungen abspielen. Bei näherer Überlegung ist diese Interpretation genauso verbraucherfeindlich wie versicherungstheoretisch unsinnig. Die Gefahrtragung des Versicherers bezieht sich stets auf ein bestimmtes versichertes Risiko. Hierfür erhält er eine ihm adäquat erscheinende Prämie. Erhöht er das Risiko, muss zwangsläufig auch die Prämie erhöht werden, da sich ansonsten - zumindest langfristig - die Gefahrtragung versicherungsmathematisch nicht mehr darstellen lässt. Risikoerhöhungen ohne gleichzeitige Prämienerhöhung werden daher nur selten zu beobachten sein[493]. Zuzustimmen ist daher *Martin*, wenn dieser ausführt, dass die Verpflichtung zur Beratung über Bedingungsverbesserungen ohne Rücksicht darauf gelten müsse, ob eine der Parteien die Vertragsgespräche veranlasst hat und

491 Kritik an der diesbezüglichen Unklarheit von BGH, VersR 1982, 37, üben insb. *Küpper*, VP 1983, 43, und *Voit*, VersR 1989, 834, 835 (Letzterer in Anm. zu OLG Saarbrücken, VersR 1989, 245). Eher unkritisch hingegen *Prölss* in Prölss/Martin, VVG, Vorbem. I Rdn. 36, und *Langheid* in Römer/Langheid, VVG, § 43 Rdn. 22.

492 So OLG Saarbrücken, VersR 1989, 245, 246 und VersR 1993, 1386; LG Coburg, VersR 1998, 1102; OLG Bamberg, VersR 1998, 833 (Rechtszug zu zuvor genannter Entscheidung); mit ähnlicher Begründung LG Darmstadt, RuS 1990, 299 und jüngst OLG Hamm, NVersZ 2000, 349 = VersR 2000, 1231. A. A. lediglich LG Bad Kreuznach, ZfS 1991, 208.

493 In der Vergangenheit sind solche Usancen allerdings aus Marketinggesichtspunkten im allgemeinen Verdrängungswettbewerb vermehrt zu beobachten gewesen.

ob die günstigere Regelung in neuen Verträgen prämienfrei oder nur gegen höhere Prämie zugestanden wird[494].

Ferner ist zu bedenken, dass Neuerungen bei Versicherungsprodukten zumeist mit Verbesserungen der Position des Versicherungsnehmers verbunden sind. Dies ist regelmäßig auf die Wettbewerbssituaton zurückzuführen. Von solchen Verbesserungen, die - wie dargetan - Risikoerhöhungen für den Versicherer darstellen, würde der Versicherungsnehmer bei restriktiver Auslegung von BGH, VersR 1982, 37 automatisch hingegen nichts erfahren, da der Versicherer bei Verhandlungen ja nicht zu einer Aufklärung verpflichtet wäre[495]. Noch deutlicher ausgedrückt: Den Versicherer trifft in der Regel bei direkten Verhandlungen mit dem Versicherungsnehmer so nie[496] eine Beratungspflicht[497].

Auch ein Vergleich mit der Rechtsprechung des BGH im Kontext *vor*vertraglicher Beratungspflichten spricht gegen eine restriktive Interpretation des behandelten Urteils. Bei für bestimmte Verbrauchergruppen typischen Deckungsschutzbedürfnissen geht der BGH von einer autonomen (spontanen) Beratungsverpflichtung aus; vgl. etwa BGH, VersR 1975, 77 (Dachdeckerfall)[498]. Die im zitierten Fall vorgenommene Erweiterung der Deckung auf das Verleihrisiko stellt für den Versicherer völlig unzweifelhaft eine Risikoerhöhung dar. Eine Beratungspflicht wird in jener Konstellation also unabhängig von einer damit einhergehenden Erhöhung des Risikos für den Versicherer angenommen. Dann aber ist nicht einzusehen, warum im Rahmen von Verhandlungen mit dem Versicherungsnehmer eine Pflicht zum Hinweis auf zwischenzeitlich eingeführte verbesserte Klauseln nur dann existieren soll, wenn damit keine Risikoerhöhung ver-

---

494 *Martin*, Sachversicherungsrecht, K I Rdn. 10.

495 Eine Beratungs- bzw. Aufklärungspflicht würde sich ja nur dann ergeben, wenn mit der Änderung der Versicherungsbedingungen für den Versicherer eben keine Risikoerhöhung einherginge.

496 Als Ausnahme hiervon wären allenfalls solche Deckungserweiterungen in Betracht zu ziehen, die ihrerseits im Sinne der unter II. 3. 2. 1. 1. a) aa) aufgestellten Grundsätze eine selbstständige Beratungspflicht auslösen könnten. Zu denken wäre etwa an eine für eine spezielle Gruppe neu eingeführte Erweiterung des Versicherungsschutzes in Bezug auf berufsspezifische Risiken.

497 Eine Beratungsverpflichtung wäre nur bei risikoneutralen Änderungen gegeben. Solche Änderungen können sich jedoch logischerweise nur auf den Bedingungswortlaut beziehen, also auf die Allg. Versicherungsbedingungen. Änderungen dieser Art werden auch regelmäßig aus AGB-rechtlichen Gesichtspunkten zur Klarstellung durchgeführt, wie der Fall BGH, VersR 1982, 37 deutlich unter Beweis stellt. Ein echtes Beratungsbedürfnis besteht dann aber nicht, da bereits über das AGB-Gesetz oder über § 157 BGB ein Verbraucherschutz gewährleistet werden kann.

498 Siehe oben S. 107.

bunden ist[499]. Die durch eine Beratung möglicherweise hervorgerufene Änderung der Risikolage (für den Fall, dass der Versicherungsnehmer die Deckungserweiterung wünscht) ist für den Versicherer in beiden Varianten gleich. Es besteht mithin kein Anlass zu einer differenzierten Betrachtung.

Schließlich soll - zunächst ohne weitere Vertiefung - folgendes Argument ins Feld geführt werden: Verhandelt der Versicherer mit dem Versicherungsnehmer, ist seine Position dem des Versicherungsmaklers vergleichbar. Letzterer ist stets dazu verpflichtet, die Risikoabsicherung optimiert zu gestalten. Der Maklervertrag stellt völlig unbestritten einen Geschäftsbesorgungsvertrag mit Dienst- und Werkvertragselementen dar[500]. Es ist nicht einsichtig, warum der Versicherer bei direkten Verhandlungen mit seinem Kunden, bei denen eine Optimierung der Risikolage erreicht werden könnte, bessergestellt werden soll. Dies verkennt offensichtlich auch der BGH nicht, wenn er ausführt, dass der Versicherer bei begünstigenden Neufassungen von AVB in Vertragsverhandlungen darauf *hinzuwirken*[501] habe, dass diese künftig auch zur Anwendung kommen. Ein Hinwirken bedeutet aber mehr als nur beraten[502]. Während Beratung Grundlage für eine freie Ermessensentscheidung sein sollte, ist bei einem Hinwirken auf eine Entscheidung beim Empfänger eher von einer Ermessensreduzierung auf Null auszugehen.

Unter Berücksichtigung der vorgetragenen Argumente erschiene es als nicht abwegig, den Halbsatz im Urteil des BGH, der die Beratungsverpflichtung mit der Nichterhöhung des versicherten Risikos verknüpft[503], als obiter dictum anzusehen[504]. Eine selbstständige und tragende Bedeutung würde diesem dann nicht zukommen. Ob dem so ist, lässt sich allerdings nur vermuten. Daher wäre es zur

---

499 Ähnlich *Klimke*, NVersZ 1999, 449, 451, der die Auffassung vertritt, dass die Unterscheidung zwischen ausschließlich günstigen und auch nachteiligen AVB-Änderungen keine geringere Bewertung des Beratungsbedarfes der Versicherungsnehmer rechtfertige.

500 Vgl. statt aller *Kollhosser* in Prölss/Martin, VVG, Anh. §§ 43-48 Rdn. 4.

501 Vgl. BGH, VersR 1982, 37, 38; von einem „Hinwirken" auf die Absicherung spezifischer Riskiken ist bereits in BGH, VersR 1975, 77, 78 die Rede.

502 Die Verwendung des Verbes „hinwirken" bedeutet hingegen mehr als nur die Annahme einer schlichten Hinweis- und Beratungspflicht. *Küpper*, VP 1983, 43, 44, interpretiert dies als eine Verpflichtung zum aktiven „Tätigwerden des Versicherers". Dem ist unter Berücksichtigung der Wortbedeutung im allgemeinen Sprachgebrauch sicherlich zuzustimmen. So verzeichnet Duden (a. a. O., Fn. 371), Bd. 4, S. 1827, zu „Hinwirken": „Anstrengungen unternehmen, sich einsetzen, um etwas zu veranlassen".

503 BGH, VersR 1982, 37, 38.

504 Vgl. auch *Klimke*, NVersZ 1999, 449, 454.

Klarstellung wünschenswert, wenn sich demnächst[505] die Gelegenheit ergeben würde, die Fallkonstellation unter Berücksichtigung der fraglichen Punkte nochmals genauer zu erörtern[506]. Dass hierfür dringender Bedarf besteht, zeigen die später behandelten Entscheidungen zum Bestehen einer autonomen Informationspflicht, ohne dass es zwischen den Parteien zu Verhandlungen gekommen ist, in aller Deutlichkeit[507]. Ungeachtet eines möglichen neuen höchstrichterlichen Judikats sprechen die dargelegten Argumente sicherlich für die Annahme einer unbedingten Beratungspflicht des Versicherers hinsichtlich Neuerungen in den Allgemeinen Versicherungsbedingungen, sollte es zu Verhandlungen zwischen den Parteien kommen.

b) Belehrungspflichten des Versicherers

aa) Allgemeines

Die Belehrungspflichten des Versicherers wurden bereits von *Messerschmidt*[508] einer eingehenden Untersuchung unterzogen. Unzweifelhaft fallen Belehrungen unter die Rubrik Kommunikation, da sie eine Unterrichtung des Versicherungsnehmers voraussetzen. Zu unterscheiden sind gesetzlich im VVG verankerte[509] und außergesetzliche Belehrungspflichten[510].

So sieht das VVG Belehrungspflichten des Versicherers gegenüber dem Versicherungsnehmer bei Abweichungen des Versicherungsscheins vom Antrag (§ 5 Abs. 2 VVG), als Voraussetzung für den Beginn des Laufs der Widerspruchsfrist (§ 5 a Abs. 2 VVG), als Voraussetzung für die Ausübung des Widerrufs- bzw. Rücktrittsrechts in § 8 Abs. 4 u. 5 VVG, als Voraussetzung der Leistungsfreiheit des Versicherers bei unterlassener gerichtlicher Geltendmachung (§ 12 Abs. 3 VVG) und bei Verzug der Zahlung der Folgeprämie (§ 39 Abs. 1 S. 2 VVG)

---

505 Es bleibt abzuwarten, ob das - nicht rechtskräftige - Urteil des OLG Hamm vom 21.1.2000, NVersZ 2000, 349 = VersR 2000, 1231 in einer Revisionsentscheidung des BGH (dort geführt unter dem Az. IV ZR 77/00) münden wird. Allerdings lässt der der OLG-Entscheidung zu Grunde liegende spezielle Sachverhalt nicht darauf schließen, dass der BGH zu den aufgeworfenen Fragen Stellung beziehen wird.

506 So bereits *Küpper*, VP 1983, 43, 44.

507 Dazu sogleich unter II. 3. 2. 1. 1. c) cc).

508 *Messerschmidt*, Hinweis- und Belehrungspflichten des Versicherers, Diss., 1986.

509 §§ 5 Abs. 2; 5 a Abs. 2; 8 Abs. 4 u. 5; 12 Abs. 3; 39 Abs. 1 S. 2 VVG. Auch außerhalb des VVG werden dem Versicherer durch Rechtsnormen Belehrungspflichten auferlegt, so etwa in § 3 No. 7 S. 2 PflVG.

510 Diese werden teilweise auch als „übergesetzliche" Belehrungspfichten bezeichnet; so z. B. bei *Messerschmidt* (a. a. O., Fn. 508), S. 92 ff., und *Werber*, Informations- und Beratungspflichten, ZVersWiss. 1994, 321, 326.

vor[511]. Zwar spricht das Gesetz außer in §§ 5 a Abs. 2 und 8 Abs. 4 S. 3 u. Abs. 5 S. 3 VVG in keiner der genannten Normen ausdrücklich von einer Belehrungspflicht[512], dennoch werden die Pflichten von Rechtsprechung und Schrifttum regelmäßig als solche aufgefasst und entsprechend bezeichnet[513].

Darüber hinaus entwickelten sich in Rechtsfortbildung zusätzliche, nicht im VVG normierte, mithin außergesetzliche Belehrungspflichten. Als solche sind hervorzuheben die Belehrungspflicht in Bezug auf die Verletzung von Aufklärungsobliegenheiten (Ableitung aus § 6 Abs. 3 i. V. m. § 34 VVG)[514] und bei der

---

511 Neben den beschriebenen Belehrungspflichten des Versicherers gegenüber dem Versicherungsnehmer existieren ebenso Belehrungspflichten gegenüber dem Dritten in der Haftpflichtversicherung. So ist dieser über die Rechtsfolgen einer Verletzung der gegenüber dem Versicherer nach § 158 d Abs. 3 VVG bestehenden Auskunftspflicht zu belehren (vgl. § 158 e Abs. 1 S. 2 VVG). Die genannte Verpflichtung wird für den Kfz-Haftpflichtbereich nochmals in § 3 Nr. 7 S. 2 PflVersG hervorgehoben. Auch hier gilt, dass der Versicherer die negativen Folgen des § 158 e Abs. 1 VVG nur dann eintreten lassen kann, wenn er den Dritten darüber schriftlich belehrt hat. Vgl. zum ganzen *Knappmann* in Prölss/Martin, VVG § 158 e Rdn. 2, und § 3 Nr. 7 PflVersG Rdn. 5. Im Rahmen der Themenstellung der vorliegenden Untersuchung bleiben Belehrungspflichten des Versicherers gegenüber Dritten jedoch außer Betracht.

512 Folgende Umschreibungen werden verwendet: „... wenn der Versicherer den Versicherungsnehmer ... darauf hingewiesen hat ... “ (§ 5 Abs. 2 VVG), „... unter Angabe der mit dem Ablauf der Frist verbundenen Rechtsfolgen ... “ (§ 12 Abs. 3 VVG), „Dabei sind die Rechtsfolgen anzugeben ... “ (§ 39 Abs. 1 S. 2 VVG). Die oben im Text zitierten Vorschriften sind alle jüngeren Datums (die Einfügung des § 5 a, Neufassung des § 8 Abs. 4 und Anfügung des § 8 Abs. 5 VVG erfolgten durch das Dritte Durchführungsgesetz versicherungsrechtlicher Richtlinien des Rates der EG v. 21.7.1994, BGBl I S. 1630) und stellen die Belehrungspflicht sprachlich deutlich heraus. Dies ist in Hinblick auf Abgrenzungen und Verständlichkeit positiv zu bewerten.

513 So z. B. *Messerschmidt* (a. a. O., Fn. 508), S. 5 ff.; *Werber* (a. a. O., Fn. 510), S. 323 ff.; *Prölss* in Prölss/Martin, VVG § 5 Rdn. 19 f. u. § 12 Rdn. 35 f.; *Knappmann* in Prölss/Martin, VVG, § 39 Rdn. 14 f.; *Römer* in Römer/Langheid, VVG, § 5 Rdn. 18, § 12 Rdn. 74 f. u. § 39 Rdnr. 3 u. 6. Vgl. ferner aus der Judikatur etwa BGH, VersR 1976, 477; 1978, 131; 1992, 1501; OLG Frankfurt, VersR 1996, 1353; OLG Hamm, VersR 1994, 465.

514 Die Rechtsprechung nimmt Leistungsfreiheit wegen vorsätzlicher Verletzung von Auskunftsobliegenheiten - auch wenn diese für den Versicherer folgenlos (also ohne Nachteil) geblieben wären - nur an, soweit der Versicherungsnehmer unmissverständlich hierüber belehrt wurde; vgl. BGH 48, 7 = VersR 1967, 493 = NJW 1967, 1758; BGH, VersR 1973, 174 = NJW 1973, 365. Instruktiv hierzu *Römer* in Römer/Langheid, VVG, § 6 Rdn. 39 ff.

vorläufigen Deckungszusage[515]. Diese und weitere Belehrungspflichten sind Ausfluss der Verwendung einschlägiger Allgemeiner Versicherungsbedingungen[516].

Auslösende Faktoren für Belehrungspflichten sind unter anderem die Abänderung elementarer bürgerlich-rechlicher Vorschriften[517]. Generalisierend lässt sich sagen, dass eine Belehrungsverpflichtung stets dann angenommen wird, wenn der Versicherungsnehmer wegen seiner geringen Vertrautheit mit der Materie Gefahr läuft, den Versicherungsschutz[518] oder wesentliche Teile seines Leistungsanspruchs[519] zu verlieren. Im Sinne der eingangs zu diesem Kapitel vorgenommenen Einteilung tritt bei Belehrungen das warnende Element deutlich hervor[520]. Während Beratung und Aufklärung des Versicherungsnehmers nicht an eine Form gebunden sind, muss eine Belehrung unmissverständlich und umfassend

---

515 Da bei der vorläufigen Deckung der Versicherungsschutz vor Zahlung der Erstprämie beginnt und rückwirkend wegfällt, sollte die Erstprämie nicht rechtzeitig gezahlt werden, ist der Grund für diese vom Gesetzgeber geschaffene außergesetzliche Belehrungspflicht durchweg einsichtig; siehe dazu grundlegend BGHZ 47, 352, 363 = VersR 1967, 569, 571 = NJW 1967, 1800, 1802. Üblicherweise ist der Beginn des Versicherungsschutzes von der Zahlung der Erstprämie abhängig (§ 38 Abs. 2 VVG, sog. Einlösungsprinzip). Bei der vorläufigen Deckungszusage ist die Situation jedoch eher der des die Folgeprämie regelnden § 39 Abs. 1 VVG angenähert. Dort ist hingegen ausdrücklich eine Belehrungspflicht vorgesehen.

516 Als Beispiele seien angeführt etwa § 5 Nr. 3 AHB (siehe *Voit* in Prölss/Martin, VVG, § 5 AHB Rdn. 4 m. w. N. zur einschlägigen Judikatur), § 13 Nr. 1 lit. e) AERB 81 (vgl. BGH, NJW-RR 1996, 981, 983 = ZfS 1996, 305), § 7 V Ziff. 4 AKB (*Knappmann* in Prölls/Martin, VVG, § 7 AKB Rdn. 76) und - einzelfallabhängig - § 7 I Ziff. 1 AUB 88 (vgl. *Grimm*, AUB, § 7 Rdn. 16 unter Hinweis auf u. a. OLG Düsseldorf, ZfS 1990, 209; OLG Hamm, VersR 1992, 1256 u. OLG Köln, RuS 1992, 34).

517 So modifiziert der die Abweichung des Inhalts des Versicherungsscheins vom Antrag regelnde § 5 VVG die Vorschrift des § 150 Abs. 2 BGB, der die abgeänderte Annahme einer Erklärung ausdrücklich als mit einem neuen Antrag verbundene Ablehnung ausweist. Die materiell-rechtliche Klageausschlussfrist des § 12 Abs. 3 S. 1 VVG ändert die Vorschriften der §§ 195, 198 BGB und gibt dem Versicherer die Möglichkeit, nach nur sechs Monaten leistungsfrei zu werden. In Abweichung von §§ 326, 327 BGB befreit § 39 Abs. 2 VVG den Versicherer von der Verpflichtung zur Leistung, wenn der Versicherungsfall nach Nichtzahlung einer unter Fristsetzung angemahnten Folgeprämie eintritt.

518 BGH, VersR 1967, 441, 443.

519 So der Fall z. B. bei Invaliditätsansprüchen in der Unfallversicherung; siehe die Hinweise zu § 7 I Ziff. 1 AUB 88 in Fn. 516.

520 Siehe dazu oben Fn. 374. Von einer Warnfunktion spricht auch *Messerschmidt* (a. a. O., Fn. 508), S. 24, 307; mit gleichem Verständnis beispielsweise BGH 47, 352, 363, der eine „Rechtsbelehrung" über die Folgen einer nicht rechtzeitigen Zahlung der Erstprämie bei vorläufiger Deckungszusage ausdrücklich als eine an den Prämienschuldner gerichtete „Warnung" ansieht.

auf mit einem bestimmten Verhalten verbundene negative Sanktionen hinweisen[521]. Dieser Funktion werden Belehrungen nur dann gerecht, wenn sie in Gestaltung und Textierung den hierzu durch die Rechtsprechung entwickelten besonderen Anforderungen entsprechen[522]. Die genannten Eigenschaften grenzen die Belehrung deutlich von den weiter oben diskutierten Beratungs- und Aufklärungspflichten und den im Folgenden behandelten allgemeinen Informationspflichten ab. Auch hier zeigt sich, dass ein exaktes Festhalten an den Wortbedeutungen erhellend und im Sinne einer Unterscheidung der Begriffe notwendig ist.

Die im VVG geregelten Belehrungspflichten sind durch das Gesetz selbst institutionalisiert. Sie sind abstrakt-generell ausgestaltet und so unabhängig von der jeweiligen Einzelfallkonstellation imperativ zu beachten[523]. Die außergesetzlichen Belehrungspflichten lassen sich als gleichso institutionalisiert auffassen. Auch sie stellen nach heutigem Rechtsverständnis eine unbedingte, abstrakt-generelle Verpflichtung dar[524]. Dies gilt für sämtliche Versicherungszweige[525]. Ausnahmen von der Belehrungsverpflichtung werden nur in seltenen Einzelfällen zugebilligt, so etwa, wenn der Versicherungsnehmer auch ohne Belehrung bereits positive Kenntnis von möglichen Sanktionen hat[526] oder wenn diesem Arglist vorzuwerfen ist[527].

---

521 Vgl. - jeweils mit umfangreichen Nachweisen zur Rechtsprechung - *Prölss* in Prölss/Martin, VVG, § 5 Rdn. 19 u. § 12 Rdn. 35 ff.; *Knappmann*, ebenda § 39 Rdn. 14; *Römer* in Römer/Langheid, VVG, § 12 Rdn. 74, und *Langheid*, ebenda § 39 Rdn. 39.

522 Zu den diesbezüglichen Anforderungen vgl. *Römer* in Römer/Langheid, VVG, § 6 Rdn. 45 f., u. *Prölss* in Prölss/Martin, VVG § 5 Rdn. 19 f., § 12 Rdn. 35 f.

523 Ähnlich *Messerschmidt* (a. a. O., Fn. 508), S. 5; *Bukow*, Die Rechtsbelehrung des Versicherungsnehmers, in: Festschrift E. Prölss, S. 137 f.

524 *Messerschmidt* (a. a. O., Fn. 508), S. 131 f.; kritisch zu der Konstruktion von das VVG ergänzenden Belehrungspflichten *Prölss*, VersR 1967, 489, 490 (Anm. zu BGH, VersR 1967, 441). Von einem mit den Belehrungspflichten des Versicherers korrespondierenden „abstrakt-generell" ausgestalteten Schutzbedürfnis des Versicherungsnehmers spricht auch OLG Koblenz, VersR 1999 (unter Bezugnahme auf BGHZ 47, 352 = VersR 1967, 569 = NJW 1967, 1800).

525 Insbesondere für die Haftpflicht- und die Sachversicherung; siehe hierzu *Messerschmidt* (a. a. O., Fn. 508), S. 99 f. Ausgehend von der Kfz-Haftpflichtversicherung (grundlegend diesbezüglich BGH, VersR 1967, 441 = BGHZ 41, 101 [siehe sogleich Fn. 526]) wurden die Belehrungspflichten zunächst auf die Kfz-Kaskoversicherung ausgedehnt (BGH, VersR 1973, 174) und sodann auf die Sachversicherungszweige (BGH, VersR 1978, 121[Einbruchdiebstahlversicherung/AERB]).

526 Siehe BGH, VersR 1967, 441, 443 = BGHZ 47, 101, 109. Im Leitsatz der Entscheidung wird zunächst die Grundsätzlichkeit der Belehrungspflicht hinsichtlich einer möglichen Leistungsfreiheit des Versicherers bei Verletzung von Auskunftsobliegenheiten durch den Versicherungsnehmer in der Kfz-Haftpflichtversicherung (§ 7 Abs. I Nr. 2 i. V. m. Abs. V AKB a. F.) hervorgehoben. Im Weiteren wird ausge-

In der beschriebenen abstrakt-generellen, imperativen Natur von Belehrungspflichten liegt dann auch ein weiteres entscheidendes Differenzierungskriterium zu Beratungs- und Aufklärungspflichten. Während sich letztere nur im Einzelfall aus besonderem Anlass ergeben, werden Belehrungspflichten stets bejaht, sobald eine Gefährdung des Versicherungsschutzes zu besorgen ist oder wesentliche Interessen des Versicherungsnehmers berührt werden. Allein dies sind pflichtauslösende Elemente. So knüpfen Belehrungspflichten insbesondere nicht an typische Deckungsschutzbedürfnisse oder besondere persönliche Eigenschaften des Versicherungsnehmers an. Auch fehlt ihnen das Element des § 254 BGB. All dies ist prima vista eine eindeutige Besserstellung des Versicherungsnehmers.

bb) Rechtliche Einordnung der Belehrungspflichten

Wegen der beschriebenen besonderen Eigenschaften der Belehrungspflichten könnte man diese auch trefflich als Obliegenheiten des Versicherers bezeichnen. Streng in der Terminologie des VVG betrachtet erscheint die Bezeichnung allerdings zunächst nicht ganz korrekt, da das genannte Gesetz mit dem Begriff der Obliegenheit ausschließlich die vom Versicherungsnehmer gegenüber dem Versicherer zu erfüllenden Verpflichtungen umschreibt. Dennoch: Ein Vergleich der hier diskutierten Belehrungspflichten des Versicherers mit den Obliegenheiten des Versicherungsnehmers[528] weist starke Parallelen hinsichtlich der Rechtsfolgesanktion auf.

Obliegenheiten sind vom Versicherungsnehmer zwingend zu beachten, da der Versicherer ansonsten leistungsfrei werden könnte; es droht ein vollständiger Anspruchsverlust[529]. Belehrungspflichten gestalten sich für den Versicherer gleichso

---

führt, dass es einer Belehrung „ausnahmsweise" dann nicht bedürfe, wenn „besondere Umstände vorliegen, die eine solche Belehrung überflüssig machen, etwa weil der Versicherungsnehmer ... ohnehin genau unterrichtet ist".

527 BGH, VersR 1971, 142, 143; 1973, 174, 175; 1976, 383; 1978, 121, 122; OLG Frankfurt, VersR 1993, 1003; OLG Köln, VersR 1996, 1098; vgl. auch *Römer* in Römer/Langheid, VVG § 6 Rdn. 47 f.

528 Zu differenzieren sind vertragliche (§ 6 VVG) und gesetzliche Obliegenheiten (§§ 23-29 a, 33, 34, 58, 62, 71, 93,111, 121, 122 u. 153 VVG). Zum Begriff der Obliegenheiten im Schuldrecht unter besonderer Berücksichtigung des Privatversicherungsrechts siehe insb. *R. Schmidt*, Obliegenheiten, S. 163 ff. und 236 ff.; zur Abgrenzung von Forderungen, Verbindlichkeiten und Obliegenheiten in der Privatrechtsordnung instruktiv Palandt-*Heinrichs*, Einl. v § 241 Rdn. 15 f. Den Begriff der Obliegenheit im Versicherungsrecht ausführlich darstellend etwa *Bruck*, Privatversicherungsrecht, § 25, S. 276 ff.; *Bruck-Möller*, VVG Bd. I, § 6 Anm. 3 ff., und *Sieg*, Versicherungsvertragsrecht, E I.

529 So ausdrücklich in den Fällen der §§ 6 Abs. 3, 25 Abs. 1 i. V. m. 23 Abs. 1, 28 Abs. 1 i. V. m. 27 Abs. 2 VVG.

zwingend bzw. imperativ. Allerdings droht bei Nichtbeachtung umgekehrt anstatt z. B. einer möglichen Berufung auf Leistungsfreiheit als angeordnete Sanktion die vollumfängliche Leistungsverpflichtung. Von Teilen der Literatur werden die Belehrungspflichten des Versicherers daher in der Tat als Obliegenheit zu dessen Lasten aufgefasst[530]. Auch der BGH spricht in seinem Urteil vom 16.2.1967 von der Belehrungspflicht als „entsprechendes Gegenstück zu der Obliegenheit des Versicherungsnehmers“[531]. Da nach dem allgemeinen schuldrechtlichen Verständnis der Obliegenheiten die Befolgung derselben durch den Belasteten Voraussetzung für die Vermeidung rechtlicher Nachteile ist, dürfte die Verwendung des Terminus für Verpflichtungen des Versicherers letztlich nicht zu beanstanden sein.

Ob man die dem Versicherer obliegenden Belehrungspflichten auch als Nebenpflichten aus dem Versicherungsvertrag auffassen kann, ist in der Literatur umstritten[532]. Hinsichtlich der auf normativer Grundlage beruhenden Belehrungspflichten ist der von *Messerschmidt* vorgebrachte Einwand gewichtig, dass sich diesbezüglich die Frage nach einer schuldvertragsbegleitenden Nebenpflicht nicht stellen sollte[533]. Dies offensichtlich, da sich die entsprechenden Belehrungsgebote u. a. wegen der dort jeweils angeordneten Rechtsfolge ja bereits als Rechtspflichten dartun. Eine Antwort auf die Problematik ist sicherlich nicht zuletzt abhängig von dem Verständnis der Obliegenheiten im Allgemeinen und der dogmatischer Betrachtungweise von Belehrungen des Versicherers im Besonderen. Im Sinne der Geldleistungstheorie sind durch das VVG angeordnete Belehrungspflichten sicherlich nicht dem eigentlichen Leistungsgegenstand zuzurechnen, so dass nur noch eine Zuordnung in die Kategorie der rechtsfolgebewehrten gesetzlichen Nebenpflichten übrig bliebe[534]. Bei außergesetzlichen Belehrungspflichten erscheint eine Einordnung als vertragsbegleitende Nebenpflicht unprob-

530 Dies sowohl betreffend gesetzlicher wie auch außergesetzlicher Belehrungsobliegenheiten. Mit diesbezüglicher eingehender dogmatischer Begründung *Messerschmidt* (a. a. O., Fn. 508), S. 73 ff., 91, 133 ff. u. 137; so auch *Bauer*, VersR 1972, 15, 17; *Bruck-Möller*, VVG Bd. I, § 6 Anm. 3, *Bukow* (a. a. O., Fn. 523), S. 137 ff., und *Möller* in: Festschrift für Klingmüller, S. 310; a. A. *Bruck*, Privatversicherungsrecht, § 31 I, S. 364, der davon ausgeht, dass der Versicherer niemals Obliegenheiten zu erfüllen hat, sondern allenfalls Rechtsverbindlichkeiten; kritisch auch *Werber*, ZVersWiss 1994, 321, 331 f.

531 So BGH, VersR 1967, 441, 443 = BGHZ 47, 101, 108 zur Belehrungsverpflichtung im Rahmen des § 6 Abs. 3 VVG; allerdings wird die Ansicht nicht weiter begründet.

532 Dafür wohl *Möller*, Übergesetzliche Hinweispflichten des Versicherers, in: Festschrift für Klingmüller, 301 ff. (311); kritisch dazu *Messerschmidt* (a. a. O., Fn. 508), S. 80 f.

533 *Messerschmidt* (a. a. O., Fn. 508), S. 81.

534 Siehe auch zuvor II. 1. 5. 2. b).

lematischer zu sein. Sollten Nebenpflichten angenommen werden, wären diese hingegen nur als „unechte“ Verpflichtungen zu betrachten, da die Verpflichtung an sich - also die Vornahme einer Belehrung - ja nicht einklagbar wäre[535]. Dies hätte bei näherer Überlegung verfahrenstechnisch auch keinen Sinn. Indes spielen diese Detailfragen für die weitere Untersuchung keine Rolle. Unbeschadet einer möglichen Einordnung der Belehrungsverpflichtung als (unechte) gesetzliche oder vertragliche Nebenpflicht erscheint es im Lichte des oben Gesagten - insbesondere unter Berücksichtigung der Rechtsfolgeanordnungen - gerechtfertigt, die Belehrung des Versicherers als originäre Obliegenheit im bürgerlich-rechtlichen Sinne zu interpretieren. Der zuletzt hervorgehobene Punkt - die Rechtsfolgeanordnung - bedarf in Bezug auf den Untersuchungsgegenstand der besonderen Beachtung.

cc) Rechtsfolgen der Verletzung von Belehrungspflichten

Eine Betrachtung der Belehrungspflichten macht deutlich, dass die Verletzung der Verpflichtung durch den Versicherer keinen Schadensersatzanspruch auf Seiten des Versicherungsnehmers auslöst. So ordnet § 5 Abs. 2 VVG an, dass eine Abweichung des Versicherungsscheins vom Antrag nur dann als genehmigt gilt, wenn der Versicherungsnehmer nicht innerhalb eines Monats widerspricht und der Versicherer bei Aushändigung des Versicherungsscheins durch Rechtsbelehrung auf die Möglichkeit des Widerspruchs explizit hingewiesen hat. Bei § 12 Abs. 3 VVG tritt Leistungsfreiheit wegen nicht gerichtlicher Geltendmachung eines erhobenen Anspruchs erst ein, wenn der Versicherer auf den Anspruchsverlust als mögliche Rechtsfolge deutlich hingewiesen hat. Auch bei § 39 Abs. 1 S. 2 VVG treten die Leistungsfreiheit und das Kündigungsrecht des Versicherers nur ein, wenn der Versicherungsnehmer eine qualifizierte Mahnung mit Rechtsbelehrung erhalten hat. Außergesetzliche Belehrungspflichten sind ähnlich der beiden letztgenannten Beispiele strukturiert; auch sie laufen zumeist auf eine Leistungsfreiheit hinaus.

Sämtliche Belehrungspflichten des Versicherers knüpfen somit an eine für diesen günstige Rechtsfolge an. Es geht mithin nicht um einen Anspruch des Versicherungsnehmers wegen möglicher Vertragsverletzungen des Versicherers,

---

535 Soergel-*Teichmann*, Vor § 241 Rdn. 7, begreift die schuldrechtlichen Obliegenheiten als „gesetzliche und vertragliche Pflichten minderer Intensität“. Gegen dieses Verständnis wenden z. B. *Larenz*, Schuldrecht I, S. 540 (dort Fn. 2), und *Wieling*, AcP 176 (1976), S. 347, durchaus berechtigterweise ein, dass es sich bei Obliegenheiten nicht um rechtliche Verpflichtungen, sondern nur um „Verhaltensanordnungen im eigenen Interesse“ handelt, so dass schon deswegen nicht von einer Rechtspflicht gesprochen werden könne.

sondern um die Frage einer „Selbstschädigung“ des Versicherers durch Nichtbeachtung der ihm obliegenden Pflichten[536]. Ist er einer Verpflichtung nicht nachgekommen, kann er sich nicht auf die für ihn sonst günstigen Rechtsfolgen - in Betracht kommt hier insbesondere die Leistungsfreiheit - berufen. Belehrungspflichten gestalten sich so primär nicht als Institut zum Schutze des Versicherungsnehmers, sondern als solches zum Schutz des Versicherers. Erst sekundär, wenn der Versicherer seinen Belehrungspflichten nicht nachkommt, entfaltet sich ein verbraucherschützendes Element.

In analoger Heranziehung einer sehr prägnanten Äußerung bei *Bruck-Möller*[537] zu den Obliegenheiten des Versicherungsnehmers lässt sich bezüglich der Belehrungspflichten des Versicherers sagen: Die Verletzung einer Belehrungsobliegenheit kann keinen Schadensersatzanspruch des Versicherungsnehmers auslösen, da durch die Pflichtverletzung nur der Versicherer sich selbst schädigt, nicht aber den Versicherungsnehmer. Im Gegenteil, durch Nichtbeachtung der Belehrungspflichten wird dessen Position verbessert, zumindest aber neutral gestellt.

Aus diesem Blickwinkel betrachtet stellt sich im Ergebnis nicht die Frage einer positiven Vertragsverletzung des Versicherers durch Nichtbeachtung der ihm obliegenden Belehrungspflichten. Der Anspruch des Versicherungsnehmers bei Verletzung der Pflichten ist in einigen Fällen ein solcher auf die ursprünglich vereinbarte Leistung, nicht hingegen ein solcher auf Schadenersatz[538]. In anderen Fällen wie z. B. § 12 Abs. 3 VVG sieht das Gesetz selbst Regelungen vor, so dass die Anwendung der als Auffangtatbestand dienenden positiven Vertragsverletzung von vorneherein nicht zur Diskussion steht. Schlussendlich lässt sich der gesamte Problemkreis nicht unter das Rechtsinstitut der positiven Vertragsverletzungen rubrizieren. Eine Behandlung der Belehrungspflichten erschien im Rahmen der Untersuchung hingegen angezeigt, da diese ein wesentliches Element in der Kommunikation des Versicherers darstellen und intentional auf den Schutz des Versicherungsnehmers ausgerichtet sind.

---

536 Ähnlich *Messerschmidt* (a. a. O., Fn. 508), S. 76 f., 79, 83 f., 86. *Larenz*, Schuldrecht I, S. 540, spricht in Hinblick auf die im BGB angeordneten Obliegenheiten von einem „Verschulden gegen sich selbst“, ebenso *Wieling*, AcP 176 (1976), S. 334 ff.

537 *Bruck-Möller*, VVG Bd. I, § 6 Anm. 7.

538 Prägnant hierzu auch *Messerschmidt* (a. a. O., Fn. 508), S. 79: „Im Falle der Nichteinhaltung führen die ... auf Gesetz beruhenden Belehrungspflichten nicht zu einem Anspruchsverlust des Versicherers, sie nehmen dem Versicherer lediglich die Befugnis, sich auf die ihm günstigen, anspruchsnegierenden Rechtsfolgen zu berufen.“

c) *Informationspflichten des Versicherers*

Im Folgenden werden die einleitend zu diesem Abschnitt[539] als eigenständige Kommunikationskategorie eingeordneten Informationspflichten einer näheren Betrachtung unterzogen. Das Ergebnis - dies sei vorweggenommen - bestätigt die Korrektheit der Abgrenzung der Informationsverpflichtungen von den bereits dargestellten Kommunikationspflichten. Bei der Frage, was die Information von den anderen Kategorien unterscheidet, ist zunächst auf das allgemeine Verständnis des Begriffes abzustellen und sodann auf das Verständnis, welches der Gesetzgeber der „Information" im Versicherungsrecht beimisst.

Im allgemeinen Sprachgebrauch wird unter Information die „Unterrichtung über eine bestimmte Sache" bzw. die „in Kenntnis setzende ... detaillierte Mitteilung über etwas" verstanden[540]. Näher betrachtet haben die Begriffe Unterrichtung, Mitteilung und Information eine mehr oder minder identische Wortbedeutung. Als gemeinsames Kernelement tritt in ihnen die Kenntnisverschaffung gegenüber einem Adressaten hervor[541]. Kenntnisverschaffung wiederum impliziert, dass der Inhalt der Information sachlich-objektiv und damit neutral sein muss. Der Empfänger ist gehalten, aus der erteilten Information selbst die notwendigen Schlüsse zu ziehen und gegebenenfalls Handlungen vorzunehmen. Soweit die Information für eine Mehrheit von Personen bestimmt ist, ist diese abstrakt-generell ausgestaltet. In der Wertigkeit steht die Information hinter der Beratung und Aufklärung, erst recht aber hinter der Belehrung zurück[542]. Denn während die zuletzt genannten Kommunikationsformen beim Empfänger unbedingten Anlass zu einem bestimmten Tun oder Unterlassen geben sollten, dient die Information - wie erwähnt - zunächst lediglich der allgemeinen Verschaffung von Kenntnissen.

Offensichtlich geht der Gesetzgeber im Versicherungsrecht von der gleichen Wortbedeutung aus. So ist die in § 10 a VAG niedergelegte Verbraucherinformation darauf ausgerichtet, dem Verbraucher in Person des Versicherungsnehmers in Bezug auf den Vertrag ausreichende Entscheidungsgrundlagen[543] an die Hand zu geben. Der versicherungsrechtliche Informationsbegriff läuft so parallel zum allgemeinen, originären Wortverständnis. Es ist daher wenig einsichtig, warum

539 Siehe zuvor II. 3. 2. 1. 1.

540 Duden (a. a. O., Fn. 378), Bd. 5, S. 1935.

541 Vgl. Duden (a. a. O., Fn. 371), Bde. 5, 6 u. 9, S. 1935, 2611 u. 4137 zur inhaltlichen Bedeutung der Wörter „Information", „mitteilen" und „unterrichten".

542 Ähnlich wohl auch *Römer*, Informationspflichten der Versicherer, VersR 1998, 1313, 1314, der der „bloßen Information" in der Wertigkeit eine Bedeutung unterhalb der Beratung zukommen lässt. Zum Rangverhältnis der Kommunikationspflichten siehe auch die Ausführungen oben II. 3. 2. 1. 1.

543 Siehe auch die Hinweise in Fn. 379.

sich der Begriff „Information“ nicht von den Begriffen Belehrung, Beratung oder Aufklärung abgrenzen lassen sollte[544].

aa) Gesetzlich geregelte Informationspflichten

Der Begriff der Information findet in den versicherungsrechtlichen Spezialgesetzen - soweit ersichtlich - nur an drei Stellen Verwendung: In § 10 a VAG, in der diese Norm ergänzenden Anlage Teil D und in § 5 a VVG. Die genannten Vorschriften stehen alle in einem Wirkungszusammenhang und laufen auf ein Ziel, die Sicherstellung eines Mindestinformationstransfers zum Versicherungsnehmer, hinaus. So schreibt § 10 a VAG aufsichtsrechtlich vor, dass die Versicherungsunternehmen zu gewährleisten haben, dass der Versicherungsnehmer, soweit er eine natürliche Person ist, „in einer Verbraucherinformation über die für das Versicherungsverhältnis maßgeblichen Tatsachen und Rechte vor Abschluss und während der Laufzeit des Vertrages nach Maßgabe der Anlage Teil D unterrichtet wird“. Einzelheiten zum Informationsinhalt gibt § 10 a VAG somit nicht. Lediglich in Bezug auf Form und Gestaltung werden in Abs. 2 Vorgaben gemacht. So muss die Verbraucherinformation schriftlich erfolgen, eindeutig formuliert, übersichtlich gegliedert und verständlich abgefasst sein.

Die eigentlichen Informationsverpflichtungen sind in Anlage D zu § 10 a VAG niedergelegt, die sich in zwei Abschnitte gliedert. Abschnitt I enthält die *vor* Abschluss von Versicherungsverträgen zu erteilenden Informationen, Abschnitt II beschreibt die Informationspflichten *während* der Laufzeit eines Versicherungsvertrages. Ein näherer Blick auf die Einzeltatbestände vorvertraglicher Informationspflichten macht hingegen deutlich, dass diese nur die Essentialia des Vertrages betreffen. So sind Mitteilungen über Name und Rechtsform des Versicherers, die für das Versicherungsverhältnis geltenden AVB oder die Laufzeit des Vertrages wohl eher selbstverständlich[545]. Etwas versteckt mischt sich in Abschnitt I Nr. 1 lit. g) eine Belehrungsverpflichtung in die Verbraucherinformati-

---

544 So bezweifelt insbesondere *Kieninger*, AcP 199 (1999), S. 193, dass eine „genaue Abgenzung“ der Begriffe Information, Aufklärung und Beratung möglich ist. Dennoch wird dort eine Typisierung der „Information“ dahingehend vorgenommen, dass der Terminus diejenigen Mitteilungen bezeichnen soll, die objektiv und losgelöst vom Einzelfall über den Vertragsgegenstand gegeben werden können. Die Interpretation des Informationsbegriffes bei *Kieninger* unterscheidet sich damit im Ergebnis nicht von der hier vorgenommenen. *Römer*, VersR 1998, 1313, 1314, hält indes eine Typisierung der Begriffe für immerhin „begrenzt möglich“ und nimmt eine solche auch ansatzweise vor. Die „Information“ fasst *Römer* schliesslich als „Mitteilung von Tatsachen“ (a. a. O., S. 1314) auf. Siehe dazu auch oben S. 100 f.

545 Vgl. *Kieninger*, VersR 1999, 5, 8.

on[546]. Ausdrücklich stellt Abschnitt II der Anlage D klar, dass der Versicherungsnehmer auch während der Laufzeit des Versicherungsvertrages einer informationellen Betreuung bedarf. Der Abschnitt ist wegen der Verweisungspraxis etwas unübersichtlich. Im Einzelnen wird der Versicherer verpflichtet, Änderungen über Art, Umfang und Fälligkeit der Leistung, Laufzeit und Prämienhöhe mitzuteilen. Die Mitteilungstatbestände speziell für Lebens- und Unfallversicherung mit Prämienrückgewähr sind identisch mit den entsprechenden vorvertraglichen Informationspflichten, mit Ausnahme der Angabe über zu beachtende Steuervorschriften. Alle unter Abschnitt II Nr. 2 fallende Änderungen bedürfen hingegen nach Ziff. 2, 2. Hs. nur dann der Mitteilung, sofern sie sich aus Änderungen von Rechtsvorschriften ergeben[547].

Umstritten ist, ob aus einer Verletzung der Informationspflichten zivilrechtliche Ansprüche ableitbar sind. Bevor sogleich näher auf diese Frage eingegangen wird, erscheint ein kurzer Aufriss über die Entstehung der Normen der §§ 10 a VAG und 5 a VVG angebracht.

§ 10 a VAG und die diesen konkretisierende Anlage D sind Ergebnis der Umsetzung der Dritten EG-Richtlinien zu Schaden-[548] und Lebensversicherung[549] durch das Dritte Durchführungsgesetz/EWG zum VAG vom 21.6.1994[550]. Im Zuge der Europäisierung des Versicherungswesens bewirkten die Richtlinien unter anderem den Wegfall der aufsichtsbehördlichen Vorabgenehmigung von Allgemeinen Versicherungsbedingungen. Im Detail verlangten diese gleichzeitig ei-

546 Die Verpflichtung kommt in der in § 8 Abs. 4 S. 3 geregelten Belehrung für das Widerrufsrecht des dortigen Satzes 1 für die Nichtlebensversicherung und in der in § 8 Abs. 5 S. 3 VVG geregelten Belehrung über das Rücktrittsrecht in der Lebensversicherung zum Ausdruck. Die Vorschrift des Abschn. I Nr. 1 lit. g) der Anlage D zu § 10 a VAG macht einmal mehr deutlich, dass eine Belehrung deutlich von einer Information differenziert werden muss. Auch Prölss-*Schmidt*, VAG, § 10 a Rdn. 20, hebt hervor, dass die Belehrung mehr als nur die bloße Angabe von Rechten und Pflichten sein müsse.

547 Gem. VerBAV 1995, S. 283, 287, sind die Informationen unmittelbar nach der Verkündung eines entsprechenden Änderungsgesetzes mitzuteilen. Informationspflichtig sind auch Änderungen, die den Inhalt von Allg. Versicherungsbedingungen betreffen, so z. B. Änderungen der gesetzlichen Kündigungsmöglichkeiten.

548 Richtlinie 92/49/EWG des Rates vom 18.6.1992 ABlEG Nr. L 228, S. 1 zur Koordinierung der Rechts- und Verwaltungsvorschriften für die Direktversicherung (mit Ausnahme der Lebensversicherung) sowie zur Änderung der Richtlinien 73/239/EWG und 88/357/EWG; sog. Dritte Richtlinie Schadenversicherung.

549 Richtlinie 92/96/EWG des Rates vom 10.11.1992 ABlEG L 360, S. 1 zur Koordinierung der Rechts- und Verwaltungsvorschriften für die Direktversicherung (Lebensversicherung) sowie zur Änderung der Richtlinien 79/267/EWG und 90/619/EWG; sog. Dritte Richtlinie Lebensversicherung.

550 BGBl 1994 I vom 28.7.1994, S. 1630.

ne Implementierung der Verbraucherinformationspflichten in die Gesetzesstruktur. Ungeachtet der bereits im VVG verankerten Belehrungspflichten sowie den durch die Rechtsprechung entwickelten Grundsätzen zu außergesetzlichen Belehrungs- sowie Beratungs- und Aufklärungspflichten entschloss man sich seitens des Gesetzgebers zu einer Einbettung der Informationsverpflichtung in das Versicherungsaufsichtsrecht[551]. So sollte die Einfügung des § 10 a in das VAG sicherstellen, dass dem Versicherungsnehmer auch nach Wegfall der Genehmigungspflicht für Allgemeine Versicherungsbedingungen bestimmte Mindestinformationen zur Verfügung gestellt werden. Nun ließe sich freilich einwenden, dass nicht ganz einsichtig ist, warum die Informationspflichten zwischen den am Versicherungsvertrag beteiligten, die rein privatrechtlicher Natur sind, aufsichtsrechtlich und damit öffentlich-rechtlich geregelt werden sollten. Gesetzessystematisch hätte sicherlich eine Einbettung des Regelungsinhalts des heutigen § 10 a VAG in das VVG näher gelegen[552]. Entsprechende bereits im Gesetzgebungsverfahren vorgetragene Bedenken wurden jedoch u. a. damit zurückgewiesen, dass in der Systematik der Richtlinie die Vorschriften über die Verbraucherinformation gewerberechtlich angelegt seien und daher - nicht zuletzt wegen des möglichen Einsatzes von Mitteln des Verwaltungszwangs zu deren Durchsetzung - dem öffentlichen Recht zuzuordnen sind[553]. Die Zuordnung der Informationspflichten zum VAG wurde in der Literatur kontrovers diskutiert[554] und stellt eine sicherlich nicht sehr zweckmäßige Lösung dar.

---

551 Zu den Problemen beim Gesetzgebungsverfahren zu § 10 a VAG siehe u. a. Prölss-*Schmidt*, VAG, § 10 a Rdn. 4 u. 6, und *Römer*, Informationspflichten der Versicherer, S. 23 f.

552 So hatte der Bundesrat in seiner Stellungnahme zu § 10 a VVG gebeten, im weiteren Gesetzgebungsverfahren zu prüfen, ob der Regelungsgehalt der Norm nebst des Inhalts der Anlage D nicht systemgerechter in das Gesetz über den Versicherungsvertrag aufgenommen werden sollte, da diese „ihrer Natur nach" eher dorthin gehören; vgl. BT-Drucks. 12/6959, Anlage 2. Kritik üben auch *Osing*, Informationspflichten des Versicherers und Abschluss des Versicherungsvertrages, S. 66, und *Schimikowski*, RuS 2000, 353, 355. Letzterer sieht in der genannten Norm zu Recht „im Kern eine zivilrechtliche Ordnungsvorschrift".

553 So die (hier nicht wörtlich wiedergegebene) Äusserung der Bundesregierung auf den Vorschlag des Bundesrates (BT-Drucks. 12/6959, Anlage 2) in BT-Drucks. 12/6959, Anlage 3.

554 Kritisch diesbezüglich insb. *Bach*, Vorvertragliche Informationspflichten des Versicherers nach der VAG-Novelle, in: Festschrift für E. Lorenz (1994), S. 45 ff. u. 67 ff.; *Büchner*, Der Referentenentwurf eines Dritten Durchführungsgesetzes zum VAG auf dem Prüfstand (1993); *Osing*, Informationspflichten des Versicherers und Abschluss des Versicherungsvertrages (1995), S. 66 ff.; *Präve*, Das Dritte Durchführungsgesetz/EWG zum VAG - Ausgewählte Fragen des neuen Aufsichts- und Vertragsrechts, ZfV 1994, 255; *Reichert-Facilides*, Informations- und Beratungs-

In der Folge zog diese auch § 5 a VVG nach sich[555]. Da Anlage D in Abschnitt I vorschreibt, dass die Verbraucherinformationen dem Versicherungsnehmer in jedem Falle *vor* Abschluss des Vertrages zur Verfügung zu stellen sind, sahen sich die Versicherer in Ansehung der praktischen Durchführbarkeit des Procederes in einem Dilemma[556]. So wurde zur Entschärfung des aufsichtsrechtlichen Informationsgebotes auf Vorschlag des Vermittlungsausschusses § 5 a VVG eingeführt, der einen Vertragsschluss auch ohne überlassene Verbraucherinformation zulässt[557] (sog. Policenmodell[558]). Sollte der Versicherungsnehmer mit den nachträglich erhaltenen Vertragsdokumenten inhaltlich nicht einverstanden sein, steht ihm gem. § 5 a Abs. 1 S. 1 VVG ein Widerspruchsrecht zu. Dieses Widerspruchsrecht ist der einzige Rechtsbehelf bzw. die einzige Einwendung, den § 5 a VVG vorsieht.

Zurückkommend auf die eingangs gestellte Frage ist bisher ungeklärt, ob darüber hinaus ein weiterer zivilrechtlicher Ersatzanspruch für einen Schaden in Be-

---

pflichten des Versicherers: Privat- oder aufsichtsrechtliche Zuordnung?, VW 1994, 561; *Renger*, Stand, Inhalt und Probleme des neuen Versicherungsrechts, VersR 1994, 753.

555 Einzelheiten bei Prölss-*Schmidt*, VAG, § 10 a Rdn. 4; *Prölss* in Prölss/Martin, VVG, § 5 a Rdn. 3; *Dörner/Hoffmann*, Abschluss von Versicherungsverträgen nach § 5 a VVG, NJW 1996, 153 f.

556 Beispiele hierzu nennt *Werber*, ZVersWiss 1994, 321, 337. So erscheint die rechtzeitige Verfügungstellung der Allg. Versicherungsbedingungen und die von Anl. D Abschn. I Nr. 1 lit. e) geforderte Angabe der Prämie insbesondere dann schwierig, wenn der Versicherungsnehmer eine kurzfristige Kontrahierung bzw. Absicherung seines Risikos begehrt, etwa in Fällen der vorläufigen Deckung. Die Probleme der Vorabinformation leiteten sich aber nicht nur aus der Vorschrift der Anlage D zu §10 a VAG her, sondern waren gleichso durch das AGB-Gesetz bedingt. Wegen des Wegfalls der aufsichtsbehördlichen Genehmigung von Allg. Versicherungsbedingungen entfiel gleichzeitig die Anwendbarkeit von § 23 Abs. 3 AGBG, der das AGB-Gesetz ungeachtet der Erfordernisse des § 2 Abs. 1 Nr. 1 und 2 auch dann für anwendbar erklärt, wenn die Aufsichtsbehörde die allgemeine Verwendung der Bedingungen genehmigt hatte. Mit dem Wegfall des Genehmigungserfordernisses konnte die Einbeziehung von Allg. Versicherungsbedingungen - lässt man § 5 a VVG einmal außer Betracht - so nur noch über § 2 AGBG erfolgen. Auch hiernach wären die Allg. Versicherungsbedingungen dem Versicherungsnehmer *vor* bzw. *bei* Vertragsschluss auszuhändigen gewesen. Diesem Erfordernis wurde durch die Fiktion des § 5 a VVG („ ... gilt der Vertrag auf der Grundlage ... der Versicherungsbedingungen ... als abgeschlossen ... “) abgeholfen.

557 Instruktiv hierzu *E. Lorenz*, Informationspflichten des Versicherers und Abschluss von Versicherungsverträgen nach neuem Recht, ZVersWiss 1995, 103, 107; Prölss-*Schmidt*, VAG, § 10 a Rdn. 35 ff., und *Römer* in Römer-Langheid, VVG, § 5 a Rdn. 17.

558 Die Begriffsprägung geht auf *E. Lorenz*, ZVersWiss 1995, 103, 108, zurück und hat sich zwischenzeitlich durchgesetzt.

tracht kommt, der denkbar ist, wenn ein nicht, ein unvollständig oder fehlerhaft informierter Versicherungsnehmer einen aus diesen Gründen unvorteilhaften Vertrag abschließt[559]. Sollte dies verneint werden, stünde dem Versicherungsnehmer lediglich die Beschwerde an die Aufsichtsbehörde offen. Diese könnte dann gem. § 81 Abs. 1 S. 2 i. V. m. Abs. 2 S. 1 VAG Anordnungen treffen, was aber im Einzelfall bei dem Versicherungsnehmer nicht unbedingt zum gewünschten Erfolg führen muss. Ebenso ungeklärt ist, welche Ansprüche dem Versicherungsnehmer zustehen, wenn es während der Vertragslaufzeit zu Informationsdefiziten oder -fehlern kommt. Hier könnte ein Anwendungsfeld für die positive Vertragsverletzung gegeben sein.

Schmidt bezeichnet Defizite bei der Verbraucherinformation mit dem dem Schuldrecht entlehnten Begriff der Leistungsstörung und erwägt neben öffentlich-rechtlichen Sanktionen auch Schadensersatzansprüche aus culpa in contrahendo oder positiver Vertragsverletzung[560]. Gleichso hält *Werber* trotz der aufsichtsrechtlichen Natur der Informationspflichten des § 10 a VAG die Möglichkeit der „zusatzlichen Entwicklung einer ... zivilrechtlichen Tragweite" für nicht ausgeschlossen und spricht sich für eine Anwendbarkeit der beiden vorgenannten Rechtsinstitute aus[561]. In diesem Sinne argumentiert auch *E. Lorenz*, der den aufsichtsrechtlichen Informationspflichten entsprechende „schuldrechtliche Aufklärungspflichten" nachbilden möchte[562]. *Kieninger* fasst § 10 a VAG als Schutzgesetz i. S. d. § 823 Abs. 2 BGB[563] auf bzw. möchte über § 242 BGB parallele „außergesetzliche Belehrungspflichten"[564] entwickeln. In die gleiche Richtung

---

559 Die Frage blieb im Gesetzgebungsverfahren offen; vgl. *Renger*, Stand, Inhalt und Probleme des neuen Versicherungsrechts, VersR 1994, 753, 756, und *Kieninger*, VersR 1999, 5, 7.

560 Prölss-*Schmidt*, VAG, § 10 a Rdn. 35 u. 39.

561 *Werber*, ZVersWiss 1994, 321, 341 f.

562 *E. Lorenz*, ZVersWiss 1995, 103, 107.

563 *Kieninger*, VersR 1998, 5, 7, unter Hinweis auf *Reichert-Facilides*, VW 1994, 561, und *Schwintowski*, Informationspflichten in der Lebensversicherung, in: Basedow/Schwark/Schwintowski (Hrsg.), Informationspflichten, Europäisierung des Versicherungswesens (Versicherungswissenschaftliche Studien Bd. 2 [1995]) S. 17. Ablehnend etwa Prölss-*Schmidt*, VAG, § 10 a Rdn. 35 mit der Begründung, dass die Vorschrift des § 10 a VAG nur der Sicherstellung der Verbraucherinformation im allgemeinen dient, nicht hingegen den Schutz des einzelnen Antragstellers (im Sinne der Schaffung eines individuellen Schadensersatzanspruches; Anm. d. Verf.) bezweckt.

564 *Kieninger*, VersR 1998, 5, 7. Hinsichtlich der Ausführungen von *Kieninger* ist anzumerken, dass - wie zitiert - die Bezeichnung „außergesetzliche Belehrungspflichten" verwandt wird, was nach der hier vorgenommenen Einordnung nicht ganz korrekt erscheint. An anderen Stellen spricht *Kieninger* in diesem Zusammenhang hingegen stets von Informationspflichten. Schliesslich wird konzediert (a. a. O., S. 7,

zielt *Römer*, der der Regelung des § 10 a VAG zwar keinen „unmittelbaren zivilrechtlichen Charakter" beimessen mag, aber trotzdem Ausstrahlungen der Vorschrift auf das Zivilrecht für möglich hält[565]. In Konsequenz sieht *Römer* die Zivilgerichte nicht gehindert, bei der Konkretisierung der vertraglichen Informationspflichten, deren Verletzung eine positive Vertragsverletzung oder eine culpa in contrahendo sein könne, die erforderlichen Wertungen der Norm des 10 a VAG zu entnehmen[566].

Aus den dargestellten - sicherlich gewichtigen - Literaturstimmen lässt sich eine deutliche Tendenz für die Annahme einer zivilrechtlichen Sanktionierung von Störungen der Informationspflicht nach § 10 a VAG erkennen. Ob die genannte Norm nun diesbezüglich Ausstrahlungswirkungen entfaltet, ein Schutzgesetz darstellt oder analoge zivilrechtliche Pflichten reflektiert, kann dahingestellt bleiben. Die Konzeption des § 10 a VAG ist eindeutig auf den Verbraucherschutz ausgerichtet, hierauf weist schon die Tatsache hin, dass der Verbraucher alleiniger Rezipient der Information ist. Das verbraucherschützende Element würde hingegen weitgehend leer laufen, wäre die Verpflichtung nicht sanktionsfähig. Eine Sanktionierung kann indes nicht nur aus bloßer Abhilfe bestehen, sondern muss sich auf die Möglichkeit des Schadensersatzes erstrecken. Der Widerspruch nach § 5 a VVG[567] und das Petitionsrecht an die Aufsichtsbehörde erweisen sind unter diesem Aspekt als kaum geeignete Instrumentarien.

Im Ergebnis sollte aus den genannten Gründen eine Heranziehung der Auffangtatbestände der culpa in contrahendo und der positiven Vertragsverletzung

---

re. Sp. oben), dass „§ 10 a VAG nur zur abstrakt-generellen *Information*, nicht dagegen zu individueller *Aufklärung* und *Beratung*" verpflichtet (textliche Hervorhebungen im Zitat durch den Verfasser). Bei einer gewünschten parallelen Rechtsentwicklung kann sich aber eine dem VVG entnommene abstrakt-generelle Informationsverpflichtung wohl kaum zivilrechtlich in eine konkret-individuelle Aufklärungs- oder Beratungspflicht wandeln. Dieser Einwand wird sogleich noch näher beleuchtet.

565 *Römer*, Informationspflichten der Versicherer, S. 25. Dem ist zuzustimmen. Ein u n m i t t e l b a r e r (hierauf liegt die Betonung; Anm. d. Verf.) zivilrechtlicher Ausfluss der Vorschrift des § 10 a VAG muss alleine schon deswegen verneint werden, da im Gesetzgebungsverfahren ausdrücklich darauf hingewiesen wurde, dass mit der VAG-Novelle keine zivilrechtlichen Folgen verbunden sein sollten, wie das anderenfalls bei einer Regelung der Informationpflichten im VVG zwangsläufig eingetreten wäre; vgl. BT-Drucks. 12/6959, S. 134. Siehe auch *Römer*, Informationspflichten der Versicherer, S. 24.

566 *Römer*, Informationspflichten der Versicherer, S. 25.

567 Wohlgemerkt: § 5 a VVG greift nur, wenn eine korrekte Verbraucherinformation vor Vertragsschluss unterblieben ist; nicht einschlägig ist die Norm bei unvollständiger oder unrichtiger Information; vgl. *Römer* in Römer/Langheid, VVG, § 5 a Rdn. 16; *Prölss* in Prölss/Martin, VVG, § 5 a Rdn. 20; *Kieninger*, VersR 1998, 5, 7.

bei Verletzungen der Informationspflichten nach § 10 a VAG außer Frage stehen. Dies zumindest, soweit sich essenzielle Teile der Information, wie etwa die von *Römer* als solche bezeichneten Leistungsbeschreibungen, Leistungsausschlüsse und Obliegenheiten als fehlerhaft herausstellen sollten[568]. Bei weniger relevanten Verstößen, wie beispielsweise fehlerhaften Angaben zu Gerichtsständen oder Aufsichtsbehörde, kann dies eigentlich nicht nicht anders sein. Allein dürfte es in solchen Fällen an einem nachweisbaren Schaden fehlen.

Sicherlich nicht nur hilfsweise drängt sich in diesem Zusammenhang auch die Anwendung des AGB-Gesetzes auf; ein Aspekt, der in der Literatur offensichtlich nur wenig Beachtung findet[569]. Da die Verbraucherinformationen in ihren wesentlichen Teilen regelmäßig in Allgemeinen Versicherungsbedingungen enthalten sind, steht dem Versicherungsnehmer insbesondere in Fällen fehlerhafter Bedingungswerke mit dem AGB-Gesetz ein sehr differenzierter und weitreichender Schutz zur Verfügung[570], ohne dass es der Erörterung möglicher zivilrechtlicher Sanktionen aus § 10 a VAG bedarf.

bb) Außergesetzliche Informationspflichten des Versicherers

Es erhebt sich die Frage, ob für den Versicherer außer in den durch § 10 a VAG i. V. m. Anlage D geregelten Tatbeständen weitere Informationspflichten gegenüber dem Versicherungsnehmer existieren. In diesem Zusammenhang sei nochmals darauf hingewiesen, dass unter Information lediglich die Unterrichtung Dritter in abstrakt-genereller Form verstanden werden darf[571]. Dies setzt voraus, dass es bei dieser Pflichtenform nicht zu einem konkreten, individuellen Kontakt der Parteien aus einem beliebigen Anlass gekommen sein darf.

In der Literatur wird der Begriff „außergesetzliche Informationspflichten" dagegen auch für solche Pflichten herangezogen, die sich im Lichte der in der vorliegenden Untersuchung vorgenommenen Definition eher als Beratungs- und Aufklärungspflichten darstellen. So spricht etwa *E. Lorenz* in Zusammenhang mit der „Pflicht zur Aufklärung über Unklarheiten des Vertragsinhalts" von einer

---

568 *Römer*, Informationspflichten der Versicherer, S. 25 f.

569 Mit einem Hinweis aber *E. Lorenz*, ZVersWiss 1995, 103, 110.

570 So *E. Lorenz*, ZVersWiss 1995, 103, 110.

571 Dies scheint aus den bereits dargelegten Gründen (siehe oben S. 100 u. 141) gerechtfertigt, so insbesondere deswegen, da das Versicherungsrecht unter Information lediglich die abstrakt-generelle Kommunikation zu verstehen scheint; vgl. nur § 10 a VAG i. V. m. Anlage D. Per definitionem fallen Beratung, Aufklärung und Auskunft damit nicht unter den Informationsbegriff.

außergetzlichen Informationspflicht[572], obwohl es in dem genannten Fall nicht um generell-abstrakte Information, sondern um konkret-individuelle Beratung oder Aufklärung geht.

Die Rechtsprechung hat - soweit ersichtlich - außergesetzliche Informationspflichten in der hier verstandenen Bedeutung bisher bei zwei Problemkreisen behandelt. Ein Rückgriff auf § 10 a VAG erfolgte dabei jeweils nicht. Dies ist zum einen eine mögliche Informationsverpflichtung bei Änderungen oder Neueinführung von Allgemeinen Versicherungsbedingungen, zum anderen eine Informationspflicht bei Kenntniserlangung von einschlägigen strafbaren Handlungen eines Agenten bzw. Vertreters[573].

cc) Außergesetzliche Informationsverpflichtung bei Änderung bestehender oder Einführung neuer AVB?

§ 10 a VAG räumt dem Versicherungsnehmer einen selbstständigen Informationsanspruch bezüglich bestimmter, das Versicherungsverhältnis betreffender Tatsachen und Rechte vor Abschluss und während der Laufzeit des Vertrages ein. Es bedarf der Hervorhebung, dass sich die Mitteilungspflichten auf den konkreten zwischen den Parteien geschlossenen Versicherungsvertrag beschränken. Der Verbraucher erhält so keine Kenntnis, sollten sich während der Laufzeit seines Versicherungsvertrages z. B. positive Änderungen in Bezug auf einzelne Allgemeine Versicherungsbedingungen ergeben oder neue Allgemeine Versicherungsbedingungen mit unter Umständen günstigeren Prämien angeboten werden[574]. Eine positive Kenntnis hierüber wäre allerdings wichtig, denn nur so ergibt sich für den Versicherungsnehmer die Gelegenheit, seine Risikovorsorge in Hinblick auf Modifizierungen zu überdenken und gegebenenfalls zu versuchen, den bestehenden Vertrag anzupassen oder aber diesen zu kündigen, um günstiger kontrahieren zu können.

Dieser Gedanke ist unter anderem in Zusammenhang mit der Vorschrift des § 8 Abs. 1 VVG zu sehen. Danach enthalten die meisten Versicherungsverträ-

---

572 *E. Lorenz*, ZVersWiss 1995, 103, 105. Ähnlich *Römer*, Informationspflichten der Versicherer, S. 27, der im Fall BGH, VersR 1981, 621 (Berliner Kunstoffbeschichtungsfabrik; zum Sachverhalt siehe oben S. 107) eine - offensichtlich aussergesetzliche - Informationspflicht in Bezug auf eine prämienoptimierte Gestaltung des Versicherungsvertrages annimmt; der BGH (a. a. O., S. 623, re. Sp. unter Ziff. 4) spricht indes nicht von einer Informations-, sondern im wesentlichen von einer Aufklärungspflicht.

573 So z. B. bei Vermögens- und Urkundendelikten, insbesondere dann, wenn sich diese gegen Versicherungsnehmer richten.

574 Die Vorschrift der Nr. 2 des Abschn. II Anlage D zu § 10 a VAG hilft in diesem Fall evident nicht weiter.

ge[575] eine Verlängerungsklausel, wonach sich das Versicherungsverhältnis automatisch um ein Jahr verlängert, wenn zuvor keine Kündigung seitens des Versicherungsnehmers oder des Versicherers erfolgte. Anders als z. B. im angelsächsischen Rechtskreis, wo Versicherungsverträge häufig nur für die Dauer eines Jahres abgeschlossen werden und danach der Erneuerung (renewal) bedürfen[576], ist dies in Deutschland zumeist nicht der Fall. Vorteil der durch das VVG ermöglichten Regelung ist sicherlich, dass der Versicherungnehmer so nicht Gefahr läuft, wegen einer (versehentlich) unterlassenen Verlängerung seinen Versicherungsschutz ungewollt zu verlieren[577]. Andererseits kommt dem Versicherungsnehmer so weitgehend die Möglichkeit abhanden, jährlich und sozusagen als Automatismus über Prämie und Konditionen neu verhandeln zu können.

Ein entsprechender Bedarf hierfür könnte - wie ausgeführt - insbesondere dann gesehen werden, wenn im Vergleich zu dem abgeschlossenen Bedingungswerk zwischenzeitlich neue, den Versicherungsnehmer unter Umständen begünstigende allgemeine Versicherungsbedingungen erschienen sind. Hiervon profitiert allerdings nur der Neukunde. Regelmäßig[578] erhält der Bestandskunde während der Laufzeit des Versicherungsvertrages hierüber keine Kenntnis. Fraglich ist insoweit, ob sich der Versicherer, wenn er nicht über Änderungen oder Neueinführungen von AVB informiert, einer positiven Vertragsverletzung schuldig macht.

---

575 Verlängerungsklauseln sind bei zeitlich begrenzten Versicherungsverträgen absolut üblich, insbesondere in den Privatversicherungssparten; vgl. *Römer* in Römer/Langheid, VVG § 8 Rdn. 1.

576 Einzelheiten hierzu bei *Reichert-Facilides*, Lang- oder Kurzfristigkeit von Versicherungsverträgen: Rechtsvergleichende Anmerkungen, in: Festschrift für Egon Lorenz, S. 423, 426.

577 Bei Verträgen *ohne* Verlängerungsklausel ist der Versicherer grundsätzlich nicht verpflichtet, den Versicherungsnehmer auf den Ablauf des Vertrages hinzuweisen; siehe *Prölss* in Prölss/Martin, VVG, § 8 Rdn. 1 m.w.N.

578 Eine Ausnahme gilt selbstverständlich dann, wenn der Versicherungsvertrag eine Einbeziehungsvereinbarung für neue Allg. Versicherungsbedingungen enthält. Solche Klauseln müssen hingegen den Anforderungen der §§ 10 Nr. 4 u. 9 Abs. 1 AGBG entsprechen; instruktiv hierzu jüngst BGH, VersR 1999, 697. Zur Zulässigkeit von Anpassungklauseln vgl. u. a. *Präve*, Versicherungsbedingungen und AGB-Gesetz, Rdn. 446 ff.; *Prölss* in Prölss/Martin, VVG, Vorbem. I Rdn. 28 ff.; *Schimikowski*, RuS 1998, 27; *Schwintowski*, VuR 1998, 128, sowie aktuell *Fricke*, VersR 2000, 257, und *Römer*, RuS 2000, 177.

(1) Rechtsprechung

Zu diesem Themenkomplex existieren bisher rd. ein Dutzend Entscheidungen[579]. Bevor eine Auswertung vorgenommen wird, sei jedoch nochmals darauf hingewiesen, dass diese nur Sachverhalte betreffen, bei denen sich die Laufzeit des Versicherungsvertrages periodisch automatisch verlängert und es *nicht* zu Verhandlungen zwischen den Parteien gekommen ist. Hiervon ist strikt der bereits behandelte Fall zu trennen, in dem es wegen des Auslaufens einer vertraglich festgelegten mehrjährigen Versicherungsperiode oder wegen notwendiger Vertragsumgestaltungen zu Neuverhandlungen mit dem Versicherer kommt, anlässlich derer dieser nicht über mögliche Konditionsverbesserungen berichtet[580]. Die zuletzt genannte Alternative war der Gruppe des Beratungsverschuldens zuzuordnen, da dort ja konkrete Verhandlungen stattfanden; sie bedurfte daher der gesonderten Betrachtung[581]. Die folgenden Entscheidungen betreffen somit ausschließlich die Frage, ob der Versicherer von sich aus (autonom bzw. spontan) verpflichtet ist, im Rahmen laufender Verträge im Wege der Information auf Bedingungs- oder Prämienverbesserungen hinzuweisen[582].

Erstmals äußerte sich zu der Frage das AG Frankfurt[583]. Der Versicherungsnehmer sah eine positive Vertragsverletzung darin, dass ihn der Versicherer nicht auf die Einführung einer Glaspauschalversicherung aufmerksam gemacht hatte. Im Vergleich zu der vereinbarten Glassummenversicherung hätte diese neue Versicherungsart zu einer günstigeren Prämie geführt. Relativ knapp judizierte das erkennende Gericht unter Berufung auf ein individuelles Schreiben des BAV, dass der Versicherer nicht verpflichtet sei, eventuelle spätere Änderungen oder Neueinführungen von Versicherungsarten dem Versicherungsnehmer mitzuteilen. Auf eine schuldhafte Pflichtverletzung könne allein schon deswegen nicht erkannt werden, da wegen der eindeutigen Aussage des BAV dem Versicherer kein Vorwurf zu machen sei, wenn dieser nicht informiere. Eine entsprechende Verpflichtung erschließt sich dem AG Frankfurt ebenso nicht aus der Rechtspre-

---

579 AG Frankfurt, RuS 1985, 225; OLG Hamburg, VersR 1988, 620; OLG Saarbrücken, VersR 1989, 245; LG Darmstadt, RuS 1990, 299; LG Bad Kreuznach, ZfS 1991, 207; OLG Saarbrücken, VersR 1993, 1386; OLG Hamm, VersR 1994, 37; OLG Düsseldorf, VersR 1997, 1134 = RuS 1997, 523; LG Coburg, VersR 1998, 1102; OLG Bamberg, VersR 1998, 833.

580 So die Entscheidungen BGHZ 81, 345 = VersR 1982, 37 = NJW 1982, 926 (Turbinen-Betriebsunterbrechungsfall; siehe oben S. 103) u. OLG Hamm, NVersZ 2000, 349 (nicht rechtskräftig).

581 Siehe zuvor II. 3. 2. 1. 1. a) cc).

582 Hierzu auch *Klimke*, Hinweispflicht des Versicherers bei Einführung neuer AVB, NVersZ 1999, 449.

583 AG Frankfurt v. 12.4.1985, RuS 1985, 225.

chung des BGH, wobei es jedoch das sachverhaltsverwandte, richtungsweisende Urteil des BGH vom 23.9.1981[584] glatt übersieht.

Auch der anschließenden Entscheidung des OLG Hamburg[585] lag ein Sachverhalt zu Grunde, in dem der Versicherer seinen Kunden weder anlässlich einer automatisch erfolgten Vertragsverlängerung noch bei der Abwicklung eines vorausgegangenen Schadenfalles über eine Änderung der Allgemeinen Versicherungsbedingungen informierte. Dies trotz der Tatsache, dass sich der Versicherer gegenüber dem Bundesaufsichtsamt für das Versicherungswesen durch geschäftsplanmäßige Erklärung verpflichtet hatte, den Versicherungsbestand bei jeder sich bietenden Gelegenheit auf das neue Bedingungswerk umzustellen. Im Fall ging es darum, ob bei der Berechnung eines Schadens betreffend der Hausratversicherung die ursprünglich vereinbarten Bedingungen oder aber die den Versicherungsnehmer im konkreten Sachverhalt begünstigenden, zwischenzeitlich neu eingeführten Bedingungen herangezogen werden müssen[586]. Das Gericht entschied gegen den Versicherungnehmer. In der Begründung wird ausgeführt, dass sich eine Verpflichtung, den Versicherungsnehmer nach Ablauf der ursprünglich vorgesehenen Vertragsdauer oder anlässlich eines u. U. vorangegangenen Versicherungsfalles über ein neu erschienenes Bedingungswerk zu unterrichten, nicht aus Treu und Glauben ableiten lasse. Jedoch hält es das OLG Hamburg im Weiteren für möglich, eine solche Verpflichtung dann anzunehmen, „wenn die Änderung der Versicherungsbedingungen allein oder überwiegend im Interesse des Versicherungsnehmers vorgenommen worden wäre“. Dies war nach Einschätzung des Gerichts in der verhandelten Sache hingegen nicht der Fall, da das Bedingungswerk VHB 74 im Vergleich zu seinem Vorläufer für den Versicherungsnehmer nicht nur Verbesserungen, sondern auch einzelne Verschlechterungen mit sich brachte. Konsequent leitet das OLG Hamburg hieraus ab, das sich so je nach Art und Zusammensetzung des Schadens entscheidet, ob im Einzelfall die Anwendung der VHB 74 oder der VHB 66 günstiger wäre. Weiter führte das Gericht aus, dass sich eine Informationsverpflichtung ebenso nicht aus einer gegenüber dem Bundesaufsichtsamt abgegebenen geschäftsplanmäßigen Erklärung ableiten lasse, da diese Erklärung „grundsätzlich keine unmittelbaren Auswirkungen auf die Vertragsbeziehungen“ zwischen Versicherer und Versicherungsnehmer habe[587].

---

584 BGHZ 81, 345 = VersR 1982, 37 = NJW 1982, 926 (Turbinen-Betriebsunterbrechungsfall).

585 OLG Hamburg v. 24.4.1987, VersR 1988, 620.

586 Entscheidungsgrundlage waren das (ursprünglich vereinbarte) Bedingungswerk VHB 66 und die VHB 74.

587 Offensichtlich fühlte sich der Versicherer im Außenverhältnis an seine dem BAV gegenüber abgegebene geschäftsplanmäßige Erklärung nicht gebunden. Dies ent-

Ähnlich argumentiert das OLG Saarbrücken[588]. Die möglicherweise vom Versicherer vorgenommene Einbeziehung geänderter Versicherungsbedingungen in laufende Versicherungsverträge setzte als Vertragsänderung eine vertragliche Vereinbarung und damit die Zustimmung des Versicherungsnehmers voraus. Eine Verpflichtung, den Versicherungsnehmer auf günstigere, bislang nicht Vertragsinhalt gewordene AVB hinzuweisen, wird unter Hinweis auf die höchstrichterliche Rechtsprechung[589] nur dann gesehen, wenn etwa Verhandlungen über ei-

---

spricht einer nicht selten zu beobachtenden Praxis. So lag auch in den Fällen OLG Hamm, VersR 1994, 37; OLG Düsseldorf, VersR 1997, 1134 = RuS 1997, 523, und LG Coburg, VersR 1998, 1102, eine geschäftsplanmäßige Erklärung der jeweiligen Versicherer vor, die Verträge „bei sich bietender Gelegenheit" umzuwandeln. Dort allerdings unter dem Zusatz „falls die Versicherungsnehmer ihr Einverständnis schriftlich erklären" (siehe VerBAV 1987, 417). Dies ist im Grunde, insbesondere im Lichte des Grundsatzes pacta sunt servanda, nicht zu beanstanden. Hingegen, wenn der Versicherungsnehmer keine Kenntnis von einer möglichen Umwandlung erhält, kann er auch nicht zustimmen. Unter Berücksichtigung des Gesagten ist der Versicherer so stets im Vorteil. Sollte die Nichtbeachtung der Erklärung - wie die zuvor beispielhaft genannten Vorgänge zeigen - an das Licht der Öffentlichkeit gelangen, kann sich der Versicherer mit dem Argument zurückziehen, dass eine (nach öffentlichem Recht zu beurteilende) geschäftplanmäßige Erklärung keine unmittelbaren Auswirkungen auf die zivilrechtlichen Vertragsbeziehungen hat; dies jedenfalls nicht, soweit es sich um die Umstellung von Altverträgen auf neue Allg. Versicherungsbedingungen handelt (näher zur Problematik etwa *Prölss* in Prölss/Martin, VVG, Vorbem. I Rdn. 120, u. Prölss-*Schmidt*, VAG, Zus. § 5 Rdn. 5 ff.).

588 OLG Saarbrücken v. 25.11.1987, VersR 1989, 245. Das Urteil behandelt die Angehörigenklausel in der Allg. Haftpflichtversicherung. In den zwischen den Parteien vereinbarten Versicherungsbedingungen (AHB 1974; Textfassung siehe bei *Wussow*, AHB, S. 7) waren Haftpflichtansprüche aus Schäden, die Angehörigen des Versicherungsnehmers zugefügt wurden, von der Versicherung ausgeschlossen. Dies unabhängig davon, ob die Angehörigen mit dem Versicherungsnehmer in häuslicher Gemeinschaft lebten (sog. uneingeschränkte Angehörigenklausel). Diese Bestimmung wurde in der neueren Fassung der AHB, die dem Versicherungsnehmer nicht angeboten wurde, abgemildert. Dort waren Schäden bei Angehörigen, die nicht mit dem Versicherungsnehmer in häuslicher Gemeinschaft lebten, (gegen Prämienerhöhung) nunmehr eingeschlossen. Streitig war der Deckungsschutz für ein vom Sohn des Versicherungsnehmers in Brand gesetztes Gebäude seines Großvaters.

589 Die Bezugnahme erfolgte auf BGHZ 81, 345, und BGH, VersR 1973, 176 = NJW 1973, 284. Im letztgenannten Fall nutzte ein Krankenversicherer eine vom Versicherungsnehmer beantragte Umgestaltung des Vertrages (beabsichtigt war eine Höherversicherung), um dem Vertragsverhältnis neue, geänderte Allg. Versicherungsbedingungen zu Grunde zu legen. Der Antrag enthielt hierzu die Bestimmung: „Vom Beginn der Vertragsänderung an gelten die den gewählten Tarifen zugrunde liegenden Allg. Versicherungsbedingungen". Das neue Bedingungswerk war für den Versicherungsnehmer jedoch wesentlich nachteiliger. Diesbezüglich sah der BGH eine ausdrückliche Hinweispflicht als gegeben an.

ne Vertragsverlängerung oder Vertragsumgestaltung stattgefunden haben. Zu solchen ist es im konkreten Fall hingegen unstreitig nicht gekommmen[590].

Diese Entscheidung wird gefolgt von einem Urteil des LG Darmstadt vom 14.2.1990[591]. In Anlehnung an das Urteil BGHZ 81, 345, wird eine Hinweispflicht auf geänderte Versicherungsbedingungen (Angehörigenklausel in der privaten Haftpflichtversicherung) nur angenommen, wenn diese weder mit einer Risiko- noch mit einer Prämienerhöhung verbunden sind. Eine Hinweispflicht auf eine für den Versicherungsnehmer günstigere, aber gleichzeitig auch teurere Klausel wird folglich abgelehnt.

Deutlich abweichend von der bisher eingeschlagenen Linie der Rechtsprechung folgt ein Berufungsurteil des LG Bad Kreuznach[592], ebenso in einem Rechtsstreit über mögliche Informationspflichten des Versicherers hinsichtlich der Einführung der erweiterten Angehörigenklausel. Das Gericht erkannte auf eine positive Vertragsverletzung, da es bei dem als Dauerschuldverhältnis eingeordneten Versicherungsvertrag aufgrund des sich bildenden besonderen Vertrauensverhältnisses eine Verpflichtung sah, „während der Vertragsdauer ... Informationen zu vermitteln ... die erkennbar für den Vertragspartner von hohem Interesse sind“. Die auf § 242 BGB gestützte Begründung stellt u. a. auf die Informationspflichten des Versicherungsnehmers gegenüber dem Versicherer während der Vertragslaufzeit ab (so z. B. die Verpflichtung zur Anzeige von Gefahrerhöhungen, § 23 Abs. 2 VVG). Diese müssten umgekehrt billigerweise mit einer reziproken Verpflichtung für den Versicherer über die mögliche Ausdehnung des abgesicherten Risikos einhergehen[593].

Wiederum ablehnend betrachtet dann das OLG Saarbrücken die Problematik in einer Entscheidung vom 27.1.1993[594]. Im Fall ging es darum, ob der Versicherer seiner Kundin, einer Zahnärztin, mit der er 1982 einen Krankenversicherungsvertrag abgeschlossen hatte, hätte mitteilen müssen, dass im Jahr 1986 ein erheblich kostengünstigerer Sondertarif für diese Berufsgruppe eingeführt wurde. Die Klägerin verlangte rückwirkend so gestellt zu werden, als wäre sie bereits seit der Einführung des Sondertarifes nach diesem versichert gewesen. In Anlehnung an seine Vorentscheidung[595] wies das OLG Saarbrücken jedoch auch diese Klage ab. Immerhin behandelt es jedoch das zuvor nicht diskutierte Urteil des OLG Hamburg vom 24.4.1987[596] und übernimmt den Gedankengang, dass eine

590 Kritik an dem Urteil übt *Voit*, VersR 1989, 834.
591 LG Darmstadt, RuS 1990, 299.
592 LG Bad Kreuznach v. 26.2.1991, ZfS 1991, 207.
593 LG Bad Kreuznach, ZfS 1991, 207, 208.
594 OLG Saarbrücken, VersR 1993, 1386.
595 OLG Saarbrücken, VersR 1989, 245.
596 OLG Hamburg, VersR 1988, 620.

Informationsverpflichtung dann in Erwägung gezogen werden könne, wenn die Änderung der Versicherungsbedingungen „allein oder überwiegend im Interesse des Versicherungsnehmers erfolgt ist“[597]. Diese Voraussetzung wurde im konkreten Sachverhalt jedoch nicht als gegeben angesehen, da nicht abschließend beurteilt werden könne, ob die 1986 eingeführten Sondertarife „ausschließlich“ günstiger gewesen seien[598]. Zur Verdeutlichung der Ablehnung einer autonomen Hinweispflicht fügt das OLG Saarbrücken an: „Auf keinen Fall war die Beklagte verpflichtet, die Klägerin ... mit einem besonderen Anschreiben oder durch den zuständigen Versicherungsagenten über die Sondertarife zu informieren“[599].

Ähnlich judizierten OLG Hamm 1993[600], OLG Düsseldorf[601] und LG Coburg[602] in Zusammenhang mit der Einführung neuer Unfallversicherungsbedingungen (AUB 88). Die genannten Gerichte gehen - mit fast wortgleicher Begründung - davon aus, dass eine Hinweispflicht auf die Einführung neuer Versicherungsbedingungen jedenfalls dann nicht bestehe, wenn die möglichen Vertragsänderungen für den Versicherten nicht ausschließlich, sondern nur „per Saldo“ günstiger seien, „die neuen AVB also auch Verschlechterungen ... enthalten“[603].

Die jüngste Entscheidung zum Problemkreis erging seitens des OLG Bamberg im März 1997[604]. Sie übernimmt im Wesentlichen die Begründung von BGHZ 81, 345[605], wonach eine Hinweispflicht allenfalls dann angenommen werden könne, wenn bei Verhandlungen mit dem Versicherungsnehmer neue, günstigere Versicherungsbedingungen existieren, die jedoch keine Erhöhung des Risikos des Versicherers bewirken. Zu Verhandlungen zwischen den Parteien war es jedoch auch in dem diesem Urteil zu Grunde liegenden Fall nicht gekommen.

---

597 OLG Saarbrücken, VersR 1993, 1386.

598 OLG Saarbrücken, VersR 1993, 1386, 1387.

599 OLG Saarbrücken, Versr 1993, 1386, 1387 (re. Sp. unten).

600 OLG Hamm v. 17.3.1993, VersR 1994, 37.

601 OLG Düsseldorf v. 2.7.1996, VersR 1997, 1134 = RuS 1997, 523 = NJW-RR 1997, 979.

602 LG Coburg v. 23.7.1996, VersR 1998, 1102; nachgehend OLG Bamberg, VersR 1998, 833 (siehe sogleich Fn. 604).

603 Identisch insoweit OLG Hamm, VersR 1994, 37, und LG Coburg, VersR 1998, 1102. OLG Düsseldorf, VersR 1997, 523 weicht vom Wortlaut her nur insignifikant ab.

604 OLG Bamberg, VersR 1998, 833, in Rechtszug zu LG Coburg, VersR 1998, 1102 (oben Fn. 602). Inhaltlich wird die Vorinstanz voll bestätigt.

605 Oben Fn. 584.

(2) Kritik und eigene Stellungnahme

Die Frage, ob unabhängig von Verhandlungen über die Verlängerung oder die Änderung eines bestehenden Versicherungsvertrages eine autonome Verpflichtung des Versicherers existiert, den Versicherungsnehmer auf Bedingungs- oder Beitragsverbesserungen hinzuweisen, kann in Hinblick auf die angeführte Rechtsprechung als nicht abschließend geklärt beantwortet werden[606]. Leider hat auch der BGH durch Nichtannahmebeschluss[607] zu der angeführten Entscheidung des OLG Saarbrücken aus dem Jahr 1987[608] nicht dazu beigetragen, diese wichtige Frage einer Klärung zuzuführen. Wenn zuvor im Rahmen der Betrachtungen zu Beratungs- und Aufklärungspflichten beobachtet werden konnte, dass eine tendenziell verbraucherfreundliche Judikatur vorherrscht, ist bei der Frage des Bestehens von autonomen Informationspflichten des Versicherers gerade das Gegenteil der Fall[609]. Davon, dass die derzeit anhängige Revision zu OLG Hamm, NVersZ 2000, 349[610] eine Umkehr bewirken könnte, ist nicht auszugehen.

Formaljuristisch können allerdings gegen die zuvor beschriebenen Entscheidungen keine Einwendungen vorgebracht werden. Nach allgemeinen Grundsätzen sind Vertragsinhalt die bei Abschluss des jeweiligen Versicherungsvertrages geltenden Allgemeinen Versicherungsbedingungen. Dies entspricht auch den Wertungen des Schuldrechts, wie sie etwa in § 305 BGB zum Ausdruck kommen. Danach kann ein Vertrag, insbesondere ein solcher, dem ein Dauerschuldverhältnis zu Grunde liegt, ohne Zustimmung des anderen Vertragsteils nicht modifiziert werden.

Dies ändert sich auch nicht für den Fall des Vorliegens geschäftplanmäßiger Erklärungen der Versicherer, in denen sich diese verpflichten, bestehende Verträge - sofern der Versicherungsnehmer dies wünscht, also im Sinne von § 305 BGB zustimmt - auf neue Bedingungswerke umzustellen. Nur ausnahmsweise lässt die Rechtsprechung geschäftsplanmäßigen Erklärungen eine unmittelbar rechtsgestaltende Wirkung auf das einzelne Versicherungsverhältnis zukommen[611]. Über die Frage, ob sich aus solchen Erklärungen unmittelbar eine ver-

606 Mit dieser Feststellung bereits OLG Saarbrücken, VersR 1993, 1386; ebenso *Klimke*, Hinweispflichten des Versicherers bei Einführung neuer AVB, NVersZ 1999, 449, 450. Die Tatsache der Richtigkeit dieser Aussage muss allerdings als bedauerlich angesehen werden.

607 BGH, Beschluss vom 12.10.1988 - IV a ZR 15/88; zitiert nach der Redaktionsanmerkung in VersR 1989, 245.

608 OLG Saarbrücken, VersR 1989, 245.

609 Einzige Ausnahme ist das Urteil des LG Bad Kreuznach, ZfS 1991, 207.

610 Siehe auch oben II. 3. 2. 1. 1. a) cc), Fn. 492.

611 BGH, VersR 1988, 1062, 1065 = NJW 1988, 2734, 2736; KG, VersR 1996, 1397, 1398; OLG Koblenz, VersR 1982, 260; OLG Oldenburg, NJW 1974, 2133.

tragliche Nebenpflicht - wie die hier behandelte Informationspflicht - herleiten lässt, wurde höchstrichterlich hingegen noch nicht entschieden[612]. So werden dann die Hinweise des BAV an die Versicherer, Änderungen von Allgemeinen Versicherungsbedingungen auch den Altverträgen zugute kommen zu lassen, von den Obergerichten lediglich als „Reflex der allgemeinen Versicherungsaufsicht" verstanden, die den Interessen der Versicherten dienen, aber keine unmittelbare vertragliche Gestaltungswirkung nach sich ziehen[613].

Im Schrifttum wurde die Frage autonomer Informationspflichten bei Änderungen von Allgemeinen Versicherungsbedingungen nur wenig diskutiert. So geht *Voit*[614] von der zustimmungswürdigen Annahme aus, dass bedingt durch die Besonderheiten des Versicherungsvertragsrechts der Versicherungsnehmer von diesbezüglichen Änderungen in der Regel nichts erfährt, sofern ihn der Versicherer nicht informiert. Daraus leitet er über § 242 BGB in Erweiterung der Hinweispflichten des allgemeinen Vertragsrechts eine konkrete Hinweispflicht für den Individualversicherungsvertrag ab, da der Versicherungsnehmer darauf vertraue, dass er bei nennenswerten Änderungen darüber informiert werde[615]. *Martin* nimmt zwar anlässlich von Veränderungsgesprächen mit dem Versicherer eine autonome Hinweispflicht für ausschließlich oder überwiegend zum Vorteil des Versicherungsnehmers geänderte Allgemeine Versicherungsbedingungen an[616], möchte sich aber offensichtlich nicht auf eine autonome Hinweispflicht festlegen, wenn es nicht zu Verhandlungen zwischen den Parteien gekommen ist[617]. Auch *Prölss* steht dem ablehnend gegenüber[618]. Für *Schirmer* kommt eine „Informationspflicht" - offensichtlich unter dem Eindruck der höchstrichterlichen Rechtsprechung - jedenfalls dann nicht in Frage, wenn die geänderten Bedingungen zu Risiko- oder Beitragserhöhungen führen[619]. *Klimke* bejaht zunächst ein sich aus § 242 BGB herleitendes, generelles Beratungs- oder Informationsbedürfnis des Versicherungsnehmers[620], spricht sich im Ergebnis aber nur dann für eine anlassunabhängige Informationspflicht aus, wenn völlig neue Klauselwerke eingeführt

---

612 Vgl. insoweit auch OLG Hamm, VersR 1994, 37, 38.

613 OLG Hamm, VersR 1994, 37, 38; OLG Bamberg, VersR 1998, 833, 834.

614 *Voit*, VersR 1989, 834 f. (Anm. zu OLG Saarbrücken, VersR 1989, 245).

615 *Voit*, VersR 1989, 835; ähnlich später LG Bad Kreuznach, ZfS 1991, 207, 208.

616 *Martin*, Sachversicherungsrecht, K I Rdn. 10, unter Hinweis auf BGH, VersR 1982, 37.

617 *Martin*, Sachversicherungsrecht, K I Rdn. 11, sowie K IV Rdn. 10 (dort in Zustimmung zu OLG Saarbrücken, VersR 1989, 245).

618 *Prölss* in Prölss/Martin, VVG, Vorbem. I Rdn. 36.

619 *Schirmer*, Beratungspflichten und Beratungsverschulden, RuS 1999, 177, 183, unter Hinweis auf BGH, VersR 1982, 37.

620 *Klimke*, Hinweispflicht des Versicherers bei Einführung neuer AVB, NVersZ 1999, 449, 450.

werden. Hierbei hebt er hervor, dass eine solche Pflicht nicht nur bei für den Versicherungsnehmer ausschließlich günstigen, sondern auch bei teils günstigen, teils nachteiligen Änderungen angenommen werden muss[621].

Ein näherer Blick auf die oben zitierten Urteile macht deutlich, dass die Informationskomponente zu Gunsten der Änderungskomponente vernachlässigt wird. Zwei Fragen werden unzulässigerweise miteinander vermischt: Dies ist zum einen die - generell zu verneinende - Frage, ob geänderte Allgemeine Versicherungsbedingungen ohne Zustimmung des Versicherungsnehmers in einen laufenden Versicherungsvertrag einbezogen werden können[622]. Wichtiger und von primärer Natur aber ist die Frage, ob dem Versicherer bei Einführung neuer Versicherungsbedingungen eine generelle Informationspflicht gegenüber seinen Versicherungsnehmern, den Bestandskunden, obliegt. Denn ohne Information sind (mögliche) vertragliche Anpassungen mangels Kenntnis hierüber ausgeschlossen. Beide Fragen miteinander zu verknüpfen, sollte sich aus systematischen Gründen verbieten.

So stiehlt man sich aus dem Problem, wenn argumentiert wird, dass eine selbstständige und unbedingte Informationspflicht nur dann angenommen werden könne, wenn die geänderten, neuen Bedingungen für den Versicherungsnehmer allein oder überwiegend positiver sind[623]. Ist das neue Bedingungswerk nicht allein, sondern nur „überwiegend positiver" kommt es, wie das OLG Hamburg[624] vollkommen richtig erkennt, stets auf den konkreten Schadenfall bzw. das versicherte Risiko an. Danach können das alte oder aber das geänderte, neue Bedingungswerk für den Versicherungsnehmer die besseren Konditionen enthalten. Darüber hinaus muss auf die Schwierigkeit hingewiesen werden, wie konkret ein „überwiegend positiver" Versicherungsschutz näher definiert werden soll. Auf dieses Kriterium, das der zumindest überwiegend positiven Änderung, kann also bei der Beurteilung der Frage nach einer generellen Informationspflicht nicht abgestellt werden. Auch ein für den Versicherungsnehmer allein günstigeres Bedingungswerk ist diesem wenig hilfreich, wenn er von dessen Existenz nicht erfährt[625]. Im übrigen darf sich die Frage nach dem für den Versicherungsnehmer günstigeren Bedingungswerk nicht erst im Schadenfall stellen.

---

621 *Klimke* (a. a. O., Fn. 620), S. 455.

622 Zur Zulässigkeit von Einbeziehungsklauseln siehe zuvor Fn. 578.

623 OLG Hamburg, VersR 1988, 620. Von „nur per Saldo" günstigeren Allg. Versicherungsbedingungen sprechen OLG Hamm, VersR 1994, 37; LG Coburg, VersR 1998, 1102, und OLG Bamberg, VersR 1998, 833.

624 OLG Hamburg, VersR 1988, 620.

625 Insoweit ist der oft zu findende Hinweis, dass neue Versicherungsbedingungen eine vertragliche Vereinbarung (§ 305 BGB) und damit die Zustimmung des Versicherungsnehmers voraussetzen, allerdings bemerkenswert (siehe mit diesem Hinweis

Orientierungspunkt muss somit die originäre Verbraucherinformation sein. Letztlich muss der Versicherungsnehmer für sich entscheiden können, ob er einen bestehenden Versicherungsvertrag zu geänderten Konditionen weiterführen möchte oder nicht. Da nicht anzunehmen ist, dass sich der durchschnittliche Versicherungsnehmer hinsichtlich aller von ihm unterhaltenen Versicherungsverträge regelmäßig über jeweilige mögliche Bedingungsänderungen informiert, kann er hierüber, sofern ihm nicht der Zufall zur Hilfe kommt, praktisch nur über den Versicherer erfahren[626]. In diesem Zusammenhang ist das von *Klimke* in die Diskussion eingebrachte Argument gewichtig, dass, wenn schon im Rahmen von Vertrags(änderungs)verhandlungen mit der Rechtsprechung[627] ein schutzwürdiges Informationsinteresse des Versicherungsnehmers angenommen wird, dies erst recht unabhängig von Vertragsverhandlungen angenommen werden sollte[628]. Hierfür dürfte auch das wohl in den meisten Fällen anzutreffende Informationsgefälle sprechen. Bedauerlicherweise wurde eine entsprechende Verpflichtung nicht in den Katalog der Verbraucherinformationen nach Abschnitt II Nr. 2 des Anhang D zu § 10 a VAG eingearbeitet. Im übrigen würde diese dort auch nur dann helfen, wenn die Pflicht unabhängig von der Änderung von Rechtsvorschriften bestünde.

Auf anderen Gebieten als dem Versicherungsrecht hat sich die Rechtsprechung zu vom Schuldner unaufgefordert zu erteilenden Informationen bisher nur wenig geäußert. Die vorhandenen Entscheidungen konzentrieren sich weniger auf allgemeine Informationspflichten, als im Wesentlichen auf Aufklärungs- und

---

z. B. OLG Saarbrücken, VersR 1989, 245; OLG Hamm, VersR 1994, 37). Die Zustimmung ist eine Willenserklärung. Diese setzt eine Willensbildung voraus. Eine solche kann hingegen nicht stattfinden, wenn der Versicherungsnehmer von den Grundlagen für diese Willensbildung, den Informationen über mögliche Änderungen der Allg. Versicherungsbedingungen, nichts erfährt.

626 Dass eine verbraucherfreundliche Lösung des diskutierten Problems möglich ist, zeigt ein neuerdings auf dem Markt befindliches, innovatives Konzept. Es bezweckt die Angleichung von laufenden Versicherungsverträgen an geänderte Marktverhältnisse. Ein Makler bietet hierzu eine sog. „Gemanagte Police“ an. Die mit monatlichen Kündigungsfristen versehenen Policen werden dabei stets den besten Konditionen des Marktes angepasst. So werden die abgeschlossenen Verträge (Lebens-, Renten-, Sach- und Haftpflichtversicherungen) turnusmäßig auf mögliche Verbesserungen zu Gunsten des Versicherungsnehmers überprüft. Sollte der Markt nach Vertragsabschluss verbesserte Konditionen hervorgebracht haben, werden diese - soweit sinnvoll - mit Einverständnis des Kunden und in Kooperation mit dem Versicherer nachträglich in die Allg. Versicherungsbedingungen eingebaut; vgl. hierzu ZfV 1998, 712, sowie VW 1999, 478.

627 BGHZ 81, 345.

628 *Klimke* (a. a. O., Fn. 620), S. 450.

Auskunftspflichten[629]. So kennt das BGB in seinem Ursprung keine allgemeine Informationspflicht[630]; es wird hierfür stets ein Rechtsgrund vorausgesetzt. Nach ständiger Rechtsprechung besteht aus § 242 BGB ein Auskunftsanspruch dann, wenn die zwischen den Parteien bestehenden Rechtsbeziehungen es mit sich bringen, dass der Berechtigte (hier wäre das also der Versicherungsnehmer) in entschuldbarer Weise über Bestehen oder Umfang seines Rechtes im Ungewissen ist und der Verpflichtete die die Ungewissheit beseitigende Auskunft unschwer geben kann[631]. Diese Formel will hingegen auf das Versicherungsverhältnis nicht recht passen. Crux ist, dass bei Bedingungsänderungen der Versicherungsnehmer über seine bisherige und dem Versicherungsvertrag zu Grunde liegende Rechtsposition nicht im Ungewissen ist. Schließlich liegen ihm die für seinen Vertrag gültigen Allgemeinen Versicherungsbedingungen ja vor. Eine Rechtspflicht, den Vertragspartner über Umstände aufzuklären, die auf seine Entschließung Einfluss haben könnten, sieht der BGH nur aus besonderen Gründen anhand der konkreten Umstände des Einzelfalls[632]. So hat er eine derartige Pflicht aus konkreten, zwischen den Parteien bestehenden Vertragsbeziehungen dann abgeleitet, wenn das Verschweigen von Tatsachen gegen den Grundsatz von Treu und Glauben verstoßen würde und der Erklärungsgegner die Mitteilung der verschwiegenen Tatsache nach der Verkehrssitte hätte erwarten dürfen[633]. Für einen Kaufvertrag wird wegen der dort widerstreitenden Interessen vom BGH eine solche Pflicht im Grundsatz nicht angenommen[634]. Nur im Ausnahmefall wird diese bejaht, wenn

---

629 Vgl. die Hinweise bei Palandt-*Heinrichs* zu § 242 Rdn. 37 u. § 261 Rdn. 8 ff. So darf z. B. der andere Vertragsteil nach Treu und Glauben erwarten, dass er vor Gefahren gewarnt wird, die das Integritätsinteresse bedrohen könnten (BGHZ 64, 49; OLG München, NJW-RR 1991, 421), was insb. auf Dauerschuldverhältnisse wie z. B. den Bankvertrag zutrifft (RGZ 111, 233). Instruktiv zu schuldrechtlichen Informationspflichten *Reich*, NJW 1978, 513.

630 RGZ 102, 235, 236; BGH, NJW 1957, 669 = WM 1957, 637; BGH, NJW 1970, 751, 752 = WM 1970, 387, 388; BGH, NJW 1978, 1002; 1980, 2463; 1981, 1733.

631 Dieser Grundsatz wurde bereits vom RG (RGZ 108, 1, 7; 158, 377, 379) herausgearbeitet und ist heute allgemein anerkannt; vgl. BGH, NJW 1957, 669 = WM 1957, 637; BGHZ 10, 385, 387 = NJW 1954, 70; BGHZ 61, 180 = NJW 1973 1876; BGH, NJW 1978, 1002; 1980, 2463; Palandt-*Heinrichs*, § 261 Rdn. 8.

632 Vgl. z. B. BGH, WM 1983, 1006, 1007 f. Das Urteil beschäftigte sich mit der Frage, ob ein Händler, der bei Vertragsverhandlungen einen Nachlass von 30 % auf einen Listenpreis in Aussicht stellt, dazu verpflichtet ist, dem Käufer nach Abschluss der Verhandlungen, aber vor Unterzeichnung des Vertrages eine erhebliche Senkung des Listenpreises mitzuteilen (im Fall verneint).

633 BGH, WM 1983, 1006; 1981, 689; 1977, 394, 396; 1975, 157, 158; BGHZ 72, 882, 388 = WM 1979, 141; BGHZ 207, 211 = WM 1967, 448; so auch bereits RGZ 111, 233, 235.

634 BGH, WM 1983, 1006, 1008; 1971, 749; BGH, NJW 1970, 653, 655.

sich die Vertragsverhandlungen über einen längeren Zeitraum hinziehen und ein gewisses Vertrauensverhältnis zwischen den Vertragspartnern entstanden ist[635]. Eine Übertragung dieser Begründung auf die Besonderheiten des Versicherungsverhältnisses dürfte indes zulässig erscheinen. Insbesondere ließe sich ein Rechtsgrund über den Dauerschuldcharakter und die Fürsorgepflichten des Versicherers gegenüber dem Versicherungsnehmer konstruieren[636].

So sprechen überwiegende Gründe dafür, aus § 242 BGB eine autonome (selbständige) Pflicht des Versicherers abzuleiten, Bestandskunden hinsichtlich möglicher Änderungen der dem Versicherungsverhältnis zu Grunde liegenden Allgemeinen Versicherungsbedingungen zu informieren. Dies sind im Einzelnen folgende:

- Das Versicherungsverhältnis ist ein Dauerschuldverhältnis, in dem in der Regel der Versicherer dem Versicherungsnehmer geschäftlich und in der Kenntnis des Versicherungsrechts überlegen ist[637]. Gleichzeitig ist es ein solches, welches in besonderem Maße auf dem Grundsatz von Treu und Glauben basiert[638]. Beide Parteien intendieren die Absicherung eines Risikos zu einer bestimmten Prämie. Anders als beim Kaufvertrag ergeben sich so keine widerstreitenden Interessen. Aus diesen Gründen muss eine dem Versicherer aufzulastende allgemeine Informationspflicht anders beurteilt werden, als dies im allgemeinen Vertragsrecht der Fall ist. Da nach der Verkehrssitte der Versicherungsnehmer i. d. R. nur durch den Versicherer über mögliche Änderungen der Allgemeinen Versicherungsbedingungen erfahren kann, muss diesem im Rahmen der allgemeinen Betreuungspflicht bei einem laufenden Vertragsverhältnis eine solche Informationspflicht zugemutet werden können.

- Der Versicherungsnehmer ist während der Vertragslaufzeit verpflichtet, dem Versicherer Änderungen bzw. Erhöhungen des versicherten Risikos mitzuteilen (§ 23 Abs. 2 VVG). Bei Verletzung drohen die Leistungsfreiheit und das Kündigungsrecht des Versicherers. Dieser Verpflichtung steht kein vollwertiges Äquivalent auf Seiten der Versicherer gegenüber[639]. Wie aufgezeigt, enthalten VVG

---

635 BGH, WM 1983, 1006, 1008.

636 In diesem Sinne auch LG Bad Kreuznach, ZfS 1991, 207.

637 So deutlich BGH, VersR 1981, 621, 623; 1967, 441, 443 = BGHZ 47, 101, 107; BGH, VersR 1967, 593, 594.

638 *Prölss* in Prölss/Martin, VVG, Vorbem. II Rdn. 6 ff., unter Hinweis auf die ständige Rechtsprechung, so z. B. RGZ 146, 221; 148, 298; 150, 147; BGH, VersR 1985, 943; 1989, 842; 1991, 1129.

639 Diesbezüglich mit überzeugender Argumentation LG Bad Kreuznach, ZfS 1991, 207, 208: „So ist der Versicherungsnehmer gehalten, ... den Versicherer über die

und VAG[640] keine Vorschrift, nach der der Versicherer während der Laufzeit eines Vertrages über mögliche Deckungserweiterungen in Bezug auf das versicherte Risiko informieren müsste. Der risikobezogene Informationsanspruch der Parteien ist daher eindeutig in einem Ungleichgewicht zu Lasten des Versicherungsnehmers.

- Die gegenüber der Aufsichtsbehörde in geschäftsplanmäßigen Erklärungen abgegebenen Zusicherungen der Versicherer, den Versicherungsnehmer auf neu verfügbare Versicherungsbedingungen hinzuweisen und ihm so die Möglichkeit der Änderung seines bestehenden Vertrages zu ermöglichen, können nur als nicht ernst gemeinte Absichtserklärungen aufgefasst werden. Die bezeichneten Urteile[641] lassen jedenfalls den Schluss zu, dass die Erklärungen bewusst ignoriert werden[642]. Dieses Verhalten wird dadurch begünstigt, dass es seitens der Aufsichtsbehörde in der Regel sanktionslos bleibt[643]. Da sich geschäftsplanmäßige Erklärungen im hier diskutierten Zusammenhang als für einen wirksamen Verbraucherschutz untaugliches Mittel herausstellen[644], sind andere geeignete Maßnahmen zu ergreifen. Dies gilt insbesondere deswegen, da wegen der Dere-

---

Veränderung von Umständen, die das versicherte Risiko betreffen, unverzüglich zu informieren und zwar auch dann, wenn die geforderte Mitteilung seine vertragliche oder wirtschaftliche Position verschlechtert. Im gleichen Maße muss umgekehrt billigerweise der Versicherer dann aber auch den Versicherungsnehmer über mögliche Ausdehnungen des abgesicherten Risikos belehren."

640 Mit Ausnahme des hier nicht einschlägigen Abschn. II der Anlage D zu § 10 a VAG.

641 Siehe zuvor Fn. 587. Es bedarf des Hinweises, dass die dort genannten Judikate nur den rechtshängig gewordenen Teil aller diesbezüglicher Streitigkeiten widerspiegeln.

642 Darauf, dass die in Geschäftsplanmäßigen Erklärungen enthaltenen Verpflichungen in der Praxis „offensichtlich nicht immer mit der gebotenen Sorgfalt wahrgenommen werden", weist zu Recht *Späte* (AHB, § 1 Rdz. 35) in Zusammenhang mit Beratungspflichten bzgl. der Nachhaftungsversicherung hin.

643 Zwar kann die Aufsichtsbehörde im Wege der Missbrauchsaufsicht die Verletzung eines Verhaltens gem. § 81 Abs. 1 u. 2 VAG rügen, jedoch wurde hiervon offensichtlich kein im Sinne einer Generalprävention wirkender Gebrauch gemacht. Dies stellt die Vielzahl der Fälle anschaulich unter Beweis. Die Problematik erkennen wohl auch OLG Bamberg, VersR 1998, 833, 834, und OLG Hamm, VersR 1994, 37, 38, wenn diese feststellen, dass dem Versicherungsnehmer lediglich die Möglichkeit bleibt, sich an die Aufsichtsbehörde zu wenden. Allein, wegen § 305 BGB würde dies nichts nützen. Denn - wie gesehen - entfalten die hier diskutierten Geschäftsplanmäßigen Erklärungen keine zivilrechtliche Wirkung. So sind der Aufsichtsbehörde mehr oder weniger die Hände gebunden. Der Rechtsschutz für den Versicherungsnehmer läuft ergo weitgehend leer: Er bekommt Steine statt Brot!

644 In diesem Sinne bereits *Voit*, VersR 1989, 834, 835.

gulierung die geschäftsplanmäßige Erklärung als Verpflichtungsinstrument der Versicherer immer mehr an Bedeutung verliert.

- Bei der Kalkulation des Prämienbedarfs[645] für eine bestimmte Versicherungssparte wird teilweise nicht nach Alt- und Neuverträgen differenziert. Dies jedenfalls nicht bei lediglich unbedeutenden Änderungen von einzelnen Klauseln in Standard-Bedingungswerken. Dies bedeutet, dass z. B. nach Umstellung der Versicherungsbedingungen für die Private Haftpflichtversicherung von dem 1980 geltenden Bedingungswerk auf die AHB 81 der Prämienbedarf nicht getrennt für Verträge ausgerechnet wurde, die nach dem einen oder dem anderen Bedingungswerk abgeschlossen wurden[646]. Konkret bezahlte also der Versicherungsnehmer mit Haftpflichtversicherungsschutz nach den AHB in der Fassung von 1969 in einem bestimmten Jahr den gleichen Beitrag wie der, dessen Vertrag zeitlich später nach den AHB 81 abgeschlossen wurde[647]. Letzterer ist aber bessergestellt, denn er hat mit aller Wahrscheinlichkeit den besseren Versicherungsschutz bei gleicher Prämie. Angemessen wäre, den Prämienbedarf für die im Beispiel genannten Allgemeinen Versicherungsbedingungen getrennt zu kalkulieren. Geschieht dies nicht, würde die Prämien(un)gleichbehandlung die Annahme einer Informationspflicht weiter stützen.

Die hier entwickelte Verpflichtung darf nicht dadurch torpediert werden, dass diese nur bestehen soll, wenn damit keine Risiko- oder Prämienerhöhung verbunden ist. Neben den bereits angeführten Argumenten gegen diese Ansicht muss ergänzt werden, dass es so stets der Versicherer in der Hand hat, die Verpflichtung zu steuern. Erhöht er die Prämie auch nur in minimalem Umfang, würde die Informationspflicht zum Erlöschen kommen. Analog gilt dies für das zu versichernde Risiko. Auch hier könnte ihn eine minimale Risikoerhöhung befreien. Dass hingegen der Verpflichtete über die Erfüllung einer Verpflichtung entscheidet, widerstrebt dem Rechtsempfinden. Sicherlich hat der verständige Versiche-

645 Diese wird jährlich neu anhand der Schadenlast aus dem Vorjahr vorgenommen.

646 Vgl. zu diesem Beispiel den Fall des LG Bad Kreuznach, ZfS 1991, 207.

647 Da die AHB 81 für den Versicherungsnehmer günstige Deckungserweiterungen enthalten (so z. B. durch die Aufnahme der eingeschränkten Angehörigenklausel des § 4 Ziff. II Nr. 2 AHB), muss nach deren Einführung die Schadenlast des Haftpflichtportefeuilles im Vergleich zu den Vorjahren zwangsläufig höher sein, denn das Gesamtrisiko hat sich erhöht. Folglich muss eine höhere Prämie verlangt werden, um die zu erwartende höhere Schadenbelastung zu kompensieren. Wird die neu zu errechnende Prämie dann aber auf das Gesamtportefeuille (Alt- und Neuverträge) gleich verteilt, sodass schlussendlich alle Versicherungsnehmer der Sparte „Privathaftpflicht" den gleichen Beitrag zahlen, ergibt sich für die Bestandskunden eine Imparität zwischen Prämie und Deckungsumfang.

rungsnehmer keine Einwendungen, wenn er wegen eines für den Versicherer gestiegenen Risikos eine leicht höhere Prämie zahlen muss.

Auch das gegen eine allgemeine Informationspflicht vorgebrachte Kostenargument vermag nicht zu überzeugen[648]. Diesem kann entgegengehalten werden, dass Verbraucherinformationen mit den per se jährlich anfallenden Beitragsrechnungen zum Versand kommen könnten, so dass ein Mehrkostenaufwand, abgesehen von Erstellungs- und Druckkosten der Information, nicht entsteht. Im Übrigen erscheint es befremdend, im Rahmen von Verbraucherinformationen das Kostenargument anzuführen.

Schließlich kann entgegen *Klimke* eine Informationsverpflichtung auch nicht vom Größenumfang der Änderung eines Bedingungswerkes abhängig gemacht werden[649]. Denn zum einen ist die Bezeichnung „größere Änderungen“ ein unbestimmter Rechtsbegriff und zum anderen kann nach dem oben aufgezeigten - wenig verbraucherfreundlichen - Verhalten der Versicherer bei Bedingungsänderungen nicht erwartet werden, dass es nach deren Definition jemals größere Änderungen geben wird.

Die Sicherstellung des hier geforderten Informationstransfers könnte kurzfristig über eine Änderung der Rechtsprechung bewirkt werden. Alternativ kommen de lege ferenda eine Erweiterung des VVG bzw. eine Ergänzung der Anlage D zu § 10 a VAG in Betracht. Ein entsprechender Handlungsbedarf scheint in jedem Falle gegeben.

dd) Außergesetzliche Informationsverpflichtung bei Kenntniserlangung von strafbaren Handlungen eines Agenten bzw. Vertreters?

In der Praxis ist nicht selten zu beobachten, dass die in der Überschrift genannten Repräsentanten der Versicherer ihnen anvertraute Gelder ungetreu handhaben[650]. Fraglich ist, ob der Versicherer, wenn er hiervon positive Kenntnis erlangt, dazu verpflichtet ist, von dem Agenten oder Vertreter betreute Versicherungsnehmer entsprechend zu unterrichten. Eine Zuordnung dieser Fallgruppe zu den Informationspflichten erfolgt aus dem Grunde, da die Mitteilung an die (möglicherweise

---

648 Diesem Argument stellt sich bereits *Voit* in VersR 1989, 834, 835 vehement entgegen; differenzierend *Klimke*, NVersZ 1999, 449, 452. Insbesondere unter Berücksichtigung der vielen unaufgefordert übersandten Informationen, die Werbezwecken dienen, kann dieses Argument der Versicherer nur als vorgeschoben aufgefasst werden.

649 *Klimke*, NVersZ 1999, 449, 453.

650 Auf eine zu beobachtende ständige Zunahme der Veruntreuungen und allgemein der Missstände im Bereich der Versicherungsvermittlung weist das BAV in seinem Rundschreiben v. 28.3.1994 (VerBAV 1994, 87) hin.

betroffenen oder potenziell gefährdeten) Versicherungsnehmer im Sinne der hier vorgenommenen Einteilung konkret-generell ausgestaltet wäre. Konkret deswegen, da sie sich auf eine bestimmte Tatsache bezöge; generell, da die Mitteilung - ohne Individualbezug - an eine bestimmte Gruppe erfolgen müsste. Für den Empfänger erschiene die Mitteilung im Sinne der Informationsdefinition als Entscheidungsgrundlage für sein weiteres Vorgehen. Unzweifelhaft hätte die Information aber auch einen warnenden Charakter.

Die Rechtsprechung ist bei der Annahme einer entsprechenden Informationsverpflichtung eher zurückhaltend. So wurde vom KG[651] im Ergebnis eine Verpflichtung des Versicherers zur Warnung der Versicherungsnehmer vor einem sie betreuenden, zu Vermögensstraftaten neigenden Versicherungsvertreter abgelehnt. Im konkreten Fall war dieser sowohl in der Versicherungs- wie auch in der Finanzierungsvermittlung tätig und hatte zumindest von zwei der von ihm betreuten Versicherungsnehmer unter Vorspiegelung günstiger Anlagemöglichkeiten größere Geldbeträge erschlichen, die er zur Eigenverwendung (Spielkasino) verbrauchte. Von einer dieser beiden Manipulationen erlangte der Versicherer positive Kenntnis. Kläger war der zweite betrogene Versicherungsnehmer, der vorbrachte, entsprechend unverzüglich hätte informiert werden zu müssen, nachdem der Versicherer von der ersten Manipulation erfahren hatte. Der Sachverhalt ist dahingehend zu ergänzen, dass vor den geschilderten Taten der Vertreter dem Versicherer gegenüber bereits über DM 100.000 an Prämien unterschlagen hatte[652]. Dennoch erfolgte eine Weiterbeschäftigung durch den Versicherer, da dieser an einer ratenweisen Rückführung der unterschlagenen Prämien interessiert war[653].

Die Vorinstanz - das LG Berlin[654] - urteilte hierzu mit im Ansatz durchaus zustimmungswürdiger Begründung, dass es dem Versicherer mit Kenntniserlangung neuerlicher Unregelmäßigkeiten des Vertreters als vertragliche Neben-

---

651 KG, VersR 1987, 1196 (als Berufungsinstanz zu LG Berlin, VersR 1987, 290).

652 Ausführlicher Sachverhalt bei LG Berlin, VersR 1987, 290.

653 In diesem Zusammenhang sei angemerkt, dass gerade im Bereich der Vertrauensschadenversicherung immer wieder zu beobachten ist, dass Geschädigte - seien dies Versicherer oder andere Unternehmen - gegen Schädiger keine Strafanzeige erstatten. Soweit der Fall nicht zur Kenntnis der Strafverfolgungsbehörden gelangt, weil interne Recherchen zur Aufdeckung geführt haben, wird auf strafrechtliche Mittel vordringlich aus zwei Gründen verzichtet. Zum einen befürchtet man einen Imageverlust, zum anderen - dies wiegt schwerer - benimmt man sich mit einer Strafanzeige weitgehend der Möglichkeit, den unterschlagenen oder veruntreuten Betrag im Wege des Regresses zu rekuperieren. Dies erscheint logisch, denn eine Verurteilung, erst recht wenn diese auf eine Haftstrafe herausläuft, ist dem beruflichen Fortkommen und damit dem Gelderwerb nicht unbedingt förderlich.

654 LG Berlin, VersR 1987, 290.

pflicht oblegen habe, alle von diesem betreuten Versicherungsnehmer unverzüglich entsprechend zu informieren und gegen den Vertreter selbst vorzugehen. Die Warnpflicht sah das Gericht auch dann als gegeben an, wenn der Vertreter nicht ausdrücklich im Namen der Versicherungsgesellschaft, sondern als Anlagevermittler gehandelt habe, da der Versicherer „jede Art der Schädigung" der Versicherungsnehmer verhindern müsste.

Dieses Urteil fand hingegen - wie eingangs geschildert - durch das KG[655] keine Bestätigung. Hierbei wurde offen gelassen, ob die Tatsache der Weiterbeschäftigung des Vertreters eine allgemeine Verpflichtung gegenüber den Versicherungsnehmern erwachsen ließ, diese nicht nur im Versicherungs-, sondern auch im Finanzierungsbereich von eventuellen Schäden fern zu halten. Der Senat äußerte „aus Gründen des materiellen Rechts" Bedenken gegen die Annahme einer solchen vertraglichen Nebenpflicht. Weitere Ausführungen zur Gesamtproblematik erfolgten leider nicht, da man eine etwaige Verpflichtung zur Schadensabhaltung im Verhältnis zum Kläger aus Sachgründen als nicht verletzt ansah. Diese Argumentation springt allerdings etwas kurz. Zwar dürfte die Annahme einer unverzüglichen, generellen Warnpflicht, wie sie das LG Berlin entwickelt, auf verfassungsrechtliche Bedenken stoßen[656]. Die Annahme einer alternativen, konkreten Schadenabwendungspflicht in Form eines direkten Vorgehens gegen den ungetreuen Vertreter oder einer Implementierung von Aufsichts- und Kontrollmaßnahmen sollte hingegen durchaus erörterungswürdig sein. Eine Haftung des Versicherers dürfte nämlich dann außer Frage stehen, wenn Schäden in dessen Einflusssphäre deswegen eingetreten sind, weil er entweder keine oder nicht taugliche spezialpräventive Maßnahmen ergriffen hat. Allerdings stehen diese Fragen nicht mehr in Zusammenhang mit der (Nicht-)Wahrnehmung außergesetzlicher Informationspflichten, sondern berühren den Themenkreis der allgemeinen

---

655 KG, VersR 1987, 1196.

656 Problematisch erscheint eine generelle Informationsverpflichtung wegen des Prinzips der Unschuldsvermutung (Art. 6 Abs. 2 EMRK) und dem damit in Zusammenhang stehenden allgemeinen Persönlichkeitsrecht. Die Unschuldsvermutung leitet sich im Recht der Bundesrepublik aus dem Grundrecht der Menschenwürde (Art. 1 GG) sowie dem Rechtsstaatsprinzip (Art. 20 GG) ab. Sie ist ein Gesichtspunkt, der das ebenso verfassungsrechtlich geschützte Persönlichkeitsrecht ausfüllt (OLG Köln, AfP 1985, 293). Im Rahmen dessen wiederum sind das vorangegangene Verhalten des Schädigers, die Schwere des Eingriffs und das berechtigte Interesse der Betroffenen an einer Information abzuwägen. Sollten, wie im Fall KG, VersR 1987, 1196, nur wenige Verstöße über einen längeren Zeitraum zu beobachten sein, dürfte eine Güter- und Interessenabwägung gegen eine generelle Informationsverpflichtung sprechen. Verhältnismäßig erschiene eine solche Maßnahme hingegen dann, wenn in großem Stil und sozusagen systematisch Handlungen zum Nachteil der betreuten Versicherungsnehmer begangen werden.

Fürsorgepflichten bzw. den der Aufsichts- und Kontrollpflichten im Rahmen der Betriebsorganisation. Auf diese wird daher später unter der Rubrik Administration noch zurückzukommen sein[657].

Damit wird man eine generelle außergesetzliche Informationsverpflichtung bei deliktischem Handeln des Agenten bzw. Vertreters wegen der Schranken des Gesetzes nur in besonders gravierenden, eine Vielzahl von Versicherungsnehmern betreffenden Fällen annehmen können.

d) Sonstige positive Vertragsverletzungen

Die Darstellung möglicher Verletzungen von Beratungs-, Aufklärungs-, Belehrungs- und Informationspflichten durch den Versicherer nach Vertragsschluss soll hiermit ihr Bewenden haben. Sicherlich erhebt diese keinen Anspruch auf Vollständigkeit. Dies ist bei der Vielzahl der den Anwendungsbereich des Rechtsinstituts der positiven Vertragsverletzung eröffnenden Möglichkeiten auch kaum durchführbar. Dennoch war der Verfasser bemüht, die wichtigsten und in der Praxis am häufigsten zu beobachtenden Konstellationen zu erfassen. Weitere Einzelfälle der Verletzung von Kommunikationspflichten können der im Anhang II befindlichen Urteilsübersicht entnommen werden.

3.2.1.2. Zusammenfassung und abschließende Kritik zu den Kommunikationspflichten

a) Begriffsbildung

Alle unter 3.2.1.1 dargestellten Verpflichtungen (im Einzelnen also Beratungs-, Auskunfts-, Aufklärungs-, Belehrungs- und Informationspflichten) laufen auf eine Kommunikation zwischen Versicherer und Versicherungsnehmer hinaus. Es erscheint daher gerechtfertigt, übergreifend von *Kommunikationspflichten* zu sprechen. Dieser Ausdruck wurde in der bisherigen Untersuchung auch bereits verwendet. Alternativ käme der von *Römer* geprägte Begriff der Kenntnisverschaffungspflichten in Betracht[658], da bei allen Formen der Kommunikation dem Versicherungsnehmer ein Nachrichteninhalt zu dessen Kenntnis übermittelt wird. Falsch hingegen wäre der Gebrauch des Oberbegriffs „Informationspflichten“[659], denn die Information ist ein im Versicherungsrecht bereits positiv belegter Beg-

657 Siehe später II. 3. 2. 1. 3. c).

658 *Römer*, Informationspflichten der Versicherer, S. 8; ders., Informationspflichten der Versicherer und ihrer Vermittler, VersR 1998, 1313, 1314.

659 So aber etwa *Römer* in den Überschriften zu den in Fn. 658 genannten Beiträgen.

riff[660] und stellt selbst eine Form der Kommunikation dar. Dies schließt eine übergeordnete Verwendung eo ipso aus. Sowohl in der Judikatur[661] wie auch im Schrifttum werden die Begriffe bedauerlicherweise häufig nicht einer wie hier vorgenommenen klaren Abgrenzung[662] zugeführt. Dies resultiert zwangsläufig in Ungenauigkeiten. Es bleibt zu wünschen, dass ein gesteigertes Bewusstsein für die eigentliche Wortbedeutung zu einer klareren Sprache führt. Auf legislativer Schiene sind hierfür gute Ansätze erkennbar[663].

---

660 Siehe § 5 a Abs. 1 u. 3 VVG sowie § 10 a Abs. 1 u. 2 VAG nebst hierzu geltender Anlage Teil D. In den genannten Normen wird zwar stets der Begriff „Verbraucherinformation" verwandt, indes sollte dies keinen Unterschied machen, da mit dem Wortzusatz „Verbraucher" lediglich der Adressat der Information bezeichnet wird. Insbesondere wird in Anlage D definiert, was unter Information im Einzelnen zu verstehen ist. So lässt sich mit einiger Berechtigung sagen, dass der Informationsbegriff in der Privatversicherung von Anlage D geradezu geprägt wird. Ergebnis ist ein abstrakt-generelles Verständnis der Information, die in ihren praktischen Ausformungen der Schaffung einer Kenntnis- und ggf. Entscheidungsplattform beim Rezipienten dient.

661 BGH, VersR 1951, 166 u. 1975, 77 sprechen gleichzeitig von einer Belehrungs- und Aufklärungsverpflichtung; OLG Hamm, RuS 2000, 211, gleichzeitig von Beratungs- und Belehrungsverpflichtungen. Die genannten Beispiele ließen sich zahlreich fortführen.

662 Ungeachtet des Gesagten ist natürlich klar, dass die Vornahme typologischer Gruppenbildungen innerhalb der Kommunikationspflichten im Einzelfall zu Abgrenzungsschwierigkeiten führen kann. Hierauf wurde einleitend auch hingewiesen. Dennoch sollten Grenzfälle nicht davon abhalten, Typologisierungen vorzunehmen. In der Praxis stellen sich diese als für die Analyse, das Erkennen von Gesetzmäßigkeiten und Ausnahmen, die Entwicklung von Differenzierungskriterien sowie die Erstellung von Rechtsformeln als unverzichtbar heraus.

663 So ist z. B. die Beschreibung der in Anlage D zu § 10 a VAG enthaltenen Pflichten als (Verbraucher-)„Information" im Sinne der hier vorgenommenen Begriffsdefinition vollkommen korrekt. Im Gegensatz zu den „klassischen" Belehrungsnormen wie etwa §§ 5 Abs. 2, 12 Abs. 3 oder 39 Abs. 1 S. 2 VVG, die im Wortlaut auf die Verwendung des Begriffes der Belehrung verzichten, enthalten die durch das Dritte DurchfG/EWG (vom 21.7.1994, BGBl. I S. 1630) geschaffenen „neuen Belehrungspflichten" in der jeweiligen Textierung den genannten Begriff entweder als Substantiv oder als Verb, vgl. §§ 5 a, 8 Abs. 4 (dort auch bereits in der a. F. von 1990), und Abs. 5 VVG. Eine Ausnahme bildet leider der (ebenso aufgrund der genannten Vorschrift geänderte) § 175 Abs. 3 VVG, der die - inkorrekte - Umschreibung „Hinweis" verwendet. Positiv im Sinne einer Begriffsabgrenzung ist auch der Gesetzesvorschlag der Bundesländer zur Einfügung eines neuen § 48 a in das VVG zu werten (BR-Drucks. 517/97 v. 9.7.1997, Abdruck in NVersZ 1999, 310). Dort wird klar zwischen der Mitteilung von reinen „Informationen" (Abs. 1 Nr. 1) und Beratung/Aufklärung (Abs. 1 Nr. 3) unterschieden; kritisch hierzu *Kieninger*, VersR 1998, 5, 10.

b) Gewichtung

Eingangs zu diesem Kapitel wurde erwogen, die einzelnen Kommunikationspflichten in einem Rang- bzw. Stufenverhältnis zu betrachten, ihnen also eine unterschiedliche Gewichtung oder auch Schutzbedürftigkeit beizumessen. So wurden ansatzweise Beratungs-, Aufklärungs- und Belehrungspflichten als solche von primärer Wichtigkeit aufgefasst. Informationspflichten schienen hingegen eine lediglich untergeordnete Bedeutung zu haben. Die Untersuchung zeigt, insbesondere in Hinblick auf die jeweilige Sanktionsbewehrung, dass für eine solche Differenzierung wenig Raum ist. Lediglich bei einzelnen Informationsinhalten des Pflichtenkataloges von Anlage D zu § 10 a VAG, wie etwa der Angabe der Rechtsform des Versicherers oder der zuständigen Aufsichtsbehörde, könnte man von einer untergeordneten Relevanz sprechen[664].

c) Klassifizierung als vertragliche Nebenpflichten

Die Kommunikationspflichten können generell als aus dem Versicherungsverhältnis ausfließende zivilrechtliche Nebenleistungspflichten aufgefasst werden. Lediglich für Belehrungspflichten gilt das Gesagte mit gewissen Einschränkungen. Diese gestalten sich eher als unechte (Neben-)Verpflichtung, denn sie geben - obschon gesetzlich oder durch die Rechtsprechung angeordnet - dem Rezipienten keinen Anspruch auf Erfüllung derselben, sondern verhindern lediglich die mögliche Berufung des Versicherers auf eine für ihn günstige Rechtsfolge. Insofern stellen sie aus bürgerlich-rechtlichem Blickwinkel eine Obliegenheit dar. Eine Sonderrolle kommt diesbezüglich wiederum den 1994 durch das Dritte Durchführungsgesetz/EWG in das VVG eingefügten bzw. geänderten §§ 5 a, 8 Abs. 4 u. 5 VVG zu. Die dort normierten „neuen" Belehrungspflichten geben nicht etwa dem Versicherer ein Rückzugsmittel an die Hand, sondern räumen dem Versicherungsnehmer ein Widerspruchs- bzw. Rücktrittsrecht ein. Diese Rechte schließen nach wohl h. M. einen weitergehenden Schadensersatzanspruch aber nicht aus. Sie können daher nicht mehr als Obliegenheiten im bürgerlich-rechtlichen Verständnis aufgefasst werden, sondern tendieren eher zu Verhaltenspflichten im Sinne von Nebenpflichten.

---

664 Vgl. auch *Römer*, Informationspflichten der Versicherer, S. 25.

d) Defizite bei der Ausbildung der Kommunikationspflichten

aa) Beratungs- und Aufklärungspflichten des Versicherers

Weder aus dem Gesetz noch aus der Judikatur lässt sich für den Versicherer eine allgemeine Verpflichtung ableiten, den Versicherungsnehmer hinsichtlich des Risikotransfers zu beraten oder aufzuklären. Eine entsprechende Pflicht wird nur im Einzelfall angenommen. Als pflichtauslösende Elemente wurden herausgearbeitet (1) die ausdrückliche Frage des Versicherungsnehmers nach Beratung, (2) der Wunsch, gegen alle mit einem bestimmten Risiko verbundenen Gefahren versichert werden zu wollen, (3) die aufgrund des Sachvortrages des Versicherungsnehmers redlicherweise angebrachte Beratung oder Aufklärung, (4) der im Sachvortrag des Versicherungsnehmers zum Ausdruck kommende offensichtliche Irrtum über einen wesentlichen Punkt der Risikoabsicherung, (5) die notwendige Absicherung eines für den Versicherungsnehmer imperativen, gruppenspezifischen Risikos, (6) die Schwierigkeit der Ermittlung des Versicherungswertes durch den Versicherungsnehmer sowie (7) das Vorliegen einer für den versicherungsrechtlichen Laien nur schwer durchschaubaren Rechtslage[665].

Die absolut überwiegende Zahl der Fälle positiver Vertragsverletzungen bei Beratung und Aufklärung hängen mit dem Deckungsumfang des Versicherungsvertrages und der Unterversicherungsproblematik zusammen. Die hierzu getrennt vorgenommenen Betrachtungen führten zu dem Ergebnis, dass die Judikatur die beiden Sachverhalte relativ gleichwertig behandelt. Tendenziell ist jedoch eine Besserstellung des Versicherungsnehmers bei deckungsrelevanten Tatbeständen erkennbar. Dies mag daran liegen, dass eine Unterversicherung im Zweifel den Versicherungsnehmer weniger belastet als der völlige Wegfall der Deckung[666]. Deutlich wird eine unterschiedliche Bewertung hingegen bei der Erörterung eines eventuellen Mitverschuldens des Versicherungsnehmers. Bei einer ungewollt eingetretenen Unterversicherung wird ein Mitverschulden häufiger bejaht, als dies bei sich ergebenden Deckungslücken der Fall ist. Sollte es bei Unterversicherungstatbeständen zu einer Anwendung des § 254 BGB kommen, liegt die Bandbreite der Anrechnung zwischen einem überwiegendem Mitverschulden im

---

665 Ähnlich die Zusammenstellungen bei *Römer*, Informationspflichten der Versicherer, S. 27 ff.; *Kieninger*, ACP 199 (1999), S. 197 ff.; *Langheid* in Römer/Langheid, VVG, § 43 Rdn. 19 ff., und *Prölss* in Prölss/Martin, VVG, Vorbem. II Rdn. 11 u. § 43 Rdn. 33.

666 In Hinblick auf das Schutzbedürfnis des Versicherungsnehmers ist diesbezüglich zu konzedieren, dass es ein Unterschied ist, ob eine Rechtsposition überhaupt nicht gewährt oder aber nur beschnitten wird; vgl. hierzu auch BGHZ 47, 352, 362 = NJW 1967, 1800, 1801.

Maximum[667] und einem Drittel im Minimum[668]. Bei Deckungstatbeständen wird ein Mitverschuldensgrad dagegen überwiegend mit nur einem Viertel bewertet[669].

Im Zusammenhang mit der Anrechnung von Mitverschuldensanteilen bei Beratungs- bzw. Aufklärungspflichtverletzungen bleibt generell zu beanstanden, dass nicht einsichtig ist, warum bei der Annahme einer Kommunikationspflicht dieser Aspekt überhaupt zum Tragen kommen soll. Denn entweder wird eine entsprechende Verpflichtung des Versicheres bejaht oder nicht. Bei Nichtwahrnehmung der Verpflichtung dürfte jedenfalls keine Verlagerung der Beschaffung des defizitären Nachrichteninhalts auf den Versicherungsnehmer erfolgen. *Prölss* formuliert hierzu trefflich, dass man bei Bestehen einer Beratungs- oder Aufklärungspflicht schwerlich dem Versicherungnehmer zugleich anlasten könne, sich selbst nicht genug informiert zu haben[670]. Dem ist nichts entgegenzusetzen.

Unterschiedliche Bewertungsansätze wurden ferner evident, wenn der Versicherungsnehmer Kaufmann ist oder ganz allgemein in seiner beruflichen Sphäre handelt. Während bei mit dem Deckungsumfang in Zusammenhang stehenden Fragen dieser Gruppe im Einzelfall durchaus ein Beratungsbedarf zugebilligt wird[671], ist bei Beurteilungen des Versicherungswertes gerade das Gegenteil der Fall. Dort werden an Kaufleute und ähnliche Personen offensichtlich höhere Anforderungen gestellt, die Sachlage - im buchstäblichen Sinne - einer Bewertung zuzuführen[672]. Diese differenzierte Betrachtung ist nicht ganz verständlich, denn auch bei Fragen des Versicherungswertes (§ 52 VVG) handelt es sich letztlich um solche des Deckungsumfangs. Nur, dass es nicht um den materiellen, sondern den summenmäßigen Deckungsumfang geht.

Allgemein scheinen in Versicherungsangelegenheiten an Kaufleute höhere Anforderungen gestellt zu werden. Soweit die berufliche Betätigung des Versi-

---

667 Dies führt im Ergebnis dazu, dass der Versicherungsnehmer keinen Anspruch auf Entschädigung in Höhe des unterversicherten Wertes hat.

668 Z. B. OLG Hamm, VersR 1984, 853: 1/3 Mitverschulden; OLG Hamm, VersR 1984, 880: überwiegendes Mitverschulden ; OLG Köln, VersR 1994, 342: 1/3 Mitverschulden; OLG Hamm, RuS 1995, 389: 1/3 Mitverschulden; OLG Hamm, VersR 1996, 93: überwiegendes Mitverschulden; OLG Köln, VersR 1997, 1530 = RuS 1997, 30: ½ Mitverschulden; OLG Düsseldorf, VersR 1998, 845: überwiegendes Mitverschulden .

669 So etwa OLG Hamm, VersR 1994, 718 = ZfS 1994, 177, und RuS 1999, 75.

670 *Prölss* in Prölss/Martin, VVG, Vorbem. II Rdn. 15.

671 RG, JW 1919, 381 (Fuhrunternehmer); BGH, VersR 1975, 77 (Dachdeckerbetrieb); BGH, VersR 1981, 621 (Werkunternehmer); BGH, VersR 1981, 469 (Briefmarkenhändler); OLG Köln, RuS 1986, 273 (Rohrreinigungsservice); OLG Karlsruhe, VersR 1994, 1169 (Hotelbetreiber); OLG Hamm, VersR 1994, 718 (Kaufmann/Gewerbebetrieb); OLG Hamm, RuS 1999, 75 (Sportwaren-Einzelhandel).

672 OLG Hamm, VersR 1984, 880 (Kaufmann/Ladengeschäft); LG Düsseldorf, RuS 1993, 311 (Kaufmann); OLG Hamm, VersR 1996, 93 (Werkunternehmer).

cherungsnehmers auch die Beschäftigung mit versicherungsspezifischen Fragen mit sich bringt, erscheint die Annahme einer weniger schutzwürdigen Position noch vertretbar. Die Beurteilung müsste jedoch logischerweise eine andere sein, wenn - und dies dürfte den Regelfall darstellen - ein Berufsträger sich üblicherweise nicht mit Versicherungssachverhalten auseinandersetzt. Hier sollten an ihn keine höheren Anforderungen gestellt werden dürfen als an einen versicherungsrechtlichen Laien. So erscheint es unzulässig, bei der Gruppe der Kaufleute in ihrer Gesamtheit ohne weiteres gesteigerte Kenntnisse der Versicherungsmaterie vorauszusetzen[673].

Im Zwischenergebnis lässt sich Folgendes resümieren: Da sich abgesehen von den Fällen, in denen die oben erwähnten pflichtauslösenden Faktoren zur Geltung kommen, keine Beratungs- oder Aufklärungspflichten für den Versicherer ergeben, kann dem Versicherungsnehmer - auch einem in beruflicher Eigenschaft handelnden - zur Vermeidung von Deckungslücken oder Unterversicherung praxisbezogen nur geraten werden, bei Abschluss, Verlängerung oder Änderung eines Versicherungsvertrages generell den Wunsch nach einer umfassenden Beratung und Überprüfung des Risikokonzeptes zum Ausdruck zu bringen. Nur so lässt sich bei der gegenwärtigen Gesetzeslage das Risiko einer inadäquaten Risikoabsicherung vermeiden bzw. wird erreicht, dass Fehlbeurteilungen über die Schadensersatzhaftung zu Lasten des Versicherers gehen[674].

---

673 Für den Kaufmann ist der Geschäftsbetrieb von primärer Wichtigkeit, nicht die Eindeckung mit Versicherungsprodukten. Positiv im Ergebnis daher die Judikate BGH, VersR 1981, 621 (Berliner Spanplattenfabrik) und BGH, VersR 1982, 37 (Turbinen-Betriebsunterbrechung), die den als Vollkaufleute einzuordnenden Versicherungsnehmern ein uneingeschränktes Beratungsrecht einräumen. Siehe hierzu auch OLG Celle, VersR 1952, 401, sowie OLG Hamm, VersR 1984, 853, 854.

674 Für den Versicherer bzw. dessen Agenten gilt das Gegenteil zu dem Gesagten: Aus deren Sicht sollten, um möglichen Haftungsfolgen vorzubeugen, keine allzu konkreten Angaben über den Vertrag gemacht und Vertragsklauseln nicht ohne ausdrückliche Nachfrage des Versicherungsnehmers erläutert werden. Es „empfehlen sich vielmehr pauschale Charakterisierungen im Stil der Werbung"; vgl. so - absichtlich provokant - *Kieninger*, AcP 199 (1999), S. 207. Des Weiteren sollten Gespräche mit dem Versicherungsnehmers so gestaltet werden, dass dessen spezielle Bedürfnisse, Wünsche oder Vorstellungen nicht zur Sprache kommen; *Kieninger* (a. a. O.). Ähnlich argumentiert *Werber*, ZVersWiss 1994, 321, 345, der in Hinblick auf ergänzende Äußerungen und Erläuterungen zur Produktinformation nach § 10 a VAG dem Versicherer pauschal dazu rät, sich Zurückhaltung aufzuerlegen. In der Praxis sind diese wenig verbraucherfreundlichen Verhaltensmaximen bedauerlicherweise Gang und Gäbe.

bb) Belehrungspflichten

Die Belastung des Versicherers mit für diesen bei Nichtbeachtung Nachteile auslösenden Belehrungspflichten kann als gewisser Ausgleich dafür gesehen werden, dass das VVG in bestimmten Normen zu Lasten des Versicherungsnehmers Abweichungen von essenziellen bürgerlich-rechlichen Grundsätzen vorsieht bzw. solche Abweichungen über Allgemeine Versicherungsbedingungen herbeigeführt werden. Belehrungspflichten lassen sich entweder als echte Obliegenheiten im zivilrechtlichen Sinne oder aber als Verhaltensanordnungen im Sinne von unechten Nebenpflichten auffassen. Zu differenzieren sind Belehrungspflichten, die sich auf eine dem Versicherungsnehmer angedrohte Sanktion beziehen (z. B. Leistungsfreiheit) und solche, die sich auf gesetzliche, dem Versicherungsnehmer an die Hand gegebene Gestaltungsrechte beziehen (Widerspruch, Widerruf und Rücktritt). Zur Abgrenzung von den anderen Kommunikationspflichten wäre es sicherlich erstrebenswert, Belehrungspflichten einheitlich als solche zu bezeichnen und bei einer Revision des VVG darauf zu achten, dass im Wortlaut der jeweiligen Vorschriften der Terminus „Belehrung“ in irgendeiner Form Verwendung findet.

Belehrungspflichten entfalten nur indirekt eine verbraucherschützende Wirkung. Soweit die Pflichten in Zusammenhang mit gesetzlichen oder vertraglichen Obliegenheiten stehen, die vom Versicherungsnehmer zu erfüllen sind, sehen diese häufig eine Leistungsfreiheit des Versicherers für den Fall der Nichterfüllung durch den Versicherungsnehmer vor. Der Versicherer kann sich aber nur dann auf die Leistungsfreiheit berufen, wenn er seinerseits der Belehrungsverpflichtung nachgekommen ist. Diese Form der Belehrungspflichten dient so intentional als Sanktion für eigenes Fehlverhalten des Versicherers; hingegen gibt sie dem Versicherungsnehmer keinerlei Rechte an die Hand. Es erscheint daher gerechtfertigt, von einem nur mittelbar verbraucherschützenden Element zu sprechen. Für den Versicherungsnehmer stellen Belehrungen der genannten Art deswegen eine besondere Gefahr dar, da der Versicherer den Verpflichtungen regelmäßig in abstrakt-genereller Form nachzukommen pflegt, so etwa über Allgemeine Versicherungsbedingungen, Formulare und vorformulierte Geschäftsbriefe. Dies verhindert weitgehend ein irrtümliches Unterlassen. Der Versicherer verschafft sich so eine deutlich vorteilhafte Position. Dieser Vorteil wird nur teilweise durch die höchstrichterliche Rechtsprechung abgemildert[675]. Wichtig und in Bezug auf den

675 Zwar stehen Obliegenheitsverletzungen des Versicherungsnehmers nicht in einem unmittelbaren rechtlichen Zusammenhang mit der Problematik positiver Forderungsverletzungen durch den Versicherer, dennoch erscheinen unter dem Blickwinkel der Belehrungspflichten einige ergänzende Ausführung zu der Thematik angebracht. Gesetzlich oder vertraglich begründete Obliegenheiten des Versicherungs-

Untersuchungsgegenstand hervorzuheben ist, dass die genannten Belehrungspflichten wegen der beschriebenen besonderen Rechtsnatur das Rechtsinstitut der positiven Vertragsverletzung generell nicht zur Anwendung gelangen lassen.

---

nehmers beziehen sich auf dessen Verhalten vor oder nach Eintritt des versicherten Ereignisses. Werden - wie dies meist der Fall ist - Obliegenheiten in den Allg. Versicherungsbedingungen begründet, greift § 6 VVG. Diese Vorschrift normiert im Wesentlichen Vertragsstrafen für den Fall des Fehlverhaltens des Versicherungsnehmers. Als mögliche Sanktion sieht § 6 VVG in Abweichung von der Vertragsstrafenregelung der §§ 339 ff. BGB jedoch lediglich die Leistungsfreiheit des Versicherers vor. Eine teilweise Herabsetzung des Deckungsanspruchs entsprechend § 343 BGB oder alternativ § 242 BGB - je nach der Schwere des Fehlverhaltens - bleibt so von vornherein außer Betracht (BGH, VersR 1972, 363). Allein die Voraussetzungen für den Eintritt der Sanktion regelt § 6 VVG unterschiedlich, je nachdem, ob der Verstoß zeitlich vor oder nach Eintritt des Versicherungsfalles liegt. So ist Leistungsfreiheit *vor* Eintritt des Versicherungsfalles nur dann anzunehmen, wenn der Versicherungsnehmer nicht beweisen kann, dass ihn an der Verletzung kein Verschulden (Vorsatz und Fahrlässigkeit) trifft und der Versicherer binnen Monatsfrist kündigt (§ 6 Abs. 1 VVG). Ferner kommt Leistungsfreiheit in Betracht, wenn eine Verpflichtung zur Verminderung einer Gefahr oder der Verhütung einer Gefahrerhöhung bestanden hat und die Verletzung der Pflicht Einfluss auf den Eintritt des Versicherungsfalles oder die Höhe der Leistung gehabt haben; § 6 Abs. 2 VVG. Einer besonderen *Belehrung* über den möglichen Anspruchsverlust bedarf es in den genannten Fällen hingegen nicht. *Nach* dem Versicherungsfall zu erfüllende Obliegenheiten beziehen sich auf das Verhalten des Versicherungsnehmers gegenüber dem Versicherer in Hinblick auf eine ordentliche Abwicklung des Vorganges. Zur Leistungsfreiheit berechtigen dort nur grobe Fahrlässigkeit und Vorsatz des Versicherungsnehmers. So bleibt der Versicherer auch bei grober Fahrlässigkeit leistungsverpflichtet, wenn die Verletzung keinen Einfluss auf die Feststellung des Versicherungsfalles oder die Höhe der Leistung hatte (mangelndes Kausalitätserfordernis). Lediglich bei vorsätzlichen Verletzungen bedarf es nach dem Wortlaut des Abs. 3 des § 6 VVG keiner Kausalität. Bei vorsätzlichen Verletzungen von speziell Auskunfts- und Aufklärungsobliegenheiten macht die Rechtsprechung zu Gunsten der Versicherungsnehmers die Leistungsbefreiung jedoch von zwei weiteren Voraussetzungen abhängig: Zum einen muss eine ausdrückliche und unmissverständliche *Belehrung* über den möglichen Verlust des Anspruchs erfolgen, zum anderen muss die vorsätzliche Verletzung der Obliegenheit von *Relevanz* für den Versicherer gewesen sein (sog. Relevanzrechtsprechung). Eine Relevanz ist anzunehmen, wenn bei ansonsten folgenloser Pflichtverletzung der Verstoß (1) generell geeignet ist, die Interessen des Versicherers ernsthaft zu gefährden und (2) subjektiv vorwerfbar ist; vgl. zum ganzen *Römer* in Römer/Langheid, VVG, § 6 Rdn. 38 ff., sowie *Prölss* in Prölss/Martin, VVG, § 6 Rdn. 98 ff, jeweils mit umfangreichen Nachweisen zu Rechtsprechung und Literatur. Generell erscheint fraglich, ob die volle Verwirkung des Leistungsanspruchs (Alles-oder-nichts-Prinzip) in einem angemessenen Verhältnis zum Unrechtsgehalt einer Obliegeheitsverletzung steht. Die Frage der Adäquanz wird jüngst in Zusammenhang mit den Diskussionen um den Reformbedarf des VVG vermehrt aufgeworfen. So tendieren z. B. *Römer* (VersR 2000, 661, 663)

Etwas unterschiedlich ist die Beurteilung von Belehrungspflichten in Zusammenhang mit Gestaltungsrechten des Versicherungsnehmers[676]. Die Gestaltungsrechte sind eher als direkter Vorteil für den Versicherten zu werten. Verletzungen von Belehrungspflichten diesbezüglicher Art bewirken die Fristverlängerung zur Ausübung des jeweiligen Gestaltungsrechtes von einem Monat bis zu einem Jahr nach Zahlung der Erstprämie. Eine gewisse Sonderstellung nimmt § 5 VVG ein, der zwar auch eine Fristbestimmung für die Rechtsausübung enthält, aber final nicht den Wegfall des Gestaltungsrechtes anordnet, sondern die Geltung des Inhalts des Versicherungsantrages, sollte der ausgestellte Versicherungsschein davon abweichen. Insofern entfaltet diese Norm eine direkt und unmittelbar verbraucherschützende Wirkung. Im Übrigen gilt aber auch bei dieser Kategorie der Belehrungspflichten die Unanwendbarkeit des Rechtsinstituts der positiven Vertragsverletzung, da als Rechtsfolgen bei Verletzung der Belehrungsobliegenheit durch den Versicherer allein die vom Gesetz genannten Rechte in Frage kommen[677].

cc) Informationspflichten

Der Begriff der „Informationspflichten" ist dem Privatrecht in seinem Ursprung eigentlich fremd. Dies hat sich erst 1994 mit der Einführung der Verordnung über die Informationspflichten von Reiseveranstaltern (BGBl I 3436) und sodann mit der Einfügung des § 675 a BGB und - damit in Zusammenhang stehend - der Einführung der Verordnung über Kundeninformationspflichten von Kreditinstituten (BGBl I 1730) im Jahr 1999 geändert. Im Übrigen kann gesagt werden, dass, soweit im Rahmen einer bürgerlich-rechtlichen Beziehung die eine Partei verpflich-

---

und *van Bühren* (Referat, gehalten auf dem 51. Dt. Anwaltstag in Berlin, siehe Beilage zu NJW 34/2000, S. 6 f.; vgl. ferner auch den Beitrag von *van Bühren* im Sonderheft zu AnwBl 2/2000, S. 63 f.) zu einer dem Grundsatz der Verhältnismäßigkeit eher entsprechenden Quotelung der Versicherungsleistung entsprechend dem (Fehl-) Verhalten des Versicherungsnehmers, wie dies etwa das schweizerische VVG in Art. 14 vorsieht.

676 Im einzelnen also den Widerspruchs-, Widerrufs- und Rücktrittsrechten der §§ 5 Abs. 1, 5 a Abs. 1 S. 1; 8 Abs. 4 S. 1 u. Abs. 5 S. 1 VVG.

677 Dies zumindest, soweit man singulär an die Belehrungsverpflichtung anknüpft. Lediglich bei § 5 a VVG ergibt sich eine Besonderheit dann, wenn man auf die Informationsverpflichtung des Abs. 1 (nicht also auf die Belehrungsverpflichtung des Abs. 2) abstellt. Bei Informationspflichtverletzungen - zu denken ist im Wesentlichen an Fälle des nicht oder fehlerhaft informierten Verbrauchers - ist nach sich herausbildender und zuzustimmender Rechtsansicht neben dem dort genannten Gestaltungrecht, dem Widerspruch, parallel das Rechtsinstitut der positiven Vertragsverletzung anwendbar; vgl. hierzu *Kieninger*, VersR 1998, 5, 7, und *Römer*, Informationspflichten der Versicherer, S. 27.

tet ist, die andere über nicht offensichtliche, aber durchaus vertragsrelevante Umstände in Kenntnis zu setzen, die Judikatur zumeist von Aufklärungs- oder Hinweispflichten[678] spricht. Diese Erkenntnis lässt sich ohne weiteres auf das Versicherungsrecht übertragen. Erst mit der Einfügung des § 10 a in das VAG bzw. des § 5 a in das VVG hat der Terminus „Information" Einzug in das diskutierte Rechtsgebiet gefunden und dort eine Dimension entfaltet. Wesentlich sind in diesem Zusammenhang zwei Feststellungen. Zum einen werden die Informationspflichten durch § 10 a VAG inhaltlich genau umrissen; es handelt sich somit um spezifische Verpflichtungen, die nicht auf andere Kommunikationsformen übertragen werden können. Zum anderen wird auch der Wesensgehalt der Nachricht festgelegt. Dieser geht dahin, dass dem (potentiellen) Vertragspartner in abstrakt-genereller Weise maßgebliche Tatsachen und Rechte des Versicherungsverhältnisses als Entscheidungsgrundlage zur Kenntnis zu bringen sind. Es fehlt damit eine individuelle Komponente der Informationsverpflichtung. So erscheint es unzulässig, etwa aus Anlage D Abschnitt I Nr. 1 lit. c) [Angaben über Art, Umfang und Fälligkeit der Leistung des Versicherers] zu § 10 a VAG eine risikobezogene Beratungsverpflichtung bezüglich des Deckungsumfangs eines Versicherungsvertrages abzuleiten. Damit grenzt sich die Information deutlich von den Begriffen Beratung oder Aufklärung ab, die stets ein konkret-individuelles Element aufweisen. Dies ist bei der Verbraucherinformation gerade nicht der Fall. Hinsichtlich der Begriffsbildung und der inhaltlichen Ausgestaltung der versicherungsrechtlichen Informationsverpflichtung ist positiv zu bemerken, dass sich diese mit dem allgemeinen Verständnis des Begriffes „Information" decken[679].

Als Kritikpunkte für während der Laufzeit des Versicherungsvertrages zu erteilende Informationen kommen in Betracht, dass Änderungen von Tatsachen und Rechten nach Abschnitt II Nr. 2 der Anlage D zu § 10 a VAG nur dann mitteilungspflichtig sind, sofern sie sich aus Änderungen von Rechtsvorschriften ergeben. Darüber hinaus existiert - wie aufgezeigt - keine Verpflichtung zur Mitteilung über einzelne neue Klauseln oder insgesamt neue Bedingungswerke. Schließlich ist nicht ganz einsichtig, warum sich die Informationsverpflichtung nur auf natürliche Personen erstrecken soll.

§ 10 a VAG kann im Wesentlichen als Ersatz für die im Wege der Deregulierung fortgefallenen Normen, hier insbesondere § 5 Abs. 3 Nr. 2 VAG a. F. (Genehmigungsvorbehalt für Allgemeine Versicherungsbedingungen), angesehen werden. So gibt er dem Versicherungsnehmer nicht unbedingt ein „mehr" im Vergleich zu dem Rechtzustand vorher. Insbesondere verpflichtet die aufsichtsrechtlich gestaltete Norm nicht zu konkret-individuellen Kommunikations- oder

678 Siehe auch *Reich*, Schuldrechtliche Informationspflichten, NJW 1978, 513.
679 Siehe oben Fn. 378.

Kenntnisverschaffungspflichten. Auf diesen Punkt wird sogleich nochmals detailliert eingegangen.

e) Fehlen einer autonomen und generellen Kommunikationsverpflichtung

Das Privatversicherungsrecht sieht keine generelle und autonome Kommunikationsverpflichtung für den Versicherer vor[680]. Auch von der Rechtsprechung wurde eine solche bisher nicht entwickelt. Dem Versicherungsnehmer bleibt es damit grundsätzlich selbst überlassen, sich über den benötigten Versicherungsschutz zu informieren, darauf aufbauend ein risikoadäquates Deckungskonzept zu entwickeln und dies gegebenenfalls während der Laufzeit der Police anzupassen. Die versicherungstechnischen Aspekte des Risikotransfers liegen so primär in der Eigenverantwortung des Versicherungsnehmers. Diese Feststellung ist insbesondere deswegen befremdend, weil die Rechtsprechung wiederholt auf die Überlegenheit des Versicherers in der Kenntnis der Materie des Versicherungsrechts hinweist. Diesbezüglich stehen zwei in der Judikatur immer wieder zu findende Aussagen grundsätzlicher Art in diametralem Gegensatz zueinander:

Zum einen wird betont, dass es Sache des Versicherungsnehmers sei, sich um den Versicherungsschutz in eigener Verantwortung zu kümmern, insbesondere habe er sich über eventuelle Risikoausschlüsse zu vergewissern[681]. Auf der anderen Seite wird anerkannt, dass im Versicherungswesen ein besonderer Anlass zur Beratung und Aufklärung bestehe, da der Versicherer in der Regel dem Versicherungsnehmer geschäftlich, insbesondere auch in der Kenntnis des Versicherungsrechts, überlegen ist und daher auf dessen Belange immer dort soweit wie möglich Rücksicht genommen werden muss, wo der Versicherungsnehmer Gefahr läuft, wegen seiner mangelnden Vertrautheit mit den Besonderheiten der Materie den Versicherungsschutz einzubüßen oder sonstige schwere Nachteile zu erleiden[682].

---

680 Um dies hier noch einmal zu verdeutlichen: „Generell" bedeutet die allumfassende Mitteilung von unmittelbaren und mittelbaren vertragsrelevanten Tatsachen; „autonom" bedeutet die Annahme einer diesbezüglichen selbstständigen und ohne weiteres zu erfüllenden Verpflichtung.

681 BGH, VersR 1956, 789, 791 = NJW 1956, 789, 791; VersR 1963, 768, 769 u. VersR 1967, 25; OLG Düsseldorf, VersR 1992, 948; OLG Frankfurt, RuS 2000, 84; OLG Hamm, VersR 1988, 51; RuS 1993, 108; VersR 1996, 93, 94; OLG Karlsruhe, VersR 1996, 1001 = RuS 1996, 156; OLG Köln, RuS 1975, 133; VersR 1979, 513; RuS 1985, 275; RuS 1989, 124; VersR 1990, 1381; RuS 1995, 267; VersR 1996, 1265 = RuS 1996, 156; OLG München, VersR 1986, 284; LG Bochum, RuS 2000, 85; AG Köln, VersR 1996, 613.

682 BGH, VersR 1967, 441, 443; VersR 1967, 593, 594 = NJW 1967, 1756, 1758 und VersR 1981, 621, 623.

Während in der erstgenannten Aussage die Eigenverantwortlichkeit des Versicherungsnehmers betont wird, stellt die zweite Aussage auf die regelmäßig gegebene fachspezifische Überlegenheit des Versicherers ab und konstruiert daraus in der Praxis im Einzelfall durchaus weitreichende Betreuungspflichten gegenüber dem Versicherungsnehmer. Allein, der verbraucherfreundlichere zweite Ansatz findet in der Rechtsprechung weniger oft Verwendung. Insbesondere hat er sich bei den Kommunikationspflichten evident nicht durchgesetzt.

In diesem Zusammenhang stellt sich die Frage, wie die Literatur zu der Annahme einer generell-autonomen Kommunikationsverpflichtung steht.

Dazu lässt sich feststellen, dass der Ansatz, den Versicherungsnehmer grundsätzlich für alle versicherungstechnischen Aspekte des Versicherungsvertrages - mit Ausnahme der Prämie - selbst verantwortlich zu machen, vom Schrifttum weitgehend mit getragen wird. Insbesondere trifft diese Aussage auf die - sicherlich nicht unmaßgeblichen - Kommentatoren zum VVG zu[683]. Unter dem Blickwinkel des Verbraucherschutzaspektes erheben sich aber neuerdings vermehrt Stimmen in der Literatur, die eine Abkehr von dieser sehr umfangreichen Kompetenzzuweisung fordern. So kritisiert *Kieninger*[684] im Rahmen der Erörterung von Pflichten des Versicherers bei Abschluss von Versicherungsverträgen deutlich das Fehlen einer generellen Beratungs- und Aufklärungsobliegenheit. Unter Hinweis auf das dem Versicherungsgeschäft inhärente Informationsgefälle zu Lasten des Verbrauchers äußert *Kieninger* Bedauern darüber, dass dieses durch den freien Wettbewerb bisher nicht ausgeglichen worden sei. Da ausreichende außerrechtliche Anreize für ein Verhalten, das zu einer kundengerechten Deckung des Versicherungsbedarfs führe, nicht vorhanden seien, sieht *Kieninger* den Gesetzgeber gefordert, die Rahmenbedingungen so zu gestalten, dass zukünftig bedarfsgerechte Versicherungsverträge abgeschlossen werden. Diese Kritik deckt sich mit der, die in der vorliegenden Untersuchung herausgearbeitet wurde[685]. Insbesondere bedarf der Hervorhebung, dass das Kommunikationsdefizit nicht durch den Informationspflichtenkatalog des § 10 a VAG beseitigt wurde. Auch bei *Römer* lässt sich jüngst eine deutliche Tendenz in Hinblick auf eine Verschärfung der Kommunikations- bzw. den von ihm so bezeichneten Kenntnisverschaffungspflichten feststellen[686]. Einen Bedarf hierfür sieht *Römer* vor al-

683 *Langheid* in Römer/Langheid, VVG, § 43 Rdn. 19; *Prölss* in Prölss/Martin, VVG, Vorbem. II Rdn. 11; *Kollhosser*, ebenda § 43 Rdn. 33; *Späte*, AHB, Vorbem. Rdn. 100; differenziert aber *Bruck-Möller*, VVG Bd. I, § 44 Anm. 41 ff. und *Bruck-Möller-Sieg*, VVG Bd. II, § 56 Anm. 53.

684 *Kieninger*, AcP 199 (1999), S. 207 ff. u. 217.

685 Siehe oben S. 113 f.

686 *Römer* in einem Vortrag über die „Leitlinien der deutschen Versicherungsrechtsprechung am Ende des 20. Jahrhunderts", gehalten am 18. Mai 2000 in Hamburg vor

lem in der Kranken-, Lebens- und Rentenversicherung, also in Sparten, in denen die Interessenskonflikte der Vertragsparteien naturgemäß besonders groß erscheinen[687]. Im Ergebnis und mit Blick auf eine anstehende Reform des VVG erachtet er die Aufnahme spezieller Informations- und Beratungspflichten von Versicherern und Agenten als wichtigen Ansatzpunkt. An anderer Stelle spricht sich *Römer* dafür aus, den Beratungspflichten im Allgemeinen eine „größere Bedeutung" zukommen zu lassen und die Haftungsgrundlagen hierfür gesetzlich zu regeln[688]. Dies lässt hoffen[689]. In die gleiche Richtung zielt *Nitschke*, die eine von ihr so benannte „Bedarfstransparenz" fordert, welche sich in einer bedarfsgerechten Beratung analog den Vorschriften der §§ 31, 32 WpHG niederzuschlagen habe[690]. Diese sei im Weiteren durch eine verbesserte Produkttransparenz zu ergänzen. Im Einzelnen fordert *Nitschke* in Anlehnung an das Procedere der Vertragsanbahnung durch den Versicherungsvermittler in Großbritannien eine schriftlich dokumentierte Bedarfsanalyse sowie darauf aufbauend - und ebenfalls dokumentiert - eine Bedarfsempfehlung. Dieser konkrete Vorschlag erscheint in der Tat gangbar. Dies vor allem, da er den Versicherer bzw. dessen Vertreter nicht nur zu einem auf vollständige Information und Beratung ausgerichteten Handeln zwingt, sondern auch dazu, selbiges - ähnlich einem Operationsprotokoll - zu dokumentieren. Unzweifelhaft würde dies im Sinne von *Römer*[691] Haftungsfragen einer rascheren Beantwortung zuführen, als das derzeit der Fall ist. Für den Vorschlag von *Nitschke* spricht nicht zuletzt, dass das Procedere in dem genannten EU-Land bereits praktische Durchführung erfährt und im Sinne des Versicherungsnehmers

---

dem Versicherungswissenschaftlichen Verein Hamburg und dem Seminar für Versicherungswissenschaft der Universität Hamburg; vgl. die Zusammenfassung des Vortrages von *A. Schmidt* in VW 2000, 801 f.

687 Konkret, so Römer (a. a. O., Fn. 686), resultiere der Konflikt aus dem Interesse des Versicherungsnehmers an einer soliden Finanzdisposition und dem - nicht unbedingt kongruenten - Interesse des Versicherers bzw. dessen Agenten am Vertragsschluss.

688 *Römer*, Reformbedarf des Versicherungsvertragsrechts aus höchstrichterlicher Sicht, VersR 2000, 661, 664 f.

689 Diese Aussage gilt insbesondere unter Berücksichtigung der Tatsache, dass *Römer* der vom Bundesministerium der Justiz eingesetzten Expertenkommission zur Reform des VVG angehört; siehe hierzu die im Internet abrufbare Mitteilung des Bundesministeriums der Justiz vom 16. Mai 2000 (www.bmj.de/misc/2000/m_32_20.htm) und FOCUS-MONEY 18/2000, S. 122.

690 *Nitschke*, Transparenz von Versicherungsbedingungen, Referat, gehalten auf der Jahrestagung des Deutschen Vereins für Versicherungswissenschaft in Leipzig; vgl. VW 2000, 697.

691 Vgl. *Römer*, VersR 2000, 661, 665.

positive Ergebnisse erbracht hat[692]. Reformbedarf im Versicherungsrecht sieht schließlich auch *Müller*, der - offensichtlich mit Bedauern - zum Ausdruck bringt, dass dort keine dem WpHG ähnliche Vorschrift existiere, die den Versicherer dazu verpflichte, nach einer Bestandsaufnahme über die Kenntnisse und Ziele des Kunden diesem interessengerechte Leistungen anzubieten[693]. Ausdrücklich plädiert *Müller* für eine „eingehende Beratung und Betreuung" des Versicherungsnehmers und appelliert an den Gesetzgeber, entsprechend tätig zu werden[694].

Auch *Michaels* denkt über eine Erhöhung des Verbraucherschutzes nach, betont aber, dass dies nicht unbedingt dem „Leitbild des mündigen, kritischen Verbrauchers" entspreche[695]. Letztlich hält er - unter Berücksichtigung der vorangegangenen Aussage sicherlich nicht ganz konsequent - die derzeitige Rechtssituation für ausreichend „eine faire Vertragsanbahnung und einen interessengerechten Vertragsabschluss" herbeizuführen. Gerade dies ist aber ausweislich der Ergebnisse der vorliegenden Untersuchung nicht der Fall. Insbesondere haben die von *Michaels* ins Feld geführten „sehr ausführliche Informationspflichten" des § 10 a VAG keine signifikante Verbesserung der Position des Versicherungsnehmers bewirkt[696].

Präve lehnt neue gesetzliche Regelungen zur Sicherung einer bedarfsgerechten Beratung des Versicherungsnehmers strikt ab[697]. Die Rechtsinstitute der positiven Vertragsverletzung bzw. der culpa in contrahendo sieht er als ausreichende und durchaus geeignete Instrumentarien an, um zu Haftungsansprüchen zu gelangen[698]. Offensichtlich hält die gewohnheitsrechtliche Legitimation der Institute *Präve* davon ab, die Kommunikationspflichtigkeit des Versicherers einer kriti-

---

692 Siehe hierzu auch *Haeberlin*, Der aktuelle Stand des Versicherungsnehmerschutzes im englischen und deutschen Versicherungsvertragsrecht vor dem Hintergrund der jüngsten EG-Rechtsentwicklung, Diss., S. 94 ff.

693 *Müller*, Reformbedarf aus Sicht der Versicherungsaufsicht; Vortrag, gehalten auf dem 16. Münsterischen Versicherungstag am 21.11.1998, der sich dem Thema „Reformbedarf im Versicherungsrecht" widmete; vgl. *Müller* in: Müller/Michaels, Reformbedarf im Versicherungsrecht, Münsteraner Reihe, Heft 56, S. 16 f.

694 *Müller* (a. a. O., Fn. 693), S. 16.

695 *Michaels*, Reformbedarf aus Sicht der Versicherungswirtschaft; Vortrag, gehalten auf dem 16. Münsterischen Versicherungstag am 21.11.1998 (siehe oben Fn. 693), Münsteraner Reihe, Heft 56, S. 40.

696 *Michaels* (a. a. O., Fn. 695), S. 45.

697 *Präve*, NVersZ 2000, 201, 204. Obschon der Beitrag von *Präve* einleitend anmerkt, dass dieser die persönliche Auffassung des Verfassers wiedergebe, ist unverkennbar, dass der Autor eine Position bei dem Gesamtverband der Deutschen Versicherungswirtschaft (GDV) bekleidet. Festzustellende Tendenzen pro Versicherungswirtschaft sind so sicherlich nicht nur rein zufälliger Natur.

698 Vgl. *Präve* (a. a. O., Fn. 697), S. 204, sowie ders. bereits in VersR 1999, 1211, 1213.

schen Reflexion zu unterziehen. So übersieht er, dass es - darauf wurde bereits an anderer Stelle hingewiesen - kaum im Sinne des Versicherungsnehmers sein kann, wenn sich dieser sein Recht erst auf prozessualer Ebene im Einzelfall (mühsam und risikobehaftet) erkämpfen muss[699]. Mit der Begründung von *Präve* erwiesen sich verbraucherorientierte Gesetze wie z. B. AGBG, VerbrKrG, HausTWG oder WpHG als pleonastische Auswüchse der Legislative[700]. Dies ist aber gerade nicht der Fall, da es für beide Parteien im Sinne der Rechtssicherheit günstiger ist, wenn gesetzliche Leitlinien vorgegeben werden. Wie aufgezeigt, bedürfen diese im Privatversicherungsrecht aber der Ergänzung. Die Argumentation *Präves* läuft somit leer.

Die dargestellten Literaturmeinungen machen deutlich, dass der hergebrachte Grundsatz der weitgehenden Eigenverantwortlichkeit des Versicherungsnehmers in Bezug auf die Eindeckung des Risikos aktuell noch besteht. Nicht zuletzt findet dieser Ansatz gleichzeitig Bestätigung wie auch Ermunterung durch die höchstrichterliche Judikatur. Ferner verwundert nicht, dass die Lobby der Versicherungswirtschaft diesen Ansatz teilt und mit Vehemenz verteidigt. Dennoch ist unübersehbar, dass sich in der Diskussion um die angegangene Reform des Versicherungsvertragsgesetzes die Stimmen verdichten, die eine Neudefinition der Kommunikationspflichten des Versicherers fordern, ausgerichtet auf eine Verbesserung der Position des Versicherungsnehmers.

f) Abgleich der Ergebnisse mit anderen Kommunikationslagen, insbesondere solchen im Zivilrecht

Reformvorschläge in Hinblick auf die Verbesserung der Kommunikationslage im Privatversicherungsrecht könnten gestützt werden, wenn der Nachweis gelänge, dass vergleichbare Kodifikationen die Kommunikationslage wesentlich anders gestalten. Diese Überlegung veranlasst in Verbindung mit den Feststellungen zu lit. e) dazu, die Kommunikationspflichten im Privatversicherungsrecht mit weiteren gesetzlichen oder durch die Rechtsprechung entwickelten Kommunikations-

---

699 Siehe oben S. 114. Ziel eines effektiven Verbraucherschutzes im Privatversicherungsrecht muss hingegen sein, durch Anordnung von Primärpflichten von vornherein zu verhindern, dass der Versicherungsnehmer genötigt ist, sein Recht im Wege verschuldensabhängiger Sekundäransprüche geltend zu machen.

700 Zur Verbraucherorientierung der genannten Normen siehe statt aller Palandt-*Heinrichs*, AGBG, Einf. § 1 Rdn. 5 f.; Palandt-*Putzo*, VerbrKrG, Einf. Rdn. 1, sowie ders. zum HausTWG, Einl. Rdn. 2. Ferner auch *Assmann* in Assmann/Uwe H. Schneider, WpHG, Einl. Rdn. 6, 15 u. 19. Die Regelungen wurden allesamt geschaffen, um die Erfüllung des mit der Norm intendierten Schutzzweckes gerade nicht der richterlichen Rechtsfortbildung zu überlassen.

pflichten zu vergleichen. Bei den folgenden diesbezüglichen Betrachtungen werden entsprechende Pflichten, soweit diese außerhalb des Zivilrechts liegen, allerdings nur kursorisch gestreift, da deren Übertragbarkeit auf zivilrechtliche Konstellationen im Wege der Analogie unzulässig sein dürfte.

aa) Kommunikationspflichten im Sozialversicherungsrecht

Im Rahmen seiner Untersuchung zu den Belehrungspflichten des Versicherers hat - soweit ersichtlich - erstmals *Messerschmidt* die dortige Kommunikationslage ausführlich mit anderen typischen Kommunikationslagen verglichen[701]. Bei den Betrachtungen zieht *Messerschmidt* auch die sozialrechtlichen Aufklärungs-, Beratungs- und Auskunftspflichten der §§ 13, 14 und 15 SGB I heran[702]. Dieser Vergleichsansatz erscheint aus mehreren Gründen interessant. Zunächst stehen sich sowohl im Sozialversicherungsrecht (als Teil des Sozialrechts) wie auch im Privatversicherungsrecht ein Leistungsanbieter und ein Leistungsnachfrager gegenüber. Sodann wird das Sozialversicherungsrecht von einem ähnlichen Informationsungleichgewicht der Parteien gekennzeichnet wie das Privatversicherungsverhältnis, denn in der Regel verfügt der Leistungsnachfrager über keinerlei fachspezifische Kenntnisse. Schließlich werden zum Ausgleich dessen in beiden Rechtsgebieten für den Leistungsanbieter bestimmte Kommunikationspflichten angeordnet. Die Kommunikationslagen sind also weitestgehend identisch. Auffällig ist, dass der Komplex der Kommunikationspflichten des Leistungsträgers bzw. -erbringers im SGB I detailliert und abgestuft nach der Intensität der Verpflichtung geregelt wird[703]. So grenzt sich die abstrakt-generelle Unterrichtung,

---

701 *Messerschmidt*, Hinweis- und Belehrungspflichten des Versicherers, Diss., 1986. Im Einzelnen beleuchtet *Messerschmidt* (a. a. O., S. 168 passim) die Aufklärungs- und Hinweispflichten des Richters im Zivilprozess sowie die Kommunikationslagen im Sozialversicherungs-, Arzt-, Anlage- und Verbraucherrecht.

702 *Messerschmidt* (a. a. O., Fn. 701), S. 170 ff.

703 Gem. § 13 SGB I sind die Leistungsträger zunächst verpflichtet, die Bevölkerung über die Rechte und Pflichten nach dem SGB aufzuklären. Diese auf die Allgemeinheit ausgerichtete Verpflichtung ist abstrakt-genereller Natur. Die Aufklärung ist dahingehend zu gestalten, dass der Bürger dazu angeregt wird, sich Gedanken zu machen und ggf. nachzufragen. Der generelle Aufklärungsanspruch konkretisiert sich sodann in der Vorschrift des § 14 SGB I, nach der jeder Sozialleistungsberechtigte Anspruch auf eine individuelle Beratung über seine Rechte und Pflichten nach dem SGB hat. Diese individuell-konkrete Beratung ist auf eine umfassende Klärung von Sach- und Rechtsfragen ausgerichtet und hat sich u. a. auf diejenigen Gestaltungsmöglichkeiten zu erstrecken, die jeder verständige Berechtigte mutmaßlich nutzen würde (BSG SozR 1200 § 14 Nr. 15). Der Auskunftsanspruch des § 15 SGB I kann als Ergänzung der Beratungsverpflichtung des § 14 SGB I gesehen werden und entfaltet keine wesentliche praktische Bedeutung. Instruktiv zum Ganzen etwa

die in § 13 SGB I als Aufklärung bezeichnet wird, deutlich von der in § 14 SGB I geregelten konkret-individuellen Beratung ab. Ähnlich dem Privatversicherungsrecht ist auch im Sozialrecht für eine Beratung ein auslösendes Moment notwendig. So z. B. ein entsprechendes - ggf. auch nur konkludent zum Ausdruck gebrachtes - Begehren des Berechtigten[704]. Allerdings erscheint der Auslöser für eine Beratungsverpflichtung im Sozialrecht niedriger zu liegen, da - wenn sich ein Bürger an einen Leistungsträger wendet - alleine schon aus diesem Verhalten zumindest konkludent auf eine Beratungsbedürftigkeit geschlossen werden kann[705]. Nun ist allerdings das Sozialrecht Ausfluss des Sozialstaatsprinzips und unterliegt so dem öffentlichen Recht, das Privatversicherungsrecht hingegen bemisst sich nach zivilrechtlichen Prinzipien, hier u. a. der Parteiautonomie. Unmittelbare Rückschlüsse aus der in § 14 SGB I angeordneten individuellen Beratungsverpflichtung auf den privaten Versicherungsvertrag sind daher alleine schon deswegen nicht möglich[706]. Immerhin könnte die angesprochene sozialrechtliche Beratungsverpflichtung aber eine gewisse Ausstrahlung[707] auf ähnlich

---

Mrozynski, SGB-Allgemeiner Teil, § 13 Rdn. 5 u. 9, § 14 Rdn. 1 f. sowie § 15 Rdn. 1 oder auch *Klattenhoff*, in: Hauck, SGB I, K § 13 Rdn. 7 ff. u. K § 14 Rdn. 20 ff., jeweils mit umfangreichen Nachweisen zu Rechtsprechung und Literatur.

704 BSG SozR 3-1200 § 14 Nrn. 12 u. 16; BSG SozR 4100 § 105 Nr. 1; BSG SozR 1200 § 14 Nrn. 9 u. 12; BSGE 35, 262, 266. Konkret dürfen an die Äußerung des Beratungsbegehrens keine überspannten Anforderungen gestellt werden (BSG SozR 1200 § 14 Nrn. 9 u. 17). Ggf. muss der Sozialleistungsträger den Berechtigten aber auch ohne dessen (konkludenten) Wunsch von Amts wegen beraten, wenn hierzu ein konkreter Anlass besteht (spontane Beratungsverpflichtung). Letzteres wäre z. B. der Fall, wenn sich in einem laufenden Verfahren klar zutage liegende Gestaltungsmöglichkeiten zeigen, deren Wahrnehmung offensichtlich so zweckmäßig wäre, dass jeder verständige Berechtigte sie nutzen würde; so BSGE 52, 145; BSGE 55, 257 und BSG SozR 1200 § 14 Nr. 15.

705 Nach *Klattenhoff*, in: Hauck, SGB I, K § 14 Rdn. 16, ist für das Entstehen der Beratungspflicht ausreichend, dass der Wunsch, beraten zu werden, den Umständen des Falles hinreichend entnommen werden kann. Gezielte oder konkrete Fragestellungen seitens des Leistungsberechtigten sind somit nicht erforderlich; so auch *Mrozynski*, SGB-Allg. Teil, § 14 Rdn. 8. Diese Aussage wird gestützt von der Entscheidung BSGE 50, 16, 18. Danach ist - sofern der Berechtigte dem Willen, von seinem Beratungsanspruch Gebrauch machen zu wollen, erkennbaren Ausdruck gegeben hat - der Leistungsträger verpflichtet, bei der konkreten Gestaltung des Rechts behilflich zu sein. Die Beratung durch den Leistungsträger muss richtig, unmissverständlich und umfassend sein (BSGE 32, 61; BSGE 34, 124; BGH, NJW 1980, 2573; BSG DOK 1981, 845)

706 Im Ergebnis so auch *Messerschmidt* (a. a. O., Fn. 701), S. 173.

707 Diesbezüglich ließe sich noch folgende Überlegung anbringen: Das Sozialrecht ist Ausprägung der in Art. 20 Abs. 1 GG niedergelegten Sozialstaatsklausel und auf die Daseinsvorsorge des Individuums ausgerichtet. Das Privatversicherungsrecht enthält die Funktionsmerkmale der Deckung eines Schadens bzw. der Ausgleichung eines

geartete Kommunikationslagen entfalten oder jedenfalls zumindest als Vergleichsmaßstab dienen.

bb) Kommunikationslage im medizinischen Bereich

Ein sicherlich sehr breit diskutierter wie judizierter Komplex von Kommunikationspflichten betrifft die Beratung und Aufklärung des Patienten im medizinischen Bereich, insbesondere durch den Arzt[708]. Der diesbezügliche Pflichtenkreis hat sowohl strafrechtliche als auch bürgerlich-rechtliche Implikationen. So erfüllt aus strafrechtlicher Sicht jede in die körperliche Unversehrtheit eingreifende ärztliche Behandlungsmaßnahme den äußeren Tatbestand einer Körperverletzung im Sinne des § 223 StGB, der nur durch die Einwilligung des Patienten einen Rechtfertigungsgrund erfahren kann. Wirksam bzw. rechtfertigend ist die Einwilligung indes nur, wenn die Aufklärung den Patienten ausreichend über Art, Chancen und Risiken einer Behandlung in Kenntnis setzt[709]. Ähnlich verhält sich die Beurteilung bei § 823 Abs. 1 BGB. Allerdings geht die zivilrechtliche Rechtsprechung in den Anforderungen an Inhalt und Umfang der Aufklärung noch weiter[710]. Ohne im Einzelnen auf die kaum übersehbare Judikatur eingehen zu wollen, lässt

---

Bedarfs- oder Plandefizits (*Prölss* in Prölss/Martin, VVG § 1 Rdn. 5) und ist so sicherlich auch ein Teil der Daseinsvorsorge des Einzelnen. Nur eben ist diese Form der Daseinsvorsorge rein privatrechtlicher Natur. Der Begriff der Daseinsvorsorge wird in der privatversicherungsrechtlichen Literatur allerdings nur wenig verwandt. So betrachtet etwa *Weidner* in seiner Abhandlung „Zur Problematik privater und öffentlicher Daseinsvorsorge" (ZVersWiss 1961, S. 141 ff.) die Stellung der Sozial- und Privatversicherung im Gesamtgefüge der Daseinsabsicherung und rechnet die aufgrund einer gesetzlichen Pflicht abgeschlossenen privaten Versicherungen einer der von ihm so bezeichneten „obligatorischen assoziativen Eigenvorsorge" zu. *Eichler*, Versicherungsrecht, S. 6, interpretiert die Privatversicherung offenbar auch als Teil der (privaten) Daseinsvorsorge. Im Übrigen wird die Privatversicherung zumeist der Vermögensvorsorge bzw. -gestaltung zugerechnet, so insb. von *Schmidt-Rimpler*, VersR 1963, 493 ff. und VersR 1964, 792 ff., und eingeschränkt auch von *Dreher*, Die Versicherung als Rechtprodukt, S. 57, 92. Wenn aber sowohl Sozial- wie auch Privatversicherung der Daseinsvorsorge dienen, muss - ungeachtet der öffentlich-rechtlichen bzw. privatrechtlichen Zuordnung der Materien - die Annahme einer gegenseitige Ausstrahlungswirkung zumindest diskussionswürdig sein.

708 Siehe statt aller etwa Palandt-*Thomas*, § 823 Rdn. 45 ff.

709 Dreher/Tröndle, StGB § 223 Rdn. 9 lit. f) mit umfangreichen Nachweisen zur Rechtsprechung.

710 Kritisch hierzu etwa *Laufs*, NJW 1980, 1318; Dreher/Tröndle, StGB § 223 Rdn. 9 lit. o). *Messerschmidt* (a. a. O., Fn. 701, S. 174) weist zutreffend darauf hin, dass eine mangelhafte Beratung des Patienten häufig nur zu dem Zwecke bemüht wird, einen Ersatzhaftungsgrund bei fehlgeschlagener, aber nicht nachweisbar fehlerhafter ärztlicher Behandlung zu liefern.

sich feststellen, dass der Hintergrund der Aufklärungsverpflichtung in dem verfassungsrechtlich geschützten Selbstbestimmungsrecht des Einzelnen begründet liegt sowie in der Anerkennung eines Informationsgefälles zu Lasten des mit medizinischen Belangen regelmäßig nicht vertrauten Patienten. Daneben leitet sich die Aufklärungsverpflichtung auch als vertragliche Nebenpflicht aus dem Behandlungsvertrag ab. *Messerschmidt* fasst die ärztlichen Beratungs- und Aufklärungspflichten als besonders markantes Beispiel zur Wahrung hoch angesiedelter, rechtlich geschützter Werte in einer durch offensichtliche Kenntnisdefizite geprägten Vertrauensbeziehung auf[711]. Hinsichtlich der geschützten Werte bleibt hervorzuheben, dass diese sich im Wesentlichen auf das Recht der körperlichen Unversehrtheit als absolutem Recht zurückführen lassen. Die Kommunikationspflichtigkeit im medizinischen Bereich bezieht sich damit im Kern auf das dem Deliktsrecht zuzuordnende Gesundheitsinteresse. Gegenstand der vorliegenden Untersuchung sind hingegen Vermögensinteressen, die keinen absoluten Rechtsstatus genießen und der alleinigen vertragsrechtlichen Beurteilung unterliegen. Analogien aus der Kommunikationslage im Arztrecht scheinen somit nicht statthaft.

cc) Kommunikationspflichten der Kreditinstitute, insbesondere aus dem WpHG

Als Vergleichsobjekt zu den Beratungs- und Aufklärungspflichten in Zusammenhang mit Versicherungsverträgen erscheinen die Beratungs- und Aufklärungsflichten der Kreditinstitute schon deswegen bedeutsam, weil beide Materien auf den ersten Blick eine gewisse Affinität[712] aufweisen. Dies beruht darauf, dass sowohl Bank- wie auch Versicherungsverträge hinsichtlich des Vertragszwecks auf den Schutz der Vermögensinteressen des Kunden ausgerichtet sind. Auf diese Tatsache lassen sich im Weiteren die für beide Vertragstypen entwickelten gesteigerten Interessenwahrungspflichten zurückführen, die u. a. in den jeweiligen Kommunikationsverpflichtungen zum Ausdruck kommen. Es bedarf der Hervorhebung, dass sämtliche Kommunikationspflichten der Kreditinstitute zunächst durch die Rechtsprechung entwickelt wurden und erst mit dem im Juli 1994 in Kraft getretenen WpHG (Wertpapierhandelsgesetz) für den Teilbereich der Kapitalanlage eine gesetzliche Regelung erfolgte. Grundsätzliche vergleichende Betrachtungen der Themenkreise stellte bereits *Messerschmidt* an[713]. *Kieninger* hat

711 *Messerschmidt* (a. a. O., Fn. 701), S. 175.

712 Auf die sachliche Nähe von Bank- und Versicherungsdienstleistungen weisen auch *Kieninger*, Informations-, Aufklärungs- und Beratungspflichten beim Abschluss von Versicherungsverträgen, AcP 199 (1999) 190, 217, und *Schwintowski*, VuR 1997, 83, hin.

713 *Messerschmidt* (a. a. O., Fn. 701), S. 176 ff.

den Komplex jüngst einer detaillierten Untersuchung unterzogen, bei der sie zu Recht zwischen den verschiedenen Geschäftsbereichen Zahlungsverkehr, Kreditgeschäft und Kapitalanlage differenziert[714].

Die Kommunikationspflichten der Banken lassen sich kurz dahingehend beschreiben, dass im Bereich des Zahlungsverkehrs[715] nur in Ausnahmefällen eine Beratungs- bzw. Aufklärungspflicht gegenüber dem Kunden besteht, so z. B. bei Kenntnis von der unmittelbar bevorstehenden Insolvenz eines Überweisungsempfängers oder dessen Kreditinstitutes[716]. Dies erscheint nicht unbillig, denn der Zahlungsverkehr betrifft alltägliche Geschäftsvorgänge und ist der laufenden (ggf. privaten) Verwaltungstätigkeit des Kontoinhabers zuzurechnen. Die Verantwortung für den nicht rein banktechnischen Teil der Abwicklung liegt daher primär bei diesem selbst. Schon kritischer erscheint der Bereich Kredit. Aber auch dort existiert nach der höchstrichterlichen Judikatur keine grundsätzliche Pflicht, den Kunden über eventuelle mit der Kreditaufnahme verbundene Risiken aufzuklären, so z. B. über dessen Leistungsfähigkeit bezüglich der Darlehensrückführung oder die Wirtschaftlichkeit des in Aussicht genommenen Grundgeschäfts[717]. Ausnahmen ergeben sich nur dann, wenn etwa für die Bank erkennbar ist, dass die mit dem Kredit verbundenen wirtschaftlichen Belastungen für den Kunden untragbar sind[718], wenn die Bank in Bezug auf die speziellen Risiken des

---

714 *Kieninger* (a. a. O., Fn. 712).

715 Die Rechte und Pflichten der Banken im bargeldlosen Zahlungsverkehr wurden jüngst durch die Einfügung der §§ 676 a - g in das BGB neu geregelt. Diese am 14.8.1999 in Kraft getretenen Vorschriften sind Ergebnis der Umsetzung des Überweisungsgesetzes (ÜG) vom 21.7.1999 (BGBl. I, S. 1642), welches wiederum auf die Richtlinie 97/5/EG über grenzüberschreitende Überweisungen v. 27.1.1997 (ABlEG L 43, S. 25) und die Richtlinie 98/26/EG über die Wirksamkeit von Abrechnungen in Zahlungs- sowie Wertpapierliefer- und -abrechnungssystemen v. 19.5.1998 (ABlEG L 166, S. 45) zurückgeht. Es bedarf der Hervorhebung, dass mit der Regelung der §§ 676 a - g BGB die dort genannten Vertragsarten des Bankgeschäfts (Überweisungs-, Zahlungs- und Girovertrag) nunmehr als spezielle Erscheinungsformen des Geschäftsbesorgungsvertrages anerkannt werden.

716 BGH, NJW 1987, 317; Paland-*Sprau*, § 676 a Rdn. 17; *Vortmann*, Aufklärungs- und Beratungspflichten der Banken, 1997, Rdn. 221.

717 BGHZ 72, 101; 107, 10; 114, 177; BGH v. 27.4.1989 - III ZR 148/87 (BGH-DAT Zivil); OLG Frankfurt, ZIP 1994, 1014 u. WM 1998, 337; OLG Köln, WM 1994, 197; OLG Hamm, WM 1999, 1056; OLG Stuttgart, NJW-RR 1999, 1138; LG Berlin, WM 2000, 1484.

718 BGH, NJW-RR 1990, 878; 1991, 502. Dennoch gilt auch bei einem Missverhältnis zwischen den finanziellen Möglichkeiten des Kreditnehmers und dessen zukünftigen Darlehensbelastungen, dass der finanzierenden Bank keine grundsätzliche Aufklärungspflicht obliegt; vgl. so BGH, WM 1987, 1546; WM 1988, 561 u. BGH, VuR 1989, 75.

zu finanzierenden Vorhabens einen konkreten Wissensvorsprung hat[719] oder wenn diese an dem zu finanzierenden Geschäft ein eigenes Interesse hat, so z. B. weil sie als Hauptgläubigerin am originären Geschäft beteiligt ist[720]. Für die genannten Bankdienstleistungen lässt sich damit als Zwischenerkenntnis resümieren, dass keine allgemeine bzw. unbedingte Verpflichtung zur Information, Beratung oder Aufklärung des Kunden besteht. An dieser Aussage haben die neu eingefügten §§ 676 a - g BGB nichts geändert.

Anders verhält sich die Pflichtenlage im Anlagegeschäft. Nach der Rechtsprechung des BGH, insbesondere dem oft zitierten sog. Bond-Urteil, sind die Kreditinstitute dort verpflichtet, den (potenziellen) Investor anleger- und objektgerecht zu beraten[721]. Weiter ordnet der BGH in dem zitierten Urteil an, dass die Anlageberatung „richtig und sorgfältig, dabei für den Kunden verständlich und vollständig" sein muss[722]. Im Einzelnen werden Inhalt und Umfang der Beratung von einer Reihe von Faktoren abhängig gemacht, die in solche kundenbezogener Art und solche anlagebezogener Art unterteilt werden. Für eine anlegergerechte Beratung wird als notwendig erachtet, den allgemeinen und fachspezifischen Wissensstand des Kunden, dessen Anlageziele sowie dessen Risikobereitschaft zu erforschen[723]. In Bezug auf das Anlageobjekt hat sich die Beratung auf diejenigen Eigenschaften und Risiken zu beziehen, die für die jeweilige Anlageentscheidung wesentliche Bedeutung haben oder haben können[724].

Diese im Bond-Urteil übersichtlich zusammengestellten Grundsätze flossen später in die Gestaltung des WpHG ein und fanden dort ihren normativen Ausdruck u. a. in den Vorschriften der §§ 31 u. 32, die den Wertpapierdienstleistungsunternehmen bestimmte Verhaltensregeln in Bezug auf die Kunden auferlegen. So die Verpflichtung zur Einholung von Angaben über dessen individuelle Sachkenntnisse, Anlageziele und finanziellen Verhältnisse (§ 31 Abs. 2 Nr. 1

---

719 BGH, WM 1997, 309; 1992, 901; 1988, 1225; 1988, 561; 1987, 1426; OLG Zweibrücken, OLGR 2000, 40; OLG Braunschweig, WM 1998, 1223; LG Braunschweig, WM 1997, 111; OLG Frankfurt, VuR 1997, 102 = WM 1997, 27. Zur Aufklärungspflicht der Kreditinstitute bezüglich spezifischer Nachteile und Risiken eines bestimmten Kreditgeschäftes (hier: Verbindung eines sog. Festkredites mit einer Kapitallebensversicherung) vgl. ferner etwa BGH, VersR 1989, 596 = WM 1989, 665; VersR 1990, 745.

720 BGH, NJW 1978, 2547; BGH v. 24.3.1992 - XI ZR 133/91 (Juris-DAT Urteile).

721 So grundlegend BGH vom 6.7.1993 - XI ZR12/93, BGHZ 123, 126 = WM 1993, 1455 = NJW 1993, 2433 = VersR 1993, 1236 („Bond-Anleihe").

722 BGHZ 123, 126, 131 = WM 1993, 1455, 1456 = NJW 1993, 2433, 2434 = VersR 1993, 1236, 1237.

723 BGH (a. a. O., Fn. 721/„Bond-Anleihe"); zur anlegergerechten Beratung siehe bereits BGH, WM 1982, 90 = NJW 1982, 1095, 1096.

724 BGH (a. a. O., Fn. 721/„Bond-Anleihe"); vgl. auch BGH, WM 1987, 531, 532.

WpHG). Beachtlich ist ferner die sich aus § 31 Abs. 2 S. 2 WpHG ergebende Verpflichtung, dem Kunden alle zweckdienlichen Informationen mitzuteilen, die in Hinblick auf Art und Umfang der beabsichtigten Geschäfte erforderlich sind.

Die durch die genannten Vorschriften des WpHG sowie die immer noch Gültigkeit beanspruchende Bond-Rechtsprechung gekennzeichnete Beratungslage im Anlagegeschäft zeichnet sich damit insbesondere durch eine unbedingte individuelle (anlegerbezogene) und sachspezifische (objektbezogene) Kommunikationsverpflichtung aus.

So überrascht es wenig, wenn das Bond-Urteil von einzelnen Stimmen der versicherungswissenschaftlichen Literatur herangezogen wird, um auch im Privatversicherungsverhältnis eine selbstständige (spontane) Beratungsverpflichtung zu entwickeln bzw. zu begründen[725]. Dieser Rückgriff auf die Rechtsprechung zum Anlagerecht ist konzeptionell nicht zu beanstanden. Insbesondere deswegen nicht, weil die oben erwähnte Affinität von Bank- und Versicherungsdienstleistungen wohl am deutlichsten im Anlagegeschäft zum Ausdruck kommen dürfte. Zu wenig wird hingegen der Tatsache Aufmerksamkeit geschenkt, dass die BGH-Rechtsprechung bei Anlagegeschäften regelmäßig von einem neben dem (eventuell schon existierenden) Bankvertrag bestehenden gesonderten Beratungsvertrag ausgeht, der auch konkludent geschlossen werden kann[726]. Gerade diese Konstruktion wird im Versicherungsrecht aber nicht verwandt. Soweit ersichtlich, erörtert dort keines der in Bezug auf Kommunikationspflichten einschlägigen Judikate die Möglichkeit der Ableitung einer solchen Verpflichtung aus einem separaten - ggf. konkludent geschlossenen - Beratungsvertrag. Allerdings erwägt jüngst *Römer*, die oben beschriebene Rechtsprechung des für das Bankrecht zuständigen XI. Zivilsenates des BGH auf das Versicherungsrecht zu übertragen[727]. Konkret hält *Römer* zumindest bei bestimmten Versicherungssparten den Abschluss eines parallelen, selbstständigen Beratungsvertrages für durchaus möglich, so z. B. in der Kranken-, Lebens- und Rentenversicherung. Kriterium soll sein, dass der Versicherungsvertrag in Hinblick auf den Versicherungsnehmer und die mit dem Vertrag bezweckte Vermögenssicherung eine „besondere Bera-

---

725 Zu nennen sind in diesem Zusammenhang insb. *Schwintowski*, VuR 1997, 83 ff.; ders., VuR 1998, 417 f., und JZ 1996, 702, 705, sowie *Kieninger*, ACP 199 (1999), S. 220, 236 ff.

726 BGHZ 100, 117 = WM 1987, 495; WM 1983, 263 = NJW 1983, 1730; LM BGB § 676 Nr. 29 = VersR 1984, 891 = WM 1984, 1075 = NJW 1984, 2524; BGHZ 123, 126 = VersR 1993, 1236 („Bond-Anleihe").

727 Vgl. *Römer*, Informationspflichten der Versicherer, S. 16 f.; ders., VersR 1998, 1313, 1315.

tung“ erfordert[728]. Dagegen möchte Römer bei typisierten Verträgen, zu denen er etwa die Kfz-Versicherung zählt, einen selbstständigen Beratungsvertrag nicht annehmen[729]. Grundsätzlich ist der Ansatz *Römers* zu befürworten und durchaus folgerichtig. Die Möglichkeit des Abschlusses eines Rechtsgeschäftes durch konkludentes Handeln ist allgemein anerkannt. Es ist daher nicht einsichtig, warum die diesbezügliche Banken-Rechtsprechung des BGH nicht auf das Versicherungsrecht, welches ja auch Teil des Privatrechts ist, übertragbar sein soll. Dies insbesondere deshalb, weil die Informationslagen vergleichbar sind[730]. Inkonsequent erscheint allerdings die Beschränkung *Römers* auf bestimmte Sparten. Dass auch in der Kfz-Versicherung im Einzelfall durchaus ein gesteigerter Beratungsbedarf existiert, zeigen die Europaklausel-Fälle recht deutlich[731]. Zahlreiche weitere Beispiele, die für sich sprechen, können der im Anhang der Untersuchung befindlichen Rechtsprechungsübersicht entnommen werden[732]. Es bleibt abzuwarten, ob der BGH bei Versicherungssachverhalten demnächst in Richtung Bond-Rechtsprechung entscheiden wird.

Alternativ zu der Konstruktion eines neben dem Versicherungsvertrag bestehenden Beratungsvertrages unter ggf. gleichzeitiger Heranziehung der Bond-Rechtsprechung wird im Schrifttum erwägt, die Bestimmungen der §§ 31 und 32 WpHG analog auf das Versicherungsverhältnis anzuwenden. Entsprechende Forderungen werden insbesondere von *Schwintowski*[733] erhoben. Wie bereits erwähnt, erscheint die Interessenlage bei Versicherungsverträgen und Kapitalanlagegeschäften in Hinblick auf Informationsbereitstellung und Beratung durchaus

728 *Römer* (a. a. O., Fn. 727). Zu der Erstreckung der Beratungs- und Aufklärungspflichten auf insb. die im Text genannten Sparten vgl. *Römer* in „Richterrecht und Gesetzesbindung - Leitlinien der deutschen Versicherungsrechtsprechung am Ende eines Jahrhunderts“, Vortrag, gehalten auf Einladung des Versicherungswissenschaftlichen Vereins Hamburg und des Seminars für Versicherungswissenschaft der Universität Hamburg am 18. Mai 2000; siehe VW 2000, 801, 802.

729 *Römer*, Informationspflichten der Versicherer, S. 16; ders., VersR 1998, 1313, 1315.

730 Diese können deswegen als vergleichbar bezeichnet werden, weil das Bezugsobjekt in beiden Fällen die Person des Verbrauchers ist, bei dem ohne weiteres in der jeweiligen Spezialmaterie keine gesteigerten Kenntnisse vorausgesetzt werden können.

731 Siehe z. B. BGH, VersR 1963, 768; LG Freiburg, DAR 1987, 227; OLG Karlsruhe, VersR 1988, 486; BGH, VersR 1989, 948, sowie zuletzt OLG Oldenburg, VersR 2000, 1010.

732 Siehe Anhang II.

733 *Schwintowski*, JZ 1996, 702, 705 ff.; ders., VuR 1997, 83, 87 ff. (der Beitrag fokussiert auf die Kapitallebensversicherung); ders., Informationspflichten in der Lebensversicherung, VersWiss Stud, Bd. 2, S. 22 ff. In Richtung einer Analogie argumentiert auch *Nitschke*, VW 2000, 967.

vergleichbar. Allerdings gestalten sich die Risikolagen unterschiedlich: Während beim Versicherungsverhältnis der Aspekt der Vermögenssicherung überwiegt, wird das Anlagegeschäft von einem spekulativen Element geprägt. Die Materien sind mithin nicht völlig kongruent. Ein anderes Argument gegen eine Analogie erscheint hingegen gewichtiger. Es bedarf der Beachtung, dass es sich bei dem WpHG um ein auf den Kapitalmarkt zugeschnittenes Spezialgesetz handelt. Eine Übertragung der Anforderungen der §§ 31 u. 32 WpHG auf Versicherungssachverhalte, die im Wesentlichen durch das VVG sowie das VAG[734] selbst in eigenen Spezialgesetzen geregelt werden, erscheint damit unzulässig[735].

dd) Sonstige Kommunikationspflichten im Verbraucherrecht

Zunächst können in diesem Zusammenhang die in den §§ 4 und 5 VerbrKrG statuierten Informationspflichten genannt werden. Diese umfassen Angaben über die wesentlichen Einzelheiten des abzuschließenden Vertrages wie etwa den Nettokreditbetrag, den Gesamtbetrag aller zu entrichtenden Teilzahlungen, Zinssatz, effektiven Jahreszins und die Art und Weise der Rückzahlung. In der Literatur werden diese Pflichten ausdrücklich als Informationspflichten dahingehend verstanden, dass sie den Verbraucher über die Essentialia des Vertrages in Kenntnis setzen sollen[736]. § 5 Abs. 1 S. 2 VerbrKrG spricht insoweit synonym von einer Unterrichtung. Die genannten Pflichten dienen damit allein der Verschaffung einer Kenntnisplattform bzw. einer Entscheidungsgrundlage auf Seiten des Verbrauchers. Das Verständnis des Begriffes der Information im VerbrKrG ist so identisch mit dem hier vertretenen Informationsbegriff. Ausdrücklich nicht verpflichtet das VerbrKrG zu einer weitergehenden Beratung des Kunden, etwa darüber, ob nicht eine andere Kreditart günstiger erscheint.

Informationspflichten vorvertraglicher Art enthält ferner das TzWrG[737]. Danach ist gem. § 2 Abs. 1 S. 1 TzWrG dem Interessenten für Teilnutzung von Wohngebäuden ein Prospekt auszuhändigen, dessen Mindestinhalt von § 4 TzWrG umrissen wird. Die dort sehr detailliert geregelten Pflichtangaben bein-

---

734 Beachtlich ist hier insbesondere die Norm des § 10 a VAG. Eine analoge Anwendung der Vorschriften der §§ 31, 32 WpHG auf Versicherungsverträge würde zweifelsohne zu Unklarheiten und Widersprüchen führen.

735 Ablehnend auch *Kieninger*, AcP 199 (1999), S. 218.

736 *Heymann*, WM 1991, 1285, 1288; *Seibert*, Verbraucherkreditgesetz § 4 Rdn. 1 ff.; Münstermann/Hannes, VerbrKrG § 4 Rdn. 1. Mit gleichem Verständnis auch LG Mannheim, BB 1999, 2049; von einer Informations- und Warnfunktion spricht BGH v. 27.6.2000, WM 2000, 1799 = ZIP 2000, 1523.

737 Näher hierzu etwa *Eckert*, ZIR 1997, 2, 4 f.; *Martinek*, NJW 1997, 1393, 1395; *Mäsch*, EuZW 1995, 8, 11, sowie Palandt-*Putzo*, TzWrG § 2 Rdn. 1.

halten u. a. den für den potentiellen Erwerber wichtigen Hinweis, dass dieser kein Eigentum und kein dingliches Wohn- oder Nutzungsrecht erwirbt, was bei Teilzeitnutzungsrechten an Wohngebäuden regelmäßig der Fall[738] ist. Ausdrücklich spricht § 4 Abs. 2 Nr. 2 TzWrG von einem im Prospekt notwendigen Hinweis auf mögliche „weitere Informationen". Auch dieses Gesetz geht damit von einer reinen Kenntnisverschaffungspflicht gegenüber dem Interessenten aus, ohne den Anbieter zu einer weitergehenden Beratung oder Aufklärung über die mit diesem Rechtsgeschäft unzweifelhaft verbundenen Risiken zu verpflichten.

Die genannten gesetzlichen Regelungen[739] erscheinen in Hinblick auf die vorliegende Untersuchung jedoch insoweit als wenig hilfreich, als dass sie eben gerade nicht eine über die reine Informationserteilung hinausgehende Fürsorgepflicht gegenüber dem Verbaucher anordnen. Insbesondere das TzWrG enthält keine Verpflichtung zu einer „anleger- und objektgerechten" Beratung, obwohl eine solche dort sicherlich nicht fehl am Platze wäre.

g) Conclusio

Die Beispiele zeigen, dass im zivilrechtlichen Bereich eine unbedingte und umfassende Beratungsverpflichtung gegenüber dem Vertragspartner eher nicht angenommen wird. Auf den ersten Blick kann daher nicht gesagt werden, dass sich die Kommunikationslage im Privatversicherungsrecht wesentlich von anderen gesetzlichen oder durch Richterrecht entwickelten Kommunikationslagen unterscheidet. Vordringlich kommt ein *Informationsprinzip* zur Anwendung. Dieses lässt dem Informationsberechtigten einen breiten Entscheidungsfreiraum, setzt zur Bildung der Entscheidung aber den Transfer bestimmter Mindestinhalte voraus. Eine Durchbrechung dieses Prinzips erfolgt nur bei bestimmten Lebenssachverhalten. So etwa im medizinischen Bereich. Dieser kann jedoch wegen des im Wesentlichen deliktsrechtlichen Hintergrundes und dem Schutz absoluter Rechtsgüter als Vergleichsmaßstab für versicherungsrechtliche Sachverhalte nicht herangezogen werden. Das Informationsprinzip wird ferner in den Regelungen der §§ 31, 32 WpHG und in der Bond-Rechtsprechung des BGH durch ein anderes ersetzt. Die dort entwickelten Grundsätze können wohl berechtigterweise als *Beratungs- und Aufklärungsprinzip* bezeichnet werden. Hierzu lässt sich in Ansehung des Versicherungsrechts folgendes feststellen: Das Anlagerecht

738 Auf die zivilrechtlichen Gestaltungsmöglichkeiten und Risiken von Teilnutzungsrechten wird insb. bei *Tönnes*, RIW 1996, 124; *Mankowski*, RIW 1995, 364 ff.; *Mäsch*, EuZW 1995, 8, 10, und *Martinek*, ZEuP 1994, 470, eingegangen.

739 Auf die Erörterung weiterer Informationspflichten anordnender Normen wie etwa § 2 ReiseInfoV (siehe hierzu auch Palandt-*Sprau*, Anh. zu §§ 651 a - l) wird verzichtet.

hat bei aller Unterschiedlichkeit mit dem Versicherungsrecht zwei Dinge gemeinsam. Dies ist der in der Regel vorhandene Wissensvorsprung der einen gegenüber der anderen Partei[740] und ein in der Sache selbst begründetes Risiko für die wissensunterlegene Partei[741]. Offensichtlich nimmt bei dieser Konstellation der Gesetzgeber bzw. die Judikative ein erhöhtes Schutzbedürfnis des unterlegenen Vertragspartners an. Bedauerlicherweise haben jedoch die Grundsätze der Anlageberatung keinen Eingang in das Privatversicherungsrecht gefunden[742]. Dort hat sich der Grundsatz der anleger- und objektgerechten Beratung bisher nicht etabliert. Dabei ließe sich die Notwendigkeit der Heranziehung dieser Maxime (in Form einer versicherungsnehmer- und risikogerechten Beratung) für das Versicherungsrecht aus einem argumentum a majore ad minus leicht begründen.

Die Vermögensanlage dient der Vermögensmehrung und enthält - soweit nicht konservativst durchgeführt - ein unübersehbares monetär-spekulatives Element[743]. Dieses Element ist dem Prinzip der Versicherung hingegen fremd. Im

740 Ein Wissensvorsprung der Kreditinstitute vor ihren Kunden wird von der Rechtsprechung insb. bei Kapitalanlagegeschäften (BGH, WM 1992, 901; BGH v. 27.4.1989 - III ZR 148/87 - BGHR BGB vor § 1/Verschulden bei Vertragsschluss, Aufklärungspflicht 24; BGH, NJW 1988, 1583; LG Braunschweig, WM 1997, 111; OLG Frankfurt, WM 1997, 27; OLG Karlsruhe, WM 1999, 1059) und Darlehensgeschäften (BGH v. 24.3.1992 - XI ZR 133/91; BGH, NJW 1992, 2560; BGH v. 27.4.1989 - III ZR 124/88) in Betracht gezogen. Das Bond-Urteil (s. o. Fn. 721) stellt auf die Wissenskomponente des Anlegers ab. So wird unter dort unter II. 2. a) formuliert: „Inhalt und Umfang der Beratungspflicht sind von einer Reihe von Faktoren abgängig, die sich ... auf die Person des Kunden und ... das Anlageprojekt beziehen. Die konkrete Ausgestaltung der Pflicht hängt entscheidend von den Umständen des Einzelfalls ab. Zu den Umständen in der Person des Kunden gehören insbesondere dessen Wissensstand über Anlagegeschäfte ... “. In der Argumentation wird damit von einem nicht informierten und damit beratungs- und aufklärungsbedürftigen Anleger ausgegangen; so auch *Kieninger*, AcP 199 (1999), S. 233. Den Wissensvorsprung des Versicherers gegenüber dem Versicherungsnehmer betont der BGH in VersR 1981, 621, 623; VersR 1967, 441, 443, sowie VersR 1967, 593, 594 = NJW 1967, 1756, 1758.

741 Die Risiken der Kapitalanlage sind evident und bedürfen keiner weiteren Kommentierung. Beim Versicherungsnehmer liegen die Risiken einer unterlassenen oder fehlerhaften Beratung bzw. Aufklärung im möglichen Verlust des Versicherungsschutzes, der Nichtabdeckung eines bestimmten Risikos oder der Unterversicherung.

742 *Römer*, VersR 1998, 1313, 1314; ders., Informationspflichten der Versicherer, S. 6 f., weist in Zusammenhang mit der Entwicklung von Beratungs- und Aufklärungspflichten im Bankrecht darauf hin, dass dieser Prozess im Versicherungsrecht etwas langsamer voranschreitet. Auch *Kieninger*, AcP 199 (1999), S. 236, kritisiert, dass nicht einsichtig ist, warum die Rechtsprechung im Versicherungsrecht hinter der zum Bankrecht in beträchtlichem Maß zurückbleibt.

743 Insb. bei Kapitalanlagen in Form von Wertpapieren im Sinne des § 2 Abs. 1 Nr. 1 WpHG (namentlich Aktien, Schuldverschreibungen, Genussscheine und Optionen)

Gegenteil, von der Konzeption dient die Versicherung aus Sicht des Versicherungsnehmers allein der persönlichen bzw. geschäftlichen Vorsorge. Dies bedeutet das Abstellen auf eine Sicherungs-, nicht auf eine Bereicherungsfunktion[744]. Wenn die Rechtsordnung aber schon den gewinnorientierten und damit von kapitalistischen Ideen getriebenen Anleger als schützenswert erachtet, ist nicht einsichtig, warum der intentional auf Vorsorge bedachte Versicherungsnehmer unterschiedlich behandelt werden soll. Noch deutlicher: Da bei ausdrücklichen Risikogeschäften ein gesteigertes Schutzinteresse des (durchschnittlichen) Verbrauchers angenommen wird, muss diese Annahme bei einem das Risiko vermeidenden bzw. auf dessen Ausgleichung bedachten Verbraucher (dem Versicherungsnehmer) um so zutreffender sein.

h) Abhilfe

Die geschilderte und im Vergleich zum Anlagerecht den Versicherungsnehmer benachteiligende Behandlung von Beratungs- und Aufklärungsansprüchen ließe sich beseitigen. Hierbei kommen im Wesentlichen drei Lösungsansätze in Betracht.

Bereits oben wurde eine analoge Anwendung der Vorschriften der §§ 31, 32 WpHG auf das VVG diskutiert, jedoch im Ergebnis abgelehnt, wobei der Hauptgrund hierfür in der spezialgesetzlichen Qualität des WpHG zu sehen ist[745].

Naheliegender und methodisch nicht angreifbar dürfte eine Ableitung genereller Beratungs- und Aufklärungspflichten aus allgemeinen Rechtsgrundsätzen sein, so z. B. aus § 242 BGB. Dass bürgerlich-rechtliche Normen auf das VVG ergänzende Anwendung finden, wurde aufgezeigt und ist unbestritten. Unstreitig ist ferner, dass im Rahmen der genannten Bestimmung für nicht wenige Lebenssachverhalte vertragsrechtlicher Art bereits Aufklärungs- und Beratungspflichten entwickelt wurden[746]. Diese Aussage beansprucht ausweislich der vorliegenden

---

tritt das Risikoelement deutlich hervor. Bei den genannten Investitionsformen steht weniger die Vermögensvorsorge im Vordergrund denn eine Gewinnerzielung und -maximierung.

744 Versicherungen stellen auf die Deckung eines Schadens, Bedarfs oder Plandefizits ab (so trefflich *Prölss* in Prölss/Martin, VVG, § 1 Rdn. 5) und sind damit auf die (Vermögens-)Vorsorge ausgerichtet. Versicherungsprodukte sind so originär keine „Gewinnbringer" (*Haymann*, Leistung und Gegenleistung im Versicherungsvertrag, S. 21); ihnen fehlt das spekulative Element, welches Kapitalanlagegeschäften geradezu inhärent ist.

745 Siehe im Ergebnis so oben II. 3. 2. 1. 2. f) cc).

746 Zu nennen sind hier schuldrechtliche Verträge wie z. B. der Werk-, Miet-, Dienst-, Arbeits- und Maklervertrag, im weiteren aber auch Bürgschaften oder Waren- und

Untersuchung insbesondere Geltung für die Rechtsprechung zum Privatversicherungsrecht. Nur eben geht die Heranziehung des § 242 BGB dort noch nicht soweit, analog der im Bond-Urteil aufgestellten Grundsätze eine unbedingte und „versicherungsnehmer- sowie risikogerechte" Beratungsverpflichtung zu postulieren. Im Sinne des Schutzes des Versicherungsnehmers wäre eine solche Weiterentwicklung des geltenden Rechts aber sicherlich wünschenswert. Der Vorteil dieser im Schrifttum diskutierten Lösung[747] läge vor allem in der Einfachheit ihrer Implementierung.

De lege ferenda ist schließlich die Einführung einer den §§ 31, 32 WpHG nachgebildeten Norm in das VVG in Erwägung zu ziehen. Die derzeitige Überarbeitung des Versicherungsvertragsrechts durch die vom Bundesministerium der Justiz eingesetzte Kommission böte hierfür sowohl Anlass wie auch Gelegenheit. Bei dieser Lösungsalternative darf allerdings der temporale Aspekt nicht übersehen werden. Denn selbst wenn ein entsprechender Vorschlag durch die Kommission erarbeitet würde und von legislativer Seite Unterstützung fände, könnte mit einer praktischen Umsetzung erst mittelfristig gerechnet werden.

Lediglich im Ansatz positiv zu bewerten ist ein in die bezeichnete Richtung gehender Gesetzesvorschlag der Bundesländer Niedersachsen und Saarland vom 7.7.1997[748]. Danach soll das VVG um die Bestimmung eines § 48 a (Verhaltenspflichten) ergänzt werden[749]. Die Entwurfsvorschrift ist darauf ausgerichtet, dem Versicherungsnehmer einen „nach den Umständen des Einzelfalls bedarfsgerechten Versicherungsschutz" zu verschaffen. Zur Sicherstellung dessen werden - sozusagen als Vorbereitungshandlung - die Erstellung einer Risikoanalyse und ei-

---

Börsentermingeschäfte; siehe dazu die Zusammenstellungen bei Palandt-*Heinrichs*, § 276 Rdn. 80 ff., sowie Palandt-*Sprau*, § 764 Rdn. 11 ff. u. § 765 Rdn. 33.

747 *Kieninger*, VersR 1998, 5, 7; dies., AcP 199 (1999), S. 218; in diese Richtung tendierend wohl auch *Werber*, ZVersWiss 1994, 321, 341.

748 BR-Drucks. 517/97 vom 9.7.1997; Abdruck des Entwurfes u. a. in NVersZ 1999, 310. Vgl. dazu auch *Hohlfeld*, NVersZ 1999, 305. Eine kritische Analyse der Gesetzesinitiative unternimmt *Kieninger*, VersR 1998, 5 ff.

749 Der Entwurf des § 48 a VVG (neu) lautet auszugsweise:
(1) Der Versicherungsvermittler ist verpflichtet,
1. dem Kunden alle zweckdienlichen Informationen mitzuteilen, soweit dies zur Wahrung der Interessen des Kunden und im Hinblick auf Art und Umfang des von diesem angestrebten Versicherungsschutzes erforderlich ist,
2. einen nach den Umständen des Einzelfalls bedarfsgerechten Versicherungsschutz anzubieten und dazu eine sachgerechte Risikoanalyse und ein angemessenes Deckungskonzept zu erstellen und
3. den Kunden mit der erforderlichen Sachkenntnis, Sorgfalt und Gewissenhaftigkeit aufzuklären und zu beraten, wenn eine Aufklärungs- und Beratungspflicht vertraglich besteht oder eine Aufklärung und Beratung nach den Umständen des Einzelfalls erkennbar notwendig ist. ...

nes angemessenen Deckungskonzeptes gefordert. Auch soll der Versicherungsnehmer mit der „erforderlichen Sachkenntnis, Sorgfalt und Gewissenhaftigkeit" aufgeklärt und beraten werden. Damit erscheint die Gesetzesinitiative auf den ersten Blick und unter Berücksichtigung der hier in Bezug auf Kommunikationpflichten der Versicherer vorgebrachten Kritik durchaus begrüßenswert. Bei näherer Betrachtung ist der Normvorschlag jedoch in Teilen nicht konsequent und unverständlich. So ist z. B. nicht einsichtig, warum die genannten Analyse- und Beratungspflichten nur dem Versicherungsvermittler, nicht hingegen dem Versicherer obliegen sollen[750]. Unter Berücksichtigung der Vertriebskanäle von Versicherungsprodukten, insbesondere dem immer häufiger zu beobachtenden Direktkontakt, wäre es von besonderer Wichtigkeit, ebenso den Versicherer mit einzubeziehen. Wenig nachvollziehbar ist ferner, dass eine Aufklärungs- und Beratungsverpflichtung nur dann angenommen wird, wenn eine solche vertraglich besteht oder sich nach den Umständen des Einzelfalles erkennbar notwendig aufdrängt. Dies umschreibt lediglich die bestehende und für den Versicherungsnehmer wenig günstige Gesetzeslage bzw. Rechtsprechung[751], was sich als genauso überflüssig wie nicht weiterführend erweist. Positiv hervorzuheben ist jedoch die sprachliche Differenzierung zwischen der bloßen Mitteilung von „Informationen"[752] und der davon abgegrenzten „Aufklärung und Beratung"[753]. Insgesamt jedoch verfehlt die Gesetzesinitiative das gesteckte Ziel der Verstärkung des Verbraucherschutzes im VVG; sie bedarf selbst der grundlegenden Überarbeitung.

---

750 Kritisch dazu auch *Kieninger*, VersR 1998, 5, 11, und *Römer*, VersR 2000, 661, 664 f. *Römer* befürwortet im Rahmen seiner Darstellung zum Reformbedarf des Versicherungsvertragsrechts und zu diesbezüglich notwendigen Gesetzesänderungen eindeutig die Aufnahme von Aufklärungs- und Beratungspflichten für Agenten *und* (Hervorhebung durch den Verf.) Versicherer (vgl. a. a. O., S. 664 [unter IV. 1. e.]).

751 So auch *Kieninger*, VersR 1998, 5, 10.

752 Wenn im Entwurf des zur Einfügung vorgeschlagenen § 48 a VVG schon der Informationsbegriff zur Anwendung kommt, wäre in Ansehung der bestehenden Regelung des § 10 a VAG anstatt einer adjektivischen Ergänzung („zweckdienliche") ein direkter Verweis auf die zitierte Norm sicherlich angebrachter; denkbar etwa in Form der in § 5 a Abs. 1 S. 1 VVG gebrauchten Formulierung. Ausdrücklich weist die Begründung zum Entwurf darauf hin, dass die Informationspflicht einen zivilrechtlichen Charakter tragen soll; vgl. BR-Drucks. 517/97, S. 34.

753 Unter Beratung und Aufklärung will der Normentwurf unzweifelhaft eine individuell-konkrete, mithin auf den Einzelfall abstellende und den „besonderen Bedürfnissen des Versicherungskunden" entsprechende Tätigkeit verstanden wissen; siehe so die Begründung BR-Drucks. 517/97, S. 34.

3.2.1.3. Vertragsverletzungen des Versicherers im Bereich Administration

Nach Erfassung und Analyse der Kommunikationspflichten des Versicherers während der Vertragslaufzeit werden im Folgenden - auf Grundlage der eingangs durchgeführten Unterteilung und im Rahmen der Untersuchungen zur ersten Hauptgruppe[754] - diejenigen Pflichtverletzungen erörtert, die der *Administration* des Versicherers zuzuordnen sind. Betrachtet werden mithin solche Pflichtverletzungen, die während der Laufzeit und nach Ablauf des Versicherungsvertrages auf Fehlern im internen Verwaltungs- und Entscheidungsprozess des Versicherers beruhen, ohne die Schadenregulierung zu betreffen.

Aus Gründen der Abgrenzung des Rechtsinstituts der positiven Vertragsverletzung vom Verzug sei hier vermerkt, dass sich die mit dem Versicherungsverhältnis zusammenhängende allgemeine Verwaltungstätigkeit des Versicherers als Nebenverpflichtung aus dem Versicherungsvertrag darstellt. Verletzungen vertragsbezogener Nebenpflichten begründen hingegen regelmäßig keinen Verzug, denn dieser orientiert sich ausschliesslich an der Hauptleistungsverpflichtung. So kommen für diese Fallgruppe, ein Verschulden vorausgesetzt, stets die Regeln der positiven Vertragsverletzung zur Anwendung[755].

Vertragsverletzungen des Versicherers bei der laufenden Verwaltungstätigkeit lassen sich wenig systematisieren. Zu zahlreich sind die Möglichkeiten der Tatbestandsverwirklichung. Die am häufigsten zu beobachten Konstellationen sind jedoch Untätigkeit und Fehlentscheidungen, wie z. B. der grundlose Rücktritt vom Versicherungsvertrag. Folgend werden ohne Anspruch auf Vollständigkeit einige typische Fehlverhaltensweisen dargestellt, die in der Praxis immer wieder zu beobachten sind.

a) Untätigkeit und verzögerliche Bearbeitung von Geschäftsvorgängen

Verhaltensweisen der genannten Art lassen sich durchweg auf ein persönliches Verschulden einzelner Mitarbeiter des Versicherers oder aber ein Organisationsverschulden zurückführen.

---

754 Zur Rekapitulation: Diese betrifft den Verlauf und die Beendigung des Versicherungsvertrages; siehe S. 92 f.

755 Siehe etwa BGH, VersR 1981, 469; 1987, 147; OLG Hamm, VersR 1994, 718; VersR 1989, 76, u. RuS 1999, 75. Eine Ausnahme bilden lediglich Fälle der unberechtigten Kündigung bzw. des unberechtigten Rücktritts vom Versicherungsvertrag, in denen für den Versicherungsnehmer die Durchsetzung eines vertraglichen Restitutionsanspruchs günstiger ist als die Verfolgung eines Schadensersatzanspruchs aus positiver Vertragsverletzung.

Grundlegend formulierte bereits das RG eine aus dem bestehenden Versicherungsvertrag folgende Verpflichtung des Versicherers zur sachgemäßen Bearbeitung von diesem zugehenden, das Versicherungsverhältnis betreffenden Erklärungen des Versicherungsnehmers[756]. Diese Rechtsprechung wurde durch den BGH bestätigt und fortgeführt[757]. In den genannten Entscheidungen lag dem Versicherer bzw. dessen Agenten jeweils eine ausdrückliche Veränderungsanzeige des Versicherungsnehmers dahingehend vor, den Sachversicherungsschutz für ein versichertes Objekt wegen Umzugs an einen neuen Versicherungsort „umzuschreiben", was hingegen nicht geschah.

Nach einem Urteil des OLG Hamm ist der Versicherer aber nicht nur bei ausdrücklichen Anzeigen des Versicherungsnehmers verpflichtet zu reagieren. Eine Verpflichtung zum Tätigwerden wird wohl schon dann gesehen, wenn der Versicherer von einem das Vertragsverhältnis betreffenden deckungsrelevanten Sachverhalt Kenntnis erlangt. So wird bei Kenntniserlangung von einer Betriebsverlegung des Versicherungsnehmers eine Pflicht angenommen, diesen spontan darauf aufmerksam zu machen, dass mit der Ortsveränderung der Feuerversicherungsschutz nach § 4 Nr. 1 AFB erlischt[758]. Unerheblich ist danach, ob der Versicherer durch den Versicherungsnehmer oder sonstwie im Rahmen des Geschäftsbetriebes von der Betriebsverlegung erfährt[759]. Die Betreuungspflicht leitet das OLG Hamm alleine aus einer sachgemäßen Verwaltung im Rahmen des bestehenden Versicherungsverhältnisses ab[760]. Dieser Grundsatz findet zwischenzeitlich auch auf andere Versicherungssparten Anwendung[761]. So lässt sich generalisierend ei-

756 RGZ 104, 20 und RG, VA 1923 Nr. 1334. In den Entscheidungen erörterte das RG jedoch nicht den Aspekt einer möglichen positiven Vertragsverletzung, sondern stellte ohne weiteres auf eine Verschuldenshaftung des Versicherers in Anwendung des § 276 BGB ab.

757 BGH, VersR 1981, 469; VersR, 1987, 147.

758 Vgl. OLG Hamm, VersR 1994, 718 = ZfS 1994, 177.

759 Ausreichend erscheinen z. B. ein geschäftliches Gespräch mit dem Versicherungsnehmer, ein Aufsuchen der neuen Geschäftsräume (Betriebsbesichtigung) oder auch eine aus der Korrespondenz des Versicherungsnehmers ersichtliche Anschriftenänderung; vgl. OLG Hamm, a. a. O., Fn. 758. Einschränkend dazu OLG Koblenz, VersR 1984, 128, welches dem Versicherer oder dessen Agent keine Betreuungs- bzw. Tätigkeitspflicht auferlegt, wenn die Kenntniserlangung von einem Umzug des Versicherungsnehmers nur rein zufällig über einen Dritten erfolgt.

760 OLG Hamm, VersR 1994, 718, spricht insoweit von sich „ aus dem Versicherungsvertrag ergebenden ... Betreuungspflichten"; so später auch OLG Hamm, RuS 1999, 75.

761 Nach OLG Hamm, VersR 1989, 76, haftet der Versicherer aus positiver Vertragsverletzung, wenn der Versicherungsagent bei einem Fahrzeugwechsel nur eine Ummeldung der Kfz-Haftpflichtversicherung vornimmt, nicht aber auch für die Ände-

ne Obliegenheit dahingehend konstruieren, dass der Versicherer von sich aus (spontan) verpflichtet ist, mit dem Versicherungsnehmer in Kontakt zu treten und Maßnahmen zu ergreifen, wenn er während der Laufzeit des Versicherungsvertrages von Tatsachen Kenntnis erhält, die den ursprünglich mit dem Versicherungsnehmer vereinbarten Versicherungsschutz aufheben, reduzieren oder gefährden.

Umstritten ist, inwieweit in solchen Fällen dem Versicherungsnehmer ein mitwirkendes Verschulden angelastet werden kann. In den Entscheidungen RG 104, 20 und RG, VA 1923, Nr. 1334 wurde ein mögliches Mitverschulden des Versicherungsnehmers nicht erörtert. Gleiches gilt für BGH, VersR 1987, 147, und BGH, VersR 1981, 469, die sich jeweils wegen Zurückverweisung nicht näher mit der Problematik befassten. Hingegen erkannte das OLG Hamm in zwei Urteilen auf einen Mitverschuldensanteil von einem Viertel[762]. Dies wurde damit begründet, dass angesichts des klaren Wortlautes des § 4 Nr. 1 AFB[763] die Versicherungsnehmerin bei „sorgfältiger Verfahrensweise" die Notwendigkeit eines Neuabschlusses des Versicherungsvertrages für den Fall einer Betriebsverlegung hätte erkennen können[764] bzw. dass der Versicherungsnehmer, der ordnungsgemäß eine Veränderungsanzeige abgegeben hatte aber darauf über einen Zeitraum von mehreren Monaten keine Reaktion verzeichnete, von sich aus hätte nachfassen müssen[765].

---

rung der Autoinhaltsversicherung sorgt, obwohl er diese nur wenige Monate zuvor vermittelt hat.

762 OLG Hamm, VersR 1994, 718 u. RuS 1999, 75. Es sei darauf hingewiesen, dass es sich in beiden Entscheidungen bei den Versicherungsnehmern jeweils um Kaufleute handelte.

763 § 4 Nr. 1 AFB lautet: „Bewegliche Sachen sind nur in den Räumen versichert, die in der Versicherungsurkunde bezeichnet sind (Versicherungsort). Werden sie daraus entfernt, so ruht der Versicherungsschutz. Ist die Entfernung nicht nur vorübergehend, so erlischt insoweit auch der Versicherungsvertrag". *Martin*, Sachversicherungsrecht, G III Rdn. 28, erkennt zwar den vom OLG Hamm, VersR 1994, 718, formulierten klaren Wortlaut der Bestimmung durchaus an, betrachtet aber dennoch - und völlig zu Recht - die hierdurch für den Versicherungsnehmer geschaffene Rechtslage als für nur „schwer durchschaubar". Zur schwer durchschaubaren Rechtslage bei einer spezifischen Unterversicherungskonstellation vgl. auch OLG Köln, VersR 1994, 342; dort wurde ein Mitverschuldensanteil von 1/3 angenommen. Darüber hinaus kann angemerkt werden, dass eine sprachlich durchaus klar abgefasste (und ggf. behördlich durch das BAV genehmigte) Klausel nicht zwingend eine Konformität mit den §§ 3 und 9 Abs. 1 AGBG bedeuten muss; vgl. Ulmer/Brandner/Hensen, AGBG, § 5 Rdn. 34 ff. u. Anh. §§ 9 - 11 Rdn. 850; *Schirmer*, ZVersWiss 1986, 513, 565.

764 OLG Hamm, VersR 1994, 718, 719.

765 OLG Hamm, RuS 1999, 75, 76. Mit gleicher Begründung bereits OLG Celle, VersR 1952, 401, 402, welches das ungenutzte Verstreichenlassen eines Zeitraums von

Die Anrechnung eines Mitverschuldens, welches nach BGH, VersR 1981, 469 allenfalls „eine Frage der Beurteilung des Einzelfalles“ sein könne, dürfte sich hingegen als generell unzulässig erweisen. Entweder es besteht eine Betreuungsverpflichtung, oder diese besteht nicht. Das Verständnis der Betreuung muss, wie das der Beratung, umfassend sein. Wenn also eine Betreuungspflicht des Versicherers bei Kenntniserlangung von das Versicherungsverhältnis betreffenden Umständen angenommen wird, darf die Verantwortung für die Erfüllung der Pflicht nicht teilweise auf den Versicherungsnehmer zurückverlagert werden. Dies muss umsomehr für Fälle gelten, in denen der Versicherungsnehmer eine Veränderungsanzeige abgibt. In Anschluss an die Begründung RG 104, 20, dürfte der Versicherungsnehmer mit der Veränderungsanzeige alles getan haben, was ihm obliegt. Für diese Auslegung spricht auch § 43 Nr. 1 VVG, der den Versicherungsagenten ausdrücklich als bevollmächtigt ansieht, Anträge auf Änderung eines Versicherungsvertrages entgegenzunehmen. Mit dem Zugang der Erklärung bei dem Agenten ist diese gem. § 164 Abs. 3 BGB auch dem Versicherer gegenüber als zugegangen zu betrachten[766]. Wird die Erklärung dem Versicherer direkt zur Kenntnis gebracht, gilt diese gleichso als mit dem Zugang bewirkt; § 130 Abs. 1 S. 1 BGB. Dies bedeutet: Hat der Versicherungsnehmer eine Erklärung abgegeben, muss er sich darauf verlassen dürfen, dass die weiteren erforderlichen Schritte durch den Versicherer erfolgen. Gerade hier entfaltet sich das geschäftsbesorgungsrechtliche Element des Versicherungsvertrages. Konkret: Zur sachgemäßen Bearbeitung gehört die Abwicklung des gesamten Geschäftsvorganges, von der Anzeige des Versicherungsnehmers bis zur Ausführung aller notwendigen administrativen Tätigkeiten. Zumindest muss der Versicherungsnehmer darauf vertrauen dürfen, dass ihm - solange er nach der Veränderungsanzeige keine Rückmeldung erhält und die Angelegenheit in der Schwebe ist - der Versicherungsschutz weder versagt noch verkürzt wird[767]. All dies spricht gegen eine Anwendung des § 254 BGB.

---

7 Monaten seit Abgabe einer Veränderungsanzeige als ausreichend ansah, ein Mitverschulden des Versicherungsnehmers von 1/5 zu begründen, sofern zwischenzeitlich kein neuer Versicherungsschein oder ein Nachtrag ausgestellt wurde.

766 *Kollhosser* in Prölss/Martin, VVG, § 43 Rdn. 16; BGH, VersR 1987, 663; OLG Brandenburg, VersR 1997, 347.

767 *Martin*, Sachversicherungsrecht, G III Rdn. 21, entwickelt den sicherlich diskutablen Gedanken, die schriftliche oder mündliche Anzeige der Ortsveränderung in neue Geschäftsräume nicht nur als Antrag des Versicherungsnehmers anzusehen, den bestehenden Vertrag zu ändern bzw. einen neuen abzuschließen sondern bis zur Ausstellung eines neuen Versicherungsscheins den Antrag auch als solchen auf vorläufige Deckung aufzufassen.

b) Unberechtigte Kündigung bzw. unberechtigter Rücktritt des Versicherers vom Versicherungsvertrag

Als ebenso kritisch wie die später noch zu behandelnden unberechtigten Leistungsverweigerungen[768] können sich für den Versicherungsnehmer unberechtigte Kündigungen des Versicherungsvertrages erweisen. Gleiches gilt für den unberechtigten Rücktritt.

Wie bereits an anderer Stelle ausgeführt, handelt es sich bei dem Versicherungsvertrag um ein Dauerschuldverhältnis, bei dem der Versicherer für einen bestimmten Zeitraum die Gefahrtragung für ein Risiko übernimmt (sog. Zeitversicherung)[769]. Ordentliche Kündigungen sind während der Vertragslaufzeit für beide Parteien ausgeschlossen. Sofern eine Verlängerungsklausel vereinbart wurde, sind Kündigungen gem. § 8 Abs. 1 VVG nur vor dem Ablauf der Vertragszeit möglich[770]. Alternativ kann der Versicherungsvertrag auf unbestimmte Zeit geschlossen werden (sog. dauernde Versicherung). Auch in diesem Fall sind ordentliche Kündigungen für beide Teile nur nach Maßgabe der Bestimmungen des § 8 Abs. 2 VVG zulässig. Ordentliche Kündigungen sollten sich im Allgemeinen als unkritisch erweisen, da jeder Partei durch die stets vereinbarte Kündigungsfrist eine Überlegungs- und Reaktionszeit zur Verfügung steht; dem Versicherungsnehmer gibt dies insbesondere die Möglichkeit, das Risiko rechtzeitig anderweitig zu versichern.

Neben den ordentlichen Kündigungen sieht das VVG jedoch zahlreiche Sonderkündigungsrechte vor, die jeweils das Vorliegen spezieller Gründe voraussetzen und daher als außerordentliche Kündigungen bezeichnet werden[771]. Als solche können im Aufriss auf Seiten des Versicherungsnehmers im Wesentlichen benannt werden die Kündigung bei Prämienerhöhung (§ 31) und das Kündigungsrecht nach einem Versicherungsfall (§§ 96 Abs. 1, 113, u. 158 Abs. 1 S. 1). Auf Seiten des Versicherers kommen in Betracht Kündigungen wegen Obliegenheitsverletzungen des Versicherungsnehmers (§ 6 Abs. 1 S. 2), wegen Gefahrerhöhung (§ 24 Abs. 1 S. 1; 27 Abs. 1 S. 1, u. 41 Abs. 2 S. 1), Zahlungsverzug (§ 39 Abs. 3 S. 1), Konkurs des Versicherungsnehmers (§ 14 Abs. 1 VVG) und

768 Vgl. II. 3. 2. 2. 2 und II. 4. 7. 3.

769 Üblicherweise sind zeitlich begrenzte Verträge mit einer Verlängerungsklausel ausgestattet, wie dies § 8 Abs. 1 VVG ausdrücklich für zulässig erklärt.

770 Die gesetzliche Bestimmung des § 8 Abs. 1 VVG wird in Individualverträgen regelmäßig durch AVB ergänzt. In Hinblick auf eine ordentliche Kündigung des Versicherungsverhältnisses sehen diese stets vor, dass die Kündigung längere Zeit vor Ablauf der Vertragszeit erfolgen muss. So bestimmt z. B. § 4 a Abs. 1 S. 1 AKB eine Frist von drei Monaten; vgl. dazu auch *Bruck-Möller*, VVG Bd. I, § 8 Anm. 7.

771 *Bruck-Möller*, VVG Bd. I, § 8 Anm. 23; *Prölss* in Prölss/Martin, VVG, § 8 Rdn. 3.

schließlich ebenso wegen Eintritt des Versicherungsfalls (§§ 96 Abs. 1, 113, 158 Abs. 1 S. 1)[772]. Ein Recht auf Rücktritt des Versicherers vom Versicherungsvertrag ergibt sich insbesondere bei Nicht- oder unrichtiger Anzeige erheblicher Umstände bei Vertragsschluss (§§ 16 Abs. 2, 17 Abs. 1, 163 u. 178 k) und bei verspäteter Zahlung der ersten Prämie (§ 38 Abs. 1). In Ergänzung zu diesen normierten Tatbeständen können beide Parteien außerordentliche Kündigungsrechte bzw. Rücktrittsrechte aus § 242 BGB herleiten, wenn unter Berücksichtigung der Interessenlage eine Fortsetzung des Vertrages nicht mehr zumutbar ist[773]. Der Rückgriff auf den Grundsatz von Treu und Glauben ist allerdings nach der Rechtsprechung nur zulässig, wenn das VVG keine spezielle Regelung vorsieht[774]. Es soll nicht unerwähnt bleiben, dass Sonderkündigungs- bzw. Rücktrittsrechte auch - häufig nur als Wiederholung der gesetzlichen Vorschriften - in den AVB statuiert werden.

Da außerordentliche Kündigungen bzw. Rücktritte des Versicherers vom Vertrag jeweils einen Rechtsgrund voraussetzen, liegen gelegentliche Fehler bei der Einschätzung der tatbestandlichen Voraussetzungen im wahrscheinlichen Bereich. Für den Versicherungsnehmer ist eine solche Situation deswegen mit Risiken behaftet, da der Versicherungsschutz plötzlich wegfällt und es ihm u. U. nicht möglich ist, diesen durch anderweitiges Kontrahieren wiederherzustellen. Sollte eine sog. Umdeckung gelingen, ist zu bedenken, dass bei dem neuen Versicherer - ungeachtet eventueller nochmaliger Abschlusskosten - das Risiko vielleicht nur zu einer höheren Prämie versichert werden kann[775] oder aber bisherige Vergünstigungen (z. B. ein Schadenfreiheitsrabatt) wegfallen. Besonders kritisch erweist sich die Lage indes, wenn eine Umdeckung nicht oder nicht rechtzeitig gelingt und ein Schaden eintritt. So lassen sich bei ungerechtfertigten Kündigungen bzw. Rücktritten folgende Konstellationen strukturieren:

(1) Die Umdeckung des Vertrages gelingt zu der bisherigen Prämie und zu den gleichen Versicherungsbedingungen; es entstehen dem Versicherungsnehmer keine Nachteile. (2) Die Umdeckung gelingt, aber nur mit ungünstigeren Versicherungsbedingungen oder aber zu höheren Prämiensätzen (ggf. beides). (3) Die

---

772 Auffällig ist, dass die außerordentlichen Kündigungsrechte des Versicherers bei weitem überwiegen; so auch *Bruck-Möller*, VVG Bd. I, § 8 Anm. 22.

773 BGH, VersR 1985, 54 (Erschleichen von Leistungen in der Krankenversicherung); OLG Celle, VersR 1952, 283; RG, JW 1937, 218 (schriftliche Anregung seitens des Versicherungsnehmers zur Brandstiftung); LG Mannheim, JW 1934, 3080 (Suiziddrohung gegenüber Versicherer bei Risikolebensversicherung); *Bruck-Möller*, VVG Bd. I, § 8 Anm. 25.

774 BGH, VersR 1985, 54, 55; RG, JW 1937, 218.

775 Vgl. hierzu *Bruck-Möller*, VVG Bd., I § 13 Anm. 38, in Zusammenhang mit Kündigungsmöglichkeiten bei Konkurs des Versicherers, und *Venzmer*, VersR 1962, 934 (dort Fn. 34).

Umdeckung gelingt nicht, ein Versicherungsfall ist jedoch (noch) nicht eingetreten. (4) Die Umdeckung gelingt nicht oder zeitlich nicht ausreichend vor dem Eintritt eines Versicherungsfalls.

Die erste Variante bedarf keiner weiteren Diskussion.

Bei der zweiten Variante ist dem Versicherungsnehmer unzweifelhaft ein Nachteil entstanden. Sollte dieser in ungünstigeren AVB zu sehen sein, ist der Nachweis eines konkreten Schadens allerdings nur dann möglich, wenn ein Versicherungsfall eingetreten ist, der nach dem neuen Vertrag nicht versichert wäre. Ein höherer zu entrichtender Beitrag (Prämie) kann indessen unschwer als Vermögensnachteil und mithin als Schaden nachgewiesen werden. Hier sollte der Versicherungsnehmer so gestellt werden, wie er stehen würde, wenn die vertragswidrige Kündigung bzw. der unberechtigte Rücktritt nicht erfolgt wären, wobei der Ersatz dieses negativen Interesses aus dem Institut der positiven Vertragsverletzung erlangt werden kann. Nach einer Entscheidung des OLG Oldenburg[776] berechtigt ein objektiv grundloser Rücktritt des Versicherers den anderen Teil dazu, den Vertrag seinerseits außerordentlich zu kündigen und bei schuldhaftem Verhalten unter dem Gesichtspunkt der positiven Vertragsverletzung Schadensersatz wegen dadurch bedingter zusätzlicher Aufwendungen zu fordern. Ein Schadensersatzanspruch wurde im konkreten Fall jedoch unter Hinweis auf § 242 BGB abgelehnt, da der Rücktritt des Versicherers auch dadurch bedingt war, dass der Versicherungsnehmer selbst gegen seine vorvertraglichen Anzeigepflichten verstoßen hatte, was gem. § 16 Abs. 2 VVG ausdrücklich zum Rücktritt berechtigte[777]. Dieser Argumentation kann gefolgt werden.

Besonders interessant in Hinblick auf den Untersuchungsgegenstand sind die beiden zuletzt genannten Konstellationen. Bei einer nicht gelungenen Umdeckung (Variante 3) hilft dem Versicherungsnehmer hingegen ein Schadensersatzanspruch nicht weiter. Er ist an der Wiederherstellung des Zustandes vor der unberechtigten Kündigung bzw. dem Rücktritt interessiert. Als Abhilfemaßnahme kommt daher lediglich die Anstrengung eines Urteils in Betracht, welches feststellt, dass das Versicherungsverhältnis durch die ungerechtfertigte Kündigung bzw. den ungerechtfertigten Rücktritt nicht erloschen ist. Es geht somit nicht um einen Anspruch aus positiver Vertragsverletzung, sondern um einen Restitutions-

---

776 OLG Oldenburg, VersR 1995, 819 = RuS 1995, 472; ähnlich bereits LG Essen, VersR 1987, 353, und später AG Düsseldorf, ZfS 1992, 279.

777 OLG Oldenburg, VersR, 1995, 819, 820, unter Hinweis auf BGH, NJW 1884, 869; 1985, 266. Danach ist die Geltendmachung der Rechte aus § 326 BGB bzw. die Ausübung eines außerordentlichen Kündigungsrechts für den Gläubigers dann ausgeschlossen, wenn und solange dieser selbst gegen Vertragspflichten verstößt, die für die beiderseits zu erbringenden Leistungen wesentlich sind; vgl. auch Palandt-*Heinrichs*, § 242 BGB Rdn. 46.

anspruch vertraglicher Art, der inhaltlich auf die Wiederherstellung des status quo ante abzielt. Aus positiver Vertragsverletzung können - ein schuldhaftes Verhalten des Versicherers vorausgesetzt - allenfalls Kostenbelastungen ersetzt verlangt werden, die durch die Beauftragung eines Anwalts mit der außergerichtlichen Abwehr der unberechtigten Vertragsbeendigung entstehen[778]. Ist es nach Kündigung oder Rücktritt bereits zu einem Schadenereignis gekommen (Variante 4), gilt das zuvor Gesagte entsprechend. Auch hier erschiene es unzweckmäßig, einen Ersatz des Schadens im Wege der verschuldensabhängigen Haftung aus dem Institut der positiven Vertragsverletzung erlangen zu wollen. Näher liegend und sicherer erscheint die Durchsetzung eines vertraglichen Anspruchs auf Leistung gem. § 1 Abs. 1 VVG, der nur im Wege der positiven Feststellungsklage herbeigeführt werden kann.

c) Organisatorische Vorkehrungen zur Kenntniserlangung von strafbaren Handlungen von Mitarbeitern, Versicherungsagenten und Maklern

Bereits in anderem Zusammenhang - der Behandlung außergesetzlicher Informationspflichten - erfolgte eine Erörterung der Thematik[779]. Dort wurde im Ergebnis eine *generelle* Verpflichtung des Versicherers abgelehnt, potenziell gefährdete Versicherungsnehmer über einschlägige deliktische Handlungen von den beiden in der Überschrift zuletzt genannten Gruppen in Kenntnis setzen zu müssen. Dies jedenfalls insoweit, als dass noch keine rechtskräftige strafrechtliche Verurteilung erfolgt ist und nicht eine besonders gravierende Rechtsgutsverletzung gegenüber einer unbestimmten Vielzahl von Versicherungsnehmern zu befürchten wäre. Als Gründe, die gegen eine generelle Informationsverpflichtung sprechen, konnten die u. a. in Art. 6 Abs. 2 EMRK festgeschriebene Unschuldsvermutung und das hiermit in Zusammenhang stehende allgemeine Persönlichkeitsrecht herausgefiltert werden. Dieses Ergebnis beansprucht hingegen nur für die Kommunikationsebene Gültigkeit.

Anders beurteilt sich die Lage auf der Administrationsebene. Es ist ein uneingeschränkt anerkannter bürgerlich-rechtlicher Grundsatz, dass es bei der Abwicklung von Schuldverhältnissen den Vertragsparteien obliegt, das Eigentum und andere Rechtsgüter der jeweils anderen Partei nicht zu verletzen oder zu gefährden[780]. Diese Schutzpflicht bezieht sich primär auf das Integritätsinteresse, kann aber auch auf das Leistungsinteresse durchgreifen[781]. Gründe, warum das Gesag-

778 AG Düsseldorf, ZfS 1992, 279.
779 Siehe dazu die Ausführungen oben II. 3. 2. 1. 1. c) dd).
780 RGZ 78, 239 (Linoleumteppichrollen-Fall); BGH, NJW 1983, 2814; KG, NJW 1985, 2137.
781 Palandt-*Heinrichs*, § 242 Rdn. 35.

te auf den als Dauerschuldverhältnis aufzufassenden Vertrag[782] zwischen Versicherer und Versicherungsnehmer nicht anwendbar sein sollte, sind nicht ersichtlich.

Die Annahme des Bestehens einer entsprechenden Schutzpflicht im Privatversicherungsrecht wird dadurch verstärkt, dass das Bundesaufsichtsamt in seinem Rundschreiben R 1/94 (VerBAV 1994, 87) konkrete Maßnahmen anordnet, die - neben einer umfassenden und seriösen Beratung[783] - im Wesentlichen den Schutz des Versicherungsnehmers vor Vermögensdelikten aus den Bereichen der Versicherungsvermittlung und des Innendienstes bezwecken[784]. So werden den Versichererungsgesellschaften im Einzelnen aufgegeben (1) eine Verpflichtung zur Überprüfung der Zuverlässigkeit des mit der Versicherungsvermittlung befassten Personenkreises vor Beginn der Zusammenarbeit, (2) die Sicherstellung einer ausreichenden laufenden Kontrolle und (3) eine Meldeverpflichtung von strafbaren Handlungen an die Aufsichtsbehörde bereits bei Verdachtsmomenten[785].

Für den Versicherer resultieren die genannten Aufgaben in der unbedingten Verpflichtung zur Implementierung geeigneter Aufsichts- und Kontrollinstrumentarien[786]. Fraglich bleibt hingegen, was geschieht, wenn den Verpflichtungen nicht oder nicht in genügender Weise nachgekommen wird. Zwar sind die Versicherer über die o. g. Anordnung verpflichtet, halbjährlich sowie in besonderen Fällen Meldungen über Veruntreuungen gegenüber der Aufsichtsbehörde abzugeben. Dies sagt aber noch nichts über die betriebliche Organisation des Kontrollsystems aus, die jedes Unternehmen selbst bestimmen kann. Bei auftretenden Defiziten sind die aufsichtsrechtlichen Sanktionen in ihrer Art durchaus beschränkt. Das bedeutet zwar nicht deren praktische Unwirksamkeit. Dennoch

---

782 So BGH, VersR 1991, 580 = NJW 1991, 1828; OLG Hamm, VersR 1988, 263; OLG Nürnberg, VersR 2000, 437. *Prölss* in Prölss/Martin, VVG, § 1 Rdn. 17, möchte dem Versicherungsvertrag zumindest den „Charakter eines Dauerschuldverhältnisses“ einräumen.

783 Man beachte diese Forderung des BAV vor allem in Hinblick auf die unter II. 3. 2. 1. 2. zusammengefasste Kritik an den Kommunikationspflichten der Versicherer; siehe dort insb. lit. e).

784 Als Gründe für die Anordnung nennt das BAV u. a. die „zu beobachtende Zunahme der Veruntreuungen ... im Bereich der Versicherungsvermittlung“ (VerBAV 1994, 87).

785 Zu den auf Grundlage des § 81 Abs. 2 S. 1 VAG erlassenen Anordnungen vgl. im einzelnen VerBAV 1994, 87 ff.

786 Siehe auch Prölls-*Schmidt*, VAG, Zus. § 1 Rdn. 1. Sehr klar und ausführlich stellt *Schmidt*, a. a. O., Rdnrn. 4 - 40, den unterschiedlichen Rahmen der Versicherungsaufsicht für die verschiedenen Absatzorgane des Versicherers (angestellte Versicherungsvermittler, Versicherungsvertreter bzw. -agenten und Makler) heraus.

können aufsichtsrechtliche Maßnahmen ein Versäumnis ja nicht ungeschehen machen, sondern nur in die Zukunft wirken. Allein, dies hilft dem durch ein Vermögensdelikt geschädigten Versicherungsnehmer wenig. Ihm bleibt nur der Rückgriff auf das Zivilrecht, welches in Ermangelung eines allgemeinen Haftungstatbestandes im VVG oder im Schuldrecht wiederum über § 242 BGB zum Rechtsinstitut der positiven Vertragsverletzung führt. Es dürfte unbestreitbar sein, dass sich die öffentlich-rechtliche Verpflichtung zur Implementierung von Aufsichts- und Kontrollmaßnahmen zivilrechtlich in eine - außergesetzliche - vertragliche Nebenpflicht gegenüber dem Versicherungsnehmer wandelt. Hierfür spricht nicht nur der Schutzzweck der Norm, der im Wesentlichen auf die Verhinderung der Gefährdung finanzieller Belange der Versicherten abzielt[787]. Schwerer fällt ins Gewicht, dass anderenfalls die öffentlich-rechtliche Anordnung zivilrechtlich keinerlei individuelle Wirkung entfalten würde und letztlich leer liefe. Dies wiederum widerspräche der Gesamtkonzeption der Versicherungsaufsicht, die sich gerade im Zuge der Deregulierung des europäischen Versicherungsmarktes wieder verstärkt auf das Postulat des Verbraucherschutzes ausrichtet[788]. Letzteres kann als Bestärkung und Rückbesinnung auf den u. a. von *Starke* geprägten schuldrechtlichen Schutzgedanken des VAG[789] aufgefasst werden.

Eine Schadensersatzverpflichtung trifft den Versicherer hingegen nur, wenn die Haftungsvoraussetzung des Verschuldens erfüllt ist. Nach allgemeinen beweisrechtlichen Regeln würde dies bedeuteten, dass der Versicherungsnehmer gegenüber seinem Vertragspartner den Nachweis des Organisationsverschuldens erbringen müsste. Unter Heranziehung der Grundsätze zur Beweislastverteilung nach Gefahren- oder Verantwortungsbereichen sollte es sich im geschilderten Fall hingegen als zulässig erweisen, in analoger Anwendung des § 282 BGB von einer Umkehr der Beweislast auszugehen[790]. Hilfreich dürften in jedem Fall die

787 So VerBAV 1994, 87.

788 Prölss-*Schmidt*, VAG, Vorbem. Rdnrn. 110 u. 123 f., jeweils m. w. N. zur umfangreichen Literatur; zu nennen sind insbesondere *Lahnstein*, Verbraucherschutz durch Versicherungsaufsicht, VerBAV 1980, 225; *Geiger*, Der Schutz des Versicherten im Europ. Binnenmarkt (1992); *R.*. *Schmidt*, Zur Entwicklung des Verbraucherschutzes im Umgang mit Versicherungsprodukten, in: Bach (Hrsg.), Symposion AGB und AVB (1992), S. 27; *Hohlfeld*, ebenda, S. 47, und *Büchner*, Fragen des aufsichtsrechtlichen Verbraucherschutzes, ZVersWiss 1994, 349.

789 *Starke*, in: W. Rohrbeck, 50 Jahre materielle Versicherungsaufsicht, Bd. 3 (1955), S. 1 ff. Zustimmend Prölss-*Schmidt*, VAG, Vorbem. Rdn. 110.

790 Da der geschädigte Versicherungsnehmer keinen Einblick in den Organisationsbereich des Versicherers hat, gerät er mit einiger Wahrscheinlichkeit in Beweisnot mit dem daraus folgenden Risiko, dass sein Recht verfällt. Zur generellen Zulässigkeit der Umkehr der Beweislast, wenn die Schadenursache aus dem Organisationskreis des Schuldners hervorgeht und die Sachlage die Vermutung rechtfertigt, dass ein

aufsichtsrechtlichen Vorgaben sein, die mit ihrer Forderung nach einem umfassenden Kontrollsystem relativ enge Rahmenbedingungen für eine praktische Umsetzung vorgeben. Eine Entlastung dürfte dem Versicherer nur bei dem Nachweis gelingen, dass er im Sinne des § 276 Abs. 1 BGB alle erforderliche Sorgfalt hat walten lassen oder aber die Zielgruppe der Übung außerhalb des übertragenen oder autorisierten Aufgabenbereiches handelte[791].

So lässt sich als Einzelergebnis festhalten, dass den Versicherer bezüglich deliktischer Handlungen von Mitarbeitern, Versicherungsagenten oder Maklern zwar keine generellen Informations- bzw. Warnverpflichtungen treffen; er hat jedoch organisatorisch durch geeignete Maßnahmen sicherzustellen, dass von den genannten Gruppen keine Gefährdungen der Belange der Versicherungsnehmer ausgehen.

d) *Verletzung von datenschutzrechtlichen Bestimmungen und Verschwiegenheitspflichten*

Als weitere anspruchsbegründende Konstellationen für positive Vertragsverletzungen im administrativen Bereich des Versicherers kommen die Verletzung datenschutzrechtlicher Bestimmungen sowie - damit in Zusammenhang stehend - Verstöße gegen Verschwiegenheitspflichten in Betracht.

Handlungen entgegen den Bestimmungen des BDSG dürften sich wegen der Kodifizierung der Materie als mehr oder minder unproblematisch erweisen. Zu bedenken ist jedoch, dass der Anwendungsbereich des BDSG beschränkt ist. So unterliegen nicht sämtliche von einem Versicherer in Zusammenhang mit einem bestimmten Versicherungsverhältnis erfassten Daten und Informationen dem BDSG. Vom Schutzzweck des Gesetzes werden nur personenbezogene Daten erfasst. Als solche sind zu verstehen Einzelangaben über persönliche und sachliche Verhältnisse einer natürlichen Person[792]. Mit dieser Einschränkung fallen bereits alle juristischen Personen aus dem Schutzkreis des BDSG heraus. Ferner werden auch nicht sämtliche personenbezogenen Daten geschützt. So unterliegen etwa solche Daten, die im nicht-öffentlichen Bereich nicht in Dateien verarbeitet wer-

---

Organisationsmangel für den Schaden kausal zeichnet, siehe BGHZ 64, 51; 66, 53; BGH, NJW 1978, 2197; NJW 1980, 2186; VersR 1994, 562 = NJW 1994, 1594; ferner OLG Hamburg, MDR 1998, 470 und jüngst OLG Köln, VersR 1999, 861. Näher zur Problematik statt aller Palandt-*Heinrichs*, § 282 Rdn. 6 ff. Spezifisch mit der Beweislastverteilung nach Gefahrenbereichen im Versicherungsrecht beschäftigt sich *Heinemann*, Beweislastverteilungen bei positiven Forderungsverletzungen, S. 27.

791 So in den Fällen OLG Hamm, VersR 2000, 213, und KG, VersR 1987, 1196.

792 *Auernhammer*, BDSG, Einf. Rdn. 44 u. § 3 Rdn. 6.

den oder Daten, die nicht zur Übermittlung an Dritte bestimmt sind und in nicht automatisierten Verfahren verarbeitet werden, nicht oder nur beschränkt dem BDSG; vgl. § 1 Abs. 2 Nr. 3 und Abs. 3 Nr. 2[793]. Auch ist die bei Versicherungsgesellschaften stets geführte Vertrags- oder Schadenakte gem. § 3 Abs. 2 S. 2 BDSG keine Datei[794]. Dies jedenfalls, solange sie nicht durch maschinelle Verfahren umgeordnet oder ausgewertet werden kann, was wohl fast ausnahmslos der Fall sein dürfte. Schließlich bedarf es der Hervorhebung, dass die Versicherer mit sehr weit reichenden Einwilligungsklauseln i. S. v. § 4 BDSG operieren, denen sich der Versicherte kaum entziehen kann[795]. So wird evident, dass das BDSG für die informationelle Selbstbestimmung und die Geheimhaltungsbedürfnisse des Versicherungsnehmers nur einen teilweisen Schutz bietet.

Hinsichtlich der Rechtsfolgen bei unzulässigen oder unrichtigen Verarbeitungs- und Weiterleitungsvorgängen von Daten erscheint der Hinweis angebracht, dass § 8 BDSG - entgegen der missverständlichen Überschrift - keine eine Schadensersatzpflicht begründende Vorschrift darstellt[796]. Hierfür bedarf es des Rückgriffs auf das allgemeine Recht. Deliktsrechtlich gelangt so im Wesentlichen § 823 Abs. 2 BGB zur Anwendung, im vertraglichen Bereich kommt wiederum das Rechtsinstitut der positiven Vertragsverletzung zum Zuge[797].

Wegen des dargelegten limitierten Schutzes des BDSG für die persönliche bzw. geschäftliche Sphäre des Versicherungsnehmers drängt sich die Überlegung auf, inwieweit unabhängig davon für den Versicherer bereits aus dem Versicherungsverhältnis eine vertragliche (Neben-)Pflicht herleitbar ist, in Zusammenhang mit dem Vertrag ihm bekannt gewordene Daten und Informationen des Versicherten vertraulich zu behandeln.

---

793 Siehe hierzu im einzelnen die Übersicht bei *Auernhammer*, BDSG, Einf. Rdn. 46.

794 *Auernhammer*, BDSG, § 3 Rdn. 16 f.; vgl. auch OLG Frankfurt, VersR 1981, 1070.

795 Entsprechende Einwilligungsklauseln werden sowohl in Antrags-, Änderungs- wie auch in Schadenmeldeformularen verwandt und mit der jeweils notwendigen Unterschrift des Versicherungsnehmers unter den Schriftstücken akzeptiert; instruktiv hierzu *Wienke*, Möglichkeiten und Genzen kundenorientierter Datenverarbeitung, VW 1992, 467.

796 *Auernhammer*, BDSG, Einf. Rdn. 54 f. und § 8 Rdn. 1.

797 *Auernhammer*, BDSG, § 8 Rdn. 4 ff., beschränkt sich unter Nennung der §§ 823 Abs. 1 u. 2, 824, 826 BGB auf eine Darstellung der deliktsrechtlichen Schadensersatzansprüche, ohne entsprechende vertragliche Ansprüche zu erwähnen. Ein paralleler vertraglicher Anspruch sollte indes außer Zweifel stehen, da das BDSG in § 8 lediglich auf einen „Anspruch auf Schadensersatz" verweist, was vertragliche Schadensersatzansprüche - insbesondere solche aus positiver Vertragsverletzung - nicht ausschließt; vgl. in diesem Sinne *Simitis*, BDSG, § 8 Rdn. 3 u. 16, *Gola/Schomerus*, BDSG, Anm. 2.1, sowie aus der Rechtsprechung etwa LG Bonn, WM 1994, 1285. Die Parallelität von delikts- und vertragsrechtlichen Ansprüchen unterstreicht auch *Geis*, CR 1993, 269, 271.

Die Rechtsprechung hat die Frage noch nicht abschließend geklärt. So prüft das OLG Frankfurt in einer Entscheidung aus dem Jahr 1980 zwar einen vertraglichen Anspruch, lehnt diesen hingegen aus sachverhaltsspezifischen Gründen ab[798]. Das Gericht befand, dass durch die Weitergabe von Vertragsdaten eines Versicherungsnehmers an den damaligen HUK-Verband keine vertraglichen Nebenpflichten verletzt werden. Begründet wird die Ansicht damit, dass der Versicherungsnehmer bei Abschluss eines neuen Vertrages nach § 16 VVG per se verpflichtet sei, die in Frage stehenden Daten zu offenbaren. Offensichtlich geht das OLG Fankfurt damit von einer grundsätzlich bestehenden vertraglichen Verschwiegenheitspflicht aus, sieht diese aber als sachlich begrenzt an. Ein Geheimhaltungsinteresse des Versicherungsnehmers an Vertragsdaten aus dem Versicherungsverhältnis wird ferner vom LG Duisburg anerkannt[799].

Die überwiegenden Stimmen im Schrifttum sprechen sich mit nachvollziehbaren Gründen für die Annahme einer unbeschränkten vertraglichen Verschwiegenheitspflicht des Versicherers aus. So argumentiert *Mohr* für den Bereich der Lebensversicherung, dass durch die Gefahrengemeinschaft ein besonders enges Vertrauensverhältnis geschaffen werde, aus dem sich als Nebenwirkung unter Heranziehung des § 242 BGB eine Verpflichtung zur Verschwiegenheit über anvertraute Tatsachen herleiten lasse[800]. Zur Stützung seiner Ansicht zieht *Mohr* den Bankvertrag heran, bei dem allgemein anerkannt von einer Vertraulichkeit der Kundeninformationen - dem so bezeichneten Bankgeheimnis - als vertragliche Nebenpflicht ausgegangen werde[801]. Diese Kernaussage übernehmen später *Schmidt* und in Anschluss daran *Schulz* unter gleichzeitiger Ausweitung derselben auf sämtliche Privatversicherungszweige[802].

Allein *Frey* spricht sich gegen eine vertragliche Verschwiegenheitspflicht aus[803]. Diese Auffassung wird u. a. mit Schwierigkeiten in der praktischen und organisatorischen Umsetzung einer solchen Verpflichtung begründet. In diesem Zusammenhang verweist *Frey* auf die am Versicherungsvertrag außer dem Versicherer und dem Versicherungsnehmer möglicherweise weiteren beteiligten Parteien. Als Beispiele werden etwa der Realgläubiger in der Feuerversicherung

798 OLG Frankfurt vom 15.4.1980, VersR 1981, 1070.
799 LG Duisburg, Beschl. v. 18.9.1991 (nicht rechtskräftig), NJW-RR 1992, 865 = ZIP 1991, 1299.
800 *Mohr*, Verschwiegenheitspflichten der Lebensversicherungsunternehmen im privaten Rechtsverkehr, VersR 1953, 7.
801 *Mohr*, VersR 1953, 7.
802 *Schmidt*, Verschwiegenheitspflicht und Auskunftsverweigerungsrecht der privaten Versicherungsunternehmen, VersR 1957, 492; *Schulz*, Die Schweigepflicht in der Versicherungspraxis, VersR 1960, 317.
803 *Frey*, in: Festgabe für E. Prölss, S. 88, 98.

oder der Bezugsberechtigte in der Lebensversicherung benannt. Dass solchen Parteien je nach der rechtlichen Natur der Beziehung eine Informationsberechtigung in Bezug auf Einzelheiten zum Versicherungsvertrag zuzubilligen ist, dürfte indes unbestreitbar sein. Aus Offenlegungspflichten im Einzelfall darf hingegen nicht abgeleitet werden, dass eine allgemeine vertragliche Verschwiegenheitspflicht des Versicherers nicht besteht[804]. Übersehen wird, dass es bei Verschwiegenheitspflichten nicht primär um die Weitergabe von Vertragsinformationen an Berechtigte, sondern um eine solche an Unberechtigte geht. Schließlich kann eine in Einzelfällen schwierige Abgrenzung als Argument gegen die Annahme einer allgemeinen Verpflichtung nicht herangezogen werden, denn Probleme dieser Art sind eine Eigentümlichkeit des Rechts. Der Ansicht *Freys* ist daher nicht zuzustimmen.

Auffälligerweise datieren die zitierten Literaturmeinungen relativ weit zurück. Dies und die kaum vorhandene themenspezifische Judikatur ließen den Schluss zu, dass sich versicherungsbezogene Verschwiegenheitspflichten derzeit als unproblematisch darstellen. Die Gründe hierfür könnten in einem sorgsamen Umgang der Versicherer mit den Daten ihrer Vertragspartner gesehen werden. Damit ist die Frage, ob sich aus dem Versicherungvertrag für den Versicherer eine Verschwiegenheitspflicht ableitet, aber nicht beantwortet.

Als Begründung für eine unbeschränkte Verschwiegenheitsverpflichtung des Versicherers bleibt in Ermangelung einer positiv-rechtlichen Regelung im VVG nur der Rückgriff auf allgemein zivilrechtliche Normen. Der diesbezüglich von *Mohr* über § 242 BGB geführte Ansatz ist nicht zu beanstanden. Nach höchstrichterlicher Rechtsprechung besteht für den Schuldner eine allgemeine Verpflichtung, sich bei der Abwicklung des Vertragsverhältnisses so zu verhalten, dass Rechte des anderen Teils nicht verletzt werden[805]. Für das Versicherungsverhältnis ist anerkannt, dass dieses in besonderem Maße von Treu und Glauben beherrscht wird[806]. Dies betont auch *Prölss*, der im Weiteren aber die konkrete Frage nach dem Bestehen einer Verschwiegenheitspflicht unbeantwortet lässt[807]. Dennoch ist unübersehbar, dass der Versicherer in Vorbereitung des Abschlusses des Vertrages sowie auch bei dessen Verlängerung oder Änderung wesentliche Daten, Fakten und Hintergründe über das Risiko erfährt. Der Versicherungsnehmer ist insoweit durch § 16 Abs. 1 VVG verpflichtet. Es dürfte keinem ernsthaften Zweifel unterliegen, dass auf diese Weise der Versicherer in bestimmten

---

804 So aber *Frey* (a. a. O., Fn. 803), S. 94 u. 98.

805 RGZ 73, 347, 352; 78, 239, 240; BGH, NJW 1983, 2814; KG, NJW 1985, 2137, und statt aller Palandt-*Heinrichs*, § 242 Rdn. 35.

806 BGHZ 40, 387; BGH, VersR 1967, 441; 1985, 943; 1989, 842; 1991, 1129. Ausführlich hierzu etwa *Bruck-Möller*, VVG Bd. I, Einl. Anm. 67.

807 *Prölss* in Prölss/Martin, VVG, Vorbem. II Rdn. 16.

Sparten Zugang zu streng vertraulichen Informationen erlangt. Die Verfügungstellung der Informationen seitens des Versicherungsnehmers geschieht indes mit der intentionalen Ausrichtung, dass diese vom Versicherer ausschließlich zur Risikobewertung herangezogen werden, nicht hingegen zum Gebrauch außerhalb des Rechtskreises. Daher kann die Verschwiegenheitspflicht entgegen OLG Frankfurt, VersR 1981, 1070, auch nicht auf außerhalb von § 16 VVG mitgeteilte Informationen beschränkt sein. Denn gerade über die in dieser Norm geregelten vorvertraglichen Anzeigepflichten erhält der Versicherer die wesentlichen Informationen über das Risiko. Würden unter § 16 VVG fallende Informationen ausgeklammert, liefe die Verpflichtung des Versicherers weitgehend leer. Für eine generelle Verschwiegenheitspflicht des Versicherers sprechen so im Ergebnis allgemeine vertragliche Grundsätze. Darüber hinaus dürfte ins Gewicht fallen, dass bedingt durch den beschränkten Anwendungsbereich des BDSG bei Negation der vertraglichen Verpflichtung ein rechtsfreier Raum entstehen würde.

Um Unsicherheit bei der Annahme des Bestehens einer dem Versicherungsvertrag impliziten Verschwiegenheitspflicht auszuschalten, ist neuerdings in der Praxis vermehrt zu beobachten, dass in den industriellen Sach- und Haftpflichtversicherungszweigen seitens der Versicherungsnehmer diesbezügliche gesonderte Erklärungen (Confidentiality Agreements) verlangt werden, die nicht selten zusätzliche Vertragsstrafen vorsehen. Soweit neben dem Versicherungsvertrag solche Vereinbarungen zwischen den Parteien getroffen werden, ist zu bedenken, dass auf diese Weise selbstständige Nebenverpflichtungen entstehen, bei deren Verletzung es zur Auslösung einer Schadensersatzverpflichtung des Nachweises eines Verschuldens nicht mehr bedarf.

Abschließend sei darauf hingewiesen, dass die hier vertretene, dem Versicherungsverhältnis implizite allgemeine Verschwiegenheitspflicht des Versicherers sowie dessen auf datenschutzrechtlichen Bestimmungen beruhende Pflichten in den Zeitraum nach Beendigung des Vertragsverhältnisses fortwirken[808]. Ausnahmen von den Verpflichtungen ergeben sich nur bei Einwilligung des Betroffenen, in Fällen gesetzlicher Erlaubnis oder gesetzlichen Zwanges und gegenüber am Versicherungsvertrag beteiligten Dritten.

e) Sonstige Fälle positiver Vertragsverletzungen im administrativen Bereich

Zu denken ist etwa an eine Verletzung der Verpflichtung des Versicherers, dem Versicherungsnehmer gem. § 3 Abs. 1 VVG eine Urkunde über den Versicherungsvertrag (also den Versicherungsschein bzw. Nachträge hierzu) auszufertigen und auszuhändigen. Hingegen handelt es sich hierbei um eine gesetzlich ange-

808 So auch *Schulz*, ZfV 1960, 317, 318; LG Bonn, WM 1994, 1285.

ordnete Hauptpflicht aus dem Versicherungsverhältnis, nicht lediglich um eine Nebenpflicht. Schadensersatzansprüche kommen daher nur in Betracht, soweit dem Versicherungsnehmer aus dem Nichtbesitz der Urkunde weitere Nachteile entstehen. Diese gründen sich dann aber auf Verzug, nicht auf positive Vertragsverletzung[809].

Schließlich sind die Informationsverpflichtungen des Versicherers aus § 101 Abs. 1 u. 2 VVG[810] zu nennen. Diese bestehen jedoch gegenüber dem Hypothekengläubiger in der Gebäude-Feuerversicherung und damit gegenüber einem am originären Versicherungsvertrag nicht beteiligten Dritten[811]. Die Frage einer positiven Vertragsverletzung gegenüber dem Versicherungsnehmer stellt sich mithin nicht[812].

3.2.1.4. Zusammenfassung der Ergebnisse der Untersuchung von positiven Vertragsverletzungen des Versicherers bei Vertragsverlauf und Vertragsbeendigung

Den Versicherer treffen neben den eigentlichen Hauptleistungsverpflichtungen aus dem Versicherungsvertrag zahlreiche weitere Pflichten. Die Untersuchung der ersten Hauptgruppe vertragsbezogener Pflichten hat gezeigt, dass diese in der absoluten Überzahl der Fälle die Kommunikationsebene betreffen. Hingegen sind nur wenige Verpflichtungen dem administrativen Bereich zuzuordnen. Zumeist gestalten sich die Pflichten als unselbstständige Nebenpflichten aus dem Versicherungsvertrag, sodass sich ein breites Anwendungsfeld für das Rechtsinstitut der positiven Vertragsverletzung ergibt.

Das Funktionieren der Kommunikationsebene stellt sich für das Verhältnis zwischen Versicherer und Versicherungsnehmer als imperativ heraus. Unter Berücksichtigung dieses Stellenwertes überrascht die geringe Regelungsdichte des Pflichtenkreises im Privatversicherungsrecht. Gesetzliche Regelungen existieren

---

809 Siehe auch *Bruck-Möller*, VVG Bd. I, § 3 Anm. 14.

810 Das VVG spricht insoweit von einer Mitteilungsverpflichtung. Diese soll dem Berechtigten hingegen nur als Entscheidungsgrundlage für sein weiteres Vorgehen dienen und kann so als reine Information aufgefasst werden.

811 Ausführlich hierzu *Schmidt*, Die rechtliche Stellung des Realgläubigers gegenüber dem Versicherer, Diss., 1982.

812 Notabene sei angemerkt, dass der Hypothekengläubiger bei verzögerter oder unterlassener Mitteilung nach § 101 Abs. 1 oder Abs. 2 VVG zwar einen Schadensersatzanspruch geltend machen könnte, indes darf nicht übersehen werden, dass der Realgläubiger bei Eintritt eines Versicherungsfalls bereits über die §§ 99 f. VVG bzw. über § 1128 BGB einen quasi dinglichen - und somit besseren - Schutz erfährt; näher dazu *Kollhosser* in Prölss/Martin, VVG, § 101 Rdn. 4, und *Langheid* in Römer/Langheid, VVG, § 101 Rdn. 6.

insoweit nur für einige wenige Belehrungspflichten und für die in Anlage D zu § 10 a VAG genannten Informationspflichten. Damit entzieht sich der unter dem Aspekt des Verbraucherschutzes wichtigste Teil der Kommunikation, die individuell-risikobezogene Beratung und Aufklärung, jeglicher gesetzlicher Regelung. Im Gegensatz zum Bankrecht, in dem mit der Verpflichtung zur anleger- und objektgerechten Beratung ein Beratungs- und Aufklärungsprinzip vorherrscht, ist das Privatversicherungsrecht vom Informationsprinzip gekennzeichnet. Dies lässt dem Versicherungsnehmer zwar einen weitgehenden Entscheidungsfreiraum, bürdet ihm aber grundsätzlich das Fehlerrisiko bei Analyse und Festlegung des Versicherungsbedarfs auf.

Dieses Defizit erfährt durch die Judikatur nur sehr beschränkt einen Ausgleich. So verteidigt der BGH in ständiger Rechtsprechung das Informationsprinzip und den sich daraus ableitenden Grundsatz der Selbstverantwortung des Versicherungsnehmers für das individuelle Versicherungsprodukt. Von diesem Dogma wird nur in wenigen Ausnahmefällen abgewichen. Inkonsequent und in innerem Widerspruch hierzu erkennt der BGH an, „dass der Versicherer im allgemeinen (und mithin regelmäßig, Anm. des Verf.) geschäftlich und versicherungstechnisch dem Versicherungsnehmer überlegen ist". Aus dieser Feststellung heraus wird im Weiteren eine Rücksichtnahmeverpflichtung auf dessen Belange in Fällen angeordnet, in denen der Versicherungsschutz in Gefahr ist[813]. In der Praxis wird von dem genannten Grundsatz - soweit ersichtlich - jedoch nur dann Gebrauch gemacht, wenn ein völliger Wegfall der Deckung zu befürchten ist. So etwa bei vorsätzlichen Obliegenheitsverletzungen des Versicherungsnehmers. Bezüglich der sich aus der Verletzungshandlung ergebenden negativen Rechtsfolgen werden dem Versicherer deshalb unbedingte Belehrungsverpflichtungen aufgegeben[814]. Leider hat die höchstrichterliche Judikatur einen Transfer des Grundsatzes der Rücksichtnahmeverpflichtung auf die Beratungs- und Aufklärungspflichten des Versicherers nicht oder allenfalls nur sehr bedingt vollzogen. Jedenfalls existiert keine unbedingte Beratungs- und Aufklärungspflicht. Es bleibt abzuwarten, ob sich an diesem Bild in der Zukunft etwas ändern wird.

---

813 BGH, VersR 1967, 593, 594; 1967, 441, 443 und 1981, 621, 623.

814 Vgl. hierzu BGH, VersR 1967, 441 und 1967, 593. Im Fall BGH, VersR 1981, 621 (siehe oben S. 107 [Berliner Kunststoffbeschichtungsfabrik]) werden hingegen nicht Belehrungs-, sondern Beratungs- und Aufklärungspflichten diskutiert. Zwar erfolgt auch dort ein Hinweis auf die geschäftliche und versicherungsrechtliche Überlegenheit des Versicherers sowie sich daraus herleitende Rücksichtnahmepflichten, indes beruht die Entscheidung nicht auf dieser Feststellung.

In der versicherungsrechtlichen Literatur wird das Informationsprinzip von gewichtigen Stimmen mit getragen[815]. In den vergangenen Jahren sind jedoch - sicherlich nicht unbeeinflusst von der sich verstärkenden Verbraucherschutzdiskussion - vermehrt kritische Stimmen erkennbar. Als Argumentationshilfe wird dabei häufig auf die §§ 31, 32 WpHG zurückgegriffen. Eine analoge Anwendung dieser Bestimmungen auf das VVG erscheint hingegen schon wegen des spezialgesetzlichen Charakters des WpHG als unzulässig. Überlegenswert wäre jedoch, de lege ferenda eine ähnliche Vorschrift in das VVG aufzunehmen[816]. Dies wäre in Reflexion der in der vorliegenden Untersuchung vorgetragenen Kritik im Sinne der Versichertengemeinschaft sicherlich positiv zu werten. Sollte es im Zuge der anstehenden Überarbeitung des VVG tatsächlich zu der Einführung einer Beratungsverpflichtung gegenüber dem Versicherungsnehmer kommen, bedürfte es der Beachtung, dass - um Systemlücken von vornherein auszuschließen - nicht nur die Versicherer, sondern auch deren Absatzorgane (Vertreter und Agenten) in die Obligation mit einbezogen werden.

Die dem administrativen Bereich des Versicherers zuzuordnenden positiven Vertragsverletzungen zeigten eine wenig homogene Struktur. Als gesetzlich fixierte Pflichtaufgabe gegenüber dem Versicherungsnehmer konnte eigentlich nur die in § 3 Abs. 1 VVG geregelte Verpflichtung zur Ausstellung einer Versicherungsurkunde herausgefiltert werden[817]. Alle sonstigen rein administrativen Tätigkeiten beurteilen sich in Ermangelung einer Spezialvorschrift im VVG nach bürgerlich-rechtlichen Grundsätzen, wobei wiederum auf die Norm des § 242 BGB zurückgegriffen werden muss. Einzige Ausnahme hiervon bildet das BDSG.

Der administrative Aufgabenkreis des Versicherers lässt sich dahingehend umreißen, dass einerseits eine sachgemäße Verwaltung des bestehenden Versicherungsvertrages zu erfolgen hat und andererseits sichergestellt werden muss,

---

815 Vgl. so *Bruck-Möller-Sieg*, VVG Bd. II, § 56 Anm. 53; *Kollhosser* in Prölss/Martin, VVG, § 43 Rdn. 33; *Langheid* in Römer/Langheid, VVG, § 43 Rdn. 19; *Prölss* in Prölss/Martin, VVG, Vorbem. II Rdn. 11; *Römer*, Informationspflichten der Versicherer, S. 22; *Späte*, AHB, Vorbem. Rdn. 100; sehr differenziert aber *Bruck-Möller*, VVG Bd. I, § 44 Anm. 41 ff.

816 In diesem Sinne etwa *Nitschke*, VW 2000, 697; *Müller*, in: Müller/Michaels, Reformbedarf im Versicherungsrecht, Münsteraner Reihe, Heft 56, S. 16 f., und wohl auch *Kieninger*, AcP 199 (1999) 190, 236 ff. (insb. S. 243 f.). Ebenso dürfte *Schwintowski* einer solchen Lösung zugeneigt sein, da er sich ja bereits für eine analoge Anwendung der §§ 31, 32 WPHG auf den Versicherungsvertrag einsetzt (vgl. VuR 1997, 83, 87 und JZ 1996, 702, 705).

817 Wohlgemerkt: Administrative Tätigkeiten, die mit einem Informationsfluss in Zusammenhang stehen, wie etwa die Verfügungstellung von Verbraucherinformationen nach § 10 a VAG, bleiben bei der Aussage außer Betracht.

dass sonstige Rechte des Vertragspartners nicht gefährdet werden. Im Einzelnen ist hervorzuheben die Verpflichtung zur - fristgemäßen - Bearbeitung von Anzeigen und Erklärungen des Versicherungsnehmers in Bezug auf das Versicherungsverhältnis. Über diese rein reaktive Tätigkeit hinaus ist der Versicherer aber auch verpflichtet, von sich aus - also spontan - zu agieren. Ihm kommt eine Betreuungspflicht[818] zu. Dies betrifft Fälle, in denen der Versicherer im Rahmen der Geschäftstätigkeit von einem das einzelne Vertragsverhältnis betreffenden deckungsrelevanten Sachverhalt Kenntnis erlangt. So etwa von einer Betriebsverlegung des Versicherungsnehmers. Hat dieser den mit dem Ortswechsel für Sachversicherungen verbundenen Wegfall der Deckung nicht erkannt und entsprechend nichts beantragt, entwickelt sich eine selbstständige Pflicht des Versicherers bzw. Agenten, geeignete Maßnahmen zu ergreifen. Hieraus wurde der Grundsatz abgeleitet, dass der Versicherer in seinem administrativen Wirkungskreis bemüht sein muss, einen einmal bestehenden Deckungsschutz aufrechtzuerhalten bzw. diesen den Änderungen des Risikos anzupassen. Diese Erkenntnis wiederum kann in die oben zitierte BGH-Rechtsprechung eingegliedert werden, wonach dem Versicherer eine besondere Verpflichtung für die Belange des Versicherungsnehmers in Fällen auferlegt wird, in denen der Versicherungsschutz in Gefahr ist.

Darüber hinaus obliegt es dem Versicherer im administrativen Bereich, organisatorische Vorkehrungen zu treffen, damit sonstige Rechte des Versicherungsnehmers nicht gefährdet werden. Die diesbezüglichen Pflichten aus dem Schuldrecht finden entsprechende Anwendung auf das Versicherungsvertragsverhältnis.

Die bisherige Untersuchung hat gezeigt, dass das VVG als primärer Normkomplex zur Regelung des Privatversicherungsrechts intentional auf den Ausgleich der gegenseitigen Interessen der Vertragspartner ausgerichtet ist. In Hinblick auf die Interessen des Versicherungsnehmers weist die praktische Umsetzung dieses Normzieles jedoch erhebliche Lücken auf. Defizite werden vor allem auf der Kommunikationsebene erkennbar. Zwar hat die Rechtsprechung viel dazu beigetragen, Imparitäten zu beseitigen, dennoch muss unter dem Aspekt des Verbraucherschutzes festgehalten werden, dass ein erheblicher Nachbesserungsbedarf verbleibt. Die anstehende Überarbeitung des VVG böte hierfür einen idealen Anknüpfungspunkt.

---

818 So trefflich OLG Hamm, VersR 1994, 718, und RuS 1999, 75.

3.2.2. Vertragsverletzungen bei den Ermittlungen und Feststellungen zum Versicherungsfall

Die bisherigen Betrachtungen konzentrierten sich auf den Verlauf und die Beendigung des Versicherungsverhältnisses unter bewusster Ausklammerung des Komplexes „Schaden“ bzw. „Leistung“. Eine gesonderte Behandlung dieser Thematik erscheint aus mehreren Gründen indiziert. Zum einen dient dies der Übersichtlichkeit. Wichtiger aber ist, dass der Versicherungsfall in Zusammenhang mit der eigentlichen Hauptleistung aus dem Vertrag steht. Er grenzt sich so deutlich von dem abstrakten Leistungsbestandteil der Gefahrtragung ab. Darüber hinaus weisen die mit der Abwicklung eines Versicherungsfalles verbundenen Rechtsfragen sehr spezifische Probleme auf. Zunächst wird daher als zweite Hauptgruppe der Untersuchung die zwischen der Verwirklichung des Risikos und der abschließenden Leistungserbringung liegende Phase der Ermittlungen des Versicherers zum Versicherungsfall[819] näher beleuchtet. Möglicherweise in Zusammenhang mit der eigentlichen Leistungsbewirkung auftretende spezielle Probleme, wie etwa den Versicherungsnehmer benachteiligende Abfindungserklärungen, werden in einer dritten Hauptgruppe gesondert abgehandelt.

Bei der Abwicklung von Versicherungsfällen wird in Hinblick auf das Anwendungsfeld des Rechtsinstituts der positiven Vertragsverletzung ein besonderes Augenmerk auf dessen Abgrenzung zum Verzug zu legen sein. Wichtig ist insoweit zunächst ein Blick auf § 1 Abs. 1 VVG, der mit dem Terminus „Versicherungsfall“ nicht nur den Auslöser für die Verpflichtung zur Erbringung der Hauptleistung aus dem Vertrag definiert, sondern auch einen übergeordneten Leistungsbegriff für das Privatversicherungsrecht festlegt. Dieser stellt sich als ein Ersetzen, Zahlen oder Bewirken dar. Im Einzelnen werden die Leistungen durch die das Versicherungsprodukt näher kennzeichnenden Allgemeinen Versicherungsbedingungen bestimmt. Soweit es um die Erbringung der eigentlichen Hauptleistung geht - mag selbige aus einer Geld-, Sach- oder sonstigen Leistung bestehen - sollten die Regeln der positiven Vertragsverletzung a priori nicht zur Anwendung gelangen. Anders könnte die Beurteilung bei den im Rahmen der

---

819 Die allgemeine Norm des § 11 Abs. 1 VVG spricht lediglich von „Erhebungen“ zur Feststellung des Versicherungsfalls und des Umfangs der Leistung. Die Begriffe „Ermittlung“ und „Feststellung“ werden dagegen im Rahmen der Kostenregelung des § 66 Abs. 1 VVG für mit einem Schaden in Zusammenhang stehende „Erhebungstätigkeiten“ des Versicherungsnehmers gebraucht; näher hierzu *Voit* in Prölss/Martin, VVG, § 66 Rdn. 6. Die Begrifflichkeiten gehen indes ineinander über. Es dürfte zulässig erscheinen, die Termini Ermittlung, Feststellung und Erhebung synonym für alle Tätigkeiten zu verwenden, die dem Versicherer mit der Abwicklung eines Versicherungsfalls obliegen.

Abwicklung eines Versicherungsfalls geschuldeten Nebenleistungspflichten ausfallen. Zu denken ist dabei vornehmlich an die dem Versicherer obliegenden Ermittlungs- und Feststellungstätigkeiten. Wie noch aufzuzeigen sein wird, bereiten die Übergänge zwischen positiver Vertragsverletzung und Verzug insbesondere dort Schwierigkeiten.

Es wurde bereits an anderer Stelle darauf hingewiesen, dass bei allen Handlungen im Ermittlungsstadium eines Versicherungsfalls vor allem die Professionalität der Vorgehensweise des Versicherers und das Zeitelement eine bedeutsame Rolle spielen. Hierbei auftretende Fehler, Unzulänglichkeiten und Verzögerungen können sich auf Seiten des Versicherungsnehmers schnell zu durchaus existenziell bedrohlichen Situationen entwickeln[820]. In diesem Kontext sollte sich ein kurzer Blick auf die im Anhang auszugsweise abgedruckte Statistik des BAV zu den dort eingereichten Beschwerden als hilfreich erweisen. Laut Geschäftsbericht des BAV 1999 betrafen rd. 34,5 % der Beschwerden der Versicherungsnehmer Probleme bei der Abwicklung von Schadenfällen[821]. Dies lässt deutliche Defizite der Versicherer bei der Schadenbearbeitung erkennen. Das Regulierungsverhalten der Assekuranz wird auch von Rechtsprechung und Literatur häufig beanstandet[822].

Im Folgenden werden die in der Praxis am häufigsten in Erscheinung tretenden Fehlverhaltensweisen der Versicherer bei Schadenermittlung und Schadenfeststellung einer näheren Untersuchung unterzogen. Besondere Beachtung gilt hierbei - wie bereits angesprochen - der Frage, ob diesbezüglich fehlerhaft ausgeführte Tätigkeiten dem gesetzlich geregelten Verzug oder aber dem hierzu subsidiären Institut der positiven Vertragsverletzung zuzuordnen sind.

---

820 So auch *Römer* in Römer/Langheid, VVG, § 11 Rdn 6. Zu einem jüngeren, diesbezüglich konkreten Fall aus der Feuerversicherung (versicherter Wert DM 30 Mio.) vgl. Focus Nr. 33/1995, S. 180.

821 Vgl. zum Ganzen den Geschäftsbericht des BAV 1999, Teil A, S. 23 ff. Es sei darauf hingewiesen, dass in der amtlichen Statisitik unter „Abwicklung" der gesamte Regulierungsvorgang verstanden wird. Eine wie in der vorliegenden Untersuchung vorgenommene Differenzierung zwischen Ermittlungs- bzw. Feststellungsvorgang und sich daran ggf. anschließenden Verhandlungen über die Modalitäten in Zusammenhang mit der Erbringung der Versicherungsleistung sieht die amtliche Statistik nicht vor.

822 So bemängelt etwa *Zopfs*, VersR 1993, 140, 142 (Fn. 31) unter Hinweis auf BGHZ 107, 368 = VersR 1989, 842 die „Durchsetzung (unberechtigter) Leistungsablehnungen mit fragwürdigen oder gar unlauteren Mitteln". Auch *H. D. Meyer*, VersWissStudien, Bd. 6, S. 69, 80 f., kritisiert die von Profitinteressen der Versicherungswirtschaft geprägt ungerechtfertigten Ablehnungen, Kürzungen und Verzögerungen von Schadenzahlungen. Siehe hierzu auch LG Hamburg, VersR 1953, 587, dasselbe ZfS 1990, 374, 375, und VersR 1982, 543 sowie OLG Köln, VersR 1983, 922.

3.2.2.1. Verzögerungen bei der Regulierung

Verzögerungen bei der Regulierung von Versicherungsfällen sind in allen Versicherungssparten ein von Versicherungsnehmern frequent vorgebrachter Beschwerdegrund. In Rückblick auf die Grundlagen und die Theorie der Versicherung muss sich der Versicherungsnehmer auf Leistungen für den Fall des Eintritts des versicherten Ereignisses verlassen können. Gerade wegen des Bestehens einer Versicherung hat er regelmäßig keine ausreichenden eigenen Rückstellungen als Risikovorsorge gebildet. So „rechnet" der Versicherungsnehmer im buchstäblichen Sinne mit der Leistung des Versicherers im Ereignisfall; seine vergangenen und zukünftigen Finanzdispositionen sind hierauf ausgerichtet.

Problematisch erweist sich die rechtliche Einordnung von Verzögerungen. Auf den ersten Blick kommen die Regeln des Verzuges nicht zur Anwendung. Dies aus dem Grunde, da im Versicherungsrecht - das sich im Grundsatz diesbezüglich nicht vom Bürgerlichen Recht unterscheidet - Verzug erst nach Eintritt der Fälligkeit der Hauptleistungsverpflichtung eintreten kann. Die Fälligkeit wird zeitlich wiederum von § 11 Abs. 1 VVG fixiert. Dies bedeutet, zumindest nach dem Wortlaut des Gesetzes: Fälligkeit tritt erst im Zeitpunkt der abschließenden Feststellung des versicherten Ereignisses dem Grund und der Höhe nach ein[823]. Verzögerungen in der Regulierung betreffen hingegen den Zeitabschnitt von der Meldung des Schadens bis zur bezeichneten abschließenden Entscheidung des Versicherers. Durch zögerliche oder fehlerhafte Schadensermittlung indiziertes schuldhaftes Fehlverhalten scheint somit eher unter dem Gesichtspunkt der positiven Vertragsverletzung zu werten zu sein. Dies auch deshalb, da entsprechende Tätigkeiten des Versicherers als Vorbereitungshandlungen auf die Bewirkung der eigentlichen Hauptleistungsverpflichtung aufgefasst werden müssen und damit eine vertragliche Nebenpflicht (in Form einer Mitwirkungspflicht) darstellen[824]. Rechtsprechung und Literatur nehmen indes regelmäßig einen Verzugstatbestand an.

Bevor weitere Überlegungen zur Abgenzung von Verzug und positiver Vertragsverletzung bei Verzögerungen der Schadenregulierung angestellt werden, erscheint es angebracht, zunächst die Pflichten des Versicherers in diesem Stadium etwas näher zu beleuchten.

---

823 Die Vorschrift des § 11 Abs. 1 VVG modifizierende oder abändernde vertragliche Fälligkeitsregeln sind nach § 15 a VVG, der nur § 11 Abs. 2 VVG für nicht zu Lasten des Versicherungsnehmers für abänderbar erklärt, durchaus zulässig.

824 In diesem Sinne jedenfalls OLG Hamm, VersR 1990, 965 und LG Köln, ZfS 1981, 246; ähnlich in anderem Sachzusammenhang OLG Köln, RuS 1996, 105.

a) *Pflichten des Versicherers bei den Ermittlungen und Feststellungen zum Versicherungsfall*

Das VVG gibt weder eine positive Verpflichtung noch einen Pflichtenkatalog für Ermittlungstätigkeiten vor. Allerdings weist es in Zusammenhang mit der Definition der Fälligkeit von Leistungen in § 11 Abs. 1 VVG auf die zur Feststellung des Versicherungsfalles „nötigen Erhebungen" hin.

Von der systematischen Stellung im ersten Abschnitt des VVG gilt § 11 Abs. 1 VVG für sämtliche Versicherungszweige. So erstreckt sich die Norm zunächst auf die im VVG einzeln benannten Sparten. Darüber hinaus sollte eine Geltung für Sparten, die nicht im VVG kodifiziert sind, außer Zweifel stehen[825]. Bei der Haftpflicht- und Rechtsschutzversicherung bestehen hingegen Ausnahmen in der Anwendbarkeit. Da § 11 Abs. 1 VVG nur von „Geldleistungen" spricht, kann er für die Fälligkeitsbestimmung von Rechtsschutz- und Sorgeleistungen nicht herangezogen werden[826].

Nach dem Inhalt der Vorschrift des § 11 Abs. 1 VVG darf der Versicherer die „nötigen Erhebungen" zur Feststellung des Versicherungsfalles und zum Umfang der Leistungsverpflichtung vornehmen. Dies erscheint interessengerecht: Den Versicherungsnehmer trifft nämlich zunächst lediglich die Darlegungslast bezüglich des objektiven Eintritts des versicherten Risikos[827]. Dem Versicherer muss daher umgekehrt die Möglichkeit der Prüfung eingeräumt werden, ob und ggf. in welcher Höhe Leistungen aus dem Versicherungsvertrag zu erbringen sind. Diese Prüfung muss sich auch auf das eventuelle Vorliegen rechtshindernder oder rechtsvernichtender Einwendungen erstrecken dürfen, denn für diese Tatsachen ist der Versicherer beweispflichtig.

In Ermangelung einer definitorischen Vorgabe durch das Gesetz hat die Rechtsprechung den Begriff der nötigen Erhebungen ausgefüllt. Dies sind solche, die ein durchschnittlich sorgfältiger Versicherer des entsprechenden Versicherungszweiges anstellen muss, um den Versicherungsfall, seine Leistungspflicht und den Umfang der zu erbringenden Leistung zu prüfen und abschließend fest-

---

825 Dies sind z. B. die Diebstahl- und Raubversicherung, ferner die wichtigen Sparten Hausrat, Sturm, Leitungswasser, Betriebsunterbrechung und die Berufsunfähigkeitsversicherung; vgl. hierzu auch *Müller*, Reformbedarf im Versicherungsrecht, S. 23.

826 Vgl. *Prölss* in Prölss/Martin, VVG, § 11 Anm. 1; *Römer* in Römer/Langheid, VVG, § 11 Rdn. 2, 26 ff.

827 BGH, VersR 1987, 1007; 1985, 541 und 1957, 212, 213; ebenso *Kollhosser* in Prölss/Martin, VVG, § 49 Rdn. 13, und *Römer* in Römer/Langheid, VVG, § 49 Rdn. 12.

zustellen[828]. Notwendig sind danach insbesondere die Prüfung der vom Versicherungsnehmer übergebenen Beweismittel zum Nachweis des Schadens sowie ggf. die Einleitung eigener Recherchen, die der Ermittlung von Tatsachen dienen (Sachverhaltsaufklärung)[829]. Hierzu gehören auch die Hinzuziehung von Sachverständigen bei komplexen Schadenfällen[830] sowie die Einsichtnahme in Unterlagen und amtliche Akten, insbesondere Ermittlungsakten der Staatsanwaltschaft, sollte von dieser ein Verfahren im Zusammenhang mit dem Versicherungsfall eingeleitet worden sein[831]. Zusätzlich zu dem Zeitrahmen für die reine Ermittlungstätigkeit wird dem Versicherer eine angemessene Überlegungsfrist eingeräumt[832].

Unter Heranziehung der genannten Kriterien wird von der Judikatur beanstandet, wenn ein Versicherer keine, objektiv falsche, unnötige oder nicht sachdienliche Erhebungen anstellt, so dass der Abschluss der Feststellungen zum Versicherungsfall ohne Grund hinausgezögert wird[833].

Das objektive Vorliegen einer Verletzung von Verhaltenspflichten im Schadenermittlungsprozess sagt aber noch nichts über das zur Anwendung gelangende Sanktionsinstitut aus. So stößt man an diesem Punkt wiederum auf die eingangs gestellte Frage, ob im obigen Sinne pflichtwidrige Verhaltensweisen des Versicherers einen Verzug konstituieren oder aber als positive Vertragsverletzung zu werten sind.

b) Rechtliche Einordnung von Verzögerungen bei der Ermittlung

Wie bereits kurz erwähnt, sprechen sich die absolut überwiegende Judikatur und - soweit ersichtlich ohne Ausnahme - die Literatur beim Vorliegen von vom Versicherer zu vertretenden Verzögerungen bei der Schadenermittlung dezidiert für

---

828 Vgl. OLG Karlruhe, RuS 1993, 443; OLG Hamm, VersR 1977, 954; OLG Hamburg, VersR 1967, 392. Zustimmend *Prölss* in Prölss/Martin, VVG, § 11 Rdn. 2, und *Römer* in Römer/Langheid, VVG, § 11 Rdn. 5.

829 OLG Düsseldorf, Schaden-Praxis 1993, 228.

830 Vgl. etwa OLG Hamm, VersR 1994, 717 = RuS 1994, 23.

831 Näher hierzu mit umfangreichen Nachweisen zur Rechtsprechung *Prölss* in Prölss/Martin, VVG, § 11 Rdn. 3.

832 Diese beträgt zwischen zwei und vier Wochen; vgl. etwa BGH, VersR 1974, 639; OLG Köln, ZfS 1983, 56; LG Köln, VersR 1983, 385; OLG Hamburg, VersR 1967, 392; OLG Hamm, VersR 1961, 118. Vgl. dazu auch *Prölss* in Prölss/Martin, VVG, § 11 Rdn. 3.

833 Siehe *Prölss* in Prölss/Martin, VVG, § 11 Rdn. 5, sowie *Römer* in Römer/Langheid, VVG, § 11 Rdn. 11 m. w. N. zur umfangreichen Rechtsprechung.

das Vorliegen eines Verzugstatbestandes aus[834]. Danach ist für die objektive Fälligkeit der Hauptleistung aus dem Versicherungsvertrag der Zeitpunkt maßgebend, in dem die Erhebungen zum Schadenfall bei korrektem Vorgehen - also bei einer ordnungsgemäßen Bearbeitung - beendet gewesen wären[835]. Der Zeitpunkt der Fälligkeit wird so im Einzelfall aus einer ex-post-Betrachtung vorverlegt; es wird also mit einer Fiktion gearbeitet. Bei Vorliegen der übrigen Voraussetzungen (insbesondere einem Verschulden; § 285 BGB)[836] lässt sich so konsequent ein Verzug konstruieren[837].

Als Hilfsargument für die Annahme eines Verzugstatbestandes ließe sich der Gedanke des § 162 Abs. 1 BGB anführen, wonach eine aufschiebende Bedingung dann als eingetreten gilt, wenn der Eintritt der Bedingung wider Treu und Glauben von der Partei verhindert wird, zu deren Nachteil sie gereichen würde. Nun passt die genannte Norm allerdings nicht auf das Versicherungsverhältnis, da ja nicht der Vertrag unter einer aufschiebenden Bedingung i. S. d. § 158 Abs. 1 BGB geschlossen wird, sondern lediglich ein Leistungsbestandteil aus

---

834 So etwa *Bruck*, Privatversicherungsrecht, S. 455; *Bruck-Möller*, VVG Bd. I, § 11 Anm. 5 u. 27 ff.; *Prölss* in Prölss/Martin, VVG, § 11 Rdn. 6 ff., und *Römer* in Römer/Langheid, VVG, § 11 Rdn. 11 f. Aus der Rechtsprechung lassen sich zitieren AG Aachen, RuS 1990, 97; OLG Hamburg, VersR 1982, 543; OLG Köln, VersR 1983, 922; AG Köln, VersR 1994, 1170, und OLG München, VersR 1965, 174. Anders hingegen hingegen LG Hamburg, ZfS 1990, 374 und wohl auch OLG Düsseldorf, VersR 1954, 587, die bei verzögerlicher Schadenregulierung einen Anspruch aus positiver Vertragsverletzung herleiteten. Ein Anspruch aus positiver Vertragsverletzung wird auch vom OLG Hamm, RuS 1994, 161, geprüft, aber aus sachverhaltsspezifischen Gründen abgelehnt.

835 Instruktiv OLG Hamburg, VersR 1967, 392, 393.

836 Für die Annahme des Verzugstatbestandes müssen sämtliche Erfordernisse der §§ 284, 285 BGB erfüllt sein. Notwendig sind somit das Vorliegen einer Mahnung (§ 284 Abs. 1 S. 1), alternativ die Erhebung einer Klage bzw. die Zustellung eines Mahnbescheides (§ 284 Abs. 1 S. 2) und ein Vertretenmüssen des Versicherers; so deutlich *Bruck-Möller*, VVG Bd. I, § 11 Anm. 14, und *Römer* in Römer/Langheid, VVG, § 11 Rdn. 4. Zu den Auswirkungen des ZahlBeschlG v. 30.3.2000 auf den Verzug des Versicherer siehe die folgende Fn.

837 Hinsichtlich des Verzugs des Versicherers ist auf das am 1.5.2000 in Kraft getretene Gesetz zur Beschleunigung fälliger Zahlungen (ZahlBeschlG, BGBl. I, S. 330) hinzuweisen. Durch die daraus u. a. hervorgegangene neue bürgerlich-rechtliche Vorschrift des § 284 Abs. 3 BGB sollten sich bezüglich des Eintritts des Verzuges des Versicherers jedoch keine Änderungen zum jetzigen Rechtszustand ergeben. Dies daher, da bei einer teleologischen Reduktion des § 284 Abs. 3 S. 1 BGB dieser weder zu einer Verlängerung noch zu einer Verkürzung der dem Versicherer nach § 11 Abs. 1 VVG zur Verfügung stehenden Feststellungs- bzw. Prüfungszeit führen sollte. Zu Einzelheiten der Auswirkung des ZahlBeschlG auf den Verzug des Versicherers und insbesondere der „Unverträglichkeit" von § 284 Abs. 3 S. 1 BGB mit § 11 Abs. 1 VVG vgl. *Looschelders/Danga*, VersR 2000, 1049.

dem Versicherungsvertrag vom Eintritt einer Bedingung abhängig gemacht wird. Dies ist aber etwas anderes.

Näher läge eine hilfsweise Heranziehung von § 242 BGB mit dem Argument der unzulässigen Rechtsausübung wegen Verletzung von (Mitwirkungs-) Pflichten des Versicherers bei der Schadenermittlung[838]. Der Rückzug auf den Einwand der mangelnden Fälligkeit der Leistung nach § 11 Abs. 1 VVG wäre dem Versicherer so verwehrt.

c) *Alternativer Lösungsansatz*

Die Fälligkeit von Geldleistungen aus Versicherungsverträgen tritt nach dem Wortlaut des § 11 Abs. 1 VVG erst mit dem Abschluss der Erhebungen zum versicherten Ereignis ein. Streng genommen dürfte sich damit ein aus der Fälligkeit im Weiteren möglicherweise ableitender Verzug auch erst nach dem Abschluss der Ermittlungen ergeben können. Dies wird von den Vertretern der Verzugstheorie übersehen. Auch kollidiert die von diesen vorgenommene rückwirkende Feststellung der Fälligkeit mit der in § 12 Abs. 2 VVG vorgesehenen abschließenden Stellungnahme des Versicherers zu Grund und Umfang der Entschädigungspflicht. Generell ist zu bemerken, dass der Begriff der „nötigen Erhebungen“ ein unbestimmter Rechtsbegriff ist. Auch in der Interpretation, die dieser durch die Rechtsprechung erfahren hat, lässt sich kein exakter Zeitpunkt bestimmen, wann objektiv die Ermittlungen abgeschlossen sein müssen. Für eine differenzierende Betrachtung eines konkreten Schadenfalles in Hinblick auf die Rechtsinstitute Verzug und positive Vertragsverletzung lässt die Verzugskonstruktion keinen Raum.

Ungeachtet dieser Bedenken beweist ein Blick auf die historische Entwicklung des § 11 VVG, dass der Gesetzgeber mit dieser Bestimmung in der Tat auch und gerade solche Fälle erfassen wollte, in denen der Versicherer mit einer inadäquaten bzw. langsamen Schadenermittlung die Feststellung der Fälligkeit hinauszuzögern beabsichtigte. § 11 VVG wurde zum Zweck der Beschränkung der Vertragsfreiheit in das Gesetz aufgenommen[839]. Vor Einführung des VVG sahen Versicherungsbedingungen nicht selten vor, dass Leistungen erst mit Feststellung des Anspruchs durch Anerkenntnis, Vergleich oder rechtskräftiges Urteil fällig werden[840]. Solche Bestimmungen benachteiligen unzweifelhaft den Versicherungsnehmer. Dennoch ist es dem Gesetzgeber mit der heutigen Fassung des - im Übrigen dispositiven - § 11 Abs. 1 VVG nicht geglückt, einen exakten Zeitpunkt

838 Im Ansatz so *Bruck-Möller*, VVG Bd. I, § 11 Anm. 5.
839 Siehe Motive zum VVG, S. 86.
840 Siehe hierzu *Bruck*, Privatversicherungsrecht, S. 454 m. w. N.

für die Fälligkeit von Versicherungsleistungen zu bestimmen. Hieran ändert auch die Auslegungspraxis der Norm durch die Rechtsprechung nichts. Alternativ kommt daher ein von Rechtsprechung und Literatur abweichender Lösungsansatz in Betracht.

Dabei ist zunächst auf die Komponente der Fälligkeit der Hauptleistungsverpflichtung abzustellen. Gem. § 271 Abs. 1 BGB kann der Gläubiger die Leistung sofort, also mit der Entstehung des vertraglich vereinbarten Anspruchs verlangen. Da der Versicherungsvertrag Leistungen grundsätzlich unter einer aufschiebenden Bedingung vorsieht, könnte als Fälligkeitszeitpunkt zunächst der Eintritt dieser aufschiebenden Bedingung (der Versicherungsfall) angenommen werden[841]. Diesbezüglich kann argumentativ auch ein Rückgriff auf den Rechtsgedanken des § 158 Abs. 1 BGB erfolgen. Die Auffassung fände im Privatversicherungsrecht ihre Stütze in § 1 Abs. 1 VVG, wonach der Versicherer „nach dem Eintritt des Versicherungsfalls" den Schaden zu ersetzen bzw. die vereinbarte Leistung zu zahlen oder zu bewirken hat. Die verwandten Verben sind allesamt Umschreibungen für positive Vornahmehandlungen. Damit wären Leistungen unmittelbar nach dem Versicherungsfall und konstitutiv mit diesem fällig. Die Fälligkeit würde damit auch ohne Kenntnis des Versicherers eintreten, der ja regelmäßig erst mit einer gewissen zeitlichen Verzögerung vom Eintritt des versicherten Ereignisses erfahren wird. Diese Unkenntnis dürfte aus schadensersatzrechtlicher Sicht zunächst unproblematisch erscheinen, da ja Fälligkeit nicht gleichbedeutend mit Verzug ist.

In Abweichung von der allgemeinen Vorschrift des § 271 Abs. 1 BGB bestimmt indes § 11 Abs. 1 VVG zu Gunsten des Versicherers, dass sich die Fälligkeit von Geldleistungen aus dem Versicherungsvertrag auf den Zeitpunkt verschiebt, in dem die Erhebungen zur Feststellung des Versicherungsfalles und des Umfangs der Leistungsverpflichtung abgeschlossen sind. Streng am Wortlaut des Gesetzes orientiert würde damit unabhängig von Verzögerungen bei der Ermittlungstätigkeit die Fälligkeit der Leistung erst in dem Zeitpunkt eintreten, in dem der Versicherers tatsächlich und abschließend über die Leistungspflicht aus dem Vertrag entscheidet. Erst danach könnte bei Gegebenheit der übrigen Voraussetzungen ein Verzug in Betracht zu ziehen sein.

Bis zum tatsächlichen Entscheidungszeitpunkt müsste hingegen unterstellt werden, dass der Versicherer noch mit Ermittlungs- und Feststellungstätigkeiten befasst ist. Diese Tätigkeiten sind als Mitwirkungspflichten zur Feststellung des vertraglich festgelegten Hauptleistungsanspruchs einzustufen. Sie stellen somit

---

841 Vgl. so - vorbehaltlich der Bestimmung des § 11 Abs. 1 VVG - bereits *Bruck*, Privatversicherungsrecht, S. 454.

eine Nebenpflicht aus dem Versicherungsvertrag dar[842]. In Fällen der Verletzung von Neben- oder Mitwirkungspflichten wird hingegen zu Lasten des Verzuges vornehmlich das Rechtsinstitut der positiven Vertragsverletzung herangezogen[843].

Sollte der Versicherer also die vorzunehmenden Schadenermittlungshandlungen schuldhaft nicht durchführen, verzögern oder nicht beenden, könnte der Versicherungsnehmer den Ersatz des Verzögerungsschadens alternativ zu der recht künstlich wirkenden Verzugskonstruktion aus dem Rechtsinstitut der positiven Vertragsverletzung erlangen[844]. Der Tatbestand des Verzuges käme erst zum Tragen, wenn - ungeachtet etwaiger Verzögerungen bei der Schadensermittlung - eine abschließende Feststellung über den Umfang der Leistungspflicht erfolgt ist und der Versicherer danach trotzdem nicht leistet.

Der aufgezeigte alternative Lösungsansatz dürfte unter Außerachtlassung des von der Judikatur bei inadäquater Schadensermittlung vorverlegten Fälligkeitszeitpunktes zumindest diskutabel erscheinen. Hiergegen ließen sich allenfalls teleologische Erwägungen in Hinblick auf § 11 VVG sowie der Einwand der exceptio doli im Rahmen des § 242 BGB ins Feld führen. Im Übrigen erscheint die Beantwortung der Frage, ob auf Fälle verzögerlicher Schadenermittlung die Regeln des Verzuges oder die der positiven Vertragsverletzung anwendbar sind, rein akademischer Natur sein, da beide Rechtsinstitute für den Versicherungsnehmer auf das gleiche Ergebnis hinauslaufen, nämlich den Ersatz des durch die Verzögerung entstandenen Schadens.

3.2.2.2. Unberechtigte Versagung der Versicherungsleistung

Noch kritischer als die Verzögerung der Regulierung eines Schadens stellt sich für den Versicherungsnehmer die zu Unrecht erfolgte Leistungsablehnung durch den Versicherer dar (sog. Deckungsablehnung). Hinsichtlich des auf diese Fallkonstellation anwendbaren Rechtsinstitutes kann einleitend festgestellt werden, dass sich die h. M. wiederum eindeutig für das Vorliegen eines Verzugstatbestandes ausspricht[845]. Zur Konstruktion des Verzuges wird auf die bereits zuvor

---

842 So OLG Hamm, VersR 1990, 965, und LG Köln, ZfS 1981, 247. Zur Einordnung der Schadenadministration als Nebenpflicht aus dem Versicherungsvertrag vgl. auch OLG Köln, RuS 1996, 105, 106.

843 BGHZ 11, 89; 50, 175, 179 = NJW 1968, 1873; OLG München, BB 1954, 547.

844 In diesem Sinne OLG Hamm, RuS 1994, 161 (im konkreten Fall abgelehnt); LG Hamburg, ZfS 1990, 374, und OLG Düsseldorf, VersR 1954, 587.

845 *Bruck-Möller*, VVG Bd. I, § 11 Anm. 14 ff.; *Martin*, Sachversicherungsrecht, X I Rdn. 3; *Prölss* in Prölss/Martin, VVG, § 11 Rdn. 16 ff.; *Römer* in Römer/Langheid, VVG, § 11 Rdn. 12. RGZ 156, 113, 120; 158, 113, 114; RG, JW 1931, 3195; BGH,

beschriebene Figur der fiktiven Fälligkeit zurückgegriffen. So wird bei einer ungerechtfertigten Deckungsablehnung angenommen, dass die Fälligkeit der Leistung aus dem Versicherungsvertrag in dem Zeitpunkt eintritt, in dem dem Versicherungsnehmer die - fehlerhafte - Entscheidung bekannt gegeben wird[846]. Aus dieser Fiktion wird sodann und in sich konsequent Verzug abgeleitet[847]. Teilweise wird zur Lösung der beschriebenen Fälle aber auch das Institut der positiven Vertragsverletzung bemüht[848]. Hierauf wird weiter unten zurückzukommen sein.

Zunächst erscheint es sinnvoll, die vorherrschende Verzugskonstruktion in ihren Einzelheiten noch näher darzustellen. Erste Komponente des Tatbestandes ist die Feststellung des Vorliegens einer objektiv fehlerhaften Entscheidung des Versicherers in Hinblick auf das Bestehen von Ansprüchen aus dem Versicherungsvertrag nach einem konkreten Versicherungsfall. Aus dieser objektiven Tatsache heraus wird auf einen Irrtum des Versicherers geschlossen, der seinerseits die Fiktion der Fälligkeit der Leistung bedingt. Hinsichtlich der Art des Irrtums erfolgt eine Differenzierung zwischen dem sog. Tatsachen- und dem Rechtsirrtum[849]. Natürlich sind auch Kombinationen denkbar. Der Tatsachenirrtum bezieht sich auf den Sachverhalt bzw. auf die Sachlage. Er kann anspruchsbegründende Tatsachen betreffen, etwa das Vorliegen eines Sturmereignisses im Sinne der AVB, oder aber anspruchsaufhebende Tatsachen wie z. B. die vorsätzliche Herbeiführung des Versicherungsfalles durch den Versicherungsnehmer. Der Rechtsirrtum lässt sich entweder auf eine fehlerhafte rechtliche Würdigung der ermittelten Tatsachen oder ganz allgemein auf ein fehlerhaftes Rechtsverständnis zurückführen.

Einer Mahnung bedarf es in Fällen der Deckungsablehnung zur Auslösung des Verzuges verständlicherweise nicht, da deren auf die alsbaldige Erbringung

---

VersR 1971, 433, 435; 1984, 1137, 1139; 1990, 153, 154; BGH, NJW 2000, 2021 = VersR 2000, 753; OLG Düsseldorf, VersR 1994, 1460; OLG Köln, VersR 1990, 373; RuS 2000, 468; OLG Hamm, VersR 1990, 82, und 1991, 535.

846 Hierzu formuliert BGH, NVersZ 2000, 332: (Von einer Fälligkeit) „ ... ist auszugehen, wenn der Versicherer endgültig die Ablehnung von Versicherungsleistungen erklärt hat. Denn mit der Leistungsablehnung stellt der Versicherer klar, dass keine weiteren Feststellungen zur Entschließung über den erhobenen Anspruch erforderlich sind; dann aber besteht kein Grund, die Fälligkeit weiter hinauszuschieben. Mit dem Zugang der Erklärung des Versicherers über die endgültige Leistungsablehnung tritt deshalb Fälligkeit des Anspruchs auf die Versicherungsleistung ein“. Ähnlich bereits BGH, VersR 1971, 433; 1990, 153, und RGZ 156, 113, 116.

847 So ausdrücklich BGH, VersR 1990, 153, 154; RGZ 156, 113, 120.

848 OLG Jena, VA 1928 Nr. 1873 (S. 220); KG, VA 1929 Nr. 1961 (S. 53); OLG Celle, VersR 1952, 283, und BGH, VersR 1972, 970, 971; siehe auch *Pröls* in Prölss/Martin, VVG, § 8 Rdn. 26.

849 Ausführlich hierzu *Bruck-Möller*, VVG Bd. I, § 11 Anm. 18 ff., und *Prölss* in Prölss/Martin, VVG, § 11 Rdn. 18 ff.

der Leistung ausgerichteter Zweck mit der endgültigen Zurückweisung des Anspruchs durch den Schuldner ja entfällt[850]. Insoweit ergeben sich keine Unterschiede zum bürgerlichen Recht[851].

Schließlich verbleibt als Voraussetzung für die Erfüllung des Verzuges die subjektiven Komponente. Da sich allgemeine Formeln hierzu schlecht entwickeln lassen, hat sich eine recht umfangreiche Judikatur herausgebildet[852]. Grob formuliert liegt bei einem Tatsachenirrtum des Versicherers ein Verschulden dann vor, wenn er die Sachlage nicht ordentlich und gewissenhaft geprüft hat[853]. Um diesem Vorwurf zu entgehen, darf seine Entscheidung etwa nicht allein auf subjektive und ihn begünstigende Erwägungen gestützt sein[854]. Ferner sind etwaige Zweifel am Vorliegen eines leistungspflichtigen Versicherungsfalls beschleunigt zu klären[855]. Auch kann sich der Versicherer - soweit er die Beweislast trägt (was etwa bei Ausschlusstatbeständen stets der Fall ist) - zu seiner Entlastung nur auf solche Umstände berufen, die er auch tatsächlich beweisen kann[856]. Ein Rechtsirrtum ist nur dann nicht verschuldet, wenn sich beispielsweise in einer schwierigen Rechtsfrage noch keine h. M. gebildet hat und die vertretene Rechtsauffassung nicht abwegig ist, sodass im Deckungsstreit mit einem Prozessverlust nicht gerechnet zu werden braucht[857]. Allgemein gesprochen dürfen also der Rechts- wie auch der Tatsachenirrtum nicht auf einem fahrlässigen Verhalten des Versicherers beruhen.

Sind diese Voraussetzungen gegeben, lässt sich mit dem eindeutigen Meinungstrend durchaus ein Verzugstatbestand begründen. Die Verzugslösung kann in ihrer Methodik mit folgenden Erwägungen gestützt werden: Zum einen lässt sich feststellen, dass sich die Entscheidung der Ablehnung von Versicherungsleistungen auf die eigentliche Hauptleistungsverpflichtung aus dem Vertrag bezieht. Damit ist der Verzugstatbestand in gewisser Weise dogmatisch nahe liegend. Zum anderen ist im Gegensatz zu Verzögerungen bei der Schadenermittlung, die keine eindeutige Fälligkeitsfixierung i. S. d. § 11 Abs. 1 VVG zulassen,

---

850 RGZ 158, 113, 120; BGH, VersR 1990, 153, 154; LG Köln, VersR 1983, 387, sowie *Prölss* in Prölss/Martin, VVG, § 11 Rdn. 17.

851 Nach Treu und Glauben ist eine Mahnung entbehrlich, wenn der Schuldner die Leistung vor oder nach Fälligkeit ernsthaft und endgültig verweigert; vgl. BGHZ 2, 310, 312 = NJW 1951, 918; 65, 372, 377 = NJW 1976, 517; BGH, NJW-RR 1992, 1227.

852 Mit umfangreichen Nachweisen zur Rechtsprechung *Prölss* in Prölss/Martin, VVG, § 11 Rdn. 18 f., und *Römer* in Römer/Langheid, VVG, § 11 Rdn. 13 ff.

853 Ähnlich *Prölss* in Prölss/Martin, VVG, § 11 Rdn. 19.

854 *Bruck-Möller*, VVG Bd. I, § 11 Anm. 23; RG, JW 1931, 3195, 3196.

855 LG München, VersR 1953, 235; LG Köln, VersR 1983, 387.

856 BGH, VersR 1974, 639, und RuS 1991, 37; OLG Stuttgart, RuS 1994, 313.

857 BGH, NJW 1951, 398 u. 758; 1953, 1426; BGH, VersR 1952, 117; 1984, 1137; 1990, 153, und BGH, RuS 1991, 37.

eine Deckungsablehnung ein zeitlich und faktisch durchaus klar definierbares Ereignis. Das von Lehre und Judikatur vorgenommene Ausweichen auf die Fiktion der Verlegung der Fälligkeit der Versicherungsleistung auf den Zeitpunkt der Bekanntgabe der fehlerhaften Deckungsablehnung wird damit nachvollziehbarer. Ein Rückgriff auf die zum Verzug subsidiäre Hilfskonstruktion der positiven Vertragsverletzung kann so entfallen.

Dieser Lösungsansatz erweist sich aber auch nur dann als korrekt, wenn die Fälligkeitsfiktion als richtig unterstellt wird. Wird diese hinweggedacht, könnte bei einer nach einem Schadenfall erfolgenden unberechtigten Leistungsablehnung eine Fälligkeit mangels Feststellung eines versicherten Ereignisses logischerweise überhaupt nicht eintreten. Das wiederum hätte zur Folge, dass der Verzug als Weg zur Lösung dieser Fälle zwingend ausscheidet. Es bliebe lediglich ein Rekurs auf die Grundsätze der positiven Vertragsverletzung. Bei bürgerlichrechtlichen Sachverhalten, in denen es vor Fälligkeit der Hauptleistungsverpflichtung zu einer endgültigen Erfüllungsverweigerung des Schuldners kommt, wird dieser Weg vom BGH auch beschritten[858]. So bedarf es der Hervorhebung, dass sich - will man nicht auf die für das Privatversicherungsrecht spezifische Fälligkeitsfiktion ausweichen - das Rechtsinstitut der positiven Vertragsverletzung als ebenso zulässiger wie auch gleichwertiger methodischer Ansatz erweisen sollte. Hierfür spräche auch, dass die Entscheidung über die Deckungspflichtigkeit sozusagen den Abschluss der allgemeinen Schadenermittlungs- und Feststellungsarbeiten darstellt. Diese Tätigkeiten wurden aber den Nebenpflichten zugeordnet, so dass auch das unmittelbare Ergebnis der Tätigkeit, also die eigentliche Entscheidung über die Deckungspflicht (vgl. insoweit auch § 12 Abs. 2 VVG), eine - leistungsbezogene - Nebenpflicht darstellen sollte.

Dessen ungeachtet findet die Rechtsprechung die Lösung des Problems fast ausnahmslos[859] über die §§ 284 Abs. 1, 326 Abs. 1 BGB. Rechtsfolge des Verzuges ist u. a. ein Anspruch des Versicherungsnehmers auf Ersatz des durch die Verzögerung eingetretenen Schadens; § 286 Abs. 1 BGB. Dieser tritt neben den bestehen bleibenden Leistungsanspruch. Als konkrete Schadenpositionen lassen sich insbesondere die Zahlung von Verzugszinsen[860] und die Tragung der Kosten

---

858 BGH, NJW 1986, 842, 843 (grundloser Rücktritt vom Kaufvertrag über ein Schiff; „... Richtig ist, dass die Haftung wegen Erfüllungsverweigerung ... jedenfalls bei Weigerung vor Verzugseintritt auf der Annahme einer positiven Vertragsverletzung beruht ..."); siehe auch BGHZ 65, 372, 374.

859 Einzige Ausnahmen bilden die Urteile OLG Celle, VersR 1952, 283, und BGH, VersR 1972, 970.

860 Negativ für die Versicherer wirkt sich die durch das ZahlBeschlG v. 30.3.2000 (BGBl. I, S. 330) bedingte Änderung des § 288 Abs. 1 BGB aus, wonach seit dem 1.5.2000 eine Geldschuld während des Verzuges mit fünf Prozentpunkten über dem

eines ggf. eingeschalteten Rechtsanwaltes nennen[861]. Da der Verzug den eigentlichen Leistungsanspruch unberührt lässt, sind Zins- und sonstiger Schaden auch zu ersetzen, wenn hierdurch die vereinbarte Versicherungssumme überschritten wird[862]. Hierin offenbart sich ein gewisses pönales Element für den Versicherer. Im Weiteren steht dem Versicherungsnehmer aus § 326 Abs. 1 S. 1 BGB ein Rücktrittsrecht zu, was sich wegen der Besonderheit des Versicherungsvertrages als Dauerschuldverhältnis in ein außerordentliches Kündigungsrecht wandelt[863].

Trotz der Tatsache, dass Schrifttum und Judikatur bei ungerechtfertigten Leistungsablehnungen grundsätzlich die Verzugsregeln zur Anwendung kommen lassen, verbleibt für die Heranziehung des Rechtsinstituts der positiven Vertragsverletzung eine - wenn auch kleine - Nische. Diese betrifft zu Unrecht erfolgte Deckungsablehnungen in Fällen, in denen es entweder noch nicht zu einem konkreten, versicherten Ereignis gekommen ist oder zwar ein solches Ereignis vorliegt, hingegen aus speziellen, in den AVB liegenden Gründen die Fälligkeit erst zu einem bestimmten späteren Zeitpunkt eintreten kann[864]. Bei diesen Fallkon-

---

Basiswert nach § 1 des Diskontsatz-Überleitungsgesetzes (DiskontÜberlG) vom 9. Juni 1998 (BGBl. I, S. 1242) zu verzinsen ist. Da der aktuelle Basiswert (Stand 1.9.2000) gem. § 1 DiskontÜberlG 4,62 % beträgt, wird derzeit ein Verzugszinssatz von effektiv 9,26 % angeordnet. Dies entspricht mehr als einer Verdoppelung der ursprünglich in § 288 Abs. 1 a. F. BGB fest fixierten 4 %. Der Basiswert wird von der Bundesbank dreimal im Jahr an die aktuelle Zinlage angepasst und ist somit veränderlich. Da Vereinbarungen über Verzugszinsen gem. § 11 Abs. 4 VVG unzulässig sind, kann ein niedrigerer als der gesetzliche Zinssatz nicht wirksam vereinbart werden.

861 BGHZ 30, 156; LG Hamburg, ZfS 1990, 374. In diesem Zusammenhang ist der Hinweis angebracht, dass vor Verzugseintritt entstandene Anwaltskosten nicht ersatzfähig sind; siehe auch *Römer* in Römer/Langheid, VVG, § 11 Rdn. 21, unter Hinweis auf OLG Köln, VersR 1983, 922, und AG Köln, 1994, 1170.

862 *Bruck-Möller*, VVG Bd. I, § 11 Anm. 27 unter Hinweis auf RG 111, 104 und KG, JRPV 1924, 84.

863 So auch *Bruck-Möller*, VVG, Bd. I § 11 Anm. 29; *Prölss* in Prölss/Martin, VVG, § 8 Rdn. 26; ebenso OLG Celle, VersR 1952, 283, 284, und zuvor bereits RG, JW 1916, 1184; KG, JRPV 1926, 222; JRPV 1928, 278 und VA 1929 Nr. 1961 (S. 53) sowie OLG Breslau, JW 1932, 2556. Allgemein zum Rücktritts- bzw. Kündigungsrecht des Gläubigers bei Erfüllungsverweigerung des Schuldners BGH, NJW 1969, 975, 976; 1981, 1264, und 1986, 125.

864 In Abweichung von der Fälligkeitsregelung des § 11 Abs. 1 VVG sehen zahlreiche Allgemeine Versicherungsbedingungen davon abweichende Fälligkeiten für Geldleistungen des Versicherers vor. So z. B. Nr. 13 DTV-Kaskoklauseln (Anspruch auf Leistungen erst nach Vornahme der Reparatur); § 11 Abs. 2 AUB 88 (Leistungserbringung innerhalb von zwei Wochen nach Anerkennung des Anspruchs), oder § 17 Abs. 1 AFB 39 (Auszahlung der Entschädigung binnen zwei Wochen nach Feststellung der Leistungspflicht). Grundsätzlich sind die Vorschrift des § 11 Abs. 1 VVG modifizierende oder abändernde vertragliche Fälligkeitsregeln wegen § 15 a

stellationen werden Mängel an der Konstruktion der (zum Verzug hinleitenden) fiktiven Fälligkeit offenbar. Dieser Lösungsansatz hilft hier evident nicht weiter; denn man kann schlecht die Fälligkeit einer Leistung fingieren, wenn objektiv (noch) keine Leistung geschuldet ist.

Aus der älteren Judikatur lassen sich in diesem Zusammenhang ein Urteil des OLG Jena[865] und eines des KG[866] anführen. Ein konkretes, die Leistungspflicht aus dem jeweiligen Versicherungsvertrag auslösendes Ereignis war in beiden Fällen noch nicht eingetreten. Allerdings kündigten die Versicherer bereits im Vorfeld an, im Versicherungsfall keine Leistungen erbringen zu wollen. Das OLG Jena entschied hierzu, dass in der (vorsorglich erklärten; Anm. des Verf.) ernstlichen und endgültigen Erfüllungsverweigerung des Versicherers eine positive Vertragsverletzung zu erblicken sei, die den Versicherungsnehmer zum Rücktritt vom Vertrag berechtige[867]. Das KG sprach sich mit inhaltlich gleicher Begründung für ein sofortiges Kündigungsrecht aus[868]. Die Entscheidungen machen deutlich, dass die diesen zu Grunde liegende, sehr spezifische Form der Leistungsstörung nicht mit dem Institut des Verzuges greifbar ist. Notwendige Voraussetzung dafür wäre das Bestehen eines vollwirksamen und fälligen Anspruchs. Ein solcher konkreter Leistungsanspruch liegt aber hier gerade nicht vor; dieser lässt sich auch nicht über die Vorverlegung der Fälligkeit auf einen fingierten Zeitpunkt konstruieren. Insofern bleibt zur Lösung von Sachverhalten, in denen

---

VVG zulässig; hierauf wurde bereits an anderer Stelle hingewiesen. Hervorzuheben ist in diesem Zusammenhang das Schiffskaskourteil des BGH (VersR 1972, 970), auf das sogleich näher eingegangen wird.

865 OLG Jena vom 8.2.1928, VA 1928 Nr. 1873 (S. 219 f.). Dem Urteil liegt die Übertragung eines Lebensversicherungsbestandes von einer ausländischen auf eine inländische Versicherungsgesellschaft zu Grunde. Konkret werden die Ansprüche eines - klagenden - Versicherungsnehmers behandelt, der der Übertragung seines Lebensversicherungsvertrages widersprochen hatte. Obwohl der ursprüngliche, mit der ausländischen Gesellschaft geschlossene Vertrag in einem Vorprozess als zu Recht weiter bestehend festgestellt wurde, verweigerte die Gesellschaft in Folge die Fortsetzung der Vertragsbeziehung und erklärte, dass „der Kläger niemals von ihr etwas erhalten werde“.

866 KG vom 7.7.1928, VA 1929 Nr. 1961 (S. 51 ff.). Die Entscheidung befasst sich mit einer damals so bezeichneten „Auto-Einheitsversicherung“, die die Risiken Kasko, Unfall und Haftpflicht abdeckte. Hinsichtlich der Risiken Unfall und Haftpflicht erklärte der Versicherer aus im Einzelnen dargelegten Gründen, dass er Leistungen im möglichen Schadenfalle nicht erbringen wolle.

867 OLG Jena, VA 1928 Nr. 1873 (S. 220 unter 2.); die Besonderheiten des Falles machten anstatt des bei Dauerschuldverhältnissen üblichen ausserordenlichen Kündigungsrechts das Zusprechen eines Rücktrittsrechts nach §§ 326, 346 BGB erforderlich.

868 KG, VA 1929 Nr. 1961 (S. 53).

eine Zurückweisung jeglicher Leistungen bereits vor Eintritt eines Versicherungsfalles erfolgt - was im Übrigen nur äußert selten vorkommen dürfte - allein der Weg über die positive Vertragsverletzung.

Anders und sehr komplex ist ein Fall gelagert, den der BGH zur Schiffskaskoversicherung entschied[869]. In der in Bezug auf die Thematik sehr lehrreichen Entscheidung wendete der erkennende Senat die Regeln der positiven Vertragsverletzung an, obwohl der Versicherer nach einem konkreten Schadenfall ohne rechtlichen Grund den Versicherungsschutz versagte. Mit der h. M. sollte dann eigentlich Verzug angenommen werden können. Ausschlaggebend für die Annahme einer positiven Vertragsverletzung waren im Fall die Besonderheiten des Sachverhalts, der verkürzt wie folgt dargestellt werden kann: Ein gewerblich eingesetztes Schiff war bei der beklagten Versicherung nach den Allgemeinen Deutschen Seeversicherungsbedingungen (ADS) versichert. Die Fälligkeit von Versicherungsleistungen war allerdings durch AVB auf den Zeitpunkt der Ausführung von Ausbesserungsarbeiten verschoben[870]. Nach Eintritt eines Schadens - das Schiff war gestrandet - erfolgte zwar eine Bergung, hingegen lehnte der Versicherer Leistungen aus dem Vertrag ab, noch bevor mit den notwendigen Ausbesserungsarbeiten begonnen werden konnte. Da dem Versicherungsnehmer für die auszuführenden Reparaturen die finanziellen Mittel fehlten, verblieb das Schiff in beschädigtem Zustand auf einer Werft, wurde mit der Zeit reparaturunwürdig und musste schließlich abgewrackt werden. Nochmals hervorgehoben sei, dass die Versagung des Versicherungsschutzes zeitlich vor dem Ereignis erfolgte, an das die Fälligkeit der Leistungen in den AVB anknüpfte, nämlich die Ausführung der Ausbesserungsarbeiten. In seiner Urteilsbegründung stellte der BGH fest, dass der Versicherer zu Unrecht - und mithin schuldhaft - den Versicherungsschutz für den sachverständigerseits festgestellten Teilschaden versagt habe, da ein vom Versicherer vorgebrachter Ausschlusstatbestand - die nicht gehörige Bemannung des Schiffes i. S. v. § 58 ADS - objektiv nicht vorgelegen habe[871]. Auch sei - so der erkennende Senat - die später erfolgte Berufung des Versicherers auf grobe Fahrlässigkeit wegen des Vorwurfs eines sog. nautischen Verschuldens (§ 33 Abs. 1 S. 2 ADS) nicht substanziiert, da bei der Strandung des Schiffes allenfalls einfache Fahrlässigkeit vorgelegen habe. Bei Wahrung der verkehrsüblichen Sorgfalt hätte der Versicherer daher mit einem Unterliegen in einem Rechtsstreit rechnen müssen[872]. Folgerichtig erkannten die Richter in dem Verhalten des Ver-

---

869 BGH vom 22.6.1972, VersR 1972, 970 (Schiffskaskofall).

870 Gem. den in Ergänzung zu den ADS vereinbarten DTV-Kaskoklauseln bestimmte Nr. 13 dieser Klauseln: „Der Anspruch des Versicherten auf Ersatz eines Teilschadens ist ... bedingt durch die Ausführung der Ausbesserung.“

871 BGH, VersR 1972, 971.

872 BGH, VersR 1972, 972.

sicherers eine positive Vertragsverletzung. Ausdrücklich wird darauf hingewiesen, dass es im Sachverhalt nicht um den Ersatz eines Schadens wegen Verzuges mit einer Geldleistung gehe, denn eine solche sei erst mit der Ausführung der Reparaturarbeiten fällig gewesen, sondern um den Schaden durch die unbegründete Ablehnung der Leistungspflicht durch den Versicherer[873]. Wegen seines Verhaltens wurde der Versicherer verurteilt, für die Folgen aus dem Unterbleiben der rechtzeitigen Instandsetzung des Schiffes aufzukommen.

Dem Judikat ist zuzustimmen. Insbesondere aber macht es die feine Grenzlinie zwischen Verzug und positiver Vertragsverletzung bei der Schadenregulierung recht deutlich. Darüber hinaus kann das Urteil als Beweis dafür herangezogen werden, dass es einer aufwendigen Verzugskonstruktion über das Vehikel einer fiktiven Fälligkeit eigentlich nicht bedarf.

Dessen ungeachtet entschied jüngst der BGH[874] im Bereich der Unfallversicherung, dass, wenn die AVB die Frage der Fälligkeit nur für den Fall des positiven Entscheids des Versicherers über den erhobenen Anspruch regele, die Fälligkeitsregelung als unvollständig anzusehen sei. Dies aus dem Grunde, da nichts über den Zeitpunkt der Fälligkeit bei Ablehnung der Leistung ausgesagt werde[875]. Sollten danach die AVB eine Modifizierung der Fälligkeit zu § 11 Abs. 1 VVG vorsehen[876], sei im Fall der Leistungsablehnung der Eintritt der Fälligkeit der gesetzlichen Vorschrift des § 11 Abs. 1 VVG zu entnehmen[877]. Nach dieser Entscheidung sind also wohl auch bei fälligkeitsmodifizierenden AVB im Fall der ungerechtfertigten Leistungsablehnung die Verzugsgrundsätze heranzuziehen. Da sich das zitierte Urteil jedoch ausschließlich mit der Frage der Fälligkeit, nicht aber mit dem sich daraus üblicherweise ableitenden Verzug auseinandersetzt, kann nicht genau gesagt werden, ob das auch so verstanden werden soll. Allerdings ist eine solche Interpretation unter Berücksichtigung des vorherrschenden Meinungsbildes recht nahe liegend. Sollte dies so sein, fiele mit diesem Urteil

---

873 BGH, VersR 1972, 971 (unter I. b.).

874 BGH, NJW 2000, 2021 = VersR 2000, 753; vgl. dazu auch *Langheid/Müller-Frank*, VersR 2000, 111.

875 Das Urteil formuliert diesbezüglich unter 2.c): „Dagegen regelt § 11 AUB 88 nicht, wann Fälligkeit eintritt, nachdem der Versicherer die Ablehnung des vom Versicherungsnehmer erhobenen Anspruchs erklärt hat." Bei genauer Betrachtung widerspricht es indessen den Gesetzen der Logik, dass eine Vertragsklausel eine Fälligkeit von Leistungen für den Fall regeln soll, dass Leistungen aus dem Vertrag ausdrücklich abgelehnt werden. Eine solche Bestimmung erschiene genauso überflüssig wie paradox!

876 Wie dies auch in dem der Entscheidung BGH, VersR 1972, 920 (Schiffskaskofall) zugrunde liegenden Sachverhalt der Fall ist.

877 BGH, NJW 2000, 2021 = VersR 2000, 753; in diesem Sinne wohl auch bereits OLG Köln, VersR 1990, 373.

des Bundesgerichtshofes auch für Konstellationen mit nachgeschalteter Fälligkeitsregelung das Institut der positiven Vertragsverletzung als mögliche Anspruchsgrundlage definitiv aus.

Ersichtlich aus dem Rahmen fällt ein vom OLG Celle entschiedener Fall[878]. In dem dem Urteil zu Grunde liegenden Sachverhalt war es zu einem konkreten und nach Ansicht der Richter deckungspflichtigen Schadenereignis gekommen. Der Versicherer weigerte sich jedoch, die - nach den AVB fällige - Entschädigung zu leisten, worauf der Versicherungsnehmer den Vertrag fristlos kündigte. Dies hingegen wollte der Versicherer nicht akzeptieren und machte die vom Versicherungsnehmer im Weiteren nicht mehr bezahlte Prämie klageweise geltend. Das Begehren wies das OLG Celle mit der Begründung zurück, dass ein Versicherer, der trotz bestehender Leistungspflicht den Versicherungsschutz schlechthin verweigere, „in der Regel eine positive Vertragsverletzung" begehe. Der Beklagte sei daher berechtigt gewesen, „den Versicherungsvertrag wegen positiver Vertragsverletzung fristlos zu kündigen"[879]. Im Ergebnis ist das Urteil nicht zu beanstanden. Unter Berücksichtigung der h. M. hätte die Lösung allerdings auch in diesem Fall über den Verzugsweg gesucht werden müssen, denn durch die fehlerhafte, vorwerfbare Deckungsablehnung waren danach ja Fälligkeit und Verzug eingetreten. Hieraus hätte sich dann gleichso das bei Dauerschuldverhältnissen allgemein akzeptierte Recht zur außerordentlichen bzw. fristlosen Kündigung ableiten lassen. Das Urteil weicht damit in der Lösung signifikant von dem von der h. M. vertretenen Ansatz (Bewirkung des Verzuges über eine Fingierung der Fälligkeit) ab und weist in dieselbe Richtung wie der hier weiter oben vertretene methodische Alternativansatz über das Institut der positiven Vertragsverletzung. Offensichtlich führen beide Wege zu ein und demselben Ziel. Die Entscheidung der Celler Richter ist jedoch ein Einzeljudikat geblieben.

Damit lässt sich als Fazit zu ungerechtfertigten Leistungsablehnungen von Versicherern Folgendes festhalten:

Die Fälligkeit der Leistung ist im Privatversicherungsrecht vom Abschluss der Feststellungen des Versicherers zum Versicherungsfall abhängig. Lehnt der Versicherer nach Prüfung der Sach- und Rechtslage Leistungen aus dem Vertrag ab und irrt dabei vorwerfbar über die Voraussetzungen, wird von Judikatur und Schrifttum ein Eintritt der Fälligkeit fingiert; daraus wird im Weiteren Verzug abgeleitet. Mag auch die Tatsache, dass das Ablehnungsobjekt die vertragliche Hauptleistungsverpflichtung darstellt, für diesen Lösungsweg sprechen, muss indes bedacht werden, dass mit der fingierten Fälligkeit ein Zustand kreiert wird, den der Versicherer gerade nicht herbeiführen will: die Feststellung seiner Leis-

878 OLG Celle vom 19.6.1952, VersR 1952, 283 (Tierlebensversicherung).
879 OLG Celle, VersR 1952, 283.

tungspflichtigkeit. Obschon der Lösungsweg über die §§ 284, 326 BGB - soweit ersichtlich - nicht auf Kritik gestoßen ist, wäre es nach der hier entwickelten Auffassung sachgerechter, ein Ergebnis über den Weg der positiven Vertragsverletzung anzustreben. Im Übrigen würden sich durch den Austausch des anspruchsbegründenden Rechtsinstitutes weder der Inhalt der Verpflichtung noch die subjektiven Tatbestandsvoraussetzungen (Verschulden) ändern. Die Verzugskonstruktion stellt den Versicherungsnehmer also keineswegs besser. Beide Lösungsalternativen sollten zum gleichen Ziel führen.

Als Sonderfall muss die Konstellation angesehen werden, dass der Versicherer bereits vor einem konkreten Versicherungsfall erklärt, Leistungen verweigern zu wollen. Da mit dem Modell der Fingierung der Fälligkeit einer Hauptleistungsverpflichtung hier nicht gearbeitet werden kann, wird von der Judikatur zur Lösung dieser Fälle anerkanntermaßen die Figur der positiven Vertragsverletzung herangezogen.

Abschließend erscheint in Bezug auf ungerechtfertigte Leistungsablehnungen noch eine Bemerkung angebracht: Für den Versicherer birgt ein Fehler bei der Schadenermittlung, der zu einer Ablehnung der Deckung führt, wenig Risiken. Sollte er im Prozess scheitern, besteht lediglich die Verpflichtung, den Versicherungsnehmer so zu stellen, wie er bei ordentlicher Regulierung gestanden hätte. In der Regel droht dem Versicherer - abgesehen von der Pflicht zur Zahlung von Verzugszinsen - kein höherer Leistungsaufwand. Bei der Berechnung eines Zinsschadens darf im Übrigen nicht übersehen werden, dass Gelder - solange diese nicht zur Auszahlung kommen - im Geldkreislauf des Versicherers verbleiben und Zinserträge erwirtschaften. Dies kompensiert eine ggf. zu ersetzende Zinsforderung beträchtlich. Dieser relativ starken Position des Versicherers steht gegenüber ein nicht selten durch die Deckungsablehnung in wirtschaftliche Bedrängnis geratener Versicherungsnehmer[880]. Eine deutliche strukturelle Unterlegenheit dieser Vertragspartei ist unverkennbar. Die Stärke der Position des Versicherers gründet vor allem auf der Tatsache, dass es in Deutschland keinen Strafschadenersatz gibt, wie er etwa in den USA unter dem Begriff „Punitive Damages" zugesprochen werden kann[881]. Im US-amerikanischen Privatversiche-

---

880 Mit diesem Hinweis auch *Römer* in Römer/Langheid, VVG, § 11 Anm. 6; der Gesichtspunkt wird ebenso vom BGH in seinem Schiffskaskourteil (a. a. O., Fn. 869) herausgestellt, vgl. dort S. 971 (re. Sp. oben, unter I. a.) u. S. 973; siehe ferner etwa RG, JW 1931, 3195, und Handelsblatt v. 10.7.1999, S. 46: „Richter mahnen Fairplay bei Versicherungen an". Dem Verfasser sind darüber hinaus aus der Praxis zahlreiche Fälle bekannt.

881 Bei Punitive oder Exemplary Damages handelt es sich nicht um eigentliche Schadensersatzansprüche, sondern um einen darüber hinausgehenden Schadensersatz eigener Art, der einem Geschädigten zugesprochen wird, wenn der Schädiger entwe-

rungsrecht kann von Strafschadenleistungen u. a. dann Gebrauch gemacht werden, wenn dem Versicherer eine Verhaltensweise nachgewiesen werden kann, welche den Tatbestand des „Bad Faith“ erfüllt[882]. Unzweifelhaft begünstigt das Nichtvorhandensein solcher Anspruchsgrundlagen in Deutschland das teilweise wenig umsichtige Vorgehen der Versicherer bei Leistungsablehnungen.

3.2.2.3. Fehlerhafte Auskunft gegenüber dem Versicherungsnehmer bzw. fehlerhafte Aufklärung über bestehende Ansprüche aus dem Versicherungsvertrag

Eine wichtige Frage bei der Schadenregulierung ist, ob der Versicherer bei einer unspezifizierten Auskunftsanfrage des Versicherungsnehmers verpflichtet ist, diesen darüber zu informieren, welche konkreten Leistungsansprüche bezüglich des Schadens aus dem Versicherungsvertrag resultieren[883]. Diese Frage lässt sich dahingehend erweitern, ob den Versicherer eine Aufklärungspflicht bei der Regulierung eines Versicherungsfalls trifft, sofern dieser erkennt, dass der Versicherungsnehmer mit dem von ihm geltend gemachten Schaden nicht alle Ersatzpositionen des Versicherungsvertrages ausschöpft. Die erste Frage stellt auf die Unwissenheit und einen eventuellen Auskunftsanspruch des Versicherungsnehmers ab; die zweite Frage ist etwas anders gelagert und bezieht sich auf einen möglichen selbstständigen Aufklärungsanspruch hinsichtlich eines Irrtums in Zusammenhang mit der Abgabe einer Erklärung des Versicherungsnehmers.

Die Beantwortung dieser Fragen ist von eminenter praktischer Bedeutung. Ein kurzes Beispiel aus der Praxis soll dies verdeutlichen:

Bei einer bestehenden Wohngebäudeversicherung nach den VGB 88 kommt es an einem versicherten Gebäude gleichzeitig zu einem Sturmschaden und zu einem Überspannungsschaden durch Blitzeinschlag. Hierduch werden Teile des Daches und elektrische Einrichtungen im Gebäude beschädigt. Die Bedachung

---

der durch die Handlung oder aber sein Prozessverhalten eine rücksichtslose Gesinnung oder unbekümmerte Gleichgültigkeit an den Tag gelegt hat; vgl. hierzu im Überblick Black's Law Dictionary, 5. Ed., S. 352.

882 Nach der „Bad Faith“-Doktrin haftet der Versicherer gegenüber dem Versicherungsnehmer deliktisch für eine nicht nach den Grundsätzen von Treu und Glauben durchgeführte Abwicklung eines Versicherungsfalls. Erfasst werden damit insbesondere Sachverhalte, die in der vorliegenden Untersuchung der positiven Vertragsverletzung zugeordnet werden. In den meisten US-Bundesstaaten wurden zu Bad Faith eigene gesetzliche Vorschriften erlassen, so z. B. in Californien der „Unfair Claims Practices Act“ (Cal. Ins. Code Sec. 790 et seq.); instruktiv zu Bad Faith im Rechtssystem der USA *Cherry/Classen*, PHi 1/1993, S. 2 ff.

883 Die Frage ist besonders relevant in der Schaden-, seltener in der Summen- und Haftpflichtversicherung.

lässt sich ohne Farbabweichungen von den unbeschädigten Partien nicht mehr wiederherstellen. Versicherungsnehmer A richtet vor Einreichung der Gesamtschadenaufstellung eine Anfrage an den Versicherer, welche Positionen nach dem Vertrag versichert sind. Alternativ meldet Versicherungsnehmer B zwar den Sturm- und Blitzschaden, reicht aber lediglich eine Rechnung über die Reparatur des Daches ein. Den Schaden an den elektrischen Einrichtungen macht er nicht geltend, da er fahrlässig übersieht bzw. sich nicht mehr daran erinnert, dass er eine Zusatzklausel vereinbart hat, die dieses Risiko gesondert einschließt[884]. Nach der Reparatur sichtbare farbliche Abweichungen in der Dacheindeckung sieht er als nicht vermeidbares Übel an[885]. Der Versicherer bemerkt diese Unterlassungen, macht hingegen nicht hierauf aufmerksam.

Bevor näher auf die mit dem Beispiel aufgeworfenen Fragen eingegangen wird, sei in diesem Zusammenhang auf den römisch-rechtlichen Grundsatz „ne ultra petita" hingewiesen, der mit § 308 ZPO u. a. Eingang in das Zivilprozessrecht gefunden hat. Diese Maxime scheint (bedauerlicherweise) auch in der Schadenregulierungspraxis der Versicherer vorzuherrschen; jedenfalls lassen praktische Erfahrungen hierauf schließen. Dabei wird übersehen, dass der genannte Rechtssatz nur im Verhältnis von streitenden Parteien gilt. Demgegenüber basiert das Versicherungsverhältnis auf einer vertraglichen Grundlage, die darüber hinaus in besonderem Maße von Treu und Glauben beherrscht wird[886].

a) Auskunftsverpflichtung gegenüber dem Versicherungsnehmer bei Anfragen zum Versicherungsfall

Die Hauptleistungsverpflichtung des Versicherers besteht in der Bewirkung einer Geld-, Sach- oder sonstigen Leistung im Schadensfall. Auskünfte, die dem Versicherungsnehmer auf Anfrage vor der abschließenden Regulierung erteilt werden, stellen sich so zunächst nur als im Rahmen einer Nebenverpflichtung aus dem Vertrag erbracht dar. Gegebenenfalls ließe sich an die Konstruktion eines beson-

---

884 § 9 Nr. 2 lit. c) VGB 88 schließt Kurzschluss- und Überspannungsschäden an elektrischen Einrichtungen aus. Dieser Ausschluss lässt sich durch Vereinbarung von Klausel 0911/VGB 88 wiederum abbedingen. Danach „ersetzt der Versicherer auch Überspannungsschäden durch Blitz". Vgl. hierzu mit Nachweisen zur Rechtsprechung *Dietz*, Wohngebäudeversicherung, § 9 Rdn. 4.3.5 (S. 149), und ferner *Martin*, Sachversicherungsrecht, C II Rdn. 24 f.

885 Gem. § 15 Nr. 1 lit. b) VGB 88 werden die Reparaturkosten einer beschädigten Sache zuzüglich einer eventuellen Wertminderung ersetzt, die durch die Reparatur nicht auszugleichen ist. Instruktiv hierzu und zu der Problematik von sog. „Schönheitsschäden" *Dietz*, Wohngebäudeversicherung, § 15 Rdn. 2.3. (S. 230 ff.).

886 Vgl. *Prölss* in Prölss/Martin, VVG, Vorbem. II Rdn. 6 m. w. N. zur Rechtsprechung.

deren Auskunftsvertrages denken, so dass sich eine gesonderte vertragliche Beratungsverpflichtung ergäbe. Dies kann aber dahingestellt bleiben, da in beiden Fällen der Versicherer jedenfalls verpflichtet ist, nach Kenntnisnahme des mitgeteilten Sachverhalts dem Versicherungsnehmer eine richtige, vollständige[887] und dessen Belange berücksichtigende Auskunft zu erteilen[888].

Im Einzelnen erstreckt sich die Auskunftsverpflichtung - soweit die Anfrage des Versicherungsnehmers nicht als Detailfrage spezifiziert ist - auf die Überprüfung des Bestehens von Versicherungsschutz an sich (Deckungsfrage) und auf die Nennung möglicher Ansprüche auf Leistung aus dem Versicherungsvertrag[889]. Das Gesagte muss insbesondere in Fällen gelten, in denen der Versicherungsnehmer auf die gegebene Auskunft hin wirtschaftliche Entschließungen tätigt[890], was regelmäßig der Fall sein dürfte. Kann der Versicherer wegen der Komplexität des Sachverhaltes oder wegen einer Deckungsproblematik eine Auskunftsanfrage nicht sofort entscheiden, ist er verpflichtet, Vorbehalte geltend zu machen.

Bei falschen, fehlerhaften oder unvollständigen Auskünften lassen sich allfällige Ansprüche des Versicherungsnehmers auf positive Vertragsverletzung stützen, da eine vertragliche Nebenpflicht in Rede steht und ein Verzugstatbestand eindeutig nicht vorliegt. Ein Verschulden wird stets indiziert sein, da von dem Versicherer überlegene Kenntnisse des Versicherungsrechts und der Allgemeinen Versicherungsbedingungen erwartet werden können[891]. In Hinblick auf Ersatzansprüche hat der Versicherer den Schaden auszugleichen, der dadurch entstanden ist, dass der Versicherungsnehmer im Vertrauen auf die Richtigkeit der Auskunft Entschließungen trifft. Zu denken ist diesbezüglich insbesondere an (später durch den Versicherer nicht als ersatzpflichtig anerkannte) Reparaturen[892]. Darüber hinaus könnte man auch den Schaden aus positiver Vertragsverletzung zugestehen, der daraus resultiert, dass der Versicherungsnehmer Maßnahmen in der durch eine fehlerhafte Auskunft ausgelösten Annahme unterlässt, diese seien

887 In diesem Sinne OLG, Hamm VersR 1981, 825, sowie ZfS 1988, 150 = NJW-RR 1988, 285.

888 Die Forderung nach Berücksichtigung der Belange des Versicherungsnehmers ist an die Urteile BGH, VersR 1967, 593, 594 = NJW 1967, 1756, 1758, und VersR 1981, 621, 623 angelehnt, die sich mit Aufklärungs- und Belehrungspflichten des Versicherers befassen. Einer entsprechenden Anwendung bei Auskunftsanfragen in Zusammenhang mit der Abwicklung von Schadensfällen dürften keine Argumente entgegengesetzt werden können.

889 In Hinblick auf die Nennung der in Betracht kommenden Versicherungsleistungen so ausdrücklich OLG Hamm, ZfS 1988, 150 = NJW-RR 1988, 285.

890 OLG Hamm, VersR 1981, 825.

891 BGH, VersR 1967, 593, 594; 1981, 621, 623.

892 Vgl. OLG Hamm, VersR 1981, 825. Siehe hierzu auch sogleich II. 3. 2. 2. 6.

nicht versichert. Allerdings würde sich der Anspruch dann ja auf eine dem Versicherungsnehmer objektiv zustehende Hauptleistung aus dem Vertrag beziehen, so dass der direkte vertragliche Anspruch aus § 1 Abs. 1 VVG Priorität besitzt. Anders wäre die Beurteilung nur, wenn durch die Unterlassung von an sich versicherten Maßnahmen ein nicht versicherter Folgeschaden entstünde; dieser richtete sich dann wiederum nach den Grundsätzen der positiven Vertragsverletzung.

Bei der Verjährung von Ansprüchen aus fehlerhafter Auskunft ist zu beachten, dass § 12 Abs. 1 VVG die Geltendmachung von Ansprüchen aus dem Versicherungsvertrag auf zwei Jahre begrenzt, beginnend mit dem Schluss des Jahres, in dem die Leistung verlangt werden kann. Diese die bürgerlich-rechtlichen Vorschriften der Verjährung abändernde Norm gilt nach ständiger Rechtsprechung auch für Ansprüche aus positiver Vertragsverletzung[893]. Es kann daher ein Versicherungsnehmer außerhalb der kurzen Verjährung nach § 12 Abs. 1 VVG keine weitergehenden Ansprüche aus Vertrag oder positiver Vertragsverletzung geltend machen. Dies erscheint allerdings bedenklich, denn der anspruchsberechtigte Versicherungsnehmer stellt in der Regel erst sehr spät und meist nur zufällig fest, dass eine früher erteilte Auskunft fehlerhaft war. Eine strikte Anwendung der Norm hat so zur Folge, dass der Versicherer in sehr vielen Fällen nicht mehr zur Verantwortung gezogen werden kann. Dies wiederum führt zu einer weitgehenden Enthaftung. Sachgerechter wäre es, die Verjährung nach § 12 Abs. 1 VVG, soweit sie Ansprüche aus positiver Vertragsverletzung betrifft, erst mit Kenntnis des Versicherungsnehmers vom möglichen Schadensersatzanspruch beginnen zu lassen, wie das z. B. § 852 Abs. 1 BGB - allerdings im Deliktsrecht - vorsieht[894].

---

893 BGH, VersR 1994, 711 = NJW-RR 1994, 859; OLG Hamm, VersR 1990, 965; OLG Köln, VersR 1973, 1058; OLG Düsseldorf, VersR 1958, 617; OLG Oldenburg, JR 1935, 224. Zustimmend *Prölss* in Prölss/Martin, VVG, § 12 Rdn. 6; *Römer* in Römer/Langheid, VVG, § 12 Rdn. 4 sowie auch *Bruck-Möller*, VVG Bd. I, § 12 Anm. 8.

894 Der Gedanke, in Anlehnung an § 852 Abs. 1 BGB den Beginn der kurzen vertraglichen Verjährungsfrist z. B. des § 638 Abs. 1 BGB auf den Zeitpunkt der Kenntnis von Schaden und Ersatzmöglichkeit zu verschieben, wurde bereits von *Larenz* entwickelt (vgl. *Larenz*, Schuldrecht, Bd. II, § 53 II b, S. 268) und später u. a. von *Medicus* aufgegriffen (Bürgerliches Recht, Rdn. 357). Allerdings hat der BGH eine an § 852 Abs. 1 BGB orientierte Verjährungsregelung für das Vertragsrecht stets abgelehnt; vgl. BGHZ 67, 1, 7; BGH, BB 1979, 757, 758. Siehe zum ganzen auch *Medicus*, JuS 1998, 289, 294.

b) *Selbstständige Aufklärungspflichten gegenüber dem Versicherungsnehmer hinsichtlich bestehender Ansprüche aus dem Versicherungsvertrag*

Zu erörtern bleibt die Frage, ob der Versicherer von sich aus (spontan) zur Aufklärung des Versicherungsnehmers über den Leistungsumfang aus dem Versicherungsvertrag verpflichtet ist.

Grundsätzlich ist der Versicherungsnehmer dem Versicherer gegenüber verpflichtet, den Eintritt des Versicherungsfalls in geeigneter Form nachzuweisen[895]. Ergänzend bestimmt § 34 VVG, der mit der Vorschrift des § 11 Abs. 1 VVG korrespondiert, dass der Versicherer berechtigt ist, von seinem Vertragspartner Auskünfte einzufordern, die zur Feststellung des Versicherungsfalls oder des Umfanges der Leistungspflicht erforderlich sind. Zu beachten ist, dass in fast allen Allgemeinen Versicherungsbedingungen diese fakultativ bestehende Auskunftsberechtigung des Versicherers nach dem Schadenfall als Obliegenheit im Sinne von § 6 Abs. 3 VVG ausgebildet ist. Dies bedeutet bei verschuldeter Verletzung der Verpflichtung in der Regel eine Leistungsfreiheit des Versicherers[896]. Die Pflichten des Versicherungsnehmers in den Bedingungswerken sind dann zumeist auch sehr weit gefasst. Sie lassen sich in einer Allgemeinformel mit der unverzüglichen, vollständigen und wahrheitsgemäßen Unterrichtung des Versicherers über sämtliche Umstände des Versicherungsfalles[897] und dem Nachkommen von Meldepflichten gegenüber Behörden umreißen[898].

Bedauerlicherweise enthält das Versicherungsvertragsgesetz zu Gunsten des Versicherungsnehmers keine dem § 34 VVG entsprechende Vorschrift[899]. Der Versicherer ist nach den gesetzlichen Bestimmungen nicht verpflichtet, seinen Vertragspartner über mögliche Ansprüche aus dem Versicherungsvertrag aufzuklären. Auch in diesem Zusammenhang ist daher eine Imparität zu Lasten des Versicherungsnehmers zu konstatieren.

Bei der Geltendmachung von Leistungen wird der Versicherungsnehmer häufig nur solche Positionen angeben, die er unter dem Versicherungsvertrag als in die Deckung fallend ansieht. Ist für den regulierenden Versicherer evident, dass

---

895 *Kollhosser* in Prölss/Martin, VVG, § 49 Rdn. 13; *Römer* in Römer/Langheid, VVG, § 49 Rdn. 12. Aus der Rechtsprechung vgl. etwa BGH, VersR 1987, 1007; VersR 1985, 541, und BGHZ 23, 355, 358 = VersR 1957, 212, 213.

896 Diesbezüglich sehr instruktiv *Langheid* in Römer/Langheid, VVG, § 34 Rdn. 1 u. 8.

897 Vgl. mit dieser Formulierung z. B. § 15 Nr. 1 lit. a) ARB 75.

898 So etwa die Meldeverpflichtung eines Schadens an die Polizeibehörde gem. § 13 Nr. 1 lit. a) AERB 87 oder § 10 Nr. 3 AVBR 92.

899 Eine solche könnte etwa lauten: „Der Versicherer ist nach dem Eintritt des Versicherungsfalls verpflichtet, dem Versicherungsnehmer Auskünfte über Art und Umfang der versicherten Leistungen zu erteilen."

der Versicherungsnehmer Positionen nicht geltend macht, die unter der Police eine ersatzfähige Leistung darstellen (siehe den oben genannten Beispielsfall), drängt sich die Frage nach einer diesbezüglichen Aufklärungspflicht des Versicherers nachgerade auf.

Eine höchstrichterliche Entscheidung hierzu liegt bislang nicht vor. Allerdings befasste sich das bereits oben zitierte OLG Hamm[900] im Rahmen einer Verkehrs-Service-Versicherung mit dieser Frage und entschied, dass in diesem Versicherungszweig, in dem der Versicherer u. a. auch „Serviceleistungen" verspreche, der Versicherungsnehmer erwarten darf, dass ihm der Versicherer im Schadenfall behilflich ist und ihm wenigstens die richtigen Hinweise gibt, welche Versicherungsleistungen in Betracht kommen und was weiter zu veranlassen ist. Diese Hinweis- oder Auskunftsverpflichtung sieht das Gericht offensichtlich als Teil einer so bezeichneten „Pflicht zur vertrauensvollen Zusammenarbeit mit dem Versicherungsnehmer", die bei Verletzung zu Ansprüchen aus positiver Vertragsverletzung führt. Als Schadensersatz werden im konkreten Fall vom OLG Hamm insbesondere auch Kosten zugestanden, die nach dem Versicherungsvertrag nicht erstattungsfähig gewesen wären. Schon vor der zitierten Entscheidung des OLG Hamm führte das AG Schleswig in seinem Urteil vom 5.6.1968 zu einem Fall der Sachversicherung - allerdings nur als obiter dictum - aus, dass „gewisse Anhaltspunkte" dafür sprechen, dass der Versicherer den Versicherungsnehmer auf die Möglichkeit der Erhöhung einer geltend gemachten Ersatzforderung aufmerksam machen muss[901].

Aus den zitierten Urteilen ließe sich ableiten, dass eine selbstständige Kommunikationspflicht des Versicherers besteht, den Versicherungsnehmer im Schadensfall über die Abwicklung, eventuell zu veranlassende Maßnahmen und alle ihm aus dem Versicherungsvertrag zustehenden Ansprüche aufzuklären.

Diese Interpretation ginge konform mit der Rechtsansicht des BGH zu den Aufklärungspflichten des Versicherers bei Abschluss eines neuen bzw. Änderung eines bestehenden Versicherungsvertrages. Wie bei der Untersuchung der vertragsbezogenen Kommunikationspflichten aufgezeigt, ist der Versicherer zur Beratung und Aufklärung verpflichtet, wenn erkennbar ist, dass sich der Versicherungsnehmer über einen wesentlichen Punkt des Vertrages unrichtige Vorstellungen macht[902]. Es ist nicht einsichtig, warum diese Maxime bei der Abwicklung des Vertrages im Fall des Schadeneintritts keine analoge Geltung beanspruchen können sollte. Die Ausgangslage stellt sich identisch dar: Der Versicherungs-

900 OLG Hamm, ZfS 1988, 150 = NJW-RR 1988, 285.
901 AG Schleswig, VersR 1968, 959.
902 So grundlegend BGH, VersR 1951, 166 = NJW 1951, 855, sowie später BGH, VersR 1963, 768 = NJW 1964, 244, und BGH, VersR 1989, 948; vgl. dazu auch die Ausführungen unter II. 3. 2. 1. 1. a. aa).

nehmer ist bei der Abgabe einer Erklärung über den Umfang der Leistungen des Versicherungsvertrages im Irrtum. Zu diskutieren bliebe auch hier allenfalls, inwieweit der Irrtum für den Versicherungsnehmer vermeidbar war und ob dieser sich deswegen ein Mitverschulden anrechnen lassen müsste[903].

In der Literatur werden schadenbezogene Auskunftspflichten des Versicherers nur wenig diskutiert. So spricht sich etwa *Martin* aufgrund des zwischen den Parteien bestehenden „versicherungsvertraglichen Vertrauensverhältnisses" grundsätzlich für eine Nebenpflicht zur Beratung aus. Danach sei der Versicherer gehalten, den Versicherungsnehmer auf die Entschädigungsfähigkeit von Leistungen hinzuweisen, wenn diese offensichtlich deswegen nicht verlangt werden, weil rechtsirrig keine Entschädigungspflichtigkeit angenommen werde[904]. Dem ist uneingeschränkt zuzustimmen. Zur Untermauerung einer selbstständigen - mithin spontanen - schadenbezogenen Aufklärungspflicht lassen sich im Weiteren folgende Argumente anführen.

An erster Stelle kann systematisch auf die in § 1 VVG niedergelegten gegenseitigen Verpflichtungen der Parteien zurückgegriffen werden. Danach hat der Versicherungsnehmer die vereinbarte Prämie zu entrichten. Im Gegenzug hat der Versicherer etwa in der Schadensversicherung den durch Eintritt des Versicherungsfalls verursachten Vermögensschaden *nach Maßgabe des Vertrages* zu ersetzen; vgl. so § 1 Abs. 1 S. 1 VVG. Der Anspruch auf die Erbringung der vollen Leistung erwächst somit unmittelbar aus dem Versicherungsvertrag[905] und nicht erst aus einer später eingereichten Schadenaufstellung des Versicherungsnehmers. Darüber hinaus ist zu bedenken, dass der Umfang des versicherten Risikos in der Prämie reflektiert ist. Wird diese vollständig gezahlt, kann der Versicherungsnehmer als Äquivalent hierzu auch den Ersatz des objektiv nach den Allgemeinen Versicherungsbedingungen versicherten Schadens erwarten.

Eine Aufklärungsverpflichtung lässt sich ferner indirekt aus der Vorschrift des § 11 Abs. 1 VVG ableiten. Die vom Versicherer durchzuführenden Erhebun-

---

903 Unter Berücksichtigung des weiteren Vorbringens ist ein Mitverschulden aber schon deswegen zu verneinen, da es nicht angeht, eine Aufklärungspflicht des Versicherers zu bejahen und gleichzeitig dem Versicherungsnehmer anzulasten, sich selbst nicht genügend über die Leistungen aus dem Versicherungsvertrag informiert zu haben (Argumentation in Anlehnung an *Prölss* in Prölss/Martin, VVG, Vorbem. II Rdn. 15).

904 *Martin*, Sachversicherungsrecht, Q IV Rdn. 85 und R III Rdn. 40. Allerdings erstrecken sich die Aussagen von *Martin* lediglich auf entschädigungsfähige Eigenleistungen des Versicherungsnehmers (so z. B. Reinigungskosten für die Schmutzbeseitigung bei Reparaturarbeiten). Eine Erweiterung dieser Ansicht auch auf andere nach den AVB ersatzfähige Positionen bzw. Leistungen sollte sich als zulässig erweisen dürfen.

905 Vgl. dazu auch *Bruck*, Privatversicherungsrecht, S. 406 (§ 33 II).

gen zur Feststellung des Versicherungsfalls und des *Umfangs der Leistung* implizieren, dass der Versicherungsvertrag hinsichtlich der genannten Kriterien nach allen Richtungen zu überprüfen ist. Dies wird ein sorgfältiger Versicherer allein schon im Eigeninteresse tun. Liegt der vom Versicherer errechnete Leistungsumfang - also die nach dem Vertrag zu erbringende Leistungspflicht - über der vom Versicherungsnehmer geltend gemachten Forderung, kann der Versicherungsnehmer unter Berücksichtigung der Prägung des Versicherungsrechts durch den Grundsatz von Treu und Glauben redlicherweise erwarten, dass er auf eine mögliche Erweiterung seiner Forderung hingewiesen wird.

Schließlich sprechen allgemeine Rechtsprinzipien für das Bestehen einer selbstständigen Aufklärungspflicht. Zwar wird eine unbedingte Rechtspflicht zur Aufklärung des Vertragspartners über alle für seine Willensentschließung maßgeblichen Umstände von Schrifttum und Rechtsprechung verneint[906]. Eine Bejahung der Aufklärungsverpflichtung wird jedoch bei Vorliegen besonderer Gründe im Einzelfall erwogen. Konkret wird eine solche Pflicht aus zwischen den Parteien bestehenden Vertragsbeziehungen dann abgeleitet, wenn das Verschweigen von Tatsachen gegen den Grundsatz von Treu und Glauben verstoßen würde und der Erklärungsgegner die Mitteilung der verschwiegenen Tatsache nach der Verkehrsauffassung erwarten darf[907]. Aus den bereits vorgetragenen Gründen dürfte dies bei Versicherungsverträgen nicht in Zweifel gezogen werden. Hierfür sprechen die Spezialität des Vertragsverhältnisses, die Komplexität der Bedingungswerke (AVB) und die in der Regel anzunehmende überlegene Kenntnis des Versicherers.

Im Ergebnis überwiegen die Argumente pro Annahme einer selbstständigen Aufklärungsverpflichtung des Versicherers bezüglich der dem Vertragspartner aus dem Versicherungsvertrag zustehenden Leistungen. Um diesen Streitpunkt für die Zukunft auszuräumen, sollte de lege ferenda über eine entsprechende positiv-rechtliche Bestimmung im VVG nachgedacht werden.

3.2.2.4. Nichtbeantwortung von Korrespondenz des Versicherungsnehmers

Diese Fallkonstellation ist der Kategorie der Untätigkeit des Versicherers zuzuordnen. Hierzu entschied das LG Hamburg, dass die schlichte Nichtbeantwortung von im Rahmen der Schadensabwicklung geführter Korrespondenz des Versicherungsnehmers - das fragliche Schreiben war zusätzlich mit einer Fristsetzung ver-

906 Münchner Kommentar-*Kramer*, § 123 Rdn. 15; Palandt-*Heinrichs*, § 123 Rdn. 5; RGRK-*Krüger-Nieland*, § 123 Rdn. 16; Soergel-*Hefermehl*, § 123 Rdn. 6; BGH, NJW 1971, 1799; WM 1983, 1006.

907 BGH, WM 1983, 1006, 1007; 1981, 689; 1977, 394, 396; 1975, 157, 158; BGHZ 72, 382, 388; 70, 337, 342; 47, 207, 211; RGZ 111, 233, 235.

sehen - als Verstoß gegen vertragliche Verhaltenspflichten zu werten ist. Aus § 242 BGB folge eine Rechtspflicht, auf Schreiben der Versicherungsnehmer einzugehen[908]. In der Urteilsbegründung wird ergänzend auf die von der Rechtsprechung zu § 8 VVG entwickelte „Zurückweisungspflicht"[909] hingewiesen, wonach der Versicherer verpflichtet ist, den Versicherungsnehmer über Mängel einer von diesem ausgesprochenen Kündigung des Versicherungsverhältnisses zu belehren. Auch diese Verpflichtung, so das LG Hamburg, sei nur Ausdruck der allgemeinen Verpflichtung, im Rahmen des Versicherungsvertrages die Belange des Versicherungsnehmers nicht zu ignorieren bzw. zu beeinträchtigen. Im Ergebnis wurde dem Versicherungsnehmer ein Ersatz der Kosten des Rechtsanwalts zugebilligt, dessen Inanspruchnahme wegen des Verhaltens der Schuldnerin als gerechtfertigt angesehen wurde. Als Rechtsgrundlage wurden die Grundsätze der positiven Vertragsverletzung herangezogen.

Dem könnte natürlich entgegengehalten werden, dass die Nichtbeantwortung des Schreibens des Versicherungsnehmers unzweifelhaft zu einer Verzögerung der Regulierung geführt hat. Anders ausgedrückt: Die Abwicklung des Schadens wurde unnötig in die Länge gezogen. Bedingt durch dieses inkorrekte Vorgehen könnte so auch eine Vorverlagerung der Fälligkeit im Sinne der Rechtsprechung zu § 11 Abs. 1 VVG angenommen werden. Das würde indessen nach allgemeiner Meinung die Annahme eines Verzugstatbestandes rechtfertigen[910].

Nun bedarf es in Ergänzung des oben vorgetragenen Sachverhalts der Erwähnung, dass sich die Klage des Versicherungsnehmers lediglich auf den materiellen Kostenerstattungsanspruch für die Inanspruchnahme der Leistungen des Rechtsanwaltes richtete. Die Klage stellte somit ausdrücklich nicht auf Leistungen aus dem Versicherungsvertrag selbst ab (vgl. aber so als eine mögliche Voraussetzung für den Verzugseintritt § 284 Abs. 1 S. 2, 1. Alt. BGB). Auch bezog sich die in dem Schreiben des Versicherungsnehmers vorgenommene Fristsetzung nicht auf die Erbringung der Hauptleistung[911], sondern lediglich auf den Zeitraum für die Beantwortung eben dieses Schreibens. Somit standen weder Fäl-

---

908 LG Hamburg vom 2.3.1990, ZfS 1990, 374.

909 So die ständige Rechtsprechung, vgl. hierzu die Nachweise bei *Prölss* in Prölss/Martin, VVG, § 8 Rdn. 16.

910 Bei „schleppender Bearbeitung" eines abzuwickelnden Schadens nehmen etwa OLG Köln, VersR 1983, 922, und OLG Hamburg, VersR 1982, 543 Verzug an; siehe auch *Römer* in Römer/Langheid, VVG, § 11 Rdn. 11; *Prölss* in Prölss/Martin, VVG, § 11 Rdn. 6.

911 Inhaltlich stellte das Schreiben des Versicherungsnehmers auf das weitere Vorgehen zur Feststellung des Schadens durch einen anderen Sachverständigen oder einen Gutachter ab. Das Schreiben kann daher auch nicht als Mahnung i. S. v. § 284 Abs. 1 S. 1 BGB aufgefasst werden, da eine solche zur Erbringung der geschuldeten Hauptleistung auffordern muss und erst nach Fälligkeit erfolgen kann.

ligkeit noch Verzug zur Debatte. Im Ergebnis erweist sich das Urteil des LG Hamburg damit als korrekt und macht wieder einmal die im Privatversicherungsrecht feine Distinktion zwischen Verzug und positiver Vertragsverletzung recht deutlich.

Daraus erschließt sich, dass die Nichtbeantwortung von Korrespondenz des Versicherungsnehmers nur dann als positive Vertragsverletzung zu werten ist, wenn es beispielsweise um Verfahrensfragen der Abwicklung geht und nicht etwa darum, die Hauptleistung fällig zu stellen.

3.2.2.5. Fehlerhafte Weisungen und Ratschläge des Versicherers zur Schadenminderung und Schadenbehebung

In der Schadensversicherung ist die Behebung des Schadens grundsätzlich Sache des Versicherungsnehmers. Bereits § 49 VVG normiert, dass der Versicherer Schadensersatz in Geld zu leisten hat.

Vor der Behebung des Schadens ist der Versicherungsnehmer jedoch zunächst aus § 62 Abs. 1 S. 1 VVG verpflichtet, Maßnahmen zu dessen Abwendung und Minderung zu ergreifen. Hierbei hat er Weisungen vom Versicherer einzuholen, soweit dies die Umstände zulassen. Ist das nicht der Fall, müssen jedenfalls vom Versicherer erteilte Weisungen befolgt werden. Diese nach Schadenseintritt bestehenden Verpflichtungen sind gem. § 62 Abs. 2 als gesetzliche Obliegenheit (sog. Rettungsobliegenheit) ausgestaltet, so dass bei Verletzung unter Umständen die Leistungsfreiheit des Versicherers droht.

Unabhängig von vom Versicherungsnehmer eingeholten Weisungen zur Abwendung und Minderung des Schadens sind Konstellationen denkbar, in denen sich der Versicherer von sich aus in die Schadenbehebung einschaltet und Ratschläge, Empfehlungen oder Hinweise erteilt. Das Erteilen von Weisungen, Ratschlägen, Empfehlungen und ähnlichem ist unzweifelhaft mit dem Risiko verbunden, dass diese sich als fehlerhaft oder falsch herausstellen können.

Grundlegend nahm der BGH zu der Problematik in einem im Jahr 1984 entschiedenen Fall Stellung[912]. Dort wurden im Rahmen einer bestehenden Betriebsfeuerversicherung fehlerhafte Weisungen zur Beseitigung von durch einen Brand entstandene Rußbeaufschlagungen an Spezialmaschinen (Galvanik) erteilt. Diese wurden in Folge unbrauchbar, was zunächst zur Betriebstilllegung und sodann zum wirtschaftlichen Zusammenbruch des versicherten Unternehmens führte. Der BGH bejahte grundsätzlich einen möglichen Anspruch aus positiver Vertragsverletzung. Die Richter betonten jedoch, dass aus den fehlerhaften Weisungen der

912 BGH, VersR 1984, 1161.

vom Versicherer eingeschalteten Sachverständigen (§ 278 BGB)[913] ein Schadensersatzanspruch nur insoweit hergeleitet werden könne, wie vertragliche Leistungsansprüche aus dem Versicherungsverhältnis nicht gegeben seien. Dies ist einsichtig, denn vertragliche Ansprüche besitzen Priorität. Sekundäransprüche aus positiver Vertragsverletzung können allein die über die Versicherungsleistung hinausgehenden Forderungen betreffen. In diesem Sinne entschied ebenfalls das OLG Karlsruhe in einem Fall zur Leitungswasserversicherung[914].

In Betracht zu ziehen sind Schadensersatzansprüche aus positiver Vertragsverletzung damit insbesondere dann, wenn aufgrund eines Weisungsfehlers des Versicherers weiterer Schaden entsteht, der entweder (1) die maximal aus dem Vertrag zu leistende Entschädigung übersteigt, (2) Ausschlusstatbestände erfüllt oder (3) außerhalb des sachlichen Versicherungsschutzes liegt.

Das Gesagte muss außer auf Fälle von Weisungen auch für Ratschläge, Auskünfte oder Hinweise des Versicherers gelten, die im Rahmen der Behebung eines Schadens ergehen.Unabhängig davon, wie man diese Kommunikationsformen einordnen möchte, kann die vermittelte Botschaft vom Versicherungsnehmer nur dahingehend verstanden werden, dass diese von einem mit umfangreichen Erfahrungen ausgestatteten, kompetenten Versicherer kommt. Er wird ihr eine entsprechende Gewichtung beimessen und sein Handeln danach ausrichten; diese Annahme gilt insbesondere in Anbetracht der Sanktionsnorm des § 62 Abs. 2 VVG. Es sind keine Anhaltspunkte erkennbar, eine Gewichtung vorzunehmen und die Haftung des Versicherers nach dem Kommunikationsinhalt abzustufen. Etwa von der verbindlichen Weisung bis zum unverbindlichen - und damit eher haftungsneutralen - Hinweis. Zwar möchte *Voit* Weisungen i. S. d. § 62 VVG von „bloßen Ratschlägen oder Empfehlungen" abgegrenzt wissen, dennoch erkennt er an, dass „der Unterschied ... zwar dem Versicherer geläufig ist, im allgemeinen aber nicht dem Versicherungsnehmer"[915]. Dem ist im Sinne des zuvor Gesagten zuzustimmen.

---

913 Die Anwendbarkeit des § 278 BGB im Rahmen von § 62 Abs. 1 VVG sollte außer Zweifel stehen; vgl. so BGH, VersR 1984, 1161, 1162 (unter III. 1), ferner aus der Literatur etwa *Langheid* in Römer/Langheid, VVG, § 62 Rdn. 10 und *Wussow*, Feuerversicherung, § 15 AFB Anm. 4.

914 OLG Karlsruhe, RuS 1995, 426.

915 *Voit* in Prölss/Martin, VVG, § 62 Rdn. 26. Der zur Auslegung von entsprechenden Erklärungen des Versicherers von *Voit* vorgeschlagene Grundsatz von Treu und Glauben wird im Ergebnis sicherlich ausnahmslos dazu führen, diese als verbindliche Weisungen im Sinne des § 62 VVG einzustufen.

3.2.2.6. Unzutreffende Bejahung des Versicherungsschutzes nach einem Versicherungsfall

Die Überprüfung, inwieweit ein Versicherungsfall unter das von dem Vertrag versicherte Risiko fällt, wurde bereits zuvor als originäre, aus dem Versicherungsverhältnis ausfließende Aufgabe des Versicherers geschildert, die nicht letztlich in § 11 Abs. 1 VVG ihren gesetzlichen Ausdruck gefunden hat. Als im Sinne der genannten Vorschrift notwendig wurden von der Rechtsprechung solche Erhebungen erachtet, die ein sorgfältiger Versicherer anstellen muss, um den Versicherungsfall, seine Leistungspflicht und den Umfang der zu erbringenden Leistung zu prüfen und festzustellen[916].

a) Mündliche Deckungszusagen

Nun kommt es häufiger vor, dass der Versicherungsnehmer ohne Führung aufwendiger Korrespondenz etwa telefonisch bei dem Versicherer anfragt, ob für einen bestimmten Vorfall Leistungen aus dem Versicherungsvertrag erwartet werden können. Entschließt sich der Versicherer zu einer sofortigen Aussage, ist klar, dass dann sicherlich nicht alle i. S. d. § 11 Abs. 1 VVG notwendigen Ermittlungen durchgeführt werden konnten. Ungeachtet dessen wird - insbesondere soweit die Antwort positiv ausfällt - der Versicherungsnehmer unzweifelhaft seine Entschließungen nach dem Inhalt dieser Auskunft, denn um eine solche handelt es sich hier[917], ausrichten. Er kann die Auskunft nur als verbindliche und abschließende Entscheidung des Versicherers zum Versicherungsfall auffassen; jedenfalls gilt dies, sollten keine ausdrücklichen Vorbehalte gemacht werden. Erweist sich die getroffene Aussage bei der weiteren Abwicklung des vermeintlich versicherten Vorfalls als falsch, steht indes zu befürchten, dass sich der Versicherer auf Leistungsfreiheit berufen wird.

Zu dieser Situation entschied das OLG Hamm[918], dass, wenn einem Versicherungsnehmer auf Anfrage erklärt werde, es bestehe Versicherungsschutz, sich dieser auf die gegebene Auskunft verlassen dürfe und er entsprechende Dispositionen vornehmen könne. Gerade weil eine Auskunft über bestehenden Versicherungsschutz für die wirtschaftlichen Entschließungen des Versicherungsnehmers

---

916 In diesem Sinne OLG Karlsruhe, RuS 1993, 443, und OLG Hamm, VersR 1977, 954, 955; siehe auch die Ausführungen oben II. 3. 2. 2. 1. a).

917 Siehe dazu die Hinweise zum Begriff der Auskunft in Fn. 371; mit gleichem Verständnis OLG Hamm, VersR 1981, 825, und OLG Celle, VersR 1953, 490.

918 OLG Hamm vom 11.6.1980, VersR 1981, 825 (Kraftfahrt-Haftpflichtversicherung); ähnlich OLG Celle, VersR 1953, 490 (mündliche Aussage über den Umfang der zu erwartenden Leistung aus einem Feuerversicherungsvertrag).

erkennbar wichtig sei, müsse diese „richtig und vollständig" sein. Stelle sich die Aussage im Nachhinein als schuldhaft falsch oder fehlerhaft heraus, liege eine positive Vertragsverletzung vor. Dem Versicherungsnehmer wurde deswegen vom erkennenden Senat ein Schadensersatz zuerkannt, der ihn so stellte, als ob die (objektiv nicht versicherte) Reparaturmaßnahme nicht durchgeführt worden wäre. Dies bedeutet im Ergebnis den Ersatz des positiven Interesses. Dem Urteil kann inhaltlich nur beigepflichtet werden.

In der Sache ähnlich ist ein vom LG Köln[919] entschiedener Fall zur Betriebshaftpflichtversicherung gelagert. Nur wurde hier eine Regulierungszusage nicht gegenüber dem Versicherungsnehmer, sondern gegenüber dem geschädigten Dritten abgegeben. Diesem wurde nach Übersendung eines Kostenvoranschlages auf telefonische Anfrage erklärt, er könne die notwendigen Reparaturarbeiten ausführen lassen. Später berief sich der Versicherer gegenüber dem Versicherungsnehmer auf die Vorschrift des § 1 Nr. 2 a AHB (sog. „versichertes Risiko") und brachte vor, die schadenauslösende Tätigkeit des Versicherungsnehmers habe außerhalb des im Versicherungsschein bezeichneten Rahmens gelegen, folglich werde Versicherungsschutz versagt. Das LG Köln erblickte in dem Verhalten eine schuldhafte Verletzung einer Nebenpflicht aus dem Versicherungsvertrag (und damit ausdrücklich eine positive Vertragsverletzung), da es dem Versicherer oblegen habe, den Geschädigten bei seiner Anfrage darauf hinzuweisen und deutlich zu machen, dass die Frage des Deckungsschutzes noch zu klären sei. Insbesondere sei dem Versicherungsnehmer (!) durch die Falschauskunft die Möglichkeit genommen worden, den Schaden wesentlich kostengünstiger selbst zu reparieren[920]. Als Schadensersatz wurde im Fall jedoch nur der Differenzbetrag zwischen den tatsächlichen Reparaturkosten und den bei einer Selbstbehebung des Schadens zwangsläufig entstandenen Kosten zuerkannt. Ausdrücklich betont das LG Köln, dass kein Anspruch in Höhe der vollen Reparaturkosten bestehe[921]. Dies hingegen ist nicht einsichtig, denn zum einen muss sich auf eine Aussage, die einen vollen Kostenersatz in Aussicht stellt, verlassen werden können; zum anderen wäre eine Reparatur ja auch vielleicht ganz unterblieben. Dann aber wird die mögliche Ersetzungsbefugnis des Geschädigten aus § 249 S. 2 BGB übersehen.

Interessant am Urteil des LG Köln ist, dass das Gericht ganz offensichtlich die Schadenermittlung und Auskünfte, die im Rahmen dieser Tätigkeit erteilt

---

919 LG Köln vom 20.5.1981, ZfS 1981, 246; ähnlich OLG Hamm, VersR 1986, 581.
920 LG Köln, ZfS 1981, 246, 247.
921 LG Köln, ZfS 1981, 246, 247.

werden, als Nebenpflichten aus dem Versicherungsvertrag auffasst[922]. Diese Interpretation stützt die hier an anderen Stellen vertretene Meinung, dass die Schadenabwicklung - mit Ausnahme der eigentlichen Leistungsbewirkung - eben nicht eine Hauptleistungspflicht, sondern lediglich eine Nebenverpflichtung aus dem Versicherungsvertrag darstellt[923]. Schließlich kann festgestellt werden, dass die Rechtsprechung wohl auch im Schadenbereich bei Anfragen des Versicherungsnehmers oder einer Dritten, mit dem Versicherungsverhältnis in Zusammenhang stehenden Person (z. B. dem geschädigten Dritten), nicht auf die Konstruktion eines speziellen, konkludent zustandegekommenen Auskunftserteilungsvertrages i. S. v. § 675 BGB zurückgreift. Der Grund hierfür mag in der Tatsache begründet liegen, dass wegen des Bestehens des Versicherungsvertrages, in dessen Rahmen die Auskunft unzweifelhaft erfolgt, die Annahme einer Nebenverpflichtung nahe liegender ist[924]. Darüber hinaus wurde bereits im Kontext vertragsbezogener Kommunikationspflichten dargestellt, dass jedenfalls die bisherige Judikatur der Annahme von konkludent zustandekommenden Auskunftserteilungsverträgen im Privatversicherungsrecht ablehnend gegenübersteht[925].

Anders als die bisher benannten Urteile, die bei fehlerhaften telefonischen Deckungszusagen von einer positiven Vertragsverletzung ausgehen, nimmt das OLG Karlruhe[926] in einer Entscheidung aus dem Jahr 1997 das Vorliegen eines deklaratorischen Anerkenntnisses an. Im Fall war an einem unter einer speziellen Oldtimer-Police versicherten Pkw bei normalem Fahreinsatz ein Sachschaden entstanden. Die telefonische Anfrage, ob es sich bei dem Ereignis um einen Versicherungsfall i. S. d. Allgemeinen Versicherungsbedingungen handelte, wurde seitens des Versicherers positiv beantwortet. Später berief man sich indes auf einen - nicht versicherten - sog. Betriebsschaden. Der erkennende Senat wertete die telefonische Aussage jedoch nicht als „schlichte Auskunft", sondern als „verbindliche Festlegung", die zwischen den Parteien das Bestehen eines Unfallereignisses im Sinne der Bedingungen außer Streit stellen sollte[927]. Im Ergebnis zielt das OLG Karlsruhe somit auf die Begründung eines originär vertraglichen Anspruches ab. Der gewählte methodische Ansatz hat gegenüber der Annahme einer positiven Vertragsverletzung ersichtlich den Vorzug, dass die Verschuldenskompo-

922 Ausdrücklich bezeichnet LG Köln, ZfS 1881, 247, die Nebenpflicht als gegenüber dem Versicherungsnehmer bestehend; so in einem anderen Sachzusammenhang auch OLG Hamm, VersR 1990, 965.
923 Vgl. zuvor II. 3. 2. 2. und II. 3. 2. 2. 3. a).
924 In diesem Sinne wohl auch Palandt-*Sprau*, § 675 Rdn. 39.
925 Siehe unter II. 3. 2. 1. 2. f) cc).
926 OLG Karlsruhe vom 20.2.1997, NJW-RR 1998, 1329.
927 OLG Karlsruhe, NJW-RR 1998, 1330.

nente und damit auch ein ggf. in Hinblick auf § 254 BGB[928] geführter Einwand entfallen.

Ungeachtet dessen sollte sich mit OLG Hamm, VersR 1981, 825, und LG Köln, ZfS 1981, 246, eine Lösung der genannten Fälle über die positive Vertragsverletzung als ebenso zulässig erweisen; jedenfalls können hiergegen keine Einwendungen vorgebracht werden. In der Praxis dürfte es indessen lohnend sein, Ansprüche primär über das - nicht formbedürftige[929] - deklaratorische Anerkenntnis geltend zu machen und nur hilfsweise auf einen Schadensersatzanspruch aus dem Institut der positiven Vertragsverletzung abzustellen.

b) Schriftliche Deckungszusagen

Außer im Wege der telefonischen Auskunft kann die Übermittlung einer fehlerhaften Deckungsentscheidung freilich auch auf dem Schriftweg erfolgen. Obwohl diese Kommunikationsform inhaltlich die gleiche Nachricht weiterleitet wie die mündlich gegebene Auskunft, erlangt die Aussage durch ihre Schriftlichkeit eine andere, gewichtigere Dimension. Fraglich ist zunächst, welche rechtliche Qualität einer solchen Mitteilung beigemessen werden muss. Denkbar wären eine Interpretation als bloße Beweiserleichterung für den Versicherungsnehmer, aber auch eine solche als deklaratorisches oder konstitutives Schuldanerkenntnis.

Die Rechtsprechung sieht in schriftlichen Deckungszusagen vornehmlich deklaratorische Anerkenntnisse[930]. Als wichtigste Ableitung hieraus wird gefolgert, dass der Versicherer bei der weiteren Abwicklung des Versicherungsfalles mit solchen Einwendungen ausgeschlossen ist, die er bereits bei Abgabe der Erklärung gekannt oder zumindest für möglich gehalten hat[931]. Anders ausgedrückt: Er ist insoweit mit späteren Berufungen auf Ausschlusstatbestände oder Obliegenheitsverletzungen präkludiert. Diese Interpretation von schriftlichen Deckungsbestätigungen erscheint sowohl in sich logisch wie auch interessengerecht. Insbe-

---

928 Ein Mitverschulden wurde geprüft und abgelehnt von LG Köln, ZfS 1981, 246, 247, und OLG Celle, VersR 1953, 490.

929 Im Gegensatz zu dem nur das konstitutive (Schuld-) Anerkenntnis regelnden § 781 BGB bedürfen deklaratorische Anerkenntnisse nicht der dort verlangten Schriftform; vgl. Palandt-*Sprau*, § 781 Rdn. 4.

930 BGH, VersR 1953, 316 (Betriebs-Haftpflichtversicherung); BGH, VersR 1966, 1174 (Kraftfahrt-Haftpflichtversicherung); OLG Düsseldorf, VersR 1985, 728 (Rechtsschutzversicherung); LG Kiel, VersR 1987, 581 (Rechtsschutzversicherung). Anders und wenig überzeugend hingegen BGH 66, 250, 256 f. = NJW 1976, 1259, 1261.

931 BGH, VersR 1966, 1174; 1963, 1198; 1953, 316; LG Kiel, VersR 1987, 581; OLG Düsseldorf, VersR 1985, 728.

sondere aber fußt sie auf dem anerkannten Rechtssatz des Verbots des venire contra factum proprium.

Andere Interpretationen sind weniger nahe liegend und können allenfalls in besonders gelagerten Einzelfällen in Betracht gezogen werden. So widerspräche die Auslegung einer schriftlichen Deckungsbestätigung als konstitutives Schuldanerkenntnis dem eigentlichen Wesensgehalt der Erklärung[932]. Denn die Begründung einer neuen, vom bestehenden Versicherungsverhältnis abgekoppelten und selbstständigen Verpflichtung kann vom Versicherer nicht beabsichtigt sein. Im Gegenteil: Der Versicherungsvertrag muss unzweifelhaft auch weiterhin die Grundlage für die aus der Erklärung abzuleitenden Rechte bieten. Nur die Causa für die Geltendmachung dieser Rechte soll zwischen den Parteien verbindlich festgestellt und somit außer Streit gestellt werden. Hingegen möchte der Versicherer nicht mögliche Einreden und Einwendungen, die bei der weiteren Abwicklung des Falles erhoben werden könnten, aufgeben. Auch von Seiten des Versicherungsnehmers muss die Erklärung so aufgefasst werden; aus seinem Blickwinkel kann die Erklärung nur auf das Vertragsverhältnis und den damit rechtlich zusammenhängenden, konkreten Versicherungsfall abheben. Diese Gründe stehen der Annahme eines konstitutiven Anerkenntnisses klar entgegen.

Dagegen ist die Auffassung, dass einer schriftlichen Deckungsbestätigung lediglich eine bloße Beweiserleichterungsfunktion zukommt, grundsätzlich vertretbar[933]. Allerdings würde das bedeuten, dass der Erklärung kein rechtsgeschäftlicher Verpflichtungswille beigemessen wird, sondern diese auf die genannte, im Wesentlichen prozessuale Funktion beschränkt ist. Diese Interpretation würde aber dem Verhältnis zwischen Versicherer und Versichererungsnehmer nicht gerecht. Dem Versicherungsnehmer geht es ersichtlich nicht um die Erlangung einer günstigeren Beweisposition für den Prozessfall, sondern um eine rechtsverbindliche Bestätigung bezüglich des Erhalts von Leistungen aus einem intakten Vertragsverhältnis. Er möchte auf die Erklärung hin persönlich oder wirtschaftlich disponieren können[934]. Dieses Empfängerbewusstsein ist für den Versicherer klar erkennbar. Unter Berücksichtigung dessen kann eine Deckungsbestätigung normativ nicht als lediglich zu Beweiszwecken dienend ausgelegt werden. Eine solche Auffassung kann indes dann gestützt werden, wenn es um das Verhältnis zwischen dem Versicherer und dem Dritten in der Haftpflichtversicherung

---

932 In diesem Sinne OLG Düsseldorf, VersR 1985, 728, 729.

933 Zur als Beweiserleichterung dienenden Anerkenntnissen vgl. statt aller Palandt-*Sprau*, § 781 BGB Rdn. 6 m. w. N. zur Rechtsprechung. In Bezug auf das Versicherungsverhältnis hierzu instruktiv BGH 66, 250, 254 ff. = NJW 1976, 1259, 1260 und OLG Zweibrücken, NJW-RR 1997, 1316, 1317.

934 Vgl. insoweit das bereits oben II. 3. 2. 2. 6. a) zitierte Urteil des OLG Hamm, VersR 1981, 825.

geht[935]. Dort ist die Interessenlage aber eine andere. Im Rahmen der Untersuchung bleibt dieses spezielle Rechtsverhältnis jedoch außen vor.

Im Ergebnis können schriftliche Deckungszusagen daher - jedenfalls soweit sie nicht ausdrücklich mit einem Vorbehalt versehen sind - regelmäßig nur als deklaratorische Anerkenntnisse aufgefasst werden, die einen originären versicherungsvertraglichen Anspruch dem Grunde nach bestätigen. Folge dieser rechtlichen Einstufung ist, dass das Rechtsinstitut der positiven Vertragsverletzung primär keine Anwendung finden kann. Dennoch erschien eine kurze Beleuchtung auch der schriftlichen Deckungszusage im Rahmen des Gesamtkomplexes angezeigt.

3.2.2.7. Haftung aus positiver Vertragsverletzung wegen konkludenter Regulierungszusage des Versicherers

Eine Haftung des Versicherers aus positiver Vertragsverletzung kommt bei der Schadensabwicklung nicht nur wegen konkreter Meinungsäußerungen - wie den weiter oben erörterten fehlerhaften mündlichen Deckungszusagen - in Betracht. Haftungsrelevant kann nach der Rechtsprechung auch schlüssiges Verhalten sein. Anders ausgedrückt: Kann der Versicherungsnehmer durch das Verhalten des Versicherers mittelbar davon ausgehen, dass eine Regulierung eines - objektiv nicht versicherten - Schadens erfolgen wird bzw. dass er mit Leistungen aus dem Versicherungsvertrag rechnen kann, muss sich dies der Versicherer zurechnen lassen.

Zu dieser Thematik entschied das LG Nürnberg-Fürth[936] einen Fall aus der Betriebshaftpflichtversicherung. Der Versicherungsnehmer, ein Unternehmer, hatte Austrocknungsarbeiten an einem neu errichteten Gebäude vorgenommen; hierbei kam es zu Schäden am Verputz. Der Schaden bzw. der geltend gemachte Haftpflichtanspruch wurde dem Versicherer gemeldet. Nachdem Vergleichsverhandlungen, die der Versicherungsnehmer direkt mit dem Geschädigten führte, scheiterten, kam es in Folge zu einem Rechtsstreit, der in der Feststellung der Verantwortlichkeit des Versicherungsnehmers für den Schaden rund drei Jahre später endete. Erst zu diesem Zeitpunkt berief sich der Versicherer, der ständig von den Rechtsanwälten des Versicherungsnehmers über den Streitstand unterrichtet worden war, auf eine Ausschlussklausel. Hierin erkannten die Richter unter Heranziehung des § 242 BGB eine schuldhafte Verletzung des Versiche-

---

935 OLG Zweibrücken, NJW-RR 1997, 1316, 1317. Dennoch kann es auch bei Anerkenntnissen gegenüber dem geschädigten Dritten in der Haftpflichtversicherung dazu kommen, dass diese als solche deklaratorischer Art ausgelegt werden; vgl. BGH, VersR 1963, 1198, 1200; OLG Karlsruhe, VersR 1994, 937, 938.

936 LG Nürnberg-Fürth vom 25.2.1959, VersR 1960, 241.

rungsvertrages, die nach den Grundsätzen der positiven Vertragsverletzung zum Schadensersatz verpflichte. In der Begründung stellt das Gericht auf den Inhalt der Bestimmung des § 3 Ziff. 2 Abs. 1 S. 1 AHB ab und betont, dass in der Haftpflichtversicherung der Versicherer selbstständig die Haftpflichtfrage zu prüfen habe, da hiervon u. a. abhänge, in welchem Umfang Rechtsschutz bei der Abwehr unberechtigter Ansprüche zu gewähren sei[937]. Obwohl jedoch nach der Schadenschilderung des Versicherungsnehmers die Voraussetzungen für einen Leistungsausschluss evident waren, erfolgte kein entsprechender Hinweis des Versicherers. Der Versicherungsnehmer konnte daher bei den von ihm geführten Vergleichsverhandlungen konkludent davon ausgehen, dass ihm in vollem Umfang Versicherungsschutz gewährt werde. Als Rechtsfolge der Vertragsverletzung sprach das LG Nürnberg-Fürth hingegen nicht den anlässlich der Austrocknungsarbeiten entstandenen - objektiv nicht versicherten - Gebäudeschaden zu, sondern nur eine Verbindung aus hypothetischem Schaden und Kostenschaden (negatives Interesse)[938]. Hierauf wird sogleich noch zurückzukommen sein.

Aus der im Wesentlichen zustimmungswürdigen Entscheidung lassen sich zunächst zwei Dinge folgern: Zum einen kann eine Kommunikationsverpflichtung des Versicherers gegenüber dem Versicherungsnehmer angenommen werden, sollte sich bei der Prüfung eines Versicherungsfalles herausstellen, dass eine Ausschlussklausel der Gewährung von Versicherungsschutz entgegensteht. Zum anderen macht sich der Versicherer schadensersatzpflichtig, wenn er einen entsprechenden Hinweis unterlässt und sich so geriert, dass der Versicherungsnehmer konkludent und in gutem Glauben davon ausgehen kann, es bestehe Versicherungsschutz.

Ähnlich gelagert ist das bereits in anderem Zusammenhang behandelte Urteil des LG Kiel vom 12.11.1985[939]. Danach kann ein Rechtsschutzversicherer, der durch die vorbehaltlose Beauftragung eines Rechtsanwaltes gem. § 16 Abs. 2 ARB 75 die Leistungsverpflichtung aus dem Versicherungsvertrag bejaht, sich

---

937 LG Nürnberg-Fürth, VersR 1960, 241, 243.

938 Das Gericht entschied, dass der Versicherungsnehmer so zu stellen sei, wie er gestanden hätte, wenn die Beklagte ihren Pflichten aus dem Haftpflichtversicherungsvertrag ordnungsgemäß nachgekommen wäre. Nach der Beweislage wurde unterstellt, dass der Versicherungsnehmer bei rechtzeitigem Hinweis über das Bestehen eines Ausschlusstatbestandes mit dem Geschädigten vorprozessual einen Vergleich über DM 3.000 hätte schließen können. Tatsächlich kam aber nach Abschluss des Rechtsstreits nur ein ungünstigerer Vergleich über DM 6.000 zustande. Der Differenzbetrag wurde als Schaden zugesprochen. Ferner wurden als Schadenposition die Kosten des Vorprozesses zuerkannt, da es zu diesem bei Annahme des Zustandekommens des „billigeren" Vergleiches nicht gekommen wäre; siehe LG Nürnberg-Fürth, VersR 1960, 241, 243.

939 LG Kiel, VersR 1987, 581; vgl. oben II. 3. 2. 2. 6. b).

später nicht darauf berufen, dass der Versicherungsschutz ausgeschlossen ist. Auch hier hat der Versicherer jedenfalls mit der Mandatierung des Rechtsanwalts konkludent zum Ausdruck gebracht, dass er von einem Versicherungsfall i. S. v. § 1 Abs. 1 i. V. m. § 14 Abs. 1 der AVB ausgeht. Dem Versicherungsnehmer wurde im Ergebnis hingegen - anders als im zuvor beschriebenen Fall LG Nürnberg-Fürth, VersR 1960, 241 - kein Schadensersatz aus positiver Vertragsverletzung, sondern ein originärer vertraglicher Anspruch zugebilligt, da die Beauftragung des Rechtsanwaltes schriftlich erfolgte und als deklaratorisches Anerkenntnis[940] gewertet wurde. Dies ist bei rein konkludentem Verhalten des Versicherers freilich nicht möglich.

Zur Beantwortung verbleibt die zurückgestellte, aber sich von besonderer praktischer Bedeutung erweisende Frage, ob bei einem Verhalten des Versicherers, aus dem konkludent das Bestehen von Versicherungsschutz abgeleitet werden kann, als Schadensersatz das positive oder aber lediglich das negative Interesse zuzuerkennen ist. Hierzu lassen sich folgende Überlegungen anstellen: Zwar sollte dem Versicherer grundsätzlich bis zum Abschluss einer Schadensabwicklung die Berufung auf eine Ausschlussbestimmung gestattet sein. Allerdings muss dieser Grundsatz dann eine Ausnahme erfahren, wenn dem Versicherer in dem Zeitpunkt, in dem er sich auf den Ausschluss spätestens hätte berufen können (und müssen), die wesentlichen Tatsachen des Falles bekannt waren[941]. Dann sollte ihm ein späterer Rückzug auf die die Leistungspflicht beschränkenden Gründe verwehrt sein. Dies läuft darauf hinaus, dass der Schadensersatz das positive Interesse umfassen muss. Hierfür spricht vor allem, dass der Versicherer sich so geriert, wie wenn uneingeschränkt Versicherungsschutz bestehen würde. Es wäre eine Privilegierung des Versicherers, wenn er sich im Schadensersatzprozess nicht an diesem Verhalten messen lassen müsste. Nicht zuletzt sollte aus schlüssigem Regulierungsverhalten des Versicherers kein anderes Ergebnis resultieren dürfen, als dies bei ausdrücklich erteilten mündlichen oder schriftlichen Deckungszusagen der Fall ist[942]. Dem diesbezüglichen Teil der zitierten Entscheidung des LG Nürnberg-Fürth kann somit nicht zugestimmt werden.

---

940 Vgl. LG Kiel, VersR 1987, 581, 582.

941 BGH, VersR 1984, 383; OLG Düsseldorf, VersR 1985, 728; LG Kiel, VersR 1987, 581.

942 Der Ersatz des positiven Interesses wurde bei mündlichen Deckungszusagen zuerkannt von OLG Hamm, VersR 1981, 825 (a. M. LG Köln, ZfS 1981, 246); vgl. zuvor II. 3. 2. 2. 6. a). Bei fehlerhaften schriftlichen Deckungszusagen wird dem Versicherungsnehmer - untechnisch gesprochen - auch das „positive Interesse" zugebilligt, allerdings nicht als Schadensersatz, sondern wie aufgezeigt als vertraglicher Leistungsanspruch; siehe oben II. 3. 2. 2. 6. b).

3.2.2.8. Manipulationen des Versicherers bei der Schadenermittlung

Handlungsweisen, die der Versicherer mit dem Ziel vornimmt, den Schadenhergang fälschlicherweise in einem Licht darzustellen, der ihn möglicherweise leistungsfrei macht, stellen eine besonders schwerwiegende Verletzung des Versicherungsvertrages dar[943]. Das gilt insbesondere, wenn die Manipulation oder deren Versuch gleichzeitig einen strafrechtlich relevanten Tatbestand verwirklicht. In einem solchen Fall soll sich nach einer zustimmungswürdigen Auffassung des BGH ein Versicherer auch nicht auf eine gesetzlich verankerte Leistungsfreiheit z. B. wegen Obliegenheitsverletzung des Versicherungsnehmers berufen können, wenn diese Obliegenheitsverletzung ursächlich auf das unredliche Verhalten des Versicherers zurückzuführen ist[944]. Dieses Ergebnis sollte eigentlich selbstverständlich sein; es kommt bereits in der römischen Rechtsregel „Beneficium legis amittit, qui legem subvertere intendit" zum Ausdruck[945].

Verhaltensweisen dieser und ähnlicher Art stellen in den Kategorien des § 242 BGB unzweifelhaft eine unzulässige Rechtsausübung bzw. eine Verletzung elementarer vertraglicher Pflichten dar. Sie führen dennoch nicht primär zu einem Schadensersatzanspruch aus positiver Vertragsverletzung. Nur, soweit dem Versicherungsnehmer über die Ausgleichung des Versicherungsfalls (Erfüllung) hinaus aus dem vertragswidrigen Verhalten ein weiterer Schaden erwächst, kann dieser aus dem Institut der positiven Vertragsverletzung bzw. aus unerlaubter Handlung (§§ 823 Abs. 2, 826 BGB) ersetzt verlangt werden. Als mögliche Schäden kommen in Betracht z. B. Kosten für die Ermittlung von Beweisen für ein unredliches Verhalten des Vertragspartners[946]. Alternativ sollte mit der h. M.

---

943 Zur Frage der Durchsetzung unberechtigter Leistungsablehnungen durch den Versicherer mit fragwürdigen oder unlauteren Mitteln siehe *Zopfs*, VersR 1993, 140, 142 (dort Fn. 31), unter Hinweis auf BGH 107, 308 = VersR 1989, 842.

944 BGH, VersR 1989, 842 (keine Berufung auf Obliegenheitsverletzung des Versicherungsnehmers, wenn der Versicherer versucht, Zeugen mittels „Schmiergelder" zu einer bestimmten, wahrheitswidrigen Aussage zu überreden; das Urteil betrifft einen Sachverhalt aus der Feuer und Feuer-Betriebsunterbrechungsversicherung). Diese Entscheidung geht konform mit dem Urteil BGH, NJW 1971, 1126, in dem die Geltendmachung eines Vertragsstrafenanspruchs dann als unzulässige Rechtsausübung angesehen wurde, wenn der Gläubiger das vertragswidrige Verhalten des Schuldners veranlasst hatte.

945 Zitierung nach *Liebs*, Lateinische Rechtsregeln, B 3. Übersetzt lautet die Regel: „Eine Rechtswohltat verliert, wer das Recht umzustossen versucht".

946 Vgl. so OLG Oldenburg, VersR 1992, 1150; OLG Hamburg, VersR 1988, 482; OLG Celle, ZfS 1982, 367. Die zitierten Urteile befassen sich zwar alle mit der Kostenrückerstattung für zusätzliche Ermittlungsaufwendungen bei vertragswidrigem Verhalten des Versicherungsnehmers, indes müssen die dort entwickelten Grundsätze vice versa auch Geltung beanspruchen, wenn sich der Versicherer unredlich ver-

ein Schadensersatz auch über den Verzug erlangt werden können, denn es dürfte regelmässig der Fall sein, dass sich durch ein vertragswidriges Verhalten des Versicherers die Leistungsbewirkung i. S. d. § 11 Abs. 1 VVG verzögert.

3.2.2.9. Sonstige Fälle positiver Vertragsverletzungen bei Ermittlungen und Feststellungen zum Versicherungsfall

Vorstehend wurden die in der Praxis am häufigsten zu beobachtenden Fälle positiver Vertragsverletzungen in Zusammenhang mit Ermittlungen zum Versicherungsfall dargestellt. Unzweifelhaft sind weitere Konstellationen vorstellbar, die einen entsprechenden Schadensersatzanspruch auslösen können. Allerdings wäre es auch bei einer Fortführung der Untersuchung unmöglich, alle theoretisch denkbaren Fälle zu erfassen. Auch bliebe fraglich, ob ein solches Vorgehen einen weiteren Gewinn an Erkenntnis erbringen würde. Die Darstellung soll daher mit den im Kapitel behandelten Fallgruppen ihr Bewenden haben.

3.2.3. Vertragsverletzungen bei der abschließenden Leistungsbewirkung

Die abschließende Bewirkung der Hauptleistungsverpflichtung kann als eigentliche Erfüllung des Versicherungsvertrages aufgefasst werden. Erst zu diesem Zeitpunkt erlangt das sich zunächst abstrakt darstellende Produkt Versicherung Substanz; es wandelt sich sozusagen in einen mehr oder minder greifbaren Aggregatzustand. Dieser Vorgang steht zwar mit der in § 11 Abs. 1 VVG beschriebenen Ermittlungstätigkeit in einem realen und unmittelbaren Zusammenhang, dennoch stellt er einen eher eigenen Abschnitt im Abwicklungszyklus dar und wird daher - nicht letztlich aus Gründen der Übersichtlichkeit - hier als dritte Hauptgruppe möglicher positiver Vertragsverletzungen des Versicherers gesondert betrachtet.

Als für positive Vertragsverletzungen in Frage kommende Sachverhalte werden nachfolgend Konstellationen untersucht, in denen entweder vom Versicherungsnehmer eine Abfindungserklärung verlangt wird oder in denen es zwischen den Parteien zu einem Vergleich kommt. Die häufig vorkommenden und konfliktbeladenen Fälle, in denen Leistungen aus dem Versicherungsvertrag gegen den Willen des Versicherungsnehmers, trotz entgegenstehender AVB oder aus Opportunitätsgründen zur Verfügung gestellt werden, sind ein spezifisches Problem der Haftpflichtversicherung, welches gesondert erst im nächsten Kapitel erörtert wird.

---

hält; siehe hierzu auch *Bruck-Möller-Sieg*, VVG Bd. II, § 66 Anm. 25; *Römer* in Römer/Langheid, VVG, § 66 Rdn. 14; *Voit* in Prölss/Martin, VVG, § 66 Rdn. 15.

3.2.3.1. Verlangen einer Abfindungserklärung

In der Praxis ist nicht selten zu beobachten, dass Versicherer die Auszahlung der Versicherungssumme bzw. die Erbringung von Leistungen von der Unterzeichnung einer Abfindungserklärung abhängig machen[947]. Inhaltlich lauten diese zumeist dahingehend, dass sich der Versicherungsnehmer gegen Zahlung einer bestimmten Summe bzw. Erbringung einer bestimmten Leistung mit allen gegenwärtigen und eventuellen zukünftigen Ansprüchen aus dem Versicherungsvertrag für abgefunden erklärt[948].

Vom Wesensgehalt handelt es sich bei solchen Erklärungen zumeist nicht um einen Vergleich gem. § 779 Abs. 1 BGB, denn dieser setzt ein gegenseitiges Nachgeben voraus. Dieses Tatbestandsmerkmal wird durch Abfindungs- bzw. Entschädigungsvereinbarungen jedoch nur selten erfüllt, da der Versicherer als Verwender und Initiator der Erklärung regelmässig ohne Aufgabe eigener Rechtspositionen die Position seines Vertragspartners einzugrenzen versucht. Der Versicherungsnehmer ist so fast ausnahmslos der alleinig nachgebende Part. In diesen Fällen sind Abfindungserklärungen dann als negative Schuldanerkenntnisse i. S. v. § 397 Abs. 2 BGB zu qualifizieren[949]. Von Versichererseite werden solche Erklärungen bevorzugt in Fällen verwandt, bei denen es im Laufe der Regulierung zu Meinungsverschiedenheiten gekommen ist oder die Möglichkeit gesehen wird, dass der Versicherungsnehmer später weitere - durchaus berechtigte - Ansprüche aus dem Vertrag geltend machen könnte. Letzteres wird durch eine Vereinbarung der diskutierten Art zumindest erschwert, wenn nicht gänzlich unmöglich gemacht[950].

Zu Abfindungsvereinbarungen hat sich die Rechtsprechung recht prägnant geäußert. So urteilte das AG Schleswig[951], dass das Verlangen des Versicherers

---

947 Teilweise werden hierfür auch andere Termini wie z. B. „Entschädigungsvereinbarung“, „Gesamtentschädigung“, „Abfindungsvergleich“ oder „zur Abgeltung aller Verbindlichkeiten/Ansprüche“ verwandt; dies beeinflusst die rechtliche Einordnung indessen nicht.

948 Zum Inhalt von Abfindungserklärungen instruktiv LG Köln, RuS 1983, 62 ff.

949 Palandt-*Sprau*, § 779 BGB Rdn. 10; *Voit* in Prölss/Martin, VVG, § 64 Rdn. 4.

950 Als warnendes Beispiel kann der der Entscheidung des LG Köln, RuS 1983, 62, zu Grunde liegende Sachverhalt dienen.

951 AG Schleswig vom 5.6.1968, VersR 1968, 959. Hintergrund des Falles war eine Kfz-Vollkaskoversicherung, bei der der Versicherer nach einem Totalschaden aufgrund Sachverständigengutachten den Ersatz des Zeitwertes des versicherten Fahrzeuges mit DM 2.450 gegen Unterzeichnung einer Abfindungserklärung anbot. Der vom Versicherungsnehmer darauf eingeschaltete Rechtsanwalt forderte eine um rd. DM 1.100 höhere Leistung, die der Versicherer mit einem zweiten Angebot von rd. DM 3.300 beantwortete, jedoch ebenso nur gegen Unterzeichnung einer entspre-

auf Unterzeichnung einer Abfindungserklärung und die Weigerung auf Auszahlung der der Höhe nach festgestellten Entschädigungssumme ohne vorgängige Unterzeichnung der Erklärung eine erhebliche schuldhafte Vertragsverletzung darstelle. In diesem Fall sei der Versicherungsnehmer aus dem Institut der positiven Vertragsverletzung berechtigt, u. a. Erstattung der Kosten eines eingeschalteten Rechtsanwalts zu verlangen. Zutreffend wird hervorgehoben, dass für den Versicherer keinerlei Rechtsanspruch auf Abgabe einer solchen Erklärung bestehe[952]. Die gleiche Rechtsauffassung vertritt in einem vom Sachverhalt her im Wesentlichen gleich gelagerten Fall das AG Aachen, welches in seiner Urteilsbegründung ebenso auf das Rechtsinstitut der positiven Vertragsverletzung abstellt[953].

Die zitierten Judikate sind zu begrüßen; vor allem unter dem Gesichtspunkt der Heranziehung des Rechtsinstituts der positiven Vertragsverletzung. Unter Berücksichtigung der höchstrichterlichen Rechtsprechung zu § 11 Abs. 1 VVG hätte eine Lösung über den gesetzlich geregelten Verzug allerdings näher gelegen, denn die Ermittlungen zum Umfang der Leistungsverpflichtung konnten ja in beiden Fällen als abgeschlossen betrachtet werden. Die Parteien waren sich über die Entschädigungsleistung - mit Ausnahme des Streitpunktes der Abfindungserklärung - einig. Damit aber waren die Leistungen i. S. d. § 11 Abs. 1 VVG fällig. Dies macht die Abgrenzungsschwierigkeiten zwischen Verzug und positiver Vertragsverletzung bei der Schadenregulierung einmal mehr deutlich. Gleichzeitig stellt dies aber die Identität der Ergebnisse und die Austauschbarkeit der anspruchsbegründenden Rechtsfiguren unter Beweis.

---

chend erhöhten Abfindungserklärung. Hervorzuheben ist, dass der Versicherer unter Außerachtlassung des § 13 Abs. 2 AKB a. F. den Hinweis an den Versicherungsnehmer unterliess, dass dieser bei Nachweis der Neubeschaffung eines KFZ einen erhöhten Entschädigungsbetrag hätte verlangen können. Zur Problematik der Aufklärungspflichten des Versicherers in Bezug auf bestehende Leistungsansprüche aus dem Versicherungsvertrag vgl. oben II. 3. 2. 2. 3.

952 Ein solcher lässt sich weder aus dem VVG, noch aus dem BGB erschließen. Das BGB sieht im dritten Abschnitt des Rechts der Schuldverhältnisse lediglich das Recht des Schuldners vor, vom Gläubiger ein schriftliches Empfangsbekenntnis (Quittung) dahingehend verlangen zu können, dass die geschuldete Leistung erbracht wurde. Diese Erklärung nach § 368 BGB ist aber von der Intention des Gesetzgebers her eine reine Wissenserklärung und keine solche mit rechtsgeschäftlichem Inhalt; vgl. statt aller Palandt-*Heinrichs*, § 368 Rdn. 2. Zur Zulässigkeit des Verlangens nach einer Quittung bei der Erbringung von Leistungen aus dem Versicherungsvertrag siehe *Bruck-Möller*, VVG Bd. I, § 4 Anm. 8; *Voit* in Prölss/Martin, VVG, § 64 Rdn. 4, und - aus der älteren Literatur - *Bruck*, Privatversicherungsrecht, § 33 XII, S. 466.

953 AG Aachen, JurBüro 1992, 812.

An dieser Stelle erscheint ein nochmaliger Hinweis auf die konstitutive Wirkung von Abfindungserklärungen angebracht. Ist eine solche - trotz nicht bestehender Rechtspflicht - vom Versicherungsnehmer unterzeichnet, kann dieser sich im Nachhinein nicht mehr auf eine positive Vertragsverletzung berufen, möchte er weitergehende Ansprüche aus dem Vertrag verfolgen[954]. Dies auch dann nicht, wenn die Ansprüche berechtigt sein mögen. Freilich gilt diese Aussage vorbehaltlich der §§ 119, 123 BGB, deren enge Voraussetzungen jedoch nur selten zum Tragen kommen dürften[955].

Bezüglich der Verwendung von Abfindungserklärungen ist auch die Versicherungsaufsicht um die Belange der Versicherungsnehmer bemüht. Das BAV sah sich in regelmäßigen Abständen dazu veranlasst, durch Verlautbarung darauf hinzuweisen, dass die Abgabe von Abfindungserklärungen nur dann zulässig ist, wenn ein echter Vergleich mit gegenseitigem Nachgeben geschlossen wird[956]. Die aufsichtsrechtlichen Grundsätze schreiben hierzu ausdrücklich vor, dass - soweit ein Anspruch nach Grund und Höhe bewiesen und damit fällig ist - die Auszahlung von Versicherungsleistungen (auch Teilleistungen) nicht von der Unterzeichnung einer Abfindungserklärung abhängig gemacht werden darf. Allenfalls könne für geleistete Zahlungen eine einfache Quittung nach § 368 BGB verlangt werden[957].

Die Regulierungspraxis sieht hingegen - wie geschildert - anders aus. Hierbei stellt zweifelsohne die privatrechtliche Wirkung von Abfindungserklärungen eine wesentliche Komponente für die Versicherer dar, diese auch außerhalb von echten Vergleichen anzuwenden. Zwar kann aufsichtsrechtlich bei Verstößen eine Anordnung gem. § 81 Abs. 2 S. 1 VAG erfolgen, allerdings wird sich eine solche im Einzelfall wahrscheinlich darauf beschränken, für die Zukunft die Beachtung der einschlägigen Verlautbarungen bzw. von § 368 BGB zu fordern. Wie bereits bei der Missachtung von geschäftplanmäßigen Erklärungen festgestellt, ist damit auch die Verwendung von Abfindungserklärungen außerhalb von Vergleichen für den Versicherer mit keinen nennenswerten Risiken bzw. Sanktionen verbunden.

---

954 Siehe hierzu ausführlich LG Köln, RuS 1983, 62, 63.

955 Vgl. hierzu *Bruck-Möller*, VVG Bd. I, § 4 Anm. 8, und *Bruck*, Privatversicherungsrecht, § 33 XII, S. 466, jeweils mit Beispielen aus der älteren Rechtsprechung. Auch z. B. LG Köln, RuS 1983, 62, lehnt eine auf § 123 BGB gestützte Anfechtung des Versicherungsnehmers im konkreten Fall ab.

956 Vgl. VerBAV 1953, 152; 1962, 32; 1980, 242 = AnwBl 1981, 99. Die Aussage hat für alle Sparten Gültigkeit, so etwa ausdrücklich auch für die Sachversicherung; siehe GB BAV 1979, 60 f. und 1978, 66. Die wiederholten Erinnerungen des BAV an die Einhaltung der Grundsätze bestätigen, dass diese in der Praxis „nicht oder nur unzureichend beachtet" werden; vgl. mit dieser Aussage VerBAV 1980, 242.

957 Vgl. so zuletzt VerBAV 1980, 242 = AnwBl. 1981, 99.

3.2.3.2. *Vergleiche und deren Unwirksamkeit oder Anfechtbarkeit*

In Ermangelung einer besonderen Regelung im VVG muss für die Beurteilung von Vergleichen auf die allgemeinen Vorschriften des BGB zurückgegriffen werden. Auf das Privatversicherungsrecht bezogen stellt sich ein Vergleich als schuldrechtlicher Vertrag dar, durch den die Parteien im Wege gegenseitigen Nachgebens einen Streit oder eine Ungewissheit über das Versicherungsverhältnis beseitigen wollen. Von der zuvor behandelten Abfindungserklärung unterscheidet sich der Vergleich insbesondere dadurch, dass in Bezug auf die vertretenen Rechtspositionen *beide* Parteien Zugeständnisse machen müssen[958]. In der Regulierungspraxis werden Vergleiche häufig auch als Abfindungsvergleiche bezeichnet[959].

Bereits der Gesetzeswortlaut skizziert den Charakter des Vergleichs. Dieser stellt sich als Vertrag eigener Art dar. Er hat Auswirkungen auf das ursprüngliche Rechtsverhältnis zwar nur insoweit, wie er einen streitigen oder ungewissen Punkt regelt[960]; indessen beziehen sich die meisten Vergleiche auf das Gesamtrechtsverhältnis. Diese Aussage trifft insbesondere auf entsprechende Vereinbarungen zwischen den am Versicherungsvertrag beteiligten Parteien zu.

Wie bei jedem Vertrag können auch bei Abschluss eines Vergleichs Konstellationen auftreten, die eine Unwirksamkeit oder eine Anfechtbarkeit des Rechtsgeschäftes zur Folge haben[961]. So ist denkbar, dass der von den Parteien dem Vergleich zu Grunde gelegte Sachverhalt der Wirklichkeit nicht entspricht[962], dass die vergleichende Einigung unter Ausnutzung einer Zwangslage oder der Unwissenheit des Versicherungsnehmers zustande kommt[963] oder ganz allgemein der Vergleich gegen Treu und Glauben verstößt[964]. Ist dies der Fall, muss das Handlungsziel indes auf die Beseitigung der Rechtswirkungen des Vergleichsvertrages ausgerichtet sein. Anders ausgedrückt: Es geht nicht primär um einen ver-

---

958 BGHZ 39, 60; BGH, NJW 1970, 1122.

959 Vgl. etwa LG Bremen, VersR 1992, 230.

960 BGH, NJW-RR 1987, 1426.

961 Vgl. hierzu statt aller Palandt-*Sprau*, § 779 Rdn. 13 ff.

962 BGH, NJW-RR 1994, 434; OLG Zweibrücken, VersR 1977, 806.

963 OLG Hamm v. 1.8.1990 - 20 W 5/90 [Juris-Dok.] (Verschaffung eines übermäßigen Vorteils des Versicherers); RG, JW 1936, 2787 (Notlage und geschäftliche Unerfahrenheit); RG 96, 91, 92 (rechtliche Unerfahrenheit und krasses Missverhältnis zwischen Entschädigung und Schaden). Die den beiden zuletzt genannten Urteilen zu Grunde liegenden Vergleiche wurden zwar jeweils zwischen Versicherer und geschädigtem Dritten in der Haftpflichtversicherung geschlossen; dessen ungeachtet sollten die dort aufgestellten Grundsätze für das vertragliche Verhältnis zwischen Versicherer und Versicherungsnehmer jedoch erst recht gelten.

964 LG Bremen, VersR 1992, 230 = Schd-Praxis 1992, 123.

traglichen Schadensersatzanspruch, sondern um Gestaltungsrechte bzw. die Feststellung der Unwirksamkeit oder Nichtigkeit des Rechtsgeschäfts, die nur über die §§ 119, 123, 138 BGB herbeigeführt werden kann. Insoweit erweist sich das Institut der positiven Vertragsverletzung als unanwendbar.

Allerdings stellen die genannten Fehlverhaltensweisen, soweit sie tatbestandlich die §§ 123, 138 BGB erfüllen, unzweifelhaft Verletzungen des Versicherungsverhältnisses dar, so dass diese dann nachrangig auch Ansprüche aus positiver Vertragsverletzung nach sich ziehen können[965].

3.2.4. Zusammenfassung der Ergebnisse der Untersuchung von positiven Vertragsverletzungen bei Schadensermittlung und abschließender Leistungsbewirkung

Der eigentlichen Leistungsbewirkung sind im Versicherungsfall umfangreiche Ermittlungstätigkeiten des Versicherers vorgeschaltet. Diese werden im Einzelnen nicht im Gesetz beschrieben, welches insoweit nur von „nötigen Erhebungen" spricht. Gleichzeitig knüpft das VVG an die Beendigung der nötigen Erhebungen die Fälligkeit der Versicherungsleistung an. Damit beschreitet das Privatversicherungsrecht im Vergleich zum bürgerlichen Recht abermals einen Sonderweg, der sich wegen der aufschiebend bedingten Leistungsverpflichtung allerdings auch als notwendig erweist.

Die Ermittlungstätigkeiten können als Vorbereitungshandlung auf die Bewirkung der eigentlichen Hauptleistungsverpflichtung aus dem Versicherungsvertrag aufgefasst werden und stellen insoweit eine Nebenpflicht dar. Wegen der Besonderheiten des Vertragstypus ist eine sorgfältige und gewissenhafte Wahrnehmung dieser Pflicht durch den Versicherer von größter Bedeutung.

Als Kardinalfehler bei der Schadensermittlung ließen sich Verzögerungen und ungerechtfertigte Leistungsablehnungen herausfiltern. Zur Lösung dieser beiden Tatbestände bedienen sich Rechtsprechung und Literatur jeweils einer Fiktion. Danach ist für die objektive Fälligkeit der Hauptleistung der Zeitpunkt maßgebend, in dem die Erhebungen bei korrektem Vorgehen beendet gewesen wären bzw. der Zeitpunkt, in dem dem Versicherungsnehmer eine auf einem Tatsachen- oder Rechtsirrtum beruhende und somit fehlerhafte Deckungsentscheidung bekannt gegeben wird. Aus der Fälligkeit wird sodann bei Gegebenheit der weiteren Merkmale ein Verzugstatbestand abgeleitet. Erst die Fiktion schafft also die Voraussetzungen für die Anwendbarkeit der bürgerlich-rechtlichen Verzugsnorm. Dies muss zwangsläufig zu Lasten des Anwendungsbereichs des Rechtsin-

965 So z. B. wegen dem Versicherungsnehmer entstandener Kosten der Rechtsverfolgung.

stituts der positiven Vertragsverletzung gehen, für die bei der von der h. M. verwandten Konstruktion nur noch Konstellationen übrig bleiben, in denen eine Leistungablehnung bereits vor Eintritt des Versicherungsfalles erfolgt oder in denen besondere Fälligkeitsregeln gelten. Will man indes nicht auf eine Fiktion ausweichen, wären die genannten Störungen des Vertragsverhältnisses unzweifelhaft über die Figur der positiven Vertragsverletzung zu lösen. Ein entsprechendes Vorgehen erschiene methodisch eleganter, da es die Hilfskonstruktion der fingierten Fälligkeit überflüssig machen würde. Dass ein solcher Weg gangbar ist, beweisen zumindest zwei der in der Untersuchung analysierten Judikate[966]. Ein Austausch der anspruchsbegründenden Rechtsinstitute würde weder die Verpflichtung noch in irgendeiner Weise das Ergebnis verändern.

In Zusammenhang mit Leistungsverzögerungen und unberechtigten Ablehnungen des Versicherungsschutzes wurde auf den Aspekt hingewiesen, dass sich der Versicherer in einer strukturell sehr starken Position befindet. Wie einige der geschilderten Fälle unter Beweis stellen, können Störungen der genannten Art rasch zu einer Bedrohung der wirtschaftlichen Existenz des Versicherungsnehmers führen. Da der Verzugsschadensersatz keine adäquate Sanktion für diese Verhaltensweisen darzustellen scheint, sollte aus Gründen der Verbesserung des Verbraucherschutzes und zur Prävention überlegt werden, hier verstärkt aufsichtsrechtlich tätig zu werden.

In Hinblick auf die dem Versicherungsnehmer nach einem Versicherungsfall zustehenden Ansprüche konnte unter Rückgriff auf elementare Normen des Versicherungsvertragsgesetzes und des BGB aufgezeigt werden, dass den Versicherer diesbezüglich sowohl Auskunfts- wie auch Aufklärungspflichten treffen. Eine Auskunftsverpflichtung ergibt sich bei unspezifizierten Anfragen des Versicherungsnehmers; sie hat sich auf alle Ansprüche aus dem Versicherungsvertrag zu erstrecken. Daneben ist eine selbstständige (spontane) Aufklärungsverpflichtung anzunehmen, wenn der Versicherer erkennt, dass der Versicherungsnehmer mit seinem Leistungsbegehren Positionen nicht geltend macht, die objektiv versichert sind. Dieses Untersuchungsergebnis ließe sich auf die einprägsame Formel reduzieren: Volle Prämie gegen volle Leistung. Im Rahmen der Überarbeitung des VVG sollte davon Gebrauch gemacht werden, die genannten Kommunikationspflichten inhaltlich in das Gesetz einzuarbeiten. De lege ferenda käme hierfür insbesondere eine Vorschrift analog zu § 34 VVG in Betracht.

Weitere mögliche Fälle positiver Vertragsverletzungen stellen fehlerhafte Weisungen, Ratschläge, Auskünfte und Hinweise des Versicherers zur Schadenminderung und Schadenbehebung dar. Wegen der Vorrangigkeit des vertragli-

---

966 Dies sind die Fälle BGH, VersR 1972, 970 (Schiffskaskofall), und OLG Celle, VersR 1952, 283.

chen Primäranspruchs ist der Anwendungsbereich der positiven Vertragsverletzung allerdings auf Sachverhalte beschränkt, in denen es aufgrund des Fehlers des Versicherers zu einem weiteren Schaden kommt, der entweder die maximal aus dem Vertrag zu leistende Entschädigung übersteigt, Ausschlusstatbestände erfüllt oder außerhalb des sachlichen Versicherungsschutzes liegt.

Auch sich als fehlerhaft erweisende mündliche Deckungszusagen konnten unter Heranziehung der Regeln der positiven Vertragsverletzung gelöst werden. Die Judikatur erkennt hierin materiell-rechtlich eine Auskunft, die - soweit nicht mit Vorbehalten versehen - als verbindliche Entscheidung des Versicherers zum Versicherungsfall aufgefasst werden muss. Als strittig stellte sich der Punkt heraus, ob als Schadensersatz das negative oder das positive Interesse zuzuerkennen ist. Eindeutige Argumente sprechen hingegen für die Zuerkennung des positiven Interesses, im Besonderen der Leistungsbezug der Aussage des Versicherers. In einem methodisch anderen Ansatz wird zur Lösung der genannten Fallgruppe auf den im Bürgerlichen Gesetzbuch nicht geregelten, aber in Rechtsprechung und Schifttum anerkannten Vertragstypus des deklaratorischen Schuldanerkenntnisses zurückgegriffen. Als unbestreitbare Vorteile dieses Ansatzes wurde herausgearbeitet, dass er auf die Begründung eines originären vertraglichen Anspruchs ausgerichtet ist und die bei der positiven Vertragsverletzung notwendige subjektive Komponente entfällt, womit schließlich auch einem eventuellen Einwand nach § 254 BGB von vorneherein der Boden entzogen ist.

Ein deklaratorisches Anerkenntnis ist regelmäßig dann anzunehmen, wenn eine Deckungszusage schriftlich erfolgt. Dem Rückgriff auf die Figur der positiven Vertragsverletzung bedarf es hier nicht.

Schließlich wurde deutlich, dass sich eine auf positive Vertragsverletzung gründende Haftung auch aus konkludentem Verhalten des Versicherers ergeben kann. Geriert sich dieser bei der Abwicklung eines objektiv nicht deckungspflichtigen Versicherungsfalles so, als ob in vollem Umfang Versicherungsleistungen zu erwarten wären, muss sich der Versicherungsnehmer dieses Fehlverhalten zurechnen lassen. Die Ersatzpflicht sollte sich auch in diesem Fall auf das Erfüllungsinteresse erstrecken.

Bei der abschließenden Leistungsbewirkung erwies sich der Anwendungsbereich der Figur der positiven Vertragsverletzung als sehr begrenzt. Als häufiger vorkommender Fall konnte allein das ungerechtfertigte Verlangen nach Unterzeichnung einer Abfindungserklärung herausgearbeitet werden. Soweit der Versicherungsnehmer indessen einen mit dem Versicherer abgeschlossenen Vergleich für unwirksam erklären oder anfechten möchte, eröffnet sich der direkte Zugriff auf das Instrumentarium der bürgerlich-rechtlichen Normen der §§ 119, 123 und 138 BGB. Eines Rückgriffs auf das Rechtsinstitut der positiven Vertragsverletzung bedarf es nur insoweit, wie dem Versicherungsnehmer im Rahmen der tatbestandlichen Voraussetzungen der §§ 123 oder 138 BGB weitere Schäden entstanden sind.

4. Besonderheiten in der Haftpflichtversicherung

4.1. Einleitende Bemerkungen

In Hinblick auf die Schadenadministration verdient die Haftpflichtversicherung eine gesonderte Betrachtung. Dies nicht zuletzt deswegen, da die für diese Sparte speziellen Vorschriften der §§ 149-158 k VVG einige von den Allgemeinen Vorschriften des VVG abweichende Regelungen[967] enthalten.

Ein wesentliches Merkmal der Haftpflichtversicherung ist die heutige Interpretation des Haftpflichtanspruchs als sog. Freistellungs- und Rechtsschutzanspruch[968]. Diesen umschreibt *Voit*[969] recht prägnant damit, dass der Versicherungsnehmer die Abwicklung eines Haftpflichtschadens dem Versicherer zu überlassen hat. So darf sich der Versicherungsnehmer in aller Regel eines Anspruchs nicht selbst erwehren oder diesen befriedigen.

Der Wortlaut der Vorschrift des § 149 VVG, die seit Inkrafttreten des VVG unverändert geblieben ist, liest sich hingegen völlig anders[970]. Danach ist der Versicherer verpflichtet, dem Versicherungsnehmer die Leistung zu ersetzen, die dieser auf Grund seiner Verantwortlichkeit an einen anspruchsberechtigten Drit-

---

967 Hervorzuheben sind die Ersetzung des § 11 Abs. 1 VVG (Fälligkeit von Geldleistungen mit Beendigung der notwendigen Erhebungen) durch § 154 Abs. 1 VVG (Fälligkeit der Entschädigung insb. bei Feststellung des Anspruchs des Dritten durch Urteil, Anerkenntnis oder Vergleich) und die des § 61 VVG (Leistungsfreiheit bei Vorsatz und grober Fahrlässigkeit) durch § 152 VVG (Leistungsfreiheit nur bei Vorsatz); instruktiv hierzu und zu weiteren speziellen Regelungen in der Haftpflichtversicherung *Voit* in Prölss/Martin, VVG, § 149 Rdn. 34 f.

968 Ausführlich dazu *Bruck-Möller-Johannsen*, VVG Bd. IV § 149 Anm. B 33, *Langheid* in Römer/Langheid, VVG, § 149 Rdn. 15 ff., und *Späte*, AHB, § 3 Rdn. 20.

969 *Voit* in Prölss/Martin, VVG, § 149 Rdn. 1.

970 Mit Hinweis auf die Divergenz zwischen der gesetzlichen Leitlinie und der heutigen Interpretation des Haftpflichtversicherungsanspruchs als Freistellungsanspruch in der neueren Lit. insb. *Langheid* in Römer/Langheid, VVG § 149 Rdn. 15, und *Voit* in Prölss/Martin, VVG, § 149 Rdn. 1. Siehe hierzu ferner auch *Bruck-Möller-Johannsen*, VVG Bd. IV, Anm. B 33, und *Eichler*, Versicherungsrecht, S. 270 f. Die Motive zum VVG führen aus, dass der Haftpflichtversicherungsvertrag „an sich Rechtsbeziehungen zwischen dem Versicherer und dem Dritten ... nicht zur Folge hat" und der Natur der Sache nach „die Erledigung der Entschädigungsfrage am einfachsten durch unmittelbare Verhandlungen zwischen dem Versicherer und dem Dritten" erreicht werden kann; vgl. Motive, S. 211.

ten zu bewirken hat. Auch im Falle der Rechtsverteidigung gegen einen geltend gemachten Anspruch spricht das Gesetz in § 150 Abs. 1 S. 1 VVG von einem Kostenersatzanspruch[971]. Auf den ersten Blick kommt nach dem VVG dem Haftpflichtversicherer somit nur die passive Rolle eines Leistungspflichtigen zu, während die Schadenadministration bei dem Versicherungsnehmer zu liegen scheint.

Entgegen dieser Auslegung des Gesetzes hat sich jedoch in der historischen Entwicklung[972] der Haftpflichtversicherung sowohl im Schrifttum[973] wie auch in der Judikatur[974] die eingangs vorgetragene Interpretation als Freistellungs- und Rechtsschutzanspruch durchgesetzt. Diese Auffassung wurde durch die regelmäßig zur Anwendung gelangenden spezifischen Allgemeinen Versicherungsbedingungen manifestiert[975].

Die einzelnen Bedingungswerke zur Haftpflichtversicherung geben dem Versicherer bei der Schadensabwicklung sehr weitgehende Rechte an die Hand[976]. Demgegenüber kann der Versicherungsnehmer nur in äußerst beschränktem Umfang Einfluss auf die Regulierung nehmen. Die Verlagerung der Regulierungsautorität vom Versicherungsnehmer auf den Versicherer bringt für Ersteren naturgemäß Risiken mit sich. Gleichso muss sich bei der Interpretation des Haftpflichtversicherungsanspruchs im Sinne der h. M. die Frage aufdrängen, ob im Leistungsfall neben dem eigentlichen Versicherungsvertrag ein gesonderter Vertrag anzunehmen ist, der sich inhaltlich auf die Abwicklung des Schadens be-

---

971 Ausdrücklich führen die Motive in Bezug auf § 150 VVG aus, dass dieser nicht voraussetze, dass der Versicherer die Maßnahmen, durch welche die Kosten entstanden sind, angeordnet oder sich mit diesen einverstanden erklärt haben muss; vgl. Motive zum VVG, S. 202.

972 Zur Entwicklung des Haftpflichtversicherungsanspruchs vom Leistungsersatz- zum Freistellungsanspruch siehe die ausführlichen Darstellungen bei *Bruck-Möller-Johannsen*, VVG Bd. IV, Anm. B 33, und *Sieg*, Ausstrahlungen, S. 68, 72 f.

973 *Bruck-Möller-Johannsen*, VVG Bd. IV, Anm. B 33; *Eichler*, Versicherungsrecht, S. 270; *Langheid* in Römer/Langheid, VVG, § 149 Rdn. 15 f.; *Sieg*, Ausstrahlungen, S. 72 ff.; *Späte*, AHB, § 3 Rdn. 20; *Voit* in Prölss/Martin, VVG, Vorbem. § 149 Rdn. 3 u. § 149 Rdn. 2; *Wussow*, AHB, § 3 Anm. 5.

974 Bereits im Jahr 1909 erklärte das RG, offensichtlich in Anlehnung an die sich diesbezüglich herausbildende Literaturansicht, dass der Ersatzanspruch in der Haftpflichtversicherung als Freistellungs- bzw. Befreiungsanspruch zu verstehen sei; vgl. RGZ 70, 257 = JW 1909, 201. An dieser Auffassung hielt das RG in ständiger Rechtsprechung fest (RGZ 71, 365; 81, 250 = JW 1913, 497; RGZ 93, 211; 124, 238 = JW 1929, 2058; RGZ 150, 228; 158, 6 = JW 1938, 2216); diese Interpretation wurde schließlich durch den BGH fortgeführt; vgl. BGHZ 7, 246; 15, 154; BGH, NJW 1956, 826; BGH, VersR 1959, 701; 1960, 73, 554; 1964, 474 und VersR 1984, 1195.

975 Vgl. z. B. § 3 Abs. 2 Ziff. 1 AHB; § 10 Abs. 1 AKB; § 3 Ziff. 2 Nr. 1 AVB Vermögen; Nr. 2.1 KVO/CMR.

976 Zu Einzelheiten sogleich unter II. 4. 3.

zieht. Die Beleuchtung dieser Punkte unter dem Blickwinkel möglicher positiver Vertragsverletzungen ist Gegenstand dieses Kapitels.

4.2. Einzelheiten zum Freistellungs- und Rechtsschutzanspruch

Wie einleitend erwähnt, ist nach der Textierung des § 149 VVG der Versicherer in der Haftpflichtversicherung verpflichtet, dem Versicherungsnehmer die Leistung zu ersetzen, die dieser auf Grund seiner Verantwortlichkeit für eine während der Versicherungszeit eintretende Tatsache an einen Dritten zu bewirken hat[977]. Dieser Anspruch kann daher originär als *Leistungsersatzanspruch*[978] aufgefasst werden. Daneben trifft den Versicherer gem. § 150 Abs. 1 VVG die Pflicht des Ausgleichs der Kosten von gerichtlichen oder außergerichtlichen Maßnahmen, die dem Versicherungsnehmer zur Abwehr eines geltend gemachten Anspruchs erwachsen. Auch dieser Anspruch ist im Gesetz als reiner *Leistungsersatzanspruch* formuliert.

Bei einer streng sprachlich-grammatikalischen Auslegung des Gesetzes kommt dem Versicherer in der Haftpflichtsparte so in der Tat lediglich eine monetäre Ausgleichsfunktion zu[979]. Ausdrücklich ist - dies bedarf der besonderen Betonung - in den gesetzlichen Bestimmungen über die Haftpflichtversicherung eine Befugnis des Versicherers, den Versicherungsnehmer rechtsgeschäftlich gegenüber dem geschädigten Dritten zu vertreten, nicht vorgesehen[980]. Allerdings werden Haftpflichtschadenfälle - wie oben bereits angerissen - regelmäßig nicht nach den gesetzlich normierten Vorgaben abgewickelt, sondern dergestalt, dass

977 Vgl. insoweit den Wortlaut der Bestimmung des § 149 VVG.

978 *Langheid* in Römer/Langheid, VVG, § 149 Rdn. 16; *Bruck-Möller-Johannsen*, VVG Bd. IV, B 33 spricht insoweit wohl synonym von einem Zahlungsanspruch.

979 Hierfür spricht auch ein Vergleich der Textierung des § 149 VVG mit § 1 Abs. 1 S. 1 VVG. Beide Normen sprechen von der Verpflichtung des Versicherers zum Ersatz einer Leistung bzw. eines Vermögensschadens. Insoweit wird die Haftpflichtversicherung auch völlig unbestritten als Schadensversicherung im Sinne der in § 1 Abs. 1 S. 1 VVG vorgenommenen Einteilung aufgefasst; vgl. *Bruck-Möller-Johannsen*, VVG Bd. IV, Anm. B 2; *Langheid* in Römer/Langheid, VVG, § 149 Rdn. 4; *Späte*, AHB, Vorbem. Rdn. 3; *Voit* in Prölss/Martin, VVG, Vorbem. §§ 149 ff. Rdn. 1; *Wagner*, Haftpflichtversicherung, S. 149, sowie RG 70, 260 und BGH 15, 158.

980 *Bruck-Möller-Johannsen*, VVG Bd. IV, Anm. G 9. In diesem Kontext führt *Johannsen* aus, dass der Gesetzgeber davon ausgegangen sei, dass der Versicherer auch ohne Vollmacht die Verpflichtungen aus dem Haftpflichtversicherungsvertrag wahrnehmen könne. Dem ist hingegen nicht zuzustimmen, da die Motive zum VVG zu dieser Annahme nichts hergeben; vgl. diesbezüglich dort insb. die Begründung zu den §§ 156, 157 VVG, S. 211 f. Siehe auch Fn. 989.

der Versicherungsnehmer die Administration des Vorgangs dem Versicherer überlässt. Gegenüber diesem hat der Versicherungsnehmer lediglich Anspruch auf (1) Befreiung von der Schadensersatzpflicht (Freistellungs- bzw. Befreiungsanspruch)[981] und (2) auf Rechtsschutz (Rechtsschutz- bzw. Abwehranspruch). In der praktischen Ausgestaltung der Haftpflichtversicherung übernimmt der Versicherer also nicht eine als passiv zu bewertende, monetäre Ausgleichsfunktion[982], sondern eine aktive, gestaltende Funktion in Wahrnehmung u. a. eigener (Vermögens-) Interessen.

Bei der Überzahl der Haftpflichtversicherungsverträge kommen als Grundlage die AHB[983] zur Anwendung. Sie können als Basisbedingungswerk für die gesamte Haftpflichtversicherung angesehen werden. Soweit es sich um Spezialsparten der allgemeinen Haftpflichtversicherung handelt (z. B. Kraftfahrt-Haftpflichtversicherung, Berufshaftpflichtversicherung), werden diese Deckungen entweder über zusätzlich zu den AHB vereinbarte besondere Bedingungen oder aber über eigene Bedingungskonzepte vorgenommen[984]. Letztere orientieren sich inhaltlich stets an den AHB. Die jeweiligen Allg. Versicherungsbedingungen geben dem Versicherer weitgehende Freiheiten bezüglich der Abwicklung eines gegen den Versicherungsnehmer geltend gemachten Haftpflichtanspruchs. Folgend werden, u. a. als Grundlegung für den übernächsten Themenkreis - die Typisierung der Regulierungstätigkeit, die einzelnen dem Versicherer an die Hand gegebenen Rechte und Pflichten am Beispiel der AHB kurz erläutert.

4.3. Rechte und Pflichten des Versicherers bei der Haftpflicht-Schadensabwicklung unter Zugrundelegung der AHB

Der Umfang der Rechte und Pflichten bei Schadensabwicklung bzw. Anspruchsabwehr wird von § 3 II Nr. 1 sowie § 5 Nrn. 4, 5 und 7 AHB bestimmt. Hierbei umschreibt § 3 II Nr. 1 AHB den materiellen Umfang des Versicherungsschutzes, der die Prüfung der Haftpflichtfrage, den Ersatz einer gegebenenfalls zu zahlen-

---

981 Der Freistellungsanspruch wird in der Praxis stets dergestalt umgesetzt, dass der Versicherer unmittelbar an den Geschädigten zahlt und dadurch den Versicherungsnehmer von den gegen ihn erhobenen Ansprüchen „befreit".

982 Im Sinne eines Leistungsersatzanspruches.

983 Allgemeine Versicherungsbedingungen für die Haftpflichtversicherung (AHB) - Stand: Januar 1992; vgl. VerBAV 1986, 216 u. 1992, 60.

984 Ein Überblick über die wichtigsten Allgemeinen und Besonderen Bedingungen zur Haftpflichtversicherung findet sich bei *Langheid* in Römer/Langheid, VVG, § 149 Rdn. 33, und *Späte*, AHB, S. 793 ff.

den Entschädigung[985] und die Abwehr unberechtigter Ansprüche umfasst. Diese Komponenten stellen sich somit eindeutig als Hauptleistungspflichten dar. § 5 Nrn. 4, 5 und 7 AHB legen sodann bestimmte mehr oder minder formelle Einzelheiten des Verhältnisses zwischen Versicherer und Versicherungsnehmers bei Eintritt eines Versicherungsfalles fest. Insbesondere werden dem Versicherer hier umfangreiche Vollmachten zur Abwicklung des Schadenfalles übertragen. Diesbezüglich an erster Stelle ist die *Regulierungsvollmacht* des Versicherers (§ 5 Nr. 7 AHB) zu nennen. Diese berechtigt den Versicherer, alle zur Beilegung oder Abwehr des Anspruchs ihm zweckmäßig erscheinenden Erklärungen im Namen des Versicherungsnehmers abzugeben. Darüber hinaus hat der Versicherungsnehmer im Prozessfall dem Versicherer die Prozessführung zu überlassen (*Prozessführungsberechtigung*) und dem vom Versicherer bestellten oder bezeichneten Anwalt Vollmacht zu erteilen (*Vollmachterteilungspflicht*; § 5 Nr. 4 AHB). Schließlich bestimmt § 5 Nr. 5 AHB, dass der Versicherungsnehmer grundsätzlich nicht berechtigt ist, ohne vorherige Zustimmung des Versicherers einen Haftpflichtanspruch anzuerkennen oder zu befriedigen (*Anerkenntnis- bzw. Befriedigungsverbot*).

Diese Aufzählung verdeutlicht in recht prägnanter Weise, dass die Haftpflichtversicherung in ihrer praktischen Ausformung von der sonstigen Schadenversicherung, die einen reinen Leistungsersatzanspruch begründet, wesentlich abweicht. Aus den nach dem Wortlaut des § 149 VVG vollkommen unabhängig voneinander zu betrachtenden Rechtsverhältnissen Versicherungsnehmer/Anspruchsteller (dem Haftungsverhältnis) und Versicherungsnehmer/Versicherer (dem Deckungsverhältnis) wird via AVB so ein Dreiecksverhältnis[986]. In diesem reguliert der Versicherer den Schaden direkt mit dem Geschädigten. Dem Versicherungsnehmer bleibt lediglich die Verpflichtung, bei der Schadensabwehr bzw. bei der Schadensermittlung und -regulierung unterstützend tätig zu werden. Eine Aufgabe, die sich zumeist in Informationsüberlassung erschöpfen wird.

985 Von der Literatur wird zu Recht der Wortlaut dieser Teilaussage des § 3 II Nr. 1 AHB beanstandet. Denn entgegen der Umschreibung, dass die Leistungspflicht des Versicherers im „Ersatz der Entschädigung, welche der Versicherungsnehmer ... zu zahlen hat" besteht, zahlt in der Praxis der Versicherer regelmässig direkt und unmittelbar an den Geschädigten; vgl. *Späte*, AHB, § 3 Rdn. 19, und *Wussow*, AHB, § 3 Anm. 7.

986 So trefflich *Langheid* in Römer/Langheid, VVG, § 149 Rdn. 5, und *Eichler*, Versicherungsrecht, S. 271. Die Motive zum VVG führen indes aus, dass der Haftpflichtversicherungsvertrag Rechtsbeziehungen zwischen dem Versicherer und dem anspruchstellenden Dritten an sich nicht zur Folge hat; vgl. Motive, S. 211.

4.4. Regulierungsvollmacht und Regulierungstätigkeit des Versicherers

Vor der Untersuchung einzelner Pflichten des Versicherers bei der Abwicklung eines Haftpflichtvorgangs sollen zunächst noch zwei Aspekte eine etwas nähere Betrachtung erfahren. Dies ist zum einen die dem Versicherer erteilte Vollmacht und zum anderen die Einordnung der Regulierungstätigkeit des Versicherers in die schuldrechtlichen Kategorien des BGB. Die beiden Punkte bedürfen der getrennten Behandlung, da die rechtsgeschäftliche Vollmacht stets von dem ihr zu Grunde liegenden Rechtsverhältnis unterschieden werden muss[987].

4.4.1. Rechtsnatur der Vollmacht des Versicherers

Die Vertretungsbefugnis des Versicherers im Außenverhältnis ist von hoher Relevanz, denn sie kommt bei jedem Haftpflichtvorgang zur Entfaltung. Dies unabhängig davon, ob der Versicherer sich mit einer reinen Rechtsverteidigung begnügt, Zahlungen an den geschädigten Dritten leistet oder aber mit diesem wie auch immer gearteten Vereinbarungen (z. B. Vergleiche) trifft. Stets tritt der Versicherer gegenüber dem geschädigten Dritten und anderen in die Schadensabwicklung involvierten Personen oder Institutionen im Namen des Versicherungsnehmers auf; § 164 Abs. 1 BGB.

Es erfolgte bereits ein Hinweis darauf, dass das VVG dem Haftpflichtversicherer keinerlei Vertretungsrechte an die Hand gibt[988]. Eine Vollmacht zur Vertretung des gegebenenfalls haftpflichtigen Versicherungsnehmers lässt sich so nur aus den Allgemeinen Versicherungsbedingungen herleiten[989], etwa aus dem oben

---

987 Vgl. zum Abstraktionsprinzip als eines der Grundprinzipien des Rechts der Vertretung etwa Palandt-*Heinrichs*, Einf. v § 164 Rdn. 2 u. § 167 Rdn. 4, sowie Palandt-*Sprau*, Einf. v § 662 Rdn. 7.

988 Siehe oben II. 4. 2.

989 *Bruck-Möller-Johannsen*, VVG Bd. IV, Anm. G 9, nimmt dagegen an, dass die Erfüllung der Aufgaben des Haftpflichtversicherers auch ohne rechtsgeschäftlich (durch Abschluss des Versicherungsvertrages) erteilte Vollmacht möglich ist. Soweit dies Geldleistungen an den Dritten betrifft, kann dem mit Blick auf die Bestimmung des § 156 Abs. 2 VVG noch zugestimmt werden (vgl. hierzu auch die Motive zum VVG, §§ 156, 157, S. 211). Bei Vergleichen erscheint die von *Johannsen* unter Hinweis auf OLG Frankfurt, VersR 1951, 147, vorgenommene Hilfskonstruktion über einen Vertrag zugunsten Dritter i. S. v. § 328 BGB auch noch vertretbar; spätestens aber bei der Vertretung des Versicherungsnehmers im Fall der Anspruchsabwehr ist diese Ansicht wohl kaum mit den in §§ 164 ff. BGB geregelten Grundprinzipien der rechtsgeschäftlichen Vertretung in Einklang zu bringen. Die Erörterung der Frage ist aber auch eher theoretischer Natur, da Haftpflichtversicherungsverträge heute ausnahmslos eine Vertretungsmacht des Versicherers über Allg. Versicherungsbedingungen festlegen.

zitierten § 5 Nr. 7 AHB. Andere Allgemeine Versicherungsbedingungen enthalten ähnliche wie dort vorgenommene Formulierungen[990]. Diese entsprechen den Voraussetzungen des § 167 BGB. Dem steht auch nicht entgegen, dass die Vollmacht jeweils bereits mit dem Abschluss des Versicherungsvertrages erteilt wird und sich zwangsläufig erst in der Zukunft bei Eintritt eines Schadensereignisses manifestiert[991]. Die Vollmacht ist insoweit aufschiebend bedingt.

Hinsichtlich des Umfangs bezieht sich die Vollmacht nach h. M. und ständiger Rechtsprechung auf den gesamten Haftpflichtanspruch. Dies auch dann, wenn selbiger die Deckungssumme übersteigt[992] oder die Versicherungsbedingungen eine Selbstbeteiligung[993] vorsehen. Insbesondere die erstgenannte Konstellation birgt für den Versicherungsnehmer freilich ein nicht zu übersehendes Risiko in sich: Trifft der Versicherer eine über die Deckungssumme hinausgehende Regulierungsvereinbarung, wird der Versicherungsnehmer hierdurch nicht nur präjudiziert, sondern verpflichtet. Als Ausgleich hierfür wollen einige Stimmen in der Literatur dem Versicherungsnehmer dann ausnahmsweise die Möglichkeit des Widerrufs der Regulierungsvollmacht bezüglich des die Deckungssumme überschreitenden Teils einräumen[994]. Auf diese spezielle Problematik wird später noch näher einzugehen sein[995]. Die Bejahung der Frage, dass der Versicherer hinsichtlich der in § 3 II Nr. 1 AHB genannten Aufgaben im Außenverhältnis i. S. d. § 167 BGB bevollmächtigt ist, erklärt aber noch nicht, wie sich die aus

990 Hervorzuheben ist hier § 10 Nr. 5 AKB, der lautet: „Der Versicherer gilt als bevollmächtigt, im Namen der versicherten Person ... Ansprüche zu befriedigen und/oder abzuwehren und alle dafür zweckmäßig erscheinenden Erklärungen im Namen der versicherten Person im Rahmen pflichtgemäßen Ermessens abzugeben“.

991 *Späte*, AHB, § 5 Rdn. 62; *Wussow*, AHB, § 5 Anm. 26.

992 *Bruck-Möller-Johannsen*, VVG Bd. IV, Anm. G 15; *Langheid* in Römer/Langheid, VVG, § 156 Rdn. 18; *Späte*, AHB, § 5 Rdn. 67; *Voit* in Prölss/Martin, VVG, § 5 AHB Rdn. 25; RG, VA 1923, 132 (Nr. 1416); BGHZ 24, 308; BGH, VersR 1953, 168; 1963, 158; 1964, 1199; 1969, 451; 1970, 549; OLG Karlsruhe, VersR 1969, 243; LG Hanau, VersR 1966, 917; LG Köln, VersR 1964, 398; LG Karlsruhe, VersR 1971, 358; LG Frankfurt, VersR 1982, 58. Im Gegensatz dazu wird die Vollmacht als nur im Rahmen der Versicherungssumme bestehend angesehen von *Wussow*, AHB, § 5 Anm. 26, und *Wahle*, ZVersWiss 1960, 78 ff. (S. 84 f.). Siehe dazu auch später II. 4. 10. 1.

993 *Bruck-Möller-Johannsen*, VVG Bd. IV, Anm. G 10; *Langheid* in Römer/Langheid, VVG, § 156 Rdn. 18; *Späte*, AHB, § 5 Rdn. 68; BGH, VersR 1978, 533; OLG Düsseldorf, VersR 1979, 151. Dies sollte allerdings als selbstverständlich gelten, da ja der Versicherungsnehmer einer Selbstbeteiligung bei Abschluss des Vertrages ausdrücklich zugestimmt hat und diese somit Vertragsbestandteil geworden ist.

994 *Bruck-Möller-Johannsen*, VVG Bd. IV, Anm. G 15; *Langheid* in Römer/Langheid, VVG § 156 VVG Rdn. 18; *Späte*, AHB, § 5 Rdn. 67, *Voit* in Prölss/Martin, VVG, § 5 Rdn. 25.

995 Siehe II. 4. 10. 1.

der Vollmacht ableitenden Rechte und Pflichten im Innenverhältnis zwischen Versicherer und Versicherungsnehmer darstellen.

4.4.2. *Typisierung der Regulierungstätigkeit des Versicherers*

Nachdem das VVG zu der rechtlichen Kategorisierung des Innenverhältnisses der Vertragsparteien (verständlicherweise) keine Stellung bezieht, drängt sich die Frage auf, wie sich dieses in die Systematik des Schuldrechts einordnen lässt. Die Fragestellung resultiert aus dem Fakt, dass die Haftpflichtversicherung - wie beschrieben - heute ganz allgemein im Sinne des Freistellungs- und Rechtsschutzanpruchs interpretiert wird. Würde, wie sonst in der Schadensversicherung üblich (und wie von §§ 149, 150 Abs. 1 VVG textiert), ein Leistungsersatzanspruch i. S. d. § 1 Abs. 1 S. 1 VVG angenommen, könnte ohne weiteres auf die an anderer Stelle gemachten allgemeinen Ausführungen zur Rechtsnatur des Versicherungsvertrages verwiesen werden[996]. Unter der Annahme eines Freistellungs- und Rechtsschutzanspruches gestaltet sich die Beantwortung der Frage jedoch komplizierter. Zumeist liegen Vollmachten, dies sei ohne Präjudiz vorweggeschickt, im Innenverhältnis Auftrags- oder Geschäftsbesorgungsverträge zu Grunde.

4.4.2.1. *Ansichten in Literatur und Rechtsprechung*

Im Schrifttum wird die Schadenadministrationstätigkeit des Haftpflichtversicherers vornehmlich als Geschäftsbesorgung angesehen. So spricht *Späte* in Zusammenhang mit der Regulierungsvollmacht davon, dass diese im Innenverhältnis zum Versicherungsnehmer mit einer entsprechenden Geschäftsführungsbefugnis korrespondiere[997]. Auch *R.-J. Wussow*[998], *Voit* und *Knappmann*[999] sehen eine Geschäftsführungsbefugnis des Versicherers, ohne dies jedoch näher zu begründen. Als unzweifelhaft im Interesse des Versicherungsnehmers erfolgend betrachtet *v. Brunn*[1000] die Schadensabwicklung und kommt zur Annahme eines zwischen den Parteien bestehenden Geschäftsbesorgungsverhältnisses i. S. v. § 675 Abs. 1 BGB. Ebenso spricht sich *Venzmer*[1001] in klarer Subsumtion der gesetzlichen Voraussetzungen für eine entgeldliche Geschäftsbesorgung aus. *Erichsen* fasst die Schadensregulierung letztlich als Dienstleistung des Versicherers ge-

996 Siehe dazu oben II. 2. 4. 1.
997 *Späte*, AHB, § 5 Rdn. 62.
998 *R.-J. Wussow*, VersR 1994, 1014
999 *Voit* in Prölss/Martin, VVG, § 5 AHB Rdn. 30; *Knappmann*, ebenda § 10 AKB Rdn. 27.
1000 *v. Brunn*, VersR 1962, 948.
1001 *Venzmer*, VersR 1962, 934, 937.

genüber dem Versicherungsnehmer auf, die synallagmatisch mit der Prämienzahlungspflicht verknüpft ist und folgert hieraus gleichso das Vorliegen eines entgeltlichen Geschäftsbesorgungs- oder Dienstvertrages, wobei er eine genaue Einordnung offen lässt[1002]. Interessanterweise lehnt alleine *Hj. Wussow* ein wie auch immer geartetes Auftragsverhältnis mit der Begründung ab, dass die Schadensregulierung ein ausschließlich eigenes Geschäft des Haftpflichtversicherers sei; dies obschon er einräumt, dass der Versicherer im Außenverhältnis als Bevollmächtigter im Namen des Versicherungsnehmers tätig ist[1003].

Der BGH neigt bei der Einordnung der Regulierungstätigkeit des Haftpflichtversicherers - ebenso wie die überwiegenden Literaturstimmen - zur Annahme einer Geschäftsbesorgung[1004] und spricht diesbezüglich von einer der Außenvollmacht im Innenverhältnis zu Grunde liegenden „Geschäftsführungsbefugnis eigener Art“[1005]. Diese wird als durch den abgeschlossenen Haftpflichtversicherungsvertrag begründet angesehen[1006]. Ausdrücklich weisen die Richter in der Entscheidung BGH, NJW 1970, 1119 darauf hin, dass der Versicherer bei der Schadensabwicklung mit Willen, im Interesse und zu Gunsten des Versicherungsnehmers handelt. Gleichzeitig wird nicht verkannt, dass der Versicherer neben den Interessen des Versicherungsnehmers auch eigene Interessen vertritt[1007]. Die Obergerichte schließen sich dieser Rechtsprechung soweit ersichtlich ausnahmslos an[1008].

4.4.2.2. Eigene Stellungnahme

Die rechtliche Einordnung der Schadenadministration des Versicherers muss sich an der ausgeübten Tätigkeit orientieren. Diese läuft in der Haftpflichtversiche-

---

1002 *Erichsen*, VersR 1996, 935, 938.

1003 *Hj. Wussow*, NJW 1962, 420 ff. (dort S. 421 unter 1. b); durchaus berechtigte Kritik an den Äußerungen *Hj. Wussows* übt insb. *v. Brunn*, NJW 1962, 948 f.

1004 So ausdrücklich BGH, NJW 1957, 1230, 1232 (unter III a) = VersR 1957, 442, 444; vgl. auch BGH, VersR 1981, 180, 181.

1005 BGH, NJW 1957, 1230, 1231 (unter III a) = VersR 1957, 442, 444 und BGH, NJW 1970, 1119 = VersR 1970, 549; beide Entscheidungen befassen sich mit der im Text behandelten Frage in Zusammenhang mit der Vollmacht nach § 10 Nr. 5 AKB.

1006 BGH, NJW 1970, 1119 (unter II 2); 1957, 1230, 1231 (unter III a).

1007 BGH, NJW 1970, 1119 (unter II 2).

1008 OLG Bamberg, JurBüro 1984, 1885; OLG Zweibrücken, VersR 1996, 1356 = RuS 1996, 223. Auch das KG (RuS 1991, 23, 24 f.) spricht im Rahmen der der Haftpflichtversicherung stark wesensverwandten Rechtsschutzversicherung davon, dass es sich bei der Verpflichtung des Versicherers, den Versicherungsnehmer von einer Forderung freizustellen, um eine „Geschäftsbesorgung i. S. d. § 675 BGB“ handele.

rung primär auf die Komponenten Gewährung von Rechtsschutz und Freistellung des Versicherungsnehmers von begründeten Schadensersatzansprüchen hinaus.

Ohne bestehenden Versicherungsschutz wären die Rechtsverteidigung oder die Erfüllung begründeter Schadensersatzansprüche unzweifelhaft originäre Aufgaben des potenziell Haftpflichtigen[1009]. Schließlich sieht zumindest § 823 BGB als zentrale Schadensersatznorm die Institution Versicherung nicht vor[1010]. So kann sicherlich gesagt werden, dass der in Anspruch Genommene im Fall der persönlichen Schadensabwicklung ein eigenes Geschäft führen würde. Unter Berücksichtigung dessen liegt es nahe, die beschriebenen Tätigkeiten, sofern diese von einem Versicherer wahrgenommen werden, gleichartig zu beurteilen.

So nimmt in der Haftpflichtversicherung der Versicherer in Bevollmächtigung des Versicherungsnehmers für diesen am Rechtsverkehr teil. Zunächst einmal besorgt er damit ein Geschäft in dessen und damit in fremdem Interesse. Diese Tatbestandsmerkmale deuten prima vista auf das Vorliegen eines auftragsrechtlichen Verhältnisses i. S. der §§ 662 ff. BGB hin. Im weiteren ist die Tätigkeit des Versicherers sicherlich als eine solche selbstständiger und wirtschaftlicher Art einzustufen. Für die Selbstständigkeit der Tätigkeit sprechen sowohl die Weisungsfreiheit wie auch die Befugnisse des Versicherers; diesbezüglich kann beispielsweise auf die Regulierungsvollmachten in § 5 Nr. 7 AHB oder § 10 Nr. 5 AKB verwiesen werden. Sie ermächtigen den Versicherer vom Willen des Versicherungsnehmers unabhängig zu allen Maßnahmen, die dem Ziel der Beilegung oder der Anspruchsabwehr dienen. Die Befugnisse sind damit unumschränkt. Auch ein wirtschaftlicher Bezug zum Vermögen des Auftraggebers ist gegeben. Dieser liegt indirekt im Synallagma des Vertrages begründet[1011]. Aber auch ein direkter Vermögensbezug tritt klar hervor: So gibt der Versicherer bei der Schadensabwicklung Erklärungen im Namen des Versicherungsnehmers ab oder führt in seinem Namen Rechtsstreite[1012]. Nur dieser wird verpflichtet. Noch deutlicher erkennbar wird der wirtschaftliche Vermögensbezug in Haftpflichtfällen, in denen der Versicherungsnehmer mit einer Selbstbeteiligung belastet wird oder die Regulierung diesen über die Deckungssumme hinaus verpflichtet. Dies gilt auch für Regulierungen, die den Fortfall eines Schadensfreiheitsrabattes und/oder eine

1009 Ähnlich *Venzmer*, VersR 1962, 934, 935 (unter 3. a).

1010 Ausnahmen bilden etwa das PflVG, LuftVG, AMG oder auch das AtomG, die jeweils eine gesetzliche Verpflichtung zum Abschluss einer Haftpflichtversicherung normieren; eine vollständige Zusammenstellung von Gesetzen, die imperativ den Abschluss einer Risikoversicherung vorschreiben findet sich bei *Prölss* in Prölss/Martin, VVG, Vorbem. IV Rdn. 1 ff.

1011 Dies ist in Hinblick auf die Verfügungstellung einer Leistung gegen eine Prämie zu verstehen.

1012 Vgl. so z. B. §§ 3 II Nr. 3 u. 5 Nr. 7 AHB oder § 10 Nr. 5 AKB.

Prämienanhebung nach sich ziehen. All dies hat für den Versicherungsnehmer unmittelbar vermögensrelevante Auswirkungen.

Daraus folgt, dass die Schadenregulierungstätigkeit des Haftpflichtversicherers vom Grundsatz her als entgeltliche Geschäftsbesorgung i. S. d. § 675 Abs. 1 BGB aufgefasst werden muss. Dem steht nach höchstrichterlicher Rechtsprechung die Verfolgung eigener Interessen nicht entgegen[1013].

Wenn das Vorliegen einer Geschäftsbesorgung feststeht, ergibt sich die Frage, ob die Tätigkeit des Versicherers als Teil des mit dem Versicherungsvertrag zu erfüllenden Aufgabenkreises zu betrachten ist oder ob neben dem eigentlichen Versicherungsvertrag ein gesonderter Schadenregulierungsvertrag besteht[1014]. Letzterer könnte dergestalt zustandekommen, dass mit Abschluss des Versicherungsvertrages über die jeweilige AVB-Regulierungsermächtigungsklausel auf der Schadensebene ein weiterer, aufschiebend bedingter Vertrag geschlossen wird. Die vertragliche Gesamtkonstruktion spricht indes gegen eine solche Annahme. Zwar räumt das VVG in seinen Spezialnormen für die Haftpflichtversicherung dem Versicherer keinerlei Vertretungs- bzw. Regulierungsbefugnisse für den Schadensfall ein. Dennoch werden diese - wie oben ausgeführt - von den Parteien bei Vertragsschluss über die Allgemeinen Versicherungsbedingungen vereinbart. Eine Aufspaltung in zwei Verträge erschiene daher eher praxisfern. Auch der BGH sieht im Innenverhältnis die Geschäftsführung als originär durch den Versicherungvertrag begründet an[1015]. Im Übrigen würde die Annahme eines parallelen Regulierungsvertrages an den rechtlichen Ableitungen aus dem Vertragsverhältnis nichts ändern.

4.4.2.3. Folgerungen

Der Haftpflichtversicherungsvertrag präsentiert sich in seinem heutigen Verständnis bzw. in seiner Ausformung durch die Allgemeinen Versicherungsbedingungen ausserhalb des Bereiches der Gefahrtragung[1016] eindeutig als entgeltlicher Geschäftsbesorgungsvertrag im Sinne der bürgerlich-rechtlichen Norm des § 675 Abs. 1 BGB. Damit nimmt er eine Sonderrolle im System der Schadensversicherung ein. Als Hauptleistungspflichten aus den vertraglichen Vereinbarungen der Parteien (AVB) stellen sich die Komponenten Gewährung von Rechtsschutz und Freistellung des Versicherungsnehmers von begründeten Scha-

1013 BGHZ 16, 265, 273; in diesem Sinne wohl auch BGH, NJW 1970, 1119 = VersR 1970, 549.

1014 Siehe die eingangs II. 4. 1 aufgeworfene Überlegung.

1015 BGH, NJW 1970, 1119 und 1957, 1230, 1231.

1016 Also nach Eintritt eines deckungspflichtigen Schadensereignisses.

densersatzansprüchen heraus[1017]. Darüber hinaus ergeben sich aus der Verweisung des § 675 Abs. 1 BGB auf das Auftragsrecht die dort genannten Pflichten[1018]. Insbesondere resultieren hieraus die für den Auftrag typischen Pflichten zur sorgfältigen und gewissenhaften bzw. sachkundigen Wahrnehmung des Geschäfts[1019]. Im Übrigen sind die Pflichten des Versicherers bei der Abwicklung eines geltend gemachten Haftpflichtanspruchs gesetzlich nicht geregelt. So hat sich hierzu eine umfangreiche Judikatur herausgebildet. Diese wird nachfolgend in ihren wichtigsten Punkten dargestellt, selbstverständlich unter Einbeziehung der einschlägigen Literatur. Im Rahmen der jeweiligen Einzelbetrachtung erfolgt gleichzeitig die Erörterung der Frage, welches Rechtsinstitut bzw. welche Sanktion bei einer Pflichtverletzung zur Anwendung gelangt.

4.5. Anspruch des Versicherungsnehmers auf eine sachgemäße Bearbeitung und Regulierung (Grundsatz)

In Hinblick auf die dem Versicherer obliegenden Pflichten ist an erster Stelle sicherlich die Verpflichtung zu einer allgemein sachgemäßen Bearbeitung bzw. Regulierung eines Haftpflichtfalles zu nennen[1020]. Diese Verpflichtung ist grundsätzlicher Art. Die Formulierung ist lediglich eine andere Umschreibung der bereits oben erwähnten Kernpflicht des Geschäftsbesorgers zur sorgfältigen und gewissenhaften Ausführung der Tätigkeit. Die Pflicht kann auch als Ausfluss des dem Versicherungsverhältnis in besonderem Maße innewohnenden Grundsatzes von Treu und Glauben[1021] aufgefasst werden. Der BGH weist in diesem Zusammenhang auf die Sachkunde und Erfahrung des Versicherers hin, die für beide Vertragsparteien die Grundlage für eine bestmögliche Verhandlungsführung dar-

---

1017 Die genannten Komponenten setzen die Überprüfung der Haftpflichtfrage implicite voraus.

1018 In diesem Sinne *v. Brunn*, NJW 1962, 948, 949; *Venzmer*, VersR 1962, 934, 937, und wohl auch *Späte*, AHB, § 5 Rdn. 62; siehe auch BGH, VersR 1981, 180, 181 (unter II B 1).

1019 Vgl. Münchener Kommentar-*Seiler*, § 675 BGB Rdn. 3; Palandt-*Sprau*, § 662 Rdn. 9. Siehe auch z. B. OLG Brandenburg, OLGR 1995, 126 = StB 1995, 359; OLG Düsseldorf, OLGR 1992, 337; OLG Karlsruhe, VersR 1989, 407 = WM 1988, 1068; OLG Düsseldorf, StB 1983, 330.

1020 So z. B. BGH, VersR 1981, 180, 181; 1957, 502, 503; OLG Köln, RuS 1989, 38; LG Mönchengladbach, RuS 1998, 271; LG Trier, RuS 1987, 272. AG Dortmund, ZfS 1990, 420; AG Nürnberg, ZfS 1989, 242; *Voit* in Prölss/Martin, VVG, § 5 AHB Rdn. 3, spricht insoweit von einer „sachgerechten Abwicklung".

1021 St. Rspr., siehe etwa BGHZ 40, 387; BGH, VersR 85, 943; 89, 842 und 91, 1129.

stellen soll[1022]. Auch *Prölss* erwähnt bei der Schadensabwicklung die überlegene Geschäftskunde und die Erfahrungen des Versicherers[1023]. Soweit Regulierungen im Rahmen eines auf dem PflichtVG beruhenden Versicherungsverhältnisses erfolgen, wird die Wahrnehmung der Tätigkeit von der Rechtsprechung sogar als soziale bzw. öffentliche Aufgabe verstanden[1024]. In der allgemeine Haftpflichtversicherung gilt Ähnliches[1025]. Dass bei der Beantwortung der Frage nach einer sachgemäßen Regulierung auch die Gesamtumstände des Falles mit zu berücksichtigen sind, sollte selbstverständlich sein und bedarf keiner weiteren Erläuterung. Als kritisch erweisen sich in dieser Hinsicht insbesondere Schäden, in denen der Versicherer von seinem Regulierungsermessen Gebrauch macht; dieser Punkt wird daher später noch näher zu behandeln sein[1026].

So lässt sich feststellen, dass bei der Haftpflicht-Schadenadministration den Faktoren *Sachkunde des Haftpflichtversicherers* und *Sachgemäßheit der Regulierung* eine essenzielle Bedeutung beigemessen wird. Erfolgt eine Regulierung unsachgemäß, manifestiert dies einen typischen Fall der Schlechterfüllung. Da für diese Form der Leistungsstörung weder das Auftragsrecht noch das VVG eine ausdrückliche Regelung vorsehen, kommt zur Realisierung von Ansprüchen in erster Linie der Rückgriff auf das Institut der positiven Vertragsverletzung in Betracht[1027]. Bei einzelnen Konstellationen sind allerdings auch die Verzugsvorschriften anwendbar. Darüber hinaus erweisen sich bei bestimmten Leistungsstörungsfällen die speziellen haftpflichtrechtlichen Bestimmungen der §§ 150 Abs. 1, 154 Abs. 2 VVG als zu deren Lösung taugliches Instrument, obwohl sie von der Intention des Gesetzgebers hierfür eigentlich nicht vorgesehen sind.

1022 BGH, NJW 1970, 1119, 1120; ähnlich bereits BGH, VersR 1957, 442, 444.

1023 *Prölss* in Prölss/Martin, VVG, Vorbem. II Rdn. 7.

1024 BGH, VersR 1957, 442, 444; OLG Karlsruhe/Freiburg, NJW 1973, 851, 852.

1025 Auf die Sozialbindung der Haftpflichtversicherung weisen hin BGH, VersR 1987, 655 (unter I 3); BGH, VersR 1993, 1222 (unter 2. b.) und jüngst BGH, VersR 2001, 90 (unter 2. b.).

1026 Siehe sogleich II. 4. 8.

1027 BGH, VersR 1981, 180 (implicite); OLG Köln, ZfS 1992, 342; OLG Köln, RuS 1989, 38 (implicite); LG Düsseldorf, MDR 1969, 1009; LG Flensburg, VersR 1975, 1116; LG Mönchengladbach, RuS 1998, 271; LG Nürnberg-Fürth, VersR 1966, 1126; AG Charlottenburg, ZfS 1981, 280; AG Braunschweig, VersR 1978, 1108; AG Gelnhausen, ZfS 1989, 41; AG Köln, VersR 1984, 835, AG Mayen RuS 1991, 363; AG München, ZfS 1984, 83; AG Nürnberg, RuS 1989, 74; *Späte*, AHB, § 5 Rdn. 62; *Voit* in Prölss/Martin, VVG, § 5 AHB Rdn. 30.

4.6. Betreiben einer Sachverhaltsaufklärung

Als spezifische Verpflichtung bei der Abwicklung eines gemeldeten Schadens trifft den Versicherer als erstes die Aufgabe der sorgfältigen Aufklärung und Prüfung der Sachlage[1028]. Hierzu muss er sich ein hinreichend genaues, umfassendes Bild über die Umstände verschaffen, aus denen die Schadensersatzansprüche hergeleitet werden[1029]. Die aus dieser allgemeinen Wendung abzuleitenden Einzelaufgaben lassen sich schwerlich umfassend beschreiben, da sie stark fallspezifisch sind. Als imperativ sind aber sicherlich hervorzuheben das Einholen von Stellungnahmen der Anspruchsgegner, die Beiziehung von Ermittlungsakten[1030], die Verschaffung sonstiger Dokumentation, die Ermittlung und Befragung von Zeugen, die Einnahme eines Augenscheins sowie gegebenenfalls die Einschaltung von Sachverständigen zur Gutachtenerstellung[1031]. Letzteres ist unabdingbar in Fällen, in denen die eigene Sachkompetenz des Versicherers nicht ausreicht. Dies wird bei komplizierten technischen oder naturwissenschaftlichen Vorgängen regelmäßig der Fall sein. Liegt ein Anspruch aus dem Ausland vor, ist die Einschaltung ausländischer Korrespondenzbüros, Rechtsanwälte oder Experten indiziert[1032]. Das Gesagte gilt insbesondere bei Schadensereignissen aus dem Bereich der industriellen Haftpflichtversicherung.

Der notwendige Umfang der Ermittlungen ist naturgemäß ein häufiger Streitpunkt. Nach der Rechtsprechung hängen die anzustellenden Ermittlungen von einer vernünftigen Betrachtungsweise[1033], aber auch vom Schadenumfang ab[1034]. So erscheint z. B. bei einem Bagatellschaden die Durchführung eines aufwendigen Sachverständigenverfahrens inadäquat[1035]. In diesem Sinne kann dem Versicherer nicht zum Vorwurf gemacht werden, wenn er im Zweifel leistet, um um-

1028 BGH, VersR 1981, 180, 181 (unter II B 1); OLG Düsseldorf, Schd-Praxis 1993, 228; AG Nürnberg, ZfS 1989, 242. Die Tätigkeit ist diesbezüglich der des Anwalts angenähert, dem im Rahmen des Mandats u. a. die Verpflichtung zur umfassenden und sorgfältigen Feststellung aller relevanten Tatsachen obliegt; vgl. BGH, NJW 1961, 602; 1993, 2676 und 1994, 2293.

1029 So ausdrücklich BGH, VersR 1981, 180, 181, und OLG Köln, RuS 1989, 38.

1030 *Späte*, AHB, § 3 Rdn. 25.; *Voit* in Prölss/Martin, VVG, § 3 AHB Rdn. 3; AG Charlottenburg, ZfS 1981, 280; AG Hamburg-Altona, VersR 1980, 738; AG Köln, VersR 1984, 835; AG Nürnberg, ZfS 1989, 242 = RuS 1989, 74.

1031 *Bruck-Möller-Johannsen*, VVG Bd. IV, Anm. G 32; *Prölss* in Prölss/Martin, VVG, Vorbem. II Rdn. 7; *Römer* in Römer/Langheid, VVG, § 66 Rdn. 6 f.; *Späte*, AHB, § 3 Rdn. 28; *Wagner*, Haftpflichtversicherung, S. 149.

1032 LG München, ZfS 1988, 83.

1033 LG Osnabrück, ZfS 1989, 242.

1034 AG Köln, VersR 1984, 835, 836.

1035 AG Ludwigshafen, ZfS 1984, 82.

fangreiche Ermittlungen zu vermeiden[1036]. Dem ist im Grunde zuzustimmen. Dies darf aber m. E. nicht so weit führen, dass bei Fällen mit niedrigen Streitwerten die Rechtsposition des Versicherungsnehmers verkürzt wird, so etwa dadurch, dass eine mögliche Einsichtnahme in amtliche Ermittlungsakten überhaupt nicht mehr stattfindet[1037]. Eine Verletzung der Sorgfaltspflichten dürfte sicherlich dann vorliegen, wenn ohne Sachverhaltsprüfung oder bei vollig ungeklärter Sachlage[1038] reguliert wird.

Im Hinblick auf die für das Betreiben der Sachverhaltsaufklärung notwendigen Zeit wird in den speziellen Vorschriften des VVG über die Haftpflichtversicherung keine Aussage getroffen. Theoretisch könnte man den Beginn der Verpflichtung zur Sachverhaltsaufklärung mit dem Entstehen des Rechtsschutzanspruches gleichsetzen. Dieser entsteht aber bereits mit der Erhebung von Ansprüchen Dritter[1039]. Der Versicherer erhält hiervon jedoch in der Regel erst mit einer gewissen zeitlichen Verzögerung Kenntnis, es sei denn, dass er vom Anspruchsteller ohne vorherige Erklärung gegenüber dem Versicherungsnehmer direkt kontaktiert wird. Dies dürfte in der Praxis jedoch nur äussert selten vorkommen. So erscheint es sachgerecht, die Verpflichtung des Versicherers zur Sachverhaltsaufklärung zeitlich mit dessen positiver Kenntniserlangung vom Schaden bzw. Anspruch zusammenfallen zu lassen. Ungeachtet dessen erscheint es für den Versicherer sowohl im eigenen wie auch im Interesse des Versicherungsnehmers ratsam, die Ermittlungen so früh wie möglich in Angriff zu nehmen, da Verzögerungen zu Informationsverlusten (besonders in Hinblick auf Beweise) oder zu sonstigen Nachteilen (z. B. Vergrößerung des Schadens) führen können. Hinge-

---

1036 AG Hamburg-Altona, VersR 1980, 738; AG Ludwigshafen, ZfS 1984, 82; in beiden Sachverhalten sprachen die dem Versicherer vorliegenden Ermittlungsakten dafür, dass der Unfall für den Versicherungsnehmer nicht unabwendbar i. S. v. § 7 Abs. 2 StVG war, so dass berechtigterweise auf fahrlässiges bzw. schuldhaftes Verhalten geschlossen werden konnte.

1037 Im Ergebnis abzulehnen ist daher die bereits zitierte Entscheidung des AG Köln, VersR 1984, 835. Das Gericht befand bei einem Kraftfahrt-Haftpflichtschaden eine „pauschale Beurteilung der Rechtslage" für statthaft. Diese führte zu einer Entschädigung des Anspruchstellers, obwohl das AG nicht bestreitet, dass - hätte dem Versicherer die polizeiliche Ermittlungsakte vorgelegen - die Ansprüche nicht hätten reguliert werden dürfen.

1038 So zutreffend OLG Köln ZfS 1992, 342 = RuS 1992, 261. Siehe hierzu auch sogleich II. 4. 8. bezüglich der Anforderungen an das Regulierungsermessen des Haftpflichtversicherers.

1039 Die Entstehung des Rechtsschutzanspruches mit der Erhebung von Ansprüchen durch Dritte ist in Judikatur und Schrifttum generell unbestritten; vgl. RGZ 150, 227; BGHZ 36, 24; 43, 88; BGH, VersR 1960, 554; 1961, 121; 1964, 500; 1971, 733; *Langheid* in Römer/Langheid, VVG, § 149 Rdn. 20; *Späte*, AHB, § 3 Rdn. 22; *Voit* in Prölss/Martin, VVG, § 149 Rdn. 5.

gen ist nicht nur der Beginn, sondern auch die zeitliche Dauer der Sachverhaltsermittlungen bis zu deren Abschluss von Relevanz. Auch diesbezüglich enthält das Gesetz keine Vorgaben. Obwohl § 11 Abs. 1 VVG, da nur Geldleistungen betreffend, auf die Vorschriften der §§ 149 ff. VVG keine Anwendung findet[1040], sollten die Grundsätze, die zu den in § 11 Abs. 1 VVG erwähnten nötigen Erhebungen herausgearbeitet wurden, analog auch hier Geltung beanspruchen dürfen[1041]. Konkret bedeutet dies, dass bei der Bemessung des Zeitbedarfs auf einen durchschnittlich sorgfältig arbeitenden Versicherer und die Gesamtumstände des Falles abzustellen ist[1042].

Hinsichtlich einer Einordnung der Aufgabe der Sachverhaltsaufklärung in die Leistungskategorien[1043] ist von einer Nebenleistungspflicht auszugehen. Dies daher, da die Sachverhaltsermittlung lediglich der Prüfung der Haftpflichtfrage und der daran anschließenden Entscheidung über Entschädigung oder Anspruchsabwehr vorgeschaltet ist. Sie ist damit nicht eigentlich ein Element der genannten vertraglichen Hauptpflichten.

Hieraus lässt sich ableiten: Betreibt der Versicherer nach Anzeige des Versicherungsfalles keine, eine nur zögerliche oder eine nicht sachdienliche Aufklärung des Vorgangs, verletzt er eine Nebenleistungsverpflichtung aus dem Versicherungsvertrag. Ein Verschulden dürfte regelmäßig indiziert sein. Führt dies zu Nachteilen der Rechtsposition des Versicherungsnehmers (ungünstigere Beweislage, Vergrößerung des Schadens), trifft dies zwar in erster Linie den den Anspruch regulierenden Versicherer. Hingegen ist auch ein Schaden beim Versicherungsnehmer denkbar und zwar, sobald dessen Interessen berührt werden. Fraglich ist dann, ob sich Fehler des Versicherers bei der Sachverhaltsermittlung als Verzug oder als positive Vertragsverletzung darstellen.

Bei den beiden ersten Varianten (keine oder nur zögerliche Sachverhaltsaufklärung) wird wohl von Verzug auszugehen sein. Dies zumindest, sofern die Versäumnisse noch nachholbar sind. Wegen des bei Haftpflichtansprüchen wichtigen Zeitelementes erscheint es anstatt der Verfolgung schadensersatzrechtlicher Ansprüche für den Versicherungsnehmer jedoch ratsamer, die notwendigen Maßnahmen - etwa die Beauftragung eines Sachverständigen - selbst zu ergreifen, um im Anschluss die Aufwendungen in analoger Anwendung des § 154 Abs. 2 VVG vom Versicherer zu rekuperieren. Nach dieser Vorschrift ist es dem Versiche-

---

1040 § 11 Abs. 1 VVG wird insoweit durch die spezielle Vorschrift des § 154 Abs. 1 VVG verdrängt, der aber nur die Fälligkeit der Entschädigungsleistung an den Dritten regelt und für das hier angesprochene Problem nicht hilfreich ist.

1041 In diesem Sinne wohl auch *Voit* in Prölss/Martin, VVG, § 149 Rdn. 8, sowie ders. ebenda § 3 AHB Rdn. 3.

1042 Vgl. z. B. OLG Karlsruhe, RuS 1993, 443.

1043 Gemeint sind Haupt- und Nebenleistungspflichten.

rungsnehmer gestattet, selbst in die Regulierung einzutreten und Ansprüche zu befriedigen, wenn der Versicherer untätig bleibt. Da die Sachverhaltsaufklärung nach der hier vertretenen Meinung als vorgeschaltete Nebenleistung zu den Hauptleistungspflichten (i. e. Verfügungstellung von Rechtsschutz und Freistellung von Schadensersatzansprüchen) aufzufassen ist, sollten einer entsprechenden Anwendung der genannten Norm keine Bedenken entgegengesetzt werden können. Alternativ wäre eine Lösung über die §§ 677 ff. BGB in Betracht zu ziehen. Im Fall einer nicht sachdienlichen Sachverhaltsaufklärung des Versicherers dürfte indessen eindeutig von einer positiven Vertragsverletzung auszugehen sein. Dies vor allem, da sich hierdurch bedingt Fehler bei der Beurteilung der Sach- und Rechtslage ergeben können, die wiederum einen negativen Einfluss auf die Sachgemäßheit der Regulierung haben. Beispielhaft können diesbezüglich fehlerhafte Ermessensentscheidungen genannt werden. Das Gesagte gilt natürlich nur unter der Voraussetzung, dass im Sinne der Allgemeinen Versicherungsbedingungen gedeckte Schadensersatzansprüche geltend gemacht werden.

4.7. *Prüfung der Haftpflichtfrage, Gewährung von Rechtsschutz und Freistellung von begründeten Schadensersatzansprüchen*

Die sich an die Sachverhaltsaufklärung anschließende Prüfung der Sach- und Rechtslage wurde bereits als imperativer Bestandteil der Aufgaben des Haftpflichtversicherers herausgestellt[1044]. Nach der Rechtsprechung hat der Versicherer diese sorgfältig vorzunehmen[1045], was freilich als Selbstverständlichkeit gelten sollte. Die Prüfung dient im Wesentlichen zwei auf die Hauptleistungspflichten ausgerichteten Einschätzungen. Dies ist zum einen die Frage nach einer möglichen Abwehr von Ansprüchen und zum anderen die nach Grund und Höhe einer gegebenenfalls zu leistenden Entschädigung. Nicht zuletzt ist die Prüfung zur korrekten Ausübung des später noch zu diskutierenden Ermessensspielraums des Versicheres zwingend erforderlich[1046]. Verbleiben bei der Rechtsprüfung Zwei-

1044 Siehe oben II. 4. 3. Instruktiv hierzu insb. BGH, VersR 1981, 180, 181, und LG Nürnberg-Fürth, VersR 1960, 241, 243. Die Prüfung der Rechtslage als Hauptleistungsbestandteil des Haftpflichtversicherungsvertrages stellt sich mehr oder minder als Selbstverständlichkeit dar, so dass diese Verpflichtung z. B. in den AKB '96 (siehe dort § 10 Nr. 1) oder den AVB-Vermögen/WB (VerBAV 1992, 160, siehe dort § 3 II Nr. 1), nicht einmal Erwähnung findet. Eine Ausnahme bilden insoweit die AHB, die in § 3 Nr. 2 Abs. 1 S. 1 ausdrücklich die Prüfung der Haftpflichtfrage durch den Versicherer erwähnen; vgl. hierzu auch *Späte*, AHB, § 3 Rdn. 25.

1045 BGH, VersR 1981, 180, 181; OLG Köln, RuS 1989, 38.

1046 Ähnlich auch *Späte*, AHB, § 3 Rdn. 25, und *Wussow*, AHB, § 3 Anm. 8.

fel, ist die Angelegenheit nach einer zustimmungswürdigen Entscheidung des AG Dortmund der bei Versicherern regelmäßig eingerichteten Rechtsabteilung zur näheren Prüfung vorzulegen[1047]. Hieraus lässt sich im Weiteren folgern, dass - wenn die Klärung auftretender Rechtsfragen intern nicht möglich ist - externer Rechtsrat einzuholen ist. Im Ergebnis weist die Prüfung der Haftpflichtfrage durch den Versicherer damit starke Parallelen zu der Tätigkeit eines Rechtsanwaltes auf.

Als Pflichtverletzungen des Versicherers kommen in erster Linie eine falsche oder mit Fehlern behaftete Beurteilung der Sach- und Rechtslage in Betracht. Unzweifelhaft entfaltet dies eine Ausstrahlung auf die weitere Abwicklung des angemeldeten Anspruchs. Mögliche Folgen können sein (1) die Regulierung von ungerechtfertigten Ansprüchen, (2) die ungerechtfertigte Zurückweisung von begründeten Ansprüchen und (3) die unberechtigte Ablehnung des Versicherungsschutzes [Leistungsverweigerung] gegenüber dem Versicherungsnehmer.

4.7.1. Regulierung ungerechtfertigter Ansprüche

Bei der Ausgleichung unberechtigt erhobener Forderungen schädigt der Versicherer in erster Linie sich selbst. Indirekt wird natürlich die Versichertengemeinschaft belastet; indes liegt dieses Problem außerhalb des hier behandelten Untersuchungsgegenstandes. Im Allgemeinen erwächst dem Versicherungsnehmer jedenfalls kein individueller Schaden[1048]. Ein solcher ist nur dann anzunehmen, wenn aufgrund der (fehlerhaften) Regulierung der Schadenfreiheitsrabatt verloren geht[1049] oder es bei der nächsten Hauptfälligkeit zu einer - schadenbedingten - Prämienerhöhung kommt. Denkbar ist auch der Fall, dass der Versicherer angesichts der (ungerechtfertigten) Regulierung von seinem außerordentlichen Kündigungsrecht nach § 158 Abs. 1 VVG Gebrauch macht[1050] und der Versiche-

---

1047 AG Dortmund, ZfS 1990, 420.

1048 So bereits *Späte*, AHB, § 3 Rdn. 21.

1049 LG Arnsberg, NJW-RR 1986, 1353; AG Augsburg, ZfS 1984, 83; AG Dortmund, ZfS 1990, 420; AG Nürnberg, ZfS 1989, 242 = RuS 1989, 74; siehe auch *Späte*, AHB, § 3 Rdn. 21.

1050 Alternativ kann sich der Versicherer auch auf das regelmäßig über die Allg. Versicherungsbedingungen vereinbarte vertragliche Kündigungsrecht berufen (etwa nach § 9 II Nr. 2 AHB). Voraussetzung für eine schadenbedingte Kündigung ist jedoch stets, dass aus *objektiver* Sicht ein Versicherungsfall vorliegt, also ein nach den AVB versichertes Ereignis. Dies wird hingegen nicht angenommen werden können, wenn sich der Anspruch des Dritten als insgesamt unbegründet darstellt und der Versicherer trotzdem reguliert; in diesem Sinne wohl *Späte*, AHB, § 9 Rdn. 19, und *Schmalzl*, Berufshaftpflichtversicherung, Rdn. 179. Anders ist die Beurteilung hingegen dann, wenn ein Anspruch teilweise begründet ist und vom Versicherer entrungsnehmer das Risiko danach nicht mehr, nicht zu der gleichen Prämie oder nicht zu den gleichen Bedingungen eingedeckt bekommt.

Soweit der Versicherungsnehmer durch eine ungerechtfertigte Regulierung oder eine hiermit in Zusammenhang stehende Maßnahme (Kündigung) belastet wird, sollte es keinem ernsthaften Zweifel unterliegen, dass dies als Verletzung der dem Versicherer aus dem Vertragsverhältnis zum Versicherungsnehmer erwachsenden Sorgfaltspflichten[1051] zu werten ist. Tatbestandlich stellt sich dies ebenso eindeutig als positive Vertragsverletzung dar[1052], denn die Verzugsvorschriften scheiden wegen der Bewirkung einer Leistung aus dem Vertrag zwingend aus. Eine Rechtfertigung für das diskutierte Verhalten kann ebensowenig über das dem Versicherer zustehende Regulierungsermessen konstruiert werden. Wie sogleich noch näher aufgezeigt wird[1053], hat sich auch das Ermessen an der Sach- und Rechtslage zu orientieren. Daher ist es unabhängig von einer wirtschaftlichen Betrachtungsweise als Ermessensfehlgebrauch zu qualifizieren, wenn der Versicherer offensichtlich unbegründete Ansprüche befriedigt[1054]. Ein Verschulden wird auf Seiten des Versicherers regelmäßig gegeben sein, da sich sowohl die Prüfung der Sach- und Rechtslage wie auch die Entscheidung über die Leistungsbewirkung allein in dessen Rechtskreis abspielen.

Für die schuldhafte und deshalb vorwerfbare Handlung kann der Versicherungsnehmer den Ersatz der ihm entstandenen Nachteile verlangen. Er ist also so zu stellen, als sei der Schaden nicht reguliert worden. Für den häufig vorkommenden Fall des Verlustes eines Prämienrabattes bedeutet dies konkret, dass die Rückstufung rückgängig zu machen bzw. die entstandenen Prämiennachteile zu erstatten sind[1055].

---

sprechend reguliert wird oder die Regulierung im Rahmen der Ausübung des pflichtgemäßen Ermessens erfolgt; so auch *Späte*, AHB, § 9 Rdn. 19. Zur unberechtigten Kündigung des Versicherungsvertrages durch den Versicherer siehe auch oben II. 3. 2. 1. 3. b).

1051 OLG Köln, ZfS 1992, 342.

1052 *Voit* in Prölss/Martin, VVG, § 5 AHB Rdn. 30; *Späte*, AHB, § 5 Rdn. 68; OLG Köln, ZfS 1992, 342; LG Mönchengladbach, RuS 1998, 271.

1053 Siehe sogleich unter II. 4. 8.

1054 LG Mönchengladbach, RuS 1998, 271; AG Augsburg, ZfS 1984, 83; AG Hamburg-Altona, VersR 1980, 738; AG Ludwigshafen, ZfS 1984, 82; AG Nürnberg, RuS 1989, 74.

1055 LG Arnsberg, NJW-RR 1986, 1353; AG Augsburg, ZfS 1984, 83; AG Nürnberg, RuS 1989, 74.

4.7.2. Ungerechtfertigte Zurückweisung begründeter Ansprüche

Die bezeichnete Situation sollte sich für den Versicherungsnehmer eigentlich als indifferent erweisen. Dies aus dem Grunde, da der anspruchserhebende Dritte, sofern der Versicherer in irriger Sach- oder Rechtsauffassung dessen berechtigte Forderung zurückweist, sein Recht auf dem Prozessweg verfolgen wird. Verliert der Versicherer - was wahrscheinlich erscheint - den Rechtsstreit, hat er neben der per se geschuldeten Entschädigung zusätzlich noch die angefallenen Zinsen und Prozesskosten zu tragen[1056]. Der Versicherungsnehmer wird hierdurch aber in der Regel finanziell nicht höher belastet. Die Entscheidung des Versicherers zur Abwehr des Anspruchs ist daher für diesen aus monetärer Sicht neutral - zumindest auf den ersten Blick. Ihn trifft eine Prozessführung nur insofern, als dass er beklagte Partei ist. Allerdings kann sich allein dieser Umstand im Einzelfall bereits als unangenehm herausstellen. Auch wenn der Dritte - aus welchen Gründen auch immer - keinen Prozess anstrengt, gestaltet sich die Lage für den Versicherungsnehmer indifferent. Denn in diesem Fall hat sich für ihn die Sache durch die erfolgte Zurückweisung erledigt.

Ungeachtet dessen muss bedacht werden, dass dem Versicherungsnehmer bei bestimmten Konstellationen in besonderem Maße an einer sachgemäßen Regulierung von Ansprüchen gelegen sein wird. Dies ist etwa dann anzunehmen, wenn zwischen Versicherungsnehmer und Anspruchsteller private oder geschäftliche Beziehungen bestehen. So wird z. B. bei den Verbraucher treffenden Schäden aus der Benutzung von Produkten[1057] der Hersteller ein vitales Interesse an einer sachgemäßen Regulierung durch den Versicherer haben. Gleiches gilt für den Produzenten, wenn ein nach dem Produkthaftpflicht-Modell versichertes Schadenereignis der Abwicklung bedarf.

Werden bei diesen und ähnlich gelagerten Konstellationen berechtigte Ansprüche zurückgewiesen oder werden diese nur teilweise oder zögerlich reguliert, können dem Versicherten daraus schwerwiegende Nachteile außerhalb des eigentlichen Versicherungsverhältnisses erwachsen. Indirekte Nachteile etwa durch Pressedarstellungen, die den Versicherungsnehmer wegen der Verhaltensweise des Versicherers in ein schlechtes Licht rücken. Direkte Nachteile sind beispielsweise dergestalt denkbar, dass der Geschädigte die geschäftlichen Beziehungen zum Versicherungsnehmer einfriert oder bei ausstehenden Forderungen von der Möglichkeit der Aufrechnung Gebrauch macht. Kritisch wird die Lage dann, wenn der geschädigte Dritte aus dem Versicherungsfall eine einstweilige

1056 Siehe hierzu auch *Späte*, AHB, § 3 Rdn. 21.
1057 § 1 Abs. 1 ProdHaftG.

Verfügung oder einen Arrest bewirkt[1058]. Dass es zu solchen Problemen kommen kann, zeigt der unten genannte, der Praxis entnommene Fall aus dem Bereich der industriellen Haftpflichtversicherung recht deutlich[1059]. In der Spruchpraxis sind solche Sachverhalte bisher - soweit ersichtlich - nur selten zu beobachten gewesen[1060]. Das sollte hingegen nicht darauf schließen lassen, dass diese zahlenmäßig insignifikant sind. Im Gegenteil: Fälle wie der in Fn. 1059 geschilderte stellen sich bedauerlicherweise nicht als Einzelfall dar.

Fraglich bleibt indes, ob die Zurückweisung eines offensichtlich begründeten Schadensersatzanspruchs durch den Versicherer überhaupt als pflichtwidrige Verhaltensweise gegenüber dem Versicherungsnehmer einzustufen ist. Immerhin könnte sich der Versicherer darauf berufen, dass es kraft der Allgemeinen Versicherungsbedingungen in seinem Ermessen liegt, wie er seine Vertragspflichten erfüllt. Eine Pflichtwidrigkeit ist hingegen aus der folgenden Erwägung zu bejahen: Die Befriedigung berechtigter Schadensersatzansprüche stellt eine Hauptleistungsverpflichtung aus dem Versicherungsvertrag dar. Das wird zwar sowohl in § 149 VVG wie auch in § 3 Nr. 2 Abs. 1 AHB nur höchst ungenau zum Ausdruck gebracht[1061], hingegen von der h. M. in Interpretation des Leistungsan-

---

1058 Vgl. auch *Bruck-Möller-Johannsen*, VVG Bd. IV, Anm. G 5.

1059 Die Versicherungsnehmerin lieferte Torfsubstrat an einen Gemüseproduzenten ins benachbarte Ausland. Dort wurde das Substrat zur Aufzucht von Jungpflanzen benutzt. In einem Zeitraum von nur vier Monaten gingen rd. 30 Mio. Jungpflanzen wegen - behaupteter - toxischer Belastung des Substrats ein. Die Anspruchsteller waren im Besitz von zwei unabhängigen und eindeutig für sie sprechenden Gutachten. Ein von den Anspruchstellern vorgeschlagener Vergleich weit unterhalb der Deckungssumme wurde durch den Versicherer abgelehnt, da man die Forderung - trotz gegenteiliger Gutachten - weder dem Grunde noch der Höhe nach für gerechtfertigt hielt. Die Anspruchsteller fielen schließlich in Konkurs, wodurch der Versicherer den Fall mehr oder weniger als erledigt ansah. Der Konkursverwalter verhängte hingegen per gerichtlicher Verfügung einen dinglichen Arrest über die Auslandskonten des Versicherungsnehmers, was bei diesem zu erheblichen Liquiditätsengpässen führte. Der Fall wurde danach für einen an der Grenze der Deckungssumme (DM 5 Mio.) liegenden Betrag reguliert. Dem Verfasser liegt die zum Vorgang geführte Korrespondenz vor.

1060 Siehe z. B. BGH, VersR 1959, 499 (Fehlerhafte Ablehnung der Deckung bezüglich eines unter die Betriebs-Haftpflichtversicherung fallenden Schadens); BGH, VersR 1959, 701 (Nicht rechtzeitige Freistellung von Haftpflichtansprüchen in der Kraftfahrt-Haftpflichtversicherung, die u. a. zur Beschlagnahme des im Eigentum des Versicherungsnehmers stehenden Lkw führte); BGH, VersR 1962, 150 (Ablehnung des Versicherungsschutzes in der Betriebs-Haftpflichtversicherung); OLG Hamm, VersR 1994, 925 (wie zuvor).

1061 Mit diesbezüglicher Kritik in Hinblick auf § 3 Nr. 2 Abs. 1 AHB *Späte*, AHB, § 3 Rdn. 19 und *Wussow*, AHB, § 3 Anm. 7.

spruchs als Freistellungsanspruch so verstanden[1062]. In der Diktion deutlicher erweist sich insofern § 10 Nr. 1 AKB, der explizit von der „Befriedigung *begründeter* Schadensersatzansprüche" spricht. Kommt der Versicherer dieser Hauptleistungsverpflichtung aus zu vertretenden Gründen - mithin verschuldet - nicht nach, ist dies zunächst wohl ohne Bedenken als Leistungsstörung zu kategorisieren. Ein Verschulden wird stets dann anzunehmen sein, wenn sich dem Versicherer bei objektiver rechtlicher Betrachtung eine Regulierung als geboten hätte aufdrängen müssen[1063]. Anders ausgedrückt: Eine Regulierung hat zu erfolgen, wenn der Versicherer seine Einstandspflicht kennt oder kennen muss. Die Verpflichtung entfällt also - dies bedarf der besonderen Betonung - bei zweifelhafter Rechtslage[1064]. Nach Feststehen einer durch das Fehlverhalten ausgelösten Leistungsstörung bleibt die Frage, ob diese Störung unter die Regeln des Verzuges oder aber unter die der hierzu subsidiären positiven Vertragsverletzung zu subsumieren ist.

Die Zurückweisung berechtigter Forderungen strahlt auf beide Komponenten des Haftpflichtanspruchs aus, mithin sowohl auf den Rechtsschutz- wie auch auf den Befreiungsanspruch.

Der Rechtsschutzanspruch scheint insoweit betroffen, als dass der Versicherer mit der Ablehnung einer Entschädigungsleistung für sich intern höchst evident entschieden hat, dass der Anspruch des Dritten unbegründet ist. Stellt sich diese Einschätzung der Sach- und Rechtslage bei objektiver Betrachtung als falsch heraus, könnte man zunächst daran denken, dass dies eine Verletzung des im Innenverhältnis mit dem Versicherungsnehmer bestehenden Geschäftsbesorgungsvertrages darstellt[1065]. Eine Verletzung dieses Vertrages ist darin zu sehen, dass der Versicherer eine ihm im Rahmen des Schuldverhältnisses obliegende Aufgabe - die Prüfung der Rechtslage - nur mangelhaft erfüllt hat. Dies stellt den klassischen Fall der Schlechterfüllung bzw. Schlechtleistung dar. Damit würde sich die fehlerhafte Zurückweisung von Ansprüchen als positive Vertragsverletzung darstellen, soweit der Versicherungsnehmer hieraus einen Schaden erleidet[1066]. Verzug sollte aus zwei Gründen nicht angenommen werden können. Zum einen deswegen, da der Versicherer seiner Rechtsschutzfunktion als Leistungsbestandteil des Vertrages ja objektiv - wenn auch fehlerhaft - nachkommt und zum anderen, weil die Erfüllung eines Befreiungsanspruches (durch Bewirkung einer Zahlung

1062 Siehe zuvor II. 4. 1.
1063 So OLG Karlsruhe/Freiburg, NJW 1973, 851, 852.
1064 OLG Koblenz, VersR 1989, 629, 631.
1065 Zur Vertragstypisierung siehe die Ausführungen unter II. 4 .4. 2. 2.
1066 *Späte*, AHB, § 3 Rdn. 25, lässt offen, ob sich die Haftung aus Verzug oder positiver Vertragsverletzung herleitet.

an den Dritten) wegen der Fehleinschätzung der Rechtslage - jedenfalls zunächst - nicht zur Debatte steht[1067].

Die ungerechtfertigte Ablehnung der Erbringung von Leistungen gegenüber dem geschädigten Dritten kann aber auch als den Befreiungsanspruch betreffend angesehen werden. Mit der Zurückweisung kommt der Versicherer einer an sich bestehenden Leistungsverpflichtung gegenüber dem Anspruchsteller nicht nach. Dies lässt das Verhalten des Versicherers aus diesem Blickwinkel im Lichte eines Verzugstatbestandes erscheinen. Allerdings führt die unberechtigte Leistungsverweigerung in der Haftpflichtversicherung nicht unmittelbar zur Fälligkeit des Entschädigungsanspruchs[1068], was allerdings in § 154 Abs. 1 VVG wiederum nur höchst missverständlich zum Ausdruck kommt. In Abweichung hiervon wird aber gleichso die Auffassung vertreten - offensichtlich in Anlehnung an die Rechtsprechung zu § 11 Abs. 1 VVG, dass auch in der Haftpflichtversicherung der Befreiungsanspruch spätestens in dem Augenblick fällig wird, in dem der Versicherer die Leistung (gegenüber dem Dritten) ablehnt[1069]. Dies hätte zur Folge, dass allfällige Schadensersatzansprüche des Versicherungsnehmers wegen des Fehlverhaltens seines Vertragspartners doch über den Verzug abgewickelt werden könnten. Für die Verzugskonstruktion spräche, dass der Versicherer mit der Verweigerung der Erbringung von Leistungen objektiv die Befriedigung berechtigter Ansprüche verhindert und so eine ordnungsgemäße Erfüllung des Vertrages, welche die Freistellung des Versicherungsnehmers von begründeten Schadensersatzansprüchen verlangt, torpediert.

Die Abwägung zwischen den Instituten erscheint im praktischen Ergebnis jedoch nur mehr als akademisches Problem. Die Resultate sind identisch. Es zeigt sich zum wiederholten Male, dass die Konturen zwischen Verzug und positiver Vertragsverletzung verwischen. In Konsequenz des Gesagten lässt sich hierzu abschließend feststellen, dass der Versicherer bei unberechtigter Zurückweisung von Ansprüchen Dritter dem Versicherungsnehmer gegenüber in jedem Falle haftet, soweit diesem aus dem Verhalten außerhalb des Versicherungsverhältnisses ein Schaden erwächst[1070]. Es mag somit freigestellt bleiben, ob ein Anspruch auf

---

1067 Dies ändert sich erst dann, wenn im Falle eines Haftpflichtprozesses dieser verloren wird; vgl. § 154 Abs. 1 S. 1, 2 Alt. VVG.

1068 *Voit* in Prölss/Martin, VVG, § 154 Rdn. 4, unter Hinweis auf OLG Stuttgart, VersR 1970, 170; *Langheid* in Römer/Langheid, VVG, § 154 Rdn. 7.

1069 *Stiefel-Hofmann*, AKB, § 10 Rdn. 118 ff.; ablehnend hierzu OLG Stuttgart, VersR 1970, 170.

1070 In leichter Abdrift vom Untersuchungsgegenstand sei hier ergänzend vermerkt, dass die Judikatur bei grundloser Verzögerung oder Verweigerung der Regulierung von berechtigten Ansprüchen aus dem Personenschadenbereich dem Geschädigten teilweise einen Schadensersatz besonderer Art zubilligt. Dieser besteht in einer Erhöhung des Schmerzensgeldes. Nach einer diesbezüglich sehr instruktiven Entschei-

Verzug oder positive Vertragsverletzung gegründet wird. Dem Verzug sollte allerdings wegen seiner gesetzlichen Regelung der Vorzug gegeben werden.

Im Übrigen steht dem Versicherungsnehmer bei ungerechtfertigter Zurückweisung der Befriedigung von objektiv und unbestreitbar begründeten Schadensersatzansprüchen eines Dritten, die unter den Deckungsumfang des Versicherungsvertrages fallen, über § 154 Abs. 2 VVG das Recht der Selbstregulierung zu[1071]. Die Wahrnehmung dieser dem Versicherungsnehmer vom Gesetz an die Hand gegebenen Möglichkeit sollte im Vergleich zur Verfolgung schadensersatzrechtlicher Ansprüche gegenüber dem Versicherer die bessere Alternative darstellen. Dieser Weg muss allerdings die seltene Ausnahme bleiben. Die Vorrangigkeit der Regulierungsbefugnis des Versicherers bleibt imperativ zu beachten[1072]. Entscheidend für die Ausübung des Selbsteintrittsrechts ist damit, ob unter Berücksichtigung der Gesamtumstände sich die Verweigerungshaltung des Versicherers gegenüber dem Dritten als nicht hinnehmbare Unbilligkeit darstellt und in welchem Verhältnis hierzu die Nachteile stehen, die dem Versicherungsnehmer aus dem Verhalten seines Vertragspartners erwachsen.

4.7.3. Unberechtigte Ablehnung des Versicherungsschutzes gegenüber dem Versicherungsnehmer (Leistungsverweigerung/Deckungsablehnung)

Lehnt der Versicherer ungerechtfertigterweise Leistungen aus dem Vertrag ab oder - anders ausgedrückt - weist der Versicherer gegenüber dem Versicherungsnehmer die Verfügungstellung von Rechtsschutz bzw. die Erbringung von Entschädigungsleistungen an den anspruchsberechtigten Dritten zurück, kann dies wohl ohne Einwand zunächst einmal als Leistungsstörung eingeordnet werden.

---

dung des OLG Karlsruhe/Freiburger Senat vom 2.11.1972, NJW 1973, 851, müssen Versicherer nach Eintritt eines Haftpflichtschadens etwaige Ausgleichspflichten insoweit erfüllen, als diese bei objektiver rechtlicher Betrachtung geboten erscheinen. Als Begründung für die Erhöhung des Schmerzensgeldes wird die Notwendigkeit gesehen, Versicherer von solchen als Missbrauch qualifizierten Verhaltensweisen abzuschrecken. Zur Erhöhung des Schmerzensgeldes wegen verzögerlicher Regulierung berechtigter Schadensersatzansprüche vgl. bereits BGH, VersR 1960, 401; 1961, 703; OLG Hamburg, VersR 1966, 499, und OLG Celle, NJW 1968, 1677. Aus der neueren Rechtsprechung lassen sich anführen OLG Koblenz, VersR 1989, 629; OLG Oldenburg, ZfS 1994, 402; OLG Nürnberg, VersR 1997, 502; VersR 1997, 1108; VersR 1998, 731; RuS 1999, 23; OLG Frankfurt, NJW 1999, 2447, sowie jüngst OLG Düsseldorf, NVersZ 2000, 40.

1071 *Bruck-Möller-Johannsen*, VVG Bd. IV, Anm. B 37. Siehe hierzu auch sogleich II. 4. 7. 3.

1072 Die Tatsache, dass die Ansprüche des Dritten begründet sind, reicht für die Annahme eines Selbsteintrittsrechts des Versicherungsnehmers allein noch nicht aus; BGH, VersR 1968, 289, 290 = NJW 1968, 836, 837.

Diese Störung bezieht sich bei beiden Leistungsalternativen (Rechtsschutz-/ Freistellungsanspruch) auf eine Hauptleistungspflicht aus dem Versicherungsvertrag.

Unter den genannten Voraussetzungen ist es dem „im Stich gelassenen“ Versicherungsnehmer[1073] nach Rechtsprechung und Literatur gestattet, selbst die notwendigen Massnahmen zu ergreifen[1074]. Dies kommt im Gesetz zwar nicht unmittelbar zum Ausdruck, sollte sich aber - soweit dem Dritten gegenüber Schadensersatzleistungen erbracht werden - analog aus der Vorschrift des § 154 Abs. 2 VVG ergeben. Danach ist es dem Versicherungsnehmer gestattet, den Schadensersatzanspruch des Dritten auch ohne Einwilligung des Versicherers zu befriedigen, wenn nach den Umständen eine Ausgleichung der Forderung nicht ohne offenbare Unbilligkeit verweigert werden kann. Bei berechtigten Anspüchen sollte von der Billigkeit der in Ersatzvornahme durchgeführten Selbstregulierung grundsätzlich ausgegangen werden können. Allerdings darf der Versicherungsnehmer nicht leichtfertig regulieren[1075], was indes selbstverständlich erscheint. Bevor dieser also Ansprüche ausgleicht oder anerkennt, ist er genau wie der Versicherer zur sorgfältigen Prüfung der Sach- und Rechtslage verpflichtet[1076]. Gegen eine Regulierung durch den Versicherungsnehmer kann der Versicherer auch nicht eine Obliegenheitsverletzung - konkret den Verstoss gegen das Anerkenntnis- und Regulierungsverbot[1077] - einwenden, denn die Pflicht zur Beachtung der Obliegenheit entfällt in dem Zeitpunkt, in dem sich der Versicherer mit der Deckungsablehnung selbst vertragswidrig verhält[1078].

Nach erfolgter Selbstregulierung bedarf es zur Durchsetzung von Ansprüchen gegenüber dem Versicherer hingegen nicht einer Konstruktion über das Institut der positiven Vertragsverletzung, denn im genannten Fall verhilft das Gesetz mit der Vorschrift des § 154 Abs. 1 VVG zu einem primären Leistungsanspruch. Danach hat der Versicherer dem Versicherungsnehmer binnen einer zwei-Wochen-Frist die Leistungen zu ersetzen, die dieser an den anspruchsberechtigten Dritten erbracht hat. Im Ergebnis stellt sich damit bei unberechtigten Deckungsablehnungen die Abwicklung des Haftpflichtversicherungsverhältnisses so dar, wie

---

1073 Siehe mit dieser trefflichen Wendung *Voit* in Prölss/Martin, VVG, § 154 Rdn. 4.

1074 OLG Köln, RuS 1996, 222; OLG Stuttgart, VersR 1970, 170; *Langheid* in Römer/Langheid, VVG, § 154 Rdn. 7; *Voit* in Prölss/Martin, VVG, § 154 Rdn. 4; *Späte*, AHB, § 3 Rdn. 25.

1075 *Voit* in Prölss/Martin, VVG, § 154 Rdn. 15; BGH, VersR 1963, 421; 1962, 150; 1959, 499; OLG Hamm, NJW-RR 1994, 420 = VersR 1994, 925.

1076 Mit Hinweis auf die Verpflichtung des Versicherungsnehmers zur Durchführung einer sachgerechten Regulierung OLG Hamm, VersR 1994, 925.

1077 Z. B. § 5 Nr. 5 AHB; § 7 Abs. II Nr. 1 AKB.

1078 Vgl. etwa *Bruck-Möller-Johannsen*, VVG Bd. IV, Anm. F 101, und *Späte*, AHB, § 5 Rdn. 56, jeweils mit umfangreichen Nachweisen zur Rechtsprechung.

dies § 149 VVG nach seinem Wortlaut eigentlich vorsieht: als reiner Leistungsersatzanspruch. Mit der Fälligstellung der Leistung aus dem Versicherungsvertrag via § 154 Abs. 1 VVG gerät der Versicherer nach Ablauf der Frist zusätzlich in Verzug. Neben dem bestehen bleibenden Erfüllungsanspruch - also dem Anspruch auf Zahlung - erlangt der Versicherungsnehmer dann zusätzlich einen Anspruch auf Ersatz eines eventuell eintretenden Verzugsschadens. Auch wegen des möglichen Folgeschadens aus der Leistungsverzögerung bedarf es daher eines Rückgriffs auf die positive Vertragsverletzung nicht.

Soweit die - unberechtigte - Deckungsablehnung die Rechtsschutzfunktion betrifft, ist der Versicherungsnehmer zwangsläufig genötigt, die Rechtsverteidigung bzw. die Prozessführung selbst zu übernehmen. Da nach ungeteilter Ansicht der Rechtsschutzanspruch gegenüber dem Versicherer bereits mit der Erhebung von Ansprüchen durch den Dritten entsteht und damit auch fällig wird[1079], ist die Lösung für diesen Fall der Leistungsstörung vergleichbar der vorgenannten: Der Rechtsschutzanspruch wandelt sich in einen Leistungsersatzanspruch bzw. Zahlungsanspruch des Versicherungsnehmers in Höhe der versicherten Kosten[1080]. Auch hier bietet das Gesetz über § 150 Abs. 1 VVG eine direkte Lösung, so dass sich das Institut der positiven Vertragsverletzung wiederum als verzichtbar herausstellt.

4.8. Ermessensspielraum bei der Schadenregulierung

Unbeschadet der weiter oben beschriebenen Verpflichtung zu einer sachgemäßen Regulierung ist der Versicherer gemäß der ihm in den Allgemeinen Versicherungsbedingungen stets erteilten Regulierungsvollmacht befugt, „alle zur Beilegung oder Abwehr des Anspruchs ihm zweckmäßig erscheinenden Erklärungen ... abzugeben“[1081]. Konkret bedeutet dies, dass sich die Regulierung zwar an der Sach- und Rechtslage zu orientieren hat, es im Übrigen jedoch im pflichtgemäßen

1079 *Langheid* in Römer/Langheid, VVG, § 149 Rdn. 20; *Voit* in Prölss/Martin, VVG, § 149 Rdn. 5; aus der Rspr. vgl. nur BGH, VersR 1959, 701; 1960, 554; 1961, 121; 1964, 500; 1966, 229, und zuletzt BGH, VersR 1971, 733.

1080 *Voit* in Prölss/Martin, VVG, § 150 Rdn. 1 f.

1081 Vgl. mit dieser Formulierung § 5 Nr. 7 AHB. Das Abwägungsrecht bei der Regulierung kommt durch die Verwendung des Adjektivs „zweckmäßig“ mehr oder minder deutlich zum Ausdruck. In diesem Sinne etwa *Bruck-Möller-Johannsen*, VVG Bd. IV, Anm. B 37; *Späte*, AHB, § 3 Rdn. 21 u. § 5 Rdn. 68, sowie *Voit* in Prölss/Martin, VVG, § 3 AHB Rdn. 2. Deutlicher als in § 5 Nr. 7 AHB ist die Ermessensbefugnis des Versicherers in § 10 Nr. 5 AKB geregelt: „Der Versicherer gilt als bevollmächtigt ... Erklärungen ... im Rahmen pflichtgemäßen Ermessens abzugeben“.

Ermessen des Versicherers liegt, ob und wie er Ansprüche befriedigt, vergleicht oder abwehrt[1082]. Der Hinweis der Bindung des Abwägungsrechts des Versicherers an die Sach- und Rechtslage impliziert freilich einen korrekten Ermessensgebrauch. Hiernach verbieten sich insbesondere rechtsmissbräuchliche[1083] oder fehlerhafte Ausübungen des Ermessens.

Im Weiteren unterliegt das Ermessen nach der Rechtsprechung *Beschränkungen*, wenn die Regulierung die Interessen des Versicherungsnehmers berührt[1084]. Vornehmlich kommen hier Fälle in Betracht, bei denen den Versicherungsnehmer eine Selbstbeteiligung trifft, er seinen Schadenfreiheitsrabatt verliert oder eine Deckungssummenüberschreitung erfolgt[1085]. Ermessensreduzierungen ergeben sich ferner, wenn die Stellung des Versicherungsnehmers als primärer Haftpflichtschuldner durch das Verhalten des Versicherers präjudiziert wird[1086] oder der Versicherer hinsichtlich der dem Dritten erbrachten Leistung bei dem Versicherungsnehmer Rückgriff nehmen kann, z. B. aus § 158 lit. f VVG[1087].

Als Zeitpunkt für die Beurteilung der Korrektheit der Ermessensausübung wird allgemein auf den Kenntnisstand des Versicherers bei der abschließenden Schadenregulierung abgestellt. Maßgeblich sind die dann vorhandenen Materialien, Dokumente, Einlassungen der Beteiligten und Zeugenaussagen[1088]. Damit wird der Möglichkeit eine Absage erteilt, im Nachhinein - also nach erfolgter Regulierung - eine Beweisaufnahme zum Schadengeschehen durchzuführen[1089],

---

1082 So auch die st. Rechtsprechung; vgl. BGH, VersR 1956, 186; 1959, 499 u. 701; 1981, 180, und zuvor bereits RGZ 70, 261.

1083 *Bruck-Möller-Johannsen*, VVG Bd. IV, Anm. B 37, führt hierzu das Beispiel an, dass der Versicherer zwar den geltend gemachten Anspruch eines Dritten als durchaus begründet betrachtet, sich jedoch trotzdem für die Abwehr desselben entscheidet, um den (vermögenslosen) Dritten durch langwieriges Prozessieren zu einem Nachgeben bei seinen begründeten Forderungen zu zwingen. Dieses theoretische Beispiel weist bedauerlicherweise deutliche Parallelen zur täglichen Regulierungspraxis auf; dem Verfasser sind hierzu zahlreiche Fälle bekannt.

1084 In diesem Sinne wohl BGH, VersR 1981, 180, 181, und zuvor bereits BGH, VersR 1957, 502. Ausdrücklich verlangt der BGH in den genannten Urteilen, sofern bei einer Schadensregulierung die Interessen des Versicherungsnehmers berührt werden, eine diesbezügliche *Rücksichtnahmepflicht* des Versicherers; so auch später OLG Köln, RuS 1989, 38; LG München I, ZfS 1988, 83, und AG Mayen, RuS 1991, 363. Zustimmend *Bruck-Möller-Johannsen*, VVG Bd. IV, Anm. G 278; *Voit* in Prölss/Martin, VVG, § 5 AHB Rdn. 30.

1085 Vgl. hierzu grundsätzlich BGH, VersR 1981, 180, 181.

1086 BGH, VersR 1981, 180, 181; AG Mayen, RuS 1991, 363.

1087 Insbesondere bei solchen Rückgriffskonstellationen ist nach BGH, VersR 1981, 180, 181 der Versicherer gehalten, „die Interessen des Versicherungsnehmers zu schonen"; ähnlich zuvor bereits BGH, VersR 1957, 502.

1088 OLG Köln, RuS 1989, 38; *Knappmann* in Prölls/Martin, VVG, § 10 AKB Rdn. 28.

1089 LG Düsseldorf, MDR 1969, 1009; LG Osnabrück, ZfS 1989, 242.

die u. U. zu einer Änderung der Sach- und Rechtsentscheidung des Versicherers führen könnte. Dies erscheint im Sinne der Rechtssicherheit und einer zügigen Schadensabwicklung sinnvoll und sachgerecht.

4.8.1. Ermessenskontrolle durch die Rechtsprechung

Die Judikatur ist hinsichtlich der Beurteilung dessen, was als ordnungsgemäße Ermessensausübung angesehen werden kann, teilweise recht inhomogen. Dies mag der folgende Überblick verdeutlichen. Anzumerken ist, dass sich die absolute Überzahl der Entscheidungen mit Ermessensfragen bei der Regulierung von Kraftfahrt-Haftpflichtschäden befasst. Diese Sparte ist wegen der Prämienstruktur, die regelmässig an einen Schadenfreiheitsrabatt gekoppelt ist, naturgemäß besonders exponiert und konfliktbeladen.

Eine pflichtwidrige Überschreitung des Ermessensspielraums und damit schuldhafte Verletzung des Versicherungsvertrages wird z. B. in Fällen *angenommen*, in denen die Regulierung voreilig oder aus sachfremden Erwägungen und entgegen dem Ermittlungsergebnis erfolgt[1090]. Ein Ermessensfehlgebrauch wird ferner bejaht, wenn die erhobenen Ersatzansprüche nach der dem Versicherer vorliegenden Dokumentation eindeutig und leicht nachweisbar unbegründet sind[1091]. Gleiches gilt, wenn bei völlig ungeklärter Sachlage[1092], bei substantiiertem Bestreiten der Schadenverursachung durch den Versicherungsnehmer[1093] und bei Nichtbeweisbarkeit der Schadenverursachung durch den Geschädigten reguliert wird[1094]. In diesem Zusammenhang wurde bereits darauf hingewiesen, dass auch bei Ermessensentscheidungen stets die Verpflichtung zur Sachverhaltsaufklärung beachtet werden muss. Höchstrichterlich wird dies prägnant dahingehend formuliert, dass nicht „auf gut Glück" reguliert werden darf[1095].

In teilweisem Widerspruch hierzu wird eine pflichtwidrige bzw. fehlerhafte Ermessensausübung *verneint*, wenn die Leistungserbringung trotz zweifelhafter Beweislage erfolgt[1096] oder überhöhte und unbegründete Ansprüche reguliert

---

1090 AG Braunschweig, VersR 1978, 1108.

1091 LG Mönchengladbach, RuS 1998, 271; AG Augsburg, ZfS 1984, 83; AG Dortmund, ZfS 1985, 341; AG Hamburg-Altona, VersR 1980, 738; AG Köln, VersR 1984, 835; AG Ludwigshafen, ZfS 1984, 82; AG Nürnberg, RuS 1989, 74.

1092 OLG Köln, ZfS 1992, 342.

1093 OLG Köln, ZfS 1992, 342.

1094 OLG Köln, ZfS 1992, 342.

1095 Vgl. BGH, VersR 1981, 180, 181; so auch OLG Düsseldorf, Schd-Praxis 1993, 228; OLG Köln, RuS 1989, 38; LG Frankenthal, ZfS 1991, 347; LG Osnabrück, ZfS 1989, 242.

1096 AG Bad Homburg, RuS 1980, 184 = ZfS 1980, 340.

werden[1097], soweit sich die Bearbeitung des Falles nicht als völlig unsachgemäß darstellt[1098]. Auch eine pauschale Beurteilung der Rechtslage wird etwa im Massengeschäft der Kraftfahrt-Haftpflichtversicherung „in einem gewissen Umfang“[1099] oder bei Bagatellschäden[1100] für zulässig erachtet.

Für den speziellen Fall der Abwägung des Prozessrisikos kann gesagt werden, dass die Erfolgsaussichten im wirtschaftlichen Verhältnis zum Kostenrisiko stehen müssen[1101]. So soll der Versicherer bei zweifelhafter Beweislage, die eine erfolgreiche Prozessführung unwahrscheinlich erscheinen lassen, befugt sein, durch Regulierung eben dieses Prozessrisiko zu vermeiden um so auch ggf. weitere Ermittlungskosten einzusparen[1102]. Hervorhebenswert erscheint in diesem Zusammenhang ein Urteil des AG Bremen[1103], welches bei der Abwägung des Prozessrisikos u. a. auf die mit einer Prozessführung verbundene Kostenbelastung für die Gesamtheit der Versicherungsnehmer - also die Versichertengemeinschaft - hinweist.

4.8.2. Eigener Standpunkt

In der Haftpflichtversicherung ist zunächst zu bedenken, dass die Ermessensausübung im Wesen dieser Sparte begründet liegt. Sie ist Ausdruck der Doppelnatur des versicherungsvertraglichen Leistungsanspruchs. Es ist eben von erheblicher praktischer Bedeutung, ob sich vom Grundsätzlichen her der Versicherer für eine Anspruchsabwehr oder aber für eine Befriedigung des Anspruchstellers entschließt.

Unverzichtbare Voraussetzung für die korrekte Ausübung eines Ermessens ist die Kenntnis der Umstände, auf die sich dieses beziehen soll. Imperativ für den Versicherer ist daher stets das Betreiben einer ordnungsgemäßen Sachverhaltsaufklärung sowie die Durchführung einer rechtlichen Prüfung des ermittelten

---

1097 AG Dortmund, ZfS 1985, 341; dagegen ausdrücklich LG Mönchengladbach, RuS 1998, 271, und AG Nürnberg, RuS 1989, 74 = ZfS 1989, 242.

1098 AG Charlottenburg, ZfS 1980, 14.

1099 AG Köln, VersR 1984, 836; danach soll die Regulierung verhältnismäßig leicht abwehrbarer Ansprüche bei Vorliegen eines nur geringfügigen Schadens (hier DM 410) nicht ausreichen, um die Voraussetzungen einer schuldhaften Vertragsverletzung zu erfüllen.

1100 AG Gelnhausen, ZfS 1989, 416 (Streitwert DM 500); dagegen AG Nürnberg, RuS 1989, 74 = ZfS 1989, 242.

1101 AG Bremen, VersR 1983, 972; *Knappmann* in Prölss/Martin, VVG, § 10 AKB Rdn. 28.

1102 AG Charlottenburg, ZfS 1981, 280; AG Dortmund, ZfS 1985, 341.

1103 AG Bremen, VersR 1983, 972.

Ergebnisses[1104]. Hierbei darf der Umfang dieser Maßnahmen durchaus in Relation zu dem geltend gemachten Anspruch stehen[1105]. Ohne Sachverhaltsaufklärung und nachgeschaltete Prüfung der Haftpflichtfrage ist eine pflichtgemäße Ermessensausübung jedoch in jedem Fall begrifflich ausgeschlossen. Schadenabwicklungen, die diese Elemente nicht oder in nicht ausreichendem Maße berücksichtigen, sind vor dem Hintergrund der vom Versicherer geschuldeten Hauptleistungsverpflichtungen abzulehnen. Insbesondere stellen sich damit Regulierungen, die „pauschal" erfolgen, als unzulässig heraus[1106].

Die Frage, ob der Versicherer wirtschaftliche Interessen in seine Entscheidungsfindung mit einfließen lassen darf, ist im Sinne des soeben Gesagten grundsätzlich zu bejahen. Allerdings nur unter Einschränkungen. Eine u. a. wirtschaftliche Betrachtung des Schadenthemas ist sicherlich angezeigt und geeignet, die Kostenbelastung der Versichertengemeinschaft - und damit auch die des einzelnen Versicherungsnehmers - zu reduzieren. Hierbei darf aber nicht übersehen werden, dass dem Versicherungsverhältnis in aller Regel ein Individualvertrag zu Grunde liegt, aus dem Pflichten ausschließlich zwischen den Parteien erwachsen. Primär hat der Versicherer daher den dort stipulierten Leistungspflichten nachzukommen. Es kann nicht angehen, dass der Versicherer „schnell" reguliert, um sich Arbeit und Kosten zu sparen und dieses Verhalten damit zu rechtfertigen versucht, dass auf diese Weise die Versichertengemeinschaft weniger belastet werde[1107]. Die Aussage gilt umso mehr, wenn dem Versicherungsnehmer regulierungsbedingt durch Rückstufung im Beitragssatz diese Kosten mehr oder minder direkt rückbelastet werden[1108]. Es ist evident, dass bei dieser Sachlage eine wirtschaftliche Regulierungspraxis dem Versicherten wenig hilft. Als Zwischenerkenntnis lässt sich so festhalten, dass es durch eine wirtschaftliche Betrachtungs-

---

1104 So wohl auch *Späte*, AHB, § 3 Rdn. 25, und *Wussow*, AHB, § 3 Anm. 8. Anders - soweit ersichtlich - nur *Voit* in Prölss/Martin, VVG, § 3 AHB Rdn. 2, der dem Versicherer zugesteht, dass er einen Anspruch auch sofort - und damit ohne Ermittlungen - befriedigen kann.

1105 Auf eine Formel gebracht ließe sich sagen, dass die exakte Aufklärung des Sachverhalts sich nicht als kostenungünstiger als eine Regulierung des geltend gemachten Anspruchs darstellen darf; vgl. dazu auch *Späte*, AHB, § 9 Rdn. 19. In diesem Sinne etwa AG Ludwigshafen, ZfS 1984, 82.

1106 Bedenklich daher AG Köln, VersR 1984, 835, welches eine „pauschale Beurteilung der Rechtslage", die im Fall zu einer Anerkennung der Ansprüche des Dritten führte, für zulässig erachtete. Bemerkenswerterweise werden in der Urteilsbegründung die Gründe angegeben, warum eine Regulierung eigentlich nicht hätte erfogen dürfen: „Hätte der Beklagten die Ermittlungsakte und auch die ausführliche und sorgfältige polizeiliche Unfallskizze vorgelegen, so hätte sie im Zweifel die Ansprüche ... nicht reguliert".

1107 Vgl. AG Bremen, VersR 1983, 972; AG Nürnberg, VersR 1989, 242.

1108 Wie dies vornehmlich in der Kraftfahrt-Haftpflichtversicherung der Fall ist.

weise des Schadenregulierungsprozesses jedenfalls zu keiner Verkürzung der individualvertraglichen Rechte des Versicherungsnehmers kommen darf.

Im Resultat ergibt sich damit zum Ermessensspielraum des Versicherers folgendes: Die entscheidenden Voraussetzungen für eine korrekte Ermessensausübung sind das Betreiben einer Sachverhaltsaufklärung[1109] und die Durchführung einer Rechtsprüfung des ermittelten Ergebnisses als Grundelemente des individualvertraglichen Anspruchs aus dem Versicherungsvertrag. Fehlt es daran, wird dem nicht genug Bedeutung beigemessen oder wird ganz allgemein das Ermessen fehlerhaft ausgeübt, verletzt der Versicher mit der Regulierung die ihm aus dem Vertrag obliegenden Pflichten, so dass im Ergebnis - ein Verschulden vorausgesetzt - auf eine positive Vertragsverletzung zu erkennen ist.

4.9. Beachtung von Leistungsverboten des Versicherungsnehmers

In der Haftpflichtversicherung - dort insbesondere in der Sparte Kraftfahrt-Haftpflicht - ist häufig der Fall zu beobachten, dass der Versicherungsnehmer dem Versicherer untersagt, aus dem Vertrag Leistungen an den anspruchserhebenden Dritten zu erbringen. Bei der rechtlichen Beurteilung solcher Leistungsverbote muss wiederum strikt zwischen Außen- und Innenverhältnis differenziert werden. Wegen der in den Allgemeinen Versicherungsbedingungen niedergelegten, umfassenden Regulierungsvollmacht des Versicherers[1110] sind Leistungsverbote des Versicherungsnehmers im Außenverhältnis grundsätzlich unbeachtlich[1111]. Dennoch kann die Übergehung eines solchen Verbotes im Innenverhältnis, dem, wie an anderer Stelle dargelegt, eine Geschäftsbesorgung zu Grunde liegt, eine positive Vertragsverletzung darstellen.

Von Seiten der Judikatur äußerte sich hierzu das LG Düsseldorf in einer älteren Entscheidung dahingehend, dass der Versicherer nach dem Versicherungsvertrag die Bearbeitung, Erledigung, Abwicklung und Regulierung eines geltend gemachten Schadensersatzanspruches schulde. Entsprechend allgemeinem Vertragsrecht sei der Versicherer dabei verpflichtet, auch die Interessen des Versicherungsnehmers zu wahren; dieser sei wiederum berechtigt, im Einzelfall eine

---

1109 Die Sachverhaltsaufklärung muss i. S. v. BGH, VersR 1981, 180, 181 jedenfalls stets so weit gehen, dass sich der Versicherer ein hinreichend genaues Bild über die Umstände verschaffen kann, aus denen die Ansprüche hergeleitet werden.

1110 So z. B. § 5 Nr. 7 AHB und § 10 Nr. 5 AKB.

1111 *Bruck-Möller-Johannsen*, VVG Bd. IV, Anm. G 278; *Späte*, AHB, § 5 Rdn. 62; *Voit* in Prölss/Martin, VVG, § 5 AHB Rdn. 22; jeweils mit Nachweisen zur Rechtsprechung.

für den Versicherer bindende Zahlungssperre zu verhängen[1112]. Abweichend hiervon entschied das AG Charlottenburg, dass eine Verpflichtung zur Folgeleistung eines verhängten Zahlungsverbotes der Regulierungsautorität des Versicherers widerspreche[1113]. Dennoch betonte das erkennende Gericht, dass auch bei einer grundsätzlichen Entscheidungsfreiheit des Versicherers bezüglich der Regulierung den berechtigten Belangen und Interessen des einzelnen Versicherungsnehmers Rechnung getragen werden müsse. Konkret bedeute dies, dass im Innenverhältnis dessen Wünsche und Anregungen zu berücksichtigen seien, wenn dies vertretbar erscheine. So sei ein vom Versicherungsnehmer ausgesprochenes Zahlungsverbot „weder gänzlich unbeachtlich noch ... für den Versicherer bindend“[1114]. Dieser Grundaussage folgten später andere Gerichte[1115].

Der gleichzeitig auf das Interesse des Versicherungsnehmers und die Entscheidungsfreiheit des Versicherers abstellende Lösungsansatz des AG Charlottenburg verdient Unterstützung, denn er spiegelt die Gegenseitigkeit des Vertragsverhältnisses wider. Darüber hinaus aber kommt in dem Judikat der hier weiter oben beschriebene Geschäftsbesorgungscharakter des Haftpflichtverhältnisses deutlich zum Ausdruck: Zum einen wird der dem Geschäftsbesorgungsverhältnis innewohnende Handlungsspielraum des Versicherers beschrieben - das Regulierungsermessen, zum anderen aber werden auch die (Vermögens-)Interessen des Versicherungsnehmers genannt. Nicht letztlich reflektiert der Lösungsansatz das für das Versicherungsrecht immer wieder hervorgehobene Prinzip von Treu und Glauben in beispielhafter Weise.

Im Ergebnis können so allein aus der Tatsache heraus, dass einem Leistungsverbot zuwider Zahlungen an einen Dritten erbracht werden, nicht schon Ansprüche aus positiver Vertragsverletzung hergeleitet werden. Hinzutreten muss stets eine Verletzung der Interessen des Versicherungsnehmers, was je nach Lage des Einzelfalles zu beurteilen sein wird. Im grossen Ganzen erscheint diese Konstellation unproblematisch, so dass auf eine weitere Erörterung verzichtet wird.

4.10. Vergleiche

Im Rahmen der erteilten Regulierungsvollmacht ist der Versicherer berechtigt, Vergleiche mit dem geschädigten Dritten zu schließen. Vergleiche sind in der Haftpflichtversicherung nicht selten zu beobachten, denn allzu oft besteht Streit

1112 LG Düsseldorf, VersR 1963, 181.
1113 AG Charlottenburg, VersR 1968, 1157.
1114 AG Charlottenburg, VersR 1968, 1157, 1158.
1115 OLG Bamberg, VersR 1976, 651; LG Berlin, VersR 1969, 130; AG München, ZfS 1984, 83; LG Trier, RuS 1987, 272.

über den Grund und/oder die Höhe eines geltend gemachten Anspruchs. Allein schon diese Attribute deuten in Richtung auf eine Lösung des Problems über den von § 779 BGB aufgezeigten Weg. Vergleichsschlüsse sind abermals offenkundiger Ausdruck des Regulierungsermessens des Versicherers[1116]. Als Quintessenz dieser Erkenntnis kann so im Wesentlichen auf das bereits oben Gesagte[1117] zurückgegriffen werden. Konkret also hat der Versicherer auch bei Vergleichen die Sach- und Rechtslage zu prüfen[1118]. Vor Zahlung eines Vergleichsbetrages an den geschädigten Dritten muss er ferner den Versicherungsnehmer über diese Tatsache unterrichten[1119]. In jedem Falle aber hat der Versicherer auf den Versicherungsnehmer Rücksicht zu nehmen, wenn und soweit von dem Vergleich dessen Interessenkreis berührt wird[1120].

Dies bedeutet nicht, dass ein Vergleich bereits als Verletzung des Grundverhältnisses[1121] anzusehen ist, wenn er der wahren Rechtslage nicht entspricht. Das kann der Vergleich schon wegen des diesem inhärenten Ungewissheitsfaktors nicht; denn bestehende Zweifel über das Rechtsverhältnis liegen nachgerade in der Natur des Vergleichs[1122]. Als Schlechterfüllung in Hinblick auf die Verwirklichung einer (positiven) Vertragsverletzung kann ein Vergleich nur dann angesehen werden, wenn er unter Berücksichtigung der Interessensituation bei objektiver Betrachtung nicht hätte geschlossen werden dürfen. Dies ist etwa bei der Anerkennung oder der Befriedigung evident unbegründeter Ansprüche der Fall[1123]. Als häufigste Interessensbeeinträchtigung bei Vergleichen wird seitens

---

1116 BGH, VersR 1957, 442, 444; LG Düsseldorf, MDR 1969, 1009; LG München I, ZfS 1988, 83; LG Offenburg, ZfS 1983, 339; AG Mayen, ZfS 1992, 15 = RUS 1991, 363.

1117 Zum Regulierungsermessen des Haftpflichtversicherers siehe oben II. 4. 8.

1118 BGH, VersR 1957, 502; LG München I, ZfS 1988, 83; AG Mayen, ZfS 1992, 15 = RUS 1991, 363.

1119 Diese Verpflichtung leitet sich her aus der - wiederum recht missverständlichen - Norm des § 156 Abs. 2 VVG; ausführlich hierzu *Bruck-Möller-Johannsen*, VVG Bd. IV, Anm. G 279. In der Praxis stellt sich die Benachrichtigungsverpflichtung kaum als Problem dar.

1120 Eine allgemeine Verpflichtung zur Rücksichtnahme auf die Belange des Versicherungsnehmers bei Vergleichsschlüssen lässt sich bereits BGH, VersR 1957, 502, entnehmen; vgl. ferner etwa BGH, VersR 1981, 180 (181), und die sehr instruktive Entscheidung des AG Mayern, ZfS 1992, 15 = RUS 1991, 363. Für eine allgemeine Rücksichtnahmeverpflichtung auch *Bruck-Möller-Johannsen*, VVG Bd IV, Anm. G 278.

1121 Gemeint ist der Geschäftsbesorgungsvertrag.

1122 Instruktiv hierzu BGH, VersR 1957, 442, 444 (unter III. 3. d).

1123 BGH, VersR 1957, 502.

des Versicherungsnehmers der Verlust eines möglicherweise vereinbarten Schadenfreiheitsrabattes[1124] geltend gemacht.

Wirklich kritisch in Hinblick auf die wirtschaftlichen Interessen des Versicherungsnehmers erweisen sich indes solche Haftpflichtfälle, bei denen ein Vergleich nicht innerhalb der Deckungssumme, also dem maximal aus dem Versicherungsvertrag zu zahlenden Betrag, erzielt werden kann. Diese Konstellation soll daher folgend einer noch etwas genaueren Betrachtung unterzogen werden.

4.10.1. Erörterung von Vergleichsmöglichkeiten innerhalb der Deckungssumme

Es wurde bereits an anderer Stelle darauf hingewiesen[1125], dass die Rechtsprechung[1126] wie auch die überwiegenden Stimmen in der Literatur[1127] den Versicherer aufgrund der erteilten Regulierungsvollmacht als bevollmächtigt ansehen, den Versicherungsnehmer uneingeschränkt zu vertreten. Dies ausdrücklich auch dann, wenn der geltend gemachte Schadensersatzanspruch die Deckungssumme übersteigt. In Ausnahmefällen wollen *Johannsen*, *Langheid*, *Späte* und *Voit* allerdings dem Versicherungsnehmer die Möglichkeit des Widerrufs der Regulierungsvollmacht bezüglich des nicht gedeckten Teils zugestehen[1128].

Wird daher in einem Haftpflichtfall die Deckungssumme trotz aller Bemühungen des Versicherers bzw. wegen der Höhe der berechtigten Schadensersatzansprüche überschritten, kann dem von Seiten des Versicherungsnehmers - abgesehen von einem möglichen Teilwiderruf der Regulierungsvollmacht im Sinne der vorgenannten Literaturstimmen - nichts entgegengesetzt werden. Vorausgesetzt, dass der Versicherungsnehmer *vor* Zahlung des Vergleichsbetrages an den

---

1124 Weiter kommen in Betracht etwa die Zahlung einer höheren Prämie, der Verlust einer Gewinnbeteiligung oder aber der Verlust einer Aufrechnungsmöglichkeit.

1125 Vgl. zuvor II. 4. 4. 1.

1126 RG, VA 1923, 132 (Nr. 1416); BGH, VersR 1970, 549; 1969, 451; 1964, 1199; 1963, 158; 1957, 442; 1953, 168; OLG Karlsruhe, VersR 1969, 243; LG Frankfurt, VersR 1982, 58; LG Hanau, VersR 1966, 917; LG Karlsruhe, VersR 1971, 358; LG Köln, VersR 1964, 398.

1127 *Bruck-Möller-Johannsen*, VVG Bd. IV, Anm. G 10; *Langheid* in Römer/Langheid, VVG, § 156 Rdn. 18; *Späte*, AHB, § 5 Rdn. 67; *Voit* in Prölss/Martin, VVG, § 5 AHB Rdn. 25. A. M. *Wussow*, AHB, § 5 Anm. 26, und *Wahle*, ZVersWiss 1960, 51 (78 ff. und 84 f.).

1128 *Bruck-Möller-Johannsen*, VVG Bd. IV, G 15; *Langheid* in Römer/Langheid, VVG, § 156 Rdn. 18; *Späte*, AHB, § 5 Rdn. 67; *Voit* in Prölss/Martin, VVG, § 5 AHB Rdn. 25. Die Begründung hierfür klingt einleuchtend: Ohne eine diesbezügliche Einschränkung der Regulierungsvollmacht erscheint der Versicherungsnehmer wegen des Ermessensspielraums des Versicherers durch mögliche Schadensersatzverpflichtungen nicht genügend geschützt. Auf die Problematik wird sogleich noch näher eingegangen.

Dritten über die erfolgende Regulierung informiert wurde, ist der Versicherer seinen vertraglichen Verpflichtungen nachgekommen[1129]; eventuelle Schadensersatzansprüche stehen nicht zur Diskussion.

Die Beurteilung sollte sich indes ändern, wenn der Versicherer bei uneingeschränkter Regulierungsvollmacht objektiv gegebene Vergleichsmöglichkeiten innerhalb der Deckungssumme nicht ausschöpft. Konkret sind Fälle zu bedenken, in denen der Versicherer einen innerhalb der Deckungssumme angebotenen Vergleich der Gegenseite ablehnt oder ein Vergleich innerhalb der Deckungssumme wegen inadäquater Verhandlungsführung nicht erzielt werden kann[1130]. Die Konsequenzen für den Versicherungsnehmer sind bedeutsam, denn er muss als originärer Haftungsschuldner die Differenz zwischen der Deckungssumme und dem anerkannten oder ausgeurteilten Betrag erbringen[1131]. Dass dann dem Versicherungsnehmer in Höhe der Differenzsumme und der damit verbundenen Kostenbelastung[1132] Ansprüche aus positiver Vertragsverletzung zustehen, sollte im Resultat bereits als selbstverständlich gelten[1133]. Voraussetzung hierfür ist aber zunächst der Nachweis der schuldhaften Verletzung des Innenverhältnisses - also des Geschäftsbesorgungsvertrages - durch den Versicherer.

Zu den Pflichten des Versicherers bei Vergleichen, die eine Überschreitung der Deckungssumme befürchten lassen, lässt sich aus Rechtsprechung, Versicherungsaufsicht und Literatur folgendes Meinungsbild umreißen: Der BGH spricht in diesem Zusammenhang gleichzeitig von einer Einschränkung des Regulierungsermessens des Versicherers und einer Rücksichtnahmepflicht auf die Inte-

---

1129 Zur Benachrichtigungspflicht siehe oben Fn. 1119.

1130 Speziell zu diesem Problemkreis *von Hippel*, VersR 1969, 1079. Siehe hierzu auch den der Praxis entnommenen, oben in Fn. 1059 geschilderten Fall. Ersichtlich liegt das Risiko einer inadäquaten Verhandlungsführung des Versicherers vor allem beim Versicherungsnehmer.

1131 Bei niedrigen Deckungssummen oder erheblicher Differenz zwischen Deckungssumme und Entschädigungsverpflichtung können für den Versicherungsnehmer leicht existenzbedrohliche Situationen eintreten. So reicht beispielsweise die heute in der Arzthaftpflicht übliche Versicherungssumme von DM 3 Mio. nicht aus, um Schadensersatzansprüche etwa bei behandlungsbedingter Paraplegie oder Cerebralschädigung auszugleichen. Auch die in der Privathaftpflicht meist vereinbarte Versicherungssumme von DM 1 Mio. erweist sich in Hinblick auf schwere Personen- oder Sachschäden als bei weitem zu niedrig.

1132 Allgemein und übersichtlich zur Kostentragungsfrage bei Überschreitungen der Versicherungssumme *Langheid* in Römer/Langheid, VVG, § 150 Rdn. 8 ff.

1133 *Bruck-Möller-Johannsen*, VVG Bd. IV, Anm. G 278; *Langheid* in Römer/Langheid, VVG, § 156 Rdn. 18; *Späte*, AHB, § 3 Rdn. 49; *Voit* in Prölss/Martin, VVG, § 5 AHB Rdn. 30; OLG Frankfurt, VersR 1982, 58.

ressen des Versicherungsnehmers[1134]. Erklärtes Ziel hierbei ist u. a. die Verhinderung einer Präjudizierung der Position des Vertragspartners[1135]. Darüber hinaus hat der Versicherer nach BGH, VersR 1970, 549 mit dem Versicherungsnehmer „Fühlung aufzunehmen"[1136]. Das Bundesaufsichtsamt für das Versicherungswesen sieht allgemein den Versicherer unter dem Gesichtspunkt von Treu und Glauben verpflichtet, sämtliche Vergleichsmöglichkeiten innerhalb der Versicherungssumme auszuschöpfen[1137]. Ähnlich argumentiert *Späte*, der besondere Sorgfaltspflichten des Versicherers im Hinblick auf eine einvernehmliche Regulierung hervorhebt[1138]. Auch *Johannsen* tendiert in diese Richtung, wenn er bei in Frage stehender Überschreitung der Deckungssumme „in gesteigertem Maße" eine Rücksichtnahmeverpflichtung gegenüber dem Versicherungsnehmer verlangt[1139]. Für eine „angemessene Rücksichtnahme" gegenüber dem Versicherungsnehmer sprechen sich *Langheid* und *Voit* aus[1140]. *Von Hippel* setzt wiederum ausdrücklich bei § 242 BGB an und vertritt die Auffassung, dass der Versicherer bei Vergleichsmöglichkeiten neben seinen eigenen Interessen mindestens auch und in gleicher Weise die Interessen des Versicherungsnehmers zu berücksichtigen habe[1141].

Der Überblick über die vertretenen Rechtsansichten weist eine klare Tendenz auf, die zu Gunsten des Versicherungsnehmers ausschlägt. Danach hat der Versicherer bei Schadenkonstellationen, in denen eine Deckungssummenüberschreitung im wahrscheinlichen Bereich liegt, folgende essenzielle Anforderungen zu erfüllen: Zunächst steht eimal mehr die Wahrnehmung einer Kommunikationspflicht an. Der Versicherer hat also die Sach- und Rechtslage gegenüber seinem Vertragspartner zu thematisieren[1142]. Darüber hinaus hat er als allgemeine Verpflichtung die Interessen des Versicherungsnehmers in besonderem Maße zu berücksichtigen, was wiederum eine Einschränkung des Regulierungsermessens be-

---

1134 BGH, VersR 1981, 180, 181; konkret lautet dort die Aussage: „Diesem Ermessen sind ... dort Grenzen gesetzt, wo die Interessen des Versicherungsnehmers berührt werden und wo diese deshalb die Rücksichtnahme des Versicherers verlangen".

1135 BGH, VersR 1981, 180, 181.

1136 Zustimmend *Späte*, AHB, § 3 Rdn. 49. Von einer notwendigen Unterrichtung des Versicherungsnehmers spricht *Bruck-Möller-Johannsen*, VVG Bd. IV, Anm. G 278; eine Abstimmungsverpflichtung sehen *Langheid* in Römer/Langheid, VVG, § 156 Rdn. 18, und *Voit* in Prölls/Martin, VVG, § 5 AHB Rdn. 30.

1137 GB BAV 1972, 70.

1138 *Späte*, AHB, § 3 Rdn. 49.

1139 *Bruck-Möller-Johannsen*, VVG Bd. IV, Anm. G 278.

1140 *Langheid* in Römer/Langheid, VVG, § 156 Rdn. 18; *Voit* in Prölss/Martin, VVG § 5 AHB Rdn. 30.

1141 *von Hippel*, VersR 1969, 1079 f.

1142 Dies ist im Sinne einer Beratungs- bzw. Aufklärungspflicht zu verstehen.

deutet[1143]. In jedem Falle müssen die Handlungen des Versicherers - objektiv gewertet - darauf ausgerichtet sein, einen Vergleich innerhalb der Deckungssumme zu bewirken. Nur wenn diesen Kriterien genügt wird, kann sich der Versicherer von dem Vorwurf der Verletzung elementarer Vertragspflichten befreien und einer Haftung aus positiver Vertragsverletzung entgehen.

Reduzieren ließe sich die Problematik natürlich, wenn man mit den bereits oben genannten, sicherlich nicht ungewichtigen Literaturstimmen[1144] dem Versicherungsnehmer ein Widerrufsrecht hinsichtlich der Regulierungsvollmacht in Bezug auf den nicht durch die Haftpflichtversicherung gedeckten Teil des erhobenen Anspruchs zukommen ließe. Der Vorzug dieser Lösung gegenüber der Schadensersatzalternative liegt ersichtlich darin, dass dem Versicherer nach dem Teilwiderruf der Vollmacht eine Vertretungsberechtigung für den die Deckungssumme übersteigenden Part des Haftpflichtanspruchs nicht mehr zukommt. Der Versicherungsnehmer kann so selbst seine Geschicke in die Hand nehmen, was in sich nicht nur logisch, sondern vor allem auch sachgerecht erscheint. Bei Ablehnung eines partiellen Widerrufsrechts darf nicht übersehen werden, dass dem Versicherungsnehmer mit Schadensersatzansprüchen wenig geholfen ist[1145]. Denn zum einen setzen diese Verschulden voraus, zum anderen ist der Versicherungsnehmer diesbezüglich beweispflichtig. Mehr noch aber führt der Sekundäranspruch für den Versicherungsnehmer nicht zu einer ad-hoc-Lösung seiner Probleme, sondern beschert ihm mit einiger Wahrscheinlichkeit nur einen langwierigen Prozess zur Haftungsfrage.

Gänzlich vermeidbar wäre die Problematik indessen, wenn man die Vollmacht im Innenverhältnis von vornherein als in Höhe der Deckungssumme beschränkt ansehen würde[1146]. Zwar enthalten die Allgemeinen Versicherungsbedingungen keine solche Beschränkung; eine solche dürfte sich aber - entgegen der allgemeinen Ansicht - unter Berücksichtigung der widerstreitenden Interessen im Fall der Deckungssummenüberschreitung aus den §§ 157, 242 BGB herleiten lassen. Denn eines steht fest: Auch wenn die Regulierung eines Haftpflichtfalles durch den „sachkundigen und erfahrenen Versicherer" für den Versicherungsnehmer allenthalben günstig sein wird[1147], das eigene Interesse des Versicherers

1143 Die Umschreibung kann nur bedeuten, dass das Ermessen primär - also mit einer Übergewichtung - auf die Interessen des Versicherungsnehmers ausgerichtet sein muss.

1144 Vgl. Fn. 1128; siehe hierzu auch II. 4. 4. 1.

1145 *Bruck-Möller-Johannsen*, VVG Bd. IV, Anm. G 15; *Pfeiffer*, JRPV 1925, 125 (Anm. zu KG v. 18.2.1925 - 24 U 243/25).

1146 Bei Haftpflichtversicherungsverträgen im US-amerikanischen Rechtskreis ist dies gang und gäbe.

1147 In diesem Sinne etwa BGH, VersR 1970, 549 = NJW 1970, 1119.

ist auf die Deckungssumme begrenzt. Daraus ableitend könnte man mit *Pfeiffer* die Befürchtung hegen, dass die darüber hinaus gehenden Interessen des Versicherungsnehmers zumindest nicht mehr mit der gleichen Intensität verfolgt werden[1148]. Nach der hier vertretenen Beschränkung der Vollmacht auf die Deckungssumme würde der Versicherungsnehmer im Ergebnis ähnlich stehen, wie wenn er - mit Teilen der Literatur[1149] - zum partiellen Widerruf der Vollmacht berechtigt wäre. Allein, die Vollmachtsbeschränkung ergäbe sich als Automatismus und nicht erst auf Intervention des Versicherungsnehmers. Dies wäre sicherlich eine Verbesserung seiner Position. Eine entsprechende Hinweispflicht des Versicherers im Einzelfall würde dieser methodische Ansatz selbstverständlich nicht überflüssig machen.

4.11. Zusammenfassung der Ergebnisse von Leistungsstörungsfällen in der Haftpflichtversicherung

Mit den behandelten Fallgruppen wurden die wichtigsten Konstellationen möglicher positiver Vertragsverletzungen im Haftpflichtbereich aufgezeigt. Als auffällig erwies sich bei den einführenden Betrachtungen, dass die Haftpflichtversicherung in ihrer praktischen Ausformung wenig mit den diesbezüglich grundlegenden Bestimmungen des VVG gemein hat. Nach der Textierung des § 149 VVG hat der Versicherer dem Versicherungsnehmer die Leistung zu ersetzen, die dieser an einen anspruchsberechtigten Dritten zu bewirken hat. Danach scheint die Schadenadministration in den Händen des Versicherungsnehmers zu liegen. Die Praxis gestaltet sich hingegen völlig anders: regulierungsbefugt ist ausschliesslich der Versicherer. Zwar wird dies durch die Allgemeinen Versicherungsbedingungen manifestiert. Dennoch, das Gesetz ist das nicht. Wenn mit der herrschenden Meinung der Haftpflichtanspruch nicht als Ersatz-, sondern als Freistellungsanspruch verstanden wird, sollte dies auch im Gesetz klar zum Ausdruck kommen. De lege ferenda wäre damit § 149 VVG durch eine im Wortlaut an § 10 Nr. 1 AKB angelehnte Bestimmung zu ersetzen. Die in Angriff genommene Reform des Versicherungsvertragsgesetzes böte für eine solche Änderung gleichzeitig Anlass wie auch Gelegenheit.

Die Betrachtungen machten deutlich, dass dem Haftpflichtversicherer bei der Regulierung eines angemeldeten Anspruchs nicht eine als passiv zu bewertende, monetäre Ausgleichsfunktion zukommt, sondern - im Gegenteil dazu - eine aktive, gestaltende Rolle. Diese Einschätzung und die Tatsache der Wahrnehmung

---

1148 *Pfeiffer*, JRPV 1925, 125.
1149 Vgl. oben Fn. 1128.

primär fremder Vermögensinteressen durch den Versicherer führten dazu, dass die Regulierungstätigkeit dem bürgerlich-rechtlichen Vertragstypus der entgeltlichen Geschäftsbesorgung zugeordnet werden konnte.

Die Untersuchung einzelner, in der Praxis besonders häufig zu beobachtender Formen von Leistungsstörungen des Versicherers bei der Abwicklung von Haftpflichtansprüchen machte deutlich, dass auch dort das Rechtsinstitut des Verzuges - Fälle der Unmöglichkeit wurden nicht beobachtet - der Ergänzung durch die Regeln der positiven Vertragsverletzung bedarf. Daneben zeigte sich, dass für bestimmte Fälle von Leistungsstörungen des Versicherers das VVG selbst originäre Lösungen bereit hält, so etwa über § 154 Abs. 2 VVG im Falle der sich als notwendig erweisenden Selbstregulierung eines Anspruchs durch den Versicherungsnehmer.

Als Grundvoraussetzungen für eine im Sinne der Rechtsprechung gewissenhafte Abwicklung eines Haftpflichtvorgangs konnten das Betreiben einer Sachverhaltsaufklärung sowie die Prüfung der Sach- und Rechtslage herausgearbeitet werden. Die erstgenannte Aufgabe wurde als Nebenpflicht identifiziert, während sich die Prüfung der Sach- und Rechtslage eindeutig als Teil der vertraglich geschuldeten Hauptleistung darstellt.

Die Prüfungstätigkeit mündet in der eigentlichen Aufgabe des Haftpflichtversicherers, nämlich der Verfügungstellung von Rechtsschutz zur Abwehr eines geltend gemachten Anspruchs oder - soweit diese berechtigt sind - der Befriedigung begründeter Schadensersatzansprüche. Unterlaufen dem Versicherer bei der Beurteilung der Sach- und Rechtslage Fehler, äussern sich diese im Wesentlichen in der Regulierung ungerechtfertigter Ansprüche, der Zurückweisung begründeter Ansprüche oder der Ablehnung des Versicherungsschutzes gegenüber dem Versicherungsnehmer.

Fälle der Regulierung ungerechtfertigter Ansprüche identifizierten sich als eindeutiger Verstoß gegen die Sorgfaltspflichten aus dem Versicherungsvertrag. Die Pflichtwidrigkeit der Handlung kann nicht über das Argument des dem Versicherer eingeräumten Regulierungsermessens entfallen, da dieses eine ordnungsgemässe Ausübung voraussetzt. Eine solche ist hingegen bei der Ausgleichung unberechtigt erhobener Forderungen nicht gegeben. Soweit dem Versicherungsnehmer aus dem Verhalten des Versicherers Nachteile entstehen - als häufigster Fall stellte sich der Verlust eines Schadenfreiheitsrabattes heraus - sind diese aus dem Gesichtspunkt der positiven Vertragsverletzung zu ersetzen.

Die ungerechtfertigte Zurückweisung begründeter Ansprüche gegenüber dem geschädigten Dritten wurde als Leistungsstörung des Versicherungsverhältnisses identifiziert, welche sowohl auf den Rechtsschutz-, wie auch auf den Befreiungsanspruch ausstrahlt. Der Rechtsschutzanspruch wird insoweit verletzt, als - soweit die Zurückweisung nicht mutwillig erfolgt - die Prüfung der Sach- und

Rechtslage offensichtlich mit Fehlern behaftet ist, was den klassischen Fall einer Schlechterfüllung und mithin eine positive Vertragsverletzung des im Innenverhältnis mit dem Versicherungsnehmer bestehenden Geschäftsbesorgungsvertrages darstellt. Der Befreiungsanspruch als zweite Hauptleistungskomponente ist insoweit tangiert, als dass die Allgemeinen Versicherungsbedingungen zur Befriedigung begründeter Schadensersatzansprüche verpflichten. Aus diesem Blickwinkel betrachtet stellte sich die Nichterfüllung der Verpflichtung eher als Verzugstatbestand heraus. Welches Rechtsinstitut zur Anwendung gelangt, konnte als unter anderem davon abhängig herausgefiltert werden, ab welchem Zeitpunkt in der Haftpflichtversicherung eine Fälligkeit der Entschädigungzahlung gegenüber dem Dritten angenommen wird. Die Meinungen hierüber gehen auseinander. Die Lösung für Fälle dieser Art wurde schließlich über den Verzug gesucht, nicht zuletzt wegen des Vorrangprinzips der gesetzlichen Regelung. Dem Versicherungsnehmer stehen mithin Schadensersatzansprüche zu, soweit ihm aus einer ungerechtfertigten Zurückweisung begründeter Drittansprüche Nachteile außerhalb des Versicherungsverhältnisses entstehen. Alternativ zur Verfolgung schadensersatzrechtlicher Ansprüche ist er in eng begrenztem Rahmen befugt, begründete Drittansprüche selbst zu regulieren und anschließend vom Versicherer Ausgleichung zu verlangen.

Die unberechtigte Deckungsablehnung des Versicherers repräsentiert den Kardinalfall der Leistungsstörung. Bei dieser Konstellation wurde besonders deutlich, dass die Störung auf beide Hauptleistungskomponenten des Haftpflichtanspruchs wirkt, denn der Versicherungsnehmer ist wegen der Rückzugshaltung seines Vertragspartners selbst zur Wahrnehmung rechtlicher Abwehrmaßnahmen bzw. zur Ausgleichung begründeter Forderungen genötigt. Zur Durchsetzung allfälliger Ansprüche gegenüber dem Versicherer bedarf es jedoch eines Rückgriffs auf die Figur der positiven Vertragsverletzung eindeutig nicht, da das Gesetz selbst den Versicherungsnehmer befugt, die dem Versicherer obliegenden Pflichten in Ersatzvornahme zu erfüllen. Über die Vorschriften der §§ 150 Abs. 1 und 154 Abs. 2 VVG kann er sodann für die von ihm erbrachten Leistungen bei dem Versicherer Leistungen aus dem Versicherungsvertrag verlangen. Ausdrücklich handelt es sich hierbei also um vertragliche Ansprüche und nicht um solche schadensersatzrechtlicher Art.

Somit stellen sich bei Sachverhalten, in denen der Versicherungsnehmer wegen nicht ordnungsgemäßer Erfüllung des Versicherungsvertrages durch den Versicherer zur Selbstregulierung befugt ist, die §§ 150 Abs. 1, 154 Abs. 2 VVG in ihrer heutigen Interpretation als Instrumente zur Lösung von rechtstechnisch als Leistungsstörung einzuordnenden Situationen dar. Vom Gesetzgeber sind die Normen dagegen eigentlich zur Bestimmung der Leistungsverpflichtung

(§ 150 Abs. 1 VVG) bzw. zur Beschränkung der Vertragsfreiheit (§ 154 Abs. 2 VVG) gedacht.

Wiederum unter das Institut der positiven Vertragsverletzung war die fehlerhafte Ermessensausübung einzureihen. Zwar ist der Versicherer als Administrator des Haftpflichtschadens berechtigt, alle ihm zweckmäßig erscheinenden Erklärungen abzugeben, dennoch entbindet ihn das nicht von der Verpflichtung, Regulierungen entsprechend der Sach- und Rechtslage vorzunehmen. Als Vertragsverletzungen qualifizierten sich dabei fehlerhafte oder rechtsmißbräuchliche Ausübungen des Ermessens, soweit diese auf Seiten des Versicherungsnehmers einen Schaden nach sich ziehen. Eine Beschränkung des Ermessens konnte in Fällen herausgearbeitet werden, in denen durch die Regulierung die Interessen des Versicherungsnehmers berührt werden, was insbesondere bei Schadenfreiheitsrabatten, Deckungssummenüberschreitungen und einer Präjudizierung von dessen Rechtsposition der Fall ist.

Ferner kommt eine Rücksichtnahmeverpflichtung gegenüber dem Versicherungsnehmer zum Tragen, wenn der Versicherer mit dem geschädigten Dritten einen Vergleich schließt, der den Rechtskreis des Erstgenannten berührt. Auch dort erwiesen sich Deckungssummenüberschreitungen als kritischster Fall, da hierbei durch den Vergleich auch der Versicherungsnehmer persönlich verpflichtet wird. So ist der Versicherer gehalten, alles zu unternehmen, um einen Vergleich innerhalb des durch den Versicherungsvertrag vorgegebenen Rahmens - mithin der Deckungssumme - zu erwirken. Verletzt er diese Verpflichtung, leiten sich Ansprüche abermals aus positiver Vertragsverletzung her. Um Schwierigkeiten und widerstreitende Interessen in Fällen der Überschreitung der Versicherungssumme auszuschließen, wurde vorgeschlagen, die Vollmacht des Versicherers zur Vertretung des Versicherungsnehmers als in Höhe der Deckungssumme beschränkt anzusehen.

Teil III. Schlussbetrachtung und Thesen

1. Gesamtergebnis

Die Untersuchung war bemüht, die grundlegenden Konturen des Anwendungsbereichs des Rechtsinstitutes der positiven Vertragsverletzung im Privatversicherungsrecht aufzuzeigen. Hierbei wurde deutlich, dass der Gesetzgeber nicht nur im allgemeinen Teil des bürgerlichen Rechts eine Regelung für Fälle der Schlechtleistung unterlassen hat, sondern er sich diese Unterlassung auch im Versicherungsvertragsgesetz zurechnen lassen muss. Dies verwundert insofern, als dass zum Zeitpunkt der Arbeiten zum VVG die diesbezügliche Kritik am BGB bekannt war.

Das von *Staub* begründete Rechtsinstitut der positiven Vertragsverletzung verdient gleichzeitig Beachtung wie auch Berechtigung, als dass es die klassischen Figuren der Leistungsstörung, namentlich Verzug und Unmöglichkeit, um eine wichtige Komponente ergänzt. Die Relevanz der positiven Vertragsverletzung wird nicht letztlich dadurch herausgestellt, dass es nicht nur nicht gelungen ist, die Rechtsfigur in den vergangenen fast einhundert Jahren zu stürzen, sondern - im Gegenteil - ihr jüngst mit den Bestrebungen zur Reform des Schuldrechts eine völlig neue Gewichtung beigemessen wird. Selbst wenn - wie von der Schuldrechtskommission beabsichtigt - die unter das Institut der positiven Vertragsverletzung zu subsumierenden Sachverhalte zukünftig unter einen allgemeinen Tatbestand der Pflichtverletzung einzureihen sein sollten, so steht doch eines fest: Im Ergebnis ist dies lediglich als begriffliche Änderung anzusehen, die die Grundsätze der Lehre von der positiven Vertragsverletzung in ihrem Wesensgehalt unangetastet lässt. Dies macht - was beruhigend erscheinen mag - die Ergebnisse der vorliegenden Untersuchung auch in der Zukunft durchaus verwertbar.

Die vorgenommenen Betrachtungen zum Versicherungsvertragsgesetz und zum Typus des Versicherungsvertrages sowie zu den verschiedenen Formen positiver Vertragsverletzungen im Privatversicherungsrecht machten deutlich, dass zwischen dem bürgerlichen Recht und der Spezialmaterie des VVG vielschichtige Zusammenhänge bestehen. Hierbei trat deutlich hervor, dass das VVG ohne Ergänzung durch Vorschriften des BGB - insbesondere solche aus dem vertragsrechtlichen Bereich - nicht auskommt und sich somit als nicht selbstständiger Teil des Privatrechts präsentiert.

Wenn das VVG nach den diesem zu Grunde liegenden Motiven unter anderem darauf abzielt, die Interessen der Parteien auszugleichen und dem Schutz des Versicherungsnehmers zu dienen, kann dies allenfalls im Ansatz als gelungen bezeichnet werden. So sieht das VVG spezielle Regelungen bei Vertragsverletzungen bis auf wenige Ausnahmen, die primär den vorvertraglichen Bereich betreffen, lediglich im Verhältnis von Versicherungsnehmer zum Versicherer vor. Diese Tatsache macht das Rechtsinstitut der positiven Vertragsverletzung für die Zeit nach Abschluss des Versicherungsvertrages zur wichtigsten Leistungsstörungsform im Privatversicherungsrecht. Die teilweise von der Rechtsprechung daneben zur Lösung von Fällen herangezogene Figur der sog. versicherungsrechtlichen Vertrauenshaftung ist bei näherer Betrachtung überflüssig und daher abzulehnen.

Um die vielen denkbaren positiven Vertragsverletzungen im Privatversicherungsrecht einer typologischen Struktur zuzuführen, wurde das Versicherungsverhältnis zunächst in zwei Pflichtenkreise unterteilt, wobei ein Kreis die vertragsbezogenen Pflichten, ein anderer Kreis die schaden- bzw. leistungsbezogenen Pflichten beinhaltet. In Bezug auf den vertragsbezogenen Pflichtenkreis konnte die Phase der Vertragsanbahnung und des Vertragsabschlusses von der Untersuchung ausgeklammert werden, da dort die Regeln der positiven Vertragsverletzung per definitionem nicht zur Anwendung gelangen. Darüber hinaus erwiesen sich die Phase des Vertragsverlaufs und die in Zusammenhang mit der Bewirkung der Leistung stehenden Verhaltensweisen der Versicherer als hinreichend ergiebig für Konstellationen, die unter dem Blickwinkel der positiven Vertragsverletzung betrachtet werden konnten.

Als ein wesentlicher Schwachpunkt im VVG hinsichtlich der vom Versicherer während des Vertragsverlaufs zu erfüllenden Pflichten kristallisierten sich die hier so bezeichneten Kommunikationspflichten heraus. Unter diesen Oberbegriff fallend konnten Beratungs-, Auskunfts-, Aufklärungs-, Belehrungs- und Informationspflichten herausgearbeitet werden. Dabei wurde festgestellt, dass die genannten Einzelpflichten nicht in einem Rang- oder Stufenverhältnis stehen. Die Pflichtengruppe ist bisher im VVG nicht ausreichend geregelt. So fehlt es insbesondere an Verpflichtungen, den Versicherungsnehmer sach- bzw. risikogerecht zu beraten und ihn im Leistungsfall über seine berechtigten Ansprüche aufzuklären. Solche Pflichten wären ausweislich der Ergebnisse der Untersuchung für eine Verbesserung des Verbraucherschutzes allerdings imperativ. Zwar ist der Rechtsprechung zu konzedieren, dass sie im Einzelfall entsprechende Pflichten entwickelt hat, diese stellen sich jedoch allesamt als Sekundärpflichten dar und geben dem Versicherungsnehmer so nur einen Schadensersatzanspruch an die Hand. Dieser ist aber zum einen verschuldensabhängig und zum anderen oft erst über den Klageweg durchsetzbar. So ist die Verankerung entsprechender selbstständiger Pflichten im VVG dringend indiziert.

In diesem Zusammenhang wurde aufgezeigt, dass der in diese Richtung tendierende, von den Bundesländern Niedersachsen und Saarland erarbeitete Gesetzesvorschlag (BR-Drucks. 517/97 vom 9.7.1997) hierzu nicht geeignet ist. De lege ferenda erscheint eine den §§ 31, 32 WpHG nachgebildete und für alle am Vertrieb von Versicherungsprodukten beteiligte Parteien geltende Vorschrift wesentlich sinnreicher. In jedem Falle sollte es Ziel einer jedweden gesetzgeberischen Bestrebung sein, das im Privatversicherungsrecht derzeit vorherrschende Informationsprinzip durch ein Beratungs- und Aufklärungsprinzip zu ersetzen.

Die im administrativen Bereich des Versicherers herausgearbeiteten positiven Vertragsverletzungen zeigten eine wenig homogene Struktur. Ein besonders wichtiger Aspekt bedarf indes der Hervorhebung. Dies ist, dass in der Rechtsprechung die Tendenz festzustellen ist, eine Betreuungspflicht des Versicherers gegenüber dem Versicherungsnehmer während der Laufzeit des Vertrages anzunehmen. In der praktischen Umsetzung bedeutet dies: Der Versicherer muss in seinem administrativen Wirkungskreis bemüht sein, einen einmal bestehenden Deckungsschutz aufrechtzuerhalten und ist verpflichtet, diesen an ggf. eintretende Änderungen des Risikos anzupassen. Im Vergleich zu bei den Kommunikationspflichten gemachten Beobachtungen ist dies eine Besserstellung des Versicherungsnehmers.

Der Ersatz eines eingetretenen Schadens bzw. die Leistungsbewirkung durch den Versicherer machen für den Versicherungsnehmer das abstrakte Produkt Versicherung erst greifbar. Der Bereich der Regulierung ist daher für diesen von höchster Bedeutung. Bevor der Versicherungsnehmer jedoch in den Genuss der aufschiebend bedingten, vertraglichen Hauptleistung kommt, ist der Versicherer berechtigt und verpflichtet, Ermittlungen zum Versicherungsfall anzustellen. Erst mit Abschluss dieser als Nebenpflicht qualifizierten Vorbereitungshandlung wird die Leistung fällig gestellt. Damit weicht das VVG deutlich von der Konzeption des bürgerlichen Rechts bei aufschiebend bedingten Verpflichtungen ab. Als Kardinalfehler bei der Schadenermittlung konnten Verzögerungen und ungerechtfertigte Leistungsablehnungen herausgearbeitet werden. In Ansehung der speziellen Fälligkeitsregelung im VVG sollten diese Fehlverhalten eigentlich zur Folge haben, dass das Institut der positiven Vertragsverletzung zur Anwendung gelangt. Da allerdings Rechtsprechung und Literatur ungeteilt eine Fälligkeit fiktiv in dem Zeitpunkt als eingetreten annehmen, in dem Ermittlungen bei korrektem Vorgehen beendet gewesen wären bzw. in dem eine auf einem Tatsachen- oder Rechtsirrtum beruhende und damit fehlerhafte Deckungsentscheidung bekannt gegeben wird, wird hier die positive Vertragsverletzung von den bürgerlich-rechtlichen Verzugsvorschriften verdrängt.

Ungeachtet dieser Einschränkung im Anwendungsbereich konnte auch bei der Schaden- bzw. Leistungsabwicklung eine Vielzahl von Konstellationen herausgefiltert werden, die unter das Rechtsinstitut der positiven Vertragsverletzung fallen. So wurden etwa weitere Kommunikationspflichten aufgedeckt. Diese gestalten sich als selbstständige Auskunfts- und Aufklärungspflichten in Bezug auf dem Versicherungsnehmer aus dem Vertrag zustehende Leistungsansprüche. Um einer Verkürzung der Rechtsposition des Versicherungsnehmers entgegenzuwirken, wurde vorgeschlagen, diese Pflichten - analog den Auskunftspflichten des Versicherungsnehmers nach Eintritt des Versicherungsfalls - positiv-rechtlich im Versicherungsvertragsgesetz zu verankern. Dies würde nicht zuletzt der Verbesserung der Parität der Parteien dienen.

Als weitere Fälle möglicher positiver Vertragsverletzungen stellten sich fehlerhafte Weisungen, Ratschläge und Auskünfte des Versicherers zur Schadensminderung und -behebung heraus. Allerdings gilt es, bei hieraus resultierenden zusätzlichen Schäden die Vorrangigkeit der vertraglichen Primäransprüche zu beachten. Bei zu unrecht erteilten Deckungszusagen konnte festgestellt werden, dass diese - soweit mündlich ergangen - alternativ als Auskunft oder aber als deklaratorisches Schuldanerkenntnis gewertet werden können. Dabei erwies sich die letztgenannte Interpretation für den Versicherungsnehmer insofern als günstiger, als sie auf die Begründung eines vertraglichen Anspruchs abzielt, sodass das bei der positiven Vertragsverletzung notwendige Verschuldenselement entfällt. Schriftliche Deckungszusagen konnten schließlich generell in die Kategorie der deklaratorischen Schuldanerkenntnisse eingereiht werden; die Frage eines Rückgriffs auf die Regeln der positiven Vertragsverletzung stellte sich insoweit nicht.

Für die Sparte Haftpflichtversicherung konnte zunächst eine augenfällige Divergenz zwischen den diese regelnden gesetzlichen Bestimmungen und deren Ausgestaltung in der Praxis festgestellt werden. Da sich das Freistellungs- und Rechtsschutzprinzip über die Allgemeinen Versicherungsbedingungen zur einer das Haftpflichtrecht beherrschenden Figur herausgebildet hat, wurde vorgeschlagen, eine entsprechende Anpassung des Versicherungsvertragsgesetzes vorzunehmen, welches derzeit noch einen reinen Leistungsersatz vorsieht.

Unterschiede der Haftpflichtversicherung zu den übrigen Sparten traten besonders deutlich auf der Leistungs- bzw. Schadenebene hervor. Die sonst eher als passiv zu wertende Rolle des Versicherers wandelt sich dort in eine aktive, gestaltende Funktion. Nicht zuletzt aus diesem Grunde wurde der Vorgang der Schadenregulierung im Innenverhältnis der Vertragsparteien als eine echte, entgeltliche Geschäftsbesorgung identifiziert. Im Außenverhältnis steht dem gegenüber eine unmittelbare und unbeschränkte Stellvertretung des Versicherungsnehmers.

Wegen der umfassenden Regulierungsautorität des Versicherers und den Auswirkungen, die eine Regulierung im Einzelfall auch auf den Versicherungsnehmer entfalten kann, wurde deutlich, dass es bei der Abwicklung eines Haftpflichtvorgangs sehr auf eine gewissenhafte und sachkundige Wahrnehmung des Geschäfts durch den Versicherer ankommt. An einigen signifikanten Beispielen aus der Praxis wurde aufgezeigt, welche möglichen negativen Konsequenzen Fehler und Unzulänglichkeiten bei der Abwicklung eines Haftpflichtschadens nach sich ziehen können.

Als wichtigste Pflichtverletzungen des Versicherers konnten Fehler bei der Beurteilung der Sach- und Rechtslage, eine verzögerliche Schadenbearbeitung, eine fehlerhafte Ermessensausübung und die Verfehlung des Abschlusses von Vergleichen innerhalb der Deckungssumme herausgearbeitet werden. Dabei stellten sich Fehlbeurteilungen der Sach- und Rechtslage insbesondere dann als kritisch heraus, wenn diese eine unbegründete Zurückweisung von Ansprüchen oder eine Deckungsablehnung gegenüber dem Versicherungsnehmer nach sich ziehen. Nachdem zur Lösung dieser und anderer Leistungsstörungen die Unmöglichkeitsvorschriften ausgeklammert werden konnten, erwiesen sich die Verzugsregeln abermals als allein nicht ausreichend, um methodisch saubere Lösungen herbeizuführen. So kommt dem Rechtsinstitut der positiven Vertragsverletzung auch bei Fehlern in der Schadenadministration des Haftpflichtversicherers eine nicht unbedeutende Rolle zu. Als Besonderheit zeigte sich, dass bei Konstellationen, in denen der Versicherungsnehmer ausnahmsweise selbst zur Abwicklung eines Anspruchs befugt ist, wie speziell bei unberechtigten Deckungsablehnungen, keines der genannten Institute einschlägig ist. Für diese Fälle hält mit der h. M. das Versicherungsvertragsgesetz mit den Vorschriften der §§ 150 Abs. 1 und 154 Abs. 2 VVG selbst Lösungen bereit. Das bedeutet im Ergebnis, dass dem Versicherungsnehmer ein originärer Leistungsersatzanspruch zugebilligt wird. Diese Lösung musste insofern überraschen, als dass die h. M. den Haftpflichtanspruch vom Grundatz her eben gerade nicht als Leistungsersatzanspruch auffasst. Es kann damit als Eigentümlichkeit der genannten haftpflichtrechtlichen Bestimmungen in ihrer heutigen Interpretation bezeichnet werden, dass diese gleichzeitig zur Bestimmung der Leistung wie auch im Einzelfall zur Lösung von Leistungsstörungsfällen herangezogen werden.

Resümierend lässt sich feststellen, dass sich derzeit sowohl das Schuldrecht, wie auch das Privatversicherungsrecht in einer Phase der Umgestaltung befinden. Als generelle Tendenz ist zu vermerken, dass dem Aspekt des Verbraucherschutzes im gesamten Privatrecht eine immer größere Bedeutung zugemessen wird. Dies kommt nicht zuletzt durch jüngste einzelgesetzliche Regelungen wie etwa das FernAbsG oder das TzWrG zum Ausdruck. Im Privatversicherungsrecht ist der Schutz des Versicherungsnehmers dagegen noch zu wenig ausgeprägt. Positiv ist diesbezüglich die im Jahr 1994 im Versicherungsvertragsgesetz vorgenommene Regelung des Komplexes der - im Wesentlichen vorvertraglichen - Informationspflichten zu vermerken. Diese reichen jedoch für einen effektiven Schutz des Versicherungsnehmers nicht aus. In diesem Zusammenhang bedarf es der Betonung, dass der Begriff „Schutz" einen präventiven Charakter im Sinne einer Vorbeugung in sich trägt. Gefordert sind damit in Konsequenz legislative Maßnahmen. Dem sollte im Zuge einer Reform des Versicherungsvertragsgesetzes Rechnung getragen werden.

Dass das Gesetz revisionsbedürftig ist, weisen die in der Untersuchung aufgezeigten Defizite recht deutlich aus. Tiefe Eingriffe in dessen Substanz werden daher unumgänglich sein. Dennoch erscheint dies zur Herstellung eines neuen tragfähigen Werkes, welches an den beiden Kernzielen Ausgleichung der Interessen der Parteien und präventiver Schutz des Versicherungsnehmers orientiert sein muss, notwendig.

2. Verbraucherpolitische Forderungen und Thesen

Auf Postulate reduziert, lassen sich die wichtigsten Ergebnisse der Untersuchung wie folgt zusammenfassen:

1. Das im Privatversicherungsrecht vorherrschende und den Versicherer privilegierende Informationsprinzip muss durch ein Beratungs- und Aufklärungsprinzip ersetzt werden.

2. Zur Erreichung dieses verbraucherpolitischen Zieles müssen die Kommunikationspflichten des Versicherers als vertragliche Primärpflichten formuliert und als solche in das Versicherungsvertragsgesetz aufgenommen werden.

3. Die Kommunikationspflichten müssen sich auch auf den Vertragsverlauf und die Phase der Schadenregulierung beziehen.

4. Beratung und Aufklärung durch den Versicherer haben sich am Bedarf des Versicherungsnehmers sowie an dem zu versichernden Risiko zu orientieren. Als Maßstab für eine de lege ferenda einzubringende Regelung können die §§ 31, 32 WpHG herangezogen werden.

5. Die zentralen, die Haftpflichtversicherung regelnden Bestimmungen des Versicherungsvertragsgesetzes entsprechen nicht der Rechtswirklichkeit und bedürfen der grundlegenden Revision.

6. Der Versicherer befindet sich in einer strukturell sehr starken Position. Der im Fall von Vertragsverletzungen an den Versicherungsnehmer zu zahlende Schadensersatz - unabhängig ob aus Verzug oder aus positiver Vertragsverletzung - stellt für den Versicherer kein nennenswertes Hindernis für Vertragsverletzungen dar. Die Versicherungsaufsichtsbehörde sollte daher den ihr mit

§ 81 Abs. 2 S. 1 VAG an die Hand gegebenen Handlungsspielraum für entsprechende Sanktionen ausschöpfen.

7. Verbraucherschutz darf nicht erst im Einzelfall auf der Prozessebene greifen. Es bedarf hierfür gesetzlicher Regelungen im Sinne einer präventiven Jurisprudenz

Anhang

Tabelle I

Beschwerdestatistik des BAV
(Auszug)

Das BAV unterscheidet in seiner Statistik[1] zwischen begründeten, abgeholfenen, nicht abgeholfenen und unbegründeten Beschwerden. Daneben werden noch Beschwerden erfasst, für deren Bearbeitung das BAV nicht zuständig ist. Begründete Beschwerden sind solche, die nach Sach- und Rechtslage eindeutig zu Gunsten des Versicherungsnehmers zu entscheiden waren. Als abgeholfen bewertet werden solche Beschwerden, die nicht eindeutig begründet sind, bei denen der Versicherer aber dennoch den Wünschen des Versicherten, sei es aus Kulanz oder wegen Unsicherheiten in der Sach- oder Rechtslage, nachkommt. Zu den nicht abgeholfenen Beschwerden zählen diejenigen, die nicht offensichtlich unbegründet sind, aber dennoch nicht zu einem Erfolg des Versicherungsnehmers geführt haben. Als Gründe hierfür kommen z. B. divergierende Rechtsauffassungen oder Streitigkeiten um tatsächliche Abläufe in Betracht.

Es sei darauf hingewiesen, dass die Aufgabe des BAV nicht als solche einer Schiedsstelle zu verstehen ist, die streitige Fragen mit rechtsverbindlicher Wirkung entscheidet. Dennoch halten sich die Versicherer allein schon wegen der Vorschrift des § 81 Abs. 1 u. 2 VAG[2] i. d. R. an Beschwerdeanordnungen des BAV. Gegebenenfalls wird der Beschwerdeführer auf den ordentlichen Rechtsweg verwiesen.

---

1 Siehe den Geschäftsbericht des Bundesaufsichtamtes für das Versicherungswesen 1999 vom Mai 2000, Teil A, S. 23 ff.

2 Die Norm regelt die Rechtsaufsicht, deren Gegenstand u. a. die Einhaltung aller die Versicherten betreffenden Vorschriften ist.

1. Erfolg der Beschwerden im Allgemeinen

In den vergangenen fünf Jahren ergab sich folgende Entwicklung:

Begründete Beschwerden	1999	1.658
	1998	2.050
	1997	2.030
	1996	2.725
	1995	2.195
Abgeholfene Beschwerden	1999	3.972
	1998	4.451
	1997	5.209
	1996	5.745
	1995	6.129
Unbegründete Beschwerden	1999	9.122
	1998	11.274
	1997	12.194
	1996	11.436
	1995	10.293
Nicht abgeholfene Beschwerden	1999	4.733
	1998	4.893
	1997	5.953
	1996	5.762
	1995	6.399
nicht zuständig	1999	1.349
	1998	1.436
	1997	1.132
	1996	1.170
	1995	1.408

2. Beschwerden nach Gründen aufgegliedert

Eine Aufteilung der Beschwerden nach Gründen ergibt über den Zeitraum der letzten fünf Jahre folgendes Bild:

Beschwerdegrund	Jahr	Bearbeitungsfälle	begründete Beschwerden	sonst abgeholfe Beschwerden
Vertragsanbahnung,	1999	2.689	10,9 %	22,1 %
Vertragsabschluss	1998	3.358	11,3 %	23,0 %
	1997	3.722	11,3 %	23,8 %
	1996	3.126	13,0 %	24,1 %
	1995	2.895	12,0 %	29,5 %
Vertragsverlauf	1999	4.493	9,8 %	20,3 %
	1998	5.370	12,7 %	18,2 %
	1997	7.619	8,0 %	15,0 %
	1996	6.978	9,5 %	15,4 %
	1995	6.641	11,2 %	17,6 %
Schadenbearbeitung	1999	7.183	6,8 %	17,0 %
	1998	8.160	6,7 %	15,6 %
	1997	7.946	6,2 %	16,9 %
	1996	7.764	7,1 %	16,5 %
	1995	8.150	7,1 %	19,2 %
Vertragsbeendigung	1999	7.345	9,2 %	22,9 %
	1998	8.870	9,1 %	23,4 %
	1997	9.552	8,9 %	26,8 %
	1996	10.806	13,4 %	29,5 %
	1995	9.891	8,3 %	31,9 %

Tabelle II

Rechtsprechungsübersicht

Das folgende Rechtsprechungsverzeichnis listet, gegliedert nach Gerichten und dort jeweils chronologisch fortgeführt, Urteile bzw. Beschlüsse auf, die sich mit dem Problemkreis positive Vertragsverletzung/Versicherungsverhältnis befassen. Entsprechend der Zielsetzung der Untersuchung wurden nur solche Entscheidungen verarbeitet, die auf positive Vertragsverletzung gestützte Ansprüche des Versicherungsnehmers behandeln. Darüber hinaus enthält die Übersicht eine Auswahl von Urteilen, die auf das der positiven Vertragsverletzung nahe stehende Rechtsinstitut der versicherungsrechtlichen Vertrauenshaftung abstellen. Nicht zuletzt wurden aus Sachzusammenhangsgründen einzelne auf culpa in contrahendo oder Verzug abstellende Entscheidungen aufgenommen.

Gericht	Datum des Urteils	Akten-zeichen	Fundstelle	Schadens-höhe in DM im Vers.-Fall	Inhalt der Entscheidung (Stichworte)
AG Aachen	29.06.1992	14 C 206/92	Jur. Büro 1992, 812	Höhe nicht v.	Macht der Vers. die Auszahlung einer der Höhe nach festgestellten Entschädigungssumme ohne Berechtigung von der Unterzeichnung einer Abfindungserklärung abhängig, begeht er eine pVV.
LG Arnsberg	16.06.1986	5 S 45/86	NJW-RR 1986, 1353	Höhe nicht v.	Teilweise Regulierung eines Unfallschadens trotz Alleinverschuldens des Unfallgegners und entgegenstehender Unfallschilderung des VersNehmers; pVV bejaht.
LG Augsburg	15.10.1982	2 O 2763/82	ZfS 1983, 341	Höhe nicht v.	Ablehnung einer besonderen Belehrungspflicht hinsichtlich der Auslands- bzw. Europaklausel (§ 2 Abs. 1 AKB).
AG Augsburg	21.11.1983	2 C 2629/83	ZfS 1984, 83	Höhe nicht v.	Keine Rückstufung des VersNehmers im Schadenfreiheitsrabatt, wenn der Vers. Ansprüche reguliert, die im Prozess leicht hätten abgewehrt werden können (§ 10 Abs. 5 AKB); pVV bejaht.
AG Bad Homburg	30.06.1980	2 C 101/80	RuS 1980, 184 = ZfS 1980, 340	Höhe nicht v.	Kein Ermessensfehlgebrauch, wenn der Vers. bei zweifelhafter Beweislage einen Schaden reguliert. Dies gilt auch dann, wenn der Vers-Nehmer sein Verschulden bestreitet und einen Rechtsstreit gegen den Geschädigten führen will (§ 10 Abs. 5 AKB); pVV abgelehnt.

LG Bad Kreuznach	26.02.1991	1 S 236/90	ZfS 1991, 207	2.800	Aus den §§ 23, 25 VVG ist der VersNehmer gehalten, den Vers. über die Veränderung von Umständen zu informieren, die das versicherte Risiko betreffen. Umgekehrt muss sich aus dem Grundsatz von Treu und Glauben für den Vers. eine Pflicht ergeben, den VersNehmer unverzüglich über mögliche Ausdehnungen des abgesicherten Risikos im Wege neu eingeführter AVB zu belehren (hier: unterlassener Hinweis auf abgeänderte Angehörigenklausel in den AHB); pVV bejaht.
OLG Bamberg	13.03.1997	1 U 160/96	VersR 1998, 833	101.000	Eine Verletzung der Aufklärungspflicht des Vers. scheidet aus, wenn eine mögliche Änderung der Allg. VersBedingungen den VersNehmer nicht ausschließlich günstiger stellt, sondern die neuen Bedingungen auch Verschlechterungen enthalten (AUB 88); pVV verneint.
LG Berlin	11.07.1985	7 S 67/84	VersR 1987, 290	5.000	Bei Kenntnis des Vers. von finanzieller Bedrängnis und Spielsucht eines Versicherungsvertreters ist der Vers. zur unverzüglichen Warnung der von diesem betreuten VersNehmer verpflichtet; pVV bejaht.

KG (Berlin)	07.07.1928	k. A.	VA 1929 Nr. 1961	Fest-stellungskl.	Erklärt der Vers. bereits vor einem VersFall, dass VersSchutz nicht gewährt werde, stellt dies eine pVV dar, die den VersNehmer zur sofortigen Kündigung des Vertrages berechtigt (Auto-Einheitsversicherung).
KG (Berlin)	28.11.1986	6 U 3866/86	VersR 1987, 1196	Höhe nicht v.	Keine Verpflichtung des Vers., sämtliche von einem ungetreuen VersVertreter betreuten VersNehmer über dessen deliktisches Verhalten in Kenntnis zu setzen (Ablehnung einer Warnpflicht).
KG (Berlin)	12.01.1988	5 U 3562/86	VersR 1989, 77	Unter-lassungskl.	Beim Angebot einer Reisegepäckversicherung ist dann auf die Folgen einer eventuellen Unterversicherung hinzuweisen, wenn u. a. das Angebot mehrere Arten der Reiseversicherung umfasst und bei einzelnen der angebotenen Versicherungen ein Abzug wegen Unterversicherung nicht stattfindet.
KG (Berlin)	24.04.1990	6 U 2186/89	ZfS 1991, 95 = RuS 1991, 24	Höhe nicht v.	Wenn der Rechtsschutzvers. nach Zahlung der Kosten an die Gegenseite nicht die Herausgabe des Kostenfestsetzungsbeschlusses verlangt und der VersNehmer deshalb selbst noch in Anspruch genommen wird, begründet dieses einen Anspruch aus pVV.

BGH	09.5.1951	II ZR 8/51	VersR 1951, 156 = NJW 1951, 855	14.000	Fehlerhafte Aufklärung über den zeitlichen und materiellen Geltungsbereich eines bestehenden VersVertrages (hier: Betriebsfeuerversicherung). Ist für den VersAgenten erkennbar, dass sich der VersNehmer über einen wesentlichen Punkt des VersVertrages unrichtige Vorstellungen macht, ist er verpflichtet, diese richtig zu stellen; pVV bejaht.
BGH	19.11.1956	II ZR 217/55	VersR 1956, 789	12.000	Der Vers. ist grundsätzlich nicht verpflichtet, den VersNehmer von sich aus auf einzelne Ausschlussbestimmungen in den AVB aufmerksam zu machen (hier: Hinweis auf den Ausschluss von Erdrutschungen gem. § 4 Ziff. I Nr. 5 AHB gegenüber einem Kiesgrubenbetreiber).
BGH	27.05.1957	II ZR 132/56	VersR 1957, 442 = NJW 1957, 1230	12.800	Bei Rückgriff des Vers. auf den VersNehmer nach § 158 f VVG muss der VersNehmer einen vom Vers. mit dem Geschädigten abgeschlossenen Vergleich grundsätzlich gegen sich gelten lassen, es sei denn, dass der Vers. den VersNehmer bei dem Vergleichsschluss schuldhaft pflichtwidrig geschädigt hat (Kfz-Haftpflichtversicherung); pVV im Fall verneint.

BGH	16.04.1959	II ZR 181/57	VersR 1959, 361	Höhe nicht v.	Der Vers. ist grundsätzlich nicht verpflichtet, von sich aus den VersNehmer über den Umfang des Versicherungsschutzes (hier: Deckung von Kosten einer Nebenklage in der Haftpflichtversicherung) aufzuklären, wenn ihm unrichtige Vorstellungen des VersNehmers hierüber nicht erkennbar sind; c.i.c. abgelehnt.
BGH	20.06.1963	II ZR 199/61	VersR 1963, 768	6.800	Der VersAgent ist in der Regel nicht verpflichtet, darüber aufzuklären, dass in den AVB die Haftung für bestimmte Fälle ausgeschlossen wird. Eine Ausnahme hiervon besteht jedoch, wenn der VersAgent erkennt oder erkennen musste, dass sich der VersNehmer über den Umfang der Vers. irrige Vorstellungen macht (§ 2 Abs. 1 AKB [Europaklausel]); c.i.c. bejaht.
BGH	07.11.1966	II ZR 188/65	VersR 1967, 25	Höhe nicht v.	Für Inhalt und Umfang eines VersAntrages ist grundsätzlich der VersNehmer verantwortlich, weil er das zu versichernde Risiko am besten kennt. Eine Aufklärung und Beratung des VersNehmers in dieser Hinsicht kommt nur in Betracht, soweit sein Verhalten dafür Anlass gibt und Raum lässt (Feuervers.).

BGH	16.02.1967	II ZR 73/65	VersR 1967, 441 = BGHZ 47, 101	Feststellungskl.	Ein Haftpflichtvers., der bei der Meldung eines Schadens durch den VersNehmer mitwirkt, muss diesen grundsätzlich darüber belehren, dass er durch unwahre oder unvollständige Angaben den VersSchutz verliert. Die Überlegenheit des mit geschäftlichen und versicherungsrechtlichen Fachkenntnissen ausgestatteten Vers. verpflichtet diesen dazu, auf die Belange des VersNehmers vor allem dort Rücksicht zu nehmen, wo der VersNehmer wegen seiner geringen Vertrautheit mit dem Versicherungswesen Gefahr läuft, den Versicherungsschutz einzubüßen (§ 7 AKB).
BGH	17.04.1967	II ZR 228/64	NJW 1967, 1800 = VersR 1967, 569	Höhe nicht v.	Bei einer vorläufigen Deckungszusage muss der Vers. den VersNehmer zwingend darauf hinweisen, dass er bei nicht unverzüglicher Zahlung der Prämie den Versicherungsschutz rückwirkend verlieren kann (§ 1 Nr. 2 AKB).
BGH	08.05.1967	II ZR 17/65	VersR 1967, 593	Höhe nicht v.	Unwahre oder unvollständige Angaben des VersNehmers über das Schadenereignis, die im Weiteren folgenlos - also für den Vers. neutral - geblieben sind, können bei selbstständiger Erstellung der Schadenanzeige durch den VersNehmer nur dann eine Leistungsfreiheit bewirken, wenn seitens des Vers. vorher deutlich auf den hierdurch drohenden Anspruchsverlust hingewiesen wurde (§ 7 AKB).

BGH	16.02.1967	II ZR 73/65	VersR 1967, 441	Fest-stellungskl.	Der VersAgent, der bei der Meldung eines Schadens durch den VersNehmer mitwirkt, ist verpflichtet, diesen auf den Verlust des Vers-Schutzes bei unwahren oder unvollständigen Angaben hinzuweisen (Kfz-Haftpflichtvers.); pVV bejaht.
BGH	10.02.1971	IV ZR 159/69	VersR 1971, 433	Fest-stellungskl.	Lehnt der Vers. die Zahlung einer Entschädigung ungerechtfertigt ab, so wird die Leistung mit dem Zugang des Ablehnungsschreibens fällig (Unfallvers.).
BGH	22.06.1972	II ZR 32/71	VersR 1972, 970	75.000 (Taxe)	Wird die rechtzeitige Reparatur eines bei einem Unfall beschädigten Schiffes dadurch gehindert, dass der Vers. ohne rechtlichen Grund den Versicherungsschutz versagt, kann der daraus resultierende Schaden aus pVV ersetzt verlangt werden (Schiffskaskoversicherung).
BGH	24.11.1972	IV ZR 149/71	VersR 1973, 176	Höhe nicht v.	Benutzt der Vers. eine vom VersNehmer beantragte Umgestaltung des VersVertrages (hier: Höherversicherung) dazu, dem Vertragsverhältnis geänderte AVB zu Grunde zu legen, muss er den VersNehmer auf hierin enthaltene, gegenüber dem bisherigen Rechtszustand wesentlich nachteiligere Bestimmungen ausdrücklich hinweisen.

BGH	09.10.1974	IV ZR 118/73	VersR 1975, 77	2.100	Hinweispflichten des Vers. bzw. dessen Agenten auf mit den typischen Berufsgepflogenheiten zusammenhängenden Risiken und deren möglicher Versicherbarkeit im Wege der Erweiterung des Versicherungsschutzes (hier: Mitversicherung des Verleihrisikos bei Gerüstverleih durch einen Dachdeckerbetrieb). Sind berufsspezifische besondere Risiken ersichtlich, muss der Vers. darauf hinwirken, dass sich der Versicherungsschutz auch auf diese Risiken bzw. Tätigkeiten erstreckt.
BGH	20.11.1980	IV a ZR 25/80	VersR 1981, 180	32.000	Der Haftpflichtvers. ist zur sorgfältigen Prüfung der Sach- und Rechtslage verpflichtet. Dem Regulierungsermessen des Vers. sind dort Grenzen gesetzt, wo die Interessen des VersNehmers berührt werden. In diesem Falle hat der Vers. hierauf Rücksicht zu nehmen (§ 10 Abs. 5 AKB).
BGH	05.02.1981	IV a ZR 42/80	VersR 1981, 621	92.000	Aufklärungs- und Beratungspflichten bezüglich des gebotenen Deckungsumfangs für eine gewerbliche Sachversicherung (Lager-/Feuersammelvers.). Den Vers. bzw. VersAgenten trifft eine Hinweispflicht auf sich für den VersNehmer ergebende mögliche Prämieneinsparungen, die sich während des Versicherungsverhältnisses ergeben; pVV bejaht.

BGH	26.02.1981	IV a ZR 67/80	VersR 1981, 469	Höhe nicht v.	Verzögerliche Behandlung bzw. Nichtbearbeitung eines Antrages auf Abschluss einer Abänderungsvereinbarung im Rahmen eines bestehenden Versicherungsverhältnisses (hier: Einbruchdiebstahlvers.); pVV bejaht.
BGH	23.09.1981	IV a ZR 160/80	VersR 1982, 37	5.341.000	Bei Verhandlungen über die Verlängerung eines VersVertrages (Maschinen-Betriebsunterbrechungsvers.) hat der Vers. darauf hinzuwirken, dass künftig die Neufassung einer Bestimmung in den AVB verwandt wird, soweit diese den Interessen des VersNehmers dient und damit keine Erhöhung des Risikos für den Vers. verbunden ist; pVV bejaht.
BGH	20.10.1982	IV a ZR 48/81	VersR 1983, 125	Feststellungskl.	Gibt ein Versicherer im Rahmen einer Rechtsschutzversicherung seine Ansicht auf, dass das Rechtsschutzbegehren aussichtslos oder mutwillig sei, muss er hieran festhalten; eine Änderung des eingenommenen Rechtsstandpunktes ist unzulässig.
BGH	26.09.1984	IV a ZR 213/82	VersR 1984, 1161	1.530.000	Schuldhaftes Fehlverhalten des Vers. bzw. dessen Erfüllungsgehilfen (Sachverständiger) bei der Erteilung von Weisungen zur Schadensbeseitigung. Der durch das Verhalten über die ohnehin geschuldeten VersLeistungen hinausgehende Schaden ist aus pVV zu ersetzen (AFB/FBUB).

BGH	22.05.1985	IV a ZR 190/83	VersR 1985, 930	150.000	Aufklärungs- und Beratungspflichten des VersMaklers (ED-Vers.). Makler trifft Beweislast, dass Schaden auch bei vertragsgerechter Beratung aufgetreten wäre.
BGH	26.03.1986	IV a ZR 86/84	VersR 1986, 537	91.000	Im Rahmen einer Betriebshaftpflichtversicherung kann der VersNehmer erwarten, dass keine ihm nicht aufgezeigten Lücken zwischen dieser Versicherung und seiner Kfz-Haftpflichtvers. bestehen. Mitversicherung eines allg. als „Ameise“ bezeichneten Transportgerätes.
BGH	05.11.1986	IV a ZR 32/85	VersR 1987, 147	Höhe nicht v.	Unterrichtet ein Außendienstmitarbeiter eines Vers. den VersNehmer nicht darüber, dass mit einer von diesem ordnungsgemäß angezeigten Betriebsverlegung der mit dem bestehenden Versicherungsvertrag (Feuervers.) begründete Versicherungsschutz erlischt (§ 4 AFB) und wird damit der Eindruck erweckt, dass der Versicherungsschutz fortbestehe, ist in dieser Fehlinformation eine pVV des Vers-Vertrages zu sehen.

BGH	23.09.1987	IV a ZR 92/86	NJW 1988, 561 = NJW-RR 1988, 23	Höhe nicht v.	Legt bei notwendigen Änderungen des Vers-Vertrages der VersNehmer auf sofortigen VersSchutz wert, muss der Außendienstmitarbeiter darauf hinweisen, dass die Änderungen erst mit der Genehmigung durch den Vers. wirksam werden (Feuerversicherung); pVV bejaht.
BGH	07.12.1988	IV a ZR 193/87	RuS 1989, 58 = VersR 1989, 472	69.000	Verwendet ein Vers. VersBedingungen, nach denen die Bestimmung des richtigen Vers-Wertes (VersWert 1914 der gleitenden Neuwertvers./§§ 1, 2 SBglNWlandwGeb) so schwierig ist, dass sie selbst ein Fachmann nur mit Mühe treffen kann, überlässt er aber die Bestimmung dieses Wertes dem Vers-Nehmer, so treffen ihn gesteigerte Hinweis- und Beratungspflichten. Der Vers. muss in geeigneter Form auf die Schwierigkeiten der richtigen Festsetzung und auf die Gefahren einer falschen Festsetzung hinweisen.
BGH	07.06.1989	IV a ZR 101/88	VersR 1989, 842	1.114.000	Auf Leistungsfreiheit als Sanktion wegen des Versuchs der Täuschung durch den Vers-Nehmer bei den Entschädigungsverhandlungen kann sich der Vers. nicht berufen, der sich seinerseits gleichwertig oder in schwerer wiegender Art und Weise verhält (hier: Manipulation von Zeugenaussagen).

BGH	04.07.1989	VI a ZR 217/88	VersR 1989, 948	50.000	Dem bei einem Verkehrsunfall Geschädigten kann auch dann ein Direktanspruch nach PflichtVG gegen den Haftpflichtvers. des Schädigers zustehen, wenn kein Versicherungsschutz für den Unfallort vereinbart wurde bzw. dort eine geographische Ausschlussklausel zur Anwendung kommt (hier: § 2 Abs. 1 AKB [alt], sog. „Europaklausel"). Dies ist der Fall, wenn dem Versicherer insoweit eine fehlerhafte oder pflichtwidrig unterlassene Aufklärung vorgeworfen werden kann. Eine Einstandspflicht ergibt sich sodann aus gewohnheitsrechtlicher Vertrauenshaftung, c.i.c. oder pVV.
BGH	22.03.2000	IV ZR 233/99	NVersZ 2000, 332 = VersR 2000, 753 = NJW 2000, 2021	Feststellungskl.	§ 11 AUB 88 regelt die Frage der Fälligkeit von VersLeistungen nur für solche Fälle, in denen der Versicherer positiv über die Leistungspflicht entscheidet. Bei Leistungsablehnung tritt die Fälligkeit des Anspruchs mit der endgültigen Ablehnung der Leistungen nach § 11 VVG ein.
LG Bielefeld	21.04.1967	5 O 374/66	VersR 1967, 993	3.300	Fehlerhafte Beantwortung einer Deckungsanfrage durch den Vers. in der Kfz-Kaskovers.; pVV aus beweisrechtlichen Gründen abgelehnt.

AG Braunschweig	08.11.1977	12 C 381/77	VersR 1978, 1108	Höhe nicht v.	Ein zum Schadensersatz wegen pVV verpflichtender Ermessensmissbrauch des Kfz-Haftpflichtvers. liegt vor, wenn dieser einen Schaden aus sachfremden Erwägungen voreilig und entgegen dem Ermittlungsergebnis reguliert.
AG Bremen	15.12.1982	4 C 461/82	VersR 1983, 972	Höhe nicht v.	Keine pflichtwidrige Regulierung eines Haftpflichtschadens, wenn ein hohes Risiko besteht, dass im Fall der gerichtlichen Auseinandersetzung nicht bewiesen werden kann, dass der Unfall für den VersNehmer unabwendbar war (§ 10 Abs. 5 AKB).
OLG Celle	19.06.1952	1 U 51/52	VersR 1952, 283	Höhe nicht v.	Eine zu Unrecht erfolgte Verweigerung der Zahlung von Leistungen in der Tierlebensversicherung stellt eine pVV dar. Der VersNehmer kann daher den Vertrag fristlos kündigen.
OLG Celle	26.10.1953	1 U 175/52	VersR 1953, 490	Höhe nicht v.	Die unrichtige Erteilung einer Auskunft bei der Abwicklung eines Schadens (hier: Zusicherung der Auszahlung der vollen Schadensumme bei Wiederaufbau des Gebäudes) stellt eine pVV dar.

OLG Celle	03.03.1994	8 U 58/93	VersR 1995, 333	73.000	Der Vers. hat den VersNehmer bei der Bestimmung des VersWerts 1914 (Feuerversicherung) auf die Schwierigkeiten der richtigen Festsetzung hinzuweisen. Dazu gehört auch der Hinweis, dass ein im Bauwesen nicht sachverständiger VersNehmer mit der Bestimmung des richtigen VersWerts eines Gebäudes in aller Regel überfordert sein wird; c.i.c. bejaht.
OLG Celle	04.04.1996	22 U 110/95	VersR 1997, 98	Höhe nicht v.	Kein Pflichtverstoß des Vers., wenn dieser in Unkenntnis der zu einer Leistungsfreiheit führenden Tatsache seine Leistungspflicht anerkennt und sich erst im Laufe eines Rechtsstreites zur Höhe der Ansprüche auf einen Ausschlusstatbestand beruft.
AG Charlottenbg.	07.03.1968	3 C 682/67	VersR 1968, 1157	1.400	Keine Bindung des Haftpflichtvers. an Zahlungsverbot des VersNehmers; pVV abgelehnt.
AG Charlottenbg.	03.05.1979	24 a C 540/78	ZfS 1980, 14	Höhe nicht v.	Keine Bindung des Vers. an Weisungen des VersNehmers im Schadenregulierungsverfahren. Eine Regulierung ist auch dann nicht vertragswidrig, wenn die Ansprüche des Gegners übersetzt oder gar völlig unbegründet sind. Dies rechtfertigt hingegen nicht eine völlig unsachgemäße Bearbeitung.

AG Charlottenbg.	01.07.1981	205 C 163/81	ZfS 1981, 280	Höhe nicht v.	Die Vollmacht zur Schadenregulierung wird durch eine völlig unsachgemäße Bearbeitung zum Nachteil des VersNehmers eingeschränkt (§ 10 Abs. 5 AKB); pVV verneint.
LG Coburg	23.07.1996	23 O 229/96	VersR 1998, 1102	Höhe nicht v.	Keine allg. Hinweispflicht des Vers. auf eine mögliche Vertragsänderung bei Einführung der AUB 88, da dieses Bedingungswerk gegenüber den AUB 61 ein völlig neues Regelwerk darstellt, welches nicht ausschließlich günstiger ist, die neuen AVB also auch Verschlechterungen für den VersNehmer enthalten.
LG Darmstadt	14.02.1990	7 S 209/89	RuS 1990, 299	Höhe nicht v.	Der Vers. hat seinen VersNehmer nur dann auf geänderte AVB hinzuweisen, wenn die Änderung weder mit einer Risiko- noch mit einer Prämienerhöhung einhergeht. Eine Hinweispflicht des Vers. auf eine neue, aber auch teurere Klausel besteht nicht (hier: Angehörigenklausel in der Privat-Haftpflichtvers.); pVV abgelehnt.
AG Darmstadt	24.04.1990	39 C 211/90	ZfS 1990, 420	Höhe nicht v.	Regulierungsermessen des Kraftfahrt-Haftpflichtvers.; pVV nur bei willkürlicher Regulierung eines Schadens.
LG Detmold	05.12.1991	3 a O 344/90	RuS 1992, 173	200.000	Unsachgemäße Beratung des VersNehmers durch Vers. nach Leitungswasserschaden; pVV abgelehnt (VGB 62).

AG Dortmund	08.02.1985	112 C 720/84	ZfS 1985, 341	Höhe nicht v.	Regulierungsermessen des Vers. in der Kraftfahrt-Haftpflichtvers. (§ 10 Nr. 5 AKB); pVV abgelehnt.
AG Dortmund	04.09.1989	115 C 103/89	ZfS 1990, 420	Höhe nicht v.	Nichtbeachtung einer Schadenregulierungsvereinbarung zwischen VersNehmer und Drittem; pVV bejaht.
AG Dortmund	11.05.1995	136 C 2140/95	Schd-Praxis 1995, 283	Höhe nicht v.	Regulierungsermessen des Vers. bei Einstellung des Strafverfahrens gegen den VersNehmer wegen geringer Schuld. Wenn aufgrund von Zeugenaussagen trotzdem gewichtige Anhaltspunkte gegen den VersNehmer sprechen, stellt die Regulierung von Drittansprüchen keine pVV dar (§ 10 Abs. 5 AKB).
AG Dortmund	18.05.1995	123 C 7950/94	Schd-Praxis 1995, 350	Höhe nicht v.	Die Entscheidung des Versicherers, einen Drittschaden zu regulieren, ist nicht deswegen ermessensfehlerhaft, weil den VersNehmer bei genaueren Ermittlungen zum Schadenhergang u. U. eine nur geringere Haftungsquote getroffen hätte, denn in jedem Fall hätte dieser seinen Schadenfreiheitsrabatt verloren (§ 10 Abs. 5 AKB); pVV verneint.
OLG Düsseldorf	27.07.1954	4 U 126/54	VersR 1954, 587	Höhe nicht v.	Die Hinauszögerung der Bearbeitung von Schadensfällen durch den Vers. (3 Monate Nichtbearbeitung) kann einen Grund zur fristlosen Kündigung des Versicherungsvertrages wegen pVV darstellen.

LG Düsseldorf	25.07.1962	10 S 130/62	VersR 1963, 181	150	Ungeachtet einer sich aus § 10 Abs. 3 AKB (alt) für den Vers. ergebenden Vollmacht ist dieser im Innenverhältnis an ein Zahlungsverbot des VersNehmers gebunden; pVV bei Nichtbeachtung bejaht.
LG Düsseldorf	06.11.1968	14 S 184/68	MDR 1969, 1009	750	Vergleich mit Anspruchsteller gegen den Willen des VersNehmers; pVV abgelehnt.
LG Düsseldorf	02.11.1979	20 b S 42/79	VersR 1981, 827	Höhe nicht v.	Hat ein VersNehmer Zweifel über den Deckungsumfang eines bestehenden VersVertrages (hier: § 4 MBKK - Krankheitskostenversicherung) und will er diese Ungewissheit durch Rückfrage bei dem Vers. klären, so ist dieser verpflichtet, die Anfrage sorgfältig zu beantworten; pVV bejaht.
AG Düsseldorf	12.12.1988	40 C 362/88	RuS 1991, 223	Höhe nicht v.	Die nicht unverzügliche Mitteilung über das Ergebnis eines Sachverständigengutachtens an den VersNehmer, der sich durch Reparatur des teilkaskoversicherten Kfz seiner Beweismöglichkeiten für einen (versicherten) versuchten Diebstahl begibt, stellt keine pVV dar.
LG Düsseldorf	25.08.1989	20 S 18/89	RuS 1991, 223	Höhe nicht v.	Rechtszug zu AG Düsseldorf v. 12.12.1988 - 40 C 362/88; pVV abgelehnt.

LG Düsseldorf	10.05.1991	32 O 210/90	RuS 1993, 311	Höhe nicht v.	Keine Verpflichtung des Vers., den Vers-Nehmer (Kaufmann) auf eine während der Laufzeit des VersVertrages möglicherweise eintretende Unterversicherung hinzuweisen (Sachvers.); pVV verneint.
OLG Düsseldorf	14.01.1992	4 U 38/91	VersR 1992, 948	Höhe nicht v.	Keine Aufklärungspflicht des Vers. bezüglich einer bestimmten Leistungsausschlussklausel in den AVB (hier: Restschuldversicherung); pVV abgelehnt.
AG Düsseldorf	17.02.1992	35 C 14.643/91	ZfS 1992, 279	Höhe nicht v.	Die unberechtigte Kündigung des VersVertrages durch den Vers. stellt eine pVV dar (Wohngebäudevers.).
OLG Düsseldorf	10.11.1992	4 U 3/92	Schd-Praxis 1993, 228	Höhe nicht v.	Sorgfaltspflichtverletzung bei der Sachverhaltsaufklärung; pVV abgelehnt.
OLG Düsseldorf	02.07.1996	4 U 108/95	RuS 1997, 523 = VersR 1997, 1134	Höhe nicht v.	Der Vers. ist nicht verpflichtet, den Vers-Nehmer bei einer Unfallversicherung mit vereinbarter Dynamik im Rahmen der jährlichen Summenanpassung auf die Einführung neuer AVB hinzuweisen; pVV abgelehnt. (gleichlautend OLG Hamm, RuS 1993, 441)

OLG Düsseldorf	17.12.1996	4 U 196/95	VersR 1998, 845 = RuS 1998, 290	60.700	Den VersAgenten trifft keine Verpflichtung, den VersNehmer anlässlich der Erhöhung der VersSumme seiner Hausratversicherung (VHB 84) über das Risiko einer Unterversicherung bzw. einer eigenen Wertermittlung zu belehren, sofern er in der Ursprungspolice hierüber im Wege von AVB („Klausel 834, kein Abzug wegen Unterversicherung, hat keine Gültigkeit“) belehrt wurde; pVV verneint.
OLG Düsseldorf	15.08.2000	4 U 139/99	VersR 2001, 705	15.550	Ein privater Rentenvers. haftet dem VersNehmer aus Culpa in contrahendo auf Rückzahlung der Prämien und Ersatz entgangener Anlagerendite, sofern er beim Abschluss des VersVertrages mit Gewinnanteilen geworben hat, die wegen veränderter Lebenserwartung der Bevölkerung erkennbar unrealistisch waren.
LG Essen	29.08.1986	1 S 227/86	VersR 1987, 353	Höhe nicht v.	Ein verschuldet unberechtigter Rücktritt des Vers. vom VersVertrag stellt eine pVV dar (Krankheitskostenversicherung).
LG Flensburg	14.12.1974	1 S 179/74	VersR 1975, 1116 = DAR 1975, 245	unter 200	Anerkenntnis des Schadens durch Vers. bei Selbstregulierungswunsch des VersNehmers; pVV bejaht.

LG Frankenthal	17.04.1991	2 S 547/90	ZfS 1991, 347	Höhe nicht v.	Ermessensspielraum des Vers. bei Regulierung eines Kfz-Haftpflichtschadens; pVV verneint.
OLG Frankfurt	15.04.1980	21 U 242/80	VersR 1981, 1070	Unterlassungskl.	Mit der Weitergabe von Vertragsdaten, zu deren Offenbarung der VersNehmer beim Abschluss eines neuen Vertrages nach § 16 VVG sowieso verpflichtet ist, verletzt der Vers. keine vertraglichen Nebenpflichten.
AG Frankfurt	12.04.1985	32 C 620/85 - 18	RuS 1985, 225	Höhe nicht v.	Führt der Vers. eine neue Versicherungsart ein, die für einzelne VersNehmer u. U. günstiger ist als der bisher geschlossene VersVertrag, besteht für den Vers. keine Verpflichtung, den einzelnen VersNehmer auf diese neue Versicherungsart hinzuweisen; pVV abgelehnt.
OLG Frankfurt	15.06.1989	16 U 70/88	ZfS 1990, 32 = NJW-RR 1989, 1303	Höhe nicht v.	Bei Abschluss einer Reisegepäckversicherung besteht bei konkreter Nachfrage des VersNehmers, ob auch die Videoausrüstung mitversichert ist, keine Aufklärungspflicht des Versicherers dahingehend, dass die Ausrüstung in einem unbeaufsichtigt abgestellten Kraftfahrzeug nicht versichert ist; pVV abgelehnt.

OLG Frankfurt	28.05.1991	8 U 158/90	VersR 1992, 224	Feststellungs-urt.	Als Nebenpflicht aus dem VersVertrag hat der VersNehmer Anspruch auf Einsichtnahme in ein über ihn erstelltes psychiatrisches Gutachten, wenn der Vers. ein solches einholt; MBKT 78 § 9 Abs. 2 (Krankentagegeldvers.).
AG Gelnhausen	29.08.1989	C 563/89	ZfS 1989, 416	unter 500	Regulierungsermessen des Vers. bei Bagatellschaden (§ 10 Nr. 5 AKB); pVV abgelehnt.
OLG Hamburg	24.04.1987	5 U 143/86	VersR 1988, 620	Höhe nicht v.	Es besteht keine Verpflichtung für den Vers., dem VersNehmer nach Ablauf der ursprünglich vereinbarten Vertragsdauer oder anlässlich eines Versicherungsfalls die Umstellung auf ein neues Bedingungswerk (hier: VHB 66/VHB 74) anzubieten; pVV verneint.
LG Hamburg	02.03.1990	13 S 85/89	ZfS 1990, 374	Höhe nicht v.	Grundsätzlich hat der Vers. Anwaltskosten des VersNehmers als Verzugsschaden zu übernehmen. Ein Anspruch aus pVV kann sich indes ergeben, wenn der Vers. ein Schreiben des VersNehmers einfach unbeantwortet lässt.
AG Hamburg	03.11.1993	12 C 820/93	VersR 1994, 665	Höhe nicht v.	Verpflichtung des Vers. zur unverzüglichen Zurückweisung einer unwirksamen Kündigung des VersNehmers; Zurückweisung sechs Wochen nach deren Zugang bei Vers. begründet noch keine pVV (Unfallversicherung).

AG Hamburg-Altona	31.01.1980	317 C 449/79	VersR 1980, 738	Höhe nicht v.	Bei zweifelhafter Rechtslage handelt der Vers. nicht pflichtwidrig, wenn er zur Vermeidung umfangreicher Ermittlungen und drohendem Prozess den Schaden reguliert (§ 10 Abs. 5 AKB); pVV abgelehnt.
OLG Hamm	09.03.1977	20 U 321/75	VersR 1977, 758	12.900	Der Vers. kann sich bei Vertragsschluss aus dem Gesichtspunkt der c.i.c. schadensersatzpflichtig machen, wenn er den VersNehmer nicht auf die Unmöglichkeit der Versicherung eines unselbstständigen Betriebsteils hinweist (Betriebsunterbrechungs-Versicherung).
OLG Hamm	11.06.1980	20 U 39/80	VersR 1981, 825	Höhe nicht v.	Die fehlerhafte Auskunft des Vers. über die Deckungspflicht nach Eintritt eines VersFalles begründet Ansprüche aus pVV; Zuerkennung des positiven Interesses (Kfz-Haftpflichtvers.).
OLG Hamm	23.11.1983	20 U 36/83	VersR 1984, 853	151.000	Der Vers. haftet auf Schadensersatz, wenn der von ihm formulierte und vorgeschlagene VersVertrag entgegen dem erkennbaren Wunsch des VersNehmers, umfassend gesichert zu werden, bestimmte Risiken nicht abdeckt (hier: Anlagenrisiko einer Zapfanlage für Kraftstoff bei einem Landschaftsbauunternehmen); c.i.c. bejaht. Mitverschulden des VersNehmers 1/3.

OLG Hamm	08.08.1986	20 W 26/86	RuS 1986, 247	Höhe nicht v.	Ein VersAgent ist nicht verpflichtet, bei Abschluss eines neuen Lebensversicherungsvertrages im Zusammenhang mit der Kündigung einer bestehenden Lebensversicherung, bei der die Frist des § 8 ALB (Ausschlussfrist bei Suizid) abgelaufen war, einen Hinweis darauf anzubringen, dass die Ausschlussfrist bei dem neuen Vertrag erneut zu laufen beginnt; pVV verneint.
OLG Hamm	02.10.1987	20 U 47/87	ZfS 1988, 150 = NJW-RR 1988, 285	Höhe nicht v.	In der Verkehrs-Service-Versicherung (AVSB 83) hat der Vers. eine besondere Verpflichtung zur vertrauensvollen Zusammenarbeit mit dem VersNehmer. Wird diese Pflicht verletzt, resultiert hieraus ein Anspruch aus pVV.
OLG Hamm	07.06.1988	20 W 36/88	VersR 1989, 76	Höhe nicht v.	Der Vers. haftet aus pVV, wenn der VersAgent bei einem Fahrzeugwechsel nur für eine Ummeldung der Kfz-Haftpflichtversicherung sorgt, nicht aber für die Ummeldung der - ebenso abgeschlossenen - Kaskoversicherung.
OLG Hamm	10.03.1989	20 U 29/88	RuS 1991, 63	41.500	Der im förmlichen Sachverständigenverfahren für den Vers. tätige Sachverständige ist nicht Erfüllungsgehilfe des Vers., sodass eine schuldhaft falsche Sanierungsempfehlung des Sachverständigen dem Vers. nicht zuzurechnen ist (VHB 74/86).

OLG Hamm	12.07.1989	20 U 81/89	VersR 1990, 965	Höhe nicht v.	Es stellt keine Verletzung von Nebenpflichten aus dem VersVertrag dar, wenn der Vers. zur Feststellung des Invaliditätsgrades lediglich ein Kurzgutachten einholt und nicht von sich aus einen Spezialisten einschaltet; pVV abgelehnt.
OLG Hamm	04.09.1990	20 W 35/90	VersR 1991, 535	Höhe nicht v.	Lehnt ein Vers. Leistungen ab, so bringt er damit zum Ausdruck, dass er die nötigen Erhebungen i.S.v. § 11 Abs. 1 VVG für abgeschlossen hält. Damit wird die Leistung sofort fällig, sollte sich die Ablehnung als unbegründet erweisen (MBKK).
OLG Hamm	28.09.1990	20 U 308/89	VersR 1991, 918	6.000	Die ungerechtfertigte Leistungsverweigerung des Vers. gegenüber einem Leasinggeber, dem ein Sicherungsschein erteilt wurde, stellt im Verhältnis zum Leasingnehmer (=VersNehmer) eine pVV dar (Kfz-Kaskovers.).
OLG Hamm	30.11.1990	20 U 179/90	VersR 1991, 1238	Höhe nicht v.	Aufklärungspflicht des Vers. gegenüber einem türkischen Staatsangehörigen in Bezug auf die Beschränkung der Fahrzeug-Kaskoversicherung auf den europäischen Teil der Türkei (§ 2 Nr. 1 AKB); pVV bejaht.
OLG Hamm	05.12.1990	20 U 178/90	VersR 1992, 48	Höhe nicht v.	Es besteht für den Vers. keine Verpflichtung, Schäden, die bedingungsgemäß nicht gedeckt sind, für den VersNehmer bei dem unmittelbaren Schädiger geltend zu machen (Kfz-Kaskovers.).

OLG Hamm	13.11.1992	20 U 164/92	RuS 1993, 108	Höhe nicht v.	Der Vers. ist nicht generell verpflichtet, auf einen in den AVB enthaltenen Risikoausschluss gesondert hinzuweisen (hier: sog. Betriebsschadenausschluss des § 3 Nr. 2 VGB 62) und dem VersNehmer eine - einzelvertraglich mögliche - Aufhebung des Ausschlusses anzubieten.
OLG Hamm	17.03.1993	20 U 360/92	VersR 1994, 37	18.600	Es besteht keine Verpflichtung für den Vers., den VersNehmer ohne Verhandlungen von neuen AVB (hier: AUB 88) in Kenntnis zu setzen, wenn die neuen Bedingungen nicht ausschließlich, sondern nur per Saldo günstiger sind; pVV abgelehnt.
OLG Hamm	03.09.1993	20 U 36/93	RuS 1994, 161	Höhe nicht v.	Ein Schadensersatzanspruch aus pVV wegen verzögerlicher Schadenbearbeitung scheidet aus, wenn der Vers. zuvor die Deckung endgültig abgelehnt hatte (Feuerversicherung).
OLG Hamm	22.09.1993	20 U 59/93	ZfS 1994, 177 = VersR 1994, 718	19.000	Erlangt der Vers. Kenntnis von einer bevorstehenden oder bereits erfolgten Betriebsverlegung des VersNehmers, muss er diesen über das hiermit verbundene Erlöschen des Vers-Schutzes gem. § 4 Nr. 1 AFB aufklären; pVV bejaht.

OLG Hamm	14.10.1994	20 U 69/94	VersR 1995, 773	Höhe nicht v.	Die im Rahmen einer Krankheitskostenvers. abgegebene Erklärung des Vers., bei Risikoprämienzuschlägen später die Zuschlagsgrundlagen erneut überprüfen zu wollen, begründet keinen Anspruch aus versicherungsrechtlicher Vertrauenshaftung.
OLG Hamm	25.11.1994	20 U 120/94	VersR 1995, 1345	Höhe nicht v.	Keine Aufklärungspflicht des Versicherers, wenn während eines bestehenden Versicherungsverhältnisses ein konkurrierender Versicherer die Möglichkeit einer vom eigenen Haus nicht angebotenen Zusatzversicherung für ein Spezialrisiko neu anbietet (hier: Versicherung von Implosionsschäden in der Tankwagen-Kaskoversicherung); pVV/c.i.c. abgelehnt.
OLG Hamm	18.01.1995	20 U 176/94	VersR 1996, 93	Höhe nicht v.	Bei einer problematischen und schwierigen Ermittlung des VersWerts ist der Vers. unter Umständen verpflichtet, den VersNehmer auf das Bestehen einer Unterversicherung (hier: Feuer- u. Betriebsunterbrechungsvers., AFB 87/ZKBU 80) hinzuweisen. Dies gilt jedoch nicht, wenn es dem fachkundigen VersNehmer ohne weiteres möglich ist, den wirklichen VersWert selbstständig zu ermitteln.

OLG Hamm	20.04.1995	20 U 278/94	ZfS 1996, 468	Höhe nicht v.	Übernimmt der Vers. aufgrund einer Vereinbarung mit dem VersNehmer abweichend vom Vertrag die Beseitigung eines Schadens selbst, so haftet er für Mängel bei der Ausführung aus pVV.
OLG Hamm	14.07.1995	20 U 31/95	RuS 1995, 389	7.000	Die Bestimmung der richtigen VersSumme in der Hausratversicherung (VHB 92) ist äußerst schwierig. Deswegen besteht eine grundsätzliche Beratungsverpflichtung des Vers. über Möglichkeiten, wie einer drohenden Unterversicherung begegnet werden kann; pVV bejaht.
OLG Hamm	03.06.1998	20 U 233/97	RuS 1999, 75	44.000	Bearbeitet der Vers. Anträge des VersNehmers zögerlich (hier: Änderung des Versicherungsortes bei Geschäftsverlagerung im Rahmen einer Einbruchdiebstahlversicherung/ AERB 87), so haftet dieser sowohl bei schuldhaften Handlungen der eigenen Angestellten als auch solchen des VersAgenten aus dem Gesichtspunkt der pVV. Mitverschulden des VersNehmers 25 %.

OLG Hamm	02.12.1998	20 U 29/97	NVersZ 1999, 567	67.000	Ein Unfallvers. muss einen VersNehmer, der innerhalb des ersten Jahres nach dem Unfall Invaliditätsansprüche geltend macht, darauf hinweisen, dass diese innerhalb der in den AVB bestimmten Frist (§ 8 Abs. 2 Nr. 1 AUB 61) ärztlich festgestellt werden müssen. Anderenfalls verstößt eine Berufung auf eine Fristversäumung gegen § 242 BGB.
OLG Hamm	20.08.1999	20 U 51/99	RuS 1999, 528 = VersR 2000, 213	Höhe nicht v.	Ein Vers. haftet aus dem Gesichtspunkt der pVV nicht für das deliktische Handeln eines Filialleiters, wenn dieser den ihm übertragenen Aufgabenbereich verlässt und Gelder eines VersNehmers veruntreut, die ihm zur Anlage auf dem Kapitalmarkt übergeben wurden.
OLG Hamm	21.01.2000	20 U 147/99	NVersZ 2000, 349 = VersR 2000, 1231	41.000	Die Nichtumstellung von den AHB 69 auf die AHB 81 anlässlich von Neuordnungsverhandlungen über bestehende Versicherungsverträge ist nicht generell ein Schaden, da die AHB 81 schon wegen der erhöhten Prämie nicht nur vorteilhaft sind. Hätte sich die Umstellung im konkreten Schadenfall günstig ausgewirkt, muss festgestellt werden, dass der VersNehmer seinen VersSchutz tatsächlich umgestellt hätte.

OLG Jena	08.02.1928	k.A.	VA 1928 No. 1873	Feststellungskl.	Erklärt der Vers. vor Eintritt eines VersFalles, dass Leistungen zu keinem Zeitpunkt erbracht werden würden, ist in dieser Erfüllungsverweigerung eine pVV zu sehen, die den Vers-Nehmer zum Rücktritt vom Vertrag berechtigt (Lebensvers.).
OLG Karlsruhe	18.03.1987	13 U 43/85	VersR 1988, 486	Höhe nicht v.	Der Vers. hat bei Abschluss einer Kfz-Kaskoversicherung einen der deutschen Sprache kaum mächtigen türkischen Staatsangehörigen auf geeignete Weise darauf hinzuweisen, dass der Versicherungsschutz nur für Europa bzw. den europäischen Teil der Türkei gilt (§ 2 Abs. 1 AKB a.F., sog. „Europaklausel“).
OLG Karlsruhe	05.11.1992	12 U 112/91	VersR 1994, 1169	Höhe nicht v.	Der Vers. haftet nach den Grundsätzen der c.i.c. auf Schadenersatz, wenn der VersVertrag bestimmte Risiken nicht abdeckt, auf die der VersAgent nach den gesamten Umständen des Falles hätte hinweisen müssen. Hier: Verpflichtung zum Hinweis, dass Vandalismusschäden für ein eingerichtetes, aber nicht betriebenes Hotel ohne weiteres nicht mitversichert sind.

OLG Karlsruhe	20.04.1995	12 U 278/94	RuS 1995, 426	Höhe nicht v.	Der Vers. haftet aus pVV, wenn dieser abweichend vom VersVertrag eine Firma mit der Beseitigung eines Schadens beauftragt und die Ausführung mangelhaft ist.
AG Kassel	14.05.1996	424 C 3659/95	RuS 1997, 44	Höhe nicht v.	Ein VersMakler hat im Rahmen eines Auftrages, den passenden Versicherungsschutz für eine Maschine zu besorgen, die notwendigen Angaben zur Festlegung einer ausreichenden VersSumme zu erfragen (AMB 91); pVV bejaht.
AG Kehl	19.09.1980	C 132/80	ZfS 80, 340	Höhe nicht v.	Bei einer Vorfahrtverletzung des VersNehmers liegt kein Ermessensfehlgebrauch des Vers. vor, wenn dieser den Schaden reguliert (§ 10 Abs. 5 AKB); pVV abgelehnt.

LG Kiel	11.12.1985	9 O 389/85	VersR 1987, 581 = ZfS 1987, 244	Höhe nicht v.	Bejaht ein RechtsschutzVers. durch vorbehaltlose Beauftragung eines Rechtsanwaltes gem. § 16 Abs. 2 ARB das Vorliegen einer Leistungsverpflichtung, kann er sich nicht später darauf berufen, dass der Versicherungsschutz ausgeschlossen sei, wenn ihm die den Ausschluss rechtfertigenden Umstände bereits bei der Beauftragung des Anwaltes bekannt waren.
OLG Koblenz	30.09.1983	10 U 1169/82	VersR 1984, 128	Höhe nicht v.	Der VersAgent braucht nicht auf die Rechtslage nach § 6 VHB 74 hinzuweisen, wenn er durch Dritte - und damit zufällig - von einem Umzug des VersNehmers in ein neues Haus erfährt; pVV abgelehnt.
OLG Koblenz	25.10.1996	10 U 121/96	RuS 1997, 93	267.000	Grundsätzlich ist es Sache des VersNehmers, den Wert der zu versichernden Sache anzugeben und für ausreichenden VersSchutz zu sorgen. Hierauf kann aber dann nicht mehr abgestellt werden, wenn dem Vers. hinsichtlich VersSumme und VersWert Aufklärungs- und Beratungspflichten obliegen. Diese wurden im Fall gegenüber einem als versicherungsrechtlichen Laien eingestuften Handwerksmeister angenommen. AFB 87. Keine Anrechnung eines eventuellen Mitverschuldens; c.i.c. bejaht.

OLG Koblenz	03.07.1998	10 U 865/97	VersR 1999, 1141	Höhe nicht v.	Die Belehrung über den Wegfall der vorläufigen Deckung muss umfassend, inhaltlich richtig und im Text hervorgehoben worden sein. Sie muss ferner in einem eindeutigen Bezug zu der korrekt errechneten, konkret fälligen Prämienforderung stehen. Dieses Wirksamkeitserfordernis für die Sanktion der Leistungsfreiheit beruht auf der abstrakt-generell gesteigerten Schutzbedürftigkeit des VersNehmers.
OLG Köln	30.10.1978	5 U 29/78	VersR 1979, 513	19.000	Das Risiko der Unterversicherung trägt grundsätzlich der VersNehmer; der Vers. muss nicht von sich aus hierüber belehren. Anders liegt es dann, wenn der VersNehmer den Vers. um Überprüfung des Versicherungsschutzes ersucht hat (Feuerversicherung); pVV abgelehnt.
AG Köln	16.05.1980	266 C 3485/79	RuS 1980, 139 = ZfS 1980, 340	Höhe nicht v.	Wenn ein Bußgeldverfahren gegen beide Beteiligte eines Unfalls wegen Unaufklärbarkeit eingestellt wird, überschreitet der Vers. nicht seinen Ermessensspielraum, wenn er dem VersNehmer unter Hinweis auf die Betriebsgefahr des vers. Fahrzeuges eine Mithaftungsquote von 1/3 unterstellt (§ 10 Abs. 5 AKB); pVV abgelehnt.

LG Köln	20.05.1981	9 S 134/80	ZfS 1981, 246	500	Erteilt ein Vers. auf telefonische Anfrage des VersNehmers eine Regulierungszusage bezgl. eines Haftpflichtschadens, der sich im Nachhinein als nicht versichert herausstellt, kann der VersNehmer wegen schuldhafter Verletzung einer vertr. Nebenpflicht Ansprüche aus pVV geltend machen; Ersatz des negativen Interesses (Betriebshaftpflichtvers.).
LG Köln	08.05.1985	24 O 353/84	ZfS 1985, 346	Höhe nicht v.	Die fehlerhafte Auskunft des VersAgenten, eine für die in Deutschland gelegene Wohnung des VersNehmers geschlossene Hausratversicherung gelte bei Verlegung des Wohnsitzes in ein afrikanisches Land unverändert fort, begründet wegen überwiegenden Eigenverschuldens des VersNehmers keine pVV (§ 6 Ziff. 1 VHB 74).
AG Köln	15.06.1984	266 C 404/83	VersR 1984, 835	400	Ungerechtfertigte Regulierung eines nach Beweislage leicht abwehrbaren Haftpflichtanspruchs (§ 10 Abs. 5 AKB); pVV (mit bedenklicher Begründung) abgelehnt.
OLG Köln	12.06.1986	5 U 100/86	RuS 1986, 273	Höhe nicht v.	Ein VersAgent hat ein Rohrreinigungsunternehmen bei den Verhandlungen über den Abschluss einer Betriebshaftpflichtvers. darauf hinzuweisen, dass der Risikoausschluss „Abwasser" (§ 4 Abs. 1 Nr. 5 AHB) abbedungen werden kann.

OLG Köln	22.12.1988	5 U 121/88	RuS 1989, 124	Höhe nicht v.	Das Risiko der Unterversicherung trifft bei der gleitenden Neuwertversicherung (§§ 1, 2 SoBedglNWV) grundsätzlich den VersNehmer. Etwas anderes gilt ausnahmsweise dann, wenn der VersNehmer den Vers. zur Überprüfung ausreichenden VersSchutzes ersucht hat.
OLG Köln	26.01.1989	5 U 103/88	RuS 1989, 38	Höhe nicht v.	Bei notleidenden Versicherungsverhältnissen (hier: Ablehnung der Deckung wegen Nichteinlösung des Versicherungsscheins) muss der Vers. die Interessen des VersNehmers besonders berücksichtigen, da er gegen diesen Rückgriff nehmen kann. Der Vers. ist zu einer sorgfältigen Prüfung der Sach- und Rechtslage verpflichtet.
OLG Köln	16.05.1991	5 U 123/90	RuS 1992, 138	Höhe nicht v.	Versteht der Vers. den Wunsch des VersNehmers nach vorübergehender Prämienfreistellung als Antrag auf Umwandlung in eine auf Dauer prämienfreie Versicherung und berät er diesen nicht über die damit verbundenen nachteiligen Folgen, so haftet er aus pVV (Lebensvers. mit Berufsunfähigkeitszusatzvers.).

OLG Köln	19.09.1991	5 U 137/90	VersR 1992, 487	Höhe nicht v.	Ist für Vers. im Hinblick auf vom VersNehmer genannte Reiseziele (hier: asiat. Teil der Türkei) erkennbar, dass dieser auch dort an Versicherungsschutz interessiert ist, hat er auf eine entsprechende Ergänzung des Vertrages hinzuwirken (Kfz-Kaskovers.); pVV bejaht.
OLG Köln	19.03.1992	5 U 100/91	ZfS 1992, 342 = RuS 1992, 261	Höhe nicht v.	Reguliert der Kfz-Haftpflichtvers. einen Anspruch, obwohl der VersNehmer die Schadenverursachung bestreitet und der Geschädigte sie nicht eindeutig beweisen kann, so handelt er pflichtwidrig; pVV bejaht.
OLG Köln	26.03.1992	5 U 109/91	RuS 1993, 71	Höhe nicht v.	Hat der VersNehmer Kosten zur Ermittlung der Ursache eines Feuchtigkeitsschadens aufgewandt, der sich nach Prüfung durch den Vers. als nicht entschädigungspflichtig herausstellt, kann der VersNehmer keinen Anspruch auf Schadensersatz wegen pVV geltend machen, weil ihn der Vers. im Vorfeld nicht darüber aufgeklärt hat, dass er in diesem Fall die Kosten der Schadenermittlung selbst zu tragen habe (VGB 62).
OLG Köln	17.09.1992	5 U 65/92	VersR 1993, 304	Höhe nicht v.	Der Vers. ist verpflichtet, auf eine für einen durchschnittlichen VersNehmer nicht erkennbare Deckungslücke zwischen Betriebs- und Kfz-Haftpflichtversicherung hinzuweisen.

LG Köln	25.11.1992	24 O 265/91	RuS 1993, 229	Höhe nicht v.	Bezeichnet der VersAgent, der aus Anlass eines Schadens vom VersNehmer um Überprüfung der Versicherungssumme (Wohngebäude) gebeten wird, diese ohne jede Prüfung als ausreichend, haftet der Vers. aus pVV wegen Verletzung der Beratungs- und Aufklärungspflichten durch den Agenten.
OLG Köln	14.01.1993	5 U 175/91	VersR 1993, 1385	Höhe nicht v.	Der Vers. haftet aus pVV, wenn der VersVertrag entgegen dem erkennbaren Wunsch des VersNehmers, umfassend gesichert sein zu wollen, bestimmte Risiken (hier: Anlagenrisiko für Gewässerschäden/Haftpflichtversicherung) nicht abdeckt.
OLG Köln	03.06.1993	5 U 112/92	VersR 1994, 342	Höhe nicht v.	Kommt es aufgrund einer von einem versicherungsrechtlichen Laien nur sehr schwer zu durchschauenden Rechtslage zu einer Unterversicherung, kann der Vers. verpflichtet sein, den VersNehmer über Eintritt und Folgen der Unterversicherung zu beraten (AFB 87); pVV bejaht, Mitverschulden des VersNehmers 1/3.
OLG Köln	14.06.1993	5 U 13/93	VersR 1993, 1133	Höhe nicht v.	Haftung des Lebensvers. bei Auszahlung der Versicherungsleistung an zwar bezugsberechtigte, aber zwischenzeitlich vom VersNehmer geschiedene Ehefrau; pVV abgelehnt.

LG Köln	01.12.1993	25 O 80/93	VersR 1994, 849	Höhe nicht v.	Eine mündliche Zusage kann die in § 4 Abs. 5 MBKK 76 vorgesehene schriftliche Leistungszusage nicht ersetzen. Das Verhalten kann indessen die Grundlage für einen Schadensersatzanspruch aus pVV bilden.
OLG Köln	19.05.1994	5 W 27/94	VersR 1995, 157	Höhe nicht v.	Der Vers. haftet dem VersNehmer nach den Grundsätzen der Vertrauenshaftung auf Erfüllung, wenn der Vermittlungsagent zu Unrecht VersSchutz bereits ab Antragstellung zugesagt hat.
AG Köln	15.02.1995	136 C 489/94	VersR 1996, 613	1.600	Kennt der VersNehmer aufgrund eines Sachverständigengutachtens den Wert der zu versichernden Sache (Gebäude), muss er dafür Sorge tragen, dass der VersVertrag auch über den tatsächlichen Wert der Immobilie abgeschlossen wird. Eine Beratungspflicht des Vers. bezüglich einer möglichen Unterversicherung besteht in diesem Fall nicht; pVV verneint.

OLG Köln	12.05.1995	9 U 232/94	RuS 1995, 265	Höhe nicht v.	Wenn eine Gewerbeimmobilie mit bestehender Sach- und Betriebsunterbrechungsversicherung (AFB) veräußert wird und diese Veräußerung dem Vers. angezeigt wurde, ist dieser nicht ohne weiteres verpflichtet, den Erwerber auf eine mögliche Unterversicherung hinzuweisen, die sich nach dem Eigentumswechsel daraus ergeben könnte, dass der Erwerber - anders als der Veräußerer - nicht vorsteuerabzugsberechtigt ist.
OLG Köln	19.09.1995	9 U 50/94	VersR 1996, 1265	Höhe nicht v.	Es besteht keine grundsätzliche Pflicht des VersAgenten, über alle Einzelheiten des Deckungsumfangs eines VersVertrages aufzuklären oder von sich aus auf Ausschlussbestimmungen aufmerksam zu machen. Anders verhält sich dies, wenn der VersNehmer den Wunsch nach Beratung deutlich und detailliert zum Ausdruck bringt (Kfz-Kaskovers.); c.i.c. verneint.
OLG Köln	16.01.1996	9 U 44/95	RuS 1996, 105	12.000	Drohen die Rechtskosten im Berufungsverfahren die VersSumme zu überschreiten, trifft den Vers. keine Verpflichtung, den anwaltlich vertretenen VersNehmer hierauf hinzuweisen (Rechtsschutzvers.); pVV abgelehnt.

OLG Köln	12.11.1996	9 U 17/96	VersR 97, 1530	95.000	Der VersAgent ist verpflichtet, den Antragsteller auf den Zusammenhang zwischen Versicherungssumme, Versicherungswert und Neuwertversicherung hinzuweisen (AFB 87). Ein in versicherungstechnischen Fragen nicht bewanderter VersNehmer ist darauf angewiesen, von dem sachkundigen VersAgenten in diesen bedeutsamen Grundfragen nicht im Unklaren gelassen zu werden. Anrechnung eines hälftigen Mitverschuldens des Vers-Nehmers; c.i.c. bejaht.
LG Köln	14.11.1996	24 O 133/96	VersR 1997, 1522 = RuS 1997, 235	149.000	Die Vernichtung von Vertragsunterlagen durch den Versicherer nach Ablauf der gesetzlichen Aufbewahrungsfristen führt nicht zur Umkehr der Beweislast hinsichtlich des Inhalts des Versicherungsvertrages.
LG Konstanz	10.05.1974	1 S 55/74	VersR 1975, 268	Höhe nicht v.	Haftung des Kfz-Sachverständigen gegenüber dem VersNehmer, wenn dieser im Auftrag des Vers. ein unrichtiges Gutachten erstellt; pVV bejaht.
AG Ludwigshafen	01.09.1983	2 f C 3573/82	ZfS 1984, 82	Höhe nicht v.	Eine pflichtwidrige Schadenregulierung ist dann anzunehmen, wenn Ansprüche nach den dem Vers. vorliegenden Beurteilungsgrundlagen eindeutig und leicht nachweisbar unbegründet sind (§ 10 Abs. 5 AKB); pVV verneint.

LG Lübeck	21.05.1992	8 O 45/92	RuS 1992, 387	Höhe nicht v.	An die Einschätzung eines zu versichernden Warenwertes durch den Geschäftsführer einer Handelsgesellschaft sind strenge Anforderungen zu stellen (Einbruch-Diebstahlvers.). Kein Beratungsverschulden aus c.i.c. wegen Unterversicherung.
AG Mayen	29.05.1991	2 C 75/91	ZfS 1992, 15 = RuS 1991, 363	Höhe nicht v.	Reguliert der Kfz-Haftpflichtvers. nach Vorlage eines Gutachtens zum Unfallhergang einen Schaden und vermeidet er so ein weiteres Prozessrisiko, handelt er nicht pflichtwidrig (§ 10 Abs. 5 AKB).
LG Mönchengladbach	17.04.1998	2 S 29/98	RuS 1998, 271	Höhe nicht v.	Die mit der Rückstufung des Schadenfreiheitsrabatts verbundenen Vermögensnachteile kann der VersNehmer nur dann vom Vers. ersetzt verlangen, wenn dieser völlig unsachgemäß reguliert, so etwa, wenn dieser unbegründete Ansprüche befriedigt (§ 10 Abs. 5 AKB); pVV verneint.
AG München	06.12.1983	5 C 19760/83	ZfS 1984, 83	Höhe nicht v.	Regulierung eines Schadens trotz Zahlungsverbots des VersNehmers. Der Vers. ist gehalten, nicht nur den Schadenfreiheitsrabatt des VersNehmers zu beachten, sondern er darf auch Zweckmässigkeitsgesichtspunkte (Prozessrisiko) berücksichtigen (§ 10 Abs. 5 AKB); pVV verneint.

LG München I	08.12.1987	32 S 10914/87	ZfS 1988, 83	Höhe nicht v.	Beurteilung der Sach- und Rechtslage durch ein int. Regulierungsbüro ist bei einem Auslandsschaden nicht pflichtwidrig.
AG Nürnberg	25.03.1988	23 C 10834/87	ZfS 1989, 242	Höhe nicht v.	Keine ermessensfehlerhafte Schadenregulierung des Vers., wenn dieser im Zweifelsfall Ersatz leistet, um zeitraubende und aufwendige Ermittlungen zu sparen (§ 10 Abs. 5 AKB); pVV abgelehnt.
AG Nürnberg	17.08.1988	23 C 1907/88	RuS 1989, 74 = ZfS 1989, 242	Höhe nicht v.	Regulierung eines Schadens durch den Vers., wenn nach Aktenlage eine Haftung des VersNehmers bzw. dessen Verurteilung in einem Prozess nicht zu erwarten war (§ 10 Nr. 5 AKB); pVV bejaht.
LG Nürnberg-Fürth	25.02.1959	8 O 109/58	VersR 1960, 241	11.000	Der Vers. ist bei Meldung eines nicht deckungspflichtigen Schadens verpflichtet, den VersNehmer auf die entsprechende Ausschlussbestimmung des VersVertrages hinzuweisen. Geriert sich der Vers. so, als bestünde uneingeschränkter VersSchutz, muss er dem VersNehmer den über den nicht ersatzpflichtigen Schaden hinausgehenden Schaden aus pVV ersetzen (Betriebs-Haftpflichtversichererung).
LG Nürnberg-Fürth	16.02.1966	8 O 170/64	VersR 1966, 1126	Höhe nicht v.	Ermessensspielraum des Vers. bei der Schadenregulierung eines Kfz-Haftpflichtschadens; pVV abgelehnt.

LG Nürnberg-Fürth	29.09.1981	3 HK O 3602/81	VersR 1982, 784	62.400	Haftung des VersMaklers bei Nichteinbeziehung eines bestimmten Risikos in eine Gruppe auftragsgemäß abgeschlossener Versicherungsverträge (Feuerversicherung); pVV wegen mangelnder Beweisführung des VersNehmers abgelehnt.
LG Offenburg	19.04.1983	1 S 128/82	ZfS 1983, 339	Höhe nicht v.	Kein vertragswidriges Verhalten des Vers., wenn dieser gegnerische Ansprüche in Höhe von 10 % befriedigt, weil der VersNehmer den Unabwendbarkeitsnachweis nach § 7 Abs. 2 StVG nicht führen kann.
OLG Oldenburg	19.08.1992	2 U 87/92	VersR 1993, 1226	Höhe nicht v.	Bedient sich der VersNehmer bei der Feststellung des VersWerts 1914 eines sachverständigen Dritten (Kreditinstitut als Darlehensgeber für das vers. Gewerbeobjekt), so hat er gegen den Vers. keinen Anspruch aus c.i.c., wenn der Wert zu niedrig errechnet wurde.
OLG Oldenburg	08.02.1995	2 U 221/94	VersR 1995, 819	Höhe nicht v.	Wenn der Vers. objektiv grundlos vom Vers-Vertrag (Krankheitskostenvers.) zurücktritt, dem VersNehmer aber auch ein pflichtwidriges Verhalten (hier: Verletzung der Anzeigepflichten aus § 16 VVG) vorwerfbar ist, besteht kein Anspruch aus pVV.

OLG Oldenburg	29.09.1999	2 U 157/99	VersR 2000, 1010	Höhe nicht v.	Unterhält der VersNehmer in der Kraftfahrt-Vers. neben einer Haftpflicht- auch eine Fahrzeugvers. und händigt der Vers. ihm auf Wunsch eine grüne Versicherungskarte aus, die Haftpflichtdeckungsschutz auch für den asiatischen Teil der Türkei bietet, so hat er den VersNehmer gleichzeitig ausdrücklich darüber aufzuklären, dass in der Fahrzeugvers. der VersSchutz auf den europäischen Teil der Türkei beschränkt ist.
LG Osna-brück	29.04.1988	11 S 42/88	ZfS 1989, 241	Höhe nicht v.	Regulierungsermessen des Kfz-Haftpflichtversicherers; eine Pflichtverletzung ist anzunehmen, wenn der Vers. ohne jegliche Prüfung zahlt, obwohl der Schadenfreiheitsrabatt des VersNehmers tangiert wird.
OLG Saar-brücken	25.11.1987	5 U 35/87	VersR 1989, 245 = NJW-RR 1989, 92 = ZfS 1989, 136	Höhe nicht v.	Eine Verpflichtung des Vers. zu Hinweis auf geänderte, für den VersNehmer günstigere Versicherungsbedingungen anlässlich einer Vertragsverlängerung oder -umgestaltung kann nur angenommen werden, wenn hiermit keine Erhöhung des Risikos für den Vers. verbunden ist (Angehörigenklausel in der Privat-Haftpflichtvers.); pVV verneint.

OLG Saar-brücken	27.01.1993	5 U 41/92	VersR 1993, 1386	Höhe nicht v.	Es besteht keine Verpflichtung des Vers., den VersNehmer während der Vertragslaufzeit auf zwischenzeitlich neue, günstigere Versicherungsbedingungen hinzuweisen, wenn nicht abschließend beurteilt werden kann, ob die neuen Bedingungen für den VersNehmer ausschließlich günstiger gewesen wären (Krankheitskostenversicherung); pVV abgelehnt.
OLG Saar-brücken	25.11.1994	14 O 485/93	VersR 1995, 1179	Höhe nicht v.	Der Vers. ist verpflichtet, den VersNehmer auf die rechtzeitige Stellung eines Antrags auf Erhöhung des Versicherungsschutzes für die Ehefrau nach Wegfall einer die Beihilfe erhöhenden Person hinzuweisen (MBKK 76); pVV bejaht.
OLG Saar-brücken	20.09.1995	5 U 1054/94 - 98	RuS 1997, 208	Höhe nicht v.	Der Vers. muss den VersNehmer auf eine Deckungslücke im VersSchutz nur dann hinweisen, wenn der VersNehmer umfassenden VersSchutz gewünscht hat und dem Vers. einen Sachverhalt mitteilt, aus dem sich eine Deckungslücke ergibt (Krankenversicherung/ Beihilfeanspruch); pVV verneint.

AG Schleswig	05.06.1968	2 C 152/68	VersR 1968, 959	3.300	Das Verlangen der Unterzeichnung einer Abfindungserklärung durch den VersNehmer vor Auszahlung einer festgestellten Entschädigungssumme stellt eine schuldhafte Vertragsverletzung dar, die diesen berechtigt, wegen pVV die Erstattung der Kosten des eingeschalteten Rechtsanwaltes zu verlangen.
AG Stuttgart	18.04.1980	40 C 10711/79	ZfS 1980, 311	Höhe nicht v.	Die teilweise Regulierung des Schadens eines Geschädigten, der offensichtlich eine Vorfahrtverletzung begangen hat, begründet ohne vorherige Zustimmung des VersNehmers eine pVV (§ 10 Abs. 5 AKB).
OLG Stuttgart	08.04.1993	7 U 263/92	Schd-Praxis 1993, 188	Höhe nicht v.	Hinweispflicht des Vers. gegenüber türkischem VersNehmer, dass sich die sog. grüne Versicherungskarte nur auf die Haftpflichtvers. bezieht und im asiatischen Teil der Türkei kein Kfz-Kaskoversicherungsschutz besteht; pVV bejaht.
AG Traunstein	08.07.1983	312 C 657/83	RuS 1983, 203	Höhe nicht v.	Der Vers. ist aus dem VersVertrag verpflichtet, einen möglichen Regress gegenüber dem VersNehmer auf die zulässige Höhe zu beschränken. Macht er einen höher als zulässigen Betrag geltend, begeht er eine pVV.

LG Trier	30.07.1987	3 S 46/87	RuS 1987, 272	Höhe nicht v.	Die Regulierung eines Kfz-Haftpflichtschadens trotz Zahlungsverbots des VersNehmers ist nur dann pflichtwidrig, wenn der Vers. seinen Ermessensspielraum überschreitet (§ 10 No. 5 AKB); pVV abgelehnt.

Literaturverzeichnis

Assmann/Schneider	Wertpapierhandelsgesetz, Kommentar, bearbeitet von Heinz-Dieter Assmann, Peter Cramer, Ingo Koller, Siegfried Kümpel, Uwe H. Schneider, Köln 1995
Auernhammer, Herbert	Bundesdatenschutzgesetz, Kommentar, 3. Auflage, Köln 1993
Bauer, Günter	Die Rechtsprechung des Bundesgerichtshofes zum Verlust des Versicherungsschutzes wegen vorsätzlicher Verletzung von Obliegenheiten nach dem Versicherungsfall in der Kraftfahrt-Versicherung, VersR 1972, 15
Baumann, Horst	Versicherungsrecht nach der Deregulierung, VersR 1996, 1
Baumbach/Duden/Hopt	Handelsgesetzbuch, Kommentar, bearbeitet von Adolf Baumbach, Konrad Duden, Klaus J. Hopt, 29. Auflage, München 1995
Black, Henry	Black's Law Dictionary, 5. Ed., West, 1979
Böhme, Wolfgang	Allgemeine Bedingungen für die Rechtsschutz-Versicherung (ARB), Kommentar, 9. Auflage, Karlsruhe 1993
Borgmann, Brigitte/ Haug, Karl H.	Anwaltshaftung, Systematische Darstellung der Rechtsgrundlagen für die anwaltliche Berufstätigkeit, 3. Auflage, München 1995
Brandt, Gisela/Triebel, Volker	Bad Faith-Ansprüche gegen Versicherungen nach kalifornischem und deutschem Recht, RIW 1996, 1

Brieger-Lutter, Jörgen	Urheberrechtsschutz für Versicherungsbedingungen?, ZfV 1992, 604 und 1993, 36
Bruck, Ernst	Das Privatversicherungsrecht, Mannheim, Berlin, Leipzig 1930
Bruck-Möller	Kommentar zum Versicherungsvertragsgesetz, Erster Band (§§ 1-48 VVG und Versicherungsvermittlerrecht), 8. Auflage, Berlin 1961. Begründet von Ernst Bruck, neubearbeitet von Hans Möller Zitiert: Bruck-Möller, VVG Bd. I
Bruck-Möller-Sieg	Kommentar zum Versicherungsvertragsgesetz, Zweiter Band (§§ 49-80 VVG), 8. Auflage, Berlin 1980. Begründet von Ernst Bruck, neubearbeitet von Hans Möller und Karl Sieg Zitiert: Bruck-Möller-Sieg, VVG Bd. II
Bruck-Möller-Johannsen	Kommentar zum Versicherungsvertragsgesetz, Vierter Band (§§ 149 - 158 a VVG, Allgemeine Haftpflichtversicherung) 8. Auflage, Berlin 1970. Bearbeitet von Ralf Johannsen Zitiert: Bruck-Möller-Johannsen, VVG Bd. IV
Brüggemeier, Gert/ Reich, Norbert	Europäisierung des BGB durch die große Schuldrechtsreform?, BB 2001, 213
Brunn, Johann Heinrich von	Auskunfts- und Vorlegungspflicht des Haftpflichtversicherers gegenüber dem Versicherungsnehmer?, NJW 1962, 948
Büchner, Franz	Fragen des aufsichtsrechtlichen Verbraucherschutzes, ZVersWiss 1994, 349
Bukow, Heinz	Die Rechtsbelehrung des Versicherungsnehmers - Ausblick und Rückblick, in: Festschrift für Erich R. Prölss, München 1967
Buschbell, Hans/ Stoll, Wolfgang	Schadenregulierung und Verbraucherschutz, AnwBl 1997, 639

Canaris, Claus W.	Die Vertrauenshaftung im deutschen Privatrecht, München 1971
ders.	Ansprüche wegen „positiver Vertragsverletzung" und „Schutzwirkung" für Dritte bei nichtigen Verträgen, JZ 1965, 475
ders.	Schutzgesetze - Verkehrspflichten - Schutzpflichten, in: Festschrift für Karl Larenz, München 1983
Cherry, Thomas R./Ursula Claßen	Die „bad faith"-Doktrin im Recht der USA, PHi 1/1993, S. 2 ff.
Claßen, Ursula	siehe Cherry, Thomas R.
Creifelds	Rechtswörterbuch, 12. Auflage, München 1994. Bearbeitet von Dieter Guntz, Paul Henssler, Hans Kauffmann, Friedrich Quack, Jochem Schmitt und Walter Weidenkaff
Crome, Carl	System des Deutschen Bürgerlichen Rechts, Bd. II, Recht der Schuldverhältnisse, Tübingen 1902
Cuntze, Wolfdieter	Die geschäftsplanmäßige Erklärung in der Versicherungsaufsicht, Diss., Hamburg 1965
Danga, Ioana	siehe Looschelders, Dirk
Dauner-Lieb, Barbara	Die geplante Schuldrechtsmodernisierung - Durchbruch oder Schnellschuss?, JZ 2001, 8
Dauses, Manfred A.	Information der Verbraucher in der Rechtsprechung des EuGH, RIW 1998, 750
Deutsch, Erwin	Versicherungsvertragsrecht - Ein Grundriss, 2. Auflage, Karlsruhe 1988
Dietz, Horst	Wohngebäudeversicherung - Bedingungen, Klauseln, Prämienrichtlinien, Versicherungstechnik, Karlsruhe 1990

Dreher, Meinrad — Die Versicherung als Rechtsprodukt - Die Privatversicherung und ihre rechtliche Gestaltung, Habil., Tübingen 1991

Dreher/Tröndle — Strafgesetzbuch und Nebengesetze, Kommentar, 49. Auflage, München 1999, bearbeitet von Herbert Tröndle und Thomas Fischer

Duden — Wörterbuch der deutschen Sprache, 3. Auflage, Mannheim, Leipzig, Wien, Zürich 1999

Duvinage, Angela — Vorgeschichte und Entstehung des Gesetzes über den Versicherungsvertrag, Karlsruhe 1987

Ebel, Wilhem — Glücksvertrag und Versicherung, ZVersWiss 1962, 53

Eckert, Hans-Werner — Time-Sharing-Verträge nach dem neuen Teilzeit-Wohnrechtsgesetz, ZIR 1997, 2

Ehrenberg, Victor — Versicherungsrecht, Bd. I, Leipzig 1893

Eichler, Hermann — Versicherungsrecht, 1. Auflage, Karlsruhe 1966 und 2. Aufl., Karlsruhe 1976 (soweit im Text nicht anders vermerkt, 2. Auflage)

– — Versicherung als Geschäftsbesorgung, in: Festschrift für Hans Carl Nipperdey, Bd. I, München und Berlin 1965

– — Vom Zivilrecht zum Versicherungsrecht, in: Grundprobleme des Versicherungsrechts, Festgabe für Hans Möller, Karlsruhe 1972

– — Versicherungswissenschaft als einheitliche Wissenschaft, Versicherungswissenschaftliches Archiv, 1957, 219

Emmerich, Volker — Das Recht der Leistungsstörungen, 4. Auflage, München 1997

Erichsen, Sven	Schadensregulierung durch Warenlieferung des Versicherungsnehmers in der Haftpflichtversicherung, VersR 1996, 935
Ermann	Handkommentar zum Bürgerlichen Gesetzbuch, 9. Auflage, Münster 1993, bearbeitet von Lutz Aderhold, Robert Battes u. a. zitiert: Ermann-Berabeiter
Ernst, Wolfgang	Die Schuldrechtsreform 2001/2002 - Zum Diskussionsentwurf des Schuldrechtsmodernisierungsgesetzes, ZRP 2001, 1
Ernst, Wolfgang/ Gsell, Beate	Kaufrechtsrichtlinie und BGB, ZIP 2000, 1410
Eschbach, Martin	siehe Wertheimer, Frank
Farny/Helten/Koch/ Schmidt (Hrsg.)	Handwörterbuch der Versicherung, bearbeitet von Eduard Delisle, Richard Woltereck, Jürgen Zech u. a., Karlsruhe 1988
Fischer, Robert	Treu und Glauben im Versicherungsrecht, VersR 1965, 197
Flick, Günter	Die Schranken der Inhaltskontrolle Allgemeiner Versicherungsbedingungen nach § 8 des Gesetzes zur Regelung des Rechts der allgemeinen Geschäftsbedingungen, Diss., Hamburg 1984
Frey, Emil	Aufbewahrung von Belegen und Geheimhaltung als Gegenstand von Nebenpflichten aus dem Versicherungsverhältnis, in: Rechtsfragen der Individualversicherung, Festgabe für E. Prölss, Karlsruhe 1957
Frost, Marina	„Vorvertragliche“ und „vertragliche“ Schutzpflichten, Berlin 1981
Gärtner, Rudolf	Verbraucherschutz und Privatversicherung, VuR 1987, 187

Gauch, Peter/Schluep, Walter R.	Schweizerisches Obligationenrecht, Allg. Teil, Bd. II, 5. Auflage, Zürich 1991
Gebhardt, Hans-Jürgen	Weitere Probleme bei der Schadenregulierung, AnwBl 1983, 154
Geigel/Schlegelmilch (Hrsg.)	Der Haftpflichtprozeß mit Einschluß des materiellen Haftpflichtrechts, bearbeitet von Kurt Haag, Hans-Ulrich Kolb, Adalbert Kunschert, Hermann Plagemann, Roland Rixecker, Günter Schlegelmilch und Erich Schönwerth, 23. Auflage, München 1993
Geiger, Hermann	Der Schutz des Versicherten im Europäischen Binnenmarkt, Diss., Konstanz 1992
Geis, Ivo	Haftungsrisiko im Datenschutzrecht für Unternehmen, CR 1993, 269
Geschäftsbericht des Bundesaufsichtsamtes für das Versicherungswesen	Zitiert: GB BAV (Jahr)
Gierke, Julius von	Versicherungsrecht I, Stuttgart 1937
Gierke, Otto von	Deutsches Privatrecht, Bd. 3, Schuldrecht, Leipzig 1917
Giesen, Dieter	Die Haftung des Warenherstellers, NJW 1969, 583
Gola/Schomerus	Bundesdatenschutzgesetz, Kommentar, bearbeitet von Peter Gola und Rudolf Schomerus, 6. Auflage, München 1997
Goldmann/Lilienthal	Das Bürgerliche Gesetzbuch - systematisch dargestellt, Bd. I, 2. Auflage, Berlin 1903, bearbeitet von Eduard Goldmann und Leo Lilienthal
Goldschmidt, Levi	Die Kodifikation des Deutschen bürgerlichen und Handels-Rechts, ZHR Bd. 20, 127

Grieshaber, Adolf — Das Synallagma des Versicherungsvertrages, Diss., Freiburg 1914

Grimm, Wolfgang — Kommentar zu den Allgemeinen Unfallversicherungsbedingungen (AUB), 2. Auflage, München 1994

Gsell, Beate — siehe Ernst, Wolfgang

Guhl,Theo — Das Schweizerische Obligationenrecht, 8. Auflage, Zürich 1991

Haeberlin, Thorsten — Der aktuelle Stand des Versicherungsnehmerschutzes im englischen und deutschen Versicherungsvertragsrecht vor dem Hintergrund der jüngsten EG-Rechtsentwicklung, Diss., Frankfurt 1998

Hannes, Rudi — siehe Münstermann, Walter

Harting, Friedhelm — Die positiven Vertragsverletzungen in der neueren deutschen Privatrechtsgeschichte, Hamburg 1967

Hasse, Andreas/ Zimmermann, Roland — Rechtsgrundsätze der Beratungshaftung im Versicherungsvertrieb, PHi 1998, 42

Hauck — SGB I - Allgemeiner Teil, Kommentar, bearbeitet von Karl Hauck, Dieter Freischmidt, Roland Klattenhoff, Robert Steinbach, Berlin 1976/2000

Haug, Karl H. — siehe Borgmann, Brigitte

Haymann, Franz — Leistung und Gegenleistung im Versicherungsvertrag, Berlin und Leipzig 1933

Heck, Philipp — Zur Entstehungsgeschichte des § 276 Satz 1 BGB, AcP 137 (1933), 259

Heinemann, Klaus — Die Beweislastverteilung bei positiven Forderungsverletzungen, Diss., Köln 1988

Heymann, Ekkehardt — Zum neuen Verbraucherkreditgesetz, WM 1991, 1285

Himmelschein, Jury	Erfüllungszwang und Lehre von den positiven Vertragsverletzungen, AcP 135 (1932), 255
Hippel, Eike von	Kein Schutz des Versicherungsnehmers vor Wucher?, BB 1997, 218
–	Private Unfallversicherung und Verbraucherschutz, JZ 1991, 452
–	Fortschritt beim Verbraucherschutz im Versicherungswesen, JZ 1990, 730
–	Gewinnbeteiligung und Verbraucherschutz in der Lebensversicherung, JZ 1989, 663
–	Zur Haftung des Haftpflichtversicherers wegen Ablehnung eines für den Versicherten günstigen Vergleichsangebots, VersR 1960, 1079
Hoffmann, Stefan	Verbraucherschutz im deutschen Privatversicherungsrecht nach dem Wegfall der Vorabkontrolle Allgemeiner Versicherungsbedingungen, Diss., Karlsruhe 1998
Hohlfeld, Knut	Wie schützt sich der Versicherungskunde im europäischen Binnenmarkt?, in: Bach (Hrsg.), Symposion AGBG und AVB - Die Entwicklung des Verbraucherschutzes bei Versicherungsverträgen, Frankfurt a. M., 24./25. Februar 1993, Karlsruhe 1993
Hohloch, Gerhard	Versicherungsrechtliche Vertrauenshaftung, VersR 1980, 107
–	„Vertrauenshaftung" - Beginn einer Konkretisierung?, NJW 1979, 2369
Honsell, Heinrich	Einige Bemerkungen zum Diskussionsentwurf eines Schuldrechtsmodernisierungsgesetzes, JZ 2001, 18
Horn, Norbert	Neuverhandlungspflicht, AcP 181 (1981), 255

Hoyningen-Huene, Gerrick von — Zur Haftung des Versteigerers und Sachverständigen, NJW 1975, 963

Huber, Ulrich — Die Pflichtverletzung als Grundtatbestand der Leistungsstörung im Diskussionsentwurf eines Schuldrechtsmodernisierungsgesetzes, ZIP 2000, 2273

Ihering, Rudolf von — Culpa in contrahendo, Ihering-Jahrbücher, 4. Bd. 1861; Nachdruck, Bad Homburg, Berlin, Zürich 1969

Jaax, Lambert — Culpa in contrahendo im Privatversicherungsrecht, Diss., Köln 1935

Jakobs, Horst H. — Unmöglichkeit und Nichterfüllung, Bonn 1969

Johannsen, Katharina — Zur Inhaltskontrolle von Bedingungsanpassungsklauseln in den Vertragsbedingungen von Versicherungen, DZWiR 1998, 115

Johannsen, Ralf — siehe Bruck/Möller/Johannsen

Karten/Werber/Winter (Hrsg.) — Lebensversicherung und Geschäftsbesorgung, Karlsruhe 1998. Zitiert: Autor-Karten/Werber/Winter

Kieninger, Eva-Maria — Aufklärungspflichten bei fremdfinanzierter Lebensversicherung als Kapitalanlage, NVersZ 1999, 118

– — Informations-, Aufklärungs- und Beratungspflichten beim Abschluss von Versicherungsverträgen, AcP 199 (1999), 190

– — Informations-, Aufklärungs- und Beratungspflichten bei Abschluss von Versicherungsverträgen: Zur Gesetzesinitiative der Bundesländer vom 7.7.1997, VersR 1998, 5

– — Internationale Versicherungsverträge und Verbraucherschutz, Lebensversicherung und Versicherungsvertrieb - Fünfte Wissenschaftstagung des Bundes der Versicherten, 11./12. Mai 1995, ZEuP 1996, 163

– Die Europäisierung des Versicherungswesens - Vierte Wissenschaftstagung des Bundes der Versicherten, 5./6. Mai 1994, ZEuP 1995, 312

Kipp, Theodor — Das Reichsgericht und die positiven Vertragsverletzungen, DJZ Bd. 8, 1903

Kisch, Wilhelm — Handbuch des Privatversicherungsrechts, 2. Bd., München 1920

– Grundsätzliches zum Tatbestand des Versicherungsfalles, ZfV 1935, 182

– Grundsätzliches zum Begriff des Versicherungsfalles, ZfV 1935, 83

Klaas, Christoph — Dauerschuldverhältnisse im immer rascheren Wandel der Zeit, AnwBl. 1986, 213

Klimke, Dominik — Die Hinweispflicht des Versicherers bei der Einführung neuer AVB, NVersZ 1999, 449

Köbler, Gerhard — Culpa in contrahendo im Privatversicherungsrecht, VersR 1969, 773

Kollhosser, Helmut — Gewohnheitsrechtliche Erfüllungshaftung und alternative Regelungen, RuS 2001,89

Köpcke, Günther — Typen der positiven Vertragsverletzung, Stuttgart, Berlin, Köln 1965

Kotulla, Michael — Die historischen Voraussetzungen für die Entstehung des Rechtsinstituts der „positiven Forderungsverletzung“ im 19. Jahrhundert, SavZRG (Germ. Abt.) 108 (1991), 358

Krebs, Peter — Die große Schuldrechtsreform, DB 2000, Beilage Nr. 14

Krückmann, Paul	Unmöglichkeit und Unmöglichkeitsprozess; Auszug, ebenda § 8: „Positive Vertragsverletzungen", AcP 101 (1907), 190
Kühnholz, Peter	Versicherungsrecht, Köln, Berlin, Bonn 1989
Küpper, Georg	Einbeziehung neuer Bedingungen in den Versicherungsvertrag, VP 1983, 43
Lahnstein, Manfred	Verbraucherschutz durch Versicherungsaufsicht, VerBAV 1980, 225
Langheid, Theo	Versicherungsvertragsgesetz, siehe Römer/Langheid
Larenz, Karl	Lehrbuch des Schuldrechts, Allg. Teil, Bd. I, 14. Auflage, München 1987
–	Lehrbuch des Schuldrechts, Bes. Teil, Bd. II, 13. Auflage., München 1986
–	Methodenlehre der Rechtswissenschaft, 6. Auflage, Berlin u. a. 1961
Liebs, Detlef	Lateinische Rechtsregeln und Rechtssprichwörter, München 1982
Littbarski, Sigurd	Informationspflicht des Versicherers bei Abschluss einer Lebensversicherung, EWiR 1993, 1237
Lobscheid, Hans Gert	Gefahrtragung als Versicherungleistung, NJW 1964, 1254
Looschelders, Dirk/ Danga, Ioana	Der Schuldnerverzug bei Geldforderungen nach Inkrafttreten des Gesetzes zur Beschleunigung fälliger Zahlungen, VersR 2000, 1049
Lorenz, Egon	Zu den Informationspflichten des Versicherers und zum Abschluß von Versicherungsverträgen nach neuem Recht, ZVersWiss 1995, 103

Lorenz-Liburnau, Hans	Geschäftsplanmäßige Erklärungen, VersRdsch. 1952, 34
Lörcher, Gino	Dic Anpassung langfristiger Verträge an veränderte Umstände, DB 1996, 1269
Maier-Reimer, Georg	Zivilrechtsausschuss kommentiert Entwurf des Schuldrechtsmodernisierungsgesetzes, AnwBl. 2001, 25
Manes, Alfred	Versicherungslexikon, 3. Auflage, Berlin 1930
Mankowski, Peter	Timesharingverträge und Internationales Privaterecht, RIW 1995, 363
Martin, Anton	Sachversicherungsrecht, Kommentar, 3. Auflage, München 1992
Martinek, Michael	Das neue Teilzeit-Wohnrechtsgesetz - mißratener Verbraucherschutz bei Time-Sharing-Verträgen, NJW 1997, 1393
Mäsch, Gerald	Time-Sharing-Richtlinie - Licht und Schatten im Europäischen Verbraucherschutzrecht, EuZW 1995, 9
Matusche, Annemarie	Verbraucherschutz durch aufsichtsrechtlich normierte Informations- und Beratungspflichten, VW 1994, 1298
Medicus, Dieter	Bürgerliches Recht, 17. Aufl., Köln, Berlin, Bonn, München 1996
–	Probleme um das Schuldverhältnis, Berlin 1987
–	Leistungsmängel und Schadensersatz, JUS 1998, 289
Mehnle, Siegfried	Der Restwert in der Schadenregulierung, DAR 1989, 317
Messerschmidt, Burkhard	Hinweis- und Belehrungspflichten des Versicherers, Frankfurt, Bern, New York 1986

Meyer, Hans Dieter — Das Versicherungs(un)wesen - Eine Branche jenseits von Recht und Wettbewerb, München 1993

– Verbraucherpolitische Informationen und Forderungen, VersWissStud., Bd. 4, S. 157

– Reformbedarf des Versicherungsrechts aus Sicht des Bundes der Versicherten, VersWissStud., Bd. 6, S. 69

– Wem gehören 800 Milliarden Mark? - Eine Kritik an den rechtlichen und wirtschaftlichen Grundlagen des Versicherungswesens, ZRP 1990, 424

Michaels, Bernd — Reformbedarf im Versicherungsrecht - Aus Sicht der Versicherungswirtschaft, Münsteraner Reihe, Heft 56, Karlsruhe 1999

Model, Otto — Die positiven Vertragsverletzungen, Naumburg 1909

Mohr, Paul Günther — Verschwiegenheitspflichten der Lebensversicherungsunternehmen im privaten Rechtsverkehr, VersR 1953, 7

Möller, Hans — siehe Bruck/Möller und Bruck/Möller/Sieg

– Versicherungsvertragsrecht, 3. Auflage, Wiesbaden 1971

– Übergesetzliche Hinweispflichten des Versicherers, in: Festschrift für Ernst Klingmüller, Karlsruhe 1974

Mommsen, Friedrich — Beiträge zum Obligationenrecht (3 Abteilungen),
1. Abt.: Die Unmöglichkeit der Leistung in ihrem Einfluss auf obligatorische Verhältnisse, Braunschweig, 1853
2. Abt.: Zur Lehre vom Interesse, Braunschweig, 1855
3. Abt.: Die Lehre von der Mora nebst Beiträgen der Lehre von der Culpa, Braunschweig, 1855

Motive zum VVG — Motive zum Versicherungsvertragsgesetz vom 30. Mai 1908, Nachdruck, Berlin 1963

Motive zum BGB — Motive zu dem Entwurfe eines Bürgerlichen Gesetzbuches für das Deutsche Reich, Bd. II, Recht der Schuldverhältnisse, 2. Auflage, Berlin 1896

Mrozynski, Peter — Sozialgesetzbuch - Allgemeiner Teil (SGB I), 2. Auflage, München 1995

Mugdan, Benno (Hrsg.) — Die gesamten Materialien zum Bürgerlichen Gesetzbuch für das Deutsche Reich, II. Band, Recht der Schuldverhältnisse, Berlin 1899

Müller, Helmut — Reformbedarf im Versicherungsrecht - Aus Sicht der Versicherungsaufsicht, Münsteraner Reihe, Heft 56, Karlsruhe 1999

– — Reformbedarf im Versicherungsrecht, BB 1999, 1178

Münchener Kommentar Bd. 1 — Münchener Kommentar zum Bürgerlichen Gesetzbuch, herausgegeben von Kurt Rebmann und Franz-Jürgen Säcker, Band 1, §§ 1-240, bearbeitet von Jürgen Basedow, Börries von Feldmann, Hermann Förschler, Johann Wilhelm Gerlach, Wolfgang Gitter, Georg Holch, Hein Kötz, Ernst Kramer, Theo Mayer-Maly, Dieter Reuter, Franz Jürgen Säcker, Peter Schwerdtner, Karl-Heinz Schramm und Harm Peter Westermann, 3. Auflage, München 1993

Münchener Kommentar Bd. 2 — Münchener Kommentar zum Bürgerlichen Gesetzbuch, herausgegeben von Kurt Rebmann und Franz-Jürgen Säcker, Band 2, §§ 241-432, bearbeitet von Volker Emmerich, Börries von Feldmann, Peter Gottwald, Wolfgang Grunsky, Peter Hanau, Helmut Heinrichs, Fritz Janßen, Rainer Kanzleiter, Rolf Keller, Ernst A. Kramer, Bernd Baron von Maydell, Wernhard Möschel, Günter H. Roth, Walter Selb und Reinhold Thode, 3. Auflage, München 1994

Münstermann, Walter/ Hannes, Rudi | Kommentar zum Verbraucherkreditgesetz, Münster 1991

Musielak, Hans-Joachim | Haftung für Rat, Auskunft und Gutachten, Berlin 1974

Nißl, Günter | Die Haftung des Experten für Vermögensschäden Dritter - bedingt durch unrichtige Gutachten - im deutschen, englischen und amerikanischen Recht, Diss., München 1971

Nitschke, Janina | Die Transparenz von Versicherungsbedingungen, Referat, gehalten auf der Jahrestagung des Deutschen Vereins für Versicherungswissenschaft in Leipzig, VW 2000, 967

Osing, Stefan | Informationspflichten des Versicherers und Abschluß des Versicherungsvertrages, Diss., Köln 1995

o. V. | Versicherung braucht mehr Transparenz, Börsen-Zeitung, 16.7.1999

o. V. | Wundertüte Lebensversicherung, Handelsblatt, 23.6.1999

o. V. | Richter mahnen Fairplay bei Versicherungen an, Handelsblatt, 10.7.1999

o. V. | Private Haftpflichtversicherung: Bisher ausgeschlossene Schäden mitversichert, VW 1999, 478

o. V. | Gemanagte Policen, ZfVersWesen 1998, 712

o. V. | Engere Kundenbindung statt lediglich Policenvielfalt, Wirtschaftskurier, 19.1.1999

o. V. | Lebensversicherungen - Legaler Betrug, Der Spiegel, 2.3.1998

o. V.	Falschberatung hat noch zu wenig Konsequenzen, Handelsblatt, 10.6.1997
o. V.	Fälle für den Richter, Capital, 5/1997, S. 221
o. V.	Warten auf die Pleite, Focus, 33/ 1995, S. 180
o. V.	Versicherungsreform, Uralt-Gesetz auf dem Prüfstand, Focus-Money, 18/2000, S. 122
Palandt	Bürgerliches Gesetzbuch, bearbeitet von Peter Bassenge, Gerd Brudermüller, Uwe Diederichsen, Wolfgang Edenhofer, Helmut Heinrichs, Andreas Heldrich, Hans Putzo, Hartwig Sprau, Heinz Thomas, Walter Weidenkaff, 60. Auflage, München 2001 zitiert: Palandt-Bearbeiter
Pataki, Tibor S.	Der Geschäftsbesorgungsgedanke im Versicherungsvertragsrecht, Diss., Karlsruhe 1998
Pfeiffer, Heinrich	Anmerkung zu KG vom 18.2.1925 - 24 U 243/25, JRPV 1925, 125
Picker, Eduard	Positive Forderungsverletzung und culpa in contrahendo, AcP 183 (1983), 369
Präve, Peter	Verbraucherschutz und Versicherung - Zur Kritik von Hans Dieter Meyer, ZVersWiss 1991, 383
–	Zum Reformbedarf im Versicherungsrecht, VersR 1999, 1211
–	Verbraucherschutz und Reformbedarf, NVersZ 2000, 201

Prölss — Versicherungsaufsichtsgesetz, Kommentar, bearbeitet von Peter Frey, Helmut Kollhosser, Ursula Lipowsky, Hans-Wolf Mayer, Reimer Schmidt, Hanns-Jürgen Weigel, 11. Auflage, München 1997
zitiert: Prölss-Bearbeiter (wenn nicht anders vermerkt, 11. Auflage)

Prölss, Jürgen — Anmerkung zum Urteil des BGH vom 13.01.1982 - IVa ZR 162/80 (ZIP 1982, 326), ZIP 1982, 333

Prölss/Martin — Versicherungsvertragsgesetz, Kommentar zu VVG und EGVVG sowie Kommentierung wichtiger Versicherungsbedingungen, 26. Auflage, München 1998. Bearbeitet von Ulrich Knappmann, Helmut Kollhosser, Jürgen Prölss, und Wolfgang Voit
zitiert: Bearbeiter-Prölss/Martin

Protokolle zum BGB — Protokolle der Kommission für die zweite Lesung des Entwurfs des Bürgerlichen Gesetzbuchs, Bd. I., Allg. Teil und Recht der Schuldverhältnisse, bearbeitet von Achilles, Gebhard und Spahn, Berlin 1897

Reich, Norbert — Schuldrechtliche Informationspflicht gegenüber Endverbrauchern, NJW 1978, 513

– — Dritte Richtlinie Schadenversicherung 92/49/EWG vom 18. Juni 1992 und Lebensversicherung 92/96/EWG vom 10. November 1992 und der Schutz des privaten Versicherungsnehmers, VuR 1993, 10

– — Europäisierung des BGB durch die große Schuldrechtsreform?, BB 2001, 213; siehe auch: Brüggemeier, Gert

Reichert-Facilides, Fritz — Die „Erfüllungshaftung des Versicherers für seine Agenten", VersR 1977, 208

– Lang- und Kurzfristigkeit von Versicherungsverträgen: Rechtsvergleichende Anmerkungen, in: Festschrift für Egon Lorenz, Recht und Ökonomie der Versicherung, Karlsruhe 1994

Renger, Reinhard Stand, Inhalt und Probleme des neuen Versicherungsrechts - Bemerkungen zum Dritten Gesetz zur Durchführung versicherungsrechtlicher Richtlinien des Rates der Europäischen Gemeinschaften, VersR 1994, 753

RGRK Das Bürgerliche Gesetzbuch, Kommentar, Band I (§§ 1-240), bearbeitet von Herbert Johannsen, Wilhelm Kregel, Gerda Krüger-Nieland, Henning Piper, Erich Steffen, 12. Auflage, Berlin 1982
zitiert: RGRK-Bearbeiter

Richter, Klaus Das rechtliche Schicksal der Haftpflichtversicherung im Erbgang, Diss., Freiburg 1970

Rinsche, Franz-Josef Die Haftung des Rechtsanwalts und des Notars: Ein Handbuch für die Praxis, 5. Auflage, Köln, Berlin, Bonn, München 1995

Römer/Langheid Versicherungsvertragsgesetz - VVG - mit Pflichtversicherungsgesetz (PflichtVG) und Kraftfahrzeug-Pflichtversicherungsverordnung (KfzPflVV), Kommentar, München 1997
Bearbeitet von Wolfgang Römer und Theo Langheid
Zitiert: Bearbeiter-Römer/Langheid

Römer, Wolfgang Die Informationspflichten der Versicherer - unter besonderer Berücksichtigung der Krankenversicherung, Karlsruhe 1998

– Zu den Informationspflichten der Versicherer und ihrer Vermittler, VersR 1998, 1313

–	Schranken der Inhaltskontrolle von Versicherungsbedingungen in der Rechtsprechung nach § 8 AGB-Gesetz, in: Festschrift für Egon Lorenz, Recht und Ökonomie der Versicherung, Karlsruhe 1994
–	Reformbedarf des Versicherungsvertragsrechts aus höchstrichterlicher Sicht, VersR 2000, 661
Roth, Wulf-Henning	Das Allgemeininteresse im europäischen Internationalen Versicherungsvertragsrecht, VersR 1993, 129
Rudisch, Bernhard	Dauer und Anpassung von Versicherungsverträgen im Interessenwiderstreit - 11. Versicherungswissenschaftliches Symposion, Graz, 19./20.11.1998, VersR 1999, 424
Schimikowski, Peter	Überlegungen zu einer Reform des Versicherungsvertragsgesetzes, RuS 2000, 353
–	Verbraucherfreundliche Versicherungsbedingungen - Symposium des Fachbereichs Versicherungswesen der Fachhochschule Köln, VersR 1998, 1085
–	Versicherungsvertragsrecht, Köln 1999
Schirmer, Helmut	Beratungspflichten und Beratungsverschulden der Versicherer und ihrer Agenten, RuS 1999, 133 (Teil I) und 177 (Teil II)
–	Änderungen des VVG nach der Deregulierung mit den Schwerpunkten - Abschluß des Versicherungsvertrages und Einbeziehung von AVB, VersR 1996, 1045
Schlechtriem, Peter H.	Abgrenzungsfragen bei der positiven Vertragsverletzung, VersR 1973, 581
Schlossareck, Fred	Ansprüche des Versicherungsnehmers aus culpa in contrahendo, Diss., Karlsruhe 1995

Schmalzl, Max — Die Berufshaftpflichtversicherung des Architekten und des Bauunternehmers, München 1989

Schmidt, Eicke — Nachwort zu Rudolf von Ihering, Culpa in contrahendo, und Hermann Staub, Die positiven Vertragsverletzungen, Bad Homburg, Berlin, Zürich 1969

Schmidt, Karl A. — Verschwiegenheitspflicht und Auskunftsverweigerungsrecht der privaten Versicherungsunternehmen, VersR 1957, 492

Schmidt, Rainer — Die rechtliche Stellung des Realgläubigers gegenüber dem Versicherer, Diss., Bielefeld 1982

Schmidt, Reimer — Zur Entwicklung des Verbraucherschutzes im Umgang mit Versicherungsprodukten, in: Bach (Hrsg.), Symposion AGBG und AVB - Die Entwicklung des Verbraucherschutzes bei Versicherungsverträgen, Frankfurt a. M., 24./25. Februar 1993, Karlsruhe 1993

Schmidt-Räntsch, Jürgen — Der Entwurf eines Schuldrechtsmodernisierungsgesetzes, ZIP 2000, 1639

Schmidt-Rimpler, Walter — Über einige Grundbegriffe des Privatversicherungsrechts, in: Festschrift für Ernst Heymann, Bd. 2, Marburg 1931

– — Versicherungswirtschaft und Versicherungsrecht, in: Ansprachen und Vorträge bei der Eröffnungsfeier des Instituts für Versicherungswissenschaft am 19. Januar 1939 in der Universität Berlin, Berlin 1939

– — Zum Begriff der Versicherung, VersR 1963, 493

Schmidt-Salzer, Joachim — EG-Richtlinie über mißbräuchliche Klauseln in Verbraucherverträgen, Inhaltskontrolle von AVB und Deregulierung der Versicherungsaufsicht, VersR 1991, 1261

Schöller, Wilhelm	Die Folgen schuldhafter Nichterfüllung, insbesondere der Schadensersatz wegen Nichterfüllung bei Kauf, Werkvertrag, Miete und Dienstvertrag, in: Gruchot, Bd. 46 (1902), S. 1
Schulz, Ewald	Die Schweigepflicht in der Versicherungspraxis, ZfV 1960, 317
Schünemann, Wolfgang B.	Rechtsnatur und Pflichtenstruktur des Versicherungsvertrages, JZ 1995, 430
Schwintowski, Hans-Peter	Die Rechtsnatur des Versicherungsvertrages, JZ 1996, 702
–	Informationspflichten in der Lebensversicherung, VuR 1996, 223
–	Zu Bedingungsanpassungsklauseln in Allgemeinen Versicherungsbedingungen, VuR 1998, 128
–	Der private Versicherungsvertrag zwischen Recht und Markt, Baden-Baden 1987
Seibert, Ulrich	Handbuch zum Gesetz über Verbraucherkredite, Köln 1991
Sieg, Karl	Ausstrahlungen der Haftpflichtversicherung, Habil., Hamburg 1952
–	Zur Haftung des Versicherers aus culpa in contrahendo, BB 1987, 352
Silberschmidt, Hans	Begriff und Einordnung des Versicherungsrechts, ZGesVersWiss. 1917, 292
Simitis	Kommentar zum Bundesdatenschutszgesetz, bearbeitet von Spiros Simitis, Ulrich Dammann, Hansjörg Geiger, Otto Mallmann und Stefan Walz, 4. Auflage, Baden Baden 1992 (Loseblattsammlung/Stand Dezember 1998)

Soergel	Kommentar zum Bürgerlichen Gesetzbuch mit Einführungsgesetz und Nebengesetzen, Band 1, Allgemeiner Teil (§§ 1-240), bearbeitet von Hermann Fahse, Irmgard Heinrich, Walther Hadding, Klaus Neuhoff, Otto Mühl, Wolfgang Hefermehl, Manfred Wolf, Ulrich Leptien, Gerhard Walter und Jürgen Herzler, 12. Auflage, Stuttgart, Berlin, Köln, Mainz 1988 zitiert: Soergel-Bearbeiter
Soergel	Kommentar zum Bürgerlichen Gesetzbuch, Band 2, Schuldrecht I (§§ 241-432), bearbeitet von Arndt Teichmann, Hans-Joachim Mertens, Manfed Wolf, Herbert Wiedemann u. a., 12. Auflage, Stuttgart, Berlin, Köln 1990 zitiert: Soergel-Bearbeiter
Späte, Bernd	Haftpflichtversicherung, Kommentar zu den Allgemeinen Versicherungsbedingungen für die Haftpflichtversicherung (AHB), München 1993
Starke, Otto-Ernst	Die Entwicklungslinien in der materiellen Staatsaufsicht in der ersten Hälfte des 20. Jahrhunderts, in: Rohrbeck, 50Jahre materielle Versicherungsaufsicht, Bd. 3, Berlin 1955
Staub, Hermann	Über die positiven Vertragsverletzungen und ihre Rechtsfolgen, in: Festgabe für den 26. Deutschen Juristentag , Berlin 1902; Nachdruck in: Rudolf von Ihering, Culpa in contrahendo, Bad Homburg, Berlin, Zürich 1969
–	Die positiven Vertragsverletzungen, Berlin 1904, Nachdruck in: Rudolf von Ihering, Culpa in contrahendo, Bad Homburg, Berlin, Zürich 1969

Staudinger — Kommentar zum Bürgerlichen Gesetzbuch mit Einführungsgesetz und Nebengesetzen, 13. Auflage, Berlin 1995, erläutert von Manfred Löwisch, Peter Mader, Theo Mayer-Maly, Hansjörg Otto, Walter Selb, Eduard Wufka, u. a.
zitiert: Staudinger-Bearbeiter

Stiefel/Hofmann — Kraftfahrtversicherung, Kommentar zur den Allgemeinen Bedingungen für die Kraftfahrtversicherung - AKB, München 1995
bearbeitet von Ernst Stiefel und Edgar Hofmann

Stoll, Heinrich — Abschied von der Lehre von den positiven Vertragsverletzungen - Betrachtungen zum dreißigjährigen Bestand der Lehre, AcP 136 (1932), 257

Stoll, Hans — Tatbestände und Funktionen der Haftung für culpa in contrahendo, in: Festschrift für Ernst von Caemmerer, 1978

Tiele, Wolfgang — Leistungsstörung und Schutzpflichtverletzung, JZ 1967, 649

Tönnes, Wolf-Achim — Zivilrechtliche Gestaltungsrechte bei Ferienwohnrechten, RIW 1996, 124

Triebel, Volker — siehe Brandt, Gisela

Ulmer/Brandner/Hensen — AGB-Gesetz, bearbeitet von Peter Ulmer, Erich Brandner, Horst-Diether Hensen, Harry Schmidt, 8. Auflage, Köln 1997
zitiert: Bearbeiter-Ulmer/Brandner/Hensen

van de Loo, Oswald — Die Angemessenheitskontrolle Allgemeiner Versicherungsbedingungen nach dem AGB-Gesetz, Diss., Karlsruhe 1986

Venzmer, Kurt J. — Rechtsnatur der Schadenregulierung des Haftpflichtversicherers und seine Rechenschaftspflichten gegenüber dem Versicherungsnehmer, VersR 1962, 934

Voit, Wolfgang — Anmerkung zu OLG Saarbrücken, VersR 1989, 245

Wagner, Erich — Haftpflichtversicherung, 2. Auflage, Karlsruhe 1986

Wahle, Karl — Die Prozeßmuntschaft des Haftpflichtversicherers, ZVersWiss 1960, 51

Wälder, Johannes — Über das Wesen der Versicherung - Ein methodologischer Beitrag zur Diskussion um den Versicherungsbegriff, Berlin 1971

Weidner, Victor — Zur Problematik privater und öffentlicher Daseinsvorsorge, ZVersWiss 1961, 141

Werber, Manfred — „Best advice" und die Sachwalterhaftung des Versicherungsmaklers, VersR 1992, 917

– — Alte und neue Informations- und Beratungspflichten des Versicherers und des Vermittlers, ZVersWiss 1994, 321

Werber, Manfred/ Winter, Gerrit — Grundzüge des Versicherungsvertragsrechts, Heidelberg 1986

Wertheimer, Frank/ Eschbach, Martin — Positive Vertragsverletzung im Bürgerlichen Recht und im Arbeitsrecht, JuS 1997, 605

Westhelle, Fritz — Nichterfüllung und positive Vertragsverletzung, Diss., Köln 1978

Westphalen, Friedrich Graf von — Vertragsrecht und AGB-Klauselwerke, bearbeitet von Fritz Drettmann, Stefanie Furmans, Susanne Hättig, Thomas Hoeren, Andreas Kappus, Gerd Motzke, Martin Munz, Thomas Pfeiffer, Martin Schulze Schwienhorst, Eduard Graf von Westphalen, Friedrich Graf von Westphalen, Loseblattsammlung, München 2000 zitiert: Graf von Westphalen-Bearbeiter

–	Produkthaftungshandbuch, Bd. 1, verfaßt von Ulrich Foerste, Eberhad Goll, Axel Merz, Friedrich Graf von Westphalen, Wolfgang Winkelbauer, 2. Auflage, München 1997
Wetzel, Thomas	Das Schuldrechtsmodernisierungsgesetz - Der große Wurf zum 1.1. 2002 ?
Wieling, Hans Josef	Venire contra factum proprium und Verschulden gegen sich selbst, AcP 176 (1976), 334
Wieser, Eberhard	Eine Revolution des Schuldrechts, NJW 2001, 121
Windscheid, Bernhard	Lehrbuch des Pandektenrechts, Bd. II, 4. Auflage, Düsseldorf 1875
Windscheid/Kipp	Lehrbuch des Pandektenrechts, Bd. II, 9. Auflage, Frankfurt 1906 berabeitet von Theodor Kipp, zitiert: Windscheid/Kipp
Winter, Gerrit	Konkrete und abstrakte Bedarfsdeckung in der Sachversicherung, Göttingen 1962
–	Grundzüge des Versicherungsvertragsrechts, Heidelberg 1986 siehe auch: Werber, Manfred
Wolf/Horn/Lindacher	AGB-Gesetz, bearbeitet von Manfred Wolf, Norbert Horn, Walter F. Lindacher, 3. Aufl., München 1994
Wussow, Hansjoachim	Auskunfts- und Vorlegungspflicht des Haftpflichtversicherers gegenüber dem Versicherungsnehmer?, NJW 1962, 420
Wussow, Robert-Joachim	Umfang und Grenzen der Regulierungsvollmacht des Versicherers in der Haftpflichtversicherung, VersR 1994, 1014

Wussow, Werner	Allgemeine Versicherungsbedingungen für Haftpflichtversicherung - AHB, Kommentar, 8. Auflage, Frankfurt 1976
–	Feuerversicherung, Kommentar zu den AFB, 2. Auflage, Dornheim 1975
Ziegler, Otto	Untersuchungen über die Begriffe „befürchtetes Ereignis“ und „Versicherung“, Diss., Bern 1935
Zitelmann, Ernst	Nichterfüllung und Schlechterfüllung in: Festgabe für Paul Krüger, Berlin 1911
Zopfs, Jannpeter	Der Beweis des Versicherungsfalls, VersR 1993, 140

Peter Lang · Europäischer Verlag der Wissenschaften

Boris Trautmann

Die Konkurrenz von Haftpflicht- und Versicherungsanspruch

Ein Beitrag zur ökonomischen Analyse des Rechts unter Berücksichtigung von Unsicherheit und Verhaltensanomalien

Frankfurt/M., Berlin, Bern, Bruxelles, New York, Oxford, Wien, 2002. 189 S.
Frankfurter wirtschaftsrechtliche Studien.
Verantwortlicher Herausgeber: Eckard Rehbinder. Bd. 48
ISBN 3-631-39056-4 · br € 35.30*

Die ökonomische Analyse des Rechts liefert nach großen Erfolgen in der Vergangenheit bei zunehmendem mathematischem Aufwand immer geringere Erträge; sie bedarf neuer Impulse, wenn sie weiter interessante Beiträge zur Lösung praktischer Rechtsfragen leisten soll. Diese Impulse, so die hier vertretene Auffassung, können von seiten der kognitiven Psychologie kommen. Es wird untersucht, ob und wie sogenannte Verhaltensanomalien, also experimentell oder in Feldstudien nachgewiesene systematische Abweichungen vom Rationalverhalten, in das Konzept der ökonomischen Analyse des Rechts integriert werden können. Angewendet wird der dabei entwickelte „pragmatische Ansatz" auf Fälle, in denen einem Geschädigten sowohl ein deliktischer Schadensersatzanspruch als auch ein Versicherungsanspruch zusteht.

Aus dem Inhalt: Das Dreiecksverhältnis aus Schädiger, Geschädigtem und dessen Versicherer · Kumulation von Ersatzleistungen · Vorteilsausgleichung · (Versicherungs-) Regreß · Abgrenzung von Schadens- und Summenversicherung · Bereicherungsverbot · Gewinnabwehrprinzip · Grenzen rationaler Nutzenmaximierung · Rationalverhalten unter Unsicherheit · Erwartungsnutzentheorie · Bounded rationality · Verhaltenswissenschaftliche Erweiterung der ökonomischen Analyse des Rechts · Verhaltensanomalien · Besitzeffekt · Ankereffekt · Neue Institutionenökonomik · Deliktsrecht und Ökonomik · Verhaltenssteuerung durch Deliktsrecht

FSC
www.fsc.org
MIX
Papier | Fördert
gute Waldnutzung
FSC® C083411

Kolibri 360 GmbH
Ferdinand-Jühlke-Straße 7
99095 Erfurt, Deutschland
produktsicherheit@kolibri360.de

Druck:
CPI Druckdienstleistungen GmbH
im Auftrag der
Kolibri 360 GmbH
Ferdinand-Jühlke-Str. 7
99095 Erfurt